湖北交通运输年鉴

(2024)

湖北省交通运输厅宣传中心　编

人民交通出版社

北　京

图书在版编目 (CIP) 数据

湖北交通运输年鉴 . 2024 / 湖北省交通运输厅宣传
中心编 . — 北京 : 人民交通出版社股份有限公司,
2024.12. — ISBN 978-7-114-20018-2

I. F512.763-54

中国国家版本馆 CIP 数据核字第 2024MY8173 号

Hubei Jiaotong Yunshu Nianjian (2024)

书　　名：**湖北交通运输年鉴 (2024)**
著 作 者：湖北省交通运输厅宣传中心
责任编辑：齐黄柏盈
责任校对：赵媛媛　刘　璇
责任印制：张　凯
出版发行：人民交通出版社
地　　址：(100011)北京市朝阳区安定门外外馆斜街3号
网　　址：http://www.ccpcl.com.cn
销售电话：(010)85285857
总 经 销：人民交通出版社发行部
经　　销：各地新华书店
印　　刷：北京印匠彩色印刷有限公司
开　　本：889×1194　1/16
印　　张：20.75
字　　数：750千
版　　次：2024年12月　第1版
印　　次：2024年12月　第1次印刷
书　　号：ISBN 978-7-114-20018-2
定　　价：180.00元

(有印刷、装订质量问题的图书，由本社负责调换)

2023 年 6 月 30 日，武汉市硚口至孝感高速公路全线通车

2023 年 6 月 30 日，武汉至大悟高速公路河口至鄂豫界段开通试运营

2023 年 9 月 30 日，沪蓉高速公路红安联络线（武汉至红安高速公路）通车运营

2023 年 11 月 6 日，武汉至阳新高速公路全线正式通车运营

2023 年 12 月 8 日，鄂州花湖国际机场南门连接线工程建成通车

2023 年 9 月 28 日，张家界至南充高速公路宣恩（李家河）至咸丰段通过交工验收

2023 年 12 月 24 日，孝汉应高速公路（福银高速公路至武荆高速公路段）通过交工验收

2023 年 5 月 9 日，京港澳高速公路改扩建武汉绕城高速公路铁路桥成功转体

2023 年 8 月 2 日，宜来高速公路鹤峰东段娄水河特大桥钢梁顺利合龙

2023 年 9 月 11 日，十巫北高速公路汉江特大桥主塔封顶

2023 年，在建中的燕矶长江大桥

2023 年，在建中的新港高速公路双柳长江大桥

2023年，在建中的宜都至来凤高速公路宜昌段晏家坪大桥

2023年，在建中的十巫南高速公路溢水枢纽互通

2023年8月，建始县金建大桥建成通车

2023 年 12 月，丹江口市均州大桥危桥改造完工

2023 年 1 月 8 日，武汉港中华路客运码头完成改造交工验收

2023 年 6 月 29 日，湖北汉江雅口航运枢纽全面投产运营

2023 年 11 月 15 日，中国武汉阳逻港至越南凯莱港直达航线开通

2023 年 11 月 16 日，全国首艘长江支线换电电池动力集装箱班轮首航

2023 年 12 月 8 日，国家粮食现代物流（武汉）基地码头二期工程通过交工验收

2023 年 12 月 20 日，荆州港监利容城港区新洲码头散货泊位工程等通过竣工验收

2023 年 4 月 13 日，"俄罗斯比克良站—中国武汉阳逻港—中国广州南沙港"铁水联运线路首发

2023 年 8 月 2 日，武汉北编组站完成扩能改造正式投入使用

2023 年 10 月 27 日，中欧班列"法国杜尔日—中国武汉"化妆品专列首发

2023 年 12 月 22 日，长江班列（武汉—成都）铁水联运通道正式打通

2023 年 4 月 15 日，武汉天河国际机场 T2 航站楼升级改造后正式启用

2023 年 4 月 1 日，鄂州花湖国际机场首条国际货运航线正式开通

2023 年 10 月 29 日，中国东方航空武汉有限责任公司武汉—高雄航线正式复航

2023 年 12 月 28 日，武汉汉欧国际物流园项目竣工

2023 年 8 月 22 日，宜昌市获"国家公交都市建设示范城市"称号

2023 年 9 月 26 日，全国首条空中悬挂式列车"光谷光子号"——光谷空轨旅游线正式开通运营

2023 年 12 月 1 日，轨道交通 5 号线二期开通运营［图为黄家湖（武科大）站］

2023 年 12 月 30 日，轨道交通 19 号线开通运营

"四好农村路" 全国示范县

"SI HAO NONGCUN LU" QUANGUO SHIFAN XIAN

武汉市江夏区五里界街五六路（小朱湾）

武汉市江夏区郑店街姚鲁路

竹溪县县道桃花岛旅游公路

竹溪县龙平线节点及产业

宜昌市点军区艾柳路

宜昌市点军区龙曹路

老河口市农村公路（一）

老河口市农村公路（二）

石首市乡道秦羊线

石首市县道调鲁线

巴东县茶店子镇巴人河旅游公路

巴东县野三关镇农村公路

2023 年 9 月 18 日，省交通运输厅党组书记、厅长钟芝清（前排右三）参观京港澳高速公路四标段项目部智慧梁场

2023 年 12 月 2 日，省交通运输厅党组书记、厅长钟芝清（中）现场督导高速公路路域环境整治

2023 年 4 月 7 日，首届湖北省"最美交通运输人"颁奖活动在武汉举行

2023 年 5 月 5 日，省交通运输厅主题教育读书班开班式暨专题辅导讲座召开

2023 年 6 月 30 日，省交通运输厅召开纪念建党 102 周年暨主题教育读书分享会

2023 年 9 月 18 日，湖北省高速公路改扩建项目突发事件应急演练在京港澳高速公路四标段孝感互通举行

2023 年 11 月 10 日，湖北省交通运输综合行政执法大练兵大比武竞赛活动正式举办

湖北省交通运输综合行政执法大练兵大比武竞赛

2023 年 9 月 13 日，全省交通运输行业第六届"交通工匠杯"职工职业技能大赛航标工项目决赛在沙洋圆满落下帷幕

2023 年 5 月 12 日，湖北省交通运输厅第 14 期"书香交通·文化同行"读书分享会在武汉地铁运营有限公司举行

《湖北交通运输年鉴》编辑委员会

编 辑 说 明

一、《湖北交通运输年鉴(2024)》是湖北省交通运输厅连续编纂的第 34 卷年鉴，主要反映 2023 年全省地方交通发展的新成就、新经验和新问题，涵盖铁路、公路、水路、民航、邮政等综合交通部门。本卷年鉴既突出 2023 年度交通发展的特点，又保持与历年年鉴内容的连续性，为各级领导、全省交通运输系统干部职工和各界人士研究湖北交通运输提供信息，积累资料。

二、本年鉴设特载、大事记、概况、交通运输发展战略研究及前期工作、交通基础设施建设、交通基础设施养护和管理、综合交通和水陆运输、安全应急管理、交通财务费收、交通法治、交通科技与培训教育、交通综合管理、党群工作和精神文明建设、调查研究、专题资料、全省交通运输系统领导名录、获奖名录、统计资料 18 个栏目。

三、本年鉴记述 2023 年内容，凡未标注具体年份的记述，也均为 2023 年内容。

四、本年鉴照片由各单位提供，编辑室补充并审定编排。

五、本年鉴统计资料由湖北省交通运输厅计划处提供，其他栏目的同口径统计数字，均以统计资料数字为准。

六、本年鉴由各市(州)交通运输局、综合交通各部门和湖北省交通运输厅厅直单位、厅机关各处室供稿。稿件均经有关部门领导审核，编辑复审，主编审定，年鉴编辑委员会终审。

七、《湖北交通运输年鉴(2024)》的出版发行，得到全省交通运输系统各级领导和职工的大力支持，在此一并致谢。错漏之处，敬请读者指正。

目　录

交通运输发展战略研究及前期工作

交通基础设施建设

特 载

把准价值导向　当好开路先锋
奋力为先行区建设提供高质量交通运输保障
——钟芝清在2024年全省交通运输工作会上的讲话提纲
（2024年3月6日）

同志们：

经省政府同意，今天我们召开2024年全省交通运输工作会议，主要任务是：深入贯彻党的二十大和中央经济工作会议精神，认真落实省第十二次党代会、省委十二届五次全会和全国交通运输工作会议精神，总结2023年全省交通运输工作，交流经验，分析形势，部署2024年重点任务，鼓励和动员全省交通运输系统广大干部职工，深谋划，盯重点，增信心，强落实，为湖北加快建设全国构建新发展格局先行区当好开路先锋。

刚才，我们传达了省领导的批示精神，阅春副省长在批示中对2023年全省交通运输工作给予了高度评价，对2024年工作提出了要求，我们要抓好落实。我们还表彰了一批先进集体、先进个人，表彰了全省"四好农村路"示范县和示范乡镇，武汉、襄阳、宜昌、十堰、荆州、孝感、咸宁市交通运输局和湖北交投集团、湖北港口集团等9家单位作了交流发言，这是一年来工作努力、成效突出单位和个人中的优秀代表，希望大家都学习先进，争当先进，促进工作。

下面，我讲三点意见：

一、创新举措，强力调度，2023年交通运输工作交上圆满答卷

2023年，是全面贯彻党的二十大精神的开局之年，是三年新冠疫情防控转段后经济恢复发展的一年，全省交通运输系统加压奋进，承压而上，攻坚突破，全年精彩。一年来，在省委、省政府的坚强领导和交通运输部的大力支持下，上下同心、团结一致，全力推项目、抓投资、稳运输、保安全，以前所未有的工作力度，推出了一系列突破性的创新措施，取得了一系列工作成效，安全、便捷、高效、绿色、经济、包容、韧性交通运输价值导向得到更好体现。

2023年工作完成情况，主要体现在以下方面：

（一）平安交通建设稳步推进，出行更加安全。一是隐患治理有力度。扎实推进全省交通运输安全生产十大专项行动和重大事故隐患排查整治行动，累计派出检查组3781个次，督促整改问题隐患1.15万个。省安委会、省综合交通专委会挂牌督办的17个重大事故隐患全部销号。二是平安建设有成效。首次联合省委平安办评选出46个平安交通示范创建单位。修订《湖北省交通运输厅突发事件综合应急预案》。成功承办全国平安百年品质工程建设现场会，荆州石首长江公路大桥等获得鲁班奖、李春奖等37个质量奖项。三是安全形势总体稳定。全年共接报公路水路行业安全生产事故17起、死亡24人，同比分别下降35%、35%，其中较大等级事故1起、死亡3人，同比分别下降67%、73%，实现了"一无两降"目标，即无重大及以上等级事故，安全生产事故起数和死亡人数双下降。

（二）武鄂黄黄快速路建设加快，交通更加便捷。一是总体进度超前。40个项目已开工37个，完成投资99.1亿元，超年度目标8个百分点，其中，17个品质提升项目完成投资33.9亿元，超年度目标9个百分点；23个重要节点工程项目已开工20个，完成投资65.2亿元，超年度目标7个百分点。二是重点项目推进实现突破。鄂州花湖国际机场南门连接线等3个

项目率先贯通。"纵一"省道257南段和北段等4个项目提前开工。中通道武黄高速公路改扩建和省道348新建项目，前期工作仅用6个月完成11个专题，将规划为未来实施的项目提前开工。125个交通"硬联通"项目已建成52个、在建73个，139条三大都市圈"断头路""瓶颈路"全部开工建设。三是路域环境治理加快实施。按照"干净、整洁、通透、悦目"原则，已完成问题路段绿化提升等阶段性整改任务；按照"应拆尽拆、能拆全拆、尽量多拆"原则，已完成1952块广告牌拆除，重点路段路域环境逐步改善。

（三）高速公路扩容全面加速，投资更加高效。一是调度督办有力。坚持"六带、五保、四集中"原则，创新建立"红旗""蜗牛"评定机制，每季度评定通报各地。省政府组织召开7次调度会，阅春副省长亲自调度，力度超前，效果明显。二是项目建设发力。京港澳高速公路湖北北段等17个在建改扩建项目加快推进。29个续建项目中，已建成武阳高速公路等7个项目251公里。全省高速公路投资完成1009亿元，同比增长110.9%，首次突破千亿元大关。三是投资完成创新高。全省完成交通固定资产投资1826.3亿元，占年度确保目标1500亿元的121.8%，占年度力争目标1750亿元的104.4%，同比增长36.7%，总量全国第七、中部第一，增速全国第三、中部第一。

（四）水运优势潜力不断发掘，运输更加绿色。一是港口和航道布局不断优化。全省港口与航道布局规划思路已通过省委专题会审议。启动汉江

兴隆枢纽 2000 吨级二线船闸工程前期工作，工程可行性研究已通过行业审查；兴隆至蔡甸段 2000 吨级航道整治工程初步设计获得批复，预计 2024 年一季度开工。二是污染防治攻坚深入推进。中央生态环境保护督察反馈的"码头整治"事项销号、"船舶污染防治"事项完成整改。2022 年国家长江经济带生态环境警示片披露的黄冈 2 个码头运营环保等问题基本整改完成。中办调研反馈的船舶污染防治有欠缺等 4 个问题按序时进度取得阶段性成效。三是绿色发展方式不断推广。"永临结合""零弃零借"等绿色建设理念深入贯彻，2 个公路项目实现填挖平衡，12 个公路项目利用隧道洞渣等 4000 多万立方米，磷石膏应用试验推广持续推进。全省新能源公交车达 2.03 万辆，占比 81%。港口岸电泊位增长到 498 个，岸电用电量达 1467 万千瓦时，同比增长 158%。

（五）多式联运发展态势良好，物流更加经济。一是枢纽建设总体进度超前。省纪委监委将交通物流枢纽建设纳入专项监督，硚孝高速公路建成通车，天子山大桥正式开工，一批历史遗留问题取得突破。目前，56 个重点项目已开工 55 个，其中已完工 13 个，完成投资超 1607.1 亿元，为年度计划的 116.3%。武汉国家综合货运枢纽补链强链已累计获得补助资金 10 亿元。二是多式联运发展取得新成效。多式联运集疏运体系建设加快，67 个多式联运集疏运基础设施重点建设项目已开工 63 个，整体开工率 94%，其中完工项目 26 个。宜昌三峡枢纽多式联运等 4 个国家多式联运示范工程通过验收，全省创建数量（8 个）、命名数量（4 个）均居全国第一。三是运输市场全面恢复增长。大力培育市场主体，落实配套奖补资金 6640 万元，新增规上道路货运企业 195 家，目前总数 697 家，全国第四、中部第二。全省公路、水路分别完成货物周转量 2410.5 亿吨公里、4967.5 亿吨公里，同比分别增长 17.1%、16.6%，增速均为全国前列、中部第一。完成港口集装箱铁水联运量 17.6 万标箱，同比增长 107.2%，

占全省港口集装箱吞吐量的比重达到 5%，高于全国平均水平。

（六）推进民生实事取得新成效，发展更显包容。一是高质量推进"四好农村路"建设。以"四好农村路"五色图评价体系强化过程管理。全省累计创建全国"四好农村路"建设市域突出单位 3 个，全国示范县 22 个，省级示范县 56 个，省级示范乡镇 237 个。农村公路灾毁保险纳入交通强国试点项目。我省在全国推动"四好农村路"高质量发展现场会上作经验交流。二是多举措推进农村公路可持续发展。完成新改建农村公路 10072 公里，超额完成 10000 公里的年度目标。开展普通公路安全精细化提升行动，完成农村公路安保工程 7671 公里；组织排查并完成农村公路"断头路""瓶颈路"2874 公里；完成共同缔造"美丽农村路创建"项目 406 个、1112 公里。三是高标准推进农村客运发展。赤壁、老河口、红安获得第二批全国城乡交通运输一体化示范县命名，我省示范创建单位达到 10 个，其中已验收命名 5 个。全省全域公交县创建县市达到 14 个，通过验收并命名 7 个。

（七）交通运输保障体系更加完善，服务更具韧性。一是路网保障不断强化。全省综合交通网总里程达到 32.9 万公里，其中高速公路增至 7849 公里，路网强度进一步巩固。整体"国评"成绩稳步上升，公路养护水平得到提升，路网质量不断改善。服务区充电设施建设实现全覆盖，31 个新开通收费站北斗授时全覆盖。验收新建合格"司机之家"24 个。ETC 发行服务业务平稳有序移交给省交投集团，市场作用更好发挥。二是科技赋能不断强化。"湖北鄂州花湖货运机场转运中心智慧运营科技示范工程"成功获批全国 7 个科技示范创建项目之一。我省获批部省联动交通运输产品质量监督抽查全国 6 个试点省份之一。三是法治保障不断强化。3 部地方性法规修改纳入省人大常委会五年立法规划。细化 358 项行政处罚自由裁量标准，整治执法领域突出问题 1420 个，执法更规范。2 个全省优化营商环境

先行区改革试点完成验收。建设"信用交通省"，向交通运输部报送信用数据 1000 多万条，公路水运建设市场更加规范。

2023 年，全省交通运输系统坚持党建引领，把政治建设摆在首位，扎实开展学习贯彻习近平新时代中国特色社会主义思想主题教育，运用好"四下基层"制度，以共同缔造为载体，深化党员干部"下基层察民情解民忧暖民心"实践活动，深入开展违规吃喝专项整治正风肃纪，深入开展调查研究，着力破解发展难题、办好民生实事、夯实基层基础。农村公路建设民生实事被省委直属机关工委作为典型案例采编推广，加快高速公路充电设施建设实事被省委实践活动简报和《政策》杂志采用报道。17 个市州行业党建工作均实现"两个覆盖"。涌现了以 3 位全国劳模、12 位省劳模为代表的一批行业英模先进。评选出全省 10 名首届"最美交通运输人"。

同时，信访稳定、机要保密、扫黑除恶、财务审计、档案管理、教育培训、宣传、群团、老干、造价、后勤等各方面工作都围绕中心工作扎实稳步推进，为全省交通运输事业高质量发展奠定了坚实的基础。

总体看来，2023 年工作措施得力，成效明显，亮点纷呈，来之不易。这些成绩的取得，离不开省委、省政府的坚强领导和交通运输部的支持指导，离不开省直各部门、地方各级党委政府的支持配合，更离不开全省交通运输系统广大干部职工的辛勤付出。在此，我代表厅党组，向长期以来重视、关心、支持我省交通运输事业发展的各级党委政府、各有关部门及社会各界，向全省交通运输系统广大干部职工，致以崇高的敬意和衷心的感谢！

二、认清形势，抢抓机遇，持续推进全省交通运输高质量发展

（一）把握长江经济带高质量发展国家战略机遇，加快建设长江经济带综合立体交通走廊。习近平总书记在主持召开进一步推动长江经济带高质量发展座谈会上指出，要毫不动摇

坚持共抓大保护、不搞大开发，在高水平保护上下更大功夫；要从整体上谋划和建设区域交通基础设施，加快建设综合立体交通走廊，加强交通网络的相互联通和"公水铁"等运输方式的相互衔接，提升区域交通一体化水平❶。我省是长江经济带发展的重要省份之一，要抢抓长江经济带战略推进机遇，坚持绿色发展理念，推动交通运输生态环境保护修复；优化调整运输结构，大力推动"公转水""公转铁"和铁水联运；强化省际协同联动发展，提升区域交通互联互通水平，加快建设长江经济带综合立体交通走廊，为推动长江经济带高质量发展贡献更多的湖北交通力量。

（二）把握中央经济工作会议和省委十二届五次全会精神，在先行区建设中当好开路先锋。2023 年 12 月召开的中央经济工作会议指出，要坚持稳中求进、以进促稳、先立后破。省委十二届五次全会强调，做好 2024 年经济工作，要把握五点：一是强信心、稳预期，二是扩内需、稳增长，三是增活力、强动力，四是防风险、守底线，五是惠民生、促稳定。重点要在"五个统筹"上下功夫：一是统筹稳中求进和以进促稳，二是统筹扩大内需和优化供给，三是统筹推进"四化"同步发展，四是统筹深化改革和扩大开放，五是统筹高质量发展和高水平安全。交通运输是重要的服务性行业和现代化经济体系的重要组成部分，是构建新发展格局的重要支撑和服务人民对美好生活向往、促进共同富裕的坚实保障。我们要坚定信心，坚持稳中求进工作总基调，继续扩大交通有效投资，牢牢稳住交通投资和运输物流的基本盘；优化调整交通规划思路，完善网络一体化布局，打造高效现代交通物流体系；要坚决抓好交通运输安全生产工作，确保行业形势安全稳定；要坚持问题导向，及时排解交通运输发展中的堵点和难点；要更加注重创新驱动，加快新型交通基础设施建设，为交通运输发展增添更多动能，开拓更广的发展空间。

（三）把握全国交通运输工作会部署要求，推动交通运输高质量发展。2024 年全国交通运输工作会指出，奋力加快建设交通强国，努力当好中国式现代化的开路先锋，要坚持"四个必须"：一是必须紧紧围绕"人享其行、物畅其流"的美好愿景。二是必须坚定不移实现"三个转变"：深化质量变革，由追求速度规模向更加注重质量效益转变；深化效率变革，由各种交通方式相对独立发展向更加注重一体化融合发展转变；深化动力变革，由依靠传统要素驱动向更加注重创新驱动转变。三是必须以"四个一流"服务保障现代化产业体系建设，着力打造一流设施、一流技术、一流管理、一流服务。四是必须以新发展理念引领树立正确的价值导向，加快构建安全、便捷、高效、绿色、经济、包容、韧性的可持续交通体系。同时，2024 年起，中央财政取消车购税支出科目，交通运输发展将由"以收定支、专款专用"专项税收保障转为由"一般公共预算"统筹保障，支出总量将受国家财政总体收支及安排情况影响，申报条件更加强调项目的战略规划层级和前期工作准备深度，重点支持中央事权和共同事权项目。我们要结合全国交通运输工作会明确的工作思路和要求抓好落实：一方面，要把握高质量发展对交通运输"效益"的要求，在转方式、调结构、提质量、增效益上积极进取，以更高站位、更宽视野来认识交通运输，以高标准更严要求推动交通发展，争创更好成绩、更多亮点、更前名次。另一方面，要密切关注政策动向，调整工作思路，做好项目储备，密切与部对接，最大限度争取补助资金。要抢抓交通运输部扩大交通强国试点范围、强化资金支持的政策机遇，争取将一批新的交通强国建设项目纳入部试点范围，为争取资金奠定基础。

三、克难攻坚，再接再厉，奋力推动 2024 年工作再上新台阶

2024 年是新中国成立 75 周年，也是实现"十四五"规划目标任务的关键一年，做好全省交通运输工作意义重大。

总体思路是：以习近平新时代中国特色社会主义思想为指导，全面贯彻党的二十大、二十届二中全会和中央经济工作会议精神，深入学习贯彻习近平总书记关于交通运输工作的重要论述和重要指示批示精神，认真落实省第十二次党代会、省委十二届五次全会和全国交通运输工作会议精神，完整、准确、全面贯彻新发展理念，统筹高质量发展和高水平安全，突出政治建设、狠抓党建引领；突出隐患整治、狠抓安全生产；突出投资重点、狠抓高速公路扩容；突出普通国道、狠抓项目资金争取；突出绿色低碳、狠抓汉江航运高质量发展；突出强链补链、狠抓物流枢纽建设；突出民生实事、狠抓"四好农村路"建设，奋力加快交通强国示范区建设，打造新时代"九州通衢"。

投资目标是：确保完成公路水路交通固定资产投资 1830 亿元、力争 2000 亿元，其中高速公路 1050 亿元，普通公路 580 亿元，客货站场 100 亿元，内河水运 100 亿元。

具体来讲，做好 2024 年交通运输工作，要从六个方面抓好落实：

（一）围绕"人享其行、物畅其流"美好愿景，在提供更好交通运输供给上下功夫，加快完善交通运输体系。一是完善基础设施。继续实施好全省交通投资和重点项目创先争优活动"红旗""蜗牛"项目（单位）评定机制和"四好农村路"建设"五色图"评价机制，每季度开展投资调度通报，全面加快公路水路基础设施建设，推进交通网络进一步优化完善。加快项目储备，积极支持开展高速公路、普通国省道、港口航道等重大项目的规划研究，适时开展条件成熟、

---

❶ 《习近平主持召开进一步推动长江经济带高质量发展座谈会强调　进一步推动长江经济带高质量发展　更好支撑和服务中国式现代化》，《人民日报》2023 年 10 月 13 日。

方案明确项目的前期工作，持续加大交通运输项目谋划和推进力度，保持在建一批、开工一批、储备一批的良性循环。二是推动运输转型升级。继续开展规上道路货运企业培育，确保全省规上货运企业数量持续保持在全国第一梯队。持续规范网络平台货运企业运营，提高服务质量。加快推进汽车客运站转型发展，鼓励开展联程联运，大力发展定制客运。支持湖北港口集团进一步优化运输组织，大力发展近洋直航航线、武汉到上海江海直达航线等，引导加快新能源船舶建设，打造水运行业龙头企业。三是服务产业发展。着力推动交通服务新型产业发展，打造省级综合交通运输信息平台，争取部省联动试点。力争部北斗交通强国试点、智能交通先导应用（自动驾驶和智能建造）试点申报成功，支持武汉、襄阳智能网联示范建设。积极争取部交通基础设施数字化转型试点，谋划编制湖北交通基础设施数字化转型实施方案，探索湖北特色模式，打造智慧交通亮点"名片"。加快新能源车辆推广应用，将城市公共交通领域新能源车辆应用情况与城市交通发展奖励资金分配挂钩，引导推动城市公共交通领域新能源车辆占比持续提升。加密高速公路沿线充电基础设施，新增171个充电桩、300个充电停车位，加大超快充电设施布局。四是提升治理能力。聚焦法治政府部门建设，全面提升全省交通运输依法治理水平。加快推进《湖北省道路运输管理条例》等重点法规的修改立法进程，制定全省统一的交通运输行政执法文书格式，推广应用综合行政执法信息系统，提高执法规范化和现代化水平。进一步推进以控制成本为核心优化营商环境。加强投资项目绩效综合评价，提高投资效率、效益、效能。开展公路水运施工类、监理类、试验检测类、设计类等从业企业信用评价工作。以三大都市圈及武鄂黄黄区域为重点，持续深入开展全省高速公路路域环境整治，进一步深化广告牌清理，大力开展高速公路绿化景观整治提升三年行动。

（二）围绕"三个转变"变革要求，着力在更加注重质量效益上下功夫，加快推动交通运输高质量发展。一是把高速公路扩容作为投资重中之重。将高速公路建设作为投资重点，着力实施高速公路扩容，发挥湖北交投集团在高速公路建设中的主力军作用。加快武汉至重庆高速公路武汉至汉川段等34个在建项目建设，总里程1644公里，总投资3600亿元；加大襄阳至宜昌高速公路襄阳段等34个项目前期工作力度，总里程2403公里，总投资4236亿元，做好项目储备。以高速公路扩容为投资首要任务，加快推进17个高速公路改扩建项目，2025年前分别建成武汉绕城高速公路、京港澳高速公路湖北北段等2个项目，总里程188公里，总投资251亿元；在加快沪渝高速公路武黄段改扩建的基础上，力争2025年前开工沪渝高速公路汉宜段等14个项目，总里程1316公里，总投资2037亿元。二是大力推动水运高质量发展。超前谋划一批水运重大项目，积极配合开展三峡水运新通道、荆汉运河等重大工程前期研究论证工作。高标准推进汉江航运发展，加快实施总投资超140亿元的20个重大项目。着力畅通汉江主航道，加快推进兴隆至蔡甸2000吨级航道工程建设，确保兴隆枢纽2000吨级二线船闸工程、丹江口至襄阳铁桥不衔接段航道工程开工建设；着力打通支流航道，加快唐白河等航道整治工程建设，确保涑河航道开工，开展举水等支流航道项目前期工作。加快编制全省港口和航道布局规划，不断优化港口和航道功能，充分挖掘水运价值，更好发挥水运优势，促进绿色低碳发展、降低运输物流成本。三是积极推进城乡交通融合发展。深入贯彻落实习近平总书记关于"四好农村路"建设重要指示批示精神，结合强县工程工作部署，进一步加强农村交通基础设施建设，加快推动农村公路从"重增量向优存量、建设向养护、通畅向美丽"转变。持续推进"四好农村路"示范创建，建设旅游产业路，连接不通路，扩宽瓶颈路，改善破损

路，确保2024年完成农村公路新改建10000公里。持续开展全国城乡交通运输一体化示范县创建，列入第三批创建名单的宜都、石首、潜江、崇阳、谷城五县要提高创建质量，确保创建成功。继续开展全域公交县创建，提升行政村公交化率。积极推广农村客运车辆"带货"，加快客货邮融合发展。

（三）围绕"四个一流"目标要求，着力在服务城市和产业体系建设上下功夫，加快提升交通运输服务保障水平。一是确保武鄂黄黄快速道路系统按期贯通。通过"建新城、我先行、贺新春、争贯通"主题竞赛活动，促进项目建设提速，全力确保"一年贯通"目标如期实现。6个滞后项目要加快进度，早日达标，尤其是3个"蜗牛"项目，武汉市高新三路要尽快全面复工、"纵二"国道106鄂州市新改建工程要尽早全面动工、黄石市"横二"大冶段要争取"蜗牛"变"红旗"。二是大力推动交通枢纽建设。要继续发挥省纪委监委专项监督的促进作用，加快推动交通物流枢纽建设，围绕服务鄂州花湖国际机场打造国际一流航空货运枢纽，加快推进鄂州机场高速公路二期、燕矶长江大桥等项目建设。继续跟踪指导武汉市综合货运枢纽补链强链重点项目建设，加快推进相关综合货运枢纽建设并做好绩效评价。加快推进武西高铁随州南站综合客运枢纽等12个重大客货站场项目建设。积极争取湖北供应链物流公共信息平台纳入交通强国试点。三是进一步拓展多式联运发展成效。持续指导国家多式联运示范工程创建，做好第三批鄂州三江港国家多式联运示范工程验收工作，加快鄂州花湖国际机场等第四批国家多式联运示范工程创建，积极争取申报新一批国家多式联运示范工程。重点发展铁水联运，力争新培育一批多式联运精品线路。

（四）围绕"七个价值导向"实践要求，着力在贯彻新发展理念上下功夫，加快构建可持续的交通运输体系。一是着力发展绿色低碳交通。持续推进运输结构调整，促进大宗货物"公

转水""公转铁",重点发展铁水联运,实施好《湖北省推进铁水联运高质量发展行动方案(2023—2025年)》,不断提高水运在总货运量中的比重。持续抓好长江大保护,推动第二轮中央生态环境保护督察事项(省序号47)一季度完成省级验收、销号,2022年国家长江经济带生态环境警示片反馈问题9月底前完成省级验收并销号,要确保2023年中办调研反馈4个问题达到序时整改进度。严格落实生态环境分区管控要求和交通基础设施环境保护措施,推进绿色公路、绿色港口、绿色航道建设,推动发展方式低碳转型。二是大力发展智慧交通。研究编制湖北交通新型基础设施建设实施方案和有关制度,支持引导交通基础设施数字化转型升级。深入推进省级综合交通运输信息平台和综合交通大数据体系建设,力争成为部省联动试点。深化数据治理,引导交通运输数据全面汇聚、合法合规共享开放。加快突破性发展北斗、新能源与智能网联产业创新应用场景落地。加大高速公路ETC发行力度。三是切实抓好交通强国试点建设。主动做好与交通运输部衔接汇报,及时报送我省各项试点阶段性成果。加快推进6个试点任务建设,对已取得预期成果的试点项目及时开展评估总结,做好验收准备工作。以交通强国建设试点工作推进会为契机,积极谋划一批新的交通强国建设试点任务,并争取纳入交通强国建设试点范围。

(五)始终坚持"人民至上、生命至上",着力在隐患排查治理上下功夫,不断夯实交通运输安全基础。一是推进两大专项行动。围绕"一无两降"(无重大及以上等级事故发生,安全生产事故起数和死亡人数双下降)

目标,扎实推进交通运输安全生产治本攻坚三年行动、道路运输安全整治三年(2023—2025年)专项行动等两大行动。加强重点领域安全生产三年治本攻坚,聚焦"两客一危",强化动态监控闭环处理机制,严厉打击"三超一疲"等行为。二是狠抓三个突出重点。狠抓重大事故隐患的排查整改,重点紧盯黄石长江大桥隐患问题整治,跟踪督办省安委会和省综合交通专委会挂牌督办重大事故隐患整改销号。狠抓重要基础设施安全防护,建立基础设施清单,制定恶劣天气下应急处置预案,强化巡检巡查和养护管理,及时完善和修复。狠抓超限超载治理,健全路警治超工作机制,优化全省普通公路超限检测站(点),推进黄石、鄂州开展治超非现场执法工作试点。三是大力实施四项工程。实施基础提升工程,推动警示约谈和挂牌督办机制落实,推进企业安全生产标准化建设和安全生产责任险。实施科技兴安工程,推动公路水路安全畅通与应急处置系统验收和应用,推进省级治超联网系统建设并运行。实施防灾减灾工程,编制《湖北省公路应急储备体系建设方案》,制定《交通运输行业不良气候和极端天气预警应急响应指南》,加快宜昌国家区域性公路交通应急装备物资储备中心建设。实施平安建设工程,推进完善共建共享共治社会治理体系,共创平安交通示范品牌。着力推进安全生产向事前预防转型。

(六)围绕"抓好党建是最大政绩"要求,在强化党建引领上下功夫,持续推进党建和业务工作深度融合。一是强化政治建设。始终以政治建设为统领,推进主题教育常态化,坚持用习近平新时代中国特色社会主

义思想凝心铸魂,坚定拥护"两个确立",增强"四个意识"、坚定"四个自信"、做到"两个维护",埋头苦干,担当奉献。二是强化组织建设。坚持以"两优一先"和"红旗党支部"创建为抓手,持续推进基层党组织标准化规范化建设。探索通过党建工作整合业务工作力量,打造保落实的坚强堡垒。三是强化队伍建设。深化推进机构改革,跟踪推进厅直三个事业发展中心"三定方案"早日获批。加大公开招录和干部选拔任用力度。四是强化廉政建设。坚持严的基调,用好"四种形态",开展集中性纪律教育,认真学习贯彻新修订的纪律处分条例,一体推进不敢腐、不能腐、不想腐。深化巡察整改和成果运用。五是深化实践活动。发扬"四下基层"优良传统,用好共同缔造理念,深入开展党员干部"下基层察民情解民忧暖民心"实践活动,建立用好"三张清单",办好民生实事。六是抓好精神文明建设。严格落实意识形态工作责任制,用好宣传舆论,培育更多"最美"系列,讲好交通运输故事,打造"书香交通"读书品牌,用文化感染人、塑造人,汇聚推动交通运输发展的磅礴力量。

同志们!2023年,是迎难而上但精彩纷呈的一年;2024年,是任务艰巨却充满希望的一年。让我们在省委、省政府的坚强领导和交通运输部的支持指导下,接续奋斗,砥砺前行,把准价值导向,为加快建设全国构建新发展格局先行区,加快建成中部地区崛起重要战略支点,奋力推进中国式现代化湖北实践当好开路先锋,贡献更多力量!

以全面从严治党新成效　引领保障全省交通运输高质量发展

——赵志国在2024年全省交通运输系统全面从严治党工作会上的讲话

（2024年3月27日）

同志们：

根据会议安排，我代表省纪委监委驻省交通运输厅纪检监察组通报去年工作情况，并就深入学习领悟习近平总书记关于党的自我革命的重要思想，贯彻落实中央纪委、省纪委三次全会精神，提出今年工作意见。待会，钟厅长还将对行业系统全面从严治党工作作出部署。我主要讲三个方面：

一、2023年派驻监督工作回顾

过去一年，厅党组在省委、省政府的坚强领导下，带领全省交通运输系统认真学习贯彻习近平新时代中国特色社会主义思想，全面贯彻落实党的二十大决策部署和全面从严治党战略方针，全省交通投资创历史，全系统干事创业精气神大提升，各项重点工作推进有力有效，交通运输对全省经济社会发展的支撑保障作用更加彰显。省委、省政府高度肯定，厅系统干部职工和广大服务对象充分认可。驻厅纪检监察组按照中央纪委、省纪委全会部署，坚持同厅党组同题共答、同向发力，坚持围绕中心、服务大局，坚持以严的基调、严的措施、严的氛围强化正风肃纪反腐，派驻监督工作取得新进展新成效。驻厅纪检监察组被省纪委监委评为2023年度工作考核优秀单位。主要体现在以下几个方面：

（一）强化政治监督，保障决策部署落实见效。紧盯贯彻落实习近平总书记关于交通运输的重要论述和指示批示精神，健全"清单＋台账"监督机制，督促落实重点事项173件次。紧盯"长江大保护"，督促开展船舶和港口污染防治攻坚提升行动。紧盯政治生态分析研判，会同厅党组协助查找突出问题，做深做实"政治体检"。紧盯巡视巡察，督促十二届首轮巡视反馈5个方面17个问题整改销号，协

助厅党组对省交职院开展政治巡察。

（二）抓牢专项监督，主动服务中心大局。聚力推进交通物流枢纽建设专项监督、武汉都市圈建设协同监督、公路水运工程建设领域突出问题专项治理，争取省纪委监委领导挂牌督办硚孝高速公路二期、天子山大桥等"烂尾路""断头路"问题，推动项目如期开通、开工。会同厅工作专班推动评选"红旗""蜗牛"项目，约谈责任人50余人次。运用"室组地企"协同联动监督机制，对30多个地方和部门纪检机构进行督办。

（三）创新日常监督，全面提升监督质效。会同厅党组召开全面从严治党工作会，扎实推进党风廉政建设和反腐败工作。开展专题会商，反馈7大类23个具体问题，提出工作建议7条，已整改落实有关问题19个。与19个机关处室、5个单位开展支部联建，共同学政策、明纪法，督促制定完善制度机制150余项。推动9个厅直单位党委完成换届，配齐纪检工作力量。与40名下级"一把手"、纪委书记谈心谈话，出具91人次党风廉政意见，推荐2名受处分干部重获重用。

（四）强化正风肃纪，深化一体推进"三不腐"。坚持办案引领，全年办理信访举报40件，处置问题线索9件，立案1件，处理处分9人次。锲而不舍落实中央八项规定精神，开展违规吃喝、借培训之名公款旅游、"私车公养"问题专项整治，核查全省系统23家单位13期培训班75人次问题，处理49人。深化以案促改促治，制发2份纪律检查建议书，督促健全完善工程建设、政府采购的制度、机制12项。做实经常性纪律教育，督促扎实开展宣教月活动和清廉机关建设，积极参与、支持"书香交通"廉政读

书分享会，召开"新提拔、新入党、新入职"干部纪律教育座谈会。

（五）坚持严管厚爱，践行忠诚干净担当。统筹抓好主题教育和纪检监察干部教育整顿，召开5次工作推进会，集中研学50余次，谈心谈话34人，查改问题132个。举办纪检干部培训班，开展纪检干部致敬"最美交通运输人"活动，厅系统纪检干部政治素质、业务水平进一步提升。

在肯定成绩的同时，必须清醒看到，厅系统全面从严治党仍存在一些不足，一些风险隐患不容忽视。主要表现在：

一是落实"第一议题"制度有差距。厅系统有些党组织还没有主动建立或完善细化学习习近平总书记重要讲话和指示批示精神"第一议题"制度，有的党组织建立了相关学习制度但执行不严格，各级党组织督促落实"第一议题"的手段不多，开展条目式、清单式督办检查不够。

二是开展纪律教育不深入不平衡。厅系统落实纪律教育主体责任还不够到位，教育覆盖面明显不够。有的党组织开展纪律教育的主动性不强，没有进行系统安排部署；有的"一把手"不亲自抓，只推给纪检干部去落实，和班子成员谈心谈话很少涉及纪律教育；有的班子成员对分管领域纪律教育过问不多，没有融入日常、做在经常、抓在平常。

三是一些违规违纪违法问题时有发生。有些党组织抓系统、管行业、正行风的理念和韧劲还有待增强，少数党员干部对纪法规定不上心、不了解、不掌握，缺乏底线意识和敬畏之心，不收敛不收手不知止仍然存在。去年开展的借培训之名公款旅游、"私车公养"问题专项整治，厅系统有近

30人次涉嫌违反上述两类问题；在违规吃喝问题专项整治中，厅系统各层级干部都有涉及；在工程建设领域突出问题专项治理中，个别市县交通运输局领导干部因违规插手干预、权钱交易、贪污受贿等严重违纪违法问题被查处。

同时，驻厅纪检监察组和厅系统各纪检机构也存在一些短板不足，如发现问题不够，挖掘问题线索的渠道不宽、手段不多；以案促改促治不深入，运用全省交通运输系统典型案例开展警示教育、发挥震慑作用还不充分；厅系统纪检干部能力水平还有差距，监督还不够有力，信访办理和线索处置规范化还有待加强等等。

二、以党的自我革命的重要思想引领护航交通强国示范区建设

二十届中央纪委三次全会最重大的政治成果，就是深刻阐述了习近平总书记关于党的自我革命的重要思想。习近平总书记指出，"交通是经济的脉络和文明的纽带""交通成为中国现代化的开路先锋"❶。我们要认真学习体会这些重要精神和精辟论述，把准政治方向，领会工作要求，当好开路先锋。

（一）提高政治站位，在深学细悟笃行党的自我革命重要思想上当好先锋。习近平总书记关于党的自我革命的重要思想，科学回答了我们党为什么要自我革命、为什么能自我革命、怎样推进自我革命等重大问题，明确提出"九个以"的实践要求，为新征程上纵深推进全面从严治党提供了根本遵循和行动指南。在反腐败进入深水区的关键阶段，习近平总书记作出两个"清醒认识"的重大判断，提出"持续发力、纵深推进"的重要要求，对下大力气铲除腐败滋生的土壤和条件作出七个方面重要部署。做好新时期全省交通运输系统党风廉政建设和反腐败工作，最重要、最关键的就是学深悟透习近平总书记关于党的自我革命的重要思想，紧密结合行业领域实际，把全省交通运输系统全面从严

治党的思路举措搞得更加科学、更加严密、更加有效，推动各级党组织把每个系统、每个环节的自我革命抓具体、抓深入。这里再强调一下，抓好党风廉政建设和反腐败斗争，强化监督执纪问责、正风肃纪反腐，并不是纪委一家的事，需要把党委（党组）主体责任、纪委监督责任、党组织书记第一责任人责任和领导干部"一岗双责"贯通联动、一体落实。

（二）压实政治责任，在护航保障交通强国示范区建设上当好先锋。交通运输是兴国之要、强国之基，关系到党的执政基础，关系国计民生、服务亿万群众，是解决人民日益增长的美好生活需要和不平衡不充分的发展之间的当前我国社会主要矛盾的重要行业。在中华民族5000多年的文明历史中，交通运输始终是经济的脉络和文明的纽带。我们党成立一百多年来，一直高度重视发展交通运输事业，进入新时代后，以习近平同志为核心的党中央团结带领人民加快构建现代综合交通运输体系，交通运输事业取得历史性成就、发生历史性变革，建成了全球最大的高速铁路网、高速公路网、世界级港口群，建成了名副其实的交通大国，正在加快建设交通强国。去年10月，习近平总书记在南昌主持召开进一步推动长江经济带高质量发展座谈会，今年2月，习近平总书记主持召开中央财经委员会第四次会议，上周，习近平总书记又在长沙主持召开新时代推动中部地区崛起座谈会，都对交通运输工作提出了明确要求，为湖北的支点建设和全省交通运输事业发展提供了重大机遇。全省交通运输系统要认真领悟习近平总书记关于交通运输工作的重要讲话和指示批示精神，深刻领悟自己肩负的重大政治责任和特殊历史使命，自觉增强做好本职工作的光荣感、责任感、紧迫感，付出更大努力，采取更实举措，以干事创业的精神状态、风清气正的政治生态，奋力加快建设交通强国示范区，

努力当好中国式现代化湖北实践的开路先锋。

（三）提升政治能力，在深化清廉交通建设推进高质量发展上当好先锋。交通运输是一个有着崇尚创新、勇于创新的光荣传统的行业。回顾我省交通运输历史，湖北交通运输人勇当改革开放的开路先锋和时代尖兵，创造了一系列湖北之最、中国之最、世界之最。全省交通运输系统要深入领会以伟大自我革命引领伟大社会革命的重大意义，充分发挥全面从严治党的引领保障作用，持续弘扬交通运输人坚强的"两路"精神和湖北交通运输系统的优良传统作风，认真落实管党治党政治责任，以高质量党风廉政建设保障交通运输高质量发展。要盯住重点人、重点事、重点环节，强化监督，深入整治不担当不作为问题，持续净化投资环境和市场秩序，铲除交通运输领域腐败土壤和条件，为"人享其行、物畅其流"的美好愿景落地提供坚强保障。

三、今年主要工作任务

2024年是新中国成立75周年，是全面推进中国式现代化的关键一年。要全面贯彻落实党的二十大及中央纪委、省纪委三次全会精神，紧紧围绕推进中国式现代化湖北实践，纵深推进正风肃纪反腐，纵深推进纪检监察工作高质量发展，为"加快建设交通强国示范区、打造新时代九州通衢"提供坚强保证。

（一）把推进中国式现代化湖北实践作为最大的政治，着力抓好政治监督。聚焦政治忠诚、政治任务、关键少数，紧盯"国之大者""省之要事"精准发力，坚定拥护"两个确立"，坚决做到"两个维护"。监督推动厅系统严格执行"第一议题"制度，把保障落实习近平总书记重要指示批示精神和党中央重大决策部署、省委工作要求作为"第一要件"，围绕长江经济带高质量发展目标，对加快建设现代综合交通物流体系、长江高水平保护、

---

❶ 习近平:《与世界相交 与时代相通话》，人民出版社2021年版，第2、5页。

在可持续发展道路上阔步前行——在第二届联合国全球可持续交通大会开幕式上的主旨讲

南水北调湖北水源区保护、建设新时代"九州通衢"等重大任务开展监督，健全完善清单化政治监督机制。监督贯彻落实中央及省委关于加强对"一把手"和领导班子监督的意见，协助厅党组认真开展政治生态分析研判，积极支持配合做好十二届省委第六轮专项巡视，认真落实反馈问题整改，协助厅党组做好厅直单位内部巡察。

（二）把护航保障交通强国示范区建设作为首要任务，扎实开展专项监督。着力围绕交通物流枢纽建设、优化营商环境、农村公路提档升级、安全生产等重点任务，持续深化专项监督，深入推进基建工程和招投标领域、高速公路特许经营活动突出问题专项治理，坚持问题导向，聚焦难点堵点，强化整改整治，推动系统治理，以省纪委监委"室组地企"协同监督机制为抓手，全面加强对市州交通运输部门、行业企事业单位的联系、协调、指导和督办。强化数字赋能监督，把工程建设、招标投标、"四好农村路"等项目纳入省纪委监委大数据监察系统，动态监测廉政风险，精准发现隐蔽问题。

（三）把铲除滋生腐败的土壤和条件作为治本之策，纵深推进反腐败斗争。紧盯行政审批、特许经营、招标投标、政府购买服务、选人用人、资金安排等风险环节，深入贯彻落实省委《领导干部插手干预重大事项记录、报告和责任追究办法（试行）》，严肃查处官商勾结、权钱交易、滥用职权、失职渎职等违纪违法问题，深挖彻查背后的腐败、作风、责任问题。紧盯群众身边的腐败问题，坚决惩治交通运输领域的"蝇贪蚁腐"。加强权力运

行监督，抓住定政策、作决策、审批监管等关键权力，推动科学赋权、规范用权、权力公开，完善权力配置和运行制约机制，进一步堵塞制度漏洞，优化工作流程，健全内控机制。深化以案促改促治，运用近年来全省交通运输系统领导干部留置案件开展警示教育，实现监督、查处、治理有机统一，督促加强行业信用评价机制体系建设，落实联合惩戒机制，建立行贿人黑名单制度，加大行贿非法所得追缴力度。

（四）把加固中央八项规定精神堤坝作为重要手段，打好作风建设持久战。深入整治享乐主义、奢靡之风，常态长效深化落实中央八项规定精神，严肃查处"吃老板""吃下级""吃公函""吃食堂"等违规吃喝问题，严肃查处违规收受礼品礼金、违规兼职取酬、借培训考察之名公款旅游等易发多发问题，严肃查处快递送礼、向管理和服务对象转嫁费用、"私车公养"等"四风"问题。重拳纠治形式主义、官僚主义，巩固深化"半拉子工程"和"形象工程""面子工程"等专项整治成果，切实树立正确政绩观；坚持查处打折扣搞变通、不担当不作为、推诿扯皮消极应付等问题，切实推动干部敢为善为；持续纠治文山会海、督查检查调研扎堆、"指尖上的形式主义"等问题，切实为基层松绑减负。

（五）把强化纪律教育作为管党治党的"戒尺"，养成遵规守纪的高度自觉。坚持集中性纪律教育和经常性纪律教育结合。认真开展集中性纪律教育，专题学习新修订的纪律处分条例和党员领导干部应知应会党内法规和国家法律。推动创建清廉机关，深

入开展党的自我革命思想教育，扎实开展党风廉政宣教月活动，加强正反两方面教育，强化重点对象教育，开展重点岗位和新提拔、新入职、新入党干部教育提醒和知识测试，推动形成廉荣贪耻的社会氛围。以规范运用"四种形态"为导向严格纪律执行，推动精准定性量纪执法，做到纪法情理贯通融合，推动"三个区分开来"具体化，激励干部担当作为、干事创业。

（六）把坚持自我革命作为根本路径，锻造全面过硬的纪检铁军。增强政治自觉，坚持把党的自我革命重要思想贯彻到纪检监察工作全过程各方面。深化"法规制度执行年"活动，加大厅系统纪检监察干部学习培训、以案代训、案例指导、经验交流力度，提升专业化水平。坚持严管厚爱，巩固拓展主题教育和教育整顿成果，严格按照制度规定履行职责、行使权力、开展工作，严格遵守纪检监察干部行为规范，严厉查处"灯下黑"，打造忠诚干净担当、敢于善于斗争、可亲可信可敬的纪检监察队伍；倾情关心关爱，积极争取、主动配合厅党组选优配强纪检机构干部，进一步畅通纪检干部成长渠道。

同志们，新征程再扬帆，新使命再起航。驻厅纪检监察组将坚守服务保障全省交通运输事业发展大局的目标定位，在省纪委监委的坚强领导和厅党组的大力支持下，以更加昂扬、永不懈怠的精神状态，为深化全面从严治党和党的自我革命省域实践贡献派驻力量，为湖北早日建成中部地区崛起重要战略支点，加快建设全国构建新发展格局先行区、交通强国示范区作出新的更大贡献！

大事记

2023 年大事记

1 月

5 日　湖北省新时代职工思想政治工作创新案例展示交流活动在武汉举办，会上发布十大经典案例、十大优秀案例，省交通运输厅的《让读书活动成为"流动的思政课堂"》被评为十大经典案例之一。省交通运输厅开展"书香交通·文化同行"品牌创建活动，通过实施推荐一批好书、办好一个讲堂、组建一个微信群等"十个一"行动计划，打造交通文化品牌。

6 日　襄阳绕城高速公路南段、枣潜高速公路襄阳北段、十淅高速公路湖北段正式通车试运营。本次建成通车的 3 条高速公路均位于鄂西北地区，总投资 129.3 亿元，全长 120.59 公里，为三大都市圈交通"硬联通"项目。襄阳绕城高速公路南段全长 31.64 公里，建成通车后，该路与襄阳绕城高速公路东段、福银高速公路和二广高速公路相关路段共同组成襄阳城市外环。枣潜高速公路襄阳北段路线全长 47.87 公里，襄阳北段完工后，全长 243 公里的枣潜高速公路全线建成，从潜江开车到襄阳仅需 2.5 个小时。十淅高速公路湖北段全长 41.08 公里，十淅高速公路开通后，鄂豫两省构建一条南北向快速通道，实现鄂西北与豫西南快速直达，将"六朝古都"洛阳、丹江口水库、武当山等优质旅游景区"一线串珠"。

20 日　副省长盛阅春到武汉市检查 2023 年春运及安全生产相关工作，看望慰问一线工作人员，强调要科学精准落实疫情防控措施，时刻绷紧安全生产这根弦，加强特殊时段安全监管，确保春运平安高效畅通和安全生产形势稳定。省交通运输厅党组书记、厅长钟芝清，党组成员、总工程师陶维号，厅党组成员、副厅长陈光斌参加检查。盛阅春一行先后前往中铁

武汉局集团有限公司运行调度中心、龚家岭收费站、武商梦时代商业综合体、武昌火车站等，了解春运期间铁路客流、重点物资货运情况，检查高速公路收费站保通保畅、应急处置以及火车站实名制验证、地铁站和公交站优化服务应对客运高峰、安全管理、服务保障落实情况，详细询问工作人员使用消防设施和处理突发事件的处置程序，并向奋战在一线的干部职工表示慰问。

2 月

1 日　副省长盛阅春到省交通运输厅调研并召开专题会，深入贯彻党的二十大、中央经济工作会议精神，推动省第十二次党代会、省委经济工作会议精神落实，以《湖北省流域综合治理和统筹发展规划纲要》为统领，研究部署全省交通运输年度重点工作，奋力夺取一季度"开门红"。省政府办公厅二级巡视员郭斌主持会议。省交通运输厅党组书记、厅长钟芝清汇报省交通运输厅 2022 年工作完成情况和 2023 年重点工作思路。

17 日　鄂州三江港综合码头粮食"散改集"铁水联运示范线路正式开通。粮食"散改集"铁水联运示范线路是三江港多式联运示范工程的主要线路，为国家第三批多式联运示范工程。

3 月

22 日　十堰至白河（鄂陕界）高速公路项目通过省交通运输厅竣工验收，项目竣工验收等级评定为"优良"。

4 月

7 日　湖北省首届"最美交通运输人"颁奖活动在湖北广播电视台演播厅举行，10 名交通运输人榜上有名。湖北省人大常委会副主任、省总工会主席刘雪荣，省政府办公厅、省委宣传部、省委直属机关工委、省总工会、共青团湖北省委、省妇联、湖北广播电视台、省交通运输厅、湖北交投集团等领导亲临现场，为获奖者颁奖。

27 日　省政府召开武汉新城与鄂黄黄快速道路系统建设动员会暨启动仪式，锚定全省第十二次党代会确定的武汉都市圈发展目标任务，加大统筹力度，狠抓工作落实，加快推动武鄂黄黄和武汉新城建设成势见效。副省长盛阅春出席活动并宣布建设全面启动。省交通运输厅党组书记、厅长钟芝清主持活动。黄石市政府致辞，省交通运输厅介绍武汉新城与鄂黄黄快速道路系统建设情况，武汉新城与鄂黄黄快速道路系统建设领导小组与武鄂黄黄四市领导签订目标责任状。

28 日　副省长盛阅春检查"五一"期间交通运输安全生产工作，强调要以时时放心不下的责任感，深查彻改风险隐患，让群众平安欢乐祥和过节。省交通运输厅党组书记、厅长钟芝清参加检查。盛阅春先后在汉孝高速公路祁家湾停车区检查食品、消防安全等情况，在武汉火车站检查安全保障措施，实地查看武汉火车站、地铁站优化服务措施和应对客运高峰等情况，在欢乐谷检查特种设备运行和管理情况。

5 月

12 日　以"打造精神高地　成就精彩人生"为主题的湖北省交通运输

厅第14期"书香交通·文化同行"读书分享会在武汉地铁运营有限公司成功举行，省文明办、省总工会、省全民阅读办等相关负责人应邀参加。

26日　宜昌至恩施、恩施至利川公路及宜昌至巴东高速公路通过竣工验收。

6月

2日　省纪委副书记、省监委副主任马朝晖到硚孝高速公路二期项目建设一线，现场调研监督项目建设。省交通运输厅一级巡视员姜友生、省纪委监委驻厅纪检监察组组长赵志国参加调研。马朝晖一行实地查看硚孝高速公路二期东山互通、毛陈收费站等施工现场，详细了解硚孝高速公路二期形象进度及项目建设管理情况，并主持召开调研监督座谈会。

9日　交通运输部副部长付绪银到汉江兴隆枢纽调研，听取省交通运输厅和省水利厅关于兴隆枢纽1000吨级船闸运行情况、2000吨级二线船闸工程前期进展等有关情况的汇报，详细察看兴隆航运枢纽现有船闸运行情况，现场察看船闸、泄水闸、电站等工程运行状况。省交通运输厅党组书记、厅长钟芝清陪同调研，详细汇报兴隆枢纽2000吨级二线船闸工程前期工作进展情况。

21日　湖北省郧县（鄂豫省界）至十堰高速公路通过省交通运输厅竣工验收，综合评价等级为优良。

30日　武汉硚口至孝感孝南高速公路二期、武汉至大悟高速公路河口至鄂豫界段正式建成通车。至此，孝感城区到武汉车程由50分钟缩短至20分钟，正式进入武汉"半小时生活圈"；孝感大悟到武汉车程由2个小时缩短到40分钟。

7月

31日　交通运输部举行"2022年感动交通十大年度人物"事迹报告会，"湖北省最美交通运输人"、宜昌市五峰土家族自治县三农客运有限公司驾驶员邓兰舟获评"2022年感动交通十大年度人物"。

8月

23日　湖北省高速公路ETC发行服务业务移交工作会在湖北交投集团举行。省交通运输厅党组书记、厅长钟芝清，湖北交投集团党委书记、董事长卢军出席会议并讲话。省交通运输厅党组成员、副厅长王炜主持会议，湖北交投集团党委委员、总会计师余彬，副总经理雷承，交通银行湖北分行副行长张喆出席会议。

30日　副省长盛阅春到武汉港江夏港区金水作业区项目选址地，现场督办项目推进工作。盛阅春要求创新思路，综合施策，全力以赴推进港口项目建设。省交通运输厅党组书记、厅长钟芝清陪同调研。盛阅春认真查看项目选址点位，先后听取省交通运输厅、湖北港口集团、江夏区政府相关情况汇报，实地踏勘，现场办公，共解难题，推动项目建设尽早开工。

9月

12日　副省长盛阅春到黄石调研武鄂黄黄快速道路建设，他强调，要始终坚持问题导向和系统思维，以"六带五保四集中"原则，倒排工期，挂图作战，加快推动武鄂黄黄快速道路建设提速、提质、提效。省交通运输厅党组书记、厅长钟芝清陪同调研。盛阅春一行到武汉新城至黄石新港快速通道下陆至开铁区段上程法施工处，现场查看项目建设推进情况，详细询问项目存在的难点问题，再三叮嘱现场施工单位，务必以质量和安全为前提，全力以赴加快项目实施进度。

13日　全省交通运输行业第六届"交通工匠杯"职工职业技能大赛航标工项目决赛在沙洋圆满落下帷幕。为进一步提高航标工的业务技能，更

好地为船舶安全航行做好服务，省交通运输厅、人社厅、省总工会、团省委联合举办全省交通运输行业第六届"交通工匠杯"职工职业技能大赛航标工项目比赛。来自全省港航系统的10支代表队、40名选手参加决赛。本次大赛分为理论知识竞赛和技能操作竞赛两部分，理论知识竞赛涵盖航道维护管理的标准规范、管理规定等内容，技能操作竞赛包括航标灯及浮标配套安装、高分子锥形标安装、恢复航标3个项目。

18日　湖北省高速公路改扩建项目突发事件应急演练在京港澳高速公路四标段孝感互通举行。演练设置有事故发生、信息报送、自救疏散、闻警出动、消防破拆、警戒疏导、医疗救护、道路清障、恢复交通等场景，高警大队、路政、消防等部门500余人参加演练，并使用直升机为伤者开辟空中救援通道，为快速处置改扩建施工期间高速公路突发应急事件积累实战经验。省交通运输厅党组书记、厅长钟芝清担任演练总指挥并讲话，厅党组成员、副厅长陈光斌主持应急演练。省应急管理厅救援协调和预案管理局局长李明华、孝感市政府副市长帅逊、湖北交投集团党委委员詹建辉、中铁十一局集团有限公司总经理魏加志，以及厅机关处室、厅直各单位、京港澳改扩建公司、京珠运营公司、高警支队等负责人观摩演练。

28日　湖北省高速公路ETC市场化改革首发活动在汉十高速公路孝感服务区举行。本次首发活动是湖北省高速公路ETC市场化改革落地的一个重要标志，是湖北交投集团全面正式承接ETC发行服务业务取得的一个全新突破，是湖北高速公路ETC发行服务移交工作会会议精神贯彻落实的一项重大成果，为全省加快ETC推广应用打下坚实基础。

10月

23日　全省首家多功能交通运输综合执法服务站鄂州市车湖特大桥站

正式投入使用。

30 日 黄鄂黄快速通道鄂州段工程正式开工建设。该项目是武汉新城与鄂州、黄石、黄冈快速道路系统"三横三纵"的"纵三线"，起于燕矶长江大桥（鄂州—黄冈界），终于黄石市。黄鄂黄快速通道鄂州段路线全长 18.73 公里，全线采用一级公路标准兼城市道路功能，设计速度为 60 公里/时，路基宽度为 26~55 米，双向四至六车道。项目采用设计施工总承包 EPC 模式建设，中标单位为湖北交投建设集团有限公司和湖北省交通规划设计院股份有限公司联合体。

11 月

6—7 日 交通运输部在湖北黄冈召开深入推进公路水运平安百年品质工程建设现场会。交通运输部党组成员、副部长付绪银出席会议并讲话，湖北省政府副省长盛阅春致辞。会上，湖北省交通运输厅党组书记、厅长钟芝清作经验交流。本次会议由交通运输部主办，湖北省交通运输厅、湖北交投集团承办。应急管理部、国家市场监督管理总局、交通运输部机关有关司局和部属有关单位，各省（区、市）交通运输厅（局、委）相关负责同志参会。与会代表实地观摩湖北燕矶长江大桥项目建设现场，观看湖北交投集团京港澳改扩建工程创建"平安百年品质工程"纪实短片。

10 日 湖北省交通运输综合行政执法大练兵大比武竞赛活动在武汉硚口江滩体育公园广场举行，来自全省 9 支交通运输综合行政执法队伍进行决赛。

16 日 鄂州机场高速公路二期项目建设动员会在黄石市大冶市举行。鄂州机场高速公路二期项目总投资 75.08 亿元，主线长 36.47 公里，设太

和东互通式立交连接线 3.2 公里。主线全线采用设计速度为 120 公里/时、路基宽度为 34 米的双向六车道高速公路标准建设。

19 日 湖北省保康至宜昌高速公路襄阳段、宜昌段顺利通过省交通运输厅组织的工程竣工验收，综合评价等级均为"优良"。

28 日 中国建筑业协会发布《关于公布 2022~2023 年度第二批中国建设工程鲁班奖（国家优质工程）入选名单的通知》，湖北省石首长江公路大桥成功入选。

12 月

2 日 省交通运输厅党组书记、厅长钟芝清率队督导高速公路路域环境整治，他强调，要压实责任，挂牌督办，强化考核，以更高标准、更严要求、更实举措实施精细化管理。钟芝清一行到武鄂高速公路沿线开展逐段排查，进行现场办公，紧盯环境卫生整治、广告牌清理和绿化提升等路域环境重点工作，发现问题 23 处，现场整改 5 处，督办处置 18 处。

8 日 武鄂黄黄快速道路系统中通道正式开工建设。武鄂黄黄快速道路系统中通道包括武黄高速公路改扩建和 348 省道，是《湖北省综合交通运输发展"十四五"规划》中明确的重点项目，也是《武鄂黄黄规划建设纲要大纲》中确定的武汉新城与鄂黄黄快速道路系统的中轴主通道，还是鄂州花湖国际机场多式联运集疏运体系中的公路大通道。项目的实施对完善湖北省综合立体交通网主骨架功能、打造武鄂黄黄国际综合交通和物流枢纽、支撑武汉都市圈空间格局、强化武鄂黄黄一体化发展、服务武汉新城建设具有重要意义。

9 日 武汉市轨道交通蔡甸线工

程，轨道交通 8 号线二期、三期工程获 2022—2023 年度国家优质工程奖。

11 日 武汉城市圈环线高速公路咸宁西段项目通过竣工验收。经竣工验收组委会最终评定，项目综合评分 93.10 分，被评为优良工程。本次竣工验收由湖北省交通运输厅组织，湖北省应急管理厅、湖北省公安交通管理局、湖北省交通重点项目建设领导小组办公室等相关部门，项目建设及参建单位等代表参会。

18 日 武汉天子山大桥正式开工建设。天子山大桥项目位于武汉新城，起于江夏区乌龙泉李木匠湾，跨梁子湖湖汊，止于梁子湖风景区舒家窑湾。路线总长 2480 米。其中桥梁长 1800 米，采用双向四车道一级公路标准建设，计划 2026 年建成通车。

22 日 武汉开往成都的长江班列从阳逻铁水联运一期成功首发，标志着长江班列（武汉—成都）铁水联运通道正式打通。此趟班列从武汉阳逻港出发，走铁路抵达成都城厢站仅需 2 天，较传统水路运输模式节约运输时间 15 天左右，节约物流成本 30% 以上。

24 日 孝汉应高速公路（福银至武荆段）通过交工验收，标志着福银高速公路与武荆高速公路这两条东西向大动脉正式连通。孝汉应高速公路全长 34.44 公里。主线采用双向六车道高速公路标准建设，设计速度为 120 公里/时，路基宽度为 34 米。

30 日 武汉轨道交通 19 号线、5 号线二期工程开通初期运营。武汉轨道交通 19 号线工程起于武汉站西广场站，止于新月溪公园站，全长 23.3 公里，设 7 座地下站。武汉轨道交通 5 号线二期工程与既有 5 号线贯通，按照单一交路运行。5 号线二期线路全长 2.61 公里，采用高架敷设。

概

況

【全省交通运输概况】　截至 2023 年底，湖北省综合交通网总里程约 32.98 万公里（不含民航航线、城市道路），密度 177.4 公里 / 百平方公里。全省公路总里程 30.76 万公里，其中高速公路里程 7849 公里；铁路营业里程 5764 公里，其中高速铁路里程 2064 公里；内河航道通航里程 8667 公里，其中高等级航道里程 2154 公里；油气管道 7800 公里。全省有民用机场 8 个、通用机场 8 个（含直升机机场）。全省港口货物吞吐能力 5.55 亿吨，集装箱吞吐能力 589 万标箱。

1. 基础设施建设。

（1）铁路。全年完成铁路基本建设投资 135.5 亿元、技改投资 16.59 亿元、大修投资 46.69 亿元，涉铁项目完成产值 26.83 亿元。重大项目建设推进有序。沿江高速铁路合武段、宜涪段以及呼南高速铁路宜常段开工建设，沿江高速铁路武宜段、宜昌至郑万高速铁路联络线等在建项目高质量推进，沿江高速铁路汉口至汉川东工程开工 7 个月完成全线桩基施工，建成武汉北扩能改造等 36 个设备升级、枢纽畅通项目，建成重点涉铁项目 48 个，开通专用线 5 条。武（武汉北）黄（黄州）线路全线开通运营，宜万线隧道棚洞隐患整治取得重要进展，武汉、汉口等客站提质改造、汉口至余家湾 C2 改造工程、武汉局集团公司五大实训基地等项目均按期完成。

（2）公路。全年完成公路固定资

2023 年 10 月 20 日，武阳高速公路武汉至鄂州段正式通车

产投资 1645.4 亿元，其中高速公路投资 1009 亿元。全省新增公路里程 5388 公里，其中新增高速公路 251 公里、一级公路 382 公里、二级公路 75 公里。全省公路总里程 307566 公里，公路密度 165.46 公里 / 百平方公里。武（汉）鄂（州）黄（石）黄（冈）快速路 40 个项目开工 37 个，其中 17 个品质提升项目完成投资 33.9 亿元，23 个重要节点工程项目开工 20 个，完成投资 65.2 亿元。鄂州花湖国际机场南门连接线等 3 个项目率先贯通。125 个交通"硬联通"项目建成 52 个、在建 73 个，三大都市圈"断头路""瓶颈路"全部开工建设；加快实施路域环境治理，完成问题路段绿化提升等阶段性整改任务，完成 1939 块广告牌拆除，重点路段路域环境逐步改善。京港澳高速公路湖北北段等 17 个在建改扩建项目加快推进。29 个续建项目中，武（汉）

阳（新）高速公路等 7 个项目 251 公里建成。完成新改建农村公路 14819.7 公里，全省农村公路里程达到 27.2 万公里，实现所有乡镇、行政村、20 户以上自然村通硬化路，农村公路通达深度和等级结构明显提高。

（3）水路。全年完成港航建设固定资产投资 87.3 亿元（长江航务管理局在鄂完成投资 12.6 亿元）。其中港口项目完成投资 62.7 亿元，航道项目完成投资 11.5 亿元，支持保障系统项目完成投资 0.5 亿元，长江航务管理局完成投资 12.6 亿元。汉江雅口、孤山枢纽基本建成，新集、碾盘山等枢纽项目加快建设，唐白河、富水、汉北河、浠水等航道整治项目顺利实施，黄石港棋盘洲港区三期工程、宜昌港洋溪临港物流园综合码头、荆州港监利港区白螺作业区白螺物流港一期工程等港口项目推进迅速。宜昌港枝江港区姚家港作业区姚家港煤炭专用码头、黄石港阳新港区富池作业区综合码头工程、武汉娲石水泥配套码头改扩建工程等 15 个项目建成。新增港口通过能力约 5200 万吨。全省港口与航道布局规划思路通过省委专题会审议。汉江兴隆枢纽 2000 吨级二线船闸工程前期工作启动，工程可行性研究报告通过行业审查；兴隆至蔡甸段 2000 吨级航道整治工程初步设计获批复。

（4）民航。全省在册通用航空公司 26 家，通用机场 8 个。客货"双枢纽"建设加快推进，鄂州花湖国际机场全面开启货运功能，以鄂州花湖国际机场为核心的多式联运集疏运体系

2023 年 6 月 29 日，湖北汉江雅口航运枢纽全面投产运营

正在形成。武汉天河国际机场第三跑道项目进展顺利，配套机坪投入使用，T2航站楼改造工程通过行业验收。中国航油华中运控中心及湖北分公司综合保障用房项目开工建设。支线机场建设中，宜昌三峡国际机场T1国际航站楼通过国家口岸办验收，成为湖北省第二个全面对外开放的机场；十堰武当山机场新建次降仪表着陆程序获批，助航灯光改造工程获国家知识产权局颁发的实用新型专利证书；恩施许家坪机场迁建工作顺利推进。

（5）邮政。加强行业现代化基础设施建设，中通快递华中（武汉）总部基地、湖北极兔武汉转运中心、申通（孝感）智慧物流电商产业园等项目建成投产，圆通湖北总部暨智慧供应链科创园、顺丰华中区数智供应链产业基地项目落户湖北。

2.综合交通运输服务保障。

（1）铁路。全省铁路完成客运量1.76亿人次，比上年增长104.5%，完成旅客周转量904.59亿人公里，比上年增长100.2%；完成货运量9225.27万吨，比上年增长0.2%，完成货物周转量1669.07亿吨公里，比上年下降4.7%。

（2）公路。全省公路完成客运量1.87亿人次，比上年增长7.7%，完成旅客周转量120.1亿人公里，比上年增长24.8%；完成货运量17.3亿吨，比上年增长19.4%，完成货物周转量2424.3亿吨公里，比上年增长17.8%。

（3）水路。全省水路完成客运量717.6万人次，比上年增长250.9%，完成旅客周转量39357.2万人公里，比上年增长389%；完成货运量7亿吨，比上年增长19.8%，完成货物周转量4996.8亿吨公里，比上年增长17.3%。完成港口吞吐量6.93亿吨，比上年增长22.8%，其中，内贸货物港口吞吐量完成6.74亿吨，比上年增长23.6%。完成港口集装箱吞吐量329.8万标箱，比上年增长5.5%；港口集装箱铁水联运量17.55万标箱，比上年增长107.2%。

（4）民航。武汉天河国际机场结合中转服务优势，申请成为中南地区首家"干支通，全网联"试点机场。

鄂州花湖国际机场成功实现"三个安全平稳切换"，顺丰鄂州枢纽成为全国最大的中转分拣中心，开通国际国内货运航线超50条，顺丰航空有限公司完成货运航线转场工作，转运中心高效运行，高峰每小时可处理包裹28万件。湖北民航全年旅客吞吐量3459.2万人次，比上年增长123.6%；货邮吞吐量46.25万吨，比上年增长51.9%；起降40.23万架次，比上年增长37.4%。

（5）邮政。全省累计建成县级公共配送中心105个、乡镇服务站点3475个，设置村级快递服务网点且能正常运营的行政村达20744个，实现全省行政村100%全覆盖，全省农村寄递物流体系全面建成。推动"邮快合作"和农村"客货邮"融合发展，新增交邮联运邮路60条。全省邮政行业完成寄递业务量50.05亿件，比上年增长14.28%；完成业务收入477亿元，比上年增长14.6%。其中，完成快递业务量37.69亿件，比上年增长17.32%；完成业务收入307.35亿元，比上年增长14.95%。

（6）多式联运。多式联运发展。省纪委监委将交通物流枢纽建设纳入专项监督，硚孝高速公路建成通车，天子山大桥正式开工，一批历史遗留问题取得突破。武汉国家综合货运枢纽补链强链累计获得补助资金10亿元。宜昌三峡枢纽多式联运等2个国家多式联运示范工程通过验收，全省创建数量（8个）、命名数量（4个）均居全国第一。大力培育市场主体，落实配套奖补资金6640万元，新增规上道路货运企业195家，总数697家，全国第四、中部第二。

（7）运输保障体系。公路养护水平得到提升，路网质量不断改善。湖北省高速公路服务区充电设施建设实现全覆盖，31个新开通收费站北斗授时全覆盖。验收新建合格"司机之家"24个。ETC发行服务业务平稳有序移交给湖北交投集团，更好发挥市场作用。"湖北鄂州花湖货运机场转运中心智慧运营科技示范工程"成功获批全国科技示范创建项目。湖北省获

批部省联动交通运输产品质量监督抽查全国试点省份。《湖北省高速公路管理条例》等3部地方性法规修改纳入省人大常委会五年立法规划。细化358项行政处罚自由裁量标准，整治执法领域突出问题1420个。2个全省优化营商环境先行区改革试点完成验收。建设"信用交通省"，向交通运输部报送信用数据1000余万条，公路水运建设市场更加规范。

3."四好农村路"建设。

高质量推进"四好农村路"建设，以"四好农村路"五色图评价体系强化过程管理。全省累计创建全国"四好农村路"建设市域突出单位3个，全国示范县22个，省级示范县56个，省级示范乡镇237个。农村公路灾毁保险纳入交通强国试点项目。多举措推进农村公路可持续发展。开展普通公路安全精细化提升行动，完成农村公路安全防护工程7671公里；组织排查并完成农村公路"断头路""瓶颈路"2874公里；完成共同缔造"美丽农村路创建"项目406个、1112公里。高标准推进农村客运发展，赤壁市、老河口市、红安县获得第二批全国城乡交通运输一体化示范县命名，全省示范创建单位达到10个，其中验收命名5个。14个县市开展全域公交县建设，其中7个建设完成。

4.绿色交通。

中央生态环境保护督察反馈的"码头整治"事项销号、"船舶污染防治"事项完成整改。2022年国家长江经济带生态环境警示片披露的黄冈2个码头运营环保等问题基本整改完成。绿色发展方式不断推广，"永临结合""零弃零借"等绿色建设理念深入贯彻，港口岸电泊位增长至498个，岸电用电量达1467万千瓦时，比上年增长158%。

5.平安交通建设。

扎实开展交通运输安全生产十大专项行动、重大风险隐患排查整治和交通重要基础设施大排查等专项整治行动，排查整改问题隐患1.15万个，研判重大风险92个，湖北省安委会、省综合交通安全生产专委会挂牌督办的17个重大事故隐患全部销号。首次

联合湖北省委平安办评选出 46 个平安交通示范创建单位。修订《湖北省交通运输厅突发事件综合应急预案》。成功承办全国平安百年品质工程建设现场会，荆州石首长江公路大桥等获得鲁班奖、李春奖等 37 个奖项。安全形势总体稳定，全年接报公路水路行业安全生产事故 17 起、死亡 24 人，比上年分别下降 35%、35%，其中较大等级事故 1 起、死亡 3 人，比上年分别下降 67%、73%，实现"一无两降"目标，即无重大及以上等级事故，安全生产事故起数和死亡人数双下降。

【全省普通公路概况】 2023 年，全省普通公路完成固定资产投资 636.4 亿元。建成一级公路 457.3 公里、二级公路 725 公里。348 国道巴东长江大桥至平阳坝段、230 国道红安县七里坪至县城段、107 国道陆联至肖港（福银高速公路孝感北出口）段等 27 个项目完工；207 国道襄阳段、209 国道房县柳树垭至土城段、316 国道鄂州杜山至葛店段、107 国道咸安绕城段等一批重点项目稳步推进。完成新改建农村公路 14819.7 公里，新增"四好农村路"省级示范县 9 个、示范乡镇 49 个。至 2023 年底，全省农村公路总里程达到 27.2 万公里，位居全国第三、中部第一，路网密度达到 146.36 公里 / 百平方公里，等级公路比例达到 99.19%，基本形成覆盖广泛、便捷高效的农村公路基础网，农村群众"出行难"问题得到根本解决。

行业管理。完成《湖北省普通公路养护工程管理办法（征求意见稿）》《湖北省普通国省道养护设施管理办法（初稿）》《湖北省普通国省道服务设施管理办法（初稿）》《普通公路养护提质三年攻坚项目资金管理办法（征求意见稿）》编制工作。贯彻落实《普通公路养护提质三年攻坚方案》，完成国省道路面修复工程 3602 公里，完成美丽国省道创建 1696 公里、农村公路提档升级 4812 公里、试点范围内共同缔造"美丽农村路创建"项目 1000 公里。新增 109 个 1889 公里普通国道项目纳入国家"十四五"中期调整项目库，其中国道路面改造项目 39 个 985 公里。

公路管养。普通国省道路面技术状况指数（PQI）达到 88.71，整体评价为"良"，普通公路技术状况比上年上升 10 名，其中国道首次实现整体达优；农村公路路面技术状况指数（PQI）达到 83.43，评价为"良"。完成公路长大桥梁结构健康监测系统建设试点省级验收工作，建成桥梁结构健康监测省级平台，新建成 15 座长大桥梁健康监测系统。出台《"四好农村路"五色图工作评价细则》，全年发布"四好农村路"工作评价五色图 4 期，与上年比，47 个县（市、区）提档进

位；出台《湖北省普通公路养护提质三年攻坚行动"红旗""蜗牛"单位评定实施方案》，细化工作措施和责任分工，推动普通公路发展努力实现"三个转变"。红安县经典旅游景区公路入选交通运输部"我家门口那条路——最具人气的路"。

公路安全保畅。梳理排查上年公路交通事故点段，省公安厅联合省交通运输厅下发《全省普通公路安全隐患突出点段治理重点攻坚项目实施方案》，针对普通公路迎面相撞事故多发点段、急弯陡坡、临水临崖、平交路口等突出隐患开展攻坚行动，完成国省道安全设施精细化提升工程 902 公里、村道安防工程 6779 公里、公路安全隐患突出点段治理 2033 处、公路灾害防治工程 391 公里、危桥改造 885 座。

优化营商环境。建立专项督办推进机制，将"四好农村路"建设纳入省纪委专项监督内容、大数据监察系统，联合驻厅纪检监察组对后进县市进行专项督办。进一步规范审批程序、优化审批流程，进一步优化营商环境，规范办理普通公路涉路施工许可 343 起、大件运输许可 12.47 万起。办理公路养护项目及路线交叉审查批复 63 项。

（崔新武）

【全省高速公路概况】 2023 年，全省高速公路完成投资 1009 亿元，其中国家高速公路建设完成投资 495.7 亿元。全省高速公路通车总里程 7849 公里。京港澳高速公路湖北北段等 17 个在建改扩建项目加快推进。29 个续建项目中，硚口至孝感高速公路（二期）、武汉至阳新高速公路黄石段、武汉至阳新高速公路武汉段、武汉至阳新高速公路鄂州段、武汉至大悟高速公路河口至鄂豫界段、武汉至红安高速公路（沪蓉高速公路红安联络线）、张家界至南充高速公路宣恩（李家河）至咸丰段等 7 个项目共计 251 公里建成。

费收管理。服务路网新增站点运营，开展新开通高速公路 9 条路段、33 个收费站、11 个服务区（停车区）收费标准核查、经营能力审查。完成全省高速公路局部改造规划审查意见、新增

2023 年 9 月，107 国道肖港至陆联段建成通车

出入口收费站 4 个项目及改扩建 3 个项目的工程可行性研究及初步设计报告的审查工作。开展高速公路拥堵缓行专项整治行动，总结分析对比各路段各站点拥堵形成原因及措施，定期通报拥堵治理情况，专项进行拥堵治理指导。推进公路沿线充电基础设施建设。

公路养护。创新高速公路行业监管方式，以养护计划、养护管理、路面修复、桥隧管理、年度重点任务为抓手，每月开展"红旗""蜗牛"评价，对路况不达标的单位进行集中约谈。加快实施路域环境治理，按照"干净、整洁、通透、悦目"原则，完成问题路段绿化提升等阶段性整改任务。高速公路绿化成效初显，紧盯"一主两副"周边及武鄂黄黄重点区域和武汉绕城等重要路段，加强路、警、企、地"一路多方"沟通配合，做好前期规划设计，强化效果导向，促进高速公路绿化实现"三个转变"（实现从"普通管养"向"生态景观"转变，从"粗放式"向"精细化"转变，从"各行其是"向"系统打造"转变）。

路政管理。加强超限运输治理，巩固完善路、警、企、地联合执法、联合监管工作机制，深入整合行业数据资源信息，拓展大数据、人工智能等与治超工作的应用场景和功能，推广非现场治超执法，提升科技治超效能。全年对违法超限运输实施行政处罚 90 起。高速公路货车违法超限率控制在 0.01% 以内。加强路域环境治理，加大对收费站货车恶意冲岗、路产损坏逃逸案件、盗损隔离网等交通安全设施、违法占用高速公路桥涵下空间等违法侵权行为查处力度，共同缔造"畅安舒美"通行环境。按照"应拆尽拆、能拆全拆、尽量多拆"原则，开展高速公路广告牌清理整治活动，拆除高速公路违法广告牌 1939 块；同时，拆除武汉新城与鄂黄黄快速道路广告牌 408 块，武鄂、武黄高速公路沿线广告牌全部拆除。加强执法服务效能，圆满完成京港澳高速公路汉江大桥升级改造、武汉段所有上跨天桥拆除期间施工安全监管与执法服务保障工作。进一步规范完善高速公路大件运输、涉路施工许可审查流程，优化"预约核查""免费护送"等服务举措，助力企业纾难解困。全年审查涉路施工许可 474 件，协办大件运输许可 271156 件。

安全应急管理。大力推进高速公路领域安全标准化建设，推动安全工作制度化、规范化建设，夯实安全管理工作基础。推进高速公路运营安全管理，检查督办高速公路经营单位内业资料规范，解决企业安全生产执行力和落实力问题。推进在役高速公路安全与应急数字化试点应用试点。

服务创新。新开通高速公路 9 条路段、34 个收费站、11 个服务区（停车区）。投入使用"智慧收费机器人"216 套，投入运营无人化收费站 28 个，发卡效率较人工提升 20%，出口自助缴费综合准确率 96%。开展服务区"强基"行动，对服务设施进行更新改造。完成充电基础设施"随手查"省级平台功能开发，关联推送高速公路服务区充电基础设施数据，实现充电设施状态"随手查"。开展费收双争双创、"亮星"行动和服务区高质量服务创新试点。整合现有信息资源及诚信经营系统，初步形成"可测、可视、可控"的数字化格局。落实"绿色通道"政策规范和跨区作业联合收割机（插秧机）通行服务保障。开展"荆楚行 湖北情"系列活动，创新提升服务水平，潜江服务区管理团队荣获"中国高速公路服务区 35 年优秀服务团队"称号，安陆服务区被评为全国高速公路旅游特色服务区。

（余威 李先国）

【全省道路运输和交通物流发展概况】 2023 年，全省站场建设完成投资 106.25 亿元，其中，客运站场建设完成投资 22.04 亿元、货运物流设施建设完成投资 84.21 亿元。赤壁市余家桥汽车客运站、大冶市综合客运站、谷城县石花汽车客运站、十堰市客运西站、武西高速铁路枣阳综合客运枢纽、英山县温泉客运综合服务中心 6 个客运站项目建成。顺丰武汉电商产业园、辰颐物语华中秭归电商加工产业园、荆门国际内陆港公铁物流中心（一期）、捷利（黄石）物流综合产业园（一期）、咸宁公路港、潜江潜网生态小龙虾物流园区 6 个货运物流项目建成。新建改扩建农村综合运输服务站 78 个、农村候车亭 3491 个。

货运物流发展。交通运输部、公安部、商务部联合对黄石市、咸宁市城市绿色货运配送示范工程进行实地评估验收。宜城、郧阳两地入选交通运输部农村物流服务品牌。国家级和省级多式联运示范工程积极推进，运输结构持续优化，公路货运量占比与上年基本持平，水路货运量占比较上年增加 0.2 个百分点。

2023 年 9 月 28 日，宣恩至咸丰高速公路通过交工验收

城乡客运。全省开通定制客运线路 221 条、城际公交线路 57 条。14 个县被纳入全域公交县建设范围，赤壁市、潜江市、老河口市、竹山县全域公交县建设完成。武鄂黄黄都市圈城际公交一体化建设试点有序推进，开通武汉城际公交线路 13 条。

行业转型。积极推动"客货邮"融合发展，持续推进宜城市、老河口市、罗田县等 8 个样板县创建，"客货邮"融合线路达 966 条。新增网络货运企业 39 家，累计达到 141 家，完成运单 1267 万单，货物周转量达 1293 亿吨公里。淘汰老旧柴油货车和燃气车辆 10816 辆。

公交服务。荆州市、十堰市、咸宁市成功入选国家公交都市创建城市。适老化无障碍服务持续提升，打造示范线路 20 余条，投入运营低地板公交车 4000 余辆，武汉、宜昌、荆门、鄂州、荆州、恩施 6 个城市完成"95128"约车应用服务。

科技支撑。四级协同系统便民服务水平进一步提升，电子证照办件 50 万余件，办理跨省通办事项 29 万余件，完成从业资格证自动诚信考核 26756 人次，服务经营业户 15 万余户、营运车辆 42 万余辆、从业人员 142 万余人。

安全基础。全省打非治违专项行动检查车辆 46838 辆次，查处违规车辆 1861 辆次。集中整治重载货车违法违规行为，整改隐患 4289 起。落实违规信息闭环处理，印发通报 46 期，整改企业问题 2472 起，运用"五种形态"处理违规驾驶员 3 万余人次。

（罗丽萍）

【全省水路交通概况】 2023 年，全省港航建设固定资产投资完成 87.3 亿元（长江航务管理局在鄂完成投资 12.6 亿元）。其中港口项目完成投资 62.7 亿元，航道项目完成投资 11.5 亿元，支持保障系统项目完成投资 0.5 亿元，长江航务管理局完成投资 12.6 亿元。汉江雅口、孤山枢纽基本建成，新集、碾盘山等枢纽项目加快建设，唐白河、富水、汉北河、浠水等航道整治项目顺利实施，黄石港棋盘洲港

区三期工程、宜昌港洋溪临港物流园综合码头、荆州港监利港区白螺作业区白螺物流港一期工程等港口项目推进迅速。宜昌港枝江港区姚家港作业区姚家港煤炭专用码头、黄石港阳新港区富池作业区综合码头工程、武汉娲石水泥配套码头改扩建工程等 15 个项目建成，新增港口通过能力 5200 万吨。

解决制约水运发展难题。一是长江航道"中梗阻"问题取得突破，宜昌至武汉段 4.5 米水深航道整治工程的核心工程荆江航道整治二期项目工程可行性研究通过国家发展改革委评估；三峡水运新通道项目前期工作全面推进；荆汉运河工程在开展前期研究论证中。二是汉江航道"卡脖子"问题取得突破，省政府召开推动汉江航运发展专题会，近远期结合彻底解决兴隆船闸通航保证率不高的问题；协调省水利厅采取应急措施，恢复船闸通航，远期明确加快推进汉江兴隆枢纽 2000 吨级二线船闸建设。三是港口资源整合实现突破，积极指导湖北港口集团正式接管阳逻一期，实现阳逻港一、二、三期统一运营基础上，加强湖北港口集团与中远外运的沟通协调力度，推动阳逻东、西港区的统一运营管理；加快推动湖北港口集团实现汉江航运一体化开发。

编制水运发展重大规划。组织编制《全省港口与航道布局规划》，2023 年 12 月 18 日省委专题会研究通过。

编制完成《湖北省水运发展三年行动方案（2023—2025 年）》和"十四五"规划中期调整工作。12 个项目纳入交通运输部"十四五"规划。武汉港总体规划通过交通运输部与湖北省政府联合审查。启动荆州港、宜昌港、鄂州港等港口总体规划修编工作。对孝感港、浠水港、蕲春港、赤壁港出具支持性意见。同意钟祥港涢河港区、潜江港泽口港区、恩施港纸厂湾港区开展港区局部调整或修编工作。

出台水运长远发展的支持政策。起草《关于加快湖北省港航业高质量发展的实施意见》。出台《湖北省船舶污染防治资金补助实施方案》《湖北省老旧运输船舶淘汰更新实施方案》《湖北省"十四五"乡村振兴旅游渡运码头建设实施方案》《武汉长江中游航运中心航运航线补贴办法》《船舶安全管理专项治理资金补助及评价办法（试行）》。

优化水路营商环境。支持市场主体发展壮大，1—12 月，开辟航线、通道、线路 44 条，其中集装箱航线 10 条、多式联运通道 23 条、中欧班列（武汉）线路 11 条。汉亚直航运输航次 114 次，运输箱量 4.51 万标箱，比上年增长 43.03%，中欧班列开行 1005 列，比上年增长 64.75%。完成 5 家公司新增运力，宜昌 2 家公司纳入川江载货汽车滚装船新能源应用试点经营主体。规范航运企业经营行为，组织全省 16 个市州开展为期 2 个月的国内水路运输及

2023 年 6 月 29 日，湖北汉江雅口航运枢纽全面投产运营

其辅助业和国际船舶运输业核查工作；湖北"两坝一峡"水路旅游产品入选文化和旅游部、交通运输部第一批交通运输与旅游融合发展十佳案例。创新设立跨省船舶检验一体化工作站，由鄂豫两省交通运输厅发起的长江船舶检验一体化工作站在宜昌市临江坪绿色服务区正式揭牌，投入运行。

提升绿色安全保障能力。深化船舶港口污染防治长效治理，截至12月底，全省接收船舶生活垃圾5118吨，生活污水39万吨，含油污水8639吨；武汉市、宜昌市化学品洗舱站共计洗舱86艘次，比上年增长53%；宜昌枝江、鄂州白浒山两座液化天然气（LNG）加注站共计加注148艘次，加注量总计1200吨。开展重大危险源情况辨识专项治理，全省辨识为重大危险源的企业共4家，全部纳入重点监管对象。推进"美丽乡村渡口"共同缔造专项行动，截至2023年12月底，全省共撤销渡口169道、提前拆解渡船104艘，启动渡口渡船提档升级项目183个，其中完成104个、施工中22个、启动前期工作57个。组织开展包括规范水路客运船舶靠泊问题、港口危险货物安全专项整治、国内航行船舶船员实操能力专项检查、公路水运工程安全治理能力提升等专项行动。对部分港口管理部门、重点危货码头和客运码头实施"专家会诊"，排查和督促整改各类安全隐患，水上交通安全生产形势持续稳定。

（李碧）

【全省铁路运输概况】 中国铁路武汉局集团有限公司承担湖北省全境、河南省南部以及安徽省、湖南省和江西省部分地区铁路运输任务，是全国铁路的重要枢纽和中部地区、长江城市集群综合交通体系的重要组成部分。武汉局集团公司管辖116条线路，包含京广高速铁路、武西高速铁路、郑渝高速铁路、阜黄高速铁路、沪蓉（合武、汉宜段）高速铁路、武九高速铁路、武咸城际铁路、武冈城际铁路、武孝城际铁路、仙桃城际铁路10条高速铁路，沪蓉（宜万段）、京广、京

九、焦柳、武九、汉丹、襄渝、宁西、孟宝、漯阜、浩吉11条普速干线。

线路营业里程6993.66公里，线路总延展长15924.52公里，其中正线延展长12492.66公里。道岔11233组，其中正线道岔4545组。桥梁4421座，隧道594座，桥隧总换算1812895米。道口234处，其中正线道口210处。高速铁路营业里程2184.82公里，线路总延展长4533.94公里，其中正线延展长4262.06公里。道岔952组，其中正线道岔599组。桥梁1068座，隧道188座，桥隧总换算1048435米。

配属机车1050台。其中内燃机车209台，电力机车841台；配属国铁客车1773辆，配属动车组175列233标准组。分界站24个，其中高速铁路7个、普速铁路17个；分界口客货列车对数为1500对，其中旅客列车对数763对、货物列车对数737对。图定客车763对，其中动车组518.5对，担当客车315.5对。

信号设备换算道岔组数290943组。管内信号设备7183.649公里（复线5607.707公里），自动闭塞5699.566公里，半自动闭塞1009.672公里，自动站间闭塞474.411公里。联锁车站（场）437个（继电集中21个、微机联锁397个、非电气集中5个、驼峰场14个）。联锁道岔总数

11783组，其中电气集中道岔11745组。机车台数1437台，机车信号车载设备1871套。武汉局集团公司通信设备总计588063.83皮长公里。

截至2023年末，武汉局集团公司资产总额4111.5亿元，净资产2777.9亿元。其中：固定资产原值4250.3亿元，累计折旧1155.5亿元。共有职能机构26个，生产机构3个，附属机构25个，派出机构3个。武汉局集团公司所属基层单位70个，其中车务系统16个（直管车站8个、车务段6个、客运段2个），机务系统4个，供电系统3个，车辆系统4个，工务系统7个，电务系统4个，综合段2个，房建系统2个，非运输企业11个，项目管理机构10个，其他直属单位7个。

安全管理。牢固树立总体国家安全观和大安全观，健全人防、物防、技防"三位一体"安全保障体系，安全生产进入建局以来最长周期，实现安全生产2232天。推进深化铁路安全基础建设三年行动，完善全员安全生产责任制，修订安全管理制度20余项、专业安全管理制度60余项。深化站段标准化规范化建设，优化站段安全生产指挥中心职能，规范"两违"分级分类管理。推进安全风险防控和安全风险源头治理，严密管控28项"黑天鹅""灰犀牛"风险项目，建成18个站CTC3.0调度进路控制系统，

2023年11月1日，中国铁路武汉局集团有限公司与湖北机场集团有限公司签署战略合作协议

实现 LKJ 和 GYK 数据无线换装，推行"全天窗"作业模式，实行车务综合防护试点，协调地方政府常态化联合整治重点难点问题 400 余件，完成"雪亮工程"视频资源共享 3100 余路。

运输经营。深化运输供给侧结构性改革，以主动作为适应疫情转段带来的市场变化。客运总量恢复、效益攀升，暑运及"五一"、中秋、国庆等假期运输均取得历史同期最好成绩，担当车盈利、重点方向客座率等指标均创新高，全年发送旅客 1.76 亿人次，恢复到 2019 年的 91.4%，完成客运收入 254 亿元，为 2019 年的 108.3%。货运持续向好、实现突破，"一矿六港四区域"协同发力，集装箱、铁水联运、国际班列稳定运行，全局集装箱办理点新增 10 个达到 105 个，5 个港口开办 35 吨宽体箱铁水联运，专用线共用单位新增 155 家，全年发送货物 9225 万吨，创十一年新高，货运收入突破百亿大关。敞口交接体现担当、取得实效，深入推进武汉枢纽运输组织调整、武汉北站扩能改造、平东和武东驼峰关停、干线货车提速增吨、平舞作业车互通等举措，全局班计划、阶段计划兑现率在 6 个千列大局中保持第一，17 项主要运输指标 32 次创新高。非运输业稳定发展，加速实业化转型，武汉站商业、广告提质改造后创效显著，武汉三大站 12306 网络扫码点餐实现全覆盖，"国铁·印江澜"房地产开发项目实现销售 9.1 亿元，金鹰重工取得 22 项专利授权和 7 项生产许可证，获得 12 个国家和地区的 25 个项目 2 亿元订单。

企业改革。深化法治化市场化经营，加快完善现代企业治理体系。修订集团公司授权决策方案及各治理主体议事规则，明晰权责清单和负面清单，出台制度管理办法，新建并推广制度管理信息系统，全面规范业务外包、零小工程、涉铁工程和物资采购管理，强化依法治企的思想共识和行为习惯。构建市场化运作机制，健全运输业务内部模拟利润中心核算体系，完善贯通各层级各执行单元的预算管理体系，初步在汉十高速铁路建立高

速铁路运营综合体系，拓展货运领域运单物权化、生产管控平台、站内交付业务集中办理等成果。深化重点领域改革，启动现代物流体系建设，完成厂办大集体改制、疗养机构改革，组建成立信息公司，漯阜公司走出长期亏损、实现扭亏为盈。制定运输站段生产人员定员标准，推进 32 项劳动组织改革，生产组织的信息化、精细化水平进一步提高，运输业平均每营业公里用工 11.3 人，同比减少 0.5 人。2023 年，集团公司 1 个质量管理（QC）小组获全国优秀质量管理小组，1 个 QC 小组获全国铁道行业优胜质量管理小组，21 个 QC 小组获全国铁道行业优秀质量管理小组，1 个班组获全国铁道行业优胜质量信得过班组，1 个班组获全国铁道行业优秀质量信得过班组。全年共向中国铁道企业管理协会推荐现代化创新成果 6 个，其中一等奖 3 个、二等奖 2 个、三等奖 1 个；获全国企业文化优秀成果二等奖 1 个；获全国铁道行业企业文化建设成果特等奖 1 个、二等奖 1 个。

铁路建设。加快构建现代化铁路基础设施体系，科学有序推进铁路建设，全年完成基本建设投资 135.5 亿元、技改投资 16.59 亿元、大修投资 46.69 亿元，涉铁项目完成产值 26.83 亿元。一是重大项目建设推进有序。沿江高速铁路合武段、宜涪段以及呼南高速铁路宜常段开工建设，沿江高

速铁路武宜段、宜昌至郑万高速铁路联络线等在建项目高质量推进，沿江高速铁路汉口至汉川东工程开工 7 个月完成全线桩基施工，建成武汉北扩能改造等 36 个设备升级、枢纽畅通项目，建成重点涉铁项目 48 个，开通专用线 5 条。二是历史遗留项目全面销号。历经 9 年的武黄铁路开通运营，宜万线隧道棚洞隐患整治取得重要进展，武汉、汉口等客站提质改造、汉口至余家湾 C2 改造工程、武汉局集团公司五大实训基地等项目均按期完成。三是建设管理水平稳步提升。适应现代企业治理要求，突出规范安全质量、技术交底、考核评价管理等方面，制定、修订和废止建设管理制度 17 项。严肃施组编制审批，制定质量口袋书，统一施工技术交底标准，完善项目管理机构考核评价机制，全过程规范建设管理行为。建成建设领域视频监控平台、技改大修涉铁工程管理系统、营业线施工全流程管理应用平台等系统，拓展 BIM 应用场景，代建高速铁路实现信息化全面接入，"数字武铁"在建设领域的实践不断深化。四是项目安全质量持续稳定。压实建设单位安全生产首要责任、施工单位主体责任和各参建单位安全生产责任，深化质量安全红线管理，扎实开展重大事故隐患专项排查整治行动，严格落实关键施工包保、营业线施工安全管控、高风险程序管理等措施，系统

2023 年 10 月 16 日，黄石新港铁水联运装运现场

防范动火作业、大机施工、开工复工等关键风险，加大转包、违法分包专项治理力度，维护建设施工安全。五是合力共为有机制，协调联动格局更加紧密。结合湖北开展重大项目高质量建设年活动，积极向湖北省委、省政府汇报，就铁路项目建设投资、多式联运体系建设、征地拆迁等方面达成共识、争取支持，为铁路建设营造良好环境。发挥武汉局集团公司铁路建设领导小组职能，定期召开协调例会现场办公，有力解决结合部问题。

职工生活。深化企业与职工命运共同体建设，推进全过程人民民主，不断增强职工获得感幸福感安全感。围绕保盈亏、保职工收入增长，克难攻坚开源、多措并举节流，完成盈亏目标，职工收入增长高于全路平均水平。持续改善职工生产生活条件，投入1.1亿元补强沿线生产生活设施，投入3378万元帮扶职工2.6万人次，投入3.48亿元用于当年参保人员补充医疗保险，协调解决跨年住院结算、生育津贴、异地就医等难点问题。落实职工代表大会制度，深化厂务公开和民主管理，明确站段、车间、班组三级厂务公开清单，弘扬劳模精神、劳动精神和工匠精神，加强劳模创新工作室建设，开展"安康杯"等劳动技能竞赛活动，举办武汉局集团公司第二届职工运动会；各级共青团组织深化"青马工程"和"双创立功"，凝聚起干事创业的强大合力。

（朱磊）

【全省民航运输概况】 2023年，以服务高水平对外开放为牵引，以打造新时代九州通衢为目标，推进"双枢纽"、促进"双循环"，全力确保湖北民航安全态势总体平稳，以高水平安全保障高质量发展，为湖北省建设全国构建新发展格局先行区提供强力支撑。充分利用国务院对通航发展成效显著地方的激励政策，抓紧在两年激励期内争取民航局对武汉天河国际机场建设和开通国际航线给予倾斜支持。协调更多民航资源向鄂州花湖国际机场倾斜，提高航权配置评分系数，增

加货邮航班时刻供给，获得雷达管制、平行跑道同时仪表试验运行批复，顺丰航空货运航线顺利转场鄂州，鄂州花湖国际机场货邮吞吐量达到24.5万吨，国际货运航班突破1000架次。

始终把安全发展当作头等大事来抓，推动客货运输安全有序恢复。湖北民航全年旅客吞吐量3459.2万人次，货邮吞吐量46.25万吨，起降40.23万架次，比上年分别增长123.6%、51.9%、37.4%，其中客运量基本恢复至2019年水平，货邮量比2019年增长82.59%。通用航空全年飞行10.8万小时、28.8万架次，占中南地区运行量的三分之一。其中141航校飞行训练9万小时、23.5万架次；通航作业飞行1.9万小时、5.4万架次。截至2023年12月，在册通用航空公司26家，共有通用航空器192架，通航飞行员299名，通用机场8个。航空器维修单位12家。湖北民航连续实现第23个运输航空安全飞行年和第28个空防安全年。重点推进以下工作：

1. 聚焦主责主业，守牢航空安全底线。

湖北民航各单位树牢总体国家安全观，以习近平总书记关于安全生产的重要论述和对民航安全工作重要指示批示为根本遵循，切实增强安全工作的思想自觉和行动自觉。全面落实安全生产责任制。实行辖区安委会联席会议制，推动安法"7+7"法定职责落实。准确识别机场安全态势，先后启动宜昌三峡国际机场、鄂州花湖国际机场、荆州沙市机场、十堰武当山机场综合安全审计。机场集团注重统筹安全与发展，确保成员机场安全形势持续平稳，获得2023年度"平安民航"先进单位。宜昌三峡国际机场强化党建引领，以高质量党建护航公司安全发展。南航湖北完善重大安全决策部署五项机制，安委会每月定期评估分析。东航武汉狠抓运行部门安全管理量化评审，压实全员安全责任。国航湖北提升手册体系科学化，融入安全风险分级管控和隐患排查治理双重预防机制。全面治理安全风险隐患。湖北民航重大安全隐患专项排查整治

年行动圆满收官。机场集团扎实开展重大事故隐患专项排查，亮点措施多次入选省国资委专报。武汉天河国际机场强化源头治理，建立机场飞行区施工验收管控标准，推动飞行区环境整治本质安全。宜昌三峡国际机场结合安全管理体系（SMS）外审整改，对机场安全运行的风险管控、隐患排查、岗位手册、负面清单实施有效管理。十堰武当山机场坚持问题导向，新增驱鸟设备20余台，针对性制定"一鸟一策"治理措施清单。南航湖北推动日常安全管理融合，开展空中颠簸、重大机械故障、空地协同等联防联控。东航武汉围绕新开航线、典型机械故障、机组实力等进行专项风险评估，确保运行实力与航班量相匹配。国航湖北聚焦变更管理，对新引进、新保障机型开展风险识别，开展重大安全隐患专项整治。各通航企业就国内通航不安全事件多发态势，开展安全整顿专项行动。全面深化安全管理机制。总结跑道安全、可控飞行撞地"双盯"经验，建立净空安全双盯督导机制，运用数据分析手段评估鸟防态势，获中国民用航空中南地区管理局转发推广。推进141航校作风建设三年行动，不断完善作风量化管理机制，提升飞行人员作风胜任能力，校风、教风、学风呈现新风貌。武汉天河国际机场强化法定自查工作系统性，编制法定自查工作手册，获中南地区法定自查优秀示范项目。南航技术分公司湖北基地运用传统可靠性方法和数据分析方式相结合，实施科学完整的防空停管控方案。航油湖北开发双重预防机制数字化平台，积极探索安全管理体系融合。全面提升监管执法效能。民航监管局与中国电子合作研发湖北民航智慧监管平台，运用"平台＋虚拟现实（VR）眼镜"的远程监管方式，开展多轮次行政检查和验收审查，探索智慧民航在监管一线的实施路径。召开湖北民航法定自查工作经验交流会，表彰武汉天河国际机场、龙昊航校、东航武汉等一批先进单位和优秀工作者，着力提升企业自查工作质量和效能。督导鄂州、恩施、十堰、荆州开展应急救

援综合演练。盯牢维修系统人为因素风险，开展维修人员"防冲动、禁盲动、抓不动"专项整治。深化落实企业危险品检查员制度，力促各企业危险品运输管理从他律转向自律。依托"三空共建"平台，深入开展"机闹"整治专项行动。制定航校训练核心风险管控方案，开发湖北通航运行信息服务系统，实现辖区通航运行信息数据采集和异地运行备案数字化，为企业节省大量人工成本。全面强化资质能力建设。始终把"三基"建设作为巩固安全根基的重要抓手。举办首届助航灯光电工职业技能竞赛，3名优秀员工获"中南民航技术能手"称号，及时启动助航灯光"五个一"技术帮扶活动。举办首届安检职业技能竞赛，产生2名"全国民航技术能手"、2名"中南民航技术能手"和3名安检技师。举办第二届"荆楚杯"通航从业人员技能竞赛，鄂、豫、湘、桂通航企业近100名队员首次同台竞赛。湖北各机场专职消防队"三基"建设成果丰硕，在首届中南民航消防业务技能竞赛中，武汉天河国际机场、鄂州花湖国际机场分获团体一、二等奖；十堰武当山机场、恩施许家坪机场成为仅有的2支获得技术能手以上称号的支线机场。机场集团3个微创新项目成功申报国家知识产权局实用新型专利，"扶一扶"获全省职工百优"五小"成果通报表彰。襄阳刘集机场获民航中南辖区重大活动网络安全保障先进集体。国航湖北飞行技术工作室被命名为第五批全国民航劳模和工匠人才创新工作室。举办首届校企航空器维修人员联合培养交流活动，深化"产学研用"融合。南航技术分公司湖北基地开展首届机务技能等级认证考核，量化维修人员"三基"建设标准。

2. 服务国家战略，推动行业稳健恢复。

落实中国民用航空局、中国民用航空中南地区管理局分阶段有序恢复生产运输安全管理要求，推动民航服务助力行业恢复发展。以局省战略合作协议为统领，深化与武汉、鄂州、

2023年9月22日，湖北机场集团与海南航空集团、海南机场集团签署深化战略合作协议，打造"汉海快线"

襄阳、宜昌、十堰等地方政府合作，签署战略合作协议。推动宜昌三峡国际机场和十堰武当山机场改扩建、汉南通用机场升级，协调解决襄阳百亿级重点投资项目与机场障碍物限制面冲突问题，以实际行动助力各地市民航业高质量发展。围绕打造鄂州国际航空货运枢纽六方面重点，与湖北省发展改革委建立周报告、协调会商等常态化沟通机制。武汉天河国际机场结合中转服务优势，申请成为中南地区首家"干支通，全网联"试点机场。鄂州花湖国际机场成功实现"三个安全平稳切换"，顺丰鄂州枢纽成为全国最大的中转分拣中心。服务国家重大发展战略、推进核心项目技术攻关，中国特种飞行器研究所研制的AS700

民用载人飞艇，具有完全自主知识产权，2023年正式获得型号合格证。航宇嘉泰自主研制的两舱旅客座椅，随首架C919飞机交付投入商业运行。武汉航达致力国产民机维修保障，取得C919部件维修能力6项。根据国家《应急救援航空体系建设方案》要求，与省应急管理厅共同制定《湖北省航空应急救援体系建设方案》，推动应急联动"三张网"建设，高质量完成两个航空救援研究报告，填补航空应急救援领域空白，完善应急救援体系，提升应急救援能力。武汉天河国际机场围绕打造"国际门户＋国内枢纽"机场，联合各航司抢抓时刻资源，持续优化航线结构，实现起降航班架次、国际旅客吞吐量、中转旅客吞吐量三

2023年6月29日，武汉—迪拜航线复航

个中部第一。鄂州花湖国际机场基本形成覆盖全国25个省份、38个市的轴辐式国内航线枢纽，相继开通比利时列日、美国洛杉矶、美国纽约、德国法兰克福等10条全货机国际航线、连通13个国际航点，日均货运航班起降架次位列全国第二，单日货邮吞吐量超过2000吨，位居全国前五。宜昌三峡国际机场加大时刻放量及航线开发力度，新增9个航点，21家航空公司执飞51条航线，通航点达到51个。南航湖北相继恢复迪拜、伦敦、旧金山等国际及地区航线，东航武汉相继恢复悉尼、东京等国际及地区航线。

3.践行真情服务，提升服务保障品质。

坚持真情服务理念，深入推进"十四五"航空运输旅客服务提质增效。精准施策提高运行效能，持续推进"空中一张网、地面一盘棋、全域一体化"建设，武汉天河国际机场运管委法人社团成立并全面实体化运行，相继成立武鄂区域运管委、鄂西机场群运管委以及各支线机场运管委，统筹辖区各机场资源，打破支线机场在复杂条件下运行各自为政的局面，有效提高湖北辖区各机场总体运行效率和航班正常率。先后3次召开鄂州花湖国际机场空管运行协调会，沟通军民航单位，稳妥推进鄂州花湖国际机场航班有序放量。开展辖区相邻机场转场路径优化协调工作，简化武鄂、武荆、宜恩之间航班转场程序。提升武汉各管制扇区静态通行能力，在武鄂两地自动化系统之间，实现C类电子移交功能。在武汉天河国际机场全面实施缩小尾流间隔实验运行，推动机场高峰小时容量增至55架次。多措并举提升服务品质，机场、空管、航司深化战略合作，推行"智慧出行"，实现跨航司信息共享、行李全程可跟踪，恢复国际航线无纸化通关服务，推进航班近机位靠桥率整治提升。武汉天河国际机场航班靠桥率98.54%，位居千万级机场全国第一；平均放行正常率90.64%，排名全国25个两千万级以上机场前列。空管分局注重气象服务品牌打造，强化"精

准、精细、共情、共景"服务。武汉天河国际机场获评民用机场协会千万级"服务质量优秀机场"和CAPSE年度"最佳机场"称号，十堰武当山机场获"中国民用机场服务质量单项优秀机场"称号。各支线机场结合自身地域文化，打造人文机场，纷纷推出"三顾情""高原情""荆楚情""宜礼相待"等服务品牌。创新驱动发展多元产业，机场集团联合文旅部门陆续开通九寨沟、承德、淮安等旅游航线。武汉天河国际机场推出行李直挂等系列中转服务举措。十堰武当山机场组建物业、航空物流、航空旅游3个子公司。通航企业能力不断拓展，通航+应急、旅游、物流等新业态欣欣向荣。武汉航达新增辅助动力系统（APU）项目、X射线和ATA81章新能力项目申请。贝迪克凌云公司交付境外客户首架B737-800客改货飞机。北京飞机维修工程有限公司（AMECO）武汉分公司三方业务快速增长，年同比增长158%，业务范围走出湖北。攻坚克难助力通航发展，在资金紧张、人力资源受限的双重压力下，为满足辖区飞行人员对理论考试的迫切需求，经多方协调，汉江航空理论考点投入运行，解决飞行人员考试难问题。积极支持通航开拓市场，与地方应急、医疗机构合作，同诚通航全年执行医疗急救及公务飞行29次，完成23人次危病患者医疗转运。

4.夯实基础建设，积蓄行业发展动能。

坚持打基础、谋长远、增后劲，不断增强湖北民航产业发展韧劲。加快推进客货"双枢纽"建设，鄂州花湖国际机场全面开启货运功能，以鄂州花湖国际机场为核心的多式联运集疏运体系形成中。武汉天河国际机场第三跑道项目进展顺利，配套机坪投入使用，T2航站楼改造工程通过行业验收。中国航油华中运控中心及湖北分公司综合保障用房项目开工建设。着力推动支线机场建设，宜昌三峡国际机场T1国际航站楼通过国家口岸办验收，成为湖北省第二个全面对外开放机场。十堰武当山机场新建次降仪

表着陆程序获批，助航灯光改造工程获国家知识产权局颁发的实用新型专利证书。恩施许家坪机场迁建工作顺利推进。逐步完善通用机场布局，会同省发展改革委召开全省通用机场建设发展推进会，共筑辖区通航高质量发展合力。汉南通用机场提档升级，竹山麻家渡机场获A1类通用机场许可，石首两湖通用机场、武汉普仁医院直升机通用机场完成B类通用机场备案。逐步强化保障能力建设，南航湖北喷漆机库（双机位，为南航中部地区首个喷漆机库）、国航湖北维修机库（单机位）主体工程完成。武汉高空管制中心项目建设启动，土建工程完成施工和监理招标。新天门DVOR导航台投入使用。

5.开展主题教育，全面凝聚行业合力。

全面贯彻落实党中央、中国民用航空局党组的决策部署，把政治建设摆在首位，强化民航政治属性。湖北民航各级党组织认真贯彻落实中央主题教育实施方案。民航监管局狠抓干部队伍教育整顿，打造忠诚干净担当的监察员队伍。机场集团将安全生产与主题教育紧密结合，帮助一线解决实际难题。东航武汉建立"1+5"联系督导机制。航油湖北开展七天读书班，把学习成果转化为推动发展的强大动力。民航监管局先后与航油湖北、仙桃机场、中国电子等开展联合党建活动。举办第二届"楚天杯"职工篮球友谊赛。湖北民航"大监督"机制通过学习交流、集中培训、联合督查等活动，在管队伍、明纪律、促发展等方面发挥积极作用。加强群团建设激发干部活力。坚持党建带团建、党团共建，民航监管局"湖北之翼"青年突击队先进事迹获共青团中央通报表扬。宜昌三峡国际机场依托"支部包点、党员包联"制度，充分发挥党员先锋模范和支部战斗堡垒作用。十堰武当山机场组织开展"多彩"志愿服务、"志愿青春 暖冬行动"。国航湖北加强班组建设，楚韵、卓越和龙啸九天班组获集团示范班组称号。

（杨飞）

【全省邮政业改革与发展概况】 2023年，全省邮政行业寄递业务量和业务收入分别完成50.05亿件和477亿元，比上年分别增长14.28%和14.6%。其中，快递业务量和业务收入分别完成37.69亿件和307.35亿元，比上年分别增长17.32%和14.95%。

1.强化政策规划引领，推动提升畅通循环能力。

统筹推进"十四五"规划实施。扎实开展"十四五"规划中期评估，全省邮政业"十四五"规划实施情况良好，主要目标指标高于预期，重点任务、重大工程项目进展顺利。制定落实《加快推进交通强国邮政篇实施方案（2023—2027年）》工作措施，积极组织申报交通强国邮政专项试点。

积极推动利好政策落地实施。省委、省政府将农村寄递物流村级服务网点全覆盖作为主题教育的一件实事予以推进，省委书记王蒙徽、省长王忠林等省领导多次专题研究、调研督导，高位推进，全省各级政府共投入专项资金9.49亿元。省财政对54个普遍服务末端设施项目及965个行政村代投社会快递服务补助1000万元。持续推进助企纾困，全省邮政快递企业享受减税降费金额5705万元。

加强行业现代化基础设施建设。鄂州花湖国际机场开通国际国内货运航线超50条，顺丰航空有限公司完成货运航线转场工作，转运中心高效运行，高峰每小时可处理包裹28万件。中通快递华中（武汉）总部基地、湖北极兔武汉转运中心、申通（孝感）智慧物流电商产业园等项目建成投产，圆通湖北总部暨智慧供应链科创园、顺丰华中区数智供应链产业基地项目落户湖北，邮政行业助力湖北省打造新时代国内国际双循环重要枢纽能力进一步增强。

全省农村寄递物流体系全面建成。省人民政府办公厅印发《关于进一步推动农村寄递物流村级服务网点全覆盖的工作方案》，全省累计建成县级公共配送中心105个、乡镇服务站点3475个，设置村级快递服务网点且能正常运营的行政村20744个，实现全省行政村100%全覆盖，农村寄递物流体系建设工作纳入全省十大民生实事项目，得到省委、省政府主要领导多次表扬和肯定。推动"邮快合作"和农村"客货邮"融合发展，新增交邮联运邮路60条，农村段道汽车化率达75.4%，高于全国平均水平。全省成功创建7个农村电商快递协同发展示范区、7个服务现代农业示范项目，打造邮政快递业服务现代农业金牌项目8个、银牌项目1个、铜牌项目2个。

增强服务制造业和提升国际寄递服务能力。立足服务湖北省工业等实体经济，会同省经济和信息化厅等部门实施快递与制造业融合发展"5312"工程，推动快递服务进园区、入厂区，大力发展仓配一体和供应链管理等业务，武汉京东服务TCL项目入选全国快递业与制造业深度融合发展典型项目，荆州市沙市区入选全国快递业与制造业融合发展试点先行区。推进国际寄递体系建设，持续推动中欧班列运邮保持常态化，2023年全省中欧班列运邮共发运26柜，累计发运邮件194吨，同比增加52%，湖北省国际/港澳台邮件快件业务量增速超过28%。

2.推动行业改革创新，持续增强发展动能。

加强行业科技创新应用工作。推广应用"三智一码"等先进适用科技。加快推进全省快递末端网点视频监控联网，总体视频覆盖率逾80%。强化北斗卫星导航系统等新技术应用，邮政干线车辆实现单北斗卫星导航系统设备安装全覆盖。加快推进科技成果转化，智能车辆、智能分拣设施、智能仓库和云仓在行业广泛应用。

提升行业绿色发展水平。深化快递包装绿色治理，大力实施"9218"工程，坚持资源节约集约利用，坚持减污降碳协同增效，鼓励集约高效组织模式和基础设施共享，坚决打好行业塑料污染防治攻坚战，实现电商快件不再二次包装比例达到96%，持续开展过度包装和塑料污染两项治理，完成可循环快递包装的邮件快件4500万件，回收复用质量完好的瓦楞纸箱5300万个。

打造行业高素质人才队伍。深入实施职业技能提升行动，组织开展职业技能培训1.8万人次，新增3412人取得职业技能等级证书，110人取得快递工程专业技术职称。成功举办2023年全省快递职业技能竞赛，12人获得"湖北省快递技术能手"称号。

3.深入践行为民服务宗旨，有效提升行业治理效能。

提升邮政普遍服务监管质效。严格开展邮政服务质量考核，开展邮政营业场所普遍服务工作专项整治行动。开展邮政企业各环节服务外包情况调查，强化高考录取通知书专项检查和回访调查。充分发挥社会监督员作用，切实提升邮政普遍服务质效，行政处罚4例、约谈告诫22例、下达责令改正通知书96份。巩固建制村直接通邮成果，每周投递3次及以上基本实现全覆盖，每周投递5次及以上达四成。督导顺利完成高校录取通知书和巡视信箱邮政服务任务。做好纪特邮票销售发行监督检查。

规范快递市场秩序。围绕"高效办成一件事"目标，加强快递业务经营许可审批工作，开展许可合规治理，实施许可实地核查"验真"工程。深入开展快递市场秩序整顿，开展服务价格抽查监测，及时回应"互联网＋督查"平台、人民网、中国政府网等渠道网民留言反映诉求，重点整治农村地区快递服务违规收费等违规行为，开展电商快件寄递服务质量问题专项整治。压实快递企业湖北总部统一管理责任，就规范快递市场秩序约谈4家问题突出企业。加强全省快递市场监管，实施行政处罚199件，责令改正759件。

提升寄递服务质量。开展快递许可电子证照签发应用，优化末端网点备案流程，全省处理场所代码集中申报完成率达97.1%，高于全国平均水平。全年共处理消费者申诉5792件，为用户挽回经济损失163.7万元，湖北省邮政业用户有效申诉率保持在0.000002%左右，低于全国平均水平。

维护快递员合法权益。省邮政管理局会同工会、共青团等多部门持续开展关爱快递员"暖蜂行动"，联合省总工会为从业人员赠送4万份快递员意外伤害保险。组织快递员免费体检、义诊1万余人次，购买失业保险、商业险8万余人次，为快递员提供法律和心理咨询服务覆盖2.8万余人次，协调公租房、廉租房等保障房500余个。积极推进快递企业集体协商，指导推动签订集体合同。推动基层快递网点优先参加工伤保险，参保率达94.46%，高于全国平均水平，相关工作被《人民日报》《焦点访谈》《中国组织人事报》专题报道。

加强行业监管支撑保障。积极推动省直管市、林区邮政体制改革，天门、潜江、仙桃、神农架林区均成立邮政业发展中心。自上而下推动落实县级邮政地方管理责任，全省有83个县市区设立邮政监管机构。

4.坚守安全底线，提高行业安全和应急保障水平。

立足行业维护政治安全。组织开展全省邮政机要通信"跟班作业"，开展多场景应急演练，实现市（州）全覆盖。开展机要通信督导检查，及时督促整改问题隐患，确保党和国家秘密载体安全传递，省邮政管理局连续七年在全系统机要通信监管档案评审中保持"优秀"等次。从严开展行业"扫黄打非"工作，建成省级"扫黄打非"工作站示范点1个、市级"扫黄打非"工作站示范点43个。

着力维护行业安全稳定。全省16个厅局开展平安寄递专项行动，集中整治寄递渠道安全隐患，联合打击各类违法寄递行为。扎实开展"寄递安全企业主体责任落实年"活动，开展重大事故隐患专项排查整治。做好旺季寄递服务保障工作，有效应对"618""双11"等快递业务高峰，打造畅通旺季、安全旺季、暖心旺季。

夯实网络数据和信息安全基础。贯彻落实《寄递服务用户个人信息安全管理规定》，持续开展个人信息安全治理专项行动。加强隐私运单推广应用，全省日均使用量超900万单，居全国前列。

强化应急处置保障。强化"绿盾"工程等寄递安全监管信息系统应用，不断提升监管信息化水平。省邮政管理局印发《关于进一步做好行业突发事件信息报告的通知》，持续推进全省邮政业应急管理体系和能力建设。圆满完成成都大运会、杭州亚运会等重大活动期间全省寄递安保任务。

（乔杨）

武汉市交通运输

【概况】 至2023年底，武汉市公路通车总里程16800.51公里，公路密度196.06公里/百平方公里，其中高速公路975.20公里、一级公路1156.75公里、二级公路1370.69公里、三级公路799.42公里、四级公路12498.45公里，等级公路比重达100%；普通公路按行政等级分为国道439.05公里、省道964.60公里、县道1211.48公里、乡道5505.85公里、村道7704.33公里。全市航道通航总里程668.3公里，其中高等级航道里程220.5公里；全年通航里程404.7公里，季节性通航里程263.6公里；有港区15个、生产性码头148个。全市有二级及以上等级公路客运站10个，其中一级客运站6个、二级客运站4个，有简易站及招呼站5870个。

基础设施建设。全年完成交通固定资产投资650亿元，按统计口径比上年增长29.4%。普通公路完成投资105亿元。以落实"十四五"规划为主线，以"硬联通"武鄂黄黄项目为重点，建立健全定期通报、督办、调度机制，强化市区联动，合力破解资金、土地、环评难题，加快项目实施。全年争取部省补助资金9.3亿元。重点组织实施武汉硚口至孝感高速公路二期（京港澳高速公路至终点段）、武汉至大悟高速公路武汉至河口段、武汉至阳新高速公路武汉至鄂州段、武汉绕城高速公路中洲至北湖段改扩建工程、武汉至松滋高速公路武汉段、武汉至天门高速公路武汉至汉川段、新港高速公路双柳长江大桥及接线工程、京港澳高速公路豫鄂界至军山段改扩建工程、武汉都市圈高速公路汉

2023年6月30日，武汉至大悟高速公路全线通车

南长江大桥及接线工程、武汉都市圈高速公路黄陂至新洲段等项目建设。列入"全国第三批多式联运示范工程"的国家粮食现代物流（武汉）基地码头二期项目顺利完工，金控港口码头具备400万吨/年的吞吐能力。

运输服务。完成交通货运量71299.69万吨，比上年增长15.9%；货物周转量3010.77亿吨公里，比上年增长12.1%；港口货物吞吐量14385.77万吨，比上年增长10.0%，其中集装箱吞吐量279.01万标箱，比上年增长3.4%。客运量9924.01万人次，比上年增长112.6%；旅客周转量356.16亿人公里，比上年增长123.7%；机场旅客吞吐量2586.16万人次，比上年增长122.8%。全市社会物流总额4.81万亿元，比上年增长5.0%。

铁路运输。武汉是全国六大铁路路网性客运中心之一，市域范围内铁路营业线路42条，其中高速铁路有京广、沪蓉、武咸、武九、武孝5条线路，普速铁路有京广、京九、武九、麻武、汉丹、南环、漯武等。2023年，铁路营业里程948.8公里，其中高快速铁路营业里程435.3公里，5小时可直达北上广深以及大多数省会城市。武汉境内铁路车站共49个，其中：客运站18个，含特等站1个；货运站20个，含特等站1个；非营业站11个，无特等站。全市18座铁路客运营业站全年旅客发送量7822.94万人次，比上年增长109.8%。其中，武昌站、汉口站、武汉站、武汉东站四大客运站全年旅客发送量7754.33万人次，比上年增长110.1%。武汉铁路枢纽集装箱运送量共计40.64万标箱（605.42万吨），比上年增长157.7%（163.0%）。

轨道交通。武汉市共开通运营城市轨道交通线路15条、总里程529.62公里，比上年增长5.0%，其中，地铁12条、里程480.48公里，有轨电车3条、里程49.14公里。武汉市共有轨道交通车站323座，其中地铁300座（35座换乘站）、有轨电车61座（3座换乘站）；有轨道交通车辆3314辆，比上年增加147辆，其中地铁3078

2023年12月30日，轨道交通19号线开通运营。图为轨道交通19号线花山新城站（武汉首座大跨无柱车站）

辆、有轨电车236辆。全市轨道交通客运量13.53亿人次（地铁13.42亿人次、有轨电车0.11亿人次），比上年增长51.3%。

常规公交。武汉市有公共汽电车经营企业8家（中心城区2家），线路773条（中心城区线路223条），比上年减少2条，运营线路总长度13698.5公里，比上年减少0.6%。全市拥有营运公交车9309辆，比上年减少634辆，其中新能源公交车7512辆，占比80.7%，比上年上升4.6个百分点。全年公共汽电车客运量6.92亿人次（中心城区6.66亿人次），比上年增长18.0%。

信息化建设与应用。全年完成武汉综合交通运行中心（TOC）土建工作，建设面积3041.25平方米。同时，推进TOC软件平台建设，"1+4"可行性研究报告通过市数据局专家评审。根据各场景功能开发需要，接入网约车和巡游出租汽车、地铁、公交、轮渡、高德、民航、高速公路收费数据等25个领域动静态数据，数据中台建成。城市公共交通线网优化场景、城市绿色货运配送场景、出租汽车行业管理场景和交通运输安全生产管理场景4个应用场景按照"实用管用好用"原则，完成需求确认等相关工作，届时将形成"感知监测、分析预警、指

挥调度、反馈评估"全链条工作闭环，有效提升行业管理水平和效率。

平安交通。不断完善事故双重预防机制，把风险防范和隐患治理纳入行业监管全过程，严格闭环管理。实施安全风险定期研判，对照交通运输部42项重大风险清单全面摸底和更新完善，形成行业重大风险管控清单18项，排查一般风险项700余处，并逐项管控消除，整体风险可控；同时，从季节性特点、敏感节点、事故警示等方面定期开展风险分析，提出和落实针对性防范管控措施。开展重大事故隐患排查整治，坚持市区执法联动，按照组织驻点督导、"四不两直"、暗访暗查等方式，深入开展安全生产重大事故隐患排查整治，排查企业3535家，查改一般安全隐患2115起。开展第三方检查，委托专业机构，对"两客一危"等重点领域企业和各区交通运输主管部门履职情况开展第三方安全检查评估，督促157家单位查改安全隐患1183起，指导健全完善安全管理机制。压实落细行业各级领导班子重点时段带队安全督查活动，明确检查标准和督查清单，为企业找短板、补漏洞。

绿色交通。武汉市新能源公交车保有量达7512辆，占全市公交车比重为80.7%；新增及更新巡游出租汽

27

2023 年 8 月 10 日，执法人员参与成品油市场综合整治工作

6374 辆，新能源巡游出租汽车保有量 12139 辆，占全市巡游出租汽车比重为 63.8%；新增及更新网络预约出租汽车 4860 辆，新能源网络预约出租汽车保有量 27510 辆，占全市网络预约出租汽车比重为 88.1%；新增及更新轻型物流配送车辆 7752 辆，新能源配送车辆保有量 24623 辆，占全市配送车辆比重为 40.8%。全年市民绿色出行比例达到 83.4%。

（赵大真）

【江岸区】 2023 年，全区有普通货物运输企业 457 家，注册中型以上货运车辆 8585 辆；机动车维修备案企业 191 家，其中一类 53 家、二类 70 家、三类 68 家；备案机动车驾驶员培训（简称"驾培"）机构 5 家，注册教练车 113 辆；备案汽车租赁企业 7 家；"两客一危"（从事旅游客车、三类以上班线客车和运输危险化学品、烟花爆竹、民用爆炸物品道路专用车辆）企业 13 家，注册营运车辆 654 辆。

营商环境优化。持续优化营商环境，积极开展"解难题、稳增长、促发展"帮扶活动，深入摸排企业发展需求。全年其他交通运输和仓储业营业收入 11.1 亿元，比上年增长 33.6%；公路运输总周转量增速 20%；新增交通运输业"小进规"企业 7 家，新增国家 AAAAA 级物流企业 1 家、

国家 AAAA 级物流企业 3 家。

市场监管。加强客运市场监管，持续整治客运出租汽车营运秩序和打击"黑的"非法营运，全年整改问题车辆 6499 辆。严格落实污染天气环保应急响应，检查汽车维修企业 120 户，重点整治汽修门店露天喷涂作业。深化"双随机、一公开"监管，完成 100 户运输企业抽检任务。规范驾培机构经营行为，抽查辖区驾校 60 家（次），检查训练场地 85 个、教练车 285 辆（次），持续整治驾培市场秩序。

服务提升。认真践行"察民情、解民忧、暖民心"活动，进一步优化交通服务窗口营商环境，及时修订完善办事指南，在企业准入、准营、运营、变更、退出等业务领域全生命周期服务上，做到"一次办、一网办、一窗办、跨省办、及时办"，提供"店小二式"服务。办理网约车驾驶员证 4625 张，网约车审验及车证信息录入 171 辆，注销网约车 71 辆；货运车辆年审 7710 辆，新增货运车辆 284 辆，转出货运车辆 998 辆，注销货运车辆 1005 辆；道路运输经营许可证换证 2926 张；维修、租赁企业备案 19 家；审发旅游班线客运线路牌 5353 个；办理"民呼我应"及交通在线平台投诉件 1159 件，武汉智慧管理平台录入"好差评"10636 件，获全满意评价。

安全生产。细化安全生产监管举

措，与道路运输企业签订年度安全生产责任书和诚信承诺书，组织道路运输企业负责人开展安全生产培训，督促危化品运输企业完成应急预案备案手续，进一步压实企业安全生产主体责任。结合"安全生产月"和各类专项整治行动，检查普通货运企业 310 家（次）、维修企业 58 家（次）、驾培机构 17 家（次），督促整改各类安全隐患 558 个。加大"两客一危"企业动态监管力度，抽查车辆 1135 辆（次），及时提醒纠正驾驶员违法行为 110 起。按照"五种形态"开展闭环管理，对 13 家"两客一危"企业和 373 家普通货物运输企业开展"回头看"工作，督促企业落实问题整改。

绿色交通。2023 年，江岸区城管局（交通运输局）严守生态环境保护政治责任，完成第二轮中央生态环境保护督察反馈问题整改。坚持开展船舶污染物防治联合检查，加大船舶污染物接收和处置、"船 E 行"使用等情况检查力度，压实码头企业防污染主体责任。辖区 4 家经营性码头累计转运生活垃圾 50.33 吨、生活污水约 8360.64 立方米，累计使用岸电约 31028.54 小时，使用岸电量 86.4 万千瓦时。

（胡家盛）

【江汉区】 2023 年，全区有"两客一危"企业 10 家，车辆 637 辆；普通货运企业 73 家，车辆 509 辆；客运出租汽车企业 6 家，车辆 2984 辆；长途汽车客运站 1 家；机动车维修企业 172 家；驾驶员培训学校 1 家，汽车租赁公司 2 家，网约车平台公司 2 家。全年辖区客运、货运（含危运）、客运站、维修、驾培、汽车租赁等行业市场秩序运行良好。

"两客一危"安全监管。强化辖区"两客一危"企业安全监管，与 10 家"两客一危"企业签订安全生产责任书，落实企业安全生产主体责任。抓实重点时段、重点领域的安全生产工作，增强道路运输行业安全应急处置能力，每季度对辖区"两客一危"企业检查完成率 100%，全年开展日常

督导检查 119 次，下达督办整改通知 42 次，约谈企业 11 次，企业整改率 100%。

出租汽车营运管理。每季度对辖区 6 家企业开展日常检查。开展江汉区出租汽车行业规范提升活动任务。配合派驻汉口火车站执法中队，检查出租汽车 11534 辆次，转企业整改及行政立案 2147 辆次。检查网约车 2710 辆次，现场整改 382 次，处罚各类违规车辆 58 辆次，有效保障出租汽车营运秩序。

驾培汽修企业管理。联合武汉市综合执法二大队对江汉区存在的违规驾校进行连续 3 个月的联合执法检查。全年召开汽修企业安全生产、年审工作会议 4 次，签订安全生产责任书 131 份。全年新增一类维修企业 1 家、二类维修企业 3 家、三类维修企业 3 家，对维修企业进行安全检查 67 次，检查企业 113 次。加强对辖区一类、二类、三类修理厂安全工作管理，对不符合标准和存在安全隐患的下达整改通知书 41 份，督促整改并验收。

绿色交通。加强对辖区 5 个港口码头污染物防治日常监管和执法检查。督促码头单位提高码头岸电使用效率，按时上报岸电使用情况；督促码头单位在污染物收集转运中按时登录“船 E 行”，上报污染物收集转运情况，落实闭环管理措施。船舶主要污染物转运率达 95% 以上。开展联合检查 4 次，下达整改通知书 3 份、督办通知 1 份，全部整改督办到位。对长江（江汉区段）、汉江（江汉区段）按时、按量完成区长每季度一巡及联系部门双月巡查工作。

营商环境优化。围绕交通强国建设、推动长江经济带高质量发展等重大决策部署，及时宣传产业政策，深入企业调研，主动上门服务，助力企业发展。全年指导辖区企业申领补贴、奖励资金逾 3310 万元；全年新增 5 家 AAAA 级物流企业和 1 家全国物流 50 强企业。全年完成货物周转量 65757 万吨公里，比上年增长 39.6%。

（祝小红）

2023 年 6 月 21 日，硚口区交通运输局开展网约车路检路查

【硚口区】 2023 年，全区有普通货物运输企业 185 家，车辆 524 辆；机动车维修企业 197 家；驾校 2 家；网约车平台公司 1 家，网约车 1906 辆；“两客一危”企业 7 家，车辆 444 辆；新增入库规模企业 2 家。辖区道路运输行业稳步发展，无死亡、无重特大安全事故发生。

安全监管。扎实做好青年路客运站古田停靠点长效监管，加强站前督查督办职能，落实全日制专职驻站管理，督促客运站严格按“三不进站、六不出站”“两个规范”及长途客运实名制管理要求落实到位。加强客运站日常监管，督促客运站改善站场管理软环境，不断提升硬环境建设。定期对企业进行安全检查，重点查看企业各项安全制度制定和落实情况，督促企业及时发现整改问题。召集辖区 10 家重点普通货运企业开展重载货车安全生产会议，督促企业负责人就货运经营资质、车辆技术管理、货运驾驶员管理、动态监控管理等方面开展风险隐患自查。完成辖区 55 家货运物流企业道路运输经营许可证年审初审。检查超限超载非法改装企业 105 次，完成辖区内一、二、三类维修企业进行机动车维修企业质量信誉考评及备案换证并签订安全生产责任书。配合市交通运输综合执法支队对辖区内合规训练场地的驾校进行质量信誉考核，针对挂靠点、驾校倒卖档案等突出问题巡查检查 142 次。

“两客一危”安全监管。加强对“两客一危”企业监管，联合市交通运输综合执法支队对辖区重点企业资质隐患、车辆（设备）安全隐患、经营场所安全隐患、各项安全制度及落实情况进行排查，加强现场对重点企业车辆定位系统动态监控检查力度，发现隐患 94 处，约谈企业 4 家，下达督办通知书 6 次，下达责令整改通知书 23 次。完成 7 家“两客一危”企业服务质量信誉考核初评初审，完成危险品运输车辆初审 157 辆次。

营商环境优化。积极落实政策扶持，支持符合公路货物运输业发展奖补政策和市级物流业发展专项资金要求的企业申报并获得奖励资金 82 万元。新增入库规模企业 2 家。加强政务窗口服务办理，对标“四办”（马上办、网上办、就近办、一次办）工作要求，落实“道路运输四级协同管理与服务信息系统”与湖北省政务服务网（一张网 V3.0）对接工作，实现车辆年度审验、从业资格证考核、道路运输证配发等事项网上办理，打造交通运输优质服务。全年窗口办件 2599 件，旅游企业包车线路牌发放 4800 张。

（张玲）

【汉阳区】 2023 年，全区有道路运输企业 305 家，车辆 5435 辆，全年完成货运量 2804 万吨，比上年增长 29.9%，完成货物周转量 348502 万吨公里，比上年增长 18.3%。机动车驾培机构 7

家；各类机动车维修企业172家；出租汽车企业1家，网约车平台公司1家，汽车租赁企业2家，客运旅游包车、班线企业3家，危险品运输企业1家。优化公交路线16条，改造武汉动物园港湾式公交停车场站2处。

客运市场监管。强化客运市场监管，规范客运旅游包车、出租汽车、网约车、租赁等企业运输市场秩序，排查客运出租汽车、网约车、租赁行业从业人员安全驾驶行为情况、企业落实车辆强制维护制度、车辆保险制度、车辆安全检查制度以及对驾驶员发生交通违法和交通事故进行教育处理的情况。联合武汉市交通运输局汉阳四大队、汉阳区市场监管局、汉阳区交通大队，在古琴台开展联合执法行动31次，检查营运车辆12084辆次。累计优化辖区公交线路52条，辖区内公交站点500米覆盖率100%。

货运市场监管。结合汉阳区道路运输市场实际，不断加大行业安全监管力度。通过定期走访检查，督促汉阳区道路货运企业建立和执行运输安全制度，落实危化品运输车辆发车例检、查验记录、设备管理等措施。狠抓辖区内机动车维修企业消防安全管理工作。督促运输企业落实车辆动态监控管理制度，加大对企业定位系统动态监管力度，督促企业落实动态监控专职岗位、人员、制度、24小时动态监管，对辖区企业9笔违规情况进行通报，全部完成整改。

汽车维修业监管。摸清汉阳区机动车维修行业现状，依法落实机动车维修企业备案工作，加强行业管理，从严查处行业中各种违法违规行为，确保汉阳区道路交通安全稳定。全年汉阳区符合《机动车维修管理规定》且办理备案维修企业172家，其中一类36家、二类75家、三类81家。巡查期间未严格按照《机动车维修管理规定》及备案要求降级或取消资质的企业有3家，其中一类降为二类1家，取消资质2家。

安全生产。积极引入第三方监督检查机构和专业指导服务，加强运输企业日常安全监督检查工作。聘请第三方检查评估交通运输企业安全生产服务项目，检查企业43家，发现基础管理问题154处、现场管理问题34处，全部转企业整改。

行政执法。认真落实节假日监管工作方案、应急预案和值班安排。加强重大节假日道路运输市场监管，做好窗口地带、重点地段日常监管。联合武汉市交通运输局综合执法四大队、交通大队深入辖区危化品运输企业，开展重点企业安全隐患排查工作。持续加大对辖区道路运输企业安全隐患排查力度，增强辖区道路运输企业安全生产意识，提高处置突发事件的能力。全年排查一般隐患27起，全部整改完毕。

码头建设。武汉港汉阳区船舶污染物接收码头运营期间累计处置生活污水677.7立方米，接收生活垃圾5.60吨；武汉港杨泗港区中长燃绿色航运综合服务区船舶污染物接收码头运营期间累计接收污水6753.23立方米，接收生活垃圾2.43吨。

（蔡国红）

【武昌区】2023年，全区有普通货运企业173家，危运企业2家，客运企业4家，客运场站2家，汽车租赁企业18家，网约车平台公司4家，出租汽车企业5家，维修企业110家，驾校1家。

安全监管。开展节前安全检查236家次，组织客运场站、运输企业开展安全应急演练、反恐演练、消防演练6次。重大节假日期间，抽查客运站出站车辆1169辆次，发布恶劣天气信息预警及安全生产交通提示函52条，纠正未配系安全带出站、安全例检落实不严格等问题29起。按时完成2家客运站质量信誉考核和年度审验初评，初审率100%。开展安全生产隐患排查，排查安全生产隐患93起，当场整改54起，限期整改39起，整改率100%。组织约谈安全管理制度不到位、超限超载等企业21家次，约谈企业负责人18人次。核查营运车辆2683辆次，利用4G视频抽查车辆4351辆次，向企业发送安全提醒短信157条，督促企业处理车辆违规问题

161辆次。

专项整治。组织开展货运超限超载专项检查110次，联合青山区、洪山区、汉阳区开展跨区联合治超执法13次，查处涉嫌超限超载车辆1100余辆，开展危化品运输专项整治，检查危险品运输企业37家次，抽查营运车辆40余辆次，下达整改单9份，整改安全隐患14起。联合市交通运输局五大队、区交通大队、区文旅局在黄鹤楼景区等重点路段开展旅游客运市场专项整治行动12次，配合查处涉嫌违法违规旅游客车6辆。组织对全区维修点进行拉网式清理排查，完善辖区维修企业本底。排查、核实维修点588家次，下发维修备案告知书208份，完成维修企业备案15家。

窗口服务。按政务服务"四办"要求，认领权力事项39项，更新权责清单10项，马上办、网上办事项100%。办理交通行政许可40件，新增运输车辆40辆。完成网约车驾驶员从业资格证初审2043人，发放旅游包车线路牌1000张。组织营运车辆驾驶员诚信考核201人。

规范提升。深入开展出租汽车规范提升活动，检查出租汽车企业、网约车平台公司48家次，联合市交通运输局五大队、区市场监管局、区交通大队在武昌火车站、傅家坡客运站周边等重点地段开展联合整治，发现"残、破、花"等问题转企业整改6000余辆次，向交通运输执法部门提供车辆涉嫌违规违法线索52起。开展驾校不达标训练场专项整治，配合市交通运输局综合执法支队对辖区204个驾培点、报名点进行全面排查。

营商环境优化。开展货运规上企业培育，新增AAAA级、AAA级物流企业各1家，完成货运规上企业入规5家，持续培育货运企业1家。走访企业140余家次，推动纾困贷款贴息等惠企政策落实，帮助解决实际困难10余起。完成2022年度公路货物运输业发展省级50万元奖补资金、2023年度市级物流业发展30万元专项资金发放工作。辖区有交通运输业规上企业4家，全年营业收入为17.19

亿元，比上年增加 2.4 亿元，增速为16.2%。

港口码头。稳步推进长江武昌段港口码头管理，走访沿线码头单位 37 家次，联合水路执法支队五大队、长江海事等部门开展联合检查 13 次。开展河湖长制巡查 10 次，发现、整改流域环境问题 20 处，完成第二轮中央生态环境保护督察反馈问题整改销号和 12 个码头排污口验收工作。

（李昕梦）

【青山区】　全年针对出租汽车营运、货运、维修、驾驶员培训等领域开展专项打击、联合执法等行动，下达整改指令书 90 余份。结合安全大检查、企业安全生产教育培训及"安全生产月"等活动，引入第三方专业机构，指导督促道路运输行业（特别是危险品运输企业）开展安全隐患排查。全年检查运输企业 200 家次，发现问题隐患216 起，督促企业整改。全年未发生因监管不到位而产生安全生产责任事故。

政务服务。着重抓好政务窗口服务作风建设，全面落实好各项便民措施，推行一网通办、容缺办理、错峰预约等服务，方便企业和从业人员办理各项业务。全年交通窗口累计办件5749 件，其中货运业户年审 207 户，营运车辆年审 2553 辆次，车辆新增、注销、转入及转出业务 1402 辆次，驾驶员从业资格证诚信考核 861 人次，网约车驾驶员申请 1293 人次。

客运市场管理。优化公共交通服务，协调推进迁移 21 号公交金家嘴站点、恢复 40 路延长线原线路、开通化工园区通勤服务车等工作。持续推进打击"黑的"和出租汽车营运市场整治，全年开展巡游出租汽车及网约车整治行动 120 次，转企业整改 1316 辆次，配合办理案件 85 起，有效打击出租汽车、网约车劣质服务和不规范经营行为。

机动车驾培管理。全面整治驾培市场，开展驾培行业规范提升工作，全面查核备案驾校达标情况，深入清理违规驾培训练场。全年检查驾培机构 25 家次，下达限期整改 15 份，约

谈企业 5 家次，取缔违规驾培训练场3 家，暂停 3 家驾校招生，公示达标驾培机构 5 家，新增驾培机构 1 家。

机动车维修管理。严格按照推进实施汽车排放检验与维护制度（I/M制度）工作要求，推进维修企业成为M 站，辖区 15 家维修企业成为 M 站。以中央生态环境保护督察为契机，做好辖区内维修市场监管工作，检查单位 90 余家次，下达整改指令书 38 份，均整改到位。

运输市场发展。鼓励企业入统纳规，指导货运企业按照入库标准准备材料，按时上报，积极协调解决申报中出现的问题，确保应统尽统。全年纳入交通运输部规模以上公路货运企业 11 家，比上年新增 9 家，发放奖补资金 168 万元。积极服务企业，推动重大交通物流项目建设，12 月底，武汉工业港 B1 地块开工建设、武汉工业港铁路线升级改造项目完工。

快递进村。青山区"快递进村"主要是推进站点运营。针对青山区村级站点设置情况及社会快递品牌合作意愿不强实际，因地制宜调整村级站点及站点运营模式，成功与 3 家社会快递驿站达成合作。9 月 18 日，青山区 8 个村级站点全部正常运营，全年累计收件 21 万余件。

（张俊）

【洪山区】　2023 年，全区有普通货物运输企业 318 家，车辆 2676 辆；机动车维修企业 333 家；驾校 22 家；网约车平台公司 3 家，网约车 7189 辆；"两客一危"企业 3 家，车辆 40 辆。

政务服务。共有政务服务事项 44项，其中区级依申请及公共服务事项30 项（行政许可事项 1 项，行政确认事项 13 项，其他行政权力事项 16项），特色事项 14 项，"四办"（马上办、网上办、就近办、一次办）比例均为 100%，极大地提高政务服务质效。加强对道路运输行业政务服务事项的监督管理和检查备案，全年完成货运车辆年度审验 2353 辆、驾驶员诚信考核 38 人、驾校备案 21 家、维修企业备案 46 家，审验率、诚信考核率、备案率均达到 90%。

营商环境优化。多措并举服务经济运行，先后走访企业 85 家，组织开展交流座谈会 14 次，电话微信等联系企业 90 次，上门走访联系企业 90次，85 家企业均推送"洪山企呼我应直通车"微信小程序、惠企助企政策及服务指南（第十一辑）、洪山企业之家网站及微信公众号等；全年其他交通运输及仓储业累计营业收入 6.37 亿元，比上年增长 28.4%；公路运输总周转量增长 18%，其中规上货运企业周转量达 16288 万吨公里，比上年增长 434%。期末市场主体突破 3676 户，

2023 年 12 月 28 日，老桥社区定制公交开通

完成（含新增）规上企业入库 5 家（含迁转入库 1 家）。

公交服务。优化调整 5 条公交线路，新开通 692 路公交和老桥社区定制公交、武汉市中心医院杨春湖院区医疗公交专线，优化青菱工业园至黄家湖地铁站公交线路，增设光霞西路小黄家湖路公交站，解决因公交线路少导致居民出行不便问题。同时，开通天兴洲临时摆渡车，保障江城 12 号轮渡停航期间群众正常公交出行。

出租汽车营运秩序整治。开展出租汽车、网约车营运秩序日常检查工作，加强窗口及重点地段日常监督检查力度，积极开展联合整治，严厉打击违法经营行为。全年查处出租汽车标识缺失、残破、未随车携带灭火器、未随车携带道路运输证、未按要求粘贴服务码、未按规定摆放服务监督卡等行为 3153 起，劝离违停车辆近 130 辆，移交疑似黑车线索 20 余件。查获违规网约车、非法运营车辆 68 辆。

绿色交通。大力推动船舶和港口污染防治攻坚提升行动，督促洪山库粮油储备公司、洪山区水务执法码头在泊位设置生活垃圾桶和油污水、生活污水接收箱，并配置全市统一的垃圾分类指示牌，督促企业签订长江环境卫生责任书；强化长江岸线生态保护，从严做好禁捕退捕工作，积极推进中央生态环境保护督察问题整改销号；落实"河湖长制"，履行汤逊湖流域督查长责任，常态化开展水域周边巡查，全年组织巡查 66 次，下发督办函 17 份，整治问题 28 处。

安全生产。联合交通运输执法部门开展治理超载超限、货车非法改装、危险品运输、出租汽车及网约车营运秩序、维修驾培市场监管整治、成品油整治等行动，移交非法运输成品油、醇基燃料案件 4 件，排查安全隐患 736 处，整改率 100%；走访辖区内 180 家训练场及驾校，取缔违规经营"挂靠点"，规范驾校备案管理，提升培训服务质量。全年开展治超联合执法行动 120 次，依法查处超载车辆 64 辆、卸载货物 911.32 吨。做好质量信誉考核工作，利用信用考核体系推

2023 年 12 月 18 日，天子山大桥开工建设

进安全建设，全区道路运输货运企业和驾培企业考核率 100%，道路运输行业服务质量评价率 100%，全区交通运输行业未发生安全事故。

（毛婷玉）

【江夏区】 2023 年，江夏区公路货物周转量比上年增长 15.3%，其他交通运输和仓储营业收入增长 28.0%；完成交通固定资产投资 21.3 亿元，其中普通公路完成 14.1 亿元、物流项目完成 7.2 亿元。

交通工程建设。天子山大桥、102 省道武赤线江夏段工程、107 国道南段改扩建等湖北省"硬联通"项目和武汉南（山坡）枢纽站开工建设。江夏区沿斧头湖魅力乡村交通基础设施（防汛通道）及配套工程完工。101 省道新南环线车光大道西段一标段完成工程量的 31.6%，累计完成投资 1.9 亿元。全面推动北华街东延线、文化大道南延线、车光大道东段等重要交通项目前期手续办理。上海通用南延线（黄南公路）、纸贺公路提档升级工程、麦芽湖大桥工程、107 国道北段改扩建、金龙大街西提档升级工程、梁子湖大道路面大修工程等 6 个项目完成竣工验收。

"四好农村路"建设。实施农村公路提档升级、连通延伸工程、县乡道改造、精细化提升农村公路安全设施、

打造美丽农村路等系列工程，完成新（改）建农村公路 101.3 公里，新建农村公路桥梁 6 座。江夏区成功创建"四好农村路"全国示范县，五里界街成功创建全省"四好农村路"示范乡镇。

公路养护。完成道路日常养护工作，对省道路面裂缝及龟网裂进行处理，完成灌缝和病害修补。处理国省干线沿线"加拿大一枝黄花"等入侵植株。完成省道安牌线和省道武贺线水毁工程。修剪遮挡标志标牌的行道树，恢复路面标线。完成交通运输部 2023 年度国家公路网技术状况监测工作，铣刨迎检线路国道 107 破损路面，完成省道金五线路面刷黑。建立公路路网监控信息平台，在 6 条国省道重要路段安装摄像头，实时监测辖区内普通国省道路网特别是重要路段及重要桥梁运行情况。

路政管理。全年清理路障 355 处、摊点 357 处，清除非公路标志牌 254 块，实施大件运输许可建议 6857 起，行政强制案件 2 起，查处路产损害案件 17 起，挽回路产损失费约 10.4 万元。开展跨区域跨部门联合执法行动严查"百吨王"、持续深化路面治理、源头管控、"一超四罚"和科技治超等工作。全年查处超限超载车辆 858 辆，其中"百吨王"车辆 82 辆、卸载货物 2.6 万吨，查处非法改装车辆 137 辆，清理整顿非法砂石堆场（料场）13

家。办理"一超四罚"抄告件91件864辆，其中外省11件40辆。约谈源头单位61家，责令整改61家，依规注销5辆运输车辆营运资质。

港航管理。全年完成港口货物吞吐量240万吨，港口营业收入14.5亿元。江夏区临时砂石集散中心拆除，恢复长江岸线自然生态。健全港口环保设施建设，港口船舶污染物接收、转运处置设施和港口船舶岸电设施建设全面完成，积极开展港口、船舶污染物接收、转运监管，持续对港口企业污染物接收、转运应用程序"船E行"App使用进行监管及检查。对港口船舶岸电使用情况进行监管，进一步减少船舶废气排放。

政务服务。持续深化"放管服"改革，围绕"高效办成一件事"推进政务服务标准化建设，深入开展"局长走流程"活动，持续拓展"网上办、马上办"事项，有效提高审批工作效率和为民服务效能。全年交通窗口受理办件18156件，按时办结率100%。

公交服务。优化调整5条城区公交、8条园区公交、26条通村公交线路，进一步方便城乡居民和园区职工出行。开通区内首条通勤公交专线、贺站至咸宁城际公交，解决居民定向出行需求，促进武咸同城化发展。新建公交站牌421个，更新修缮公交站点113处，迁移公交站棚（牌）57个、拆除站棚（牌）43处，为市民营造良好的候车环境。

物流建设。完成招引高端电商物流项目1个。成功申报AAAA级物流企业4家，获得奖补资金80万元。全面完成快递进村工作，11个街级寄递物流中转仓和240个村级寄递物流服务站建成并全部投入运营，构建农村快递物流区、街、村三级物流配送网络，解决农村快递物流"最后一公里"问题。

安全管理。结合"安全生产月""道路运输安全生产突出问题集中整治百日行动"等活动，开展交通安全知识宣传教育。强化驾驶员（船员）行车（船）技能和应急处置培训及运输生产过程安全监管，强化对安全例检、"三品"检查、进出站门岗、GPS动态视频等关键岗位人员教育和技能培训，杜绝违规违章作业、违法经营行为。全年派出175个督查检查组，发现问题隐患909项，全部完成整改。

（汪毅）

【蔡甸区】 至2023年底，全区拥有公路里程2447.2公里，比上年新增1.2%，其中等级公路2369.1公里。其他交通运输和仓储企业营收1.39亿元，比上年增长38.5%。完成客运量5.4万人次、旅客周转量2.7万人公里，完成货运量7047万吨、货物周转量98.48亿吨公里。管辖汉江岸线39.6公里。有在册道路运输企业524家，在册物流企业246家，规上企业27家，AAAA级物流企业6家、AAA级物流企业4家，省重点物流企业4家，专精特新"小巨人"企业1家。

交通建设。全年完成交通投资59.3亿元。京港澳高速公路、武天高速公路、武松高速公路征拆工作全部完成并加快建设，都市圈环线高速公路汉南长江大桥及接线工程启动建设，积极协调沪渝高速公路蔡甸段设计方案，天鹅湖、蔡甸等重要节点建设顺利推进；协调督办相关平台公司加快8条骨干路建设。318国道武汉西至永安段快速化改造项目完成修建性详细规划初稿。汉蔡高速公路中法生态城落地互通进展顺利。105省道蔡城线柏林至官桥段建成通车，106省道东邓线陈家村至德丰闸段改扩建工程建成通车。全年完成固定资产投资1.56亿元，完成物流建设投资10.9亿元。

"四好农村路"建设。编制《"四好农村路"发展规划（2023—2025年）》，以规划引领农村公路建设发展。完成新改扩建农村公路104公里。永安街获评"四好农村路"省级示范乡镇，嵩阳线获评全省"十大最美农村路"和全市"十大江城最美乡路"。

公路养护。对管养线路进行实地踏勘，疏通排水沟、清理路面障碍物和抛洒物，针对路面反射性裂缝、网裂等轻微病害，采取预防性清灌缝及修复性养护工程等措施及时处治。对公路沿线桥梁隧道及各类附属设施定期进行摸排调查、修缮维护。进一步加大重点路段清扫保洁人员及机械设备投入。完成整修路肩、边坡、桥梁、清理涵洞及通道等日常养护工作。加强道路设施排查整治，完成埋设百米桩、埋设里程碑、埋设道口桩等任务。

综合执法。加强公路、公路用地、公路附属设施、公路建筑控制区全面监管力度，加大对公路违法行为打击力度，及时制止占用桥下空间、危害桥梁隧道安全的违法行为。加大涉路工程监管力度，规范施工行为。清理拆除非公路标志标牌13块，限高架2处；清理占道摊点53处310平方米；拆除占道经营棚点10处130平方米；清理路障40处14000平方米。切实履

2023年3月18日，蔡甸区交通运输综合执法大队正式挂牌

行对辖区 5 家道路货运源头企业货车非法改装和超限超载监管职能，严格落实交警驻站制 24 小时联合办公要求，全面查处出境超限超载运输车辆，查处超限超载车辆 500 辆、卸载货物 1.9 万吨，查处非法改装车辆 48 辆。运政执法人员检查督导重点企业 97 次，约谈通报普货运输企业 41 家，发现一般安全隐患 57 处，全部完成整改。

运输市场监管。加强道路运输重点企业执法检查，督导汽车维修企业按规范要求进行喷涂作业、处理废油回收，35 家维修企业签订蓝天保卫战承诺书。严格落实货运企业"一超四罚"规定，督促违法违规运输车辆整改 238 辆次、企业整改 41 家次，约谈违法违规运输频次较高企业 32 家。开展联合执法检查 22 次，整改"残破花""脏乱差"、未规范设置服务监督卡等问题车辆 73 辆次，暂扣调查网约车 6 辆。查处驾培行业违规使用不达标场地案件 6 件。查处非法运输燃气罐、非法运输成品油案件各 1 件。

港航海事。完成蔡甸区临时砂石集散中心物资清点移交，稳步推进蔡甸港区建设。指导启星水运公司完成 600 总吨以上船舶受电设施改造。配合推进汉江兴隆至蔡甸段 2000 吨级航道整治工程，完成蔡甸段重大决策社会稳定风险评估工作。加强船舶环保管理工作，持续开展船舶污染物联单监管。与武汉发顺船舶保洁服务有限公司签订《船舶与港口污染物接收服务合同》，确保趸船生活污水、生活垃圾及时接收、转运、处置闭环管理。

现代物流发展。加大企业培育力度，引导企业入规纳统，进一步激发供应链物流需求。走访益丰、麦斯德等重点在建项目，定期了解企业经营情况，强化针对性服务。全年新增 AAA 级物流企业 2 家、AAAA 级物流企业 1 家，协助 24 家企业申请贴息贷款 2.18 亿元。协助韵达湖北总部电商基地项目申报 2023 年度交通物流发展补助资金、深国际武汉蔡甸综合物流港申报 2024 年度交通物流发展补助资金。打造开放惠民、集约共享、安全高效的农村寄递物流体系，将区级

寄递物流公共配送中心由原 1000 平方米普通仓改造为 2000 平方米的标准化分拨中心。累计新改建农村公路 107 公里，优化农村运力保障，投入新能源公交车 139 辆、改造农村客运线路 22 条，实现全域城乡公交一体化，推进"交邮合作"。优化快递运营网点布局，建成区级公共配送中心 1 个、街道公共配送中心 11 个、村级综合服务站 228 个的寄递物流网络体系，实现"快递进村"乡镇中转仓、村级站点设点率 100%。完善邮政业监管，12 月，蔡甸区邮政业发展中心挂牌成立。

政务服务优化。规范政务服务事项，积极开展"五星"窗口单位创建。编制完成 62 项部门政务服务事项基本目录，全面核查实施清单和办事指南外网展示信息，筛查不规范要素 97 条，实现部门政务服务事项清单标准化、办事指南规范化、事项管理动态化。持续做好监管行为数据归集、监管事项认领、服务门户录入、监管数据公开等日常工作，数据归集录入及时率 100%、公示率 100%；监管事项覆盖率 91%。加强部门协助，开展联动审批，试行联合勘验，依托省、市统一受理平台，强化线上线下审批协同。

公交客运服务。蔡甸区有城关公交线路 9 条，营运公共汽车 74 辆，均为新能源车型；城市公交线路 45 条，优化调整 10 条，营运公交车 324 辆。年末实有出租汽车 100 辆。蔡甸城市公交首末站（张湾）正式启用。优化调整公交站点，新建公交站棚 2 座，增加公交停靠站点 6 个。

安全应急。开展行业领域重点专项整治，提高安全生产综合治理能力。开展拉网式全覆盖隐患排查，坚持重要节日和关键节点安全巡查全覆盖。查处并整改安全隐患 583 起。修订《区交通运输突发事件应急预案》《区交通运输局防汛抗旱应急保障工作方案》。组织区公路局、公交客运公司、维修企业等开展消防灭火和突发事件应急演练。充分利用网络信访平台，及时回复处理投诉 2300 余件，化解社会矛盾风险。

（熊媛）

【东西湖区】 至 2023 年底，东西湖区公路通车里程 1600 公里，公路密度 323.23 公里/百平方公里。有国道 4 条 69.73 公里、省道 3 条 60.29 公里，二级以上公路里程 404.23 公里。推动实施硚孝高速公路东西湖境内"点对点"免费通行，累计减免高速公路通行费逾 1200 万元。公路完成运输周转量 255.96 万吨公里，全区 A 级物流企业达到 229 家。累计协调完成物流项目投资 24 亿元，京东华中电商产业园项目（二期）、中通快递华中总部基地、汉欧国际物流园等重点项目建成完工；中欧班列年发运班次突破 1000 列，运输货值达到 168 亿元。

基础设施建设。全年完成交通固定资产投资 75.1 亿元。107 国道快速化改造提升工程基本贯通，348 国道荷沙路东西湖段改造工程、金山大道西延线二期及支路连通工程、108 省道改造工程、东西湖区张柏公路改造工程等有序推进。汉江堤防汛道路维修工程、杜公湖二路工程、朝阳路改造工程、四环线新增降噪工程、东西湖大堤改造等建设完工。农村公路提档升级 15 公里，完成茅庙集北路、柏泉北路、睡虎山西路等项目，持续改善柏泉、新沟、东山等片区道路通行条件。协调推进京港澳高速公路、额头湾立交、北四环、硚孝高速公路二期等省、市级重大项目建设。

综合执法。全年办理各类道路运输案件 20 起。开展涉路工程监督检查，完成工程项目质量和安全巡查 44 次，工序验收 18 次。对四环线新增降噪声屏障项目进行交竣工验收并出具核验（鉴定）报告，发现并督促完成涉路施工安全隐患整改 6 起。开展水域巡航和水上隐患治理。联合开展汉江禁渔联合执法行动、汉江东西湖段非法采砂专项联合执法。加强"两客一危一货"运输企业监管力度，利用道路运输车辆动态监控平台开展"三超一疲劳"整治工作。开展危险货物道路运输联合执法行动 8 次，抽查道路运输企业 34 家次、危化品运输车辆 60 辆次，处理各类违法抄告函 48 件，督促违规企业整改 48 家次。完成行政

2023 年 4 月 26 日，梧桐雨公园景区定制公交线路 H9501 正式开通

处罚信用信息公示 10 条，录入行政强制、行政确认、行政裁决等 5 类 3157 条行政信息。

公共交通服务。全区有公交线路 88 条、运营车辆 1162 辆。推进线网优化调整，开通并延伸 H95、H103 等公交线路，服务梧桐雨公园景区及碧水大道沿线，协调增设环山路区中医医院等多处公交站点，方便群众出行、就医及游玩消费需求。建设常青城三级枢纽站、常青北路首末站、通源路公交首末站等一批公交场站，进一步提升全区公交站点覆盖率。

港航管理。青锋作业区公用码头一期工程正式开工建设。加强船舶和港口污染防治，接收转运处置船舶垃圾、生活污水；督促辖区船舶使用岸电，236 艘作业船舶使用岸电，使用电量共计 4827 千瓦时。严格落实河湖长制，持续筑牢汉江流域生态屏障。

企业培育。推动区内物流企业发展，全区有 A 级物流企业 229 家，占全市物流企业的 53%。为区内物流企业争取省级奖补资金、市级发展专项资金 1950 万元，帮助区内物流企业纾困解难、减负增效。协调完成物流项目投资约 24 亿元，京东华中电商产业园项目（二期）、中通快递华中总部基地、汉欧国际物流园等重点项目建成完工。全区建成（运营）乡镇中转仓 5 个、村级综合服务站 37 个，推进乡村振兴、农村寄递物流事业高质量发展。协调区内企业对接利用中欧班列

运力，畅通国内国际双循环，中欧班列（武汉）累计开通 11 条新线路。

公路养护。开展道路环境综合治理，加强公路养护，全力提升公路环境，顺利完成 107 国道东西湖区"国评"路段路况检查。全年完成路面坑槽修补、路面病害铣刨摊铺沥青混凝土、路面灌缝、整修路肩、安装波形护栏、更换路缘石及路肩石及窨井盖、警示桩、更新各类标线、拆除及维修防眩板、伸缩缝维护等日常养护工作。

公路治超管理。加大超限超载治理工作力度，严格落实 24 小时不间断治超。全年驻站联合执法检测货车，开展联合治超执法行动 74 次，与黄陂区、蔡甸区联合开展跨区联合治超执法行动

2 次，联合执法查处货车非法改装和超限超载货车 130 辆，其中"百吨王"车辆 26 辆，卸（转）载货物 5719.6 吨。全区查处超限车辆 2118 辆次，抄送抄告货车违法超限运输信息 296 起，检查重点货运源头企业 79 家次。

安全应急管理。全区道路运输行业未发生安全生产责任事故，车辆万车死亡率为零；监管通航水域未发生安全事故，渡口、渡船未发生安全事故，船舶万吨死亡率和直接经济损失均为零；交通在建工程安全事故为零，安全生产形势总体保持平稳态势。排查企业（项目）1924 家次，排查一般隐患 1652 项，全部完成整改。

智慧交通。持续推广和发展智慧交通，推广使用智能公交 App、渡船 GPS 监控及抓拍系统、长江干线船舶水污染物联合监管与服务信息系统、货运市场 GPS 监控平台、交通综合监控平台，持续打造全区智能交通体系。

（黄慕迪）

【武汉经济技术开发区（汉南区）】 至 2023 年底，全区有普通公路里程 711.06 公里，其中一级公路 39.46 公里、二级公路 68.71 公里、三级公路 19.84 公里、四级公路 583.05 公里；按行政等级分为国道 15 公里、省道 65.61 公里、县道 43.53 公里、乡道 79.23 公里、村道 507.69 公里。

2023 年 8 月 25 日，武汉公交集团首批"挂表运营"服务线路启动

道路运输。全区有公交企业1家，客运站1个；货运企业736家、货运车辆5152辆，其中无车辆194家，危货运输企业4家；出租汽车企业2家、网约车平台公司8家、驾培企业13家、机动车维修企业116家、机动车检测企业7家、汽车租赁公司8家。全区有交通运输及仓储业规上企业75家，A级物流企业29家；全年规上企业完成营业收入93.4亿元。管道运输业、多式联运和运输代理业、装卸搬运和仓储业企业18家，完成营收8.3亿元。

港口码头。全区有长江岸线总长62.3公里；港口岸线总长36公里，可常年通航5000吨级船舶。辖区内有注册水路运输企业2家，滚装船1艘。形成沌口港区、军山港区和汉南港区三大港区，岸线长达5338米，其中建成并运营码头21个、泊位44个。

公共交通。开通常规公交路线52条。建成公交场站12处，公交车进厂率83%，配套充电桩244个；公交停靠站437处，其中港湾式停靠站71处，占比16.3%。有轨电车全长16.8公里，全年客运量约230万人次。

公路管养。全区管养公路106.69公里，列养公路桥梁21座。全年完成整修路肩、整修边坡、清理边沟、清障、路面病害修补、药物除草、铲路肩草、撒防滑料、桥涵疏浚、桥梁标识标牌更换、埋设百米桩和里程碑、埋设示警桩、安全设施清洗、绿化修剪等日常养护工作。

"四好农村路"建设。深入推进"四好农村路"建设，全面完成"三年消危"项目库危桥改造和验收工作，深化农村公路管养体制改革，推动农村路网精细化管理，全面推行农村公路"路长制"实施方案；完成市级绩效管理目标任务3.75公里建设任务。

长江大保护。开展港口船舶防污染工作，完成纱帽、邓南、沌南州3个临时砂石集并中心拆除工作。推动辖区港口船舶污染物接收转运处置工作，辖区19家港口经营企业（除危货港口企业外）均配备"四桶一牌"生活垃圾接收设施、生活污水接收处理和油污水接收处理设备、港口岸电设施。督促辖区散货码头完成雨污水收集设施建设，除装卸运输粮食类作业码头外，所有散货码头全部完成雨污水收集设施建设。全年未发现乡镇船舶和"三无"船舶非法捕捞行为，辖区长江水域港口企业港区未发生一起非法捕捞行为。

运输市场监管。深入开展道路运输市场监管工作，严厉打击客运站周边非法营运车辆拉客、站外揽客违法违规行为。定期对危险品运输企业进行检查并抽查辖区内危险品运输企业车辆动态信息，联合执法检查危险品运输企业19家次、危险品运输车辆76辆次，查处危险品运输违法案件1起。联合公安交管、高速交警等部门对重点区域，开展整治非法营运出租汽车行动，现场收缴车辆顶灯105个，全年查处站外揽客2起、非法营运2起。发现维修企业隐患问题现场督促整改61起，办理备案47家、未备案17家。组织专班对全区13家驾培机构开展拉网式实地核查，3家驾校暂停招生，10家驾校正常招生。水路运输行业立案查处未依法取得港口经营许可证、从事港口经营案件8起。

超限超载治理。组织各类联合治超行动，强化重点货物源头监管，对重点货物源头企业巡查65次并开展法治宣传。落实"一超四罚"制度，收到超限超载运输抄告36家次，约谈违规企业34家次，要求企业积极整改，并将整改及时回复原抄告单位，对外抄告超限超载运输车辆430辆次。全年编发工作简报37期。推进科技治超工作，12月不停车检测系统项目正式开工建设。

安全生产监管。开展安全生产检查督查，强化事故隐患和安全生产风险点排查治理，有效防范和遏制安全事故发生。组织对道路运输企业进行安全检查，排查安全隐患34起，制定隐患排查台账，督促企业逐一落实整改到位。与港口企业签订《安全生产承诺书》19份，下达《加强港口汛期安全管理告知书》19份，通过港口企业工作群发布恶劣天气预警信息56条；排查港口企业一般隐患23起，全部完成整改；对辖区5家危险货物码头开展安全检查45次，发现一般隐患15起，全部完成整改。

交通体制改革。1月18日，武汉经济技术开发区（汉南区）公路事业发展中心、武汉经济技术开发区（汉南区）道路事业发展中心（公共交通事业发展中心）、武汉经济技术开发区（汉南区）港航事业发展中心经过区内机构改革，合并为武汉经济技术开发区（汉南区）交通运输事业发展中心。

（舒夏添）

【黄陂区】 2023年，黄陂区进一步完善农村道路交通骨架网络，积极推动"四好农村路"建设。全年新改建农村公路57公里。定期巡查区域内农村公路，维护路产路权，发现并处置农村公路路面堆积物、打场晒粮、污

2023年6月14日，武汉市交通运输局在汉口北客运中心组织开展道路客运综合应急演练

染公路等行为 20 余起，保障农村公路正常运行秩序。

公共交通服务。全区增设公交站点 15 个，优化调整公交线路 6 条，新开通 P29 路公交连通专线。开辟特色专线定制公交，优化公交出行"最后一公里"。投入 300 万元，改建木兰乡、蔡店街农村综合运输服务站；投入 444 万元增建通村公交线路候车亭 74 个，完成全省"村村通客车"站场（点）达标任务。中高考期间，接送黄陂区前川地区 9 所学校师生 2.8 万人次，配备随车安全员 372 人次，保障考生出行安全。

污染防治。组织开展水路运输渡口渡船、船舶防污染、长江禁渔、港口码头生态环境治理等专项检查工作，发现安全隐患 8 起，全部完成整改。对相关企业业主下达提升船舶污染防治及岸电使用率文件通知 3 份，进行船舶污染防治专项执法检查 10 次，黄陂区内长江岸线船舶污染防治生态环境突出问题全部完成并销号，按期完成武湖临时砂石码头拆除工作。

物流业发展。加快推进武汉玉湖国际冷链食品交易中心、中交卖货郎、万纬供应链滠口园区等物流项目建设，成功申报国家 AAAA 级物流企业 2 家。配合完成武汉市"十四五"物流发展规划中期评估，加快 B 保物流项目建设，及时拨付强链补链物流项目资金 2500 万元。实现全区 590 个行政村快递进村全覆盖，全年通村邮件 151 万件，落实市、区中转仓建设运营补贴 99.75 万元，村邮员补贴 347.74 万元。

综合执法。黄陂区完成交通运输综合执法大队和交通运输服务中心人员划转、机构岗位设置和编制调整，机构改革工作平稳推进。严格落实"一超四罚"措施，黄陂区 4 个固定治超站、3 个治超监测点均实行 24 小时不间断执法，全年查扣违法超限超载车辆 1142 辆，依法切除 247 辆非法加高车辆墙板，卸载货物 37252.39 吨，有效打击区内超限车辆违法行为，确保道路安全畅通。与武汉天河国际机场公安共同组建打击非法营运工作专

班，常态化 24 小时查处违法行为。全年查扣涉嫌违规营运车辆 251 辆次，扣留证照 196 件，暂扣车辆 55 辆。申请法院强制行政案件 3 件。常态化对辖区内木兰公司、协力公司 2 家客运企业 134 条公交线路、640 辆营运车辆进行监督检查。

平安交通。推进重大事故隐患排查整治和行业专项整治行动，不断完善和强化安全生产监管，实现全年无安全生产责任事故。持续开展矛盾纠纷大走访大排查大化解专项行动，做好"一感一度一率一评价""双评议"和"好差评"工作，全力配合黄陂区禁鞭、禁毒、反恐、防爆、防范邪教、铁路护路等工作。常态化开展扫黑除恶整治，持续开展行业清源工作。

（王喻玲）

【新洲区】 2023 年，新洲区公路完成货运量 4361 万吨、货物周转量 57.04 亿吨公里，完成客运量 1679.74 万人次、旅客周转量 3.36 亿人公里；水路完成货运量 1623 万吨、货物周转量 3.24 亿吨公里，完成集装箱运输 223.6 万标箱。有营运客车 402 辆。其他交通运输及仓储营业收入比上年增长 36.1%，全市排名第一。

交通建设。全年完成交通固定资产投资 43.09 亿元，超目标任务 72.4%。新改建"四好农村路"73.32 公里、公路桥梁 17 座。347 国道江北快速路东延线启动交工验收；新港高速公路双柳长江大桥及接线工程和 347 国道举水河大桥建设顺利推进；武汉都市圈环线新洲段工程开工建设；长河桥及接线工程桥梁桩基全部完成。118 省道刘大路改扩建工程、318 国道改线、347 国道毛集互通及接线工程前期工作加快推进。红色旅游线获评全市"十大最美乡路"。

物流发展。积极推进"快递进村"工程，实现村级网点布局全覆盖，日均进村快递件量 7000 件以上。长江武汉段首个万吨级泊位码头林四房港区娲石码头投入使用，金控粮食物流基地铁路专线建成林四方线段，冷链物流产业园一期、二期冷库基本完工，集装箱铁水联运一期（电厂）货运枢纽工程建成运营，国家粮食现代物流基地码头二期、粮食物流应急保障基地建设待验收。长期砂石码头完成论证选址方案。新增小进规企业 2 家、A 级物流企业 6 家，湖北港口集团有限公司入选全国物流 50 强。

运输服务。优化公交线路和站点，新增公交站点 3 个，协调开通邾城客运站、阳逻客运站至同济航天城医院公交专线。开展系列"问津交运"特色服务品牌创建活动。首次开通中国

新洲区 347 国道举水河大桥建设工程

武汉阳逻港至阿联酋阿布扎比港集装箱运输航线。新建"华航汉亚5"轮和"华航汉亚6"轮2艘日韩国际直航集装箱船舶。

行业监管。开展船舶和港口防污染攻坚提升行动，船舶污染物转运率高于95%。巩固长江干线港口码头整治成果，岸电使用率达98%以上。联合教育、交警部门审核校车使用许可161辆，审核运行线路358条。约谈

违规道路货物运输企业22家。持续开展客运市场专项整治行动，没收非法标志42套，训诫及处罚网约车平台公司7家、网约车40辆、越线经营和站外揽客班线客运7辆。

公路治超。组织开展砂石料堆场整治，取缔非法砂石料堆场39处。建成不停车检测系统二期，新增4套全幅不停车检测系统。开展治超"春雷行动""雷霆行动"，全年查处违法货

运车辆467辆，其中"百吨王"46辆。

安全生产。组织开展全民国家安全教育日、全国防灾减灾日、"安全生产月"系列宣贯活动，深入开展安全生产十大专项行动、重大事故隐患排查及重大风险防范化解行动，排查整改隐患499个，隐患整改率100%。扎实做好备汛防汛和低温雨雪冰冻天气防范应对工作。

（张欣）

黄石市交通运输

【概况】 至2023年底，黄石市在册公路通车总里程8609.17公里，公路密度187.85公里/百平方公里，其中高速公路332.32公里、一级公路518.07公里（含高速公路连接线14.93公里）、二级公路685.69公里、三级公路216.00公里、四级公路6857.09公里。全市内河航道里程186.8公里（不含长江里程60.8公里）。黄石港口按辖区分为黄石市城区港区、棋盘洲港区和阳新港区3个港区，拥有各类码头泊位61个，其中生产性泊位47个（含危货泊位5个）、非生产性泊位14个。全市有公路客运站17个，其中一级客运站2个、二级客运站2个、三级客运站6个、四级客运站4个、五级客运站1个、简易客运站1个、临时客运站1个。

基础设施建设。全年完成交通固

2023年，在建中的富水航道八一桥

定资产投资90.11亿元，比上年增长10%，累计争取省级以上资金逾10亿元，比上年增长20%。以"三纵三横"快速通道涉及黄石的11个子项目为重点，开工建设武汉新城至黄石新港快速通道、315省道开发区段二期、106国

道排市—浮屠段、351国道阳新县三溪至毛坪段等一、二级公路116.23公里。建成一、二级公路54.26公里，完成普通公路大中修1894公里、公路安全精细化提升工程70公里，完成全部8座危桥改造工程。新增新能源出租汽车122辆，比例增至18.39%，新能源公交车比例达76.56%。开展黄鄂黄国家综合货运枢纽补链强链城市申报工作，新增AAAAA级物流企业1家，实现黄石AAAAA级物流企业零的突破。成功申报黄石新港三期"水管铁"、湖北海虹"铁公水"2项省级多式联运示范工程。黄石国家城市绿色货运配送示范项目通过国家专家组现场验收，构建"统仓共配+全程物流"一体化新模式，为全国提供可推广、可复制的黄石经验。

"四好农村路"建设。完成新改扩建"四好农村路"617.3公里，超额完成年度政府十件民生实事中600公里

2023年，建设中的黄石新港三期项目

目标任务。其中完成县乡道改造53.3公里、自然村公路建设140.3公里、农村公路提档升级191.7公里、路域环境整治232公里。打造"四好农村路"高质量发展示范片区4个，共计打造完成75公里。大冶市还地桥镇被评为全省"四好农村路"示范乡镇。

运输服务。全市共有有轨电车30列、城市公交车1436辆、公交经营线100条，公交线路总长度1641.6公里，公交线路总运营里程6751.68万公里（含大冶、阳新），轨道交通总运营里程148.8万公里，年城市公交客运量14223.08万人次，比上年下降5.1%。全市共有出租汽车2012辆，全年出租汽车客运量5331.55万人次，比上年下降11.86%。道路完成客运量1311.82万人次、旅客周转量3.63亿人次公里，客运量比上年下降8.79%，旅客周转量比上年增长8.9%；完成货运量6131.89万吨、货物周转量53.49亿吨公里，分别比上年增长13.95%、17.82%。水路完成货运量2482.66万吨，比上年增长21.72%，完成货物周转量54.98亿吨公里，比上年下降8.28%。全年完成铁水联运146万吨，比上年增长19%，其中"公改铁"127万吨，比上年增长51.19%。全年完成港口货物吞吐量8338.50万吨，比上年增长21.64%，增速位列长江中游第一。

公路管养。全市公路养护里程8261.92公里，其中列养里程1434.69公里（国道273.34公里、省道589.30公里、县道452.25公里、乡道39.75公里、村道80.05公里）、非列养里程6827.23公里。实施国省道路面养护工程177公里；完成危旧桥梁改造7座。组织开展路域环境集中整治活动，出动路政巡查540余人次，清除公路及公路用地范围内堆积物30处216平方米，清除非路用标志牌12块，清理占道经营5处60平方米，制止其他路损行为6起。

智慧交通。升级改造市区833辆巡游出租汽车车载智能终端，动态监控出租汽车驾驶员经营行为，深入推进巡游出租汽车文明服务质量提升。黄石国家城市绿色货运配送示范项目通过国家专家组现场验收，构建"统仓共配＋全程物流"一体化新模式。新港三期散货堆场全封闭气膜、绿色智能化码头入选交通运输部交通强国建设试点示范项目，开创长江中上游港口绿色环保应用先例。船舶污染物接收、转运、处置率均达到95%以上。

安全应急管理。深入开展重大隐患排查整治行动，扎实推进道路运输、城市公共交通、公路运营、港口营运、水上交通、公路水运工程建设六大重点领域突出问题专项治理，整改销号各类安全隐患243个。常态化建立7支229人的应急抢险队伍，储备应急车辆144辆、应急船舶11艘以及应急抢险装备物资，开展交通事故救援、车辆自燃、消防等应急救援演练活动47场。黄石市公路应急保障中心建成投入使用，大冶市公路应急管理中心基本建成，应急指挥、快速反应、应急处置和防灾减灾能力不断提升。全年未发生较大以上事故，行业安全生产形势总体稳定。412省道黄阳线被评为省级"平安公路"示范路段，市公路事业发展中心获省级"平安交通"创建示范单位，新港港口成功创建省级"平安港口"。新港三期码头配套及道路堆场工程1标段、发展大道立交工程、315省道开发区段二期工程3个项目获"平安工地"称号。

交通改革。持续深化以控制成本为核心的优化营商环境革命，道路货物运输驾驶员从业资格证实现现场免费办理，大件运输审批时限大幅缩减。

修订《黄石市网络预约出租汽车经营服务管理实施细则》，加快网约车合规化进程，促进网约车行业健康发展。启动超载超限运输治理非现场执法试点工作。深入推进审慎包容监管，积极推广"说理式执法"，全年对150余件次轻微违法行为免予处罚。结合全市道路运输执法领域突出问题专项整治，开展各类执法督导47次，核查案卷1163件。

（余珣知）

【大冶市】　至2023年底，全市公路在册总里程3401.58公里，公路密度217.21公里/百平方公里，其中高速公路145.89公里、一级公路112.96公里、二级公路220.35公里、三级公路87.14公里、四级公路2835.24公里。内河航道通航里程34.5公里（界河按二分之一算），有渡口3个。有公路客运站16个，其中一级客运站1个、二级客运站1个、三级客运站5个、四级客运站和简易客运站9个。

基础设施建设。全年完成交通固定资产投资91012.45万元，比上年增长91.82%。完成公路固定资产投资79075.75万元，建设武汉新城至黄石新港快速通道（大冶段）、106国道黄石铁山至大冶段改建工程、349省道大冶港湖至鄂州茅圻公路、315省道大冶大箕铺至金湖段改建工程（大箕铺段）、201省道大冶市刘仁八至金牛段公路改建工程、县乡道改造、农村

2023年11月，武汉新城至黄石新港快速通道大冶段改扩建项目施工中

公路建设等交通项目。完成大冶市中心综合客运站投资1000万元。完成湖北海虹物流园工程投资7906.7万元、寄递物流运输服务站投资3030万元。

"四好农村路"建设。全面推进"四好农村路"建设，全市建设农村公路路网连通、延伸工程项目98个、33.39公里；农村公路提档升级项目85个、55.52公里；重要县乡道改造项目7个、18.89公里；完成高质量发展"四好农村路"245.62公里。还地桥镇获评全省"四好农村路"示范乡镇，至此全市省级"四好农村路"示范乡镇达到6个。

运输服务保障。全年道路完成客运量（不含公交和出租汽车）961万人次，比上年下降5.13%，完成旅客周转量（不含公交和出租汽车）18576万人公里，比上年增长18.31%；完成货运量591万吨、货物周转量16315万吨公里，比上年分别增长18.10%、20.05%。落实省交通运输厅支持公路货物运输、在营等级客运站等扶持政策，发放奖补资金、运营补贴共计170万元。协调境内高速公路经营公司同意长城汽车双层商品车发送上高速公路通行，为企业全年节约运费2000余万元。引导入交通运输部规上企业1家，入市统计规上企业2家。优化公交线路布局，新开通公交线路2条，优化调整公交线路3条，加密公交高峰期发班频次，调整高峰时段学生出行区间，公交运力相对提升30%以上。

公路管养。结合美好环境和幸福生活共同缔造活动，对国省干线公路路域环境开展整治。圆满完成普通公路养护提质三年攻坚行动、316国道车桥至塘湾段路面修复养护工程、314省道保安至下柯段路面修复养护等14个大中修项目完工。完成沥青类填补坑槽、清理边沟、整修路肩、割草、清扫路面、清运堆积物、边沟挡墙新建修复、桥涵疏浚和维修、路面封闭裂缝、埋设百米桩等日常养护工作。深化公路安全管理，集中对106国道、316国道、315国道等干线公路沿线标志标线、隔离护栏、警告标志、道口桩、爆闪灯等进行排查，针对不同状况，分类进行补充、更换、清理和维修，确保安全设施齐全有效。重视桥梁管护，对列养桥梁泄水孔进行维修升级，做好日常性养护、疏浚、巡查和经常性检查，完善"四牌一步道"建设，集中对316国道牙山中桥、华杨中桥等30余座桥梁进行伸缩缝预防性养护，更新桥名牌、限载牌、信息牌和保护区牌。深化农村公路养护管理体制改革，在陈贵、刘仁八等4个乡镇推广茗山乡农村公路"四抓四化"养护模式，持续推进农村公路群专结合养护，加强月抽查、季考核、年总评，年度考核结果与农村公路日常养护资金拨付密切挂钩。全面实行农村公路三级"路长制"，乡镇落实乡村两

级农村公路专管员800余人。

物流发展。上门服务海虹物流园多式联运项目规划研究第三稿编制完成，指导宏通物流园完善申报资料，顺利通过国家评审，获得全国物流企业AAAA级资质，6月，向上争取省级物流运输专项补助资金57万元，全部用于12家AAA级以上物流企业奖补。

路政管理。全面加强国省干线公路保护，加大日常巡查力度，及时发现和查处各类损坏、破坏路产路权和公路设施的违法行为，确保公路完好。处理路政案件131起，追回直接路产损失27.02万元，收取罚款28.3万元。开展路面巡查，出动车辆550余辆次，下发隐患整改通知书50份。制止在公路两侧建筑控制区内修建建筑物、构筑物5次，拆除非路用标志牌70余块，清理公路及用地范围内堆积物50处150余平方米，清理占道经营10余处，制止其他损路行为19起。

超限超载治理。联合公安交警，依托不停车检测系统，常态化开展货车治超治限。检测车辆64798辆次，查处违法超限车辆680辆次，处理车辆676辆次，卸转货物28613.91吨。查处非法改装车辆233辆次，消除违法改装行为233辆，其中治超专班交警行政处罚（包含事故车）车辆698辆次。

行业监管。以创建国家文明城市为契机，开展出租汽车市场专项整治攻坚行动。在矿委、大冶北站、雨润等客流集中地段，建成出租汽车候客通道，为出租汽车市场提供良好的市场经营条件。采取定点稽查与流动稽查、定时执法与错时执法相结合的方式，对非法营运和出租汽车违规行为进行重点整治。全年检查出租汽车2149辆次，查处非法营运出租汽车、网约车208辆次，处罚违规出租汽车104辆次，批评教育505人次，停运学习18人次。

智能交通。一是全市所有长途客运车辆、出租汽车、农村客运车辆、公交车、危货车均安装定位监控系统，交通运输综合执法大队监控中心实行24小时动态管理，确保行车安全。二是抓好"一张网"建设，全力推进政务服务标准化和政务流程再造，全面

大冶市还地桥镇三山湖产业路

落实线上"一网通办"，着力提升"互联网＋政务服务"水平，打通数据通道，加快证照数据和政务信息共享，推进"互联网＋监管"工作平台。三是全面启用道路运输证，城铁大冶北站、团城客运站实行电子客票、网上订票，乘客足不出户即可通过手机电话预订并领取，出行更加便捷。四是全市公交车推出 App 信息服务，为市民出行提供更为及时、准确、便捷及多元的公交车信息化服务。海虹物流园依托铁路95306平台，宏通物流公司依托欧冶宝武集团平台，推动建立各种运输信息资源信息共享机制，实现业务协同联动。五是扎实推进智慧交通项目建设，实施不停车检测系统等，在315省道三角桥段、201省道金湖、金山店罗金线（由于路面建设暂停使用）区域建成3个科技治超点位，有16个申报点位待批复。

节能减排。配合相关部门开展全市国三及以上柴油货车摸排，加快国二及以下排放标准营运柴油货车淘汰工作。依法注销高耗能、高排放柴油货车道路运输证434本。协助市大气办联合黄石市机动车排污监控管理中心、市城管执法局、市生态环境分局等部门在城区重点管控区域开展柴油货车污染防治专项行动。加快新能源车辆规模化应用，全市360辆公交车全部更换为新能源车（其中纯电动公交车300辆、天然气公交车60辆），590辆出租汽车全部采用清洁能源车，有26辆城乡客运车辆更换为纯电动汽车。

交通环保。以巩固拓展中央生态环境保护督察信访问题整改成果为契机，加快建设绿色交通体系，全年收到各级部门交办件30件，均按时间节点完成整改。加强交通在建工程工地扬尘治理，通过定期巡查和抽查方式进行明察暗访，控制和降低施工中扬尘污染。开展货车抛洒超限超载整治行动，落实治超联合执法常态化、制度化，与公安、城管联合在全市重点区域开展严厉打击货车未覆盖、超限超载、抛洒滴漏等扬尘污染大气行为专项整治行动。完善提升国省道绿色公路建设，开展201省道美丽国省道创建工作，全年创建里程50公里，沿线进行新植、补植及绿化提档，投入资金约300万元。其他国省干线开展宜林路段补植补栽工作，绿化里程占比达到98%。

安全应急管理。严格落实安全生产"党政同责、一岗双责、失职追责"制度，打造平安交通。全年组织安全生产例行检查3次、专项检查2次、安全隐患排查30次，排查出农村公路安全隐患里程159.31公里，下达安全隐患整改通知书8份。整改完成省交通运输厅督办隐患30处、省级挂牌督办隐患1处、市级隐患2处，农村公路临水临崖、急弯陡坡道路安全隐患245处。农村公路桥梁"三年消危"行动，28座危桥全部完成改造并交工验收。建立完善应急保障体系，坚持24小时值班值守制度，全面做好防汛、应急保畅工作。

交通改革举措。贯彻落实市镇村三级寄递物流服务网络建设，完善市镇村三级物流配送体系，按照"政府主导、社会主体、邮政兜底、财政奖补"模式，整合并引导快递企业在全市农村党群服务中心投放智能快递柜。建成村级网点，新建村级寄递服务网点297个，全市所有行政村3个以上品牌快递进村覆盖率达到100%，助力农民创收增收，促进农村消费升级。扎实推进省级试点创建工作，建立大件运输重点货运源头单位联系机制。落实专人24小时"一

对一"帮办服务，办件时限进一步缩减，企业办件更加快捷便利。通过落实道路桥涵养护数据、路政巡查信息等"信息动态实时报送制度"，确保政务窗口及时获取道路数据信息，为大件审批提供参考依据，有效降低办事时限。

（柯可）

【阳新县】至2023年底，全县公路里程4956.66公里，公路密度178.31公里/百平方公里，其中高速公路176.30公里、一级公路196.65公里、二级公路389.79公里、三级公路115.22公里、四级公路3078.70公里、等外公路1000公里。内河航道通航里程81.3公里（界河按二分之一算），有生产性码头泊位18个、渡口40个。有公路客运站12个，其中一级客运站1个（在建）、二级客运站1个、三级客运站5个、四级客运站4个、五级客运站1个。

基础设施建设。全年完成交通建设投资约32亿元。建成武阳高速公路阳新段、阳新203省道、295公里"四好农村路"等一批省重点工程。完成全县国省道大修工程30.3公里，完成投资1.05亿元；完成中修工程46.91公里。推进富水富池至排市段航道工程、106国道沿黄段、黄石电建港务物流有限公司码头等省市重点工程。开工建设351国道三溪至毛坪段等省"硬联通"工程。完成"十四五"综合交通规划中期规划调整及省道网调整工作，

2023年，阳新县浮屠镇李杨线"四好农村路"建设

2023 年 11 月，阳新客运枢纽站主体工程完工

进一步完善阳新县交通骨架网。

"四好农村路"建设。全年新改建"四好农村路"295 公里，其中县乡道改造 19.56 公里、路网连通 134.3 公里、提档升级 97.25 公里、路域整治 45.6 公里，完成投资 2.95 亿元。进一步畅通全县农村公路微循环，打通断头路，助力乡村振兴。

运输服务保障。全县有道路运输业户 858 家。其中普通货运业户 836 家（含个体经营业户）、客运业户 19 家、危险品运输业户 3 家（不包括新港物流工业区 2 家），有货运车辆 2008 辆、客运车辆 451 辆、危险品运输车辆 72 辆。有客运企业 11 家（不包括个体经营业户 5 家）、客运班线 226 条，其中省际客运班线 1 条、市际班线 13 条、县际班线 15 条、县内班线 197 条。全年完成客运量 681.67 万人次、旅客周转量 4.50 亿人公里、完成货运量 2228.35 万吨、货物周转量 40.88 亿吨公里。有出租汽车公司 3 家，计出租汽车 400 辆；有公交企业 1 家，计公交车 180 辆，公交运营线路 12 条，从业人员 280 余名，停靠站点 405 个，实行公车公营模式。全县登记在册船舶 271 艘，检验发证 115

艘，其中客渡船 96 艘、其他船舶 19 艘。"村村通客车"实现城乡"最后一公里"无缝对接，鼓励有条件的农村客运线路采用"区域循环"和"赶集车""约租车"等方式方便广大农村群众出行。开通农村客运班线 197 条，农村客运车辆 332 辆，全县 349 个行政村（不含两镇一区）村村通客车，其中有 39 个自然村开通"约租车"客运，通达率 100%。春节期间安全发送道路旅客 11.57 万人次、水路旅客 7.97 万人次；城市公共客运安全运送旅客 202.51 万人次。

寄递物流建设。建设县级寄递公共配送中心 4 个、乡镇寄递物流综合服务站 19 个、村级寄递物流综合服务网点 327 个，初步形成涉及仓、运、转、配全链条协同的寄递物流服务体系。

公路管养。全面提升国省道路况服务水平，完成修补沥青路面坑槽、水泥路面破碎板、清理和修复边沟、清理路肩杂物及整理路肩、清除坍塌土石方、沥青路面灌缝、疏通涵洞等日常养护工作。加强县道养护资料管理，提高养护水平，逐步在各中心管理站、县道里程多的站点，建立县道管养办公室，完成枫林站、率州站修

缮、县道管养办公室设立。贯彻落实黄石市"千村万树"绿化提升三年行动要求，对公路补植各类树苗 9200 余株，整修县道行道树 41 公里。

路政管理。严厉打击超限运输违法行为，全力保障人民群众平安出行，查处超限运输车辆 222 辆，卸载货物 4046.9 吨。查处损坏路产赔补偿案件 14 起，路政案件查处率达 98%、文书使用率达 100%、案卷合格率在 99% 以上。处理大件运输件 1409 个，其中许可 1361 件、不予许可 48 件（含申请人撤回 5 件）。

安全生产管理。全县交通运输安全生产形势稳定向好，连续三年死亡事故零发生。成立交通运输系统安全生产重大事故隐患排查整治和重大风险防范化解工作专班。以"日联络、周报告、月小结"的形式推进各项工作，全面查找和治理存在的突出问题和薄弱环节。全县交通行业重点工程、重点企业签订自查承诺书 52 家次，排查重大风险隐患 5 处，整改完成 4 处，另有 1 处按要求落实管控措施。开展全县公路路域环境和公路安全设施专项治理，查处违规车辆 437 辆。受理行政许可案件 2 起，均办结。开展城市公共交通领域专项治理，查处非法营运车辆 76 辆，其中网约车 30 辆、巡游车 46 辆。开展水路交通安全生产月专项工作，举办全县渡口、渡船责任人及驾驶员安全培训班，参加培训 62 人。举办水上施工突发事件应急救援实战演练和水上综合应急演练，相关单位及 220 余人、10 艘船艇参加现场演练。检查各类船舶 995 艘次、渡口 272 处次、水运在建工程 36 处次，排查安全隐患 36 处，现场纠正 26 处，限期整改 10 处。

（杨裕勇　欧阳慧玲）

十堰市交通运输

【概况】 至 2023 年底，十堰市公路总里程 31384 公里，公路密度 132.6 公里 / 百平方公里，其中高速公路 620 公里、一级公路 494 公里、二级公路 2821 公里、三级公路 413 公里、四级公路 26711 公里、等外公路 325 公里；

2023 年 12 月 29 日，玄岳大道茅箭段主体道路工程完工

国省道一、二级公路比重达 89%。全市有公路桥梁 2906 座，其中国省道桥梁 1094 座；有公路隧道 144 座，其中国省道隧道 135 座。内河航道通航里程 762.8 公里、汉江干流航道 257.1 公里，其中三级航道 127 公里、四级航道 89.2 公里；十堰港共 8 个港区，有生产性泊位 80 个、渡口 34 处。有客运站 33 个，其中一级客运站 7 个、二级客运站 13 个、三级客运站 13 个。

基础设施建设。全年完成交通固定资产投资 160 亿元（不含铁路、民航），争取部省补助资金 18.6 亿元，实施亿元以上重大交通项目 51 个。全市高速公路完成投资 57.93 亿元，十巫高速公路郧西至鲍峡段加快建设，十巫高速公路溢水至鄂陕界段实质性开工建设。普通公路完成投资 75.28 亿元，玄岳大道（城市向东发展快速通道）城区段建成通车，郧阳段建设加速；城区垭子至大川段改扩建、十房一级公路土城至柳树垭段基本完工，大川至唐家河段改扩建、唐家河至柳树垭段全线开工。全市新改建农村公路 1441 公里，完成投资 38.5 亿元。港航建设完成固定资产投资 1.51 亿元。汉江孤山航电枢纽主体工程基本完工，船闸实现通航并完成实船试验。丹江口库区航标提质工程一期完成投资 276 万元，55 座浮标全面投入使用。汉江陕西安康白河至湖北丹江口段"黄金水道"正式复航。环郧阳岛生态旅游航道工程前期专题获批复。全市航标实行规范化管理，112 座水标编号上牌。生产服务型国家物流枢纽前期工作加快推进，十堰市快递物流园（一期）等建成运营，郧西县交通物流产业园等基本建成。全面收官站亭达标三年行动，建成三级以上客运站 3 个、乡镇综合服务站 12 个和候车亭 276 个。

运输服务保障。公路完成客运量 662.3 万人次、旅客周转量 7.10 亿人公里，比上年分别增长 27.85%、39.29%；完成货运量 3295 万吨、货物周转量 50.14 亿吨公里，比上年分别增长 12.57%、15.55%。水路完成客运量 13.79 万人次、旅客周转量 399.16 万人公里，比上年分别增长 164.63%、164.02%；完成货运量

298.22 万吨、货物周转量 9183.94 万吨公里，比上年分别下降 28.14%、26.28%。加大农村客运公交化改造，全市新增通公交行政村 188 个，通公交乡镇、行政村占比分别达到 70%、56%。持续提升交通出行服务品质，开通优化公交路线 13 条、重点景区直通车线路 10 条，新增"敬老爱老"公交线路 4 条。深化全域公交示范创建，竹山县荣获"湖北省全域公交县"称号，率先在全省实现全域通达"校园直通车"。

春运工作。2023 年 1 月 7 日—2 月 15 日，全市铁路、水路、公路、民航共运送旅客 152.16 万人次，比上年增长 19.67%，整体呈现"三升一降"态势。其中，铁路、公路、水路运输上升，铁路发送旅客 86.2678 万人次，比上年增长 27.01%；公路运送旅客 56.53 万人次（不含农村公交客运数据），比上年增长 13.06%；水路投入客船 521 艘次，安全运送旅客 4689 人次，比上年增长近 3 倍；民航客运量略微下降，民航运输安全航班起降 1032 架次，运送旅客 8.89 万人次，比上年下降 2.37%。

"四好农村路"建设。建立"四好农村路"五色图评价体系，强化过程管理，推动典型示范向全域创建转变，竹溪县建成"四好农村路"全国示范县，郧阳区建成省级示范县，茅箭区

2023 年 12 月 21 日，安康汉江白河至丹江口段正式复航

大川镇、张湾区柏林镇、竹山县深河乡、郧西县土门镇建成省级示范乡镇，全年获奖励奖金 2200 万元。

物流发展。成立十堰市突破性发展供应链物流产业工作领导小组，明确构建"通道＋枢纽＋网络＋平台（企业）＋金融"的高质量供应链物流体系。完成全市物流枢纽（园区）空间功能和布局规划编制，印发实施市场主体培育、大宗物资公转铁、物流信息化建设 3 个三年行动方案。服务长江汽车产业供应链公司拓展业务，招引供应链物流龙头企业 3 家，提档升级市级公共物流信息平台，新增规上企业 2 家、A 级企业 7 家。生产服务型国家物流枢纽入选省级多式联运示范工程建设名单。实施社会物流统计制度，发布全市物流业景气指数。开辟"东西南北"四向物流通道，铁海联运发送整车 1.5 万辆，公铁联运助力"堰水进京"130 万吨、零部件南运 1.1 万吨，中欧班列跨境物流总运量达 57 万吨，供应链物流增加值突破 200 亿元。深化农村客货邮融合发展，打造融合线路 12 条，建成县级农村物流中心 6 个、乡镇节点 106 个、村级邮政快递物流站点 1762 个，农村寄递物流行政村实现全覆盖，郧阳区农村物流"四网融合、一体联动"获全国第四批农村物流服务品牌。

绿色低碳发展。十堰市绿色低碳发展示范区建设领导小组印发《十堰市绿色低碳交通运输工程行动方案》，明确围绕"加快完善综合交通运输网络、加快建设生产服务型国家物流枢纽承载城市、推进交通设施设备绿色低碳转型"三大任务，以绿色出行创建、低碳装备运营、运输结构优化为重点，协同推进降碳、减污、扩绿、增长。深化国家公交都市创建，建成智慧公交站廊 50 座，新增（调）公交路线 13 条。常态化推进城市绿色货运配送建设，新增示范企业 1 家、新申报建设停靠点 15 个、末端配送站 10 个。全年新增及更新新能源出租汽车（含网约车）685 辆、新能源公交车 180 辆，推广应用"近零碳"驾培驾校 6 家，新能源教练车达 70 辆。城区新建出租汽车换电站 2 座，普通公路服务区新建充电桩 32 个，高速公路服务区充电设施实现全覆盖。认证 M 站企业达 91 家，全市 247 家汽修企业实现"一企一档"。中央第二轮生态环境保护督察反馈问题整改通过省级验收，"船 E 行"使用率保持 100%。深入推进绿色智能船舶应用，新建纯电动船舶 7 艘，淘汰燃油船舶 20 艘。

公路管养。全年争取省级干线公路大中修项目 43 个 275 公里、补助资金 2.8 亿元，至年底实施大中修 197 公里，其中首次成功争取并实施城区市政道路大中修 100 公里。完成村道安防工程 776 公里，整治 242 国道重大地灾隐患 46 处，预防性养护郧县汉江大桥等桥隧 5 座，改造危旧桥梁 63 座。创建美丽国省道 70 公里、美丽农村路 100 公里，打造市级样板路 4 条。建成星级服务区 83 个。全市 3000 公里农村公路实现"市场化养"，张湾、郧西、丹江等地迈入"数字化管"，"路长制"实现全覆盖。

路政管理。开展十堰市境内高速公路沿线广告牌清理整治，拆除广告牌 208 块，十堰交通运输部门获评全省"红旗单位"。深入开展干线公路"十堆十乱"专项整治行动，拆除违建 105 处、非路用标牌 492 块，清理占道 197 处，处理非法加水点 53 处。强化路警联合治超力度，全市查处超限车辆 436 辆次，处理卸货车辆 136 辆，卸货 9917.4 吨。

行业监管。常态化开展"打非治违"专项行动，暂扣非法营运车辆 608 辆次。全面梳理全市经营业户、车辆、从业资格等基础数据，与公安交管部门建立信息抄告机制，公示注销道路货物运输经营业户经营许可证 218 个、道路运输证 413 个、从业资格证 4500 余个。提升水路运输保障能力，更新提档航标 55 座，全市 140 艘脱检船舶实现应检尽检。深入开展道路运输执法、工程建设领域突出问题专项整治，整改销号问题线索 83 个。完成全市在建农村公路实体质量抽查，共排查质量安全隐患 30 处，整改回复率 100%。

安全监管。开展重大事故隐患专项排查整治、交通运输领域安全生产八大专项行动，借助专家团队"点对点"指导整改，全年排查隐患 1606 个，挂牌督办重大隐患 11 个，整改率 97%。深入开展火灾隐患专项治理，排查整改消防安全隐患 79 条。建立驾驶员安全警示教育机制，全市 44 家"两客一危"企业建立谈心谈话制度。大力推动"司机之家""司机休息室"建设，2 个物流园"司机之家"通过部级验收，7 家物流园区"司机休息室"建成使用。注销 800 公里以上高风险长途客运班线 3 条。实施乡村渡口渡船安全提升专项整治两年行动，撤销渡口 30 处、提档升级渡口 2 处，拆解渡船 15 艘、清理取缔"三无"船舶 18 艘。坚持"人防＋技防＋物防"结合，重点车、船、企动态监控闭环管理。

2023 年，281 省道十堰大道城区段首次实施大中修工程

2023年12月，建设中的丹江口水都二桥

优化营商环境。"一网通办""一事联办"全面推进，电子证照系统全面启用，无差错办理业务4.1万件，交通政务窗口获评"清廉窗口""红旗窗口"。建成道路交通执法全过程记录系统，实施网约车平台公司抽检"阳光行动"，"12328"服务质量考评稳居全省前列。搭建"政、银、企"平台，落地助企纾困贷、交通物流再贷款等2.5亿元，减免国标集装箱、鲜活农产品和城区高速公路"点对点"区间通行费4500万元。深入开展"双千"帮扶互动，协调解决企业困难诉求22个。

文明创建。加强行业先进典型培树，十堰市评选表彰第五届"最美交通人"12人、第九届"十佳的哥的姐"20人，渡工赵汉蕊获评全国"十大最美水运人"，货车司机康宗平、袁红波获评"全国最美货车司机"，系统干部职工获省级以上表彰达13人次。

（唐钒秧）

【丹江口市】　至2023年底，全市交通网线总里程5868.54公里（含公路、铁路、水路），路网密度188公里/百平方公里，其中高速公路116公里、一级公路109.96公里、二级公路468.09公里、三级及以下公路4890公里；高铁线路58公里、普通铁路48.49公里；内河航道通航里程178公里，通航水域（界河按二分之一算）450平方公里，有港口8个。有公路客运站10个，其中一级客运站1个（在建）、二级客运站1个、三级客运站1个、四级客运站1个、五级客运站6个。有公交站台348个，货运站1个，物流园4个，邮政快递企业9家，高速铁路车站和高速铁路换乘中心各2座。

基础设施建设。全年完成交通固定资产投资30亿元。推进重点交通项目35个，丹老一级公路、均州大桥、均州码头、241国道丹江口城区段及316省道蔡湾改线段绿化工程等9个项目建成；水都二桥、官盐公路、农夫山泉物流通道、十淅高速公路凉水河和石鼓出口服务区等项目加快推进；玄岳大道丹江口段、六均一级公路、右岸路网建设等项目前期工作推进中。

"四好农村路"建设。提档升级农村公路15公里，改扩建县乡道20.76公里，新建村级公路134.46公里，实施"美丽农村路"50公里。启动农村公路36座危桥建设，完成老孟土路大修改造。深化农村公路养护体制改革，建成"业务一平台、数据一中心、养护一张图"的信息化养护管理平台。健全市镇村"三位一体"管理机制，明确路长213名。丹江口市成功入选全国"四好农村路"示范县，土关垭镇完成全省"四好农村路"示范乡（镇）评审工作。

运输服务保障。全年公路完成客运量66.89万人次、旅客周转量6.39亿人公里，完成货运量826.42万吨、货物周转量3.21亿吨公里。水路完成客运量3.69万人次、旅客周转量147.41万人公里，完成货运量61.87万吨、货物周转量1733.85万吨公里。全市拥有在营客车238辆，营运货车1503辆，旅游客船7艘，水路货船6艘。全市有城乡公交汽车123辆，开通城乡公交线路16条，城市公共交通分担率28%，农村公交化率达55.1%。

行业管理。加大旅客运输、危险货物运输、货车超限超载治理力度，查处非法营运车辆17辆次。落实危险货物运单管理制度，全市8家危险品运输企业营运车辆全部规范使用电子运单。闭环处理"两客一危"车辆动态监控违规行为，查处违规行为139起，批评教育139人次。开展联合治超工作，查处超限超载车辆154辆次，卸载转移货物6194吨。

（杨道三）

【郧阳区】　至2023年底，全区公路总里程5727.79公里，公路密度

2023年，建设中的玄岳大道郧阳区段控制性工程神定河大桥

郧阳区五峰乡油菜花田产业路

148.3 公里 / 百平方公里，其中高速公路 138.7 公里、一级公路 117.93 公里、二级公路 414.82 公里、三级公路 34.47 公里、四级公路 5021.87 公里。内河航道通航里程 223 公里，有港区 4 个、生产性码头泊位 2 个、渡口 12 处。有客运站 24 个、公交枢纽站 1 个、换乘中心 1 个、乡镇游客中心 1 个、候车亭 392 个、招呼站 1600 个。

基础设施建设。全年完成交通固定资产投资 43.75 亿元。实施重点交通项目 9 个，玄岳大道（郧阳段）、西叶路、油长路、弥陀寺公路、茶青路、学堂梁子公路、白梅路等项目建设加快推进。完成农村公路 189.49 公里，其中路网延伸工程 81.86 公里、提档升级工程 107.63 公里。完成危桥改造 41 座，其中国省道危桥 25 座、农村公路危桥 16 座。

"四好农村路"建设。全区建有农村公路 5139.10 公里，其中县道 473.48 公里、乡道 1503.31 公里、村道 3162.31 公里，20 户以上自然村全部通水泥路，100% 的行政村通客车。深化农村公路养护改革，171 公里县乡道实现"市场化"养护。郧阳区被评为全省"四好农村路"示范县。

运输服务保障。全区有营运汽车 2200 辆，开通客运班线 45 条，累计完成客运量 34.17 万人次。开通公交线路 75 条，投入营运车辆 181 辆，行政村公交覆盖率达 86.3%，掌上公交覆盖率 100%。开展驾培行业质量信誉考核，评定 AA 级 22 家。水路运输完成货运量 110.9 万吨、货物周转量 3739.75 万吨公里，完成客运量 0.75 万人次、旅客周转量 22.13 万人公里。

污染防治。全面推行使用"船E行"信息系统，辖区船舶注册率 100%，使用率达到 95% 以上。开展生态环保综合执法，督促现场整改隐患 50 余处，立案处罚违法行为 5 件。强化船舶污染防治工作，处置生活垃圾 0.69 吨、生活污水 171 立方米、含油污水 0.69 立方米。

安全应急管理。开展道路交通安全生产专项行动，检查"两危一客"企业 28 家次，排查隐患 48 条，督办整改 48 条。持续开展道路运输市场集中整治，严厉打击非法营运行为，查处违规行为 80 起，查扣非法营运车辆 35 辆。开展"三无"船舶联合专项整治行动，没收自用船 5 艘，拆解运输船舶 1 艘、采砂船 1 艘，有效遏制水上各类违法行为。推进公路沿线地质灾害风险隐患排查，对辖区管养路段进行拉网式安全隐患排查督导工作，发现安全隐患 127 处，全部整改完成。举办水上交通安全暨船舶防污染综合应急演练、冰冻雨雪天气保通保畅应急处置演练等 7 次。

（吴玉君）

【郧西县】 至 2023 年底，全县公路总里程 5076.07 公里，公路密度 99.18 公里 / 百平方公里，其中高速公路 62 公里、国道 104.13 公里、省道 308.15 公里、县道 461.31 公里、乡道 1276.33 公里、村道 2864.147 公里。乡镇（场、区）油路率达 100%，行政村水泥路通达率 100%。内河航道通航里程 158.39 公里（界河按二分之一算），有渡口 3 个。有客运站 18 个，其中二级客运站 2 个、三级客运站 3 个、五级客运站 13 个。

基础设施建设。全年完成交通固定资产投资 28.91 亿元。全年累计完成路基 20 公里、路面 39 公里、交安工程 40 公里，完成隧道照明施工 6 座，地质灾害治理 4 处。上津旅游码头建设完成。拆解涉砂船舶 3 艘，新建清洁能源船 2 艘。新建景阳乡兰滩口综合运输服务站，建成运营上津孙家湾客运站、兰滩口客运站。建成候车亭 26 个，新延伸公交线路 2 条，打造农村客运示范线路 3 条。

公路管养。稳步推进养护工程，完成大中修计划 46.85 公里，路面预

2023 年 5 月，服务产业发展和生态旅游的安家乡至神雾岭村二级公路建成通车

2023 年 12 月 27 日，郧西县城区至观音镇双掌坪村 12 路公交线路正式开通

防性养护（灌缝）77 公里。景阳公路养护站建设有序推进。全力打造"美丽国省道"，实施省道绿化完善工程 90 余公里。新增 242 国道甘钦线、449 省道郧三线、450 省道土兰线、306 省道观大线等沿线停车区、观景台 25 处，新增房车营地 1 处，提档升级公路停车区服务设施 39 处。

运输服务保障。全年完成公路水路货物周转量 4.45 亿吨公里，比上年增长 15.44%。春运期间投入营运客车 117 辆，发班 7642 班次，包车 61 班次，运送旅客 16.52 万人次。

行业管理。开展 2023 年度质量信誉考核工作，完成全县 4 家客运企业、4 个客运站场、3 家驾校、7 家二类修理厂评定工作。加强路域环境治理，拆除违章建筑 21 处 59 平方米、非路用标牌 65 块，清理占道 113 处 1120 平方米，处理加水点 2 处。超限检测站创新开展"四班三运转"24 小时工作模式，查处超限车辆 160 余辆次，卸货转货 695 吨，抄告违法行为 221 起。开展"打非治违"行动，执法中队检查营运车辆，纠正违章 240 余次，扣证 93 本。推进汽车排放性能维修站（M 站）建设，建成 5 个维修站（M 站）。

安全应急管理。全年排查整改安全隐患 258 项，销号市级挂牌督办隐患 1 处、县级挂牌隐患 2 处。修订《郧西县水上搜救应急预案》《郧西县交通运输局突发事件应急预案》《郧西县公路、桥梁突发灾害事故应急预案》等应急预案 5 个。完成客运站和公交 4G 动态监控信息中心升级改造。

（范世红）

【房县】　至 2023 年底，全县公路里程 4917.42 公里，公路密度 96.23 公里/百平方公里，其中高速公路 117 公里、一级公路 31.93 公里、二级公路 473.89 公里、三级公路 65.18 公里、四级公路 4066.17 公里、等外公路 163.25 公里。内河航道通航里程 53 公里，有渡口 4 个。有客运站 16 个，其中二级客运站 1 个、五级客运站 15 个。

基础设施建设。全年完成交通固定资产投资 15.6 亿元，比上年增长 6.7%。283 省道九义路大河大桥及接线工程、襄十随神"硬联通"8 个农村公路项目建成通车。346 国道房县北门河桥至军马河桥段、209 国道房县杜川至鸦雀岭段路面大中修全面完工。209 国道柳树垭至大川段开工建设。209 国道柳树垭至土城段改扩建工程、346 国道军窑一级公路、318 省道中坝至竹山小河段等项目加快推进。

"四好农村路"建设。新改建农村公路 247.38 公里，其中乡镇二通道建设 25.2 公里、重要县乡道建设 6.73 公里、乡村路网连通和延伸公路建设 76.80 公里、农村公路桥梁 240 延米、

2023 年 10 月，209 国道房县段改扩建工程项目两河口至土城段建成

房县军店镇中村村通村资源路，带动村集体收入突破 100 万元

既有公路提档升级工程 77.65 公里、"硬联通"项目 61 公里。

公路管养。深入开展普通公路养护提质三年攻坚行动,完成 346 国道房县珠藏洞至青峰段路面大修 19.81 公里、209 国道房县杜川至鸦雀岭段路面大修工程 13 公里、346 国道房县北门河桥至军马河桥段路面中修 11.77 公里,创建 284 省道杜酒线 31.85 公里美丽省道和十竹路交通安全文明示范路 43.97 公里。完成公路桥梁"三年消危"行动 21 座。全年国省干线封闭裂缝 11.3 万延米,整修路肩 9.22 万平方米,修补坑槽、处理沉陷 1.37 万平方米,补划标线 4.53 万平方米。处治桥梁伸缩缝 46 座,增设桥梁检修步道 21 座。改造维修青峰、野人谷养护管理站,建成公路应急抢险中心。

运输服务保障。全年运送旅客 106.5 万人次,完成旅客周转量 7987 万人公里。全县有道路运输经营企业 2 家、公交企业 1 家、出租客运 1 家,营运客车 164 辆、大货车 319 辆、出租汽车 89 辆、公交车 55 辆、农村客车 106 辆,开通客运班线 79 条。改造升级农村客运车辆 103 辆、县际客车 39 辆,村村通客车率保持 100%。创建星级公路服务区 3 处、停车区 7 处。

行业管理。完成道路从业资格证诚信考核 2164 件,换补道路从业资格证 368 件,网上办理从业资格证年审 268 件。完成全县一二类维修企业质量信誉考核 17 家、驾校质量信誉量化

2023 年 9 月 28 日,竹山县全域开通"校园直通车"

考核 5 所。开展"打非治违""联合治超"等工作,处罚各类违法违规行为 57 件,查处超限车辆 92 辆次,卸载货物 3766.2 吨。深入开展乡镇渡口渡船安全管理专项整治"回头看",撤销寺河渡口、黄坪渡口、黄坪汽渡 3 处渡口,"三无"采运砂船舶全部拆除。对 209 国道北、346 国道东及 281 省道十竹路、280 省道六两路、209 国道南、346 国道西及车中路、狮九路非法占用公路用地栽种农作物进行集中整治,清理田路分家回升路段 86.96 公里。

安全应急管理。开展交通运输领域安全生产专项排查整治,排查并整改一般隐患 132 个、重大事故隐患 3 个。有效处置历史极值秋汛,科学有效处置山体滑坡和小型泥石流 176 起,确保公路畅通安全。

(王东)

【竹山县】 至 2023 年底,全县公路总里程 4990.25 公里,公路密度 139.2 公里/百平方公里,其中高速公路 89 公里、一级公路 47.77 公里、二级公路 403.25 公里、三级公路 72.96 公里、四级公路 4377.27 公里。内河航道通航里程 132 公里(界河按二分之一算),有港口 1 个、渡口 8 个。有客运站 11 个,其中二级客运站 3 个、三级客运站 2 个、四级客运站 3 个、五级客运站 3 个。

基础设施建设。全年完成交通固定资产投资 21 亿元,比上年增长 43%。454 省道深河至巨峪、229 省道得胜至罐子口等项目交工验收。346 国道潘口河至五房沟、242 国道城关至上庸、沧浪大桥接线等项目建成通车。洪大路提档升级等项目开工建设。城北新区至五房沟改扩建、官渡至桃园改扩建、宝丰至县河大修纳入交通运输部"十四五"规划中期调整项目库。

"四好农村路"建设。新改建"四好农村路"314 公里,实施农村公路安防工程 126 公里,新建农村公路桥梁 10 座 394 延米,创建美丽农村路 100 公里。完成小修保养及大中修工程 200 公里,对 157 公里农村公路开展"十堆十乱"专项整治,224 座农村公路桥梁、2530 公里农村公路路况自检全部完成。搭建竹山县"四好农村路"信息化管理平台,接入"两客一危"、公路养护、非法营运 3 个车载终端,实时分析道路安全事件,提供

2023 年 11 月,竹山县寄递物流公共配送中心建成运营

营运车辆定位、轨迹回放、安全驾驶预警、道路事件预警、过车数据查询等功能。

运输服务保障。全年完成货物周转量3.75亿吨公里、旅客周转量1.09亿人公里。新建五级客运站3个、候车亭80个、新能源汽车充电站4个。累计通城市公交线路48条，开行公交车92辆，乡镇、行政村通公交率分别为100%和91%，创建"湖北省全域公交县"。

农村物流。全县有快递企业9家、物流企业10家，企业仓储面积约6200平方米，建有县级物流中心、乡镇快递分拨中心、寄递物流共配中心各1个。竹山县邮政分公司与圆通、中通、申通、韵达、极兔5家民营品牌快递企业签订农村寄递物流战略合作协议。17个乡镇所有建制村全部建成农村寄递物流村级服务网点，实现快递进村100%全覆盖。

公路管养。完成国省道120公里大中修和242国道34个地质灾害点治理工作。路面技术状况指数（PQI）提高到88.7。组织开展普通公路路域环境"十堆十乱"专项整治和公路沿线广告牌清理活动，拆除10处违建85平方米，拆除非公路标志牌89块。更新维护4处交调站。

安全应急管理。扎实开展综合交通安全生产八大专项行动，整改销号安全隐患119处。完成3条800公里

2023年4月26日，竹溪县在346国道上联合开展治超专项整治行动

以上省际客运班线安全风险评估。开展国省道和农村公路地质灾害点研判和排险工作，清理干线公路高边坡危石12000余立方米。

（王清山）

【竹溪县】 至2023年底，全县公路总里程3757.99公里，公路密度113.53公里/百平方公里，其中高速公路38.8公里、一级公路81.90公里、二级公路399.34公里、三级公路289.62公里、四级公路2857.60公里、等外公路90.73公里。内河航道通航里程68公里，有港口1个、码头1个、生产性码头泊位8个、渡口7个。有客运站18个，其中二级客运站2个、三级客运站3个、乡镇等级客运站13个。

2023年10月，446省道大川至白石段改扩建工程建成通车

基础设施建设。全年完成交通固定资产投资31.9亿元。其中，十巫南高速公路投资25.8亿元，普通公路投资2.36亿元，农村公路投资3.79亿元，客运站场投资500万元。全年完成县乡道改造9.72公里、路网延伸59.55公里、农村公路提档升级93.08公里，新建桥梁247米。竹溪县成功入选第四批"四好农村路"全国示范县。

运输服务保障。2023年通公交行政村达246个，比上年增加5%。全县有城乡公交客运线路23条、公交车71辆，农村客运班线6条、公交车18辆，覆盖15个乡镇、320个行政村，通车率100%。

安全应急管理。持续开展交通运输安全生产、重大隐患排查整治等专项行动，排查安全隐患65个，销号挂牌隐患问题3处，整改率100%。整合3个动态监控平台，建成竹溪县交通运输监控中心。推进公路精细化提升和15处平交路口安全隐患整治，设置标志标牌33个。新核定地质灾害隐患点13处，投入资金480余万元进行整治。

（许桢）

【茅箭区】 至2023年底，全区公路里程583公里，公路密度99.8公里/百平方公里，其中高速公路18公里、一级公路61公里、二级公路57公里、三级公路63公里、四级公路384公里。有客运站3个，其中二级客运站2个、五级客运站1个。

张湾区柏林镇获评全省"四好农村路"示范乡镇

基础设施建设。全年完成交通固定资产投资 2 亿元，比上年增长 11.11%。446 省道大川至白石段改扩建工程建成通车，茅塔乡王家村龙船沟公路、白浪至大坪公路等项目开工建设。实施茅箭区茅塔河小流域综合治理项目，新建 446 省道茅塔生态绿道 14.4 公里。全年完成县乡道改造 24.4 公里、路网延伸 7.1 公里。大川镇获评全省"四好农村路"示范乡镇。加快农村公路养护体制改革，61.6 公里县乡等级公路实现市场化养护。

运输服务保障。建立健全通村公交长期运营机制，实现区政府拨付专款补助，村委会解决公交车司机食宿，村村通公交客车率保持 100%。升级改造 23 个行政村 29 个物流网点基础设施，城区 14 个行政村实现城区内快递配送，全区农村寄递物流网点 100% 全覆盖。

安全应急管理。深入开展安全生产春季攻势和全市重大事故隐患专项排查整治行动，全年开展安全监督检查 114 次，排查安全隐患 56 条，全部整改到位；排查重大隐患 6 条，整改销号 5 条；排查项目一般安全隐患 16 个，全部完成整改。开展高速公路广告牌清理整治，全年拆除高速公路违规广告牌 30 块。

（万强）

【张湾区】 至 2023 年底，全区公路总里程 952.2 里，公路密度 146.05 公里 / 百平方公里，其中高速公路 41.3 公里、国道公路 62.2 公里、省道公路 78.6 公里、县道公路 76.1 公里、乡道公路 282.5 公里、村道公路 411.5 公里。内河航道通航里程 73 公里。

基础设施建设。全年完成交通固定资产投资 1.44 亿元。209 国道柳陂至土门段改扩建项目（张湾区段）、316 国道黄龙大桥至太阳坡段改扩建项目前期要件全部获得批复。东风故里连接线工程、百龙潭至牛头山天池垭旅游公路、花果街办蔡家村至桃子村旅游公路等项目开工建设，446 省道张湾区西沟至郧阳区叶大段（二期）改扩建工程完成路基 4.5 公里。新改建农村公路 19 条 30.5 公里，总投资约 2340 万元。柏林镇获评全省"四好农村路"示范乡镇。

公路管养。强化农村公路精细化管养，制定《张湾区农村公路养护考评管理办法（试行）》《养护工作手册》，开发集养护检查、养护工程监管、"路长制"巡查、实时路况、灾毁、应急及路产路权保护为一体的"农村养护管理"微信小程序。

安全应急管理。深入开展隐患大排查大整治专项行动，排查隐患问题 68 条，整改率 100%。开展农村公路安全隐患排查治理，新增安防设施（钢护栏）20.4 公里，修复安防设施（钢护栏）1.49 公里，整改消除安全隐患 76 处。

（姚维姣）

【武当山特区】 至 2023 年底，辖区公路总里程 382.5 公里，公路密度 122 公里 / 百平方公里，其中高速公路 11 公里、一级公路 16.5 公里、二级公路 65 公里、三级公路 60 公里、四级公路 230 公里。内河航道通航里程 35 公里，有港口 1 个、生产性码头泊位 8 个。有客运站 2 个，其中一级客运站 1 个、三级客运站 1 个。

基础设施建设。全年完成交通固定资产投资 4.15 亿元。316 国道武当山段连接线工程建成通车，武当山景区公路（老武线、老琼线）边坡处治工程基本完成，316 国道武当山青徽铺至玄岳门段改扩建工程、武当山景区 227 省道老武线公路大修工程加快推进，316 国道武当山段新建工程前期要件全部办理完成，福银高速公路武当山互通改建东连接线、南北连接线工程（元和观铁路桥—东沟隧道口）完成施工图设计、施工招标和造价评审。

综合运输服务。全年客货运输及邮政快递营收 1.3 亿元。公路完成客运量 135 万人次、旅客周转量 1000 万人公里，比上年分别增长 163%、131%；完成货物周转量 300 余万吨公里。景区旅游客运流量 130 余万人次，境外包车业务计 776 趟次。港口吞吐量 46 万吨，水上客运量 7 万余人

2023 年 12 月，316 国道武当山段连接线工程铺设柏油路面

次。拥有景区旅游交通客运大巴 108 辆、旅游外包大巴 54 辆；区内循环线公交线 4 条、车辆 13 辆、长短程出租汽车 50 辆；周边农村跨乡跨境客运车辆 13 辆；辖区 33 个行政村通车覆盖率 100%，其中 18 个村通公交、7 个村通农村客运班车、8 个村通预约服务客车。50 辆新能源电动出租汽车正式投入运营。邮政及快递业快速发展，城区邮政快递达到 10 家，建成 33 个农村寄递物流点。

公路管养。以"十堆十乱"专项整治为重点，抓好国省道日常养护工作，全年处治公路路面各类病害 2100 平方米，清除塌方、落石 33 处 2131 立方米，更换公路设施及标志 90 余处。实施 316 国道安全设施精细化提升工程 14.26 公里。

行业管理。开展公路执法专项行动，规范办理路产损失赔（补）偿案件 11 项。开展超限超载及重载货车整治，检查车辆 167 辆次。持续开展

打非治违行动，查处非法营运车辆 33 辆。全年办理车籍资质管理事项 500 余辆次，办理证照事项 135 人次。完成 4 家维修企业 M 站建设。

安全应急管理。以安全生产重大隐患排查整治暨 2023 年交通运输安全隐患排查八大专项行动为重点，全年开展隐患排查活动 20 余次，排查整改

2023 年 4 月 28 日，武当山特区 50 辆新能源电动出租汽车投入运营

各类问题 78 项。成立 3 支（国省道、农村公路、景区公路）交通应急救援队伍，投入 20 万元更新交通应急救援物资储备。完成 2023 年世界武当太极大会暨第七届武当太极拳国际联谊大赛期间交通保障工作。

（潘海瑞）

襄阳市交通运输

【概况】 至 2023 年底，襄阳市公路通车总里程 33489.58 公里，比上年增加 318.08 公里，公路网密度 170 公里/百平方公里，其中高速公路 816 公里、一级公路 888.29 公里、二级公路 2490.61 公里、三级公路 1224.75 公里、四级公路 28069.93 公里；按行政等级划分（不含高速公路）为国道 793.52 公里、省道 2046.10 公里、县道 2453.27 公里、乡道 9894.81 公里、村道 17485.88 公里。通车里程中有铺装（高级）路面里程 29044.82、2 公里，其中水泥混凝土路面里程 24089.05 公里、沥青混凝土路面里程 4955.77 公里，简易铺装路面（次高级）里程 191.65 公里，未铺装路面（中级、低级、无路面）里程 3437.11 公里，路面铺装率为 88.89%。有公路桥梁 2370 座 106970.11 延米、隧道 63 座 13680 延米，有公路渡口 8 处。

高速公路建设。襄阳至南漳高速公路路基工程基本贯通，正在路面基层施工中。襄阳至信阳、老河口至南漳高速公路工程可行性研究报告编制完成。福银、二广高速公路襄阳段扩容改造前期工作加快推进。襄阳至宜昌高速公路襄阳段项目顺接襄宜高速公路宜昌段，具备开工建设条件。襄阳至南阳（新野）高速公路襄阳段线路全长 29 公里，项目特许经营建设模式取得省政府批复，具备开工建设条件。

2023 年 9 月 12 日，207 国道襄阳段改建工程牛首汉江特大桥施工现场

普通公路建设。全年完成公路建设投资 79.22 亿元。一、二级公路完成投资 54.86 亿元，完成一级公路路基 139.29 公里、路面 71.22 公里，二级公路路基 61.95 公里、路面 51.86 公里。316 国道谷城水星台至石花段、368 省道谷城五山至浪河段、346 国道宜城汉江二桥接线等重点项目主体工程完工。农村公路完成投资 24.36 亿元，完成路基 1396.3 公里、路面 1387.7 公里，其中一级公路路基 4.76 公里、路面 0.76 公里。

客运站场建设。全年完成站场建设投资 21939.59 万元，其中包括农村站亭项目投资 3970.58 万元，超额完成年度投资建设目标。襄阳客运南站基本完工，谷城石花汽车客运站正式启运，保康公铁换乘中心、南漳县公铁换乘中心建设中，南漳县板桥镇乡镇综合运输服务站、老河口市艾家沟交通运输综合服务站、老河口市赵岗交通运输综合服务站、老河口市竹林桥交通运输服务站、枣阳市七方镇交通运输综合服务站、枣阳市鹿头镇交通运输综合服务站竣工验收；南漳县薛坪镇乡镇综合运输服务站即将完工。

"四好农村路"示范创建。全市全域推进"四好农村路"示范创建，全市新建改建提档升级农村公路 1366 公里，超额完成 1000 公里目标任务。襄阳市以第一名成绩获评全省首批"四

好农村路"示范市，新增全国示范县 1 个、省级示范县 2 个、省级示范乡镇 4 个。老河口市获评"四好农村路"全国示范县。谷城县、保康县获评全省"四好农村路"示范县。枣阳市鹿头镇、谷城县盛康镇、襄城区尹集乡、老河口市孟楼镇获评全省"四好农村路"示范乡镇。在"年度农村公路建设总体任务完成较好、农村公路养护成效突出工作"事项中，襄阳市有 5 个县（市、区）上榜，在全省各市（州）中位居第一。

美丽公路创建。组织谋划国省县乡道美丽公路创建工作，完善沿线服务区、驿站、观景平台等旅游服务设施，提升快进慢游功能，服务乡村旅游发展。印发《襄阳美丽公路创建工作指引（试行）》，明确全市"三纵两横沿江两廊道"美丽国省道规划，编制 15 条 726 公里美丽国省道项目库。各县（市、区）因地制宜，全面启动美丽国省道创建活动，累计建成停车区 48 个、观景台 35 个、小游园 38 个、公路驿站 15 个，重点打造保康 241 国道"楚源绿廊示范线"和枣阳 234 国道 +316 国道西南环线"文旅灵秀公路"2 条美丽公路，其中保康县 241 国道"楚源绿廊示范线"通过省公路事业发展中心验收；召开全市"美丽农村路"创建共同缔造活动示范观摩现场会，全域推进"四好农村路"

示范创建，成功组织开展全市"十大最美农村路"评选活动，樊城区牛首至仙人渡旅游公路入选 2022 年度全省"十大最美农村路"。

水路运输服务。全年完成水路固定资产投资 176132.13 万元，比上年增长 19.45%。襄阳市内河航道通航总里程 583.2 公里，有港口 3 个、生产性码头泊位 6 个、渡口 72 个；拥有船舶 578 艘，其中货物运输船舶 234 艘、客渡船（含车客渡驳）131 艘、工程船 93 艘、客船 8 艘、港用趸船 22 艘、其他船舶 90 艘。全年水路完成货运量 875.75 万吨、货物周转量 9.71 亿吨公里，比上年分别增长 99.02%、41.14%；完成客运量 9.25 万人次、旅客周转量 92.54 万人公里，比上年分别增长 285.42%、307.49%。全年完成"公转水"运输量 13.74 万吨，新增省内、省外典型航线 14 条、货种 11 个。

航空运输服务。襄阳刘集机场实现在飞航线 21 条，航线基本覆盖国内直辖市、省会城市、自治区首府和副省级城市。新增襄阳至包头和天津航线，恢复乌鲁木齐—襄阳—福州航线。持续增加重点城市航班频次，北京、深圳、广州 3 条干线航班频次最多达到每天 2 班及以上。全年实现旅客吞吐量 179.14 万人次，比上年增长 58.1%；实现货邮吞吐量 2661.4 吨，比上年增长 31.8%；保障运输飞行 18466 架次，比上年增长 32.7%。

城市公交服务。全市有公交车 1585 辆，其中新能源公交车 1330 辆，占比 83.91%。持续推进"快干支微定"五张网建设，全年开通线路 8 条、优化调整线路 20 条，实现主城区公交线网周边 20 公里公交全覆盖和近郊乡镇基本覆盖。市公交集团形成城市公交车、城市出租汽车、车辆租赁、车辆维修、长途旅游、实业经营、互联网运营、充电服务等八大业务板块。加快推进城乡公交一体化，开通襄州区张家集公交专线、程河、朱集公交专线，加快打造城市一小时交通圈，沿线 21 万居民享受到安全、经济、便捷的公交出行服务。

多式联运。"襄阳服务支柱产业

2023 年 7 月 8 日，襄阳市唐白河（唐河）航运开发工程双沟航运枢纽正式开工建设

辐射'襄十随神'城市群　高质量开放发展铁水公多式联运示范工程"和"服务优势产业　中国中车助力汉江流域中心城市　高质量发展铁公水多式联运示范工程"成为湖北省第一批多式联运示范工程创建项目,引导小河港申报省级多式联运示范工程建设。根据示范工程建设方案,调整完善省级多式联运项目库,推进多式联运精品线路创建。

公路客货运输。全市有道路运输经营业户37238户,其中道路旅客运输经营业户242户,道路货物运输经营业户36996户(其中普通货运36965户、危险品运输31户)。全市有载客汽车1821辆,货运车辆65449辆(其中普通货车63271辆、危险品运输车辆2178辆)。全市有汽车客运站84个,其中一级客运站6个、二级客运站9个、三级客运站2个、便捷车站67个。全市有客运线路721条,其中一类客运班线75条、二类客运班线75条、三类客运班线79条。全年客运量1600.34万人次。全市农村地区2375个行政村全部开通客运车辆,有农村客运站65个,完成农村客运量4314.84万人次。

智慧交通。加强与中国电子等单位沟通接洽,绘制主城区"一江两河"流域电子航道图,在汉江主城区航道安装电子航标设备385套,在主城区"一江两河"流域重要港口、码头、渡口、锚地及过江桥梁等点位安装视频监控设备36套。实现辖区电子航道图全覆盖、重点航段视频监控全覆盖、航标北斗定位全覆盖和航道水深远程实时探测全覆盖。建成集基础设施监测、船舶运行动态监测、航标监管、水深监测、航道视频监控、港航气象监测等功能于一体的港航业务应用平台,并全面启用。襄阳市公交集团建成云计算基础平台、专有云数据中心,实现以云计算为核心的信息化整体架构;完成云上公交智能调度、车辆管理、综合安防等11个子系统上线应用;建成云上公交管理平台,建设由办公自动化(OA)、合同、资产、客户、人力资源、定制公交租赁等子系

统构成的数字化运营平台,推进票制、换乘、结算等功能支付系统平台升级;落实信息系统安全三级等级保护测评工作,达到技术安全国家标准。

现代物流发展。开展四上企业和规上企业培育工作,全市四上企业总数达到221家;新培育规上道路货运企业27家,总数达到109家,位居全省第二。组织开展奖补申报,对符合政策并通过审核的57家企业兑现奖补资金900万元,占全省的13.55%。

交通安全监管。组织开展隐患排查整治行动,检查道路货运经营业户868家次,发现并整改安全隐患275起,查处违法行为194起;查处超限车辆1605辆次,查处非法改装车辆175辆次,查处"百吨王"52辆次;开展道路运输安全生产突出问题集中整治"百日行动",排查治理10年以上老旧重载货车3336辆,注销道路运输证2957辆,发现并治理安全隐患数1756个,注销道路运输证失效车辆1031辆;针对长期不上线车辆,清理整治"两客一危"车辆14辆、重载货车871辆;针对800公里以上营运班线,开展线路风险评估33条,排查并整改安全隐患21个,其中关停高风险线路1条;查处非法营运客车6辆。完成普通国省干线公路精细化提升行动573公里,农村公路村道安防工程1632公里。检查船舶473艘次,检查船员474人次,发现缺陷40处;开展公路水运工程督导检查,发现并整改安全隐患714个,排查普通公路上跨高速公路桥梁245座。全年制发动态监测情况通报32期,督促危险品运输企业批评教育219人,经济处罚128人,停班学习3人次。全年危险品运输车辆(超速、疲驾)报警次数同比下降67.63%。

(王自强)

【枣阳市】 至2023年底,全市有铁路99.44公里,高速公路156.19公里、国道148.15公里、省道364.87公里、县道363.17公里、乡道1867.73公里、村道2647.60公里。全市有一级客运站1个、五级乡镇客运站11个。

基础设施建设。全年完成交通固定资产投资10.41亿元,比上年下降55%。其中公路建设投资43490万元,建设完成公路14公里、国省道危桥改造3座163.2延米。襄枣信高速公路完成与设计单位线路方案对接。启动316国道随阳店至肖家垱段和234国道吴店镇段改扩建工程。完成273省道耿集至车河段改造工程。实施国省道干线公路大中修项目7个,改造里程74公里。打造234国道寺庄至袁庄21公里、316省道新市至襄州界51公里养护提质样板路项目。完成干线公路危桥改造项目6个。推动234国道城区段、335省道鹿头镇区段、440省道琚湾互通至襄州段改扩建工程项目前期工作。完成新华大桥(沙河二桥)拆除重建工程招标。

"四好农村路"建设。"四好农村路"示范里程突破1300公里,南城、吴店、王城、太平相继成功创建全省"四好农村路"示范乡镇,枣阳市获评全省"四好农村路"示范县市。

公路养护。开展公路养护提质三年攻坚行动,襄阳市公路养护提质攻坚推进暨建设项目调度会在枣阳召开,顺利通过交通运输部全国干线公路养护管理评价。推进农村公路专业养护常态化,累计投入1200余万元,完成工程性养护2.1万平方米,新建管(涵)16座,进行县乡道路面灌缝养护、路面坑槽维修等。持续推进农村公路生命安全防护工程,完善公路标识标牌,特殊路段安装护栏3.37万米。

运输服务保障。全年运送旅客50.35万人次,比上年增长129.54%。春运期间,运送旅客6.51万人次,枣阳市公交总公司投入车辆70辆,运送乘客10万余人次,高质圆满完成道路春运工作任务。有农村客运企业13家、联合体1家,共计客运车辆187辆。有公交线路11条,计公交车120辆。开展运输保障能力提升行动,全年新增普货业户443家、普货车辆550辆、客运车辆4辆。持续推进城区81座公交站台改造。全面推行65岁以上老年人免费乘车政策落地。开通职教中心至内观台汽车站"助学公

交"。出台《枣阳市网约车经营服务管理实施细则》，规范松果共享单车投放管理，为市民出行提供更多选择。

运输服务环境优化。持续推进一体化电子印章平台建设，优化服务流程，对货运年审、从业资格年审、换证、补证高频事项实现电子证照全覆盖。设立道路运输证一站式"年审服务网点"，开办线上申请业务，实行"不见面"审批。涉路施工许可全流程电子化、大件货物运输源头单位联系机制先后纳入湖北省、襄阳市先行区试点创建。

综合交通执法。开展运输市场环境净化行动，联合公安、城管等部门，清理违停车辆900余辆，收缴顶灯60余个，驱离电动三轮车、老年代步车800余辆次，客运市场秩序进一步规范。受理的非法营运案件45起全部结案。联合公安交警部门查处超限车辆407辆次，卸（转）载货物7598.4吨；受理货车擅自改型案件199起，超限运输车辆行驶公路案件208起，全部结案。

行业监管。枣阳市"两客一危"、出租汽车4G动态监管系统安装率达到100%，实现车辆安全管理的动态管理。到货运企业、维修企业、客运公司、出租汽车公司、驾校等进行现场执法检查，检查发现安全隐患8起，下发责令整改通知书8份，完成整改8起。加强"互联网＋监管"和信用监管工作，分别在襄阳市"互联网＋监管"系统共录入行政处罚信息278条、行政检查信息128条，在襄阳市社会信用综合监管服务平台录入行政处罚信息246条、湖北省"互联网＋监管"系统发布监管动态12条、"两法衔接"录入行政处罚信息341条。联合市市场监管局、市公安局、市税务局对危险品运输企业、机动车综合性能检测机构开展联查活动2次，检查企业6家。淘汰柴油货车68辆。

安全应急管理。组织专班对国省干线及相关企业开展拉网式巡查工作，检查企业44家，排查和整改低风险2处，约谈提醒企业8家，下达责令整改通知书1份。对巡查中发现的问题，及时落实责任进行整改，对不稳定且威胁群众生命财产安全的地质灾害隐患纳入地质灾害治理范围，落实相应的防、救、撤措施，切实保障道路通行安全。加强国省公路巡查力度，及时清除可能影响安全通行的路面障碍，疏通边沟、涵洞，及时处治治路面病害，保障路况完好，准备充足除雪防滑物资，遇到恶劣天气造成车辆拥堵，立即启动应急预案。出动应急队伍65人次，出动融雪除冰抢险工程车10台，投入融雪剂22吨、防滑料5立方米，清扫养护道路3000公里。

交通改革举措。10月，枣阳市交通运输局首创"大件运输重点货运源头单位联系机制"襄阳市级先行区试点。预期效果为全面梳理本区域重大装备制造企业基本情况，明确专人进行精准对接，实行"一对一"服务，减少企业跑动次数1次，引导企业落实大件运输安全生产主体责任。枣阳市成功创建"涉路施工许可全流程电子化"省级先行区试点。

物流运输。枣阳市注册经营范围涵盖物流服务企业441家，注册公路货物运输企业166家，注册公路货运车辆23000余辆，全市货运量进规物流运输企业33家。2023年，枣阳市邮政业务收入2.93亿元，比上年增长14.49%；邮政业务总量3.47亿元，比上年增长11.77%；快递业务收入0.93亿元，比上年增长34.44%；快递业务总量1277.14万件，比上年增长34.75%。全市有物流园区6个，快递品牌9家（含邮政公司），许可企业6家，分支机构22个，末端网点88处。高标准建成市级共配中心1个、镇级综合服务站22个、村级服务网点484个，邮快合作乡镇覆盖率、建制村覆盖率均为100%。

（刘长锋）

【宜城市】 至2023年底，全市有铁路53公里，高速公路91.4公里，国道94.16公里、省道168.06公里、县道370公里、乡道1207公里、村道1953公里。内河航道通航里程139公里（其中汉江65公里、蛮河74公里），有港口1个、渡口19个。有客运站场8个，其中二级客运站1个、三级客运站1个、四级客运站1个、五级客运站3个、乡镇综合运输服务站2个。全市有城乡客运车辆57辆、出租汽车141辆、新能源公交车78辆，城际班线车辆38辆；营运线路30条，其中市际线路5条、县际线路4条、县内线路21条。

基础设施建设。编制完成《蛮河航道规划等级论证报告》《襄阳港蛮河港区液体化工码头一期工程可行性研究报告（罐区及管道除外）》。推动小河临港多式联运物流园建设。346国道宜城汉江二桥及接线工程全线完工通车运营。完成346国道宜城市二广高速公路北互通至界碑头段改建工程前期工作，其林地手续及用地手续获批复。完成217省道东津新区至宜城段改建工程（宜城段）工程可行性研究编制，其林地手续、用地预审与选址意见书获批复。完成272省道枣阳宋集至宜城流水公路改建工程前期工作。完成宜城汉江二桥与振兴大道交叉匝道新建工程监理单位招标及其他前期工作。346国道宜城蛮力海至南营段改扩建工程纳入全省"十四五"规划中期调整项目。修建农村客运候车亭49个。推进璞河和李垱2个综合运输服务站建设。改造宜城至小河线、宜城至护洲线、宜城至孔湾线，实现"好路＋好线＋高效益"的新型发展规划。

安全管理。开展春运安全大检查、复工复产安全生产大排查、三年安全行动大排查等活动，对重点部位和重点环节实行重点排查，对存在的安全隐患限期整改。开展交通运输安全生产七大专项整治行动，累计检查"两客一危一重"企业30家次，发现安全隐患50起并完成整改。全面开展道路运输行业专项整治工作，严格落实"安全监管责任清单"，加强对辖区危货运输企业监管；强化重点领域运输安全规范化管理，严把车辆准入关，依法注销逾期未年审不符合安全条件营运车辆154辆。加强处置货车超限超载运输和飞扬撒漏违法行为，查处货车非法改装和超限超载运输违法行为170余起。

路政管理。抓好日常巡查管理，维护路产路权完整，全年清除非交通标志 46 块，清理公路用地范围内违规搭建、占道堆料 30 处 283 平方米。栽补道口示警桩 210 根，设置警告牌 10 套、路树刷白 8 公里，更换护栏反光块 400 个、桥面养护 63 座；完成村道 100 公里安防工程、年度农村公路养护工程、郑集镇和美乡村"四好农村路"17 公里等项目前期招标工作。

污染防治。积极落实汉江大保护专项巡察整改工作。加强港口船舶污染防治工作，船舶污染物接收船投入运行；持续落实大气污染防治工作，对重点路段增加洒水降尘频次，落实道路扬尘保洁工作。落实机动车维修喷漆整治工作，加大巡查力度，对全市 51 家维修企业进行环保业务培训。集中开展城区大型柴油货车停车场整治工作；积极完成中央、省级环保督察任务。宜城市涉及交通领域的环保督察整改问题 17 项，完成销号 13 项、完成整改 4 项。

优化营商环境。落实"应进必进"，推动依申请和公共服务事项共 61 大项 166 小项"一窗通办"。落实"简政放权"，推动"一网通办"，全年受理各类网办件 3468 件，办结率 100%。落实"审批四减"，推动"一次告知"。落实"宽进严管"，推动"证照分离"，加强对货运经营者事中事后监管。落实"事项下沉"，打通"最后一公里"，实现道路货运车辆上线检测、年度审验"一站式"服务，审批年审服务点上传办件 1510 件。精准对接生产企业与物流企业，打通物流卡点堵点。推动落实道路货运企业"纳规入统"奖补政策与农村客运补助资金和城市交通发展奖励资金政策。高效落实 12345 信访投诉工作。坚持做到电子工单"当日接收当日派发"，每月总结工单完成情况。

（胡浩亮）

【南漳县】　至 2023 年底，全县公路总里程 5955.44 公里，公路密度 154.3 公里/百平方公里，其中高速公路 66.55 公里、国省道 567.59 公里、县道 386.5 公里、乡道 1826 公里、村道 3108.8 公里。内河航道通航里程 79 公里（界河按二分之一算），有渡口 14 个。有客运站 6 个，其中二级客运站 1 个、四级客运站 1 个、综合交通服务站 4 个，有货运站 1 个。

基础设施建设。全年完成计划投资 13.59 亿元，比上年增长 11.9%。启动国省干线、农村公路、站场航道等项目建设 32 个，竣工 25 个。完成国省道路面大中修 38.6 公里，改建县道 32 公里、村道提档升级 30 公里、新建通组公路 150 公里。新建农村客运候车亭 34 座，建成板桥镇、薛坪镇综合交通服务站。完成蛮河旅游航道建设项目航道疏浚、护底带工程。

"四好农村路"建设。实施"农村公路+N"乡村振兴战略，持续推进西南有机产业、西北特色产业、平丘绿色产业"三大农村公路经济带"建设。将"修建一条公路，串联一路风景，带动一片产业，造福一方百姓"发展理念，贯穿于农村公路高质量发展全过程，推动全县乡村振兴、产业壮大、全域旅游和农村经济发展。襄阳市"美丽农村路"创建共同缔造活动试点观摩会在南漳县武安镇向家湾村召开；县道花（庄）朝（阳）线获评全市"十大美丽农村路"。南漳县获评"四好农村路"全国示范县、全省"四好农村路"示范县，4 个镇区成功创建省级示范乡镇。

运输服务保障。全年公路完成客运量 481.26 万人次、旅客周转量 20248.35 万人公里，比上年分别增长 1.3%、0.26%；完成货运量 1366.97 万吨、货物周转量 119691.93 万吨公里，比上年分别增长 18.82%、27.05%。全县拥有货运车辆 1393 辆、班线客车 192 辆、城市公交车 22 辆、城乡公交车 44 辆（其中新能源公交车 25 辆），县内客运班线 84 条、县外客运班线 15 条、城市公交线路 7 条、城乡短途公交线路 21 条。新开通南漳至襄阳野生动物世界旅游专线、县城至高铁站公交专线。全县有机动车维修经营业户 103 家，机动车综合性能检测站 2 家。3 月设立全县首个"年审服务网点"，道路普通货物、专用运输车辆道路运输证年度审验实现"一站式"办结。有驾校 4 家。

物流发展。健全完善县镇村三级物流网络，打通农村寄递物流"最后一公里"，全县所有行政村（社区）实现村村通快递，年快递总量突破 3000 万件，实现邮政业总收入 1.39 亿元，比上年增长 22.97%。加快推进"智慧邮政""邮快合作"，协调推进即高物流园二期建设，支持园区龙头物流企业做大做强，着力构建"人享其行、物畅其流"的综合交通运输体系。

公路养护。全面实施养护提质三年攻坚行动，按照"路况优、桥隧安、设施全、路域美"总要求，积极推进路面大中修、危旧桥隧改造、安全设施精细化提升、灾害防治、美丽公路创建等重点项目，扎实开展公路日常管理养护和抢险保畅、灾毁修复工作，全力打造公路养护"南漳样板"。全年完成国省道路面大中修 38.65 公里，

2023 年 11 月，建设中的襄阳至南漳高速公路

老旧桥隧改造 11 座。完成清除山体塌方，修复路面病害，路面灌缝，修复损毁路基、损毁挡墙、损毁边沟、损毁涵洞、桥梁锥坡、损毁钢护栏、损毁路面标线等，更新损毁标识牌，路肩绿化等日常养护工作。

综合交通执法。持续抓好超限超载综合治理，坚持源头治超、站点检测、路面管控相结合，查处违法运输车辆 1110 辆次，卸（转）载货物 5260 吨。通过管源头、重检测、强巡查，货车超限超载等违法运输行为得到有效遏制。开展路域环境专项整治行动，拆除和制止违建 16 处、非交通标志牌 500 余块，清除占道物资 120 余处，制止公路打场晒粮 47 处，制止占道经营 59 起，办理侵害路产路权案件 49 起。持续加强客运市场监管。对客运站、高铁站等重点管控路段加强巡查；强化汽车维修经营监管，杜绝维修企业参与非法改装车辆等违法经营行为。配合城管、公安等部门持续开展道路交通秩序整治"百日行动"，严查严管交通违法行为。

科技与信息化。深入推进"放管服"改革，加快数字交通建设。"涉路施工许可全流程电子化"成为全市试点并在全省推广；全面推行道路运输审验 App 和微信小程序，创新"不见面办理、一站式服务"模式。设立全县首个年审服务网点，全面建立"数据上传→后台审核"的道路运输证审验模式，车辆经营者和从业人员可通过"湖北掌上运管"App 或"湖北道路运输服务"微信公众号下载电子证照，查看车辆年审信息。

安全应急管理。持续开展安全生产专项整治三年行动、安全生产重大事故隐患专项排查整治行动、道路运输突出问题专项整治"百日行动"等活动，突出抓好道路运输、工程建设、水上交通、公路运营、公共交通、寄递物流等重点领域、重点场所和春运、国庆等重点时段的隐患排查和风险防范。排查经营场所、单位、企业 167 家（次），查出安全隐患 95 起，现场督促整改 18 起，限期整改 77 起，整改率 100%。全县交通运输行业安全态势保

持平稳，无重大责任事故发生。强化预测预警、应急处置、值班值守、信息报送，持续推进应急体系建设，完善应急预案，成立应急工作领导小组，落实应急队伍、设备、物资。组建抢险突击队 90 人，落实应急车辆 81 辆、应急设备 31 台（套），储备各类应急物资 8700 余件。2023 年，南漳县多次遭遇强降雨，出现山体滑坡、路基塌方、落石、倒树、水淹等险情，开展公路保通保畅行动 11 次，出动应急抢险人员 3650 人次、机械车辆 1573 台次，有力保障全县公路通行安全。南漳汽车客运中心站、275 省道谷城赵湾至南漳李庙段改建工程分别获评市级平安交通创建示范"平安车站""平安工地"。

（吴国平）

【**保康县**】 至 2023 年底，全县公路总里程 4901.56 公里，公路密度 151.99 公里/平方公里，其中高速公路 161.11 公里、一级公路 8.4 公里、二级公路 458.15 公里、三级公路 116.54 公里、四级公路 3666.85 公里、等外公路 490.51 公里。有渡口 7 个。有客运站 17 个，其中二级客运站 1 个、三级客运站 1 个、五级客运站 15 个。

基础设施建设。全年完成交通固定资产投资 43936 万元，比上年增长 266.3%。完成马桥两河口至笔架段改建工程，保康县实现一级公路"零"的突破；完成 346 国道蒋口至珠藏洞段改建工程；完成 468 省道寺坪至马桥路基 20.4 公里、路面 15.4 公里；完成 241 国道紫霄山庄至牌坊湾、305 省道两峪至马良、224 省道石板沟至大水林场大中修工程 37.6 公里。保康县紫薇大桥改扩建工程建成通车。完成运输站场建设投资 6500 余万元（含综合客运枢纽），新建农村候车亭 20 个，维护改造歇马、百峰综合运输服务站，新建龙坪综合运输服务站，完成城区 1 号公交站线路站台智能化改造 55 个。

"四好农村路"建设。完成省市下达的县乡道改造 19.82 公里、路网连通延伸工程 59.38 公里、提档升级工程 60 公里、硬联通项目 12 公里、农村公路新建桥梁 1 座 67.2 延米、安防

工程 118 公里；完成马良至重阳（磷化工业园）公路改扩建工程 12.7 公里、横冲黄莲山至望夫山公路改扩建工程 7.1 公里、城关镇九皇山村农村公路刷黑升级等工程 6.8 公里、金斗至唐儿河公路改扩建工程 8 公里。开展"四好农村路"省级示范县创建活动，优化选择路线 172.6 公里，完成示范线路提升改造、路域环境绿美安舒、物流运输通达等外业建设。保康县成功创建全省"四好农村路"示范县。

运输服务保障。落实各项财政补助和惠民政策，促进农村客运、城市公交、出租汽车等运输市场健康发展，核算、发放各项财政补助资金 300 余万元。采取电话约租、冷线补贴等多种方式，确保全县 267 个行政村（社区）客运通车率 100%，连续三年被省交通运输厅评为 AAAAA 等级。开通城区至乡镇公交线路 5 条，改造更新公交线路 1 条；筹资新购公交车 4 辆，开通城区至寺坪公交线路。做好道路客货、水上运输、驾培、维修检测行业指导，扎实开展助企解难纾困，促进行业健康发展。帮助客货企业建立、完善车辆技术管理档案 200 多册，组织行业培训 4 场次。落实帮扶企业脱困发展措施 2 条，帮助争取各类奖补资金 500 余万元。

物流发展。建成县级配送中心 1 个，乡镇邮政综合服务站 11 个，建设村级寄递物流综合服务网点 257 个，实现全覆盖。通过交邮合作、邮快合作、快快合作模式推动快递进村，实现按址投递，末端网点无违规收费现象，解决群众收寄难问题。

公路管养。锚定公路管养"三年提质增效"行动，以路域环境整治、绿化景观、路基路面、桥涵精细化养护、交安升级为抓手，扎实推进普通公路从重增量向优存量转变、从建设向养护转变、从通畅路向美丽路转变，通过完善道路系统、景观系统、服务系统、保障系统，完成 241 国道保康段 88 公里美丽公路创建工作，建成陈家院公路服务区等多个观景台。做好清理边沟与涵洞、整修路肩、桥梁养护、沥青路面裂缝灌缝、路面病害处

治、设置安全警示标志牌、维修钢护栏、清除塌方等日常养护工作。

综合交通执法。开展质量安全监督工作，对交通工程项目出具《质量监督管理授权通知书》11 份，发放《质量责任义务告知书》16 份，开展项目现场质量监督交底会议 16 次，填写《行政检查记录表》40 份。开展城区非法营运车辆集中整治活动，调查处理案件 48 起，暂扣车辆 25 辆，下达行政处罚决定书 24 起。加大客运场站和重要路段巡查检查，下达违法行为通知书 1 份，行政处罚决定书 1 份，督促客运班车自觉在规定站点停靠经营。与交警开展联合执法，查处超限车辆 42 辆次，转载超限货物 100 余吨。办理飞扬撒漏案件 4 件。

交通环保。加大新能源公交车、出租汽车购置力度，全县共有新能源公交车 44 辆、新能源出租汽车 110 辆。全面摸查全县老旧柴油货车底数，及时淘汰国三及以下排放标准的营运类柴油货车 25 辆。推广电子站牌、手机 App 等信息化设施产品，为公众提供方便、可靠的乘车信息服务。全面推进城市交通一卡通互联互通。

安全应急管理。严格落实主要领导负责制和一岗双责制，与各单位签订安全生产责任状。制定印发《关于建立完善安全风险辨识分级管控和隐患排查治理双重预防机制工作方案》《危险品道路运输安全防护措施的实施方案》《道路运输安全生产突出问题集中整治"百日行动"工作方案》等文件，规范指导交通运输领域行业安全生产。开展安全隐患大排查、大整治行动，加强路网运行监测，加强对高边坡、急弯陡坡、临水临崖、自然灾害风险点等重点路段的排查整治，对存在重大安全隐患、不具备安全生产条件、安全防范不到位的公路、水路运输、在建项目和易受地质灾害影响的路段，加强人防、物防、技防。全年开展安全隐患大排查12 次，排查一般隐患 178 处，重大安全隐患 3 处，及时制定整改措施，落实专人负责办理，整改率 100%。落实应急保障，确保应急队伍、机械设备、应急物资"三到位"，抽调 94 人组建防汛抗旱突击队。全力做好除雪破冰保畅通工作，采取人工铲雪与机械除雪相结合的方式，清理路面杂物，抢通主干线路，疏导道路交通。

（朱兴隆）

【谷城县】 至 2023 年底，全县公路总里程 4269.32 公里，公路密度 167.2 公里/百平方公里，其中高速公路 103.21公里、一级公路 101.76 公里、二级公路 241.81 公里、三级公路 234.43 公里、四级公路 3588.11 公里。内河航道通航里程 184.5 公里，其中汉江航道 82 公里、南河航道 97.5 公里、北河航道 5公里，有港口 1 个、码头 5 个、渡口18 个。有客运站 11 个，其中二级客运站 2 个、三级客运站 1 个、五级客运站 3 个、农村综合运输服务站 5 个。

基础设施建设。全年完成交通固定资产投资 14.2 亿元。316 国道水星台至石花段、新谷一中扩宽段、467 省道紫赵路二期、368 省道五浪路完工。368 省道道庙路段、316 国道石花至土关垭段、谷丹路冷集段等改扩建工程开工建设，全年完成路基 54.5 公里、路面 50.12 公里。积极争取 241 国道、316 国道、275 省道、303 省道大中修项目，完成大中修工程 67.9 公里。老谷南高速公路确定路线方案，福银高速公路谷城段前期研究有序推进，328国道河谷汉江二桥启动勘察设计，241国道石花镇绕镇改建工程完成工程可行性研究编制，275 省道城关镇绕镇公路路线方案通过审查，韩家卡至盛康段新建工程启动路线方案研究。

"四好农村路"建设。新建农村公路 104.3 公里、提档升级 110.6 公里，新建桥梁 59.9 延米，15 座危桥改造全部完工，醉美樱花旅游路、乡村振兴马庙路成功获评全市"十大最美农村路"。12 月，谷城县成功创建全省"四好农村路"示范县，盛康镇成功创建全省"四好农村路"示范乡镇。

运输服务保障。全年公路完成客运量 1237.3 万人次、旅客周转量 54763.67 万人公里，比上年分别增长 20.35%、25.63%；完成货运量 987.01 万吨，货物周转量 168012.48

万吨公里，比上年分别增长 11.11%、130.68%。水路完成货运量 93.73 万吨、货物周转量 971.95 万吨公里，比上年分别增长 12.24%、103.57%；完成客运量 18.97 万人次、旅客周转量 340.8万人公里，比上年分别增长 151.26%、149.85%。全县有客运企业 2 家，客运线路 71 条，其中跨省线路 7 条、跨市线路 2 条、县际线路 11 条、县内线路51 条。有营运客车 104 辆、出租汽车104 辆、持证营运货车 1299 辆。

公共交通发展。谷城县石花汽车客运站（公交首末站）建成投入使用。全年购置新能源公交车 21 辆，全县有公交车 205 辆，其中新能源公交车175 辆，占比 85%；新建候车亭 162个，候车亭达到 246 个；改造升级乡镇综合服务站 12 个，新建公交招呼站 32 个、首末站 50 个；开通城际公交 1 条、城市公交 6 条、城乡公交 44条，形成"城际—城镇—城乡"三层次全域公交网络，线路通达全县所有乡镇和 269 个建制村，乡镇公交覆盖率 100%、建制村公交覆盖率 93%。8月，谷城县入选全国第三批城乡交通运输一体化示范创建县。11 月，谷城县被命名为"湖北省全域公交县"。

现代物流发展。积极优化物流承载能力，完善商贸、快递、冷链物流网络，补齐农村物流设施和服务短板，建成客货邮融合发展站点 10 个，对全县 9 家快递企业网点检查督导 40 余次，杜绝重特大安全事故和影响恶劣寄递安全事件发生，确保全县寄递渠道安全畅通。积极推动盛康冷链库、石花木材物流工业园区项目建设。谷城县现代化物流规划初稿编制完成。

综合交通执法。严厉打击非法营运、超载超限、飞扬撒漏、非法改装等行为，检查源头企业（货运站场）290 余家（次），立案 465 件。查处非法营运出租汽车和非法网约车 69 件，无证经营、改型改装、飞扬撒漏 349件，水上交通运输违法违规 5 件，侵占路产路权 9 件，出租汽车不规范经营行为 9 件，小微客车违法租赁 1 件，责令改正 23 件。严格落实船舶水污染物接收转运处置，通过"船 E 行"平台，完成回收转运处置船舶生活污水、生活垃圾、含油污水，基本实现全程电子联单闭环管理。完成高速公路控制区范围内 17 块广告牌拆除。

公路养护。扎实开展养护提质三年攻坚行动，坚持以养好路面为中心，加强全面养护原则，进行标准化养护作业。做好冬养、春养、水毁修复等日常保养和全面养护，保持路面基本无病害，灌缝及时，路肩整洁美观，标准路基线形顺直，公路配套设施维护完好。全年完成预防性路面病害处理（坑槽、沉陷）、路面裂缝整治、各类边沟清理、示警桩增设、标线更新补划、标识标牌遮挡清理、桥梁标牌整改等日常养护，推进 316 国道美丽公路创建 20.27 公里，三岔路服务区"司机之家"创建顺利完成。

安全应急管理。开展重大事故隐患集中治理、道路运输领域突出问题集中治理、安全固本强基百日会战等九个专项行动，排查安全隐患 121 条，整改到位 119 条，实施挂牌督办安全隐患整改 3 个，约谈企业 16 家次。进一步规范完善"党政同责、一岗双责"安全责任体系，明确安委会成员单位和责任人责任清单，压实行业部门监管责任和企业主体责任。组织客运驾驶员、出租汽车驾驶员和船员安全及消防培训 29 次，举办专场安全事故警示教育 18 次，举办危化运输、客运消防、水上救援、道路抢通、反恐等演练 8 次，提升突发事件应急处置能力。

（冷俊）

【老河口市】 至 2023 年底，全市公路总里程 2507.07 公里，公路密度 242.93 公里/百平方公里，其中高速公路 30.47 公里、一级公路 86.13 公里、二级公路 146.47 公里、三级公路 84.97 公里、四级公路 2159.03 公里。内河航道通航里程 57.8 公里（界河按二分之一算），有生产性码头泊位 4 个（在建）、渡口 1 个。有客运站 8 个，其中二级客运站 1 个、三级客运站 1 个、交通综合运输服务站 6 个。

基础设施建设。全年完成交通固定资产投资 72382.4 万元，比上年下降 10.7%。其中公路建设投资 68067.4 万元，建成公路路基 127.88 公里、路面 117.44 公里；水运建设投资 206 万元。建设农村候车亭 275 个，建设城区公交站台 64 个、临时招呼站 72 个，在"四好农村路"大循环线上增建交通驿站 20 个。

"四好农村路"建设。将农村公路"路长制"作为一项长效治理机制予以落实，全市建立县级养护站 1 个、乡镇养护管理办公室 10 个、村级养护点 217 个，日常养护员 434 人，乡村道路养护人员覆盖率 100%，爱路护路安全出行的乡规民约、村规民约制定率 100%，基本消除农村公路沿线"脏乱差"现象，实现农村公路"畅安舒美"目标。全年建设农村公路 231.75 公里，其中集疏运公路 1 公里、县乡道改造 16.62 公里、通村公路 37 公里、提档升级 53 公里、安防工程 20 公里、美丽农村路 104.13 公里。完成"断头路""瓶颈路"32.10 公里。老河口市被命名为"四好农村路"全国示范县，孟楼镇成功创建全省"四好农村路"示范乡镇。

运输服务保障。全年公路完成客运量 526.45 万人次、旅客周转量 37962.31 万人公里，比上年分别增长 2.77%、2.75%；完成货运量 1613.61 万吨、货物周转量 302729.37 万吨公里，比上年均增长 7.33%。水路完成货运量 72.93 万吨、货物周转量 179.3 万吨公里，比上年分别增长 50.34%、84.83%。全市有营运客车 130 辆，营运货车 1873 辆，其中普通货车 1808 辆、危险品运输车辆 65 辆。淘汰国三及以下排放标准营运柴油货车 27 辆。投放城乡公交车 116 辆，开通城乡公交线路 36 条，发班正点率 100%。老河口市被命名为"湖北省全域公交县"。全市登记注册道路运输企业 117 家，其中物流企业 52 家、危险品货运企业 1 家。有快递企业 10 家，经营网点 76 个。拥有成规模物流园区（中心）2 个，在建大型物流项目 1 个。

公路养护。全面加强公路日常养护管理、公路安全隐患处治和路域环境整治工作，确保辖区列养公路路面清洁、路肩平整、公路附属设施完好，公路和桥梁安全畅通。全力打造老河口市境内 316 国道和 302 省道样板路。通过加强日常养护及实施预防性养护工程提升路况质量，确保路面结构完整无病害，道路干净整洁无死角，边坡稳定顺适无冲沟，桥梁运营安全无隐患，排水设施完善无淤塞，标志标线齐全无缺损，绿化协调美观无空白，交通标志显眼无遮挡，路基边坡无非法种植物，道路两侧无非法占道经营。328 国道小桥河公路养护站"司机之家"通过国家验收。

路政管理。开展公路巡线工作，及时制止损害公路案件 10 起，处理路产赔偿案件 16 件，受理行政许可案件 10 件。全面开展路域环境治理，依法取缔非法加水点 11 处，清理非交通标牌 23 块，清理打场晒粮 900 余平方米，有力保护路产路权。联合公安交警等部门开展货运车辆超限超载集中整治，加强路面执法检查和非现场案件立案查处，全市因超限超载引发的事故率持续下降，道路完好率逐步提升，严重超限和改装现象得到有效遏制。持续开展行业"打非治违"，坚持政府主导、部门协调、源头管控、乡镇配合的多方联动机制，深入开展行业"打非治违"，营造安全稳定的交通运输环境。全年查处改型车辆 37 辆、飞扬撒漏车辆 55 辆。

安全应急管理。开展重载货车运输安全整治专项行动，发现安全隐患 14 起，并完成整改，通报约谈 5 次，查处违法行为 48 次。开展道路客运专项整治行动、货车非法改装和超限超载运输治理行动，查处违法超限超载车辆 3 辆，查处货车非法改装 11 辆，查处"百吨王"车辆 1 辆，查处超载率 30% 以上车辆 1 辆。开展公路安全设施精细化提升行动，完成国道省 7.3 公里、农村公路 18.64 公里安全防护工程。开展船员实操能力专项检查行动，发现缺陷 1 起。开展公路水运工程安全治理能力提升行动，检查公路水运工程项目 7 个，发现隐患 13 起，全部完成整改。开展普通公路上跨高速公路桥梁专项提升行动，完成 12 座桥梁（含机耕桥梁）公示牌更新。

（王文斗）

【襄州区】 至 2023 年底，全区公路通车里程 4012.91 公里，公路密度 198.07 公里 / 百平方公里。内河航道里程 176 公里。有桥梁 245 座、隧道 1 道。

基础设施建设。全年完成交通固定资产投资 10 亿元，累计向上争取资金 1.55 亿元。2022 年普通省道养护工程、316 国道襄州陈家湾至两河口段路面养护工程、273 省道襄州区王庄至程河镇北段、肖坡至张家集段大修工程全部完工。207 国道改线工程襄州段征迁工作基本完成。218 省道襄州区峪山至宜城界改建工程工程可行性研究报告选址和用地预审意见获批复。2023 年普通国省道路面养护工程完成初步设计批复和施工图批复。全年新（改）建农村公路 173.17 公里，其中重要县乡道建设 44.96 公里、提档升级 49.32 公里、路网延伸工程 78.89 公，农村桥梁 5 座。第三批"四好农村路"建设政府和社会资本合作（PPP）项目开工建设 14 条，新开工建设里程 95.89 公里。

运输服务。全年公路完成客运量 160.68 万人次、旅客周转量 17980.43 万人公里，旅客周转量比上年增长 5.38%；完成货物周转量 86.34 亿吨公里，比上年增长 22.74%，其中 15 家规上企业完成货运量 422.73 万吨、货物周转量 7.70 亿吨公里。水路完成货运量 254.69 万吨、货物周转量 21941.54 万吨公里，比上年分别增长 132%、12%；完成客运量 3 万人次，比上年下降 40%。全区有客运企业 4 家，客运线路 47 条、客运车辆 133 辆，其中省际线路 9 条、客运车辆 13 辆、市际线路 4 条、客运车辆 2 辆，城乡客运班线 15 条、客运车辆 39 辆、村村通客运线路 19 条、客运车辆 22 辆，旅游客运车辆 57 辆。货运企业 415 家（含危险品运输企业 2 家），新增货运企业 68 家，货车 15341 辆（其

2023 年 12 月 22 日，襄州区程河镇、朱集镇至襄阳城区公交专线正式开通

中危货运输车辆 1234 辆），新增普货运输车辆 4145 辆。新增"入规纳统"企业 11 家，全区"入规纳统"货运企业达 25 家。有维修企业 245 家，其中一类维修企业 54 家、二类维修业 78 家、三类维修业户 113 家，新增 73 家。有驾培机构 17 家、检测站 5 家。拥有水运企业 1 家，各类运输船舶 189 艘，其中客渡船 8 艘、货船 181 艘。

公路养护。开展普通公路养护提质三年攻坚行动，完成道路日常养护工作。按照"三年消危"工作要求，集中对辖区内所有管养桥梁进行排查，对病害进行处治，确保道路桥梁安全。扎实开展美丽国省道创建工作，将 316 国道襄州区境内 65.7 公里作为重点路段，打造美丽国省道样板，累计投入 1400 余万元。农村公路管理养护体制改革不断深化，以"路长制"为核心的农村公路治理体系逐步完善。襄州区获评全省"四好农村路"示范县。

现代物流发展。全年在建项目累计完成投资近 1 亿元。捷顺达物流园、中车物流园一期项目建设完工，康瑞达冷链、圆通襄阳智创园项目正式开建。区、镇、村三级寄递物流体系建设持续，建成村级综合服务网点 363 个，覆盖率 100%。物流企业集群发展壮大，全年新增 A 级物流企业 3 家，A 级物流企业增至 40 家。

城乡公交一体化建设。加快推进城乡公交一体化，将乡镇交通班线公交化改造列为区政府"民生实事"，结束张家集镇、朱集镇、程河镇不通公交车历史。1 月，张家集公交专线正式开通，12 月，程河、朱集公交专线开通。

综合交通执法。持续抓好超限超载综合治理，全年查处非法改装车 34 辆次、危险品车辆 34 辆次、超限超载运输车辆 819 辆次，卸转货物 8000 余吨，非法超限超载运输得到有效遏制。开展路域环境专项整治，清理占道经营摊点 120 余处、加水点 7 处，拆除非交通标志标牌 47 处（块），有力维护辖区公路畅通有序的通行环境。持续加强客运市场监管、渡口渡船隐患排查，排查一般安全隐患 20 余起，重大安全事故隐患 1 起。持续推进依法行政，开展 24 期执法培训活动，走访运输企业 160 余家，征集问题线索 5 条，直面问题立行立改。

（王泽林）

宜昌市交通运输

【概况】 至 2023 年底，宜昌市公路总里程 38486 公里，公路密度 181 公里 / 百平方公里，其中高速公路 729 公里、一级公路 810 公里、二级公路 2828 公里、三级公路 683 公里、四级公路 32913 公里、等外公路 523 公里。

2023 年 12 月 18 日，三峡枢纽江南成品油翻坝项目（坝上）码头工程正式开工

全市有普通公路桥梁 2731 座 125936 延米、隧道 94 道 52017 延米。内河航道通航里程 678 公里，有生产性码头泊位 205 个，泊位年通过能力 11777 万吨。有客运站 98 个，其中一级客运站 2 个、二级客运站 12 个、三级客运站 9 个、综合服务站 75 个，货运站 15 个。

基础设施建设。全年完成综合交通投资 343.6 亿元，比上年增长 20.6%。公路水路投资 219.8 亿元，比上年增长 40%。高速公路投资 137.7 亿元，比上年增长 128%。全市在建高速公路 5 条、里程 321 公里，占全省的 20%。30 个国省干线项目开工建设，"十四五"项目开工率达 77%。建成一级公路 56 公里、二级公路 212 公里。866 个农村公路项目加持乡村振兴，新改建农村公路 1393 公里，总里程达 3.47 万公里，连续 14 年居全省第一，新增 170 个行政村通双车道，占比达 65.6%。争取新增 316 公里纳入普通省道规划，规模居全省第一。争取部省奖补资金 16.6 亿元。宜昌市交通运输局连续四个季度获全省交通投资"红旗"单位，获评宜昌市目标管理综合考评优胜单位、宜昌市招商引资工作先进集体、宜昌市城市综合管理工作评估"优胜单位"。

"四好农村路"建设。"四好农村路"示范创建多点开花，点军区获评"四好农村路"全国示范县，宜昌市获评全省"四好农村路"示范市，当阳市、枝江市获评全省"四好农村路"示范县，兴山县峡口镇、当阳市玉阳街办、夷陵区小溪塔街办、宜都市姚家店镇、枝江市问安镇创建全省"四好农村路"示范乡镇。350 公里时光道科普园探索宜黄起源，讲述交通故事，成为城市新地标。348 国道三峡公路全面建成通车，听风谷、明月台、柏树亭、莲沱畔等成为新晋打卡点，与新疆独库、云南怒江等 4 条干线公路同时入选全国首批交通运输与旅游融合发展典型案例，并登上央视。"美丽宜道"获评全国交通运输"政务事业类"十佳文化品牌，新建美丽宜道 657 公里，累计建成 2336 公里，其中"三廊九环" 1193 公里。宜都市青林谜镇环线获评全省"十大最美农村路"，当阳市玉双路获评全省"最具人气农村路"。348 国道、351 国道入围 2023 年度全省五大最美国道评选，秭归芝茅路、夷陵区普宋路、远安花百路入围全国"十大最美农村路"总决选，助力全域旅游。

运输服务。全年公路完成货运量 1.35 亿吨，比上年增长 30.8%。全市公路货物周转量增长 27%。三峡枢纽航运通过量达 1.74 亿吨，比上年增长 8.8%。宜昌港口吞吐量突破 1.4 亿吨，集装箱吞吐量首次突破 20 万标箱，重载滚装转运量达 26.74 万辆。水路客运量 341 万人次，恢复至 2019 年的 82%。宜昌东站客运量 794 万人次，恢复至 2019 年的 82%。宜昌三峡国际机场新增 9 个航点，复飞 1 条国际航线，旅客吞吐量再次突破 300 万人次，恢复至 2019 年的 92%。37 个高速公路收费站年车流量达 5976 万辆。每条国省干线交通量达到日均 6310 辆，恢复并赶超至 2019 年的 117%。中心城区公交客运量 9680 万人次，汽车客运中心站发送旅客 185 万人次，9 条城际公交日均客流量 8090 人次。"快递进村"通达率 100%，农村快递量达 5300 万件，比上年增长 16%，服务农产品电商交易突破 110 亿元。宜昌市获"国家公交都市建设示范城市"称号。新增道路运输规上企业 20 家，总数达 53 家。4 个普通公路收费站为 96 万车次减免通行费 1021 万元。争取城市交通发展奖励资金 1063 万元，支持出租汽车行业平稳发展。争取新能源公交车购置及运营奖补资金 903 万元，推进公交车新能源化。争取省级奖补资金 620 万元，出台市级奖补政策并落实资金 125 万元，重奖 27 家道路运输规上企业。"村村通客车"持续巩

2023 年 8 月 22 日，宜昌市获"国家公交都市建设示范城市"称号

固，9 个县市区全部进入全省农村客运发展评价前 60，获得补助资金 1100 万元，比上年增长 73%。多式联运加快发展，"大分流、小转运"水铁公多式联运项目获评"国家多式联运示范工程"，获奖补资金 2000 万元，枝城港、姚家港加快建设省级示范工程。

公路养护。完成国省道大中修 298 公里、预防性养护 100 公里、路基标准化 338 公里、路面标准化 410 公里、安全精细化提升 172 公里。国省干线一、二类桥隧比达 90%，优良路率达 91%，5 个县市区路面 PQI 值为 90，远安、五峰、市本级居全省国省干线公路养护前 20，获省奖励资金 800 万元。宜昌代表全省迎全方位"国检"，受检路段 PQI 值为满分，安防设施评价全省第一，受检桥梁均获评一类桥梁。完成农村公路养护大中修 375 公里、路面改善 346 公里、优良中等路率达 90%。"四好农村路"五色图全域优良，远安、宜都、长阳、当阳获优等。

行业管理。3 项举措入选全省优化营商环境改革先行区试点。市县两级全年办理审批事项 11.5 万件，比上年增长 3.4%。35 项市级事项下放至县市区，承接办件 7600 件，让群众少跑路、"就近办"。市级交通窗口连续 4 个季度获评"红旗窗口"。建立主动预警机制，"两客一危"动态监控 4G 升级，"数据大起底、运行大分析、问题大整改、质效大评价"四大行动推进监管闭环。着力整治超限超载运输，8 个固定超限检测站、9 个超限检测点查处超限车辆 2991 辆次，卸货 5.5 万吨。高效拆除高速公路广告牌 144 块。扎实推进执法领域专项整治和出租汽车秩序百日整治行动。全年办理行政处罚案件 1122 件，其中从轻处罚 326 件、减轻处罚 46 件、免予处罚 34 件。

科技信息化。三峡航运数据中心改版升级，实现重载滚装运输、船舶污染防治、水上旅客运输、港口船舶调度、航运服务等三峡航运要素数据资源全量归集、分析和应用。综合交通视频监控中心汇集整合视频资源超 7 万路，基本覆盖公路、机场、火车

站、客货场站、港口码头、高等级航道等综合交通全领域，搭建市、县、站三级应急指挥调度系统，视频连通现场，指令直达一线，实现扁平化应急指挥调度。

绿色交通。48 艘污染物接收船、12 个转运码头高效接力，"净小宜"单量突破 60 万单，全年接收船舶污染物 27.8 万吨，占全省的 70%。全年使用港口岸电 1214 万千瓦时，占全省的 83%。开工建设新能源船舶 41 艘，占全省的 61%，比上年增长 50%。秭归液化天然气（LNG）码头加注船舶 136 艘次，占全省的 92%，枝江化学品船舶洗舱站完成洗舱 49 艘次，占全省的 57%，绿色航运新业态崭露头角。城区 2 座出租汽车充换电站投入运行，宜昌出租汽车迈入"两分钟以换代充"时代。4 条城际公交线路实现新能源化。新能源公交车、巡游车、网约车占比达 61%、11%、96%。建成 68 处 229 个普通公路充电桩，基本达到平均间距 50 公里一处，实现沿线乡镇、服务区、养护站全覆盖。

安全应急管理。全年未发生较大及以上交通运输安全生产责任事故，管辖水域未发生水上交通安全事故，道路运输事故起数、死亡人数、受伤人数分别下降 30.6%、2.4%、55.8%。全年发生公路灾毁 1182 次，除大型险

情外，均在 2 小时内抢通。牵头推进全市公路沿线地质灾害防治三年行动，3.7 万公里普通公路排查率 100%，排查隐患点 4878 个，实现"底数清"年度目标。坚持边排查边治理，累计清除危岩 6.8 万立方米，设置主被动防护网、挂网喷锚 18.4 万平方米，植被护坡 1.1 万平方米，砌筑挡土墙 1.7 万立方米，设立警示标志标牌 2263 块，及时彻底消除隐患点 561 个，2864 个隐患点落实安全管控措施。全面摸清全市 81 条 492 公里矿山公路底数，集中力量推进提质保安工程。强化水路交通安全监管，开展四大专项整治行动，排查整改隐患 535 处，开展五大培训活动，实现水路交通经营主体全覆盖。开展公路水运工程质量安全"亮剑行动"专项整治，全年交工项目 25 个、竣工项目 5 个，一次性交工验收合格率 100%。

交通改革举措。道路运输从业人员考培一体化系统上线运行。长江船员志愿服务站在"豚小宜"揭牌成立，免费接送船员 4.3 万人次。进一步推广掌上办理，优化服务流程，受理船舶建造检验 177 艘，比上年增长 45%，完成船舶交易鉴证 1.16 亿元，比上年增长 46%，宜昌市船舶交易中心累计交易额突破 7 亿元。成立全国首家跨省检验一体化工作站，581 艘河南籍、

2023 年 3 月 30 日，宜昌港秭归港区三峡库区秭归县水运应用 LNG 项目码头工程通过竣工验收

湖北籍船舶享受"就近检验、就近整改、就近发证"服务。建立港航企业电子资料库,企业及执法人员随时可查,再审批资料自动提取,无变化免提交。全省首创成立城区出租汽车24小时求助服务中心,通过大数据追溯,帮助乘客找回失物1717件,挽回损失约309万元。

文明创建。成立宜昌市道路运输行业党委。扎实推进清廉交通建设,交通物流枢纽专项监督和建设领域突出问题专项整治年度任务全面完成,"阳光船检"被评为宜昌市廉洁文化品牌。连续19年举办出租汽车高考"爱心送考"志愿服务活动,"宜昌出租汽车红榜司机宣传项目"入围2022—2023交通运输行业融合传播优秀案例。连续五年每月发布出租汽车"红黑榜",行业总体稳定有序,红榜司机宣传项目入围全国交通运输行业融合传播优秀案例。"两坝一峡"、清江画廊建成国内水路旅游精品航线,其中"两坝一峡"入选全国首批交通运输与旅游融合发展典型案例。348国道时光渡口登上热搜。宜昌交通微信公众号累计发布原创短视频290条、文章602篇,点击量达237万人次,获评全市"十佳政务新媒体"。邓兰舟获评"2022年感动交通十大年度人物"。

(朱思伟)

【宜都市】 至2023年底,全市公路总里程3774.07公里,公路密度278.12公里/百平方公里,其中高速公路124公里、一级公路164.66公里、二级公路122.72公里、三级公路65.83公里、四级公路3286.24公里、等外公路10.62公里。宜都港区内有港口经营企业24家、码头27个(含船舶污染物免费接收转运码头1个)、泊位68个,使用岸线9435米。全市拥有航道里程87公里(长江航道里程46公里、清江航道里程41公里),辖区内有渡口7处,其中长江流域渡口2处、内河流域渡口5处。有客运站7个,其中二级客运站1个、三级客运站1个、五级客运站5个。

基础设施建设。全年完成交通固定资产投资23.79亿元。318国道二标段总体形象进度完成94%。清江三桥及其连接线总体形象进度完成92%,主桥左幅贯通、右幅合龙。224县道王家畈至渔洋关段改扩建工程完成路基路面5公里。254省道宜都市枝城镇绕镇公路工程完成路基12公里、路面8公里,红花套镇绕镇公路工程完成路基3公里。424省道高坝洲大桥危桥改造工程完成上部结构拆除。枝城大道路面升级改造工程全部完工。宜都市三峡湿地杨守敬书院旅游公路累计完成路基10公里、路面10公里。宜都市城区至庙岗快速通道完成工程总承包(EPC)招标,初步设计初稿编制完成。枝城港铁水联运码头工程,水工及陆域工程、大型设备全部完成交工验收。宜昌港宜都港区枝城作业区危化品码头工程,完成航道影响评价和通航安全评审及批复工作。农村

候车亭建设一期完成170个,二期完成20个,农村候车亭达标行动目标全部完成。

"四好农村路"建设。全年完成县乡道改造15.5公里、通村水泥路16.6公里,"四好农村路"提档升级工程完成路基路面70.1公里。农村公路通行政村100%、通畅率100%。高坝洲镇、姚家店镇被命名为全省"四好农村路"示范乡镇,青林谜镇环线入选全省十大最美农村路。

运输服务。全年完成客运量367万人次、旅客周转量6298万人公里,完成货运量1.07亿吨、货物周转量12.27亿吨公里。有道路客运班线企业3家,其中三类以上班线客运公司1家、运营车辆38辆、客运班线7条(其中市际班线5条、城际公交2条);农村客运公司2家、运营车辆84辆、运营班线39条。有旅游包车公司2家,备案旅游包车32辆。有出租汽车公司3家,运营出租汽车140辆。有公交公司1家,公交车50辆,运营线路9条。有道路危货运输企业7家,经营危货车辆197辆。有驾培学校7家,驾培车辆129辆。有二类及以上维修企业52家。有水路货运企业5家,在册运输船舶8艘,全年港口货物吞吐量4282万吨。

公路养护。做好国省道日常养护工作,完成服务区、停车区、交通厕所、观景台卫生保洁、路网视频监控等运行维护。开展预防性和全寿命周期性养护,对管养省道干线公路路况进行全线调查,对路面裂缝、坑槽等病害早发现、早处治。加强路域环境整治。养护工程建设:宜都市254省道莲花大道至03油库段中修工程20公里、318国道渔洋溪至孙家溪大修工程2.5公里完工;高坝洲大桥危桥改造;318国道交通安全设施精细化提升工程16.42公里;五眼泉公路养护站新建工程完成主体结构、场地整形及绿化,枝城养护站生产区改造完成;全年7条县道共计1935.54公里维修养护任务,完成项目招标工作,并完成王渔线大修5公里。美丽宜道建设:重点完成"一

2023年12月2日,宜都市清江三桥全线贯通

江两岸"滨江环线建设，其中254省道葛东线渔洋溪村至江南路改线至江城大道1.32公里全部完成，葛东线高坝洲至枝城丹阳大道26公里完成；225省道雅澧线枝城丹阳大道十字路口至枝城长江大桥北5.2公里完成。

路政管理。不断健全路政巡查常态化机制，持续整治公路沿线占道经营、摆摊设点、乱堆乱放、非公路标牌设置等影响公路路域环境行为。清理路面堆积物15处32平方米，清理摆摊设点7处，清除非公路标牌2块、非公路宣传标语17幅，制止违法建房1起；完成涉路施工行政许可审查6件，查处路产损失赔偿案件62件。持续开展大件运输审查，严格开展事前审核，合理规划行驶路线，完成大件运输网上审查1515件，三类大件运输行政审批现场核查16件，大件运输护送3次。查处超限运输车辆535辆次，非法改装11辆次，无从业资格证案件2起。

行业监管。深入开展"打非治违"专项整治行动，对农客车辆、客运站场进行安全例检及日常巡查，集中整治客流量较大的重点区域，查处非法网约车24辆、非法营运车辆2辆。加强出租汽车日常动态监管，对出租汽车公司进行抽检，完成检查信息录入，加大4G动态监管每日抽查频次，对经营活动中不文明、不规范行为及时进行通报。完成一二类机动车维修企业上年度质量信誉考核工作及33家维修企业质量信誉考核工作。落实机动车维修经营备案登记管理，联合市场监管局、公安局对全市14家车辆维修企业进行机动车排放检测与强制维护（I/M）专项检查。

物流发展。按照宜昌市农村寄递物流体系建设考核标准，为全市121个村级网点统一标识，并配置高拍仪、打单器、联网监控等硬件设施设备，督促市邮政公司做好乡镇邮政支局寄递物流服务站点升级改造，全市行政村寄递物流网点覆盖率100%、通村率100%。继续推行"邮快合作"进村模式，鼓励邮政公司将进村频次由每周

2023年1月14日，联合公安交警部门安全护送大件运输车辆至宜都顺发物流码头转运

至少3次提高到4次。充分发挥交通路网、邮政站点资源优势，推行公交车辆"带货"下乡，解决快件下乡配送速度慢、成本高等问题。

港口码头整治。巩固非法码头整治成果，报请市政府成立港口码头违法建设问题处置工作领导小组，印发《港口码头违法建设办公用房、建（构）筑物整治工作实施方案》。会同市水利部门对全市26个码头、办公用房、建（构）筑物逐一进行核查，对7家港口码头存在的62处共5993平方米违法保留的建构筑物予以拆除，收回非法占用岸线100米。持续推进船舶和港口污染防治攻坚提升工作，争取财政专项资金200万元，公开招标采购船舶污染物免费接收转运处置服务。全年做到"零事故，零投诉"，确保船舶污染治理工作顺利推进。开展散货码头粉尘治理，加强港口作业扬尘管控，督促港口企业落实主体责任，建立环保设施设备台账和维护管理制度。推进船舶岸电改造使用，辖区4家船运企业对7艘运输船舶岸电系统受电设施进行改造。协调宜昌岸电公司将其他县市闲置未用的7套岸电设施移装到宜都港区，并配备岸电接插件20套。1—12月，使用岸电70617千瓦时。

渡口船舶治理。开展乡村渡口提档升级改造，投入资金86万余元，对高坝洲镇白鸭垴渡口、蔡家河渡口进行提档升级改造，全面打造建设"美丽乡村示范渡口"，改善乡村渡运条件。撤销渡口2处，拆解渡船2艘，注销船舶相关证书。有效推进"三无"船舶专项整治，对7个乡镇逐村逐户进行核查，全市保留的118艘生活交通船舶全部完成摸排登记。开展一站式船检服务，船舶检验从检验申请、受理、现场检验到发证实现"一站式"全覆盖。全年检验船舶60艘次，开展送船检送证书上门服务10次。

安全应急管理。深入开展重大事故隐患专项排查整治行动、安全生产十大专项行动、"强安固盾"等各类专项整治行动，进一步加强"两客一危一货"、危化码头、渡口渡船、在建项目工程等重点领域安全生产检查，加大隐患排查治理力度。检查企业1250家次，发现问题隐患248处，整改率100%。积极应对两轮极端冰雪天气，开展48轮次道路巡查、50次紧急救援、200吨融雪剂布撒。强化辖区重点时段和领域保障工作，严防发生隐患事故，检查渡船80艘次。组织人员、船艇参加宜昌市水上暨港口危险货物运输突发事件应急演练，圆满完成应急演练任务。

（陈晓红）

【枝江市】 至2023年底，全市公路总里程4152.89公里，公路密度302.25公里/百平方公里，其中一级公路161.93

公里、二级公路 127.16 公里、三级公路 46.05 公里、四级公路 3816.51 公里、等外公路 1.24 公里。航道通航里程 185 公里，其中长江通航里程 95.5 公里（含白洋 28.5 公里）、沮漳河通航里程 48.5 公里、松滋河通航里程 41 公里；港口 21 个，有生产性码头泊位 35 个、渡口 20 个。有客运站 6 个，其中二级客运站 1 个、三级客运站 3 个、便捷车站 2 个，货运站场 3 个。

基础设施建设。全年完成交通固定资产投资 37.4 亿元，比上年增长 45.78%。当枝松高速公路（含枝江长江大桥）总体进度完成 50%，枝江长江大桥北塔主墩塔柱左、右幅完成 15 个节段，南塔主墩塔柱左、右幅完成 3 个节段；松滋河特大桥北塔主墩塔柱左、右幅完成 16 个节段，南塔主墩塔柱左、右幅完成 18 个节段。枝江市 253 省道远松线至枝江北站连接线（金湖大道）总体进度完成 35%，完成路基土石方 52 万立方米、金湖中桥桩基 10 根、涵洞 9 道、市政雨水管 1650 米。马家店至仙女一级公路施工图获批复，七星台疏港公路初步设计获批复。完成 216 省道夷五线陈家大坡至白洋段 3.64 公里路面大修工程、253 省道远松线江九段 7 公里路面品质提升工程及 13.1 公里绿化工程。水运建设投资 3.53 亿元，完成港口建设 2 个，新增泊位 3 个，增加通过能力 519 万吨/年。顾家店客运中心建成并投入使用，总投资 1224.50 万元，总

建筑面积 6839.44 平方米。

"四好农村路"建设。省交通运输厅下达农村公路建设计划全部完成，其中乡镇二通道建设 2 公里、县乡道改造 29 公里、连通工程 33.62 公里、提档升级 58.94 公里；下达农村公路新建桥梁 92.4 延米。下达乡镇农村公路养护工程计划 228.4 公里全部完成。枝江市成功创建全省"四好农村路"示范县，问安镇成功创建全省"四好农村路"示范镇。

运输服务保障。全年公路完成客运量 143.82 万人次、旅客周转量 5234.54 万人公里，比上年分别下降 15%、12.6%；完成货物周转量 15.71 亿吨公里，比上年增长 12%。完成港口吞吐量 3614.1 万吨，比上年增长 37.4%。完成五一、国庆、春运等重大节假日和中高考"爱心护考"运输组织保障工作。春运期间，全市投入班线客运车辆 177 辆、公共汽车 52 辆、出租汽车 247 辆、客渡 26 艘、汽渡 7 组，完成道路客运量 30.16 万人次、渡口客运量 37.2 万人次、渡车 9.43 万辆次，圆满完成春运各项服务保障任务。全市公交实现国有化整合，新增公交线路 13 路，优化调整线路 3 条，开通定制公交 29 条。新建充电站 1 座、充电终端 2 处。

物流发展。全市共有交通物流企业 187 家，其中道路及水路运输企业 148 家（其中规上企业 23 家）、装卸搬运及仓储型物流企业 30 家（其中规

上企业 7 家）、寄递物流企业 9 家（其中规上企业 1 家）。共有 A 级物流企业 11 家，其中 AAAA 级物流企业 5 家、AAA 级物流企业 5 家、AA 级物流企业 1 家。

城乡客运一体化。一是基础设施发展水平一体化，全市农村公路总里程 4146.26 公里，其中四级以上等级公路里程 4145.02 公里，占比 99.97%。二是客运服务发展水平一体化，全市有建制村 194 个，通客车率 100%；城乡道路客运车辆 167 辆，城市公共汽电车辆 108 辆，农村公交车和农村公交化运营客车 70 辆；农村客运车辆 109 辆，农村客运车辆动态监控设备安装使用率 100%。三是货运物流服务发展水平一体化，全市建成市级共配中心 1 个，建设镇级服务站 7 个、村级服务点 176 个，建制村农村物流服务覆盖率 100%。

超限超载治理。通过采取固定治超与流动治超相结合、"白+黑"专项整治等方式，在国省干线及县乡道普通公路重点整治货运车辆非法改装、超限超载等违法行为。完善联动治超专项整治行动方案，深化部门间联合治超、源头治超常态化机制，不断巩固治理成果。查处超限车辆 150 辆、非法改装车辆 6 辆，卸载货物 3392.32 吨，移交交警处理案件 150 件。

行业监管。开展城区客运市场专项整治行动，对枝江北站、客（汽）渡口、市人民医院、公交站台等重点区域开展巡查，严厉打击客运市场违法违规行为和农村客运、班线客运乱停乱靠行为。查处违规出租汽车 21 辆、违规经营网约车 7 辆、非法营运车辆 1 辆。持续开展水路运输行业监管，加强对辖区渡口、码头监督巡查，联合水利水政、长江海事、长航公安等部门开展专项行动，查处案件 2 起。加强对超限治理、"两客一危一货"监管检查，联合公安交警、高速公路路政、收费站等开展联勤联动，办理案件 57 起，申请法院强制执行案件 1 起，全年无行政复议、行政诉讼案件。

智能交通。运用大数据手段，集成智能监管功能，实现对执法对象的

2023 年 3 月 20 日，宜昌港枝江港区中长燃油库码头工程完成竣工验收

动态监控、经营活动全轨迹跟踪，拓展现场监管范围，提升执法质效。建设完成"枝江市智慧交通安全管理指挥中心"并投入使用，为全市 200 余辆客、危车辆全面升级安装智能动态监控设备终端，进一步提升道路运输行业智能监管水平。不断完善"枝江出行"App 服务功能，为人民群众出行提供智慧智能化高品质服务。

安全应急管理。组织开展道路运输、公路运营、公路地质灾害防治、城市公共交通、水路运输、港口营运、工程建设等重点领域隐患排查治理工作，检查交通运输企业 500 余家次、在建项目 100 余家次，排查整改各类安全隐患 400 余处。开展规范水路客运船舶靠泊问题专项行动，完成全市渡口安防设施改造升级，渡口视频监控实现全覆盖。落实重点节假日和重点时期安全管控，开展风险研判，加大巡查力度。强化公路交通应急能力建设，修订完善各类应急预案 5 项，开展交通运输行业应急演练 50 余次，成功处置 10·16 环己酮危化品运输车泄漏险情。健全道路管养和安全防范机制，有效降低道路交通安全事故发生率。

（江凤珍）

【当阳市】　至 2023 年底，全市公路总里程 5936.56 公里，公路密度 276.16 公里／百平方公里，其中高速公路 72.9 公里、一级公路 99.36 公

2023 年 1 月 20 日，当阳关陵桥建成通车

里、二级公路 178.06 公里、三级公路 79.28 公里、四级公路 4846.06 公里、等外公路 660.9 公里。内河航道通航里程 92.5 公里（界河按二分之一算），有渡口 22 处、渡船 37 艘、航运企业 1 家。有客运站 10 个，其中二级客运站 1 个、三级客运站 1 个、四级客运站 1 个、五级客运站 7 个，货运站 1 个。

基础设施建设。全年完成综合交通固定资产投资 56.36 亿元。253 省道远安县鸣凤至当阳市庙前段（当阳境）公路改建工程全长 30.12 公里，其中 22.52 公里主体工程完工通车、7.6 公里庙前至沙河段主体工程完工，沿线 4 处一期景观节点施工中。253 省道远松线联合至建国段公路大修工程完成总工程量的 60%，远松线当阳市河

溶大桥危桥改造工程完成总工程量的 59%，远松线当阳市许家河桥及刘家挡桥危桥改造工程完成总工程量的 30%。311 省道郭场至窑湾公路改扩建工程正在建设中。348 国道改建工程全长 54.2 公里，谢花桥至当阳西段 38.3 公里建成通车，谢花桥至横矛处段沿线绿化建设完成工程量的 60%，配套建成 348 国道武大线坝陵交通综合服务中心，王店段 15.9 公里施工准备中。

"四好农村路"建设。全年完成"四好农村路"建设 90.09 公里，其中路网连通工程 31.93 公里、农村公路提档升级 42.35 公里、县乡道改造 15.81 公里，新建桥梁 3 座 124.04 延米。玉双路获评全省"最具人气农村路"。玉阳街道获评全省"四好农村路"示范乡镇。

运输服务。全年道路完成客运量 1197.5 万人次、旅客周转量 4267.5 万人公里，完成货运量 1950.9 万吨、比上年增长 8.1%，完成货物周转量 13.43 亿吨公里、比上年增长 1.2%。有公交运输公司 1 家，新能源公交车 60 辆，公交线路 6 条；有出租汽车公司 3 家，出租汽车 205 辆。

公路养护。全年完成道路大修 38.2 公里，标准化路肩、边坡、边沟整治 30 公里，标准化标线、标志标牌整治 42.20 公里。完成 348 国道坝陵交通综合服务中心、远松线庙前段 3 处停车带建设，完成远松线庙前段观景平台、观景小品各 1 处工程量的 40%。完成窑马线 11 公里安防工程提

2023 年 5 月 18 日，举办当阳市第三十三次全国助残日"爱心公交卡"发放活动

远安县交通运输部门因地制宜，修建双河堰漫水桥，打造生态景观桥

档升级，窑马线、分当线 29 公里交叉道口标准整治。国省干线地质灾害隐患定量排查 245.74 公里，完成地质灾害隐患点道路边坡清危治理 9 处，对国省干线在役公路 13 处采取管控措施。完成玉阳养护站、两河养护站、东阳养护站运维达标建设。完成分当线、武大线 24 公里路域环境整治，完成河溶集镇过境路段整治。2023 年度省级路况检测评定 PQI 值达到 91。

路政管理。全年查处超限超载车辆 328 辆，卸货 1.09 万吨，超限超载运输得到有效遏制。办理行政处罚 192 件，其中道路运政中出租汽车违规经营 49 件、擅自改装取得车辆营运证车辆 42 件、不按规定维护和检测车辆 2 件、使用无道路运输证的车辆经营 2 件、未取得危货经营许可擅自从事危货经营的 2 件，公路路政中超限运输 25 件、抛洒滴漏 70 件。

安全应急管理。圆满完成春运、全国两会、国庆等重要时间节点安全生产保障任务。采取"四不两直"、暗访暗查、"双随机"等方式开展安全生产大检查，全年下达《安全隐患整改告知函》45 件，排查整改一般安全隐患 356 起、重大隐患 4 起，全部整改完毕。开展道路运输安全生产突出问题集中整治"百日行动"和"两客一危"4G 动态监控系统"四大"专项行动，全市"两客一危"在营车辆 57 辆,4G 动态监控系统安装率 100%。采取线上网络、实地现场培训等方式，

举办安全教育培训讲座 17 场次，培训 3018 人。

（余鹏飞）

【远安县】 至 2023 年底，全县公路总里程 2343.54 公里，公路密度 134.71 公里 / 百平方公里，其中高速公路 53.89 公里，一级公路 71.14 公里、二级公路 202.17 公里、三级公路 110.03 公里、四级公路 1895.04 公里、等外公路 11.27 公里。有渡口 5 个。有客运站 3 个，其中二级客运站 1 个、三级客运站 2 个。

基础设施建设。全年完成交通固定资产投资 69749 万元，其中普通公路建设投资 62652 万元，建成公路 29 条，新增等级公路 33.47 公里。241 国道呼北线望家至盘古道班段 11.27 公里大修工程、呼北线花栗树垭至望家段 6.98 公里大修工程交工验收。347 国道南德线易家岗至晓坪四桥 8.48 公里大修工程交工验收，南德线公路灾害防治工程 27 个工点，完工 19 个工点。347 国道南德线远安境喻家湾大桥危桥改造施工中，南德线远安县境金家冲桥危桥改造工程完工。

"四好农村路"建设。全年完成农村公路县乡道改造、新建、提档升级工程 106.75 公里，其中县乡道改造 18.89 公里、通村公路新建工程 31.92 公里、提档升级工程 55.94 公里。远安县在年度全省"四好农村路"五色图评价中被评为优等。远安县农村公路建设养护中心连续三年获"湖北省农村公路十佳养护单位"称号。

运输服务。全县拥有道路运输从业人员 3890 人；全县拥有道路客运企业 2 家，货运企业 766 家，经营性道路危险货物运输企业 1 家；有城区公交候车亭 63 个、临时停靠站牌 83 个，农村客运候车亭 192 个，简易站及招呼站 97 个。全县拥有班线客车 58 辆、出租汽车 80 辆。拥有客运线路 49 条，其中跨地市线路 6 条、跨县线路 1 条、县内线路 42 条。拥有一类机动车维修企业 3 户、二类机动车维修企业 11 户、三类机动车维修企业 126 户。

公路养护。集中处治 347 国道南德线曾家港至分水段、456 省道洋茅线映沟至茅坪段、224 省道保当线远当一级路、241 国道呼北线盘古至东

维修改造后的远安沮河三桥人行道

圣段路面坑槽、路面清灌缝。因地制宜打造一弯一景，6 处弯道通过对曲线段超高的重新设置以及对内弯外弯加宽整治，行车视距得到显著改善。推进"一廊三环"三国故地诗画环线美丽宜道建设，全面美化靓化路域环境，补播花籽约 40 公里。年度打造公路停车区 1 个、观景平台 2 个、景观节点 2 个。茅坪养护站房屋实施维修改造。坚持路面护栏清洗日常化、制度化，确保干净整洁，实现"路面洁、路肩清、边沟畅、绿化美"。

路政管理。向公路沿线居民和过往驾乘人员详细讲解保护路域环境相关法律法规，提高广大群众爱路护路和环保意识，发放法律法规宣传资料 500 份。路域环境治理中发现安全隐患 22 起，全部处理完毕。处理各类路面污染 56 处，拆除非公路标志标牌 9 块，配合乡镇养护站清理塌方 5 次，临时交通管制 2 次，处理路赔案件 10 起。先后两次组织 17 家运输企业召开警示安全约谈会，签订规范装载承诺书。督促运输企业规范装载，确保超限超载车辆不出站 / 场，深入 33 家货运源头企业开展法律法规宣传走访，发放宣传资料。采取固定治超和流动治超及与公安交警部门路警联合治超等方式，查处超限运输车辆 823 辆，卸载车辆 823 辆，卸载货物 22212.9 吨，超限超载率控制在 3% 以内，有效遏制超限超载运输行为。对擅自加装栏板上路行驶的车辆一律拆除，严格执行"一超四罚"和失信联合惩戒。

行业监管。对未取得道路客运经营许可，擅自从事道路客运经营的"黑车"等其他扰乱道路客运市场经营行为等进行整治，约谈巡游出租汽车和农村客运驾驶员 6 人，查处出租汽车违规经营行为 2 起。对未经许可的驾培教练和车辆进行专项整顿，规范驾培行业经营行为，保障学员和驾培企业合法权益，检查驾培机构 12 次，拆除校外培训点临时建筑 4 处，查处违规经营行为 1 起。

安全应急管理。按照"闭环式"管理，对排查的安全隐患全部建立"一企一档"，逐项销号"清零"。全年对辖区内客运站和危货运输企业开展安全生产执法专项检查 37 次，开展节假日巡查检查 26 次，发现安全隐患 39 起，下发安全隐患整改通知书 19 份，整改完成 25 起。及时消除危岩、急弯陡坡、临水临崖、安防设施等安全隐患，隐患整改完成率 100%。重新维护和增设公路监控设备 15 处，县交通应急指挥中心、中心 4G 监控室、各养护站、公路养护应急中心实现路况监控实时共享，公路安全管理从"人防"向"技防"转变，有效提高公路安全管理效率。

（李心语）

【兴山县】　至 2023 年底，全县公路通车总里程 2820.97 公里，公路密度 121.18 公里 / 百平方公里，其中二级公路 447.94 公里、三级公路 33.34 公里、四级公路 2294.40 公里、等外公路 45.29 公里；按行政等级分为国道 192.78 公里、省道 207.93 公里、县道 248.34 公里、乡道 879.77 公里、村道 1292.15 公里。内河航道通航总里程 37.7 公里（含一级航道 9 公里、四级航道 16.7 公里），有码头 6 个（货运码头 5 个、旅游码头 1 个）、渡口 2 个。有客运站 8 个，其中一级客运站 1 个、二级客运站 1 个、三级客运站 1 个、四级客运站 5 个。

基础设施建设。全年完成交通固定资产投资 38.5 亿元。209 国道古夫绕城公路建成通车，路线全长 11.54 公里，全线采用双向两车道二级公路标准建设。252 省道兴山县界牌垭至温家垭公路工程建设顺利推进，路线全长 47.85 公里，按二级公路标准建设，一期实施的界牌垭至古家淌段 31.9 公里路基基本完成，桥梁下部结构基本完成，正在进行梁板预制及架设施工。

"四好农村路"建设。全年完成县乡道改造 20.78 公里、提档升级 32.56 公里、连通工程 31.6 公里，新建桥梁 187 延米。完成"美丽农村路"3 条 13.3 公里、"美丽宜道"13.3 公里计划申报。峡口镇成功创建全省"四好农村路"示范乡镇。

运输服务保障。全年完成客运量 213.97 万人次，比上年增长 0.25%；完成旅客周转量 7450.4 万人公里，比上年下降 0.18%；完成货运量 1269 万吨，比上年增长 189.5%；完成货物周转量 55261 万吨公里，比上年增长 66.2%；港口货物吞吐量 993 万吨，比上年增长 45.3%；船舶电子报告 5126 艘次，船舶电子报告率 100%。全县道路运输客货经营业户 402 户，车辆 1301 辆；道路危险货物运输经营业户 4 户，车辆 68 辆；巡游出租汽车企业 2 家，车辆 57 辆；网约车平台公司 1 家，车辆 5 辆；汽车客运站 5 个；机动车维修经营备案 84 家；机动车检测企业 1 家，驾培机构 1 家。全县水路运输有 5 家港口企业、6 个码头；水上运输企业 2 家、运输船 11 艘；渡船

2023 年 2 月，209 国道古夫绕城公路建成通车

兴山县峡口镇平普线"四好农村路"

3 艘；水上服务企业 1 家，垃圾回收船 2 艘。完成乡镇寄递物流综合服务站及村级综合服务网点建设。

公路养护。完成路面坑槽修补、整修路肩、清理边沟、疏通涵洞、清除坍方、清理桥梁伸缩缝、路面清灌缝等日常养护任务，增设及修复标志标牌，修复道口桩等。完成桥梁改造工程 2 座，实施隧道养护工程 2 处。组织实施 312 省道界岭至高岚段 21.5 公里大修工程，完成全部实物工作量，总计投资 3600 万元；347 国道两河口至关子口 36.69 公里大修续建项目，完成全部实物工作量，总计投资 6900 万元；两河口至峡口 5 公里大修工程，完成货币工程量 300 万元。完成农村公路养护工程 156.56 公里，总投资 797.6 万元，完成大中修工程 36.3 公里，总投资 389 万元。全县三年内国道安全精细化提升里程 189.12 公里。

路政管理。拆除违章建筑 7 处 580 平方米，清除公路及公路用地范围堆积物 32 处 1925 平方米，拆除违法非公路标志牌 15 块。全年办理路赔案件 4 起，依法收取路产赔偿费 42351 元。全年查处超限运输案件 25 起，卸载转运货物 357.5 吨，协同交警部门联合执法 7 次，现场纠正不覆盖油布车辆 36 辆。

运政管理。动态监控抽查车辆 15083 辆次，纠正不规范驾驶行为 448 次。发布恶劣天气预警提醒驾驶员安全驾驶信息 448904 条，其中农村客运安全预警信息 438892 条、出租汽车安全预警信息 10012 条。开展非法营运联合执法 10 次，对疑似非法营运车辆宣传教育 432 辆次，对涉嫌非法运营车辆登记 367 辆次，采取行政强制措施 26 辆次，查处非法营运车辆 33 辆次。

水运监管。开展"三无"船舶专项治理、非法码头整治等行动，全年开展非法码头及岸线巡查 38 次，巡查航道 80 余次，维护保养浮标船 62 个/次；开展船舶安全生产管理专项行动，检查船员实操 50 余次，现场抽查船舶 881 艘次，检查砂石运输船舶 9 艘次，抽查进入辖区的船舶国内载重线专项 14 艘；开展旅游码头、渡口、渡船水路客运市场日常监督检查，排查并督促整改隐患 82 处，检查渡口渡船 19 次，排查整改安全隐患 9 条，未发生旅客滞留、投诉、超载、"三品"上船等现象。

节能减排。宜昌交运集团兴山客运公司更新原有传统燃油城乡公交车，投入纯电动公交车 14 辆，全县城乡公交纯电化达 100%，更新新能源巡游出租汽车 40 辆，森杰客运公司更新纯电动小型通村客车 3 辆，兴山客运站拥有新能源快速充电桩 11 个，高铁站地下停车场新建充电桩 85 个（其中快充 27 个、慢充 58 个），昭君客运站新建快速充电桩 1 个。

交通环保。督促辖区码头加强环保治理，新增防尘喷淋龙头 30 余个、污水沉淀池 7 个，三角木新增 30 块，锥形安全桩新增 30 个，防撞墩新增 12 个，新增绿植树木 150 余株，新增花卉 200 余株，硬化进场道路 200 余平方米，进一步巩固"环保八条"整治成果。加强作业船舶防污染证书、垃圾回收记录检查力度，船舶垃圾严格纳入全市"净小宜"程序管理，全年回收船舶生活垃圾、生活污水、污油全部送垃圾厂集中进行处理，垃圾回收率 100%，形成良好的船舶污染闭环管理体系。

安全应急管理。组织专班对全县"两客一危"、规上企业、港口码头、在建项目等重点领域开展专项隐患排查 11 次，实行月通报、销号工作机制。查出隐患 246 条，全部整改完成。检查企业 239 次，排查相关问题 512 条，下达隐患整改督办通知书 37 份，全部整改销号。督促交通运输行业所属企业履行主体责任，每周开展隐患自查，排查隐患 582 处，全部完成整改。印发《2023 年汛期保畅应急预案》《汛期极端天气应急预案》《防汛救灾及安全生产预警叫应工作方案》等防汛工作方案，组织召开防汛工作专题会议 15 次。防汛期间，出动道路抢险作业 906 次，抢险车辆 890 台次，机械设备 292 台班，清除坍方 78130 立方米，保障全县汛期道路安全畅通。会同县国土部门和省水文队地质专家，对全县 13 条重点线路开展第一轮公路地质灾害隐患排查工作，排查地质灾害隐患 576 处，完成治理 232 处，其中省干线地质灾害治理 157 处、县乡道及农村公路地质灾害治理 75 处。会同省地质局第七大队开展第二轮公路沿线地质灾害风险隐患排查工作，排查国省干线公路 343 公里，隐患点 481 处。209 国道宜昌市兴山县境灾害防治工程完成第一批工程总承包（EPC）招标工作。347 国道地质灾害治理前期设计工作启动。

（向倩倩）

【秭归县】 至 2023 年底，全县公路总里程 4560.92 公里，公路密度 187.9 公里/百平方公里，其中一级公路 12.55 公里、二级公路 390.05 公里、三级公路 65.90 公里、四级公路 4058.32 公里、等外公路 34.10 公里。

内河航道通航里程 134.2 公里，有码头 19 个、生产性码头泊位 45 个、渡口 13 个。有客运站 11 个，其中二级客运站 1 个、综合运输服务站 10 个。

基础设施建设。全年完成交通固定资产投资 25.8 亿元。其中公路建设 23.4 亿元。"硬联通"项目磨巴公路路基工程完工，泄巴公路路基完成 65%，沿雷线完成所有路基工程、路肩水沟、透层和稀浆封层。两河口至磨坪公路改扩建工程建设顺利推进。杨林桥至云太荒公路改扩建工程主体工程、大岭至梅家河公路改扩建工程完工。青干河大桥和剑沟桥危桥改造完成。宜昌港秭归港区华新码头 1 号泊位灾毁恢复工程完成竣工验收。疏港铁路秭归段累计完成投资 4.1 亿元，物流园茅坪作业区二期完成验收。建设港湾式停车带 17 处，整治公路行道树 30 公里，对峡江情公路服务区进行改造升级，打造"最美休憩港湾"。秭归茅坪游轮母港换乘中心完工并开港运营，三峡通航船舶秭归旧州河锚地建设工程正在进行水下灌注桩施工，长江航道宜昌应急抢险打捞基地建设工程正在进行码头平台施工。全县 12 个乡镇 167 个行政村两年来新建标准化农村客运候车亭 189 个，其中港湾式 49 个、直停式 140 个。

"四好农村路"建设。完成上年

2023 年 10 月 24 日，茅坪镇九里互通二期项目通车

度农村公路续建项目 50.75 公里，其中连通工程 23.07 公里、提档升级 14.68 公里、破损路面修复 13 公里。2023 年农村公路连通工程完成路基 20 公里、路面 5 公里，提档升级 2.65 公里。秭归县芝茅公路申报交通运输部"十大最美农村路"评选。

运输服务保障。全县有班线客运公司 14 家，客运车辆 150 辆。水路完成货物周转量 130 亿吨公里，比上年增长 20%，完成旅客周转量 2185 万人公里，比上年增长 329%。秭归银杏沱滚装码头完成货物吞吐量 1050 万吨，比上年增长 12%。积极开拓应用场景，助力"电化长江"发展，加快建造电动船舶 2 艘。全县 88 台出租汽车全

2023 年 3 月 26 日，长江航道宜昌应急抢险打捞基地正在建设中

部接入"一键叫车"平台，日均突破 1000 单。

公路管养。高质量完成 X431 芝茅线及 Y031 王分线日常养护工作，对养护情况进行月度考核。完成农村公路路况检测评定自检里程 1683.71 公里。通过"公路灾毁采集系统"累计采集上报灾毁信息 50 处。全面推行农村公路"路长制"，设立县、乡、村三级路长共 181 人，由 28 名技术骨干组建农村公路技术服务队，加强对全县农村公路建设、管理、养护工作的技术指导和服务。

路政管理。印发《秭归县超限超载治理提升行动工作方案》，组织召开联席会议 3 次，查处超限超载运输车辆 144 辆，卸载或转运货物 1909.08 吨；加强源头监管，联合组织 3 家渣土运输企业 103 名驾驶员开展规范运输工作会，县治超办联合经信、发展改革等部门对中铁三局第五工程有限公司、3 家渣土运输企业及宜昌临时外调车队负责人进行行政约谈；向相关责任单位抄送抄告函 8 份，对 17 家重点货运源头企业进行公示。

安全应急管理。开展道路旅客运输企业安全生产交叉执法检查，检查旅游包车客运公司 3 家，发现隐患问题 16 条。检查道路运输企业 57 次，通过 4G 动态监控抽查车辆 54122 辆，发现问题隐患 69 起，发现问题线索 70 起，均整改完毕。开展道路危险货物车辆检查 5 次；开展"两客一危"企业动态监控"大起底、大分析、大

整改、大评价"，客运公司智能视频监控报警设备安装率100%，动态监控违规行为处理率69.29%。完成国务院安委会综合检查组第五组反馈的金龙客运公司2处问题隐患整改；完成市综合交通安委会检查挂牌督办的"两磨路"问题隐患整改；完成县综合交通安委会检查挂牌督办的9处道路安全隐患问题的整改。完成省港航事业发展中心反馈的茅坪港旅游客运有限公司5处问题隐患的整改，全市渡口渡船安全督查中排查的43个问题整改完成。

（李铮）

2023年6月6日，资丘锁凤湾汽车渡口新引进的"资丘通达"号汽渡船正式下水

【长阳土家族自治县】 至2023年底，全县公路总里程6236.49公里（不含高速公路），公路密度182.3公里/百平方公里，其中高速公路84.65公里、一级公路32.91公里、二级公路509.12公里、三级公路85.85公里、四级公路5313.25公里、等外公路295.36公里。内河航道通航里程138.5公里，有码头4个、生产性码头泊位4个、渡口42个。有客运站17个，其中二级客运站1个、五级客运站16个。

基础设施建设。全年完成交通固定资产投资15.92亿元，比上年增长78.6%。实施"美丽乡村渡口"共同缔造项目，清江高坝洲库区柳津滩、南岸坪、宗家湾3个渡口提档升级建设完工。启动长阳港区隔河岩库区船舶溢油应急设备库工程，该工程陆域部分建设基本完成。推动"电化清江"建设，加快新能源船舶推广试点示范区建设，2艘电动客渡船、1艘电动客船开工建设。积极推进清江旅游航道工程，该工程航道通航条件影响评价报告获省交通运输厅批复，工程用地预审获自然资源部批复。

"四好农村路"建设。全县农村公路列养里程5733公里，全年农村公路养护投入3774万元。完成道路品质提升605公里，实施预防修复养护工程287公里，完成应急养护工程项目153个，创建日常养护示范线51条465.08公里。全县所有乡镇农村公路均实现双通道，90个行政村实现双车道。

运输服务保障。道路运输完成客运量58.9万人次、旅客周转量4173.9万人公里，分别比上年增长27.5%、4.6%；完成货物周转量43268万吨公里，比上年增长54.8%。水路完成客运量58.88万人次、旅客周转量2972.66万人公里。全县道路运输业户700家，客运车辆182辆，货运车辆1034辆；班线客运企业6家，旅游客运业户1家，出租汽车企业1家，公交企业1家；机动车驾培机构3家，汽车维修经营企业227家。从事农村客运经营主体7家。全县有客运班线抵达或通过的行政村共有146个，农村客运班线78条，客车151辆，通客车率100%。春运期间，道路客运企业10家、客车142辆，运送旅客1.61万人次，城区出租汽车150辆、公交车114辆参与营运。水上运输投入客船13艘，客运量4.43万人次。公交线路12条，覆盖21个建制村。建立县、乡、村三级农村物流体系，有1个县级物流共配中心，11个乡镇设立农村物流服务站，146个行政村设立农村物流服务站点，覆盖率100%。积极推进国内水路旅游客运精品航线试点，建设长阳清江水路旅游客运精品航线，提高水路运输旅游服务质量。4

2023年10月28日，清江流域首艘新能源客渡船开工

家客货码头全面实现岸电供应能力，全年使用岸电657次，接电21366小时，用电49579千瓦时。完成2家水路客运企业29艘船舶的船舶运输许可证、船舶营业运输证年审验证及辖区内256艘船舶营运检验，船舶核查率100%。全年换发船员适任证书146本、营运证书98本、国籍证书48本、最低安全配员证书48本。

路政管理。持续开展路域环境整治，加大车辆撒漏行为的整治力度，营造"畅、安、舒、美"公路行车环境。特别针对白氏坪开发区、磨市工业园区道路扬尘大、抛洒污染严重问题，与沿线企业负责人沟通，完善车辆出场覆盖、冲洗措施，及时安排洒水车冲洗道路，并与属地政府、有关部门联合制定道路保洁包保责任方案，落实企业主体责任，保障园区道路整洁通畅。全年处理路损案件70起，结案70起。清除路障277处，拆除非公路标牌111处。查处超限车辆50辆，卸转货物667吨。

行业监管。加强客运4G智能监控运用。通过4G动态监控平台对全县营运客车、危化品运输车辆进行智能科技监管，实时纠正驾驶人员违法违规驾驶行为，强化车辆动态监测及闭环处理。全年通过4G动态视频监控检查"两客一危"车辆3972辆次，第三方检测、企业监控、行业监管三方抄告数据闭环处理7起，处理率100%，对"两客一危"重点运输企业动态监控月考核率100%，全年无上报运输安全事故。整治维修行业环境，引导机动车维修企业落实电子健康档案系统，对接一二类维修企业11家（新增二类2家，清退一类1家）、三类维修企业116家。落实行业监管责任，推进隔河岩库区重点乡镇客渡船规范管理，巩固辖区水上交通安全管理常态长效。

安全应急管理。全年安全生产实现"两零"（零事故、零伤亡）工作目标。开展安全巡查检查，抽检企业40余家，发现问题隐患75处。完成上级交办的各类事项100余件，完成上级交办的隐患整改53起。对涉嫌超限超载的货运源头企业下达《限期整改通知书》11次，督促整改相关问题11个。开展两轮地质灾害隐患排查，排查出全县道路地质灾害隐患点563处，其中农村公路地质灾害安全隐患322处、国省干线排查地质灾害安全隐患241处，整改完成65处。撤销西寺坪、隔河岩2处渡口，开通龙舟坪镇徐家滩、胡家溪2条"水上公交"线路。推动夷龙公司整合收购西寺坪渡口41艘客渡船。

交通改革举措。因地制宜推进公司化养护改革，龙舟坪镇、火烧坪乡完成农村公路养护公司化改革。龙舟坪镇采用全公司化养护，由第三方养护公司负责全域全类农村公路养护，火烧坪乡采用"传统＋公司化"养护相结合模式，由村委和第三方公司共同养护辖区内农村公路。

（张婧雯）

【五峰土家族自治县】　至2023年底，全县在册公路通车里程3397.09公里，其中一级公路26.36公里、二级公路298.32公里、三级公路110.10公里、四级公路2960.25公里、等外公路2.06公里；按行政等级分为国道228.11公里、省道151.43公里、县道323.78公里、乡道821.42公里、村道1872.35公里。渡口3个。有客运站2个，其中二级客运站1个、三级客运站1个。

基础设施建设。全年完成交通固定资产投资67.05亿元，为年度计划的128.3%，其中高速公路62.6亿元、普通公路3.43亿元、物流站场1.02亿元。"十四五"重点规划项目前期工作全部完成。呼北高速公路宜都至鄂湘界段路基工程累计完成96.8%，桥梁（涵）工程累计完成98.5%，隧道工程累计完成83.7%。宜来高速公路宜昌段路基工程累计完成48.2%，桥梁（涵）工程累计完成41.7%，隧道工程累计完成48.8%。364省道沙子垭至周家坳段累计完成路基19.3公里，二叉口至土地岭段施工图挂网招标。255省道长阳资丘至五峰小河段桥梁工程完成3座桥T梁吊装。351国道观坪至渔洋关段完成招标，242省道刘家坪至小湾段启动建设。351国道湾潭镇段公路工程（田家湾至幺牌段）、湾潭至宜来高速公路互通段、476省道湾潭至谷家垭段正在进行征地拆迁。五峰客运中心站建成并投入运营。仁和坪镇、采花乡交通综合运输服务站建成使用，傅家堰乡交通综合运输服务站（改扩建）完成，行政村实现寄递物流村级网点全覆盖，寄递物流共

2023年，正在建设中的宜来高速公路柴埠溪大桥

2023年12月27日，五峰客运中心站正式投入运营

同配送中心快递智能分拣线完成升级改造。

"四好农村路"建设。投资1.08亿元，完成农村公路建设93.18公里，其中县乡道改造16.24公里、连通工程24.14公里、提档升级52.8公里。龚家坪至三台坡公路工程、红烈至锁金山公路工程、赵家墩至舟子公路工程完成项目审计并通过验收；王家冲至汉阳河公路改扩建工程、渔泉河至红渔坪公路项目完成验收；水泥司至后荒公路项目（油菜坪至黄粮坪段）完成验收审计；五峰渔洋关镇沙淌至麒麟观公路改造工程持续推进。在地质灾害整治方面，沙麒线K1+372～K1+443段沉陷整治项目、梅下线危岩整治项目进入工程治理阶段，螺望线K1+887～K2+087段滑坡整治全面完成。

运输服务保障。全年完成客运量36.12万人次、旅客周转量2977.85万人公里，比上年分别增长1.03%、3.38%；完成货物周转量13074万吨公里。全县拥有道客运企业4家、城市公交企业2家、出租汽车企业1家。营运车辆647辆，其中班线客车78辆、定制客车3辆、公交车27辆、出租汽车80辆；营运货车407辆；危险品货运车辆52辆。客运班线81条，其中市际班线2条，县际、县内班线79条。机动车维修企业备案87家，其中一类3家、二类14家、三类63家、其他（摩托车维修）7家；机动车综合性能检测站1家；汽车租赁企业21家。新县城城市出租汽车电召平台稳定运行，全年达到72万单。五峰至宜昌城际快车运送旅客3.32万人次，满足人民群众多元化出行需求。出台《农村客运补贴资金和城市交通发展奖励资金管理实施办法》，协调统筹发放2021—2023年8月农村道路客运政策性补贴资金321.24万元，协调教育部门发放中小学生上下学运输补贴190万元。投资18万元在邓兰舟车队沿线建设新增5个标准化农村客运候车亭，投资60万元在邓兰舟班线发车点大岩屋建设兰舟运输服务站，改善村民候车条件，提升驾驶员生活住宿水平。

公路养护。国省干线完成日常养护投资1891万元。实施351国道路面大中修25.2公里，累计完成投资3417万元。启动351国道瓜篓湾一桥和黑湾中桥桥梁改造。投入3045万元，用于国省干线及农村公路水毁、垮塌等灾害修复，保障群众通畅出行。2023年国道PQI值为93.59、省道PQI值为90.42。五峰公路中心被评为全省普通公路十佳养护单位。全年农村公路养护里程2885.1公里，下达日常养护计划资金409万元、应急养护计划资金1418万元。进一步优化完善《五峰土家族自治县农村公路日常养护管理考核评价方案》，增加日常养护情况与拨付养护补助资金挂钩；提高日常养护资金考核评价分值；将年度养护考核奖励标准由"321"提升为"532"；调整内、外业考核分项分值，增加极端天气巡查养护，提高排水设施养护分值。Y036洞口至三教庙公路（沙卡线）成功获评宜昌市"美丽宜道"。

营商环境。积极推广道路运政高频事项在道运通App上办理，切实提升道路运输便民政务服务质量。"一网通办"办件224件。全面启用道路运输"电子证照"，共计申领1559件。行政许可事项共办件143件；公共服务事项共办件1431件；新增营运车辆50辆，其中货车37辆、客车11辆、出租汽车2辆；"湖北省市场主体信用信息共享平台"信息统计上报43条，数据下载率100%；完成从业人员诚信考核1365人次，出租汽车驾驶员继续教育培训65人次、从业资格注册40人次、质量信誉考核71人次。

行政执法。加强路产路权保护，保障公路通行环境舒美畅安。结合路政宣传月发放宣传单、调查问卷共350张，清理351国道公路用地种植农作物1750平方米，处理路面污染1起；加强宜来高速公路平交道口巡查力度，重点整治占路施工、污染路面、未按规定摆放标志标牌等违法行为，协调、纠正违法行为92起，下达责令整改通知书2次，联合公安交警部门进行平交道口安全隐患排查5次，有效遏制非法施工行为。加大联合执法力度，深入开展专项整治行动。联合公安交警治超24次，配合交警处罚违法车辆30辆，查处超限车辆52辆，强制卸货1171吨，处罚违法超限车辆3辆。查处县域内非法改装车辆3辆，均恢复原状。查处无道路货物运输经营许可证非法经营车辆4起；纠正非法从事出租汽车客运经营行为6起，暂扣道路运输证2本、从业资格证2本，转运乘客18名。与应急管理局、市场监督管理局等六部门针对河沙治理，规范成品油市场和危险货物运输等违法行为联合执法4次，深入源头企业检查37次，发现问题线索35条，全部整改完成。

安全应急管理。制定《全县交通运输系统安全生产责任清单》《全县交通运输安全生产六大专项行动方案》，全面压实各方责任。制定《综合交通运输领域重大事故隐患专项排查整治2023行动方案》，全面排查整治交通运输重点领域隐患，全年开展安全生产监督检查152批次，检查生产经营单位274家次，排查建档风险隐患227条，全部整改完成。开展全县公路沿线地质灾害防治三年行动，全面排查公路沿线地质灾害隐患。提格修编4项应急预案，组织应急抢险演练5次，全力参与"7·8"事故灾害救援处置及备用通道抢修保通保畅工作，应急保障能力全面提升。

寄递物流。充分整合仓、货、车、线路、网点等资源，建立并完善以县城为枢纽、乡镇为节点、村级为终端的三级农村寄递物流体系，县域物流运作效率大幅提升。建成县级邮件快件处理中心2个、智能分拣线1条、县级寄递共配中心1个。建成乡镇邮政支局网点8个、寄递物流综合服务站7个、乡镇快递网点覆盖率100%。建成村级综合便民服务站97个、农村寄递物流综合服务点97个、村级快递网点覆盖率100%。1—12月，邮政业务业务总量5618.17万元，同比增长11.17%（全市平均8.4%）；快件总量879.3万件，同比增长28.9%（全市平均13.64%），其中业务量153.6万件，同比增长33.89%，投递量725.7万件，同比增长27.89%。

交旅融合。持续深化"美丽宜道"建设，完善公路沿线服务设施，进一步提升国省干线通行品质。351国道新建港湾式停车带4处，与国企、茶企茶商等联合打造集停车、休息、售卖功能于一体的"茶乡驿站"7处，在国省干线公路沿线建成充电设施7处共11个充电桩，打造351国道美丽弯道7处及观景平台2处。建设三廊九环五西高原环线，打造集观景、停车、服务等功能于一体的景观节点8处。5月，五峰公路中心被授予"湖北省公路高质量服务创新试点单位"。

共同缔造。将大坡垴至鸡子山农村公路硬化项目纳入建设计划，落实补助资金28.2万元。投入近3万元对

民族高中后山坡破损道路进行修复。对青岗岭桥实施护栏改造。在染街液化气站处十字路口安装两面凸面镜，消除安全隐患。将城市公交2号线延伸至柴埠溪旅游接待中心，群众出行更加便捷。

文明创建。农村客运驾驶员邓兰舟荣获中宣部第八批"全国岗位学雷锋标兵"称号、2022年感动交通十大年度人物、中国交通报第五届运输服务风范人物、第九届湖北省道德模范、首届湖北省"最美交通运输人"。宝塔坡养护站站长邹诗贫获评宜昌市"最美应急人"称号。组织80辆出租汽车参加高考爱心送考活动，进一步提升服务质量和行业形象。

（向安芹）

【夷陵区】　至2023年底，全区公路通车里程5490.68公里，公路密度160.64公里/百平方公里，其中高速公路172公里、一级公路73.17公里、二级公路444.34公里、三级公路47.45公里、四级公路4628.31公里、等外公路125.41公里。内河航道通航里程78.92公里，其中长江干线56.8公里、支流航道通航里程22.12公里，有持证港口5个、环保应急码头1个、中转码头1个、客（汽）渡口15处。有客运服务站2个、农村综合服务站2个。

基础设施建设。全年完成交通固定资产投资21.8亿元。277省道殷莲线孙家河至莲沱段、金瀑路、仙胡路、

348国道武大线灾害防治工程等项目全面完工；昌磻路一期、348国道鸦鹊岭至土门公路（分路碑至胡家包段）、赵沙路二期、旅游道路提档升级（一期）、347国道夷陵区杨家沟至丁家河段等项目有序推进。推进276省道宋家嘴至龙镇段公路工程、昌磻路北延G241国道黄普一级路工程、菜籽坝专用码头等19个重点项目前期工作。

"四好农村路"建设。全年完成农村公路建设237.76公里，其中县乡道改造27.95公里、连通工程50.50公里、提档升级159.18公里、新建桥梁130延米。完成国省道大中修73.45公里，实施2条"美丽宜道"创建工作，新改建农村公路130公里。小溪塔街办获评2023年度全省"四好农村路"示范乡镇。

运输服务保障。全年公路完成客运量212.9万人次、旅客周转量1.25亿人公里，比上年分别增长8.62%、27.44%；完成货运量2689万吨、货物周转量21.44亿吨公里，比上年分别增长28.51%、25.49%。全年水路完成客运量2335.29万人次、旅客周转量6608.91万人公里，比上年分别增长388.83%、393.96%；完成货运量86.46万吨、货物周转量13.78亿吨公里，比上年分别增长13.65%、4.79%。全区拥有道路运输企业34家，其中客运企业20家（旅游客运企业9家、班线客运企业11家）、出租汽车企业2家、危货运输企业12家。有客运车

夷陵区旅游道路宜兴线提档升级

2023年5月26日，夷陵区太平溪养护站挂牌投入使用

辆 303 辆、出租汽车 180 辆、危货车辆 218 辆。有客运线路 80 条，其中跨省线路 1 条、县际 5 条、县内 74 条；公交线路 19 条，其中 BRT 公交 7 条、城乡公交 12 条。有汽车维修企业 140 家，其中一类企业 18 家、二类企业 47 家、三类企业 75 家。有驾培机构 6 家。全区 44 家运输企业和 62 家驾培维修企业质量信誉考核工作均达到 AA 级及以上标准。建设完成出租汽车 4G 动态监控系统。全区有船舶乡镇 8 个、渡船 21 艘，有水运企业 9 家，其中客运企业 5 家、货运企业 4 家，有持证船舶 32 艘，其中客船 18 艘、货船 14 艘。

公路管养。先后制定《夷陵区农村公路"白加黑"施工指南》《夷陵区公路沥青路面常见病害养护处置作业指南》《348 国道三峡公路养护管理办法》《夷陵区公路养护劳务管理制度》，每季度发布农村公路养护"红黑榜"，按考核办法落实奖惩。完成樟村坪、太平溪、王家坪养护站建设，硬件设施日益完善。开展第四届"夷路工匠"公路养护技能比武。投资 200 余万元添置 15 台套全新机械化作业设备，实现辖区养护站技能人员、机械化设备全覆盖。融入"共同缔造"理念，设立"村民路长"，沿线群众"共谋、共建、共管、共养、共享"，共同缔造"畅、安、舒、美"路域环境。

路政管理。检查道路运输企业

132 家（次），发现隐患 279 条，责令相关企业整改，下达限期整改通知书 7 份，约谈企业负责人 7 人次。通过动态监控纠正违法违规行为 142 起，批评教育 98 人次、经济处罚 76 人次、停班学习 4 人次，处理投诉 298 起。坚持路面日常巡查，查处损坏公路基础设施 30 余项，赔偿金额 30 余万元。进一步优化许可审批流程，规范企业涉路施工。协办涉路施工许可 4 项，制止违法施工 15 项，移交综合执法局 3 项。大力整治路域环境，着力改善道路环境，拆除非法标识牌 30 块、348 国道武大线大型 T 形广告牌 10 块，牵头协调拆除高速公路 T 形广告牌 9 块，修复更换路名牌、交通知识牌、指路牌 15 块，清洗各类标识标牌 30 块。持续开展超限超载治理专项行动，加大对辖区 54 家货运企业开展超限超载相关法律法规的宣传。开展

大件运输现场审查勘验工作，其中二类运输 600 件、三类运输 40 件。

安全应急管理。成立公路安全生产工作包保检查组，对道路交通领域施工现场、危险路段安保工程、各类地质隐患、桥梁涵洞、隧道等重点项目及场所开展养护领域专项检查。开展公路沿线地质灾害防治工作，出台《夷陵区公路沿线地质灾害防治三年行动方案》，排查全区国省干线、农村公路 5621.9 公里，排查出风险点 1010 处，整改 95 处。投资约 600 万元对 348 国道武大线 35.2 公里地质灾害隐患路段进行专项整治，投资 230 余万元完成 62 处国省干线地质灾害隐患点治理。对辖区内"两客一危"企业安全生产责任制落实和车辆技术状况进行安全检查，摸排动态监控长期未上线货车 193 辆、十年以上车龄老旧货车 332 辆。紧盯水上客运和港口码头现场安全管理等重点监管环节，对全区 11 艘长期逃避海事监管船舶（船舶登记系统所有船舶一年内无现场监督、安全检查和进出港报告记录等资料）开展专项整治行动，检查船舶 25 艘次、船员 48 人次。

（刘志杰）

【点军区】 至 2023 年底，全区公路总里程 1078.82 公里，公路密度 202.79 公里/百平方公里，其中高速公路 38.6 公里、一级公路 72.08 公里、二级公路 66.47 公里、三级公路 32.96 公里、四级公路 868.71 公里。有五级客运站 1 个。

基础设施建设。全年完成交通固定资产投资 17.49 亿元。新建农村公

2023年5月，点军区曹三路大修工程施工中

2023 年 9 月，点军区牛扎坪村花木城区域道路美化提升工程完工

路桥梁 5 座，总投资 1184.1 万元，全部完工 4 座，三涧溪一桥主体工程完工。青龙峡桥新建项目工程全部完工，总投资 408.7 万元。点军区"十四五"农村路网提档升级工程分批实施，第一批为 14 条道路 56 公里，总投资 27373.63 万元，开工建设 5 条。宜长路二期项目总投资 2965.48 万元，完成红绿灯安装。新建农村候车亭 21 座，其中直停式候车亭 14 座、港湾式候车亭 7 座。

"四好农村路"建设。农村公路建设计划 24.22 公里，其中县乡道改造 5.32 公里、连通工程 3.8 公里、提档升级 15.1 公里。推进李家河换乘站建成并投入使用，协助公交公司发放调查问卷并根据市民出行需求，及时优化调整公交线路。增加 B119 路、B215 路、B552-1 路、522 路公交发车频次并在李家河换乘站向乘客提供免费换乘服务，实现全区所有行政村、工业园区、主要景区、医院、学校、安置房小区及商业小区城乡公交出行全覆盖。依托实施乡村振兴战略，通过建设区级快递物流中心，改造乡镇综合运输服务站，做强村级服务网点，打造流通顺畅、群众便利的区、乡、村三级物流体系。宜昌市点军区获评第四批"四好农村路"全国示范县。

运输服务保障。全年完成货物周转量 8245 万吨公里、旅运周转量 18653 万人公里。拥有客运企业 3 家，客运线路 26 条，客车 127 辆，城市公交线路 11 条，专线公交线路 1 条。有货运经营业户 226 户，货车 357 辆，其中危货运输企业 2 家，危货运输车辆 28 辆。有二类维修企业 2 家，综合性能检测站 1 家，二级驾校 1 家。

公路管养。县道、重点干线及旅游路推行专业化、市场化养护方式。对局内招标的 13 条农村公路共计 160.03 公里道路进行专业化养护，并监督各乡镇完成 726.21 公里道路养护工作。完成月抽查、季度检查、年终考核，将考核成绩并入城市综合管理统一考核，并按考核结果核算农村公路日常养护资金，落实农村公路养护

"红黑榜"，在"点军发布"公众平台上发布。

运输监管。对辖区客运企业和危货运输企业进行质量信誉考核，考核率 100%。开展联合治超行动，加强部门协同联动和联合执法，严格落实车辆超限超载"一超四罚"规定，组织城管、交警开展联合治超行动 32 次，检查车辆 350 余辆次，处罚超限超载车辆 60 余辆次。完成客货运输车辆年审 641 辆次，道路运输从业人员诚信考核 452 人次、继续教育 131 人次。

安全应急管理。全面开展安全生产三年专项整治行动。开展隐患排查治理，11 个专项检查组深入工地、企业查找风险隐患，检查企业 12 家次，发现一般性隐患 23 个，均整改到位。开展安全生产防灾减灾和"七进"活动，全年开展安全生产应急演练 3 次，开展高速公路上跨桥排查，提升桥梁管护水平。推进公路安全设施精细化治理，提升安全保障能力。全力推进"四好农村路"和"平安公路"建设。开展旅游民宿、农家乐交通安全整治。实施美丽乡村渡口共同缔造。开展安全生产相关法律法规培训 2 场。

（刘祎）

【猇亭区】　至 2023 年底，全区公路总里程 324.25 公里，公路密度 272.48 公里／百平方公里，其中一级公路

改造完工后的猇亭区朱福路农村公路

水上危化品泄漏应急处置演练

66.97公里、二级公路17.74公里、三级公路5.95公里、四级公路233.59公里。内河航道通航里程22公里，有经营性码头9个、泊位26个、渡口1个。

基础设施建设。全年完成综合交通运输固定资产投资15.23亿元，获得省政府对全省15个交通固定投资增幅靠前的（县、市）区奖励500万元。全区7家交通运输企业获省级交通运输货运发展奖励240万元。公路建设

项目7个，年度完成投资2.2亿元；水运建设项目2个，年度完成投资0.5亿元；航空建设项目7个，年度完成投资3.03亿元；物流站场建设项目7个，年度完成投资9.5亿元。完成农村公路建设6.88公里，其中县乡道改造1.45公里、农村公路提档升级1.26公里、通村连通公路建设4.17公里。

综合运输保障。全年公路完成货物周转量24.22亿吨公里。辖区长江岸线全长17.2公里，使用岸线长度

3975.68米。全年水路完成货物周转量75.01亿吨公里，完成港口货物吞吐量1564吨，其中进口583万吨、出口981万吨。完成船舶污染物接收转运处置。在兴通码头开展水上危化品泄漏应急处置演练1次。宜昌三峡国际机场全年完成运输飞机起降28406架次，比上年增长100.04%；旅客吞吐量300.75万人次，比上年增长140.13%；货邮吞吐量14677.8吨，比上年增长115.08%。宜昌三峡国际机场不断优化航线网络，多措并举加快推动航空运输市场快速恢复，开通首条全货机定期航线，累计运营航线51条，通达航点51个。

行业监管。全面推进企业安全生产标准化建设，压实企业安全主体责任。全年道路执法检查行政警告32家，办理行政处罚案件31起，作出行政处罚决定27件，不予处罚1件，结案并移交归档26件，结案率87%。查处一般安全隐患164处，均已完成整改，无重大安全隐患，全区交通运输安全形势持续稳定。

（姚发友）

荆州市交通运输

【概况】　至2023年底，荆州市公路总里程25366.30公里，公路密度175.92公里/百平方公里，其中高速公路712公里、一级公路844.32公里、二级公路2065.58公里、三级公路683.08公里、四级公路20947.93公里、等外公路113.39公里，等级公路比重达99.5%。内河航道总里程1745.11公里，有生产性码头76个、渡口213个。有客运站90个，其中一级客运站6个（其中2个未核级）、二级客运站2个、三级客运站2个、便捷客运站80个。

基础设施建设。全年完成公路水路投资151.7亿元，比上年增长56.7%。其中，高速公路完成投资91.9

亿元，普通公路完成投资34.8亿元，

湖北荆州煤炭铁水联运储配基地

水运建设投资10.3亿元，客（货）运

站场建设投资 14.7 亿元。新改扩建农村公路 1040 公里，"三年消危"入库危桥跨年项目 16 座，完工 8 座。监利港区白螺作业区白螺物流港一期工程通过竣工验收，江陵港区郝穴作业区通用码头工程、公安港区柳梓河铁水联运综合码头等项目进展顺利。公安县多式联运综合物流园、华中（荆州）物流园等项目加快建设，松滋市星络物流园基本完工并投入运营。全年新建（改扩建）并验收合格乡镇综合运输服务站 21 个，新建（改建）候车亭并验收合格 253 个。

"四好农村路"建设。深入开展"四好农村路"示范创建，示范创建不断深化。荆州市被命名为省级示范市；石首市被命名为全国示范县，并被确定为第三批城乡交通运输一体化示范创建县；公安县被命名为省级示范县，石首市高基庙镇、监利市人民大垸管理区、洪湖市戴家场镇和江陵县沙岗镇 4 个乡镇被命名为省级示范乡镇；江陵县被确定为全省全域公交县创建县；纪南文旅区环长湖公路获评 2022 年度全省"十大最美农村路"，荆州区丁家咀水库旅游公路入选 2023 年度全省"十大最美农村路"展评。完成共同缔造"美丽农村路"创建 660 公里。农村公路领域开发就业岗位 6255 个，积极吸纳沿线 2767 名低收入群众参与农村公路建设和养护。

运输服务保障。全年公路完成货运量 11847 万吨、货物周转量 173.33 亿吨公里，比上年分别增长 4.3%、17.1%；完成客运量 2006 万人次，比上年下降 7.03%，完成旅客周转量 11.84 亿人公里，比上年增长 7.84%。全年水路完成货运量 1.77 亿吨、货物周转量 917.67 亿吨公里，比上年分别增长 21.37%、21.32%。完成港口吞吐量 8011.4 万吨，比上年增长 20.4%，其中集装箱吞吐量 21 万标箱，比上年增长 16.3%。优化道路客运结构配置，沙市红门路中心站撤站，所有班次分流至沙市长途客运站和荆州郢城客运枢纽站；荆州至马山、八岭山共计 44 辆农村客运车辆由先行运输集团进行重组整合，按农村客运公交化模式经营。全力提升公共交通服务品质，荆州入选"十四五"期国家公交都市建设示范工程创建城市；创建城市公交适老化无障碍出行示范线 3 条；荆州公交集团拥有公交线路 72 条、农村客运班线 24 条，服务区域形成东到了角抵潜江，西至万城抵枝江，北到枣林抵荆门，南跨长江到公安的城乡一体化运营新格局。全面建设"绿色交通"，荆州中心城区共有新能源公交车 946 辆，绿色公交占比 100%。建设农村候车亭 525 个、招呼站 3508 个，从市到县到乡村，客运站场网络实现"全覆盖"。

公路管养。按照全省公路养护提质三年攻坚行动"路况优、桥隧安、设施全、路域美"要求，全面开展养护提质攻坚行动。完成国省道路况提升 221 公里、危旧桥改造 14 座、沥青路面缝养护 108.4 公里，水泥混凝土缝养护 132.9 公里，混凝土路面破板修复 3200 平方米，修补坑槽 2.4 万平方米，国省道优良路率 92.87%，一、二类桥梁比 96%，全市国省道路面技术状况指标 PQI 值 90.15。江陵县、洪湖市、公安县被省公路中心评为全省普通公路养护提质三年攻坚行动"红旗"单位。实施农村公路路面改善 533 公里、农村公路安防工程 396 公里，全市农村公路路况自动化检测率 100%，省抽检路面技术状况 PQI 值 85.16。全力加强行业监管，深入推行无差别审批、容缺受理等制度，全年受理各类行政审批业务 6.56 万件，办结率 100%。制定并执行自由裁量权"四张清单"，全年发起"双随机、一公开"抽查计划 18 项，全部完成并公示。完成普通公路信用评价项目 6 个，履约情况逐步提高。

绿色交通。深入开展长江大保护和大气污染防治，高标准完成中央生态环境保护督察反馈问题整改销号。对荆州港运船舶生活垃圾和含油污水实行政府购买服务免费接收，全市 60 个需建设岸电设施泊位全部达到"一泊位一岸电"要求，改造受电设施船舶 25 艘，岸电用电量达 12.18 万千瓦时，同比增长 440%，港口与船舶污染防治获评全省长江大保护十大攻坚行动优秀等次。累计淘汰国三及以下排放标准营运柴油货车 3494 辆，中心城区汽车尾气 I/M 制度闭环率达 98%。

安全应急管理。全年未发生较大以上交通安全责任事故，实现"一无两降"目标。开展重大事故隐患排查整治和重大风险防范化解、普通公路上跨高速公路桥梁等专项行动，排查整治一般事故隐患 154 处，整治市综

2023 年 12 月 10 日，荆州—成都翻坝货运"长江班列"首发

合专委会挂牌督办道路交通事故隐患6处，完成公路安全精细化提升123公里，维修更换钢护栏、补划道路标线等。组织编撰国省道特大桥梁安全风险辨识及评估手册并开展工作培训。开展公路水毁抢修、公路火灾等突发事件应急演练5次。开展道路运输重点企业、重点车辆、重点区域专项整治行动，未发生道路运输安全事故。整改督办800公里超长客运班线。淘汰老旧客车92辆，超长客运班线由63条减少为33条，营运客车由114辆减少为54辆。对中心城区50辆车以上24家重载货运企业和17家物流园区开展专项整治，发现重载货运企业隐患115条，下达整改通知限期整改；检查中心城区出租汽车企业11家，排查整改出租汽车车载设备离线安全隐患515起。落实动态监控和违规闭环处理规定，全年通报全市第三方动态监测三类违规信息883条。开展内河船舶配员、长期脱管船舶、港口危货装卸、港口集装箱超载、动火作业、"夜游船"安全等专项行动，排查整改一般隐患872项，挂牌督办重大隐患1项。

交通改革。实施直属二级单位过渡性改革，主要领导配备到位，工作机制逐步理顺。纳入全市经济体制改革的多式联运示范工程、大宗商品铁水联运建设、组建市级多式联运运营公司三项年度目标任务顺利完成。

（袁媛）

【荆州区】 至2023年底，全区公路里程2144.16公里，公路密度205.19公里/百平方公里，其中高速公路32.13公里、一级公路136.95公里、二级公路235.10公里、三级公路27.61公里、四级公路1605.20公里、等外公路107.17公里。辖区内有长江航运干线25公里、江汉运河27.55公里，3条支流（虎渡河、长湖、沮漳河）与长江相遇，全区内河航道通航里程（界河按二分之一算）52公里，有港区1个、生产性码头泊位7个、渡口7处、内河港区1个、码头9个（含公务码头4个），码头最大靠泊能力为

1000吨级兼顾3000吨级。有客运站5个，其中一级客运站1个、乡镇客运站4个。

基础设施建设。全年完成交通固定资产投资1.74亿元，比上年增长4.2%。荆州至李埠沿江一级公路（荆江大道）路线长10.78公里，引江济汉特大桥施工中。271省道荆州区王场至新生段改造工程（硬联通项目）取得工程可行性研究报告、初步设计及施工图设计批复。修建通油（水泥）路农村公路48.18公里，农村公路通车里程达1997.70公里，占全区公路通车总里程的90.7%。完成农村公路建设年度任务52.10公里。裁浩线县乡道改造开工建设。14座桥涵改造完工。连湖旅游路获评"第三届全国美丽乡村路"。首批镇域交通地图编制完成并投入使用。新场交通运输综合服务站完工，投资320万元；投资56.3万元，完成15个候车亭建设任务；投资32.7万元，完成川店镇、马山镇客运站维修。

运输服务。全区水路有普货企业2家、危货企业2家、港口企业5家。有航运企业3家、内河船舶管理企业1家。有运输船舶52艘，载货量13.21万吨。有渡船7艘。全区水运主要以长江干线及支流省际普货运输为主。全年水路完成货运量153万吨。完成港口吞吐量334.49万吨，完成危货成品油装卸审批44次。乡镇和行政村通班车率均为100%。

公路养护。启动271省道高店段及429省道菱湖段大修工程；429省道马山至菱湖加油站段2.1公里、271省道川店集镇至高店段2.2公里建设取得施工图设计批复；428省道花李线太师至李埠段修复养护工程开工建设。207国道湖北段交通安全设施精细化提升工程（荆州区）全长8.6公里，完成形象进度的97%；318国道湖北段交通安全设施精细化提升工程（荆州区）全长13.01公里，项目前期工作推进中。按"县道县管、乡道乡管、村道村管"原则，按照日常养护和重点养护标准，对各镇（管理区、城南街办）下达年度农村公路养护切

块资金计划343.77万元、荆州区第一批农村公路重点养护资金计划300.49万元。全区农村公路全部纳入日常养护范围，养护率100%，好路率达到92%。持续开展318国道全线美丽公路创建工作。

超载超限治理。按照湖北省治理货车非法改装和超限超载专项治理工作部署及市、区治超办具体工作安排，持之以恒与交警开展联合治超行动。安家岔、秘师桥超限超载检测服务站负责超限治理日常辅助性、常规性技术服务工作，交管部门负责对货车违法超限超载运输行为进行处罚。此外，坚持深入辖区货运企业开展公路超限超载运输管理有关法律、法规、规章和政策宣传活动，避免因超限超载运输造成财产损失和安全责任事故发生。全年联合交警等部门检测车辆，处理59辆次，监督货运车辆卸载（分装）货物282.4吨。辖区内对10家货运企业开展经常性信息摸排和政策宣传，向过往驾乘人员发放宣传资料380余份（册）。

安全生产。开展安全督查检查300余次，检查渡口34个次、港口25个次、涉水工程15个次，江汉运河过闸船舶安检48艘次，发布恶劣天气预警信息30余次。投入资金39.8万元，完成50处荆州区国、省干线公路及农村公路沿线道路交通隐患；对照市综合交通专委会普通公路挂牌督办隐患，投入整改资金5.8万元，于8月经荆州区综合交通专委会组织验收后，申请市综合交通专委会对9处挂牌隐患进行销号。荆州区交通运输局联合市港航局、长江海事、浩川商贸公司在中石化李埠水上加油站开展船舶消防、救生及防污染联合演练。督促辖区内"两客一危"企业针对各行业特点开展不同类别的应急演练10场。

（刘萍）

【沙市区】 至2023年底，全区普通公路通车里程1317.05公里，公路密度182.67公里/百平方公里，其中一级公路122.98公里、二级公路72.86公里、三级公路80.89公里、四级公路1040.32公里；按行政等级分为国

道 23.52 公里、省道 60.27 公里、县道 152 公里、乡道 378.01 公里、村道 703.25 公里。公路桥梁 168 座 4014.36 延米。沙市区行政区划港口岸线 13.2 公里，有港口码头 27 个、泊位 35 个，其中生产性码头 18 个、泊位 25 个，非生产性码头 9 个、泊位 10 个；有长江渡口 2 处、内荆河渡口 1 处。有一级客运站 1 个。

基础设施建设。全年完成交通固定资产投资 4.81 亿元，为年度目标的 130%。其中普通公路完成投资 1.03 亿元，站场完成投资 3.78 亿元。完成新（改）建农村公路 32.61 公里，新建农村公路桥梁 1 座；沙市至荆州机场一级公路栖凤湖桥、318 国道改扩建工程丫角桥段、环长湖旅游生态公路改建工程建设稳步推进；沙市区枪杆至白渎段公路新建工程前期工作有序开展。

“四好农村路”建设。完成《沙市区农村公路建设管理办法》合法性审核，9 月区政府办出台实施。完成农村公路改善工程、村道安防、美丽农村路三年攻坚项目建库。截至 2023 年底，完成共同缔造美丽农村路创建项目 9 个、11.46 公里；完成路面改善工程 20.69 公里；完成农村公路安防工程 27.26 公里。

公路养护。完成 322 省道中修 3 公里，318 国道精细化提升、223 省道大修工程稳步推进。全年投资 237.9 万元，完成路面保洁、整修高路肩、割路肩杂树杂草、清理堆积物、除冰防滑、盖板涵预制安装、百米桩安装和移栽、公里碑安装和移栽、路树刷白、桥梁系刷白、公里碑油漆喷字等日常养护任务；租用大型设备用于清理堆积物；灾害天气及车祸等进行应急处置 28 次。农村公路采用县道县管、乡村道以村为主的镇村结合的养护模式，每季度对农村公路养护情况进行考核评分，年底进行年度考核评分，考评结果纳入乡镇年度绩效考核。农路中心投入 160 万元养护资金实施沙市区农村公路改善工程，修复路面破板 6030 平方米，加宽窄路面 1.1 公里，沥青灌缝处治裂缝 18000 米，养护总里程达 50 公里。

安全管理。深入开展十大专项和隐患排查整治行动，年初制发安全生产和消防工作要点，结合工作实际制发春运、五一、安全生产月、中秋国庆 4 个专项检查方案；印发《关于做好 2023 年全国两会期间安全生产工作方案》等 4 个安全工作方案，进一步明确行业监管责任，落实企业主体责任，严格落实各成员单位行业监管部门安全监管责任。聚焦沙市区道路客货运输、公路施工养护、水上交通安全等重点领域，建立健全交通、交管、运管、港航、海事等部门的安全联动机制，开展综合交通领域安全生产隐患排查和治理活动，狠抓企业自查自纠，落实企业安全生产主体责任，突出重点行业安全监管，落实行业监管责任。

优化营商环境。制定《沙市区交通运输局 2023 年优化营商环境工作方案》，成立工作专班，明确具体服务企业的措施、职责分工、工作要求。全年上门走访挂点企业、“四上”企业、行业服务对象 26 家 162 次，推送《湖北省优化营商环境条例》《沙市区惠企政策汇编》《沙市区“免申即享”政策清单》等政策法规，征询相关问题、建议共 14 条并全部解决完成。

邮政业管理。沙市区共有邮政企业 2 家，快递许可企业 13 家，分支机构 15 家，末端网点 565 家，区域分拣中心 2 家，村级综合服务网点 42 个。全面推进沙市区“快递进村”工作，秉持“资源共用、成本共摊、利益共享”原则，组织邮快企业合作开展农村快递邮政代投服务，实现沙市区 42 个行政村村级寄递物流综合服务网点全覆盖，年底顺利通过市农委考核组对沙市区农村寄递物流体系建设工作暨村级网点全覆盖情况验收。沙市区邮政快递企业人员工伤保险参保率 100%（按实际人数每月购买）。进一步维护了快递员群体合法权益。积极推进邮政快递企业绿色网点和绿色分拨中心创建工作，严格执行绿色邮政要求和标准，引导客户使用绿色包装材料。电子面单使用率 100%，可降解塑料胶带使用率、包装、节能减排

等指标均达到相关标准。沙市区成为全国首批“快递业与制造业融合发展试点先行区”。

（殷华）

【江陵县】 至 2023 年底，全县公路总里程 2056.80 公里，公路密度 196.3 公里/百平方公里，其中一级公路 107.81 公里、二级公路 172.84 公里、三级公路 67.79 公里、四级公路 1708.36 公里。内河航道通航里程 147.05 公里（其中长江航道通航里程 49.5 公里），规划生产性泊位 47 个，建成使用 26 个，有渡口 5 个（其中长江渡口 4 个）。有客运站 8 个，其中二级客运站 1 个、四级客运站 1 个、五级客运站 6 个。

基础设施建设。全年完成交通固定资产投资 36.36 亿元，比上年增长 264.89%。其中武松高速公路 35.35 亿元，“三年消危”桥梁建设 1161 万元，234 国道江陵县潜江界至普济段改扩建工程 945 万元，三湖客运站新建及沙岗、资市、马市客运站改建工程 554 万元。水运建设投资额 8158 万元。完成新建港湾式候车亭 4 个、直停式候车亭 9 个，投资 13 万元对候车亭进行维修维护。全县共有港湾式候车亭 97 个、直停式候车亭 36 个。江陵县沙岗镇被命名为 2022 年度全省“四好农村路”示范乡镇。至此，全县“四好农村路”省级示范乡镇达到 5 个。

运输服务保障。全年公路完成客运量 334.7 万人次，比上年增长 1.64%；完成货运量 377.01 万吨，比上年增长 1.94%。水路完成客运量 10.41 万人次，比上年增长 57.97%；完成港口货物吞吐量 1795.94 万吨，比上年增长 23.95%。春运期间，投入班线客车 107 辆、出租汽车 80 辆、城市公交车 53 辆，完成客运量 16 万人次。全县有道路客运企业 5 家、公交企业 1 家、巡游出租汽车公司 1 家、机动车驾驶员培训学校 3 家，有道路货物运输企业 47 家、普通货物运输个体户 814 户、城区机动车维修企业 62 家。城区及周边乡镇开行公交线路 11 条、新能源公交车 54 辆。江陵县入围

2023 年湖北省全域公交县创建名单。拥有营运普通货车 1135 辆、客运班车 103 辆、省、市、县际、县内客运班线 41 条、村村通线路 8 条；公交线路 5 条、公交车 60 辆；客运出租汽车 80 辆。江陵港区运营港口企业共 7 家，投入运营泊位 14 个。

物流发展。江陵县入围第四批多式联运示范工程创建名单。江陵县物流与供应链协会成立，《江陵县现代物流业发展规划（2023—2030 年）》正式发布；浩吉铁路在江陵完成煤炭铁水联运量 1194.2 万吨。深入开展农村寄递物流体系建设，建成县级仓储物流配送中心 1 个、乡镇综合服务站 10 个、村级物流服务网点 96 个，实现村级寄递物流网络全覆盖。1—12 月，全县快递总量 1655.04 万件，比上年增长 9.02%，快递进村量 270 万件，比上年增长 29%（不含社区网点数量）。

行业监管。加强客运站、客运车辆安全日常监管，严格落实"三不进站、六不出站"要求。开展客运站周边市场整治、渣土车扬尘治理和出租汽车、维修、驾培市场、货运市场（危货、冷链）监管，开展交通秩序"百日攻坚"整治，确保客货运市场安全稳定。重点对客运车辆经营行为、客运包车、电动四轮车悬挂自制出租牌、维修检测企业、驾培市场以及出租汽车不打表、乱收费等行为进行监督整治，确保运输市场秩序规范有序。全年没收自制"出租牌""顶灯"80 余块，警告 80 次，强制拆除货运车辆改装部分 25 起，查处货运车辆违章行为 15 起，吊销车辆"道路运输证"1 起，查处"黑车"、非法网约车 5 起。全年完成道路安全隐患整改 156 处，其中事故道路隐患 14 处、交叉路口隐患 20 处、省市挂牌单独交办隐患 8 处、一般隐患 114 处。

综合执法。全年开展专项整治行动 16 次，查处各类违法违规行为 588 起，交通行业安全平稳、秩序规范。路警联合治超常态化。全年固定检测车辆 3552 辆，查处超限车辆 353 辆（含不可解体 12 辆），卸载货物 7926.17 吨。以周马线专项整治为重点，开展流动治超，结合污染防治移动源治理，联合县交管、属地派出所和县环保分局，严厉打击超限超载和尾气排放超标行为。全年流动检测车辆 1280 辆，查处超限车辆 127 辆（含不可解体车辆 4 辆），卸载货物 4866.27 吨。全年为园区华鲁恒升等重点企业开展大件运输现场服务 14 辆次。

（彭莉）

【松滋市】 至 2023 年底，全市公路总里程 4023.5 公里，公路密度 184.82 公里/百平方公里，其中高速公路 38.9 公里、一级公路 120.1 公里、二级公路 343.2 公里、三级公路 117.8 公里、四级公路 3401.6 公里、等外公路 1.9 公里。长江干线航道 27.36 公里，松滋内河航道 158 公里，有通航水库 2 座、生产性泊位 15 个、渡口 20 处。有汽车客运站 29 个，其中二级客运站 1 个、四级客运站 2 个、五级乡镇客运站 10 个、农村综合运输服务站 15 个、便捷客运站 1 个，有港湾式候车亭 84 个、简易候车亭 61 个；货运站 2 个。

基础设施建设。全年完成交通固定资产投资 16 亿元，比上年增长 33.33%。武松高速公路松滋段、当枝松高速公路松滋段所有征迁工作基本完成，武松高速公路松滋段完成投资 3.2 亿元，路基工程快速推进中；当枝松高速公路松滋段完成投资 11.3 亿元。全年完成国、省、县道建设投资 1.88 亿元，其中洈水旅游快速通道主线段完工；卸甲坪至洈水水库旅游公路改建工程完成产值 1760 万元；麻水至松滋火车站一级公路 EPC 项目实质性开工建设；新江口至老城公路段 1.47 公里改建工程完成产值 417 万元；351 国道台小线杨家溶至刘家场集镇段 6.94 公里大修养护工程、台小线杨家溶段 2.6 公里大修养护工程完成产值 3329 万元；351 国道刘家场集镇至五峰县交界点段 21 公里大修养护工程完成产值 4965 万元；县道 X002 埠新线米积台集镇至弥市交界处段 2.1 公里路面大修养护工程完成产值 479 万元；355 省道汪杨线洈水团山至杨家溶段 7.50 公里中修养护工程、434 省道老城集镇至陈店集镇 14.93 公里中修养护工程完成产值 438 万元；435 省道刘曲线刘家场段、曲尺河段、卸甲坪段 22.16 公里中修养护工程完成产值 829 万元；洈罗线洈水工程管理局至薛家洞段 5.89 公里中修养护工程完成产值 360 万元。加快物流场站建设，松滋市星络物流园建成并投入运营，城南综合物流园、港铁物流园、城东物流园 3 个项目完成申报、审批工作。投资 400 万元，新建城市公交候车亭 80 个，维修改造 16 个；新建刘家场镇诰赐山村综合运输服务站，维修改

2023 年 12 月 26 日，松滋市洈水旅游快速通道顺利通车

造街河市镇综合运输服务站。

"四好农村路"建设。全年完成农村公路建设投资 4.36 亿元，其中完成县乡道改造 13.8 公里，投资 1.90 亿元；完成农村公路连通工程建设 43.2 公里，投资 1.01 亿元；完成农村公路提档升级 20.1 公里，投资 917 万元；完成养护工程 165.8 公里，投资 1.36 亿元。实施路域环境整治行动，全年创建"美丽农村路"65.7 公里。结合松滋市乡村振兴示范点、农村产业发展、路域环境特色以及农村综合服务站布局，编制完成 160 公里的"四好农村路"示范线提升工程建设工作，配套建设农村公路通客车线路附属设施，完善农村公路基础网络结构。

铁水联运建设。荆州港务集团公司铁路专用线正在开展站场土方填筑、路基填筑和桥涵工程等施工。松滋火车站旅客换乘中心项目完工并投入运营。加快推进荆州市大宗商品铁水联运枢纽项目建设。荆州港松滋港区车阳河码头二期工程项目 6 号、7 号泊位完成竣工验收。荆州港松滋港区丽源码头升级改造工程施工图设计获批复。松滋港区车阳河作业区公用液体化工品码头获得荆州港松滋港区车阳河作业区规划调整批复。

运输服务保障。全市有水路运输企业 2 家，有货运船舶 19 艘、旅游船舶 12 艘、渡船 25 艘。全年完成港口货物吞吐量 1559.56 万吨、集装箱 8.53 万标箱，客渡运量 19.8 万人次（其中洈水旅游客运量 9.2 万人次）。全市有道路客运企业 4 家；货运物流企业 69 家，其中规上货运物流企业 2 家；拥有营运客车 232 辆、货车 2758 辆、客运出租汽车 228 辆、公交车 96 辆。拥有客运班车 232 辆，其中县际以上客运班车 65 辆、农村客运班车 167 辆（含新能源车 10 辆）；开通道路客运班线 49 条，其中省际班线 6 条、市际班线 6 条、县际和县内班线 37 条；中心城区开通 11 路公交线路，拥有新能源公交车 96 辆；城市巡游出租汽车 228 辆（含新能源车 11 辆）。全年完成公路客运量 230 万人次。推进全市城乡公交一体化改造，收购

2023 年 1 月 10 日，升级改造后的松滋火车站正式启用

全市 48 辆农村客运班车，累计投资 857.8 万元完成新江口至涴市、新江口至洈水集镇、新江口至洈水风景区 3 条线路公交化改造。着力构建环中心城区至周边乡镇"1+6"30 分钟公交通勤圈，开通新江口至八宝、王家桥、南海、老城、陈店、临港工业园 6 个乡镇及工业园区公交通勤运营。

物流及邮政寄递业发展。加大规上企业培育力度，全年培育规上货运企业 2 家。加大对松滋市长江物流园、城西现代物流园、星络物流园的产业帮扶和指导力度，根据各园区规模、区域、功能的不同，确定其业务性能，有效增强物资集散和运输分流能力。完成松滋市农村寄递物流体系建设，投资 687 万元完成"1+16+N"（即 1 个县级配送中心 +16 个乡镇服务站 +235 个村级服务点）的县、乡、村三级寄递物流体系，寄递物流服务覆盖全市所有行政村，覆盖率 100%。协调市邮政分公司与市内中通、圆通、申通、韵达、极兔 5 家快递公司签订"邮快合作"协议，形成"1+5"县乡村合作配送模式。

公路管养。全年完成水泥路面灌缝、沥青路面灌缝、清割长草、水沟清挖、标准路基整治达标、填补路面坑槽、清除路肩堆积物等日常养护工作，全力打造畅通美丽路域环境。立足公路运输服务，完成间隙式交通量观测，完成减速振动标线、路面标线

划设；新设置桥梁标识标牌，修复桥梁标识标牌，完成桥梁标识标牌内容更新；修复波形钢护栏、爆闪灯、警示桩等，有效保障道路行车安全。加强公路病害处治，全年完成台小线、刘曲线、雅澧线、老陈线水毁处治，清理山体滑坡 469 立方米，完成桥涵伸缩缝清理、泄水孔疏通；落实公路桥梁养护管理工作制度，确保桥梁安全运行。

客运管理。整治道路客运领域违法违规行为，查处非法网约车 47 辆，查处未取得道路经营许可案件 29 起，劝返"残的"9 辆，没收顶灯 22 盏，处理投诉案件 151 起，将城市客运出租汽车违法违规行为通过"红黑榜"予以公示，接受社会监督。制定《松滋市中心城区巡游出租汽车经营权第六轮实施方案》，稳妥推进出租汽车经营权第六轮出让工作。

超限超载治理。多部门协同配合，扎实开展春季治超行动、河道采砂治超行动、"百日防尘"整治和打击各类非法违法道路运输行为联合整治等系列行动，形成区域联动治超网络，持续深化区域联动治超成果。9 月，松滋市杨家溶超限超载检测站和刘家场不停车检测系统固定联合治超点投入使用，由公安交警、特警、交通运输等部门派驻执法人员轮流 24 小时开展联合治超检查，超限超载治理效果明显。全年超限超载治理联合驻点检查

中，查处货车 1071 辆，卸货 7052 吨，有效遏制超限超载乱象。加大治超信用体系建设，严格落实企业和驾驶员信用联合惩戒制度，对 16 家企业和 52 名个人采取信用记录等方式，提高超限超载运输行为违法成本。强化对全市 12 家重点矿山企业源头管控，行政处罚超限货车 67 辆、改装改型货车 145 辆、运输企业 11 家、货运源头企业 3 家。

路域环境整治。全面提升路域环境治理能力，加大政策宣传和执法力度，及时清理违章搭建、堆放物以及占道经营等损害路产路权行为，全年清除占用公路堆积物 49 处，拆除非路用标牌 5 块、横幅 9 条，清除堆积物 245 平方米，路政下达《责令整改通知书》23 份。全年完成行政处罚案件 425 起，其中一般案件 368 起、当场处罚案件 57 起。

港口管理。严格落实港口船舶污染防治。完成第二轮中央生态环境保护督察反馈问题整改销号，船舶污水垃圾港口接收专用码头运营正常，全年船舶污染物接收转运处置率达 95% 以上。持续开展"三无"船舶整治专项行动。组织召开"美丽乡镇渡口"共同缔造推进会，加强乡镇渡口渡船管理，完成 4 处渡口安全防护设施建设维护工作，撤销渡口 18 处，拆解渡船 16 艘，提档升级渡口 1 处。

安全生产。全年道路运输行业无重特大事故发生，水上运输连续 23 年无安全责任事故发生。扎实推进"平安交通"建设，对辖区内"两客一危"企业、出租汽车公司、驾驶员培训学校、各类维修企业、重点货运企业、在建交通项目开展日常安全大检查，全年检查企业 258 家、交通在建项目 30 个，发现并督促落实整改一般隐患问题 94 起、重大隐患 18 起。强化水上交通安全监管，开展安全生产大检查、"打非治违"、"三无"船舶整治、隐患排查治理等专项活动，全年完成 5 家港口、水运企业资质核查，发现并整改安全隐患 22 起，办结水路交通行政执法案件 5 起。

优化营商环境。深化"放管服"改革，持续优化营商环境，推行交通运输政务服务便利化。将投资 400 万元以下的农村公路建设项目（桥梁工程除外）由线上施工许可改为线下施工备案。深化政务服务"一网通办""一事联办""跨省通办"。新增道路普通货物运输经营许可（个体经营）"一件事、一次办"主题事项 1 个，由市交通运输部门牵头的"一事联办"事项 5 个，全年联办事项 107 件。推动高频服务事项向基层便民服务中心集中，将涉及交通运输部门的 14 个高频事项下放到基层，全年办理基层受理件 25 件。全面实行涉路施工许可全流程电子化，实现全流程、全环节网上办理，全年完成大件运输审批 1 件、涉路施工许可 6 件、水上水下活动许可 6 件。

（朱卫华　刘苏雅）

【公安县】 至 2023 年底，全县公路总里程 3883.39 公里，公路密度 172.05 公里/百平方公里，其中高速公路 139.90 公里、一级公路 49.13 公里、二级公路 311.62 公里、三级公路 128.84 公里、四级公路 3253.90 公里。内河航道通航里程 498.2 公里，有港口 1 个、生产性码头泊位 7 个、渡口 77 个。有客运站 7 个，其中一级客运站 1 个、三级客运站 1 个、五级客运站 5 个。

基础设施建设。全年完成交通固定资产投资 8.9 亿元，比上年下降 11%。环崇湖旅游公路及黄山头甘家厂景区连接线、浩吉铁路站场通道、竹溪大道至公安大道、孟章线"双通道"等项目完工通车，207 国道改扩建工程进入尾声；武松高速公路、多式联运项目（柳梓河综合码头、多用途码头、综合物流园）、章田寺特大桥、荆东高速公路公安收费站连接线、县道杨家厂至沿江村段改建工程等项目进展顺利；沙公高速公路南延线、崇湖小流域综合治理工程、226 省道大门至新堤段改建工程、226 省道公安县孟家溪镇区段新建工程、黑大线胡厂改建工程、南部通道（汪家汊至孟家溪段改建工程）、西部通道（毛家港至章庄铺段改建工程）、东部通道（狮子口至闸口段改建工程）等项目前期工作加速推进。

"四好农村路"建设。将农村公路建设养护管理运营与服务乡村振兴、流域综合治理高频融合，补强短板、扮靓环境，完成农村公路提档升级 148 公里、通村公路新建 28 公里、桥梁新建 45 座、大中修 65 公里。

运输服务保障。调整客货运输结构，创新运输组织，完成旅客运输 288 万人次、城市公交运输 480 万人次，完成货物周转量 11.53 亿吨公里，比上年增长 698.2%。推进道路运输规上企业培育，新增规上企业 1 家，全县达到 13 家。推动公共服务质量提升，开通公安至岳阳（往返）、公安至武汉（往

2023 年，公安县获评"四好农村路"省级示范县

返）定制客运班线及青吉工业园公交微循环专线，调整便民公交线路105公里，覆盖41个行政村（社区）。

公路养护。推动国省干线公路养护提质攻坚行动，投入1424万元完成小修保养，养护质量合格率达95%以上，国省干线公路技术状况指数PQI值达92.38。创建美丽公路23公里，完成207国道安全精细化提升工程82.1公里、国省道大中修42.6公里。国省干线重点路段、桥梁安装监控设施和健康监测系统。全县公路安全通畅水平大幅提升。

行业监管。强化打非治违，检测超限超载车辆，卸货9900余吨。查处违规经营车辆158辆、船舶20艘；清理清除公路占道、非公路标牌1286起（处），拆除高速公路广告牌30处。开展诚信评价，完成55家运输企业质量信誉考核并公示。推动行业绿色环保，完成公路相关路段苗木补栽，接收转运处置船舶垃圾31吨、生活污水2249立方米，更新纯电出租汽车65辆。

科技信息化。为推动交通基础设施数字化、智能化转型升级，3月启动公安县智慧交通信息化平台一期项目建设。12月通过公安县智慧公安建设领导小组办公室验收并正式投入运行。完成智慧交通信息化平台基本架构搭建，包括硬件设备、基础软件、计算资源、网络资源与安全资源的配置。同时，完成智慧交通系统综合平台、指挥中心和支撑性子平台、部分子系统的基础建设工作。一期项目投入运行后，实现交通基础信息资源的汇聚、交换、共享、可视功能，实现交通运输行业信息化系统的初步集成和融合应用展示。

安全应急管理。加强安全监管，强化交通工地、客运场站、渡口码头、农村公路危桥等重点部位巡查监管，完成春运、中秋、国庆等重点时段安全运输保障任务。聚焦隐患专项排查整治，排查隐患247起，基本完成整改，县宏泰汽车运输有限公司、县三源物流有限公司、县源达汽车运输服务有限公司、东港子及下泗垸和南音庙渡口安全隐患挂牌整改均已完成。立

足安全应急基础建设，25处渡口设施升级基本完成。

交通改革举措。制定《县交通运输系统进一步提升交通服务质量和优化营商环境工作方案》，推动交通服务"双优化"，高效办理交通政务服务11953件，清理取消申请材料5项，设定告知承诺制事项15项、容缺受理事项52项，满意率100%，实现"我要开机动车（三类）修理厂"服务事项一事联办、道路运输相关证照办理数字化。

（高艳娟）

【石首市】 至2023年底，全市公路总里程2612.61公里，公路密度183.08公里/百平方公里，其中一级公路58.94公里、二级公路206.73公里、三级公路88.89公里、四级公路2258.05公里；按行政等级分为国道31.90公里、省道134.77公里、县道227.92公里、乡道823.59公里、村道1394.43公里。全市航道通航里程127公里，港区生产作业区3个，登记在册港口企业生产性泊位7个、非生产性泊位1个、公务码头泊位6处、汽客渡泊位24处、防汛码头泊位1处。有客运站5个，其中一级客运站1个、五级农村综合服务站4个。

基础设施建设。全年完成交通固定资产投资3.31亿元，比上年增长73.30%。221省道石首段、234国道下穿浩吉铁路段、庄家铺至沙银公路、久合垸至梅田湖公路、焦山河大桥、上津湖桥、天鹅洲旅游公路小河口至郑家台段全部完工。肖家岭至石华堰公路、天鹅洲开发区河口村至小河口公路（西风路）、天鹅洲旅游公路保护区段加快推进。全年完成集疏运公路10.87公里，重要县乡道12.35公里，路网连通、延伸公路27.95公里，农村公路提档升级40.25公里，"硬联通"项目13公里。建成乡镇交通综合运输服务站11个；新改建农村候车亭146个（其中港湾式35个、直亭式111个）；新建充电桩34桩；基本做到"乡镇有站、村有亭"，形成以市区为中心、辐射周边县市及15个乡镇办

区、153个建制村的城乡客运管理和运营网络。

"四好农村路"建设。全力推进"四好农村路"建设，一是投入资金1.03亿元，完成县乡道改造41.91公里，通村公路建设28.41公里，农村公路提档升级里程56.56公里；二是投入资金793万元，完成农村公路养护工程255.14公里，其中破碎板修复165.44公里，涵洞改造26道，水毁应急处置15处；三是投入资金2920万元，完成美丽农村公路122公里，农村公路路面升级改造（刷黑）31公里，农村公路驿站建设6个，建成景观小园区15个。石首市获评第四批"四好农村路"全国示范县，高基庙镇获评全省"四好农村路"示范乡镇。全市农村公路实现乡镇和行政村硬化公路畅通率100%、通客车比例100%，农村等级公路管护全覆盖。

运输服务保障。全年公路完成客运量262.39万人次，比上年增长24.8%，完成旅客周转量9572.5万人公里，比上年下降20.5%；完成货运量412万吨、货物周转量10.26亿吨公里，比上年分别增长17.7%、12.7%。水路完成货运量159万吨、客运量89.8万人次。全市有水运企业4家，拥有船舶51艘、128259总吨、186228载重吨（含7艘集装箱船、2476标箱）。全市有客运企业4家、货运物流企业75家（含危货企业5家），各类营运车辆1839辆，其中班线客车338辆、出租汽车228辆、公交车100辆、普通货车1173辆（其中危货车辆65辆）。有跨省线路31条、跨地市线路17条、跨县市线路23条、市内及村村通线路44条。全市600总吨以下个体水路运输经营者65家，拥有船舶66艘、24266总吨、27285载重吨，经营长江干线及支流省际普通货物运输。长江干线乡镇客渡5处、渡口8艘。长江干线汽车渡口2处、汽渡船5套。内河乡镇客渡10处、渡船14艘。

物流发展。全市有综合物流园2个、物流企业近50家、货运车辆1000余辆。物流企业以快递企业和零

担运输企业为主，形成以石首物流中心和石首市沿江物流园为中心的集聚发展格局。石首物流中心入驻工贸、物流、电商企业共25家，其中9家快递品牌共同组建石首市城乡物流共同配送中心。石首市沿江物流园入驻物流企业20余家。新增规上道路货运企业1家。石首市被正式确定为第三批城乡交通运输一体化示范县创建单位。

农村寄递物流配送体系建设。实施"石首菜鸟农村共配"，引入阿里巴巴菜鸟集团就农村物流项目进行框架合作，整合快递企业入驻物流中心和乡镇交通综合运输服务站，中通、圆通、韵达、申通、极兔等快递企业组建荆州聚达通供应链管理有限公司，整合快递包裹流量，实现县域包裹的共分拨、共运输、共派送。乡镇网点全部使用溪鸟信息系统，配送覆盖全市153个建制行政村和5个边缘社区网点。采用"快快合作"模式，通过"客车+快递物流"或"货运专车+快递物流"运输方式，开通客货邮专线5条，打造东片、西片、北片3条物流循环线。县、乡、村三级配送体系基本建立，为打通农村寄递物流"最初一公里"和"最后一公里"工作奠定良好基础。

公路管养。开展国省干线公路日常养护和预防性养护。从道路系统、服务系统、景观系统、保障系统等方面入手，将221省道石首市牛皇庙至桃花山镇共37公里打造为荆州市级美丽公路，辖区内国省干线路容路貌保持良好。每月定期组织桥梁养护，对桥梁边坡、泄水孔、伸缩缝清理、桥梁巡查中发现的桥梁病害及时处治。6月，管家铺大桥危桥改造完工通车，全市国省道四类、五类桥梁提档升级工作提前6个月全部完成。全年投入资金30余万元，在436省道高狮线和480省道团高线补栽警示桩182根；在436省道、480省道平交路口安装安全提示牌85块，补栽道口桩220根、刷新280根，补栽公里碑48块、刷新42块，补栽百米桩48根、刷新388根。投入资金1073万元用于农村公路日常养护，其中县道228万元、

乡道413万元、村道432万元，确保农村公路养护品质。升级完善农村公路信息化系统，围绕农村公路规划建设、路况自动化检测、日常巡检、病害上报等，实行线上流程化、线下闭环化管理，实现农村公路建管养精细化、科学化，提升农村公路信息化、数字化管理水平，增强综合服务效能。同时，将"路长制"与智慧交通信息化平台管理深度结合，打造全新的"新石首"手机App公众个性化服务。2023年，石首市农村公路养护评价全省第一，市农村公路养护中心被湖北省公路事业发展中心授予湖北省农村公路"十佳养护单位"称号。

路政管理。依法治路，严厉打击破坏、损坏或者非法占用公路、公路用地及公路附属设施等违法行为，维护公路路产路权，保障公路畅通。坚持做好路域环境巡查，制止新增违法建筑6处220平方米，清理摆摊设点21处230平方米，清除堆物占道111处120平方米，制止履带车不采取保护措施违规上路行驶12起，查处货车货物扬撒26起。通过走访源头企业，特别是运输企业、生产装载企业和货物目的地企业，落实超限超载源头管控工作任务。联合市公安局交警大队，采取不定时定点机动巡查的方式，在辖区内国省干线通村公路路口等重点路段对货运车辆进行管控，严厉打击超限超载运输、非法改装、货物扬撒等违法行为。严格执行湖北省货运车辆违法超限运输信息抄告制度，对违法车辆实施"一超四罚"。全年查处超载车辆24辆，卸载货物216吨。

船舶检验。完成全市4家民营航运企业39艘三峡川江过闸船舶岸电系统受电设施改造；完成船检站在籍船舶档案清理工作，全市共有船舶31艘，其中客渡船17艘、公务船2艘、工程船趸船6艘、甲板货船6艘；完成船检站管理的运营船舶检验127艘，完成荆州市船检局委派运营船舶检验97艘。

行业监管。对港口企业、水路运输企业、内河航道开展执法检查，实施行政处罚案件5起，罚款5.4万元。

联合长航公安开展内河运输船舶检查4次。联合交警、市场管理、城管等部门开展春运期间保供稳价、"百日攻坚"、非法营运专项整治、道路旅客运输市场秩序整治和道路旅客运输安全严管严控等专项行动，严厉打击非法运营、站外带客、不按核定线路行驶等违法行为，打击非法营运网约车12起、非法营运商务车8起，查处出租汽车违法经营行为2起，纠正出租汽车不规范经营行为28起。

智能交通。石首市智慧交通信息化项目一期完成投资450.40万元，建设150路重点点位视频监控系统，其中农村公路110路、国省干线26路（多集中在平交路口、急弯险段等处）、乡镇渡口8路、客运站6路，可在线实时观看当前路况信息、渡口及客运站运行情况。对接公交、"两客一危"、农村客运、港口、码头等视频监控系统。该平台运用大数据、移动互联网、地理信息系统（GIS）等技术，建设农村公路建管养信息化管理系统，建立"一路一档""一桥一档"，通过"末端+云台"信息化手段，将"路长制"与智慧交通信息化平台管理深度结合，有效提升全市农村公路信息化、数字化管理水平。

交通环保。第二轮中央生态环境保护督察反馈的石首市船舶污染防治问题，石首市于11月30日前完成5处码头整改销号工作，顺利通过省、市环境保护督察整改验收。联合执法专班，采取定期与不定期方式，对船舶污染物接收转运处置工作落实情况开展联合执法检查，基本形成布局合理、衔接顺畅、运转高效、监管有力的船舶和港口污染治理格局。

安全应急管理。全市交通运输未发生重大以上安全事故，交通运输安全生产形势持续稳定向好，三义寺渡口建渡以来50年无安全责任事故发生。石首市交通应急指挥中心建设完成并投入运营，交通运输行业应急预案编制完成。在自查自纠基础上，通过政府采购，聘请第三方公司"把脉问诊"，开展水路、道路运输企业安全执法检查，发现安全隐患328起，

现场整改 192 起，限期整改复查销号 136 起。全面加强雨、雾、雪、冰冻等恶劣天气的应急防范，加大应急物资储备力度，严格落实重点领域、重点时段安全监管措施，全年发布安全预警信息 102 条，及时处置多轮冰冻雨雪天气造成的道路结冰，安全基础进一步夯实。

交通改革举措。石首市持续推进涉路施工许可全流程电子化改革试点，涉路施工许可事项实现在线申报、在线审批、电子印章应用、二维码电子证照生成全流程、全环节网上办理。企业可通过"鄂汇办"直接获取电子证照，相关管理单位使用"鄂汇办"扫描电子证照二维码进行在线核验，提升监管效率。

（段利飞　雷蕾）

【监利市】 至 2023 年底，全市公路总里程 5283.35 公里，公路密度 152.70 公里/百平方公里，其中高速公路 147.2 公里、一级公路 116.47 公里、二级公路 421.49 公里、三级公路 87.93 公里、四级公路 4510.26 公里。内河航道通航里程 426 公里（界河按二分之一算），有港口 2 个、生产性码头 10 处、泊位 20 个、渡口 43 个。有客运站 13 个，其中一级客运站 1 个、三级客运站 1 个、四级及以下客运站 11 个。

基础设施建设。全年完成交通固定资产投资 13.51 亿元。完成国道一级公路建设 15.50 公里、省道二级公路建设 19.21 公里。240 国道新沟至毛市段四湖总干渠特大桥完成桩基施工，新沟 5 公里扩建段完成右幅 4 公里路基填筑施工；庞公路发展大道至 351 国道段 2.7 公里建成通车，351 国道至沿江大道 4.6 公里建设有序推进。351 国道朱河至红城段建成海螺路北延段 1.67 公里，沙螺大道城区段 10 公里建设全面展开。215 省道北口大桥开工建设；周老至分盐段 7.78 公里完成桥涵配套施工；桥市至白螺段完成桥市段 5.3 公里主体工程施工、柘木至白螺段 4.2 公里路基施工。270 省道棋盘至桐梓湖段 8.13 公里建成通车。354 省道周马线汪桥镇至江陵县段建成通车。容城港区疏港公路 10.6 公里建成通车。白螺物流港一期建成投入运营。

"四好农村路"建设。完成县乡公路改造 37.92 公里，新建通村公路 133 公里，完成农村公路提档升级 246 公里、路面改善工程 68 公里、农村公路安防工程 250 公里、农村公路危桥改造 142 座，大垸管理区获评全省"四好农村路"示范乡镇。

运输服务保障。全年公路完成客运量 589.5 万人次、旅客周转量 3.50 亿人公里，完成货运量 335 万吨、货物周转量 4.61 亿吨公里。水路完成客运量 24.9 万人次、旅客周转量 39.35 万人公里，港口吞吐量 1765 万吨。全市拥有客车 498 辆、货车 1358 辆，水运企业船舶 79 艘、载重吨 18.36 万吨，个体船舶 1 艘、载重吨 780 吨。春运期间，全市道路客运投入运力 515 辆，安全运送旅客 92.7 万人次；水路客运投入客渡船 39 艘，安全运送旅客 7.16 万人次。公路部门处治路面坑槽 2682 平方米，补栽道口桩 18 根，设置减速板 91 米，新增警示标牌 98 块，维修钢护栏 268 米。

行业监管。开展道路运输市场治理，联合公安交警、道路交通执法大队等部门，加强对非法营运和违规行为整治力度，查处非法营运车辆 116 辆、车辆违规经营行为 135 起。全市水上交通安全联合执法常态化推进，水上交通运输执法部门配合长江海事、水政、长航公安等部门联合开展涉砂运输船舶整治 10 余艘次，联合开展非法码头治理 10 余次，清理"三无"渔船、农（自）用船舶 50 余艘次。

路政管理。清除公路及用地范围内堆积物 574 处 1471 平方米，清理占道经营 144 处 1294 平方米，拆除违章建筑 25 处 724 平方米，制止新的违法建筑 8 起 990 平方米，清除非公路标志牌 281 块、横跨公路横幅广告 145 条，查处路损案件 23 起。联合超限超载治理专班查处超限车辆 133 辆次，卸载货物 2138 吨。同时，开展流动联合执法行动 57 次，查处违法超限车辆 19 辆次。查处非法改装车辆 9 辆次。

优化营商环境。持续推进"放管服"改革。依申请事项由 60 项减少为 57 项，严格按照权责清单公布的职权、依据等开展服务。扎实推进简政放权工作。积极实施告知承诺制、备案制和"容缺受理"。持续深化行政审批制度改革，推进"一门一窗一网一次"办理，政务服务事项全部入驻市政务服务中心交通窗口。进一步简化行政审批流程，缩短审批时间，提高审批效率。1—12 月，窗口共受理 15454 件，办结 15454 件，办结率 100%。其中，道路运输业务 5747 件、水路运输业务 85 件、涉路施工和大件运输业务 44 件、老年公交卡业务 9578 件。

安全管理。狠抓隐患排查整治，配合公安交管部门对公安部督办、市级督办的国省干线平交路口 15 处隐患点进行整治，整改任务全部完成，正在上报销号中。深入道路交通运输企业第一线开展督办检查，督促各企业进一步压实企业安全主体责任，建立健全安全生产制度，在规定时间内完成安全风险评估和标准化建设工作。督促港口企业、水运企业、水上水下施工项目部开展重大隐患自查活动，每月对港口企业开展专项检查，对企业第一责任人履职、安全风险防控和电焊等特殊作业等情况进行检查。针对辖区内 7 家大型分拨公司以及 58 家末端网点开展安全检查，重点排查企业房屋安全、消防安全、机械设备安全、监控以及人员操作等安全生产隐患。组织对 5 个公路养护站、4 个工区及应急管理中心油站人员进行安全培训。

（陈琪）

【洪湖市】 至 2023 年底，全市公路总里程 3777.7 公里，公路密度 150 公里/百平方公里，其中高速公路 156.6 公里、一级公路 140.2 公里、二级公路 302.8 公里、三级公路 74.9 公里、四级公路 3095.3 公里、等外公路 7.9 公里；按行政等级分为（不含高速公路）国道 38 公里、省道 288.7 公里、县道 317.1 公里、乡道 1331.9 公里、村道 1645.4 公里。内河航道通航里程 673 公里，有作业区 2 个、生产性码头泊位 4 个（其中在建 3 个）、辖区渡口 47 处（其中内河渡口 35 处）。有客运站 4 个，其中二级客运站 1 个、四级客运站 3 个。

基础设施建设。全年完成交通固定资产投资 13.5 亿元。武松高速公路洪湖段临建工程完工，路基工程和桥梁工程同步推进，年度完成投资 10.4 亿元。新堤城区至滨湖出口公路（茅江大道）3 公里改造完成。4 个"硬联通"项目抓紧推进，103 省道洪湖市新滩至汉阳沟段改建工程、沿东荆河黄家口至府场公路、沿东荆河新滩至黄家口公路、沿内荆河新滩至大沙公路项目共完成路基 37 公里、路面 11 公里。开展《荆州港总体规划（2035年）》修编工作，同步启动新滩综合码头初步设计方案编制工作。城乡公交一体化项目完成 2 个乡镇综合运输服务站以及 201 个候车亭建设。农村寄递物流体系建设 1 个县级共配中心、4 个镇级综合服务站、242 个村级综合服务网点工作任务完成，实现群众收寄件不出村，全面实现"快递进村"目标。全年进港件达到 3034 万件，比上年增长 14.69%，出港件达到 2529 万件，比上年增长 6.69%。

"四好农村路"建设。优化农村公路网格局，改造县乡公路 12.83 公里、新改建通村公路 68 公里、提档升级农村公路 43 公里、打造示范路 120 公里。公路桥梁"三年消危"改造工程第一期项目 158 座桥梁全部建设完成，第二批项目重建和加固 11 座桥梁（其中国省干线桥梁 5 座、农村公路桥梁 6 座）正在施工中。戴家场镇成功创建全省"四好农村路"示范乡镇。建设农村公路联通工程 36 条路线 54.78 公里，其

中新建路线 29 条、改扩建路线 7 条，农村公路"微循环"更加畅通，各乡镇人民群众生产生活出行更加便利。

运输服务保障。全年公路完成客运量 141 万人次，比上年下降 1.4%，完成旅客周转量 7329 万人公里，比上年增长 4.5%。水路完成客运量 6.79 万人次，比上年增长 103.55%，完成旅客周转量 86.72 万人公里，比上年增长 88.62%；港口货物吞吐量 233.28 万吨，比上年增长 38.03%。全市有道路客运企业 9 家，货运物流企业 45 家，其中危险品货运企业 1 家，二类维修企业 30 家，水路旅游客运公司 4 家，长江汽车渡口 2 处（其中 1 处停渡），长江客运渡口 10 处（其中 1 处停渡）。拥有各类营运客车 362 辆、货车 447 辆，旅游客运船舶 84 艘。

公路养护。全力推进"普通公路养护提质三年攻坚行动"，加强巡查和公路病害处治力度，及时刷新更换公路标志标识，修复损坏安防设施，清理平交路口遮挡标志牌，在荆州各县市区中率先完成 7 个普通公路服务区 16 套充电桩安装。

行业监管。扎实开展隐患排查整改，24 处普通公路安全隐患全部整改销号，黄家口将军路、老湾清真寺门口交叉路口 2 处安全隐患均完成整改并销号，湖中湖旅游运输服务有限公司存在储油不规范重大隐患整改完成，乡镇 143 处国省干线平交路口安全隐患整改完成。持续开展"打非治违"行动，加大路警联合治超力度，严厉打击超限超载运输，全市境内货运车辆超限率控制在 0.05% 以下，查处超限车辆 219 辆台，卸载转运货物 2968 吨。加大出租汽车经营行为规范整治

力度，重点打击出租汽车拒载、拼车、不按计价器收费等违法违规经营行为，严厉打击非法营运车辆经营以及客运站站外揽客行为，查处车辆违章行为 112 起。规范船舶污染物处置运营，2 月，洪湖市新堤长江船舶污染物接收转运码头通过竣工验收并投入运营，累计服务船舶 445 艘次，并在接收、转运、处置各环节实现网上平台闭环监测，船舶污染物接收转运处置率均达到 95% 以上，船舶污染防治工作成效显著提升。

行政审批。2023 年，省交通运输厅将洪湖市确定为建立大件运输重点货运源头单位联系机制改革试点县市，洪湖市交通运输局调研企业需求，探索工作机制，综合运用网上审批方式，实现大件运输核查当日上传。共办结大件核查 316 件，其中三类件 314 件、二类件 2 件，跨省件 232 件、跨市州 82 件，核查率 100%，满意度 100%。试点工作通过省交通运输厅验收。

安全应急管理。水陆交通安全态势平稳，全年未发生一例安全责任事故。采取加大日常巡查频率、定期开展安全大检查、常态化开展培训和应急演练活动等方式，严格督促企业履行安全生产主体责任，确保企业各项生产活动均按行业规范和要求进行。11 月，洪湖市交通运输局指挥中心、交通运输数据资源中心等相继竣工，交通运输局指挥中心用于提高交通运输管理和应急指挥协调能力，交通运输数据资源中心用于构建综合交通运输管理体系，实现业务和管理信息化、指挥扁平化、调度可视化、运营一体化工作目标。

（张俊）

荆门市交通运输

【概况】 至 2023 年底，荆门市普通公路通车里程 16549.82 公里（不含高速公路），公路密度 130.89 公里/百平方公里，其中高速公路 443 公里、一级公路 709.15 公里、二级公路

1470.06 公里、三级公路 706.42 公里、四级公路 13448.65 公里、等外公路 215.54 公里，等级公路比重达 98.7%；按行政等级分为（不含高速公路）国道 648.19 公里、省道 968.71 公里、县

道 1924.56 公里、乡道 5008.51 公里、专用公路 26.22 公里、村道 7973.63 公里。全市通车里程中有铺装（高级）路面里程 15004.36 公里，其中水泥混凝土路面 12305.68 公里、沥青混

凝土路面 2698.68 公里，简易铺装路面（次高级）里程 643.24 公里，未铺装路面（中级、低级、无路面）里程 902.22 公里。全市有公路桥梁 1459 座 58299.33 延米，其中特大桥 4 座 9114.2 延米、大桥 71 座 12969.39 延米、中桥 311 座 16039.73 延米、小桥 1073 座 20175.93 延米；隧道 2 道 5279 延米。全市有公路渡口 6 处。全市通航里程 458 公里，其中 1000 吨级以上航道 188 公里（含江汉运河 33.5 公里），汉江与江汉运河形成"一纵一横"水运主通道，拥有港口 6 个、生产性码头泊位 20 个、渡口 42 个（其中 4 个待拆除）。拥有等级客运站 42 个。

基础设施建设。全市完成交通建设投资 68.08 亿元，比上年增长 57.29%。其中水运建设投资 1 亿元，船舶碰撞桥梁隐患治理工程整治工作完成。全市争取上级交通建养补助资金 5.9 亿元。全市 46 个重点项目新开工 21 个、完工 24 个。25 个重点前期工作项目完成工程可行性研究及初步设计批复 9 个、工程可行性研究批复 8 个、工程可行性研究审查 4 个。武荆宜高速公路荆门段加快建设。普通公路建设投资 31.07 亿元。完成路基 1058.20 公里、路面 1069.48 公里，农村公路桥梁 36 座 712 延米，危桥改造 28 座 898 延米，国省干线危桥改造 2 座 393.5 延米。其中完成一二

2023 年 3 月 30 日，武汉至重庆高速公路天门荆门界至二广高速公路段项目开工建设

级公路路基 45.78 公里、路面 80.19 公里，三四级公路路基 1012.41 公里、路面 989.30 公里。国省道服务区（停车区）完成投资 40 万元。安保工程完成投资 1000 万元。全市完成农村公路建设 1007 公里，为年度计划的 143%。沙洋县国省道一二级公路建设、钟祥市农村公路建设获省政府奖励激励。

"四好农村路"建设。全市完成农村公路新改建工程 994.76 公里，建制村通双车道比例达 50.26%，比上年提高 15.62 个百分点。整治农村公路次差路段 412.9 公里，完成村道安防工程 238.37 公里，路面技术状况指数 PQI 平均值比上年提高 3.55 个百分点。积极推动农村公路示范创建提质扩面，

东宝区子陵铺镇、京山市永漋镇、漳河新区漳河镇 3 个乡镇获评全省"四好农村路"示范乡镇。

运输服务。全年公路完成客运量 758.22 万人次、旅客周转量 5.37 亿人公里，比上年分别增长 16.57%、25.66%；完成货运量 1.06 亿吨、货物周转量 136.93 亿吨公里，比上年分别增长 20.49%、21.23%。水路完成货运量 82.47 万吨、货物周转量 34174.42 万吨公里，比上年分别下降 28.42%、22.46%；完成客运量 10.21 万人次，比上年增长 269.93%。完成船舶建造检验 24 艘次，营运检验 197 艘次。全市有公交车 984 辆，其中新能源公交车 401 辆，占比 40.75%，公交线路 103 条；有出租汽车 1742 辆。全市有道路客运业户 121 家、客运企业 59 家，各类客运车辆 1434 辆；有道路旅游客运企业 17 家 197 辆。全市开行客运班线 669 条，其中省际班线 35 条、市际班线 189 条、县际班线 167 条、县内班线 278 条。全市有道路货运企业 845 家、货运车辆 22302 辆，其中危货运输企业 41 家（正常经营 37 家），危货运输车辆 2394 辆、载货总质量 33726 吨。有农村客运线路 424 条、农村客运车辆 552 辆，行政村通车总数 1351 个，农村客车通村率 100%。全市有驾培机构 36 家，其中一级驾培机构 1 家、二级驾培机构 11 家、三级驾培机构 24 家，注册教学车辆 1262 辆，教练员 1335 人。全市有一、二类机动车维修企业 239 家，其中一类维修企业 31 家、二

2023 年 4 月，荆门城区三环线碑凹山隧道完善交通安全设施，增设标牌和警示标识

类维修企业 208 家；机动车综合性能检测机构 31 家。

公路管养。普通公路养护新成效，全市国省道路面技术状况指数（PQI）连续 4 年保持全省第一。申报湖北省美丽国省道 113 公里。圆满完成 234 国道"国评"工作。实施养护大中修工程 114.37 公里，加固改造危旧桥梁 6 座，处治"次差"路段 35 公里，国省道优良路率达 94%，一二类桥梁占比达 99%。京山市公路建设养护中心、钟祥市公路管理局被评为全省普通国省干线公路十佳养护单位。

路政管理。通过出动宣传车、走村入户宣传、张贴联合治超通告、悬挂宣传标语、制作源头治超公示牌、发放宣传单等形式，宣传公路法律法规。全市普通公路收费站启动超限超载治理工作，开展治超"零点行动"320 次，查处超限运输车辆 1666 辆，卸货 55655.82 吨。深入推进"法律走进驾乘人员、沿线居民"活动，在社会中形成治超的广泛共识。

港口污染防治。推进南湖临时砂石集散中心拆除销号工作，3 月 10 日，完成市级销号工作并向省厅上报销号报告。加快推进船舶受电设施建设改造，3 艘船舶受电设施改造任务全部完成。积极协调污染物接收、转运、处置环节有效实施，全年累计接收转运船舶污染物 1057.25 吨。

交通节能减排。积极推动交通运输结构优化调整，加快绿色交通体系建设，引导营运车辆向清洁化发展，道路运输新能源车辆或清洁燃料车辆保有量 2600 辆。加大电动新能源汽车推广力度，鼓励和引导出租汽车公司购置纯电新能源出租汽车 107 辆。督查运输企业及时淘汰国三及以下排放标准汽车，全年清理注销老旧货车 467 辆。

安全应急管理。完成三环线 96 处安全隐患整改。完成省挂牌督办的沙洋 342 省道安全隐患整改销号。全年排查整改安全隐患 102 个，未发生公路安全责任事故。进一步加强全线施工路段安全管控，对平交道口、标志标牌重新梳理，确保不出安全事故。开展年度公路水运工程监理和试

验检测信用评价。加强公路路域环境整治工作，依法依规完成全市 114 块高速公路广告牌按期拆除工作，提升全市高速公路整体形象和安全运营水平。常态化开展全市道路运输市场经营秩序集中整治活动，结合出租汽车营运特点，持续开展出租汽车夜查和网上稽查，查处出租汽车各类违规经营行为 1002 起，查处非法载客车辆 123 辆，查处客运企业违规行为 59 起。扎实开展荆门市道路危险货物运输企业异地经营专项整治活动，落实采取"四个一批"（备案一批、转出一批、强制回归一批、依法注销一批）工作措施，督促相关企业备案 7 辆、强制召回 105 辆、注销 14 辆，2 家企业在运营地设置办公场所并配置安全管理员。通过整治，全市道路危货运输企业由 41 家减少为 39 家，车辆由 2914 辆减少为 2555 辆。开展漳河水库非法营运船舶和通航水域船坞平台专项整治活动，清理 2 处违规船坞平台。

（赵津津　魏晓敏）

【京山市】　至 2023 年底，全市公路通车里程 5405.34 公里，公路密度 153.6 公里/百平方公里，其中高速公路 118.61 公里、一级公路 142.71 公里、二级公路 448.59 公里、三级公路 150.20 公里、四级公路 4358.08 公里、等外公路 187.15 公里；按行政等级分

为国道 150.61 公里、省道 343.36 公里、县道 382.43 公里、乡道 1214.81 公里、村道 3195.52 公里。

基础设施建设。240 国道京山三阳至莲山段公路改扩建工程、沿江高速铁路京山连接线集疏运公路工程等重点项目积极推进，347 国道主体工程基本完工、北环线基本贯通，农村公路旅游大环线石板至天王段、天王至高枧段完工，京山大道路面改善工程完工，新皂当线预防性养护工程完工，311 省道汉宜线路肩硬化工程完工。积极推广农村公路"路长制"，落实农村公路养护地方配套资金 1372 万元。永漋镇成功创建全省"四好农村路"示范镇。

公路养护。养护部门开展常态化养护巡查，机械清扫路面，做好整修路肩，清理水沟，修补油面石坑槽、灌缝，清障，路树刷白，维修钢护栏，栽百米桩、警示桩，桥涵养护，栽爆闪灯，补栽防眩板，清洗安全设施等日常养护工作；同时，加强应急物资储备和队伍建设，强化积雪、冰冻严重路段交通疏导，国省干线应急抢险作业共投入巡查车辆 35 辆次，巡查里程 504 公里，确保恶劣天气路面通行安全。

综合执法。路政和交警等部门执法人员开展打非治违与超限超载治理专项行动，卸货 74 辆次，卸货 2148.8 吨，处理损坏公路路产、设施等行为

2023 年 5 月，240 国道保台线京山段大修中

2023 年 6 月，243 省道三宋线京山段大修中

12 次，清除堆物占道 58 次 300 平方米，累计开展"零点行动"46 次。

运输结构。积极探索综合立体交通运输改革，依托长荆铁路，与武汉铁路局联合在全省率先实施矿石产品集装箱"公铁联运"。引导和鼓励农村客运采购"绿色"车辆，逐步完善城乡公交一体化与绿色出行；积极引入运输新业态，探索新的运输方式，推广网络客运和道路网络平台货运，支持网约出租汽车、甩挂运输等新模式，发展定制班车、旅游包车等新业态。积极与电力公司联系，在改造完工的乡镇综合运输服务站安装充电桩，利用雁门口高铁站和客运换乘中心站建设，进行无缝衔接。

农村物流。建成邮政、溪鸟、极兔 3 个寄递物流分拣中心，农村电商物流网络覆盖全市 15 个镇（街道）356 个行政村，实现快递进村服务站点全覆盖。全年园区快递企业分拣配送逾 1300 万件，完成营业收入 9000 余万元，基本打通农村物流"最后一公里"。

道路安全隐患整治。开展全市重点道路交通隐患调研 2 次，现场了解隐患整治堵点难点，细化整改责任、制定整改措施。累计排查道路运输安全隐患 163 处，全部整改到位；排查道路交通安全隐患 320 处，全部完成整改；排查重大安全隐患 3 处，均完

成整改并销号。

（赵曦）

【沙洋县】 至 2023 年底，全县公路总里程 2806.61 公里，其中一级公路 153.48 公里、二级公路 243.30 公里、三级公路 66.89 公里、四级公路 2342.91 公里、等外公路 0.03 公里；按行政等级分为国道 111.78 公里、省道 216.33 公里、县道 387.21 公里、乡道 881.25 公里、村道 1210.04 公里。内河航道通航里程 57 公里，有港口 1 个、生产性码头泊位 6 个、渡口 7 个。全县有客运站 5 个，其中二级客运站 1 个、三级客运站 1 个、四级客运站 3 个。

基础设施建设。全年完成交通固定资产投资 12.6 亿元，比上年增长 14.5%。全年争取上级补助、地方配套、平台融资等建设资金近 4.2 亿元。完成武荆宜高速公路沙洋段、266 省道关庙至沙洋城区改扩建工程、荆荆高速铁路沙洋西站至 207 国道连接线项目前期目标。311 省道沙洋至后港段改扩建工程、浩吉铁路沙洋站至 342 省道集疏运道路、鲁店经蝴蝶至荆州改扩建工程建成通车。汉江沙洋段船舶港口污染防治项目（水上垃圾接收及配套设施）基本建成，马良襄河渡口美丽乡村渡口共同缔造建设完成，311 省道后港至十里铺段改扩建工程、223 省道蛟尾至荆州界改扩建工程、沙洋多式联运现代物流园一期（沙洋煤炭储备·集装箱散改基地）超时序建设进度。沙洋县公路水路基础建设成效获省政府通报嘉奖，奖励资金 500 万元。

农村公路建设。推进巩固拓展脱贫攻坚成果同乡村振兴有效衔接，实施农村交通"畅通、连通、提升、创建"工程。完成农村公路提档升级、通村通组公路建设 102.1 公里，改造农村公路危桥 170 延米。

运输服务。全年公路完成货运量 461.9 万吨，货物周转量 8864.14 万吨公里，比上年分别增长 5.99%、6%；完成客运量 246.60 万人次，比上年增长 45.59%；城市公交周转量 290.77 万人次，比上年下降 5.21%；出租汽

2023 年 3 月 24 日，311 省道沙洋城区至后港段改扩建工程沥青铺筑中

2023年9月13日，全省交通运输行业第六届"交通工匠杯"职工职业技能大赛航标工项目决赛在荆门沙洋落幕

车客运量 454.2 万人次，比上年下降 13.21%。完成水运吞吐量 175 万吨，集装箱 1508 标箱。

公路管养。落实国省干线养护责任制，加大预防性养护投入，实施精细化养护，完成修补沥青路面坑槽、修整路肩、清理边沟、沥青路面灌缝、路基养护、修建路基挡土墙、浇筑混凝土隔离带、维修沿线设施，维修、安装及更换防撞桶、爆闪灯、警示桩、防眩板、护栏，施划道路标线等日常养护任务。加强桥梁监管，完成 311 省道官垱桥维修加固改造工程。不断加强农村公路"路长制"体制机制建设，建立完善农村公路养护技术规范、制度规范，全年组织镇、村完成农村公路主干道路面改善工程 18 万平方米、490 公里农村公路路域环境整治。

航道设施管护。严格落实航道养护国家法律法规和技术标准，保障辖区航道每日一巡，日均设标 2.1 座 / 公里，做好航道疏浚、汉江秋汛迎汛工作，确保汉江沙洋段 94 公里航道安全畅通。

路政管理。联合公安交警、城管等部门持续开展普通公路超限超载治理行动，开展联合治超"零点行动"112 次，依法查处超限超载运输货车 391 辆次，查处违规装载源头企业 1 家，监督卸货 17023.24 吨。开展货车非法改装、重载货车运输安全专项整治行动，注销逾期两年及以上未年审营运货车 178 辆。聚焦 234 国道、207 国道等国省干线重点区域，突出 311 省道、342 省道、疏港铁路跨越公路等重大建设及涉路施工项目，加大巡查力度，整治提升沿线环境。整治违章建筑、堆积、打场、摆摊设点、埋设管线等违法违章行为 144 起，拆除大型非路用标牌、活动标牌 104 块，查处路损案件 4 例，依法收取路损赔（补）偿、公路占利用费 3.7 万元。

行业监管。开展道路客运非打违专项行动，联合交警、物价、质监等部门巡查出租汽车营运情况，查处不打表乱收费、不按线路运营等非法行为 16 起。强化运输企业营运车辆动态监控，加大抽检力度，处理并通报超速、超载、超时驾驶违法行为车辆 20 车次，整改率 100%。严格水上运输执法，对辖区内渡口实行每月两巡安全监管检查，对所有运输船舶及船舶装载线、货物装载线进行专项检查，全年检查渡船 90 余艘次。

安全应急管理。严格落实"两客一危一货"运输企业行业主管部门职责，督促各企业履行安全生产主体责任，紧盯重点时段开展安全专项检查，全年运输企业未发生安全事故。完成上年度驾校、维修企业质量信誉考核工作。全年检查重点企业 169 家，排查隐患 22 起，整改率 100%。9 月起履行全县邮政安全发展行政监督管理职责，新港智慧物流园内新建的县级共配中心试运营中，全县 233 个村级综合服务网点全部建成，6 个快递品牌全部进村。

交通环保。加强绿色交通建设，做好汽车维修企业废油回收、油漆错峰喷涂督促、检查工作，减少维修行业臭氧污染。抓好公路建设项目施工场地抑尘措施，加大对城区国省公路扬尘严重路段洒水抑尘保洁频次，常态化开展运输车辆货物覆盖专项治理，确保运输货物完全保实覆盖，严控公路扬尘污染源。严格执行船舶污染物接收、转运、处置，实现全过程电子联单闭环管理，全年接收生活垃圾

2023年9月29日，234 国道钟祥绕城段项目通车

2.49 吨、生活污水 184.67 立方米、油污水 1.51 立方米，收集回收联单 655 份。加快岸电及清洁能源推广使用，完成 2 套港口岸电设施安装和 9 艘干散货船受电设施改造并投入使用。整改 9 处入河排污口并通过验收，巩固港口船舶防污染治理成效。

（王寒月）

【钟祥市】 至 2023 年底，全市公路里程 6401.97 公里，公路密度 142.65 公里/百平方公里，其中高速公路 157.7 公里、一级公路 145.48 公里、二级公路 454.29 公里、三级公路 278.08 公里、四级公路 5343.18 公里、等外公路 23.24 公里。内河航道通航里程 144 公里，有港口 1 个、生产性码头泊位 14 个、渡口 27 个。有客运站 5 个，其中二级客运站 2 个、四级客运站 3 个。

基础设施建设。全年完成交通固定资产投资 17.6 万元，比上年增长 11.28%。234 国道绕城段、482 省道丰北线具备通车条件，266 省道完成大粒径铺筑。331 省道双河至文集段改建项目路基基本完成；X211 祥龙大道全力推进用地征迁，启动路基施工。丰乐汉江公路大桥基本完成施工，浰河大桥全面推进主跨梁挂篮施工分路基施工；公路桥梁"三年消危"全部完成。完成碾盘山枢纽至转斗湾航道提档升级，汉江钟祥段全线达到 1000 吨级航道标准。浰河航道整治项目完成前期工作，钟祥港浰河港区综合码头启动。《钟祥港浰河港区港口规划修订（2035）》待省政府批复。

"四好农村路"建设。完成集疏运公路 4.1 公里、县乡道 33.71 公里、路网连通和延伸工程 45.88 公里、提档升级 159.68 公里、桥梁 19 座 221.12 延米。全市农村公路养护管理工作获省政府表彰。打造美丽农村路 109.3 公里，打造官双线省级"十大最美农村路"，皮革公路获评 2022 年度全省"十大最美农村路"。

运输服务保障。全市从事道路运输行业企业 280 家，其中普通货运企业 263 家、危化品运输企业 1 家、客运企业 16 家。有客运车辆 442 辆，货运车辆 7937 辆，其中危化品运输车辆 6 辆。全市有乡镇综合服务站 16 个，农村候车亭、招呼站 492 个。全市有网约车平台公司 3 家、车辆 32 辆，公交公司 2 家、城市公交车 186 辆，巡游出租汽车公司 3 家、车辆 350 辆。机动车维修企业 118 家，其中一类维修企业 5 家、二类维修企业 60 家、三类维修企业 53 家。有驾培机构 10 家，教练车 224 辆，教练员 344 人。

公路管养。完成 340 省道新曙线中修 6.44 公里，完成全市国省道大中修 21.40 公里。完成盘长线、南大线、方九线、文大线等 12 条农村公路大中修，完成北官线、邵朝线、丰落线等 28 条农村公路小修。完成皮革线、盘长线、田鱼线等 6 条农村公路日常养护施工；完成陈贺线、蛮浰线、丰高线等 21 条农村公路路面保畅；完成田鱼线、张杨线、敖中线、官双线等 72 条农村公路路域环境整治；完成国省干道修整路肩、清障、清理水沟、清洗钢护栏等日常养护工作。完成兴阳线、客潜线 425 棵绿化补植，路树刷白、标志刷新 500 公里。

现代物流发展。全面构建农村三级物流网络体系，以城区为中心，建设设施完备、功能齐全、资源共享的综合物流园区，汇聚快递业、物流业、电商等众多运输服务产业，打造"多网共用、一园多能、深度融合"的现代物流体系，实现物流业高质量发展。依托邮政现有的、较完善的县乡村三级物流体系，整合农村客货运、快递、电商等资源，推动镇级综合服务站点不断发展壮大。以乡镇政府为主导，商务、乡村振兴等部门配合，对商务部门的村级电商服务网点和乡村振兴部门的村级快递服务网点进行融合。全市 493 个行政村按照"一固五有"标准完成寄递物流村级服务网点建设，做到农村寄递物流全覆盖。

行业监管。充分利用运管 4G 系统，加大违法违章行为查处力度，查处客车 3 辆、出租汽车 39 辆、网约车 11 辆、危险品车辆 4 辆。规范客运市场监管，重点加大对客运中心站和城南客运站检查力度，对客运班车、巡游出租汽车等开展安全检查，并逐辆进行登记，规范管理客运班车、包车、巡游出租汽车经营秩序，坚决打击站外上客、站外违停等现象。加强重点时段执法，针对春运、节假日、关键时间点出租汽车经营高峰期和非法营运车辆违规经营关键点，组织执法力量在火车站、汽车站、医院、学校等人员密集地开展灵活错时出勤，错峰执法，严厉打击出租汽车不按规定使用计程计价设备、乱收费等问题以及网约车、巡游出租汽车等的非法营运行为，保护广大市民乘客的合法权益。坚持生活污水收集常态化管理，做到逢船必查、逢船必检。通过"船 E 行"监管平台，对港口码头、运行船舶的污染物的接收、转运、处置进行实时监管。

超限超载治理。强化路面治超，采取固定与流动检查相结合方式，全市超限超载治理全覆盖。开展专项行动，重点打击冷水片区、"胡、双、磷"片区等区域超限问题。与襄阳市联合，进行跨区联合执法，重点打击"百吨王"车辆。全年查处超限车辆 407 辆次，卸载转运货物 1 万吨，开展"零点行动"28 次，割除货车墙板 152 辆次。

安全应急管理。持续开展"百无双扫""两客一危一货"安全隐患排查整治、重载货车安全专项整治等专项行动。完成 800 公里长途客运车辆安全评估。推动公路精细化提升。全面开展重大隐患整治，集中力量逐步推进重大隐患整改，完成汉江一桥、汉江二桥桥梁防碰撞设施建设。加强安全设施建设，完成农村公路安防设施建设 24.3 公里，推动道路交通安全隐患治理，在 347 国道、207 国道、234 国道等新建高等级公路引导设施，完成爆闪灯 613 套、标识标牌 637 套、减速带 2590 米等设施建设。开展水上安全进校园活动、"两客一危"车辆自燃、防暴防恐应急演练；全面落实交通工程建设项目每月 19 日停工隐患排查整改。加强重点时段安全监管，保障交通安全。特别是洪水期间，加强汉江沿线船舶监管，督促船舶船员做好防范措施，杜绝安全事故发生。

交通改革举措。推进全域公交化

2023年12月26日，85路公交线路终点站延伸至万家坪村

改革，制定农村客运企业改革方案，归并整合农村客运市场，推进农村客运公交化改革。拟定农村客运公交化线路，试点打造钟祥至客店、钟祥至荆门2条旅游、城际公交线路。推进客运站场改革，调整城区站场布局，完成城北公交接转站用地审批和城南客运站旅游集散点打造，推进城区"一南一北""一大一小"站场布局。推进出租汽车运行体制改革，推动出租汽车所有权与经营权分离，改变出租汽车安全监管模式，守住公司化、集约化经营底线。

（宋昌进）

【东宝区】 至2023年底，全区公路总里程2284.88公里（含漳河镇），公路密度176公里/百平方公里，其中高速公路39公里、一级公路98.33公里、二级公路257.96公里、三级公路122.19公里、四级公路1767.06公里、等外公路0.33公里。有客渡渡口3个。

基础设施建设。全年完成公路建设投资4.54亿元，比上年增长50%。建设完成公路175.2公里、桥梁14座436.04延米，年度新增等级公路110公里。347国道荆门市长岗互通至院子河段改线工程、482省道西延双河镇曾集至仙居公路改建工程、浩吉铁路荆门北货场集疏运公路前期工作顺利推进，438省道南延线（207国道火焰冲至圣境山滑翔基地段）新建工程正在进行土石方挖运施工。完成襄

荆古道仙居至柏坪二级公路改扩建工程36公里、漳河环库防汛一级公路改建工程65.44公里。荆门传化公路港项目一、二期建成并投入使用；弘业现代物流产业园项目三期1号、2号仓库建成投入试运营，仓库招租率100%；龙华仓配物流完成主体建设。

农村公路建设。省、市下达东宝区农村公路建设计划72.9公里，实际完成175.21公里，完成率240%，其中县乡道改造工程12.64公里、乡村路网延伸106.49公里、提档升级工程56.08公里；完成美丽农村路创建124.3公里；37座危桥改造工程全部建成通车。牌楼西河小流域"四好农村

路"建设工程完成2条道路建设。完成子陵铺镇"四好农村路"示范乡镇创建52.5公里，子陵铺镇成功创建全省"四好农村路"示范乡镇，获省交通运输厅农村公路建养资金奖励200万元。

运输服务保障。全年公路完成货运量1300万吨、货物周转量17.16亿吨公里，比上年分别增长11.81%、12.15%；完成客运量39.78万人次、旅客周转量1489.62万人公里，比上年分别增长13.08%、14.44%。辖区仅有的4艘客渡船停运。新开通城乡公交线路2条，优化调整工业园区4条公交线路，保障园区员工出行。

公路管养。完成347国道城山、猪头岭等路段11.2公里中修、331省道仙居乡发旺段山体滑坡隐患治理、南栗线南桥至罗集5公里路面维修、三环线东宝段交叉路口优化提升等工程建设。全年开展人工清扫2683公里、机械清扫3.6万公里、交通安全设施维护6.6万米。全区农村公路日常养护线路183条，共计764.64公里。推行农村公路"路长制"，建立县、乡、村三级路长体系，完成13条县道、116条乡道"路长制"公示牌制作安装，设置农村公路养护公益性岗位人员74人。

物流发展。全区共有大型物流园区5个，国家AAAA级物流企业6

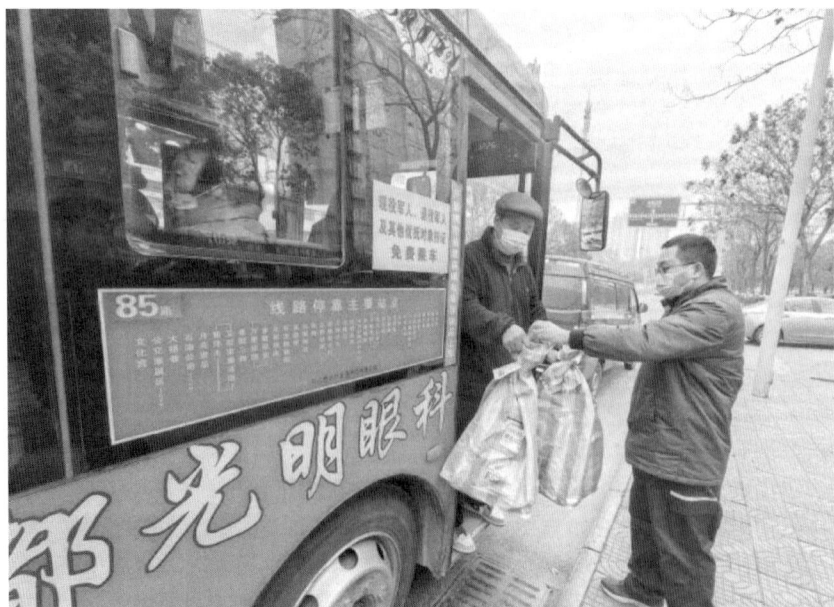

2023年12月26日，客货邮一体化试点线路开通

家，AA级物流企业2家；省发展改革委认定的"省级重点物流企业"2家，省交通运输厅认定的"示范物流企业（园区）"1家。新增规上道路货运企业2家。区邮政业安全发展中心挂牌成立，全区寄递物流行业安全监管职能进一步健全。

行业监管。开展"打非治违"行动9次、货车非法改装和超限超载运输治理专项行动31次，查获违章146次，其中查处擅自改装货车119辆、无证运输4辆、站外揽客1辆、未覆盖油布3辆、非法营运19辆，教育放行26辆。开展治超"零点行动"41次，查处超限超载车辆250辆次、改型货车50辆次，卸货7799.98吨；持续开展路域环境综合整治，查处路损案件28起，行政处罚5起。持续做好大气污染防治，组织保卫蓝天专班不定时巡查，专项检查企业排放风险点200余家，要求企业对不达标的烤漆房进行改造升级，达到环保排放要求，减少有害气体的排放。

科技信息化。推进荆门传化公路港四方物流信息系统等资源整合，重点建设荆门市物流公共信息平台。该平台是覆盖全市、对接全省以及国家交通运输物流公共信息平台的物流综合服务信息平台，注册物流企业会员近100家，货主会员约200家，卡车驾驶员用户2000余位。

安全应急管理。完成国省道和三环线33处交通安全隐患专项整改。开展普通公路上跨高速公路桥梁专项提升行动，对全区涉及各乡镇的上跨高速公路桥梁进行摸底排查，有9座桥梁上跨襄荆高速公路。开展公路安全设施精细化提升行动，排查出安全隐患56处，正在施工中。完成重点交通运输企业安全生产排查15次，覆盖"两客一危"重点企业14家、重点货运企业6家、规下货运企业15家，共排查隐患31处。开展公路水运工程安全治理能力提升行动，"三年消危"危桥改造全部完工。春运期间安全生产综合检查11次，查出一般安全隐患8处，全部整改到位，春运期间辖区未发生一起安全责任事故。

优化营商环境。完成"一网通办"办件311件，开展客货运输电子证照推广工作，启用电子证照，交通窗口申领发放电子证照600本；推进涉路施工许可全流程电子化改革，6月获批纳入全省首批改革试点清单，11月验收通过，排名全省第二，发放涉路施工许可电子证照3本。完成培育规上道路货运企业2家，超额完成预期入规1家的年度目标。

（郑绪岚）

【掇刀区】至2023年底，全区公路总里程1189.746公里，公路密度207.99公里/百平方公里，其中一级公路126.93公里、二级公路25.28公里、三级公路83.79公里、四级公路953.75公里；按行政等级分为国道65.17公里、省道4.10公里、县道158.75公里、乡道322.55公里、村道639.18公里。有客运站3个，其中二级客运站1个、四级客运站2个。

基础设施建设。全年完成交通固定资产投资2.53亿元，比上年增长114.41%。其中公路建设投资5737.2万元，新改建农村公路34.28公里，维修改造桥梁3座，年度新增等级公路6.81公里。完成县乡道改造20公里，新建通村组公路4.77公里、农村公路提档升级9.52公里。长城汽车公交停保场及至信大道港湾式公交站台项目建成并交付使用。湖北九曜智慧物流项目建成并投入使用；万里现代物流园项目主体建设完成；荆门智慧冷链物流园项目累计投资2.4亿元，完成总投资的28.23%；荆门国际内陆港公路港二期工程主体建设完成。

运输服务保障。全区从事道路运输行业企业247家，其中货运企业218家、危化品运输企业26家、客运企业3家。有货运车辆11076辆，其中普货运输车辆9903辆、危化品运输车辆1173辆，客运车辆94辆。新增普货车辆2204辆、客运车辆61辆，普货车辆转入2578辆、转出593辆、注销631辆。全区有乡村综合服务站2个，农村候车亭96个，招呼站77个，约租牌14个，行政村通班车率100%。

机动车维修企业126家，其中一类维修企业17家、二类维修企业76家、三类维修企业33家。有驾培机构7家，教练车224辆，教练员219人。

物流发展。全区共有规上物流企业15家，AAAA级物流企业8家。加快综合物流园建设，协调推进工业园区与物流园区共同发展。坚持物流企业与规模以上制造企业围绕主导产业构建供应链，打造原材料、产成品等供应链一体化新业态。湖北九曜智慧物流项目建成投入使用，荆门国际内陆港公路港二期工程主体部分建设完成，恒峰物流、喜百年供应链等企业相继入驻，新一批物流企业（园区）项目计划开工建设。开展物流企业退城入园工作，辖区41家物流企业全部入驻物流园区。掇刀区邮政业安全发展中心挂牌成立，整合资源，建成区寄递物流配送中心1个、乡镇寄递物流服务站点3个、村级寄递物流服务网点66个，形成"一县一中心、一乡一站点、一村一网点"县乡村三级寄递物流服务体系；8家快递企业通过"邮快合作""交邮合作"等模式实现快递进村全覆盖。

公路管养。以"畅、安、舒、美"为工作目标，对列养公路实行"常态化、网格化、机械化、信息化"养护。加强养护巡查，做好责任路段清扫保洁工作，及时整修路肩，修复路面裂缝、病害，完善公路沿线附属设施，确保公路安全畅通。对雷三线、荣皮线等约58公里破损严重路面修补坑槽、沥青灌缝。

路政管理。大力开展路域环境整治，保障辖区公路安全畅通。更新三环线掇刀段两侧宣传标语，完成南三环下穿荆沙铁路通道边沟整治，拆除辖区19块高速公路广告牌。加大路政巡查力度，有效维护路产路权，处理公路路损案件18起，清理堆物占道64平方米，拆除固定非路用标志牌33块，清理移动式非路用广告标志牌5块，清理违法占道经营摊点10处、加水点2处、车用尿素加注点2处。加强货运源头监管，深入飞图、安建、德丰等10多个混凝土搅拌站，制止违法超限货车上路行驶。开展"零点行动"77次，查处超限车辆481辆，卸货10000余吨。加大科技治超力量，在辖区农村公路和三环线安装治超监控16处，有效遏制超限超载违法行为。

行业监管。深入开展道路客货运输市场综合专项整治，针对非法营运行为，开展常态化路检路查。开展燃气安全专项整治，对交通违法数量较多的企业约谈企业负责人。开展危化品运输车辆违规停靠、违规修理、违规清罐专项整治行动，驱离违停危货车辆165辆，依法查处违规修理7起；开展危货运输企业异地经营整治，完成6台车辆异地备案手续，申请转出车辆1辆、注销车辆23辆、召回异地经营车辆53辆。

安全应急管理。压实企业安全生产主体责任，与辖区"两客一危"及较大普货运输业户签订《2023年安全生产目标责任书》，下发《关于进一步加强危化品运输安全有关事项的通知》。抓好安全隐患整改，严密排查施工路段、临水临崖、急弯险道、事故多发地段、重点桥梁等地隐患，完成国省干线隐患整改75处、农村公路安全隐患整改81处。提高安全应急管理能力，完善各类应急预案，做好人员、设备、物资等方面的应急准备。加强部门联动，及时与气象、交警部门联系，掌握气象灾害信息，向交通运输企业和从业人员发布预警信息，提高应对灾害性天气的能力。

政务服务优化。全力推进"一网通办""一事联办""互联网＋监管""信用体系双公示"，进一步提升一体化政务服务平台线上线下办事服务水平；推动"我要开物流公司"事项一事联办，网上办件65件，"一事联办"办件15件。做好"双随机、一公开"体系建设，完善随机抽查事项清单、随机抽查对象和随机抽查行政执法人员名录库，持续做好信用体系双公示录入工作，录入行政许可事项2656条、行政检查48条、行政承诺32条。

（汪玲珑）

【漳河新区】 至2023年底，漳河新区境内公路总里程545.27公里，公路密度112.19公里/百平方公里，其中一级公路38.40公里、二级公路48.20公里、三级公路53.30公里、四级公路405.37公里；按行政等级划分为国道18.50公里、县道105.78公里、乡道140.39公里、村道280.60公里。内河航道通航里程175.5公里，港区有漳河旅游码头1座、渡口2个。

基础设施建设。全年完成交通固定资产投资1.17亿元，比上年下降58.1%。完成漳河环库公路陈井至清净庵段17公里二级公路改造，新建通村通组道路14.9公里，完成农村公路提档升级16.1公里。打造美丽农村路3条共计32.5公里，漳河镇成功创建全省"四好农村路"示范乡镇。

公路管养。全年投资260万元，完成530公里农村公路日常养护，实施大中修改造22公里，整治次差路段17.7公里。继续推进农村公路安防工程建设，新区交通、公安等部门开展联合专项行动3次，排查农村公路安全隐患路段120余处，投资150万元，完成50公里隐患路段安防设施建设。

安全应急管理。全年开展交通安全检查47次，其中对农村公路及安防设施检查12次、场站码头检查35次。查出事故隐患28处，其中重大事故隐患5处。组织开展安全知识培训3次，发放宣传资料200余份。检查上跨高速公路桥梁17座、其他桥梁15座、公铁并行交通路口19处，检查汽修场所30处，开展场站综合应急演练4次。开展船舶安全检查180艘次、水上巡航40次，检查渡船24艘次。开展水上护航管控和安全保障21次，组织开展水上交通事故应急演练2次，全年共发出天气预警信息16条、航行通告34条、航行警告13条、禁航通知36条。

（陈璇）

【屈家岭管理区】 至2023年底，屈家岭管理区公路总里程571.92公里，公路密度256.5公里/百平方公里，其中一级公路8.87公里、二级公路54.27公里、三级公路13.18公里、四级公路495.60公里；按行政等级划分为省道43.90公里、县道43.54公里、乡道65.01公里、村道419.47公里。有二级客运站1个。

基础设施建设。全年完成公路建设投资8490.5万元，比上年增长15%。完成483省道军屈线姜畈至长滩办事处大修1.36公里，完成483省道军屈线姜畈段改造工程（高速铁路跨路段）。

运输服务保障。春运期间，全区投入运力16辆，运输旅客7842人次；京山农村客运班线发班车3200辆次。屈家岭城市公交车辆全部报废，停止运营。全区有易长线和易石线2条农村客运班线、5条城市公交线路，其中班线客车运行开通行政村（队）及社区28个、公交运行开通行政村（队）及社区6个。城市公交停运后，汉宜公路沿线的行政村及社区由京山农村客运实现通达，基本满足人民群众用于公共交通快捷出行的目标。全区31个建制村有11个村通农村客运、10个村通公交、10个村设置招呼站进行预约，在行政服务大厅建设港湾式候车棚1个。

公路管养。投资680余万元，完成4个办事处200公里农村公路日常养护，完成美丽农村路养护36公里，完成7000平方米次差路段整治。先后对247省道客潜线、483省道军屈线、340省道新曙线路肩进行整修培土，及时清理路肩杂物和长草，清理疏通桥梁、涵洞、排水沟，完成路基修整43公里，清理边沟2.5公里，疏通涵洞13道，清理堆物300立方米，整理路容路貌43公里，修补坑槽5500平方米，路面灌缝2.5万延米，安防设施更换200米。通过公路日常养护，国省干线和农村公路路容路貌和通行能力不断提升。

路政管理。建立群众举报、养护工人日报、执法人员巡查的三级路产路权保护机制。制止村民建房占用公路红线用地2起、占用公路打场晒粮15起，养护工人打扫货车抛洒路面碎石100余处，依法拆除未经许可擅自设置的非路用标牌（广告牌）10个，其中武荆高速公路广告牌1个。全区超限超载车辆多属于跨区域车辆，针对这一情况，积极与公安交警部门联系，在汉宜公路王桥点和军屈线长滩办事处设置执法点，对过往货车超限超载行为进行打击，查处超限超载车辆220辆、非法改装车辆2起、车辆扬撒1起、从业资格证失效1起。

行业监管。5月，对辖区8家道路运输企业上年度质量信誉进行考核，全部通过考核。开展客运市场周边安全整治，联合交警等单位严厉打击客运站周边秩序和客运车辆乱停乱靠等违法行为，劝走老年代步车20余辆、私家车5辆，收缴自制出租牌18个，发放《关于严厉打击"黑"出租和网约车非法经营行为的公告》100份。联合区商务局、市场监管局、公安局等对辖区汽油、柴油危险品运输车辆进行专项整治，查获非法贩油车辆3辆，其中1辆危险品运输车因电子运单不规范被处罚。制定相关质量监督体系，严格按照相关标准把控质量关，针对工程质量中可能出现的问题，制定细致的控制措施，在工程实施过程中予以落实。

行政审批许可。全年办理道路运输业户开户许可41户，注销道路运输业户15户，道路运输业户许可到期换证、补证、变更48户；办理新增货车25辆，注销客货车24辆，车辆过户转出10辆，货运车辆变更业主46户；办理货运车辆年审190辆，客车年审17辆，客运车辆停运5辆；办理货运车辆补证换证12本，从业人员补证换证20本；办理从业人员诚信考核154人；办理教练车报废8辆，教练车备案24辆，教练员备案22人，教练员撤销备案4人；处理一般程序8起，信访投诉案件24起，结案率100%。

交通环保。严格按照交通运输部和公安部文件要求，对辖区内国三标准的客货车进行强制淘汰，销户转出货车28辆。加强对维修行业监管，要求维修企业做好车辆喷漆、废弃机油回收等环保工作，严禁露天喷漆作业。强制淘汰尾气排放不达标的养护施工车辆，更换老旧机械设备，提高养护效率，减少能源消耗。五三永安驾校购置的3辆新能源车，均享受到荆门市政府新能源补贴政策，为企业节约资金20余万元。

安全应急管理。开展交通运输行业安全专题教育培训4次，培训人员120人次。加强车辆源头管控，对参加春运的客运车辆进行全面检查。对车站GPS动态监控进行检查，对查实的超速等违法行为严肃处罚，要求客运公司对长期停运的4辆客车按要求报停GPS监控。加大公路设施整治和路产路权保护，排查出农村公路危桥7座，完工6座、在建1座；修复破损路段，完善18公里交通标志标牌40块，安装波形护栏；排查出311省道主干线事故多发路段、客货运车辆通行集中路段、城乡接合部和穿乡过镇路段、桥梁、急弯陡坡等路段安全隐患7处，全部整改到位。查找全区道路运输行业重大安全隐患，查处2家维修企业电焊工人无证上岗、军屈线长滩办事处张榨队电线杆根部全部断裂向公路侧倾斜的重大安全隐患，上述3项重大安全隐患均按要求整改到位。进一步完善应急预案，重点对人员、物资、设备、应急运力等进行梳理核查，确保运力充足、物资齐全、设备到位。

（钟华州）

鄂州市交通运输

【概况】　至2023年底，鄂州市公路通车总里程3807.52公里，公路密度为237.65公里/百平方公里，其中一级公路190.29公里、二级公路222.36公里、三级公路311.65公里、四级公路2924.23公里、等外公路158.99公里。内河航道通航里程102.01公里，有渡口（含长江）34处，其中内河渡口28处（含汽渡2处、旅游渡口1处、班船渡口2处）；有码头（含在建）27个、泊位（含在建）67个。有客运站3个，其中一级客运站1个、五级客运站2个。

基础设施建设。全年完成投资30.5亿元，为年度目标的107%。争取到位中央和省级资金86141万元，比上年增长347%。武阳高速公路鄂州段建成通车，新港高速公路鄂州段连续三个季度被省交通运输厅评为"红旗"项目；机场高速公路二期开工建设。完成新改建农村公路192.8公里，为年度目标的148.3%。10条武鄂城际

2023年2月24日，鄂州港区一类水运口岸工程顺利通过交工验收

2023年10月31日，鄂州市总工会、交通运输局联合主办全市交通运输行业双"百千万"劳动和技能竞赛

连接线全面打通。三江港综合码头3号、4号泊位建成投运，5号、6号泊位开展竣工验收准备工作；富地富江LNG加注码头1号泊位建成投运。武鄂黄黄"三横三纵"快速路网品质提升工程项目10个全部开工，完成投资16.79亿元；重要节点工程项目12个，已开工建设9个，完成投资17.57亿元。燕矶长江大桥工程项目被列为交通运输部深入推进公路水运平安百年品质工程建设现场会观摩点位；武鄂黄黄快速道路系统中通道项目开工建设；机场南大门接线工程建成通车。

"四好农村路"建设。全年完成县乡道改造37.86公里，路面宽度4.5米、宽度5.5米及以上的农村公路提档升级工程84.34公里，路网连通、延伸公路工程63.90公里，乡镇二通道1.7公里。截至2023年底，全市农村公路总里程3513.14公里，其中县道474.25公里、乡道805.23公里、村道2233.66公里。全市320个行政村实现硬化路通达率100%，率先在全省实现"外通内联、通村畅乡"的农村公路网络格局。实施美丽农村公路创建，完成美丽农村路116.27公里；实施农村公路安全精细化提升工程，完成村道安防工程27.31公里。东沟镇东磨公路获2022年度全省"十大最美农村路"称号；梁子湖区梁子镇、华容区蒲团乡和鄂城区泽林镇被评为2022年度全省"四好农村路"示范乡镇。

运输服务保障。全年水路完成货运量1730.89万吨、货物周转量101.83万吨公里，比上年分别增长51.53%、46.22%；完成港口吞吐量3793.85万吨。公路完成客运量636.99万人次、旅客周转量2.75亿人公里，分别比上年增长33.19%、34.46%；货运量1131.99万吨、货物周转量11.36亿吨公里，分别比上年增长128.33%、140.09%。全市有水运企业11家，含危化企业2家、市内客运企业2家。其中6家企业运力超过1万载重吨。营运船舶83艘，船舶运力达11.6万载重吨。全市有客运企业17家，客班线89条，其中农村客运班线73条，共有客车505辆。危险品货物运输企业9家、车辆157辆；普通货物运输企业447家、车辆2150辆。有公交企业7家，公交线路48条、公交车421辆，其中新能源公交车397辆；出租汽车公司5家、车辆520辆；网约车平台公司7家、车辆261辆。有驾校12家，机动车综合性能检测站7家。一二类汽车维修企业70家，三类维修企业216家。新建公交站台7个、农村客运候车亭59个，改造乡镇综合服务站1个。城乡道路客运车辆公交化率71.87%，比上年增长5.21%。公交车新能源化率达94.6%；开通武鄂城际公交线路3条、务工专线1条，优化延伸公交线路4条。

综合执法。通过源头治超、零点治超、科技治超、联合治超，全力推进打违治超百日攻坚行动。查处超限超载车辆843辆（其中"百吨王"195辆），卸转载货物4.22万吨，办理货车非法改装案件703件。全面落实部门监管责任，顺利通过船舶污染防治工作省级验收。增加国省干线养护巡查、清扫、洒水频次，严格施工现场管理，打好蓝天保卫战。引导交通领域清洁低碳转型，购置新能源出租汽车100辆，淘汰国三及以下营运车辆15辆，完成10艘船舶受电设施改造。全面启用9类道路运输电子证照。全省"出租汽车驾驶员一件事"主题事项"一事联办"和"大件运输重点货运源头单位联系机制"在鄂州市试点；"大力推进交通事项跨域通办"入选鄂州市2022年优化营商环境十项改革创新案例。帮助119家企业完成信用修复。会同当地政府、公安部门在花湖国际机场、重要国省干线公路路段开展道路交通安全打非治违专项行动和校园周边环境整治，重点整治涉嫌非法营运等违法行为，采取"流动巡查＋定点检查"相结合的工作模式，严查务工车辆涉牌涉证、超员、非法营运等交通违法行为。依托常态执法、联合执法等方式，加大夜间及节假日执法力度，联合整治非法营运违规行为，对出租汽车揽客、不打表，网约车不合规运营，以及无证"黑车"非法载客等违规行为进行精准打击。

安全应急管理。开展全市交通运输安全生产八大专项行动，引入第三方安全专业技术力量，检查企业403家、车船269079辆（艘）次，完成问题隐患整改252个。完成鄂州市道路旅客运输企业主要负责人和安全生产管理人员安全生产知识及安全管理能力线上考核工作。积极做好低温雨雪天气应急物资储备工作，提前备足融雪剂等防滑防冻应急物资，调试好撒布机等融雪除冰设施设备，备好反光锥形桶、急救箱等执法及安全应急装备，以及防滑麻袋、船用救生衣等物资，建立4个储备中心基地，成立4

2023 年 9 月 6 日，鄂州市"美丽乡村渡口"共同缔造先台村示范渡口正式启用

支应急队伍，确保公路安全畅通。同时，严格落实关键岗位 24 小时值班和领导带班制度，做好突发事件应急处置和信息报送。

（张昭）

【鄂城区】　至 2023 年底，鄂城区农村公路 1084.36 公里，其中县道 130.72 公里、乡道 230.78 公里、村道 722.86 公里。

基础设施建设。全区"三横三纵"建设任务主要有横一 10.2 公里、横二 2.3 公里、纵三 1.81 公里共计 14.31 公里。其中，横一宏泰大道至武九铁路涵洞段 10.2 公里品质提升工程建设顺利，纵三花湖镇鄂城大道 1.81 公里重要节点工程建成通车，横二（257 省道）施工中。横三（中通道）为武黄高速公路鄂州段改扩建＋新建汀祖至机场城市快速路。武黄高速公路鄂州段 37.4 公里，其中鄂城区境内 28 公里（迁移改造收费站 2 处）；汀祖至机场城市快速路长 7.63 公里。机场高速公路二期工程全长 14 公里，其中鄂城区 5.14 公里。横三（中通道）和机场高速公路二期工程完成土地清表和房屋征迁工作，施工单位进场作业。316 国道、106 国道改扩建同时推进。全长 13 公里泽杜线改扩建完成。完成杜山镇下王村渡口、先台村十组渡口和凡口办事处杜山村方意渡渡口共同缔造"美丽乡村渡口"提档升级工作。

"四好农村路"建设。完成汀祖镇、泽林镇创建"四好农村路"示范乡镇工作，申报花湖镇"四好农村路"和吴楚大道鄂城段创建全省"十大最美农村路"。

行业管理。开展较大人口规模自然村组通硬化路数据审核。对全区自然村组通硬化道路设施等数据集中审核上报、信息填报，到各镇进行内业核对并上报。联合市交警、交通综合执法部门开展治理超限超载和货车非法改装集中行动 6 次。全区有道路运输企业 248 家，驾培机构 6 家，农村客运企业 6 家，汽车维修企业 175 家。完成全区 6 家驾培企业"两网"对接工作。对全区驾培、客运企业、道路运输企业及汽车维修企业进行质量信誉等级考核，并加以应用。

安全应急管理。开展道路运输、客运、农村公路、渡口安全巡查，同时与市港航海事执法大队坚持每月 2 次的日常巡查渡口；开展鄂城区渡口渡工安全培训。根据交通运输领域安全生产三年行动方案，开展交通运输企业安全生产大检查 5 次，渡口安全检查 12 次。安全生产月期间，联合鄂州市交通运输综合执法支队港航海事大队内河中队在杜山镇召开鄂城区渡口渡工安全知识专题培训会。全面加强道路交通、客运交通、桥梁安全管理。汛期加强辖区范围内公路、客运交通、桥梁排查，发现损毁路段 3 处，

下达安全隐患整改函，及时采取抢修或限行等措施，完成整改，确保道路交通畅通。与交警、交通执法、城管等部门开展治理超限超载和非法改装工作，采取定点执法和流动执法相结合，有力打击货车超限超载和非法改装，确保道路安全畅通。

（王文胜）

【华容区】　至 2023 年底，华容区公路总里程 1150.39 公里，公路密度为 289.95 公里 / 百平方公里，其中高速公路 69.80 公里、国道 24.50 公里、省道 39.87 公里、县道 140.53 公里、乡道 181.74 公里、村道 693.95 公里。三级客运站 1 个。

基础设施建设。高速公路建设有武汉新港高速公路鄂州段华容区境内长 8.96 公里。国省干线建设有 316 国道改扩建工程路线全长 29.51 公里，华容段全长约 11 公里。"三横三纵"快速道路系统建设：横一华容段路线全长 11 公里（不含葛店经开区 7.6 公里）；纵一华容段路线全长 15.33 公里，按照"三横三纵"建设要求改扩建为双向六车道、设计速度为 50~80 公里 / 时；横三华容段为武黄高速公路华容段改扩建线路，路线全长 9.05 公里。区域硬联通建设：根据省市对武鄂道路"硬联通"要求，大力推进、不断打通"断头路""瓶颈路"，加速实现区域交通硬联通，红莲片区涉及的道路中，未来三路、望湖一路、高新七路、未来二路、高新六路等均建成通车。硬联通道路的贯通，将成为红莲湖与东湖高新区快速联系的交通轴，进一步强化武鄂同城空间发展格局。

"四好农村路"建设。全年完成新建农村公路 20 公里、农村道路提档升级 16 公里、县乡道改造 0.7 公里。完成蒲团乡周小线、临江乡临胡线大中修工程。蒲团乡成功创建全省"四好农村路"示范乡镇。

公路养护。坚持"建养并重、管养结合"方针，积极抓好公路养护和管理工作，在农村公路管理养护中，做到全区农村公路建即有养，养即到位。组建华容区公路管理养护队

伍，贯彻"预防为主，防治结合"的公路养护方针，坚持以养好路面为中心，加强全面养护原则，进行标准化养护作业。经常保持路面平整坚实，路拱适度，路肩整洁，路基边坡稳定，边沟畅通，沿线设施完善，桥涵构造物完好，逐步实现公路等级化、标准化和美化，完成华泥路、中咀路、华蒲路、段龚线等县道日常养护 80 余公里。

运输保障。华容区辖区内有公交线路 5 条。1 月 1 日，"武汉通公交卡"在鄂州正式上线，华容区居民可刷"武汉通公交卡"乘车。鄂州市 1 路公交车延伸至蒲团乡。武汉新城跨区公交 359 路延伸运营，连通武汉新城中心片区和红莲湖片区。有客运班线 36 条，运营班线车 153 辆，建设招呼站 115 个、候车亭 36 个，实现全区 71 个行政村"村村通客车"。

物流发展。以高质高效建设三级寄递物流体系作为服务乡村振兴的重要抓手，加快补齐全区农村寄递物流基础设施短板。印发《华容区加快农村寄递物流体系建设实施方案》《华容区打通农村寄递物流"最后一公里"和"最初一公里"工作方案》，依托苏宁物流产业园，对区级寄递物流共同配送中心进行提档升级。完善建设集镇街道周边、社区站点 5 个。村级综合服务网点全部建设完成，实现全区 71 个行政村及扇子湖农场全覆盖，镇、村快递站点覆盖率 100%，整合 4 个以上邮政快递品牌服务进村，进一步提高了产品出村进城、消费品下乡进村效率，更好助力乡村振兴。

综合执法。加强农村客运管理，联合交警与执法大队到企业开展交通安全培训和专项检查，签订交通安全责任书，要求企业定期对客运车辆开展安全隐患排查并制作整改台账。开展重载货车运输安全整治，向社会公示 9 家重点货运源头企业，联合交通执法大队进入运输企业进行安全检查，从源头规范管理运输企业。对全区交通运输企业开展上年度质量信誉考核，对标对表进行评级，并将结果在四级协同网站上进行公示。联合区市场监督管理局，对辖区内港口经营情况、水路运输经营者经营资质保持情况和营业执照规范使用情况进行"双随机"检查。

安全应急管理。推进道路交通安全生产，制定《华容区农村交通运输领域安全生产专项整治行动方案》《华容区交通运输安全生产四大专项行动方案》和《交通安全生产重大事故隐患排查整治和重大风险防范化解专项行动方案》，召开安全生产专题会议，与交警队、执法大队开展联合执法检查。开展农村公路安全隐患排查整治工作，整治平交路口 18 个，临水临崖路段安全隐患 12 处，安装减速板 9 道。组织对武冈城际铁路上跨桥进行陆域环境清理，修复防撞墩、标志线，增设标志标牌，对损坏的护栏进行维修更换。

（蒍宇航）

【梁子湖区】至 2023 年底，梁子湖区通车总里程 1224.04 公里，其中高速公路 42.73 公里、国道 24.12 公里、省道 54.94 公里、县道 148.46 公里、乡道 324.79 公里、通村公路 629 公里。双向畅通的区、镇、村三级农村寄递物流体系，实现行政村寄递物流综合服务网点全覆盖。有渡口 8 个。

基础设施建设。武阳高速公路建成通车。推进外联项目建设，配合推动武汉都市区环线高速公路南段（江夏至梁子湖）建设；配合推进花湖机场高速公路二期工程建设，完成挖沟放线、房屋调查、先行用地交付。畅通内联公路路网，实施武汉新城与鄂黄黄快速道路系统梁子湖段品质提升及改扩建项目建设，"三横三纵"梁子湖段品质提升工程一期全线贯通，二期和三期（红莲大道）开展杆线迁移、征地拆迁工作。梁子湖区中心客运站（及物流中心）开展征地拆迁。实施的 316 国道梁子湖段路域环境整治完工。

"四好农村路"建设。全年完成农村公路建设 45.22 公里，其中农村公路提档升级 33.33 公里，乡村路网连通、延伸公路建设 11.89 公里。制定《梁子湖区"四好农村路"全国示范区创建工作实施方案》，建立"政府主导、部门指导、乡镇负责、村居配合"的联动共管机制，出台《梁子湖区农村公路路长制实施方案》和《梁子湖区农村公路养护管理办法》，全面建立区、镇、村三级路长体系，同时，加大对区内农村公路安全隐患排查力度，对 100 余处平交路口、8 公里临水临崖、51 处急弯陡坡等路段进行整治，对部分县乡道进行养护，及时消除道路交通安全隐患，有效保障人民群众出行便利和生命财产安全。梁子湖区被评为全省"四好农村路"示范区，沼山镇、太和镇、涂家垴镇、东沟镇、

2023 年 10 月 30 日，鄂州市梁子湖区太和至武汉市江夏区域公交、太和至葛店务工专线公交线路正式开通

梁子镇先后被评为全省"四好农村路"示范镇，全区"四好农村路"里程476公里。梁子湖区"四好农村路"工作获省政府督查激励2次。县道东磨路成功入选全省"十大最美农村路"。

科技与信息化。投入150余万元建设公路"智慧交通管理系统"，建成"农村公路建、管、养"平台主机房，根据实际情况在国道、省道、乡道、村道、城市道路、交通驿站建成8个高标准路网监控系统。智慧梁子湖交通完成基础硬件建设工作，服务器机房、配套终端建成并投入使用，充分发挥"两个一体化"（即一体化信息环境、一体化应用服务）作用要求，满足梁子湖大交通运输、管理和服务需要，为公众出行通畅和可持续经济发展提供服务。

运输服务。区域内客运班车158辆、"村村通"客车12辆。为巩固农村客运"村村通"成果，保障群众基本出行需求，成立梁子湖区新征程客运公司，负责农村客运和公交线路运营管理。投资200万元，采购9辆小型新能源客车投入农村客运。以全市全域公交创建为契机，投资156万元，新建公交站26个，不断优化公交基础设施，推进城乡公交、旅游公交无缝衔接和融合发展，实现城乡公共交通服务均衡化。10月30日，开通太和至江夏市际公交班线、鄂州首条跨区务工专线"梁子湖区太和至葛店务工专线"。水上客货运输以内河航道为主，有旅游船30艘、汽渡船2艘、客渡船3艘、个体散货船2艘。

综合执法。持续深化货车超限超载治理。坚持交通、公安交管联合治超常态化制度化工作机制，有针对性地开展路警联合治超专项行动。全年查处超限违法车辆263辆次，卸转货物11940.37吨，查处非法改装车辆176辆次，超限超载和非法改装现象得到有效遏制。持续开展打非治违专项整治，查处各类违法行为17次，全区交通运输形势平安稳定。加强对《中华人民共和国长江保护法》等法律法规的宣传普及，保证辖区水运企业、乡镇渡口渡船从业人员充分认识长江大保护的重要意义，增强参与长江大保护的环保意识。持续推进船舶结构优化调整，实现梁子湖水域船舶零污染。

寄递物流。立足"快递进村、全域覆盖、年底完成"总体要求，围绕实现"乡村农产品运得出、消费品进得去"目标，补齐农村寄递物流基础设施短板，着力打通农村寄递物流"最后一公里"和"最初一公里"，初步实现快递收件、寄件不出村，有效助力乡村振兴。完成区级公共配送中心建设任务，租赁快件分拣场地800平方米，标准化配备设备设施，邮政公司牵头入驻开展快递分拣工作。建设镇级综合服务站6个，标准化配备设备设施，初步实现"邮快融合"工作。依托商超便利店、村级党员群众服务中心、"巧巧工作室"集体闲置用房、邮政村邮站、电商供销服务点等场所，全区82个行政村实现村级寄递综合服务点全覆盖。另外，全区"三通一达"等公司建成社会快递物流站点41个。

安全应急管理。加强水上交通安全，提高应急抢险处置能力。与区应急管理局、港航海事大队内河中队对全区农村渡口渡船进行检查，防范水上交通安全事故发生。联合梁子镇人民政府、区应急管理局、湖北文旅梁子湖景区管理有限公司开展水上救援与船舶污染防治应急演练，提高水上交通安全方面应急处置能力。督促水上交通运输企业加大对所属船舶安全检查力度，及时排查并消除安全隐患，加强公司船员安全教育和培训，牢记基本安全常识，掌握好基本安全操作技能，确保船舶适航、船员适任、操作规范、运行安全。

路域环境治理。316国道沼山高速路口至六十段栽种花木绿植，完成回填土方、清理垃圾、保留草坪修剪杂草、播种5万平方米等，恢复原有绿化1000平方米。打造月山牌楼节点及鄂咸高速公路节点、茅圻村节点、栽植乔灌木、球类植物和地被苗，完成景石安置等。完成国省干线上跨高速公路高架桥美化工程。

（明淑平）

孝感市交通运输

【概况】　至2023年底，孝感市公路总里程18740.4公里，公路密度210公里/百平方公里，其中高速公路544公里、一级公路482.5公里、二级公路1452.5公里、三级公路907.9公里、四级公路15353.5公里。全市内河航道通航里程546.8公里（含汉江94.9公里），有县级以上港口5个、生产性码头泊位18个、渡口96个。全市有道路客运站34个，其中综合客运枢纽3个、一级客运站1个、二级客运站8个、三级及以下客运站22个。

基础设施建设。全年完成交通固定资产投资164亿元，为年度计划目标的115%。其中高速公路完成投资133.6亿元。成立由市委书记任政委、市长任指挥长的重大交通项目建设协调工作指挥部，下设10个分指挥部，实行一个重点项目"一名市级领导负责、一套班子服务、一张清单明责"的工作机制，为重点交通项目建设提供坚强的组织保障。硚孝高速公路二期3个月完成一年的工程量、武大高速公路提前10个月建成通车、孝汉应高速公路提前6个月建成通车。京港澳高速公路改扩建孝感段、武天高速公路武汉至汉川段完成投资均超年度计划10%以上；武汉都市圈环线高速公路孝感北段节点工程开工。109省道孝感至汉川一级公路开工建设；107国道陆联至肖港段、211省道汉川三元至小兴段、白鱼寨至脉南段、422省道汉川横堤至茶棚段、212省道应

2023 年 6 月 30 日，硚孝高速公路二期开通试运营

城盛滩至城区段改扩建工程完工；346 国道大悟河口至城关段主体工程基本完成；115 省道孝昌京珠李集互通至黄陂改扩建工程完成全部路基工程。成功打造"路长制"示范线 7 条，合计 162 公里。全省普通国省道"四新"技术现场会在安陆市召开。汉北河南垸至新沟段航道工程完成 75% 的工程量，新沟二线船闸进入收尾阶段。

"四好农村路"建设。新改建农村公路 1017 公里，为年度计划的 114.5%。孝南区西河镇、大悟县彭店乡、应城市天鹅镇、云梦县沙河乡 4 个乡镇成功创建全省"四好农村路"示范乡镇。

运输服务保障。全年公路完成客运量 1221.6 万人次、旅客周转量 5.53 亿人公里，比上年分别增长 11.7%、37.4%；完成货运量 3928.5 万吨、货物周转量 53.80 亿吨公里，比上年分别增长 14.7%、17.6%。全市水路完成货运量 453.93 万吨、货物周转量 16.79 亿吨公里，比上年分别增长 15%、119%。强化运力保障，优化运输衔接，圆满完成春运、公务员考试、中高考、孝感马拉松、孝感市第六届运动会等重要时段、重大活动期间运输服务保障工作。扎实推进城区公交补短板三年行动，2023 年全省公共服务质量满意度测评中，孝感市公共交通评分位居全省第 4 位，比上年提升 7 位。孝感市高新区和临空区公交线路实现全覆盖，孝南区所有乡镇实现公交运营全覆盖。有序推进孝汉城际公交一体化，孝昌县、孝南区、汉川市与毗邻的武汉市黄陂区、东西湖区、蔡甸区开通 6 条城际公交线。积极参与全域公交示范县创建，孝南区成功入围"全域公交示范创建"申报名单。加快站场项目建设，重点推进汉十高速铁路孝感东站综合交通枢纽、华中国际冷链交易中心、汉川汽车客运中心站等项目建设。加快补齐货运产业短板，针对公路货物周转量增速不足的问题，提请市政府制定印发指导性文件，出台若干激励措施，鼓励培育规上货运企业。列入省计划的 5 个交调观测站，新增设、加密的 15 个交调观测站全部建成联网试运行。全市有运营物流节点 36 个，其中物流园区（物流中心）14 个、港口码头 12 个、铁路货运站 10 个。首衡城华中国际冷链交易中心工程初具规模，市临空区物流枢纽港集聚区成功引入 4 家大型物流企业。新增规上道路运输企业 6 家，公路货物周转量增速实现由负转正，全年增速 17.6%。

行业监管。孝感城区开展为期一年的出租汽车运输市场专项整治，通过开展驾驶员继续教育培训、文明服务宣传、出租汽车夜查、服务质量暗访、车容车貌整治等活动，出租汽车市场秩序明显改善，乱收费、拒载、拉客等违规行为和服务不文明行业乱象得到有效遏制，投诉率明显下降。加大跨市路警联合治超力度，先后与随州（广水、孝昌、安陆三地）、荆门、天门（应城、京山、天门三地）、武汉东西湖区交通执法部门签订区域联动治超工作协议，形成联合治超工作合力。

交通环保。在全省率先建立"智慧交通 TOCC 指挥中心"，率先启用"湖北交通运输行政执法综合管理信息系统"，经验做法在全省推广。扎实推进船舶和港口污染防治，汉川港 12 个码头船舶和港口污染物"船—港—城""收集—接收—转运—处置"全过程实现有效衔接和闭环管理。中央生态环境保护督察的省序号 47 号问题整改完成并通过省级验收销号。扎实推进大气污染防治，硚孝二期高速公路、孝汉应高速公路等项目建设工地扬尘治理实现"四个必须""六个百分百"。国三及以下排放标准营运柴油货车年

2023 年 8 月 19 日，开展船舶和港口污染防治攻坚提升"联合决心"执法行动

度淘汰任务提前完成。全市年度船舶和港口污染防治攻坚提升行动获"优秀"等次。

安全应急管理。紧盯道路交通、公路运营、水上交通、城市公共交通、在建工程5类行业重点领域和交通运输行业26类风险，开展安全生产专项行动。全省高速公路改扩建项目突发事件实战演练活动在孝感市举行。道路交通安全和运输执法领域突出问题专项整治考核全省第一。道路交通安全补短板"百日行动"开展情况在全省推广。全市交通运输系统形势总体稳定，全年未发生较大及以上安全责任事故。

交通改革。推进政务服务"综合窗口"改革，44项即办事项、124项承诺事项实现"一窗通办"，道路运输证等9类证件全面实现电子证照，涉交通运输领域的武汉都市圈政务服务圈内通办85项事项实现网上通办。开展优化营商环境先行试点创建，应城市成功创建"推进涉路施工许可全流程电子化"全省试点。孝感市交通运输局被评为2023年度全省市场监管领域部门联合"双随机、一公开"监管工作先进单位。申报的案例——孝感市道路运输行业实现质量信誉考核全覆盖获评省社会信用体系建设典型案例。孝感市交通运输综合执法支队挂牌成立"执法服务中心"，实现违法案件"一站式"处理，行政相对人可自助查询违法案件办理情况。

（宋洪升）

2023年6月，孝南区新铺镇乡村道路全面提档升级

【孝南区】 至2023年底，全区公路通车总里程2642.61公里，其中高速公路100.02公里、一级公路158.90公里、二级公路229.33公里、三级公路78.14公里、四级公路2076.22公里。境内航道3条，通航里程200.5公里。有客运站2个、乡镇综合运输服务站2个、货运站3个。

基础设施建设。全年完成交通固定资产投资68.3亿元。硚孝高速公路二期工程通车运营，孝汉应高速公路孝南段建成通车，京港澳高速公路改扩建工程（孝南段）征地拆迁基本完成。协调办理武汉都市圈环线高速公路北段、硚孝高速公路西延线和孝感至武汉天河国际机场高速公路各项前期工作。109省道孝感至汉川一级公路孝南段开工建设；347国道孝南区东山大堤至云梦联合桥段改扩建工程正

在进行初步设计；陈天大道、112省道等干线公路建设加速推进。107国道肖港至陆联段基本建成通车，城南大道全线通车。

"四好农村路"建设。积极开展"四好农村路"省级示范县创建，建成孝南区"四好农村路"158公里。孝南区获评全省"四好农村路"示范县，西河镇成功创建全省"四好农村路"示范乡镇。

运输服务保障。全年公路完成客运量83.7万人次、旅客周转量2606万人公里，完成货运量196万吨、货物周转量81538万吨公里。全区有营运车辆1347辆，其中客车77辆、教练车350辆、在营货车920辆（重型货车774辆）。客车承运人责任险投保率100%。班线客车年审年检率100%，货运车辆年审年检率达90%。有维修企业53家，其中一类维修企业18家、二类维修企业27家、三类维修企业8家。33家维修企业安装电子健康系统。全面打通农村寄递物流"最初一公里"和"最后一公里"，投入2000余万元推动全区共配中心扩容改造，全区建成县级寄递物流共同配送中心1个，185个村级网点全部达标验收，行政村覆盖率100%。

行业监管。采取固定检测与流动检查相结合的方式，严厉打击恶意超限货车及非法改装行为。联合公安交警部门开展治超整治行动8次，查处超限车辆30辆，卸载货物992.32吨。

2023年8月，孝南区新铺镇新进村"交邮供"融合发展

开展柔性执法，因"首违不罚"而采取的柔性执法案例25件。深入源头单位展开调查，对107国道瑞林绿化苗木基地旁料场源头货车、肖港驾校旁料场源头货车进行教育治理，引导源头单位合法装载、安全运输，从源头遏制超限超载违法行为的发生。对10所驾校、30家维修企业、5家客运企业、2家危货企业进行质量信誉考核。配合市道路运输中心加大对危险货物运输企业监管力度，加强道路危险运输安全管理。

公路养护。完成国省干线修整路肩、清挖边沟、清理堆积、机械打草、桥涵养护、处理伸缩缝止水带、更换百米桩、刷公里碑和百米桩、增设百米桩、埋设示警桩、修补坑槽、更换标志牌、补栽道口桩等日常养护任务。完成农村公路大、中修养护工程115.16公里，完成农村公路修补坑槽、清理边沟8540米，以及整修路肩、新增护栏、安装标志标牌、警示桩、桥涵养护等养护任务。

安全应急管理。严格落实安全生产责任制"一岗双责"和"三个必须"的要求，以交通运输重大事故隐患专项排查整治行动和安全生产六大专项行动为契机，深入全区所有交通运输企业、物流园区、施工工地等开展综合检查工作。排查一般隐患139处，均完成整改。圆满完成春运、五一、中秋、国庆等重要节假日和重大活动期间客货运输安全保障工作。全区交通运输行业道路运输、水上交通、公路水运工程建设施工保持零事故，道路桥梁安全畅通，全系统无火灾事故、无突发事件发生，全区交通运输安全生产形势总体保持稳定。

（朱子煜）

【汉川市】 至2023年底，全市公路通车里程4577.60公里，公路密度276公里/百平方公里，其中高速公路78.91公里、一级公路96.26公里、二级公路233.75公里、三级公路110.92公里、四级公路4057.76公里；按行政等级划分为国道57.2公里、省道246.9公里、县道203.47公里、乡道261.49公里、村道3729.63公里。汉江、汉北河2条水系通航里程149.5公里，其中汉江通航里程92公里，汉北河通航里程57.5公里；汉江岸线153.3公里，汉北河岸线65.4公里。有汉川港口码头12个、生产性码头泊位15个、渡口55个。有客运站9个，其中一级客运站2个、三级客运站1个、五级客运站6个。

基础设施建设。全年完成交通固定资产投资18.9亿元，比上年增长50%。孝汉应高速公路汉川段完工并通过交工验收；武重（武天）高速公路武汉至汉川段、汉川至天门段2个项目进展快速；武汉都市圈环线孝感南段（汉川段）完成初步设计编制，汉川西互通调整方案落地；沪渝高速公路（武汉至宜昌段）汉川段改扩建完成工程可行性研究报告。一级公路建成24.6公里、开工62.6公里，二级公路建成27.1公里、开工22.1公里，完成国省道大中修63.2公里。348国道沉湖至田二河段、109省道汪家河至市标段、114省道西小湾至新庄段、211省道小兴至霍城、2023年"路长制"示范线创建等建设工程全部完工，348国道汉川汉北河大桥至洪淌段、109省道孝感至汉川公路汉川新建段、345省道城区至韩集段、X001荷沙线城隍至田二河段等项目建设有序推进，加快推进344省道铁垌线、麻老线、105省道英山至城隍转盘、211省道庙头至白鱼寨、高山至索河等项目前期工作。《汉川港总体规划（2035年）》获省政府批复，7处美丽乡村渡口共同缔造改造提升启动施工。城南客运站按一级站标准基本建成，完成麻河综合客运站改造，新建港湾式公交站亭25处。

"四好农村路"建设。完成农村公路新改建217.35公里，全市完成行政村通硬化路100%、自然村通硬化路98.1%。完成危桥改造6座、126.4延米。

运输服务保障。全年公路完成客运量38.56万人次、旅客周转量1957.86万人公里，完成货运量14356.08万吨、货物周转量81.69亿吨公里。公交完成客运量1159.69万人次、旅客周转量6795.80万人公里。水路完成货运量102万吨、货物周转量8486万吨公里，港口吞吐量616万吨；完成客渡量108万人次。圆满完成春运、五一、国庆、两会等节假日及重大活动期间运输服务保障工作。加大规上货运企业培育，农村寄递物流村级服务网点实现全覆盖，促进运输行业降本增效。

行业监管。强化运输市场秩序整治，开展全市交通秩序综合整治行动，全年查处涉嫌从事非法营运车辆9辆次，收缴涉嫌运输标识26件。依法查处违法超限运输和非法改装车辆89辆次，卸载货物1196.5吨。查处涉嫌污染船舶1艘、擅自进行水上水下活动未办理相关许可案件1起，发现各类隐患90余起，全部督促整改完毕，船舶无秩序停靠、不报港及防污染等相关违法行为明显减少。

安全应急管理。组织开展安全检查96次，排查各类安全隐患216处，下达隐患整改通知书58份。按期完成孝感市道路交通安全专业委员会督办2022年重点路口、路段隐患清单涉及汉川13处隐患整改，顺利通过验收销号。全年未发生重大及以上安全事故。

（陈安）

【应城市】 至2023年底，全市公路总里程2342.32公里，公路密度211公里/百平方公里，其中高速公路67.36公里、一级公路41.93公里、二级公路130.63公里、三级公路147.79公里、四级公路1954.61公里；按行政等级划分为国道44.93公里、省道112.06公里、县道196.70公里、乡道498.08公里、村道1423.19公里。内河通航里程35公里，有港口1个、生产性码头泊位4个、渡口17个。全市有客运站8个，其中二级客运站3个（应城市汽车客运站、中心客运站、汤池客运站）、五级客运站5个，有乡镇候车亭119个、招呼站260个。

基础设施建设。全年完成交通固定资产投资7.8亿元。高标准建成212省道盛滩至城区段改扩建工程，并创建23.18公里杨河至城区段"路长制"示范线，对沿线路域环境、建筑立面产业园区进行全面打造，形成"一带、四境、多节点"布局，并与八汤线、有名店旅游公路串线成面，构成西北部旅游大环线。完成 14.5 公里 212 省道宋天线田店至盛滩段、262 省道万杨线杨埠桥至杨岭段中修任务，改造 347 国道南德线王家中桥、高家坞桥 2 座危桥，解决国省道通而不畅、畅而不优问题。347 国道应城段（护子潭大桥至三合段、西十至天门皂市段）改扩建、硪孝高速公路西延线、420 省道两河至三合段改建等工程稳步推进。

"四好农村路"建设。补齐农村公路短板，全年完成农村公路提档升级 23 公里、新建农村公路 28.17 公里、农村"断头路"拉通 30.41 公里、美丽农村路创建 105 公里，农村公路危桥改造 10 座，"干支相连、通村达户、惠民便民"的农村公路交通网络进一步完善。天鹅镇获评全省"四好农村路"示范乡镇。

运输服务保障。全年公路客运量 230.53 万人次、旅客周转量 5899.78 万人公里。全市拥有客运车辆 275 辆，其中长途客运车辆 59 辆、乡镇短途客运车辆 191 辆、定制客运车辆 25 辆。出租汽车 200 辆，城市公交 72 辆，营运线路 6 条；拥有普通货运车辆 688 辆。农村通公路行政村比重为 100%。成立邮政业发展中心，统筹建成县级公配中心 1 个、村级寄递物流网点

应城市天鹅镇获评全省"四好农村路"示范乡镇

281 个，打通快递进村湾"最后一公里"。建成应城市智慧交通城镇一体化运营中心，实现客流集散、首末站管理、智能调度等一体化运营管理。

企业培育。争取市政府出台《做大做强道路货运产业的若干措施》，通过协调企业整合、车辆回流、社会车辆落户等形式，助力 2 家物流企业顺利"进规"。积极为 3 家物流园、16 家纳统运输企业提供"一站式"服务，帮助公路货物周转量 2022 年排名全省第 14 位的奔驰物流落实奖补资金 60 万元，全力助推企业发展。落实个转企政策，助力 4 个个体经营维修户转

为企业经营，新成立 2 家道路运输业登记为企业性质。深入探索多式联运，应城至武汉铁水联运班列"破茧而发"。

行业监管。第二轮中央生态环境保护督察反馈问题整改完成验收，港口和船舶污染防治攻坚战深入推进，28 艘营运船舶完成生活污水设施改造，应城港新都化工码头、城中昌盛装卸码头完善生活垃圾、生活污水、含油污水收集设施。落实奖补政策，建成 2 座 M 站。加强城市交通秩序整治，查处客运线路和出租汽车违规运营 131 起，整治"三无"载客"麻木" 38 起。规范出租汽车行业管理，落实城区巡游出租汽车运价调整，提升运输服务水平。

优化营商环境。试点改革先行区项目"推进涉路施工许可全流程电子化"被全省通报表扬。深化"一网、一门、一窗、一次"改革，全年办理武汉都市圈"跨市通办"业务 2450 件，统一受理平台办理业务 1095 件，156 项事项实现"最多跑一次"，受理当天办结率 100%。在巩固提升"我要开物流公司（货运）"主题办理成效基础上，新增"汽车维修店开办一件事""涉路施工审批一件事""大件运输审批一件事" 3 个主题，共办理 19 件。

安全应急管理。全面完成孝感市道路交通安全专业委员会挂牌督办重大安全隐患 2 处，应城市安委会挂牌

2023 年，应城市高标准打造杨河至城区段 23.18 公里"路长制"示范线

2023 年 8 月 9 日，交通运输部路况监测处"国评"组对云梦路网技术状况进行监测

督办安全隐患 2 处，完成道路交通亡人事故路口整治 23 处、急弯陡坡临水临崖等重点隐患平交路口隐患整治 83 处、重点农村隐患路口 13 处。与公安交警开展联合执法，落实"一超四罚"和信用惩戒机制，利用 2 处不停车检测系统，严格治理货车超限超载等违法行为。与京山市、天门市签订区域联动治超工作协议，凝聚治超合力。全年查处货车 439 辆，查处非法改装车 43 辆，卸载货物 1.96 万吨。

（杨心悦）

【云梦县】 至 2023 年底，全县公路总里程 1798.75 公里，公路密度 297.81 公里/百平方公里，其中高速公路 34.95 公里、一级公路 56.16 公里、二级公路 116.87 公里、三级公路 79.85 公里、四级公路 1510.92 公里。内河航道通航里程 78.50 公里，有港口 1 个、生产性码头泊位 2 个、渡口 15 个。有客运站 8 个，其中一级客运站 1 个、四级客运站 1 个、五级客运站 6 个。

基础设施建设。全年完成交通固定资产投资 28.8 亿元。实施交通项目 18 个。硚孝高速公路西延线和云梦南互通连接线前期工作进展顺利，孝汉应高速公路年底通车，汉北河南垸至新沟段航道工程云梦段完工。419 省道改扩建工程、334 省道改建工程（清义线）、316 国道大修项目、云梦新 316 国道应急维修工程、211 省道中修、长兴三路（云梦段）道路绿化提升工程，沙隔线改造工程、农村公路建设、舒桥改造等全部完工；347 国道云梦联合桥至护子潭大桥段改扩建工程、211 省道云梦应城界点永兴至道桥段改建加快建设。重点创建 334 省道桃辛线"路长制"示范线（桂花潭大桥至金义大桥段）完工，全长 16.58 公里，投资 8850 万元，实施路面改造、绿化提升及文旅服务建设。云梦盐化工园临港配套工程、344 省道云梦赵喻至王家垮段新建工程、汉十高速公路云梦收费站进出口扩容、316 国道安全设施精细化提升、防灾预警救援应急智慧交通指挥中心等项目正在做项目前期工作。

"四好农村路"建设。"四好农村路"建设超额完成省交通运输厅下达的 46.38 公里年度目标任务。湖光路、凌云路、秀才路、东霖路 4 个项目有序建设。对照省级示范乡镇创建标准，完成 50 公里农村公路路面、安防、绿化、环境整体提升；新改建 2 座驿站和 3 座候车厅；整理完善创建工作资料 8 本，录制 12 分钟创建宣传视频资料。沙河乡被评为全省"四好农村路"示范乡镇。云梦县"路长制""公路+产业""公路+文化""公路+生态"做法被推介。

公路养护。狠抓日常维护保养，做好路面挖补、乳化沥青碎石封层、灌缝、清理桥梁伸缩缝、处理桥面裂缝、新安装波形护栏等日常养护。完善绿化和沿线设施，路肩割草除杂 837 公里，剔除分隔带杂树约 300 株。清洗国省道沿线设施，完善各类标识标牌、补划标线。

行业监管。组织执法专班，严查过境车辆违规带客、车辆超限超载、非法营运车辆违规经营行为，维护客运市场秩序。定期开展从业职业培训、法纪教育，提高从业人员法律意识和服务意识，开展从业人员培训 4 期。开展为期 30 天执法巡查，收缴违规标识牌 3 幅，谈话告诫疑似非法营运车主 5 人次。开展机动车驾培市场专项

2023 年 4 月 27 日，孝感市普通公路综合应急演练在云梦县举行

整治行动，查扣违规教学车辆 3 辆，责令整改 3 起，关停违规驾培机构 2 家。开展邮政寄递行业整治，检查寄递企业 8 家、寄递网点 24 处。加大对出租汽车日常巡查力度，加快投诉处理和投诉案件办结进度，警告、处罚出租汽车违规经营 30 余辆次。

超限超载治理。依托伍洛不停车超限检测系统开展超限车辆不停车检测，检测车辆 6785 辆，向交警部门推送逃逸违法超限运输车辆信息 1100 辆。联合交通综合执法大队、交警、运管部门开展流动治超，查处超限运输车辆（含"百吨王"）66 辆、卸载 1140 吨。

安全应急管理。始终强化安全生产底线思维和红线意识，严格落实"一岗双责"，进一步提高安全意识。开展重大事故隐患排查治理活动，持续对全县交通运输行业内的重点部位、重要环节开展安全隐患排查和治理。加强安全检查力度，综合运用约谈、通报、信用、曝光等手段，督促问题多发企业履行安全生产法定责任。全年开展安全检查 130 余次，查出隐患 154 个，其中挂牌督办隐患 3 个，全部完成整改。完成公路平交路口和重点路段安全隐患 30 处整改。

（伍梦娇）

【安陆市】至 2023 年底，全市公路总里程 2600.69 公里，公路密度 192.13 公里 / 百平方公里，其中高速公路 64.10 公里、一级公路 41.37 公里、二级公路 268.72 公里、三级公路 74.16 公里、四级公路 2152.34 公里；按行政等级划分为国道 23.76 公里、省道 191.12 公里、县道 225.26 公里、乡道 433.80 公里、村道 1662.65 公里。全市境内拥有铁路里程 54.5 公里，其中汉丹铁路 24.9 公里、汉十高速铁路 29.6 公里。有大中小桥梁 276 座。内河航道通航里程 40.3 公里，有渡口 3 个。有客运站 7 个，其中二级客运站 1 个、三级客运站 1 个、五级客运站 5 个。有大型物流园 2 个。

基础设施建设。全年完成交通固定资产投资 5.46 亿元。262 省道桃园河

2023 年 9 月 7 日，安陆市寄递物流共配中心正式投入运营

至孛畈段改扩建工程正在进行面层施工中，全年完成投资 7195 万元。243 省道陈店至胡棚改扩建工程完成投资 5000 万元。农村公路建设完成 166.1 公里，完成投资 10341 万元。"三年消危"第二批 5 座危桥完成投资 632 万元。烟应线"路长制"示范线提升工程全面完成投资任务。210 省道周家湾至养护中心中修工程 3.15 公里、316 国道大山店河至毛庙段大修工程、万杨线大修工程 2.87 公里完成投资 8757 万元。316 国道迎"国评"完成投资 800 万元。

运输服务保障。全年公路完成客运量 215 万人次、旅客周转量 6105 万人公里。全市拥有客运车辆 166 辆，其中新能源车 103 辆；货物营运车辆 463 辆。推进实施全域公交，主动协调汽运总公司陆续收购安陆至赵棚线、安陆至孛畈三里线、安陆至双河线、安陆至辛榨线、安陆至木梓天然线农村客运车辆，部分线路投入新能源公交车运行。新采购新能源公交车 80 辆，办理和完善相关营运手续，开通白兆山旅游专线，恢复 7 路、4 路公交运营，满足全市城乡居民出行需求。积极推进站场建设，完成赵棚镇农村综合服务站前期工作，完成新建农村候车亭 23 个，其中港湾式候车亭 21 个、直停式候车亭 2 个。积极支持供应链物流体系通道、枢纽体系和平台建设。推进寄递物流进村高质量全

覆盖，完成安陆市寄递物流共配中心、冷链仓储及农村智慧服务中心建设。

公路管养。加强路域环境整治力度，清理边沟 66.74 公里，清理护栏 44.87 公里，平整路肩 16.66 公里。加大机械清扫、洒水力度，每天清洁 50 公里以上。在木石线、水白线、刘黄线 3 条县乡道 25 余公里补植红叶石楠、法国梧桐、郁金香等。完成年度农村公路专业养护维修计划，涉及 12 个乡镇 44 条线路 157.48 公里。坚持路政巡查与养护巡查相结合，发现、制止各类违法侵权案件，办理路政赔（补）偿案件 2 起，清理乱搭乱建 5 处，拆除非公路标志 15 块，纠正违章作业 6 处。

"路长制"示范线创建。投资 2.19 亿元对纵贯安陆西部乡镇、全长 41 公里的烟应公路全面提档升级，打造"路长制"升级版。坚持规划先行，突出创建重点，结合全市建设"一区一地"目标定位，确立"一线多点，全面整治"的规划思路，着力构建"一廊三段十景"景观格局。坚持融合理念，助推产业发展，连接府河西部 5 个功能城镇和 12 个和美乡村，惠及沿线 4.5 万群众，实现一线串珠、多元融合、整体联动。坚持建管并重，推动常治长效，建立从地面到空中、从属地到部门、从线点到块面的立体式、全方位管护制度，完善考核倒逼机制，变"路长制"为"路长治"。

行业监管。开展道路交通安全和运输执法领域突出问题专项整治。印发《关于征集道路交通安全和运输执法领域突出问题线索的通告》，设立举报箱，在单位和全市300辆出租汽车电子显示屏滚动宣传，促进专项整治工作深入开展。加强运输市场监管，网上稽查客车330余辆次，检查违规车辆1辆，查处外籍过境违规客车3辆、违规出租汽车38辆次，查扣非法营运车辆25辆次。规范维修、驾培、托运市场。依法依规查处非法改装和超限运输车辆违法行为，查处非法改装车辆6辆次，暂扣非法改装货车营运证从业资格证9本。推进科技治超，强化路警联动常态化，用好新316国道吴棚、262省道三冲2个不停车治超检测点和治超抓拍系统，实施"网格作战"、精准查处。严厉打击"百吨王"、假牌套牌、有组织集中逃避检查、"带车黄牛"等违法行为，查处超限超载车辆88辆，卸货2246.7吨。

安全应急管理。树立安全生产底线思维，落实行业部门监管责任，加强道路、水上运输领域和工程建设领域安全保障工作。聚焦货车运输、道路客运、公路桥梁、超限超载、公路安全、交通建设、渡口渡船、公路桥梁8个重点领域，按照行业安全标准，常态化开展安全检查。开展危险化学品安全整治，查处车辆违规3辆次，批评教育驾驶员5次。全年没有发生较大以上安全责任事故，安全生产形势持续稳定。

（陈克柱）

【大悟县】 至2023年底，全县公路通车里程4402.52公里，公路密度276.3公里/百平方公里，其中高速公路150.2公里、一级公路72.07公里、二级公路351.72公里、三级公路206.44公里、四级公路3622.08公里。有客运站14个，其中一级客运站1个、二级客运站1个、三级客运站3个（其中在建1个、扩建1个）、五级客运站9个，有农村候车亭113个。

基础设施建设。全年完成交通固定资产投资38576万元，比上年下降4%。346国道大悟县河口至城关段一级公路第二标段路基工程基本完成，在开展水稳层和桥梁梁板铺设工作，完成投资7910万元。完成县乡道建设16.43公里，乡村路网延伸公路46.96公里，农村公路提档升级101.04公里。完成15座危桥改造，投资14198.12万元。省道大修28.33公里，完成投资2975万元。新大线王店至宣化段"路长制"建设23.6公里，完成投资12200万元。基本建设完成黄站镇三级汽车客运站，投资1970万元。

"四好农村路"建设。全年完成农村公路提档升级101公里、县乡道改造16.43公里、通村通组公路46.96公里、新增农村公路桥梁6座135.93延米。

农村公路危桥改造工程第一批94座完成交竣工验收，第二批10座全部进场施工。实施美丽公路创建，结合幸福生活共同缔造实践活动，申报"美丽农村路"38公里，通过以点带面、示范引领，打造美丽公路品牌。实施农村公路路面改善工程，完成茶叶公园道路路面刷黑升级4.10公里、黄杨线路面大修1.6公里、城关镇新街村路面刷黑升级3公里、县道宣矿线路面改造1.7公里、芳新线（白果树湾至宋应线）路面改造12.04公里，有效解决企业发展及周边居民通行难题。补齐农村公路短板，推进农村"断头路"打通工作，完成农村"断头路"项目15.65公里。开展"示范乡镇"创建，完成彭店水库环库路20.5公里"白变黑"工程及安防配套设施，彭店乡成功创建全省"四好农村路"示范乡镇。

运输服务保障。全年公路完成客运量348.01万人次、旅客周转量1.86亿人公里，比上年分别增长60.6%、62.9%。巡游出租汽车客运量583.42万人次，比上年增长22.4%。城乡客运一体化情况：完成35辆农村客运老旧燃油公交车收购，其中东新线17辆、芳畈线14辆、政通公司4辆，新投入新能源公交车82辆，开通公交线路18条，其中城区线路7条、城乡公交线路10条、定制线路1条。新建港湾式候车亭55个，改建乡镇汽车客运站1个，进一步推进黄站镇三级汽车客运站建设、宣化店镇汽车客运站扩建。

路政管理。加强宣传巡查力度，重点整治路障占道、以路代市、违法设路施工等问题，切实维护公路路产路权，美化优化净化公路环境。全年拆除各类非公路标志标牌312块，清理路肩堆放物306处，拆除违建房1栋，清理路边摆摊设点37处，铲除边坡种植作物，清理各类临时加水点，处理路损案件9件。拟定超限超载工作方案，成立工作专班，构建专项工作机制，与交警部门联合执法，对涉嫌超限超载车辆进行整治。

行业监管。开展城区客运市场整治工作，严厉打击非法营运车辆，维护城区正常的客运秩序。全年查处非

2023年，大悟县高质量推进"路长制"示范线创建。图为326省道新大线"路长制"示范线

法营运车辆23辆，查处各类货运违规经营行为126起，批评教育103人次。加大客运班线管理，及时处理客运班线信访投诉，约谈客运班线公司6家，处理违规客运车辆11辆。重点在汽车站、高铁站、学校门口、医院等场所大力宣传"打非治违"行动，组织宣传《拒乘黑车、安全出行》23次。组织专业人员拍摄制作"大悟V讯"视频2条，发布执法通讯稿。加强维修企业、驾校日常管理，完成29家维修企业和4所驾培企业规范化达标及企业质量信誉等级考核，新增三类维修企业5家，关停1家驾校非法培训点和1家未备案违规经营维修企业，处理驾培投诉21件，回复维修投诉8件。

科技信息化。推进交通运输信息资源共享合作，加强电子路单、超限超载治理、高速公路协同管理等信息普遍共享。深化"互联网＋政务服务"，推进政务服务"一张网、一扇门、跑一次"改革，推进"互联网＋监管"，深化事中事后监管模式改革。建设关键信息基础设施安全防护和监管平台，建设指挥联络系统和应急处置系统，提高全县交通运输网络安全防护和应急处理能力。

安全应急管理。以创建"平安交通"为载体，完善考评体系和约谈、挂牌督办等工作机制，强化安全生产监管责任和企业主体责任落实。做好重大风险分级管控，持续推进超限超

2023年，孝昌县107国道平交路口整治施工中

载、公路安全设施精细化提升行动。聚焦道路运输等重点领域和"两客一危一货一面一校"等重点车辆，严厉打击"三超一疲劳"等违法违规行为，扎实开展安全隐患排查治理。全年组织安全生产大检查16次，检查企业10家，排查隐患7条，均完成整改。针对重点时段和恶劣天气，加强部门联动，强化应急防范和应对，妥善处置突发事件。4月14日，在泉水隧道、泉水大桥成功举办桥隧应急消防演练活动。

交通改革。将大悟县邮政行业发展和安全监管职能划入大悟县交通运输局。大悟县物流发展局更名为大悟县道路运输事业发展中心，加挂大

悟县邮政业发展中心牌子，大悟县邮政公司相关服务职能划入大悟县道路运输事业发展中心（县邮政业发展中心）。大悟县交通运输综合执法大队加挂大悟县邮政监管执法大队牌子，县邮政公司相关执法职能划入县交通运输综合执法大队（县邮政监管执法大队）。以上划入的职能职责由孝感市邮政管理局对大悟县交通运输局及其所属事业单位履行必要的授权和委托，受委托单位在委托范围内以委托单位名义履行职权，开展工作。

（沈谦）

【孝昌县】至2023年底，全县公路里程3198.24公里，公路密度262.79公里／百平方公里，其中高速公路44.9公里、一级公路59.6公里、二级公路180.7公里、三级公路121.8公里、四级公路2791.24公里。有客运站6个，其中二级客运站1个、五级客运站5个，有候车亭85个。

基础设施建设。全年完成交通固定资产投资5.57亿元，比上年增长18.67％。107国道北段二期工程建设全部完成，主要完成廊道绿化29公里、建设驿站1个、建设景观小品6处，改造沿线村庄立面、整治平交路口、完善安防设施。全县14个乡镇区共建示范线路13条、路线76.6公里。

"四好农村路"建设。积极开展"四好农村路"示范创建工作。完成70

261省道孝昌县大脚山交通驿站

公里"美丽农村路"创建任务，完成王店镇磨山产业环线创建全省"十大最美农村路"申报工作；启动季店乡全省"四好农村路"示范乡镇创建工作。

运输服务保障。共有办理道路运输证货运车辆545辆、总吨位4769.35吨，其中12吨以上车辆352辆、总吨位4270.73吨。有货运企业28家、车辆73辆，其余均为个体经营。4月，孝昌县启动全域公交创建工作，完成季店、陡山、卫店、花西、白沙5个乡镇及陈店共41辆原农村客运班线车辆收购，开通孝昌至季店公交，孝昌城区至陡山、花西、白沙城乡公交，新购30辆新能源公交车正式投入运营。

行业管理。充分利用小河、陡山2个不停车检测系统，共建交警、交通网络执法平台，实现非现场执法、网上执法、24小时不间断执法。全年查处超限超载车辆313辆，卸载货物9335吨。利用城区开展"三无"车辆专项整治行动，联合交警和城管执法大队在城区严厉打击非法营运车辆经营行为，及时纠正客车、公交车违章行为。查扣非法营运车辆123辆次，收缴顶灯并集中销毁195个，对客车安全检查240辆次，纠正客车轻微违法违章行为210次，处理非法过户出租汽车2辆，处理违规训练驾校车辆2辆。

安全应急管理。深入开展交通运输"安全大检查、隐患大排查、大整治"活动。全年组织综合交通安全大检查29次，排查安全问题隐患592处，其中公路地质灾害隐患5处、平交路口隐患563处、客货运输领域隐患23起、水上安全隐患6处，全部完成整改。对107国道、115省道、116省道、261省道等全县普通国省道重要平交道口进行安全设施精细化提升。全年完成平交路口安全隐患整治563处，安装爆闪灯、警告标志884余套、减速带1500米；安装波形护栏3150米，更换波形钢护栏938米，维修波形钢护栏542米；安装标志标牌288块，补划道路标线4680平方，施划振动标线1238.5平方米；更换公里碑8块、百米桩150根、道口桩525根。

（曾若男）

黄冈市交通运输

【概况】 至2023年底，黄冈市公路通车总里程34876.9公里，公路密度200.4公里/百平方公里，其中高速公路798.7公里、一级公路958.6公里、二级公路2751.5公里、三级公路1414公里、四级公路28812.1公里、等外公路142公里；按行政等级（不含高速公路）分为国道887.7公里、省道2018.6公里、县道2903.9公里、乡道10757.9公里、村道17509.1公里。全市铁路营运里程626.4公里，其中复线里程518.6公里，电气化里程584.6公里。内河航道通航里程698公里，其中一级航道200公里、三级航道42公里、四级航道14公里、五级航道15公里、六级航道14公里、七级航道109公里、等外航道304公里。全市有港口码头泊位121个，其中生产用泊位86个、非生产用泊位35个。全市有等级客运站100个，其中一级客运站1个、二级客运站13个、三级客运站9个、四级客运站7个、五级客运站70个。

基础设施建设。全市完成交通固定资产投资159.97亿元，其中铁路2.45亿元、高速公路66.78亿元、普通公路65.21亿元、港航建设13.63亿元、客货运站场投资11.9亿元。沿江高铁合武段、武穴港区多式联运项目、347国道举水河大桥、武穴田镇恒鹏物流码头、麻城大别山综合物流园等重点项目开工建设。沪蓉高速公路红安联络线提前1年建成通车，207省道黄冈化工园至南湖工业园段改建工程提前完工，武汉新港江北铁路通车运营。黄冈西站改扩建、武英高速公路石桥铺互通、347国道陶巴路等项目完工。全国深入推进公路水运平安百年品质工程建设现场会在黄冈召开，燕矶长江大桥作为现场观摩项目。蕲太高速公路蕲春东段、347国道等72个在建项目加速推进。推进多彩旅游线路建设，构建"快进慢游"交通体系，推动"交通+文旅""交通+产业"融合发展。全市完成一级公路路基30.61公里、路面58.03公里；二级公路路基75.94公里、路面89.98公里；完成新改建农村公路2116公里，危桥改造178座。新开工武穴恒鹏码头、浠水固昌码头等项目，优质服务

2023年5月28日，黄冈唐家渡港区临港新城综合码头开港

浠水绿色建材循环产业园码头、浠河航道整治工程等续建项目。黄梅刘佐汇通码头、蕲春管窑长风油库码头、武穴田镇铁水联运码头等项目获交通运输部岸线批复，黄梅宇洋码头、蕲春石鼓冲绿色建材基地项目配套码头在省级组织审查岸线中。夯实船舶污染物接收转运处置基础，电子联单闭环率达到98%以上，完成32艘船舶受电设施改造，推动港口企业改造供电设施，港口岸电使用显著提升。黄冈西站新站房、站场改扩建完工，武穴综合客运枢纽基本完工。罗田大别山地标优品智慧物流园、团风丰树物流园全面投入运营，蕲春智慧物流园和黄梅县智慧物流产业园投入试运营，麻城大别山综合物流园、红安县农产品物流交易中心等6个"一县一中心"项目全部开工建设。

"四好农村路"建设。着力提高路况水平，优化路域环境，打造节点景观，完善服务设施，提升服务质量。持续推动农村公路提档升级，完成新改建农村公路2075公里，提档升级1029公里，危桥改造309座。黄冈市获评全国"四好农村路"建设市域突出单位和全省"四好农村路"示范市，黄州区、浠水县被评为"四好农村路"全国示范县，成功创建省级示范县6个、示范乡镇26个。蕲春县绿唐线被评为全国十大美丽农村路，红安县经典旅游景区公路获评全国"我家门口那条路——最具人气的路"，黄州区王李线、英山县茶叶谷旅游公路、红安县七里坪镇红色景区旅游公路获全省"十大最美农村路"，浠水县洗马镇洗桃公路获全省"最具人气农村路"。麻城市106国道，英山222省道，罗田、浠水220国道等成功创建200公里全省美丽国省道。

运输服务保障。公共交通快速发展，黄州城区实现公交站点500米范围内公交出行全覆盖，红安县创建全国城乡交通运输一体化示范县通过验收，团风县成功创建"湖北省全域公交县"，成为武汉都市圈首个省级"全域公交县"。全市有城市公交车1943辆，全年新增307辆。全市城铁站、客运站、水运渡口全年运送旅客1915万人次，公交车、出租汽车运送旅客8734万人次。城铁站等重要交通站场查验非法营运车辆1200辆次，有力维护群众出行平安。投入448万元对全市14处设施陈旧、安全设施老化的乡村渡口提档升级；成功开通万华广场到黄州中学等3条学生专线，开通敬老和拥军专线各1条，新建电子公交站牌50块。

物流发展。进一步健全县乡村三级物流体系，推动市政府出台《黄冈市农村寄递物流体系建设工作方案》，全市115个乡镇建成物流综合服务站183个、村级物流服务网点3610个，建点率和覆盖率达到100%，全面打通消费品下乡和农产品进城"最后一公里"。围绕"稳增长、促发展"总要求，不断壮大运输物流市场主体，全市有规上交通运输企业97家，AAA级及以上物流企业34家。物流园区建设加速，顺丰冷运中心、鄂东邮件处理中心、红安家居物流产业园快速建设，罗田大别山特色农产品智慧物流园、团风丰树物流园、黄梅智慧物流园等5家物流园建成使用。新开辟"黄冈—阳逻—四川—河南南阳"散改集铁水联运线路、黄冈至武汉集装箱"天天发"城际航线、舟山至黄冈"江海直达16""宁波—黄冈"江海直达等航线。截至2023年底，共签约亿元以上大物流项目11个，投资额达66.68亿元，黑豹物流、亿格云仓等优质物流企业落户黄冈。

公路管养。按照"路况优、桥隧安、设施全、路域美"要求，启动国省道路面大中修、危旧桥隧改造、安全设施精细化提升、灾害防治等四大工程，全年完成路面大修288.54公里、中修263.41公里，全年创建"四美"公路202.26公里，打造品质桥梁36座，绿化新（补）植5.9万株，完成安全设施精细化路段整治305.19公里。完成整修路肩、清理边沟、修补沥青路面坑槽、沥青路面灌缝、修补水泥路面破板、水泥路面清灌封等日常养护工作。实施养护提质样板路13条464公里；高标准创建3条200公里美丽国省道，并通过省级验收；投入1041万元实施公路绿化提升里程261公里。积极推进"品质桥梁"工程，全面完善"四牌一步道"。全市改造提升桥梁防护能力36座；黄州统一更换桥梁支座8座，更正有误桥梁信息牌4座；红安完成11座桥梁护栏刷漆、14座桥梁无缝伸缩缝处治；浠水完成85座桥梁"一桥一档"，并完成下巴河特大桥桥梁健康监测系统建设。

科技信息化。黄冈市道路运输第三方安全监测平台建成并上线试运行，对全市79家"两客一危"重点运输企业的1726辆车，12吨以上重载营运普通货运5000余辆车进行全年365天

建设中的燕矶长江大桥

实时监测。黄冈市 50 座智能公交电子站牌投入使用，涉及公交线路 10 余条，进一步改善城市公交乘车环境，为乘客出行提供更加便捷服务。

优化营商环境。推进落实更大力度降低物流成本 5 项重点任务，推进"创品牌树标杆""共建武鄂黄黄国际性综合交通枢纽"改革项目，报送"积极拓展道路运输电子证照便民服务应用场景，推广全国道路运输电子证照亮证小程序"。聚焦"冈好办"和"六改六办"，积极推进道路运输电子证照推广应用工作，全市生成道路运输电子证照 8000 余个。创新推动道路运输行业政务服务无人干预自动审批。落实道路货运领域改革政策，持有 A2、B2 驾驶证和身份证可直接申领普通货运从业资格证，无须再参加交通运输主管部门单独组织的培训考试。积极配合市政数局"大综窗"改革工作，持续优化部门"小综窗"改革成果。全年受理各类行政许可事项 12685 件，所有事项按时办结率为 100%，所有办件评价满意率为 100%。团风县"建立大件运输重点货运源头单位联系机制"项目入选省级先行区改革试点，并通过省交通运输厅验收。

安全应急管理。扎实开展重大事故隐患专项排查整治行动、交通运输安全生产十大行动、安全生产双攻坚行动等，检查企业 2151 次，排查整改隐患 2287 个，下达执法文书 840 件，责令停产 3 家，约谈警示 180 人次，公布典型执法案例 12 起。国省干线公路完成安全设施精细化提升 305 公里，农村公路完成安防工程 1382 公里。"三年消危"行动 1441 座危桥改造任务全部完成。全市 800 公里以上省际客运班线由 22 条核减为 17 条，卧铺车辆全部退出。注销重载货车 1946 辆，蕲春县探索推进大货车集约化管理。投入资金 600 余万元，开展 14 处"美丽乡村渡口"共同缔造项目。黄冈智慧港航项目完成 118 个港口码头与乡村渡口监控点位终端和平台建设。路警联动强化治超，全年查处超限超载车辆 4371 辆，卸转载货物 10.79 万吨。罗田、英山、蕲春等地将治超工作一

并纳入辖区矿产资源综合管理机制统筹部署、统筹安排。全力应对强降雨天气，及时排除英山省道小白线、蕲春县道张花线局部垮塌等险情。排查整治 600 处普通公路平交路口安全隐患，完成 230 国道红安段恶劣天气高影响路段优化提升治理。整改销号省级挂牌督办麻城市、浠水县 2 处道路安全隐患，市级挂牌督办 9 处隐患，麻城市 106 国道省级挂牌督办隐患整改被评为全省十大精品案例。约谈高风险运输企业 84 家，淘汰 57 座以上大客车、卧铺大客车 16 辆和营转非大客车 25 辆。协助重点运输企业排查"脱管"重点隐患车辆 197 辆。

（潘攀）

【黄州区】 至 2023 年底，全区公路总里程 1448.9 公里，公路密度 400.3 公里/百平方公里，其中高速公路 20.8 公里、一级公路 157.4 公里、二级公路 91.2 公里、三级公路 290.7 公里、四级公路 888.8 公里；按行政等级（不含高速公路）分为国道 35 公里、省道 73.6 公里、县道 142.8 公里、乡道 325.7 公里、村道 851 公里。境内河流适航通航里程 57.87 公里，其中长江 36.67 公里、内河（巴河）21.2 公里。有泊位 30 个（其中生产性泊位 22

个、功能性泊位 8 个），在建生产性泊位 6 个，最大靠泊能力 5000 吨级。有客运站 5 座，其中二级客运站 1 座、三级客运站 1 座、五级客运站 3 座。

基础设施建设。全年完成交通固定资产投资 6.25 亿元。燕矶长江大桥黄冈侧主桥桩基和承台全部完成；武鄂黄黄快速道路系统纵二黄冈黄州区段品质提升工程推进得力，被列为全省"红旗"项目；207 省道黄冈化工园至南湖工业园段改建工程完成路基建设；347 国道陶店至巴河段一级公路建成；347 国道陶店至举水河桥（黄州段）加速推进路基、桥涵施工；106 国道、沿江路及黄州大道北沿线综合能力提升工程高效推进，以市区为核心，连接周边县市的"扇形"骨干路网初步形成。

"四好农村路"建设。进一步提升美丽农村路建设品质，实现连接断头路、完善旅游路、配套产业路，服务群众出行，促进产业发展，助力乡村振兴，完成农村公路提档升级支撑乡村振兴工程 51.45 公里，实施背街小巷刷黑工程 4.5 万平方米，创森绿化农村公路 26.3 公里，创建"美丽农村路"10 公里，打造路太线、黄袁线、王李线"美丽经济交通走廊"3 条 19 公里，建设农村公路景观节点 9 处，完成安防精细化提升工程 83 公里，维

黄州区黄上公路贯穿线

2023 年 2 月 16 日，黄冈至武汉集装箱城际航线首航

修农村公路破损路面 1.4 万平方米，农村公路养护考核连续 2 年获评全省"十佳"。堵城镇成功创建全省"四好农村路"示范乡镇，至此全区三镇一乡均成功创建全省"四好农村路"示范乡镇，实现首个"四好农村路"示范乡镇全域覆盖。

多式联运。逐步开通多条"公水""公铁"运输线，加速推动市区多式联运补链强链。全力推进黄州港总体规划调整；对接拓展黄州港大宗物资物流航线，开通黄州港至武汉阳逻港城际集装箱"天天班"航线、黄州港至宁波港大宗物资江海直达航线、黄州港至舟山港江海直达航线，黄州港通江达海能力进一步提升。协助推进黄冈国盛化工公铁物流园区项目建设，逐步实现危化品运输单一形式向"公铁联运"多式转化；黄州火车站货场开通黄州至寿光铁路货运班列，进一步打通大宗物资铁路集散通道。

运输服务保障。全区客运企业 10 家，其中二级客运站 1 家、旅游客运企业 4 家、班线客运企业 4 家、城乡公交企业 1 家，客车共 272 辆，其中班线客车 72 辆、旅游客车 72 辆、城乡公交车 128 辆（其中新能源车辆 69 辆、燃气车辆 59 辆）。道路客运班线（含城乡公交线路）38 条，其中省际线路 3 条、市际线路 10 条、县际线路 18 条、城乡公交线路 7 条，全年道路客运量

70 万人次。普通货物运输企业 242 家、普通货运车辆 3455 辆。危险货物运输企业 15 家，危险货物运输车辆 677 辆，包括拖头车与挂车。维修企业 271 家，其中一类维修企业 23 家、二类维修企业 121 家、三类维修企业 127 家。驾校 9 所，其中一级驾校 2 所、二级驾校 1 所、三级驾校 6 所。港口经营企业 11 家，水运企业 9 家，农村渡口 2 处，拥有各类运输船舶共 148 艘。

物流发展。全区新增交通运输、仓储和邮政业规上企业 8 家，新增居民服务、修理和其他服务业规上企业 1 家。新增 AAA 级以上物流企业 14 家（AAAA 级 4 家、AAA 级 10 家），总数达到 21 家（AAAA 级 8 家，

AAA 级 13 家）。新增交通运输部规上企业 13 家（培育储备道路运输货运企业 9 家），总数达到 15 家。区乡村三级寄递物流枢纽节点逐项建设完成，末端配送网络不断健全。按照省、市"一县一中心、一乡一站点、一村一网点"工作要求，聚焦解决"消费品下乡、农产品进城"难题，全区建成镇级寄递服务共配中心 5 个、村级快递服务网点 91 个，实现镇村寄递物流服务全覆盖。鄂东（黄冈）邮件处理中心项目、黄州区城配中心项目区域性物流"双中心"项目加速推进建设。

安全应急管理。强化安全生产主体责任落实，紧盯辖区内"两客一危"企业、渡口、港区等重点领域及公路临水临崖、陡坡急弯、地质灾害、公路桥梁等重点路段，提前做好防范与应对，开展安全隐患大排查大整改工作。全年开展安全检查 80 余次，下达执法文书 244 份，排查一般隐患 385 处，均完成整改。完成"106 国道黄州段平交道口安防设施不完善"包保重大隐患整改，完成农村公路安全精细化提升工程 83 公里。统筹抓好项目推进和行业安全生产，全区交通工程建设、公路航道运行环境、危化品运输等领域无一例重特大责任安全事故发生，连续多年保持平稳态势，平安交通建设稳步推进。

（徐闻聪）

【团风县】 至 2023 年底，全县公

团风县牛车河旅游公路大桥

路总里程 2772.43 公里，公路密度 332.78 公里/百平方公里，其中高速公路 75.90 公里、一级公路 59.022 公里、二级公路 161.959 公里、三级公路 44.266 公里、四级公路 2431.279 公里。内河航道通航里程 37.8 公里（界河按二分之一算），有港口 1 个、生产性码头泊位 2 个、渡口 6 个。有客运站 10 个，其中二级客运站 1 个、五级客运站 9 个，农村客运招呼站 356 个。

基础设施建设。全年完成交通固定资产投资 6.99 亿元，比上年增长 50%。其中公路建设完成投资 6.93 亿元，建成一二级公路 13 公里，国省干线公路大中修 36 公里，建设农村公路 160 余公里。新建总路咀镇、杜皮、方高坪、回龙山乡镇综合运输服务站 4 个，改扩建黄湖新区综合运输服务站、淋山河镇、上巴河镇综合运输服务站 3 个，新建国省干道标准农村候车亭 144 个，村级招呼站 150 个，城市智慧公交候车亭 58 个。投资 513 万元续建超限检测站。

"四好农村路"建设。全年完成农村公路建设 126.34 公里，分别为第一批农村公路建设 88.06 公里，其中提档升级公路 79.97 公里、通村公路建设 8.09 公里；307 县道马总线旅游产业公路分两期完成建设 5.79 公里；总路咀镇和美乡村建设交通项目 7.47 公里；团风镇、淋山河镇、贾庙乡产业旅游路 7.09 公里；配合全市农村公路污水治理，完成马曹庙环境整治交通项目 7.89 公里；为提升总体通行能力，完成交通补短板 10.04 公里。贾庙乡成功创建全省"四好农村路"示范乡镇。

运输服务保障。全年公路完成客运量 107.1 万人次、旅客周转量 3757.84 万人公里，比上年分别增长 45.12%、67.13%；完成货运量 708 万吨、货物周转量 7.91 亿吨公里，比上年分别增长 8.5%、9.1%。水路完成货运量 533.58 万吨、货物周转量 28.81 亿吨公里，比上年增长 36%、42%。全县有客运经营业户 7 家（其中旅游公司 1 家），公交车 124 辆，公交线路 36 条。客运班线 34 条，其中市际

班线 7 条、县际班线 6 条、县内班线 21 条。货运经营业户 38 家，货运车辆 571 辆。备案维修企业 28 家，其中一类企业 4 家、二类企业 17 家、三类企业 7 家。汽车综合性能检测站 1 家。有三级驾校 4 家。

物流发展。农产品物流大通道县级集配中心，承担全县快递物流中转集配功能。整合中通、申通等 5 家快递物流公司成立团风县派卓物流供应链公司，5 家快递公司完成搬迁并投入运营。乡镇物流综合服务站主要依托各乡镇客运站、邮政支局以及城中村和社区居委会等交通相对便利场地精心改造，全县新建的 9 个乡镇物流综合服务示范站点全部建成并投入运营。全县设立村级物流综合服务网点 184 个，对有运营能力的 24 个服务网点进行提档升级，新建一般服务网点 111 个、重点村服务网点 49 个，村级网点全面通过验收。

城乡客运一体化。团风县城乡公交一体化、交通公共服务均等化取得显著成效。11 月 3 日，经省交通运输厅材料审核、现场考察、公众调查和成效评价等方面考核验收，团风县达到省级"全域公交县"标准，授予团风县"湖北省全域公交县"称号。全县运行公交线路 36 条，其中城乡公交线路 26 条、城区线路 7 条、城际公交 3 条，形成以城区为中心，城区、城

乡公交线路为一体的公共交通服务网络，覆盖全县所有乡镇和行政村。

公路管养。全年完成 241 省道贾庙街至三庙河段 15.5 公里、106 国道方高坪至枣树店段 6.12 公里、318 国道沙河图至枣树店段 2.54 公里和标云岗至沙河图 5.65 公里等大修工程，完成 106 国道井边寨至护林岗段 4.5 公里和回龙立交桥至草塘 4.06 公里、318 国道枣树店至回龙华家大湾中修工程。全年完成路面改善 41.2 公里，有效提升公路路况水平。完成沥青路面清灌缝、修补路面坑槽、补植百米桩、清理涵洞、桥梁养护、更换和维修桥梁标志标牌、处理桥梁伸缩缝等日常养护。以普通国省道穿越城镇路段和平交路口及重点隐患路段为重点，开展公路安全设施精细化提升行动。全年完成 318 国道新桥至竹林岗段 50.9 公里、106 国道枣树店至回龙山草塘段 10.67 公里交通安全设施精细化提升工程。开展美丽国省道创建活动，完成国省干线补植树木 44.98 公里，完成 241 省道团风县胡家山至团风县贾庙段提质样板路种植花草 3.20 万平方米，美丽公路片石混凝土挡土墙 610 立方米。按照市县共建模式，完成黄冈市公路应急管理中心基础设施建设。加强公路日常安全巡查，集中整治危桥险段安全隐患，完成 347 国道罗家沟桥、106 国道孙家山桥、318 国道

团风县旅游公路养护中

螺丝港桥、318国道溢流河桥、241省道陵园桥等5座桥梁危桥加固，修复钢护栏600余米，提升公路安全防护功能。完善国省干线路网监控网络，对国省道长大陡坡路段、危险路段、大桥、交通容易拥堵路段段再次进行实地调查，新增监控地点5处。提升公路社会服务水平，更新完善县内3处交通驿站服务设施，配备消防器材、免费休息场所、照明设施、免费热水等公共服务设施，常年维护停车场地面、标线等设施，保持良好卫生环境，为过往车辆和行人提供优质服务。

路政管理。加大占道经营治理及路域环境整治力度，服务于优化营商环境，成功创建大件运输重点源头企业联系机制。拆除非公路标志、清理公路及公路用地范围内堆积物、清理占道经营、清除占道垃圾箱、整治平交道口。查处毁路损路案件49起，联合交警查处肇事逃逸案件2起，案件查处率达100%、结案率达98%、索赔率达98%，执法过错率保持为零，无行政复议、行政诉讼案件发生。全年经办交通审批件4640件，其中二类件4305件、三类件321件、涉路施工许可14件。

超限超载治理。加大货物源头、车辆源头、车辆装载源头监控和管理力度。多措并举打击非法改装行为，对各机动车维修企业进行检查督办，有效预防和遏制道路货运车辆非法改装带来的安全隐患。开展科技治超，6月1日团风新建超限检测站正式投入运行，货运车辆检测从原来的每天700辆次提升至1100余辆次，团风县境内道路货物运输超限超载车辆比上年下降75%以上。全年路警联合开展巡查监管，查处"百吨王"6辆，查处超限超载车辆38辆，现场纠正违章车辆38辆，卸载货物4574.8吨，切实把好货运源头装载和出场关。

智能交通。完善城区52个公交候车亭智能站牌建设，投资511万元搭建"智慧公交"信息化平台，集智能调度、智慧站台、电子报站、掌上公交、一键报警等多种功能于一体，为乘客提供更加便捷优质的出行服务。全县公交车辆配置D5X车载终端，集

车载视频、监控和行车记录、智能调度于一体，安装车载摄像头和北斗定位系统，建成智慧公交监控指挥中心，创新开发云上公交运营调度系统平台，为乘客提供更加便捷优质的出行服务。公交车运行班次信息全部纳入"团风公交"小程序。

安全应急管理。制定《团风县综合交通运输安全生产突出隐患问题专项排查整治2023行动方案》，交通工程领域重大事故隐患3条，全部整改完毕。围绕春运、清明、汛期等重点时段全力开展行业安全生产监管工作。开展道路客运非法违法专项整治，查处涉客违法车辆19辆次，开展安全生产督查检查15次，排查整治交通运输领域安全隐患106处，全部完成整改。清理非交通标志17块，处置违法涉路施工8处，开展水上巡航检查，排查整改安全隐患18个，制止非法船舶下水1起。做好防汛抗旱准备工作，落实防滑料、尼龙编织袋、砂石料等防汛物资储备，同时准备客车20辆、机动船2艘、搜救艇2艘以及救生衣100件、救生圈100个。

（胡林喜）

【红安县】至2023年底，全县公路总里程3262.65公里，公路密度182.2公里/百平方公里，其中高速公路89.18公里、一级公路81.12公里、二级公路331.26公里、三级公路44.93公里、四级公路2694.78公里、等外

公路21.38公里。全县有乡镇渡口23个。有客运站13个，其中二级客运站2个、五级客运站11个，货运站1个。

基础设施建设。全年完成交通固定资产投资22.95亿元，比上年增长3.75亿元。争取奖补资金4.37亿元。武汉至红安高速公路建成通车，红安正式迈入"武汉1小时生活圈"。沿江高速铁路红安段、武汉都市圈环线黄陂至新洲（红安段）相继开工建设。武红高速公路城区连接线开工建设。346国道二程至上新集段全面开工建设，234省道八里至韩集改扩建段完成主体工程、新建段完成路基基体，234省道永河至八里段大修工程全面完工。红安三桥主体工程基本建成。

"四好农村路"建设。完成农村公路提档升级121.84公里、路网连通延伸65.49公里、改造四五类危桥184座；"三山一线"座山湾至漂流起点7.99公里刷黑升级改造完成。以"美丽农村路共同缔造"方式完成大桐线、郭北线（X108）杏花乡至张店村段升级改造。全面推进管养体制改革试点工作，构建完善县乡村"三级四专五员""路长制"体系，推行"多元化""信息化"管养新模式，全面完成2794公里农村公路日常养护和四季集中养护工作，有效提升全县农村公路路况水平，线路PQI平均值比上年上升4个点，达到78%，优良中等路率比上年上升4个点，达到80%。

2023年9月29日，武汉至红安高速公路通车运营

公路养护人员铲雪除冰保畅通

运输服务保障。全年公路完成货物周转量 8855.81 万吨公里，比上年增长 64.64%；完成客运量 71.75 万人次、旅客周转量 3458.01 万人公里，分别比上年下降 32.63%、15.40%。成功创建全国城乡交通运输一体化示范县。推进公路网、客运网、物流网三网协同，构建三级公交体系、三级物流体系两系融合，实现城乡交通运输一体化发展，一县一公司、公车公营，城区（园区）、城乡、镇村三级公交全覆盖，开设客货邮示范线路 5 条。构建"一县一中心、一镇一站、一村一点"县乡村三级物流体系，配套建成乡镇综合服务站 11 个、农村寄递物流网点 379 个。建成县级物流配送中心 1 号仓、2 号仓。

行业管理。成功收购 2 家社会出租汽车公司车辆，并入国有企业统一运营。普通国省道路况检测优良率达到 92%，完成安防设施维护及附属构造物维护。办理行政处罚案件 284 件，结案率达到 100%。办理企业信誉考核事项 12 件，客货运及出租汽车企业质量信誉考核 12 家。超限超载治理查处车辆 260 辆，其中"百吨王"车辆 42 辆，卸（转）载货物 5937 吨。路域环境整治清理堆积物 157 处，拆除非公路标牌 72 块，查处路赔案件 43 起。对全县 34 个加油站点成品油运输车辆进行登记管理，检查成品油运输车辆 40 余辆。

安全应急管理。结合"安全生产月""防灾减灾日"，开展专项宣传活动。组织安全培训 10 余次，培训人员近 500 人次，开展应急演练 12 次。开展行业领域隐患排查、安全检查，整改完成市县交办的安全隐患 14 处、道路平交路口安全隐患 55 处、一般安全隐患 16 处。更新改造乡镇客渡船舶 8 只，辖区渡船标准化改造全部完成。

（李兴名　秦祖兵）

【麻城市】 至 2023 年底，全市公路通车总里程 5661.33 公里（不含高速公路），公路密度 151.09 公里／百平方公里，其中高速公路 174 公里、一级公路 63.30 公里、二级公路 378.26 公里、三级公路 259.28 里、四级公路 4960.49 公里。内河航道通航里程 110 公里（界河按二分之一算），有渡口 6 个。

基础设施建设。全年完成交通固定资产投资 13.94 亿元。106 国道麻城彭店至余家寨、廖家湾至渣家湾段改建工程完工通车。220 国道麻城市商家垸（鄂豫界）至边店段新建工程开工建设，新改建农村公路 305 公里，完成危桥改造 52 座，新改建候车厅 58 座、招呼牌 22 个、充电桩 1 座。408 省道麻城项家河至城区段改扩建工程可行性研究报告、初步设计、施工图设计和施工招标均完成；麻城至阳新高速公路北延线项目建设公司在麻城市注册成立；湖北省举水航运开发工程项目纳入武汉都市圈综合交通规划和《湖北省综合交通运输发展"十四五"规划》水运项目库；323 省道麻城蔡店河至白果段改扩建工程、206 省道麻城城区至白果改建工程、大广高速公路新增麻城西互通项目在进行前期工作中。

"四好农村路"建设。积极推进"四好农村路"建设，全力打造产业致富路、将军故居路、生态宜居路、秀美乡村路。完成提档升级及新改建农村公路 305 公里、危桥改造 52 座，整治农村公路安防隐患 460 公里，县道实施精细化养护 497 公里，提升农村公路安全服务水平，麻城市成功创建

2023 年 11 月 28 日，顺河集大桥正式通车

2023 年 3 月 28 日，麻城市全面启动全域公交改革

全省"四好农村路"示范县。

交通执法。开展南、北火车站专项治理，重点对南、北火车站和汽车客运中心非法网约车和喊客、拉客、抢客、乱停乱放等现象进行集中整治。强化路域环境治理，全年开展路域环境联合整治行动 10 次，清理拆除非公路标志 320 块，清理占道经营 141 处，清理用地范围障碍物、堆积物 880 处，拆除违法建筑 6 处。开展大气污染防治专项整治行动，加大对货运车辆非法改装、抛洒公路、超限超载打击力度，同时督促汽车维修业停止喷涂作业。联合公安实行路警联合执法机制，严厉打击超限超载行为。

交通物流。加快麻城市现代智慧物流园项目建设，建强市级中心；以"四统一"标准和"五站合一"模式，逐步完成全市 16 个乡镇交通物流电商综合服务站基础设施提档升级建设。对全市 429 个村级寄递物流网点落实"三统一"措施，创新设计"麻上达"Logo，打造村级站点形象标识，覆盖率达 100%。全面落实物流企业惠企政策，支持物流企业做大做强，经整合培育，4 家企业成功入规交通运输"一套表"。2 家规上物流企业全年货运总量为 335 万吨、货物周转量为 13990 万吨公里。

营商环境。加快城乡融合，推动交通公共设施向农村延伸、交通公共服务向农村覆盖，逐步实现城乡交通基本服务均等化，实施全域公交改革

项目，投资 2 亿元，购置新能源车辆 180 辆。6 月 26 日，城乡公交公司正式运营，开通 67 条线路，城乡公交覆盖率达到 93%，票价降低 50% 以上。涉及交通"一件事一次办""我要开物流（货运）公司""汽车修理店开办一件事（麻城试点）""涉路施工审批一件事""大件运输审批一件事" 4 个事项，均实现线上线下"一次办"。开展"邮快合作、快递进村"，打通农村寄递物流"最后一公里"，实现村级物流点 100% 全覆盖，物流成本显著降低。

安全工作。平稳有序完成春运安全工作。春运期间，加大隐患排查力度，深化春运服务保障，对全市道路运输行业进行全方位安全生产大检查，营造"平安、有序、温馨"的春运环境。深入开展重大隐患专项整治行动，

全面排查国省干线公路道路交通安全隐患，实施事故多发路段隐患整治。开展重点领域安全监管工作，督促"两客一危"企业认真落实安全生产主体责任，组织专班对全市危货企业进行安全生产大检查。节假日前对驾驶员进行安全教育，学习安全法规，观看事故警示光盘和挂图，进一步提高客运驾驶人员交通安全意识。加强水上交通安全监管工作，清理非法船只 12 艘，拆除钓台 23 个，确保水上交通安全。做好极端天气应对准备工作，强化值班值守，完善应急预案，补齐应急物资，与公安、应急等部门密切配合，昼夜奋战，确保高速公路、国省道、农村公路安全畅通。

（刘颖）

【罗田县】　至 2023 年底，全县公路通车总里程 3526.77 公里（不含高速公路），公路密度 164.50 公里 / 百平方公里，其中高速公路 63.13 公里、二级公路 439.89 公里、三级公路 109.22 公里、四级公路 2977.66 公里。有客运站 8 个，其中二级客运站 1 个、三级客运站 2 个、简易客运站 5 个。

基础设施建设。全年完成交通固定资产投资 6.27 亿元。完成武英高速公路新增石桥铺互通工程 3.92 公里、204 省道大河岸至朱家河段改建工程大别山互通至石井头段一级公路 4.27 公里、241 省道东界岭至李婆墩段改扩建工程二级公路 11.59 公里、323 省

2023 年 2 月，罗田县大别山特色农产品智慧物流园正式投入运营

2023 年 5 月 19 日，罗田县交通运输综合执法大队正式挂牌

道复建工程 2.70 公里，完成国省干线大中修 99.15 公里。完成重要县乡道建设 42.08 公里，路网延伸、联通工程 79.52 公里，提档升级 70.26 公里。塔山桥工程全部完工。

交通物流。建设县级物流配送中心 1 个，乡镇物流综合运输服务站 12 个（含白莲示范区）、村级物流服务网点 402 个，完成省市"一村一点"快递进村要求，村级服务全覆盖。全县全年快递投递单量 1995.64 万件，其中进村件 512.11 万件，比上年下行件增长 47.82%、上行件增长 40.53%。

公路养护。完成国省干线大中修工程 99.15 公里。国省干线养护管理聚焦养护提质，推进养护工程，获得全省普通公路养护提质三年攻坚行动二、三季度"红旗"单位。农村公路建养管任务完成情况较好，获得 2022 年省级督查激励表扬通报，并获奖励资金 300 万元。2023 年，将"四好农村路"示范创建列入强县工程项目。

行业管理。罗田县交通运输综合执法大队正式挂牌成立。推进综合执法，全面整合交通运输执法队伍，组织开展执法业务学习培训，以落实"三项制度"为抓手，提升执法人员素质，规范执法行为。加大执法监管，以公路保通保畅、道路运输安全有序等为目标，深入开展路域环境治理、运输市场"打非治违"、超限超载运输、货车非法改装、出租汽车违规运营等专项整治行动。优化政务服务，建立一个窗口受理、一站式服务的行政审批工作机制，精减办理流程，压缩办理时限，提高办事效率，窗口工作人员被评为"优秀窗口负责人"。深化平安交通建设，积极开展安全生产整治，重点抓好道路客运、城市客运、公路运营、水上交通和在建工程等领域安全生产工作落实，行业安全生产形势持续稳定向好。提升运输能力，新增城区公交 8 号线、贯通 6 号线、延伸 2 号线、定制园区公交线路和接送学生夜班车；开通罗田城区至北丰、大崎、胜利、平湖、河铺公交班线，全面实现公交进乡镇。助力惠企纾困，深入企业开展调研走访活动，协调解决企业遇到的困难和问题，全年兑现奖补资金 1390.65 万元。

（张宁）

【英山县】 至 2023 年底，全县公路总里程 2884.11 公里，公路密度 200.4 公里 / 百平方公里，其中高速公路 26.11 公里、一级公路 20.6 公里、二级公路 271.6 公里、三级公路 56.7 公里、四级公路 2509.1 公里。全县道路基本形成"一环三纵四横"大交通格局。

基础设施建设。全年完成交通固定资产投资 6 亿元。杨红线、石卡线、英黄线及其连接线完工，全线通车；英山尖旅游公路完成工程总量的 86.36%。新建项目顺利推进，新一中公路配套工程全面完工；陶河长征文化公园配套道路工程按时建成通车；国省道大中修项目全部完成；红陶线（二期）改建工程施工全面展开；启动公路危桥改造 45 座，完成 24 座。新改建农村公路 120 公里。金铺镇成功创建全省"四好农村路"示范乡镇，方家咀乡千斤坪红色旅游公路争创 2023 年度全省"十大最美农村路"。

农村公路养护管理。结合工作实际，深化农村公路管理养护体制改革。进一步完善全县农村公路管养考核考评机制，根据《农村公路管理养护考核办法》和《英山县 2023 年度农村公路养护补助资金分配方案》要求，圆满完成全县农村公路 4 个季度管理养护考核工作，顺利兑现全县 11 个乡镇农村公路养护补助资金。全年投入养护资金 60 余万元，完成钢护栏修复，维修和更换破损公路设施，清理标志标牌遮挡物，整修路肩，清理边沟、塌方，修整行道树，回填路基缺口及沥青灌缝等日常养护工作，提升列养农村公路养护质量。

英山县茶叶谷"四好农村路"

运输服务保障。英山共有客运企业12家,其中长途客运公司1家、旅游客运公司2家、农村客运公司6家、出租汽车公司1家、公交公司2家、驾校5家,维修企业124家。从事客货运输车辆970辆,其中客车137辆、货车546辆、出租汽车105辆、公交车182辆,其中新能源公交车137辆。全县新老城区以及城区周边20余个行政村实现公交全覆盖。开通农村客运班线47条,乡镇通车率达100%,行政村通车率达100%,其中23个行政村以电召、预约形式开通。新建农村客运候车亭90个,且全部通过市级验收。协调客运企业先后打通城关至千斤坪红色旅游公路、城关至方家咀东线、20路公交新车站至山溪坳3条便民通村公交线路。

综合执法。全年处理一般程序案件48起,简易程序案件58起,其中3起非法营运案件因首次违法且危害后果轻微,作出不予处罚决定;2起非法营运案件下达处罚决定;处理超限运输案件32起;处理改装案件22起;处理赔偿案件16起。全年组织安全检查,平均每月发现并整改安全隐患22起。

公路管养。全年完成整修路肩、清理边沟、边坡维护、沥青路面灌缝、沥青路面坑槽修补、水泥路面面板修复等,确保公路技术状态良好;新增、更换钢护栏,恢复路面标线,增设道口桩、凸面镜、落石标志,更换里程碑百米桩,清理标志标牌遮挡,修复破损路肩、边沟,完善4处平交路口减速标线等日常性养护工作。以318国道环城一级公路、219省道红英线、222省道小白线为重点,完成75.40公里美丽国省道创建工作。

交通物流。大别山智慧物流园园区3号仓(零担仓)、4号仓(寄递分拣中心)全部完工。有8家民营快递品牌和1家国有企业(县邮政公司)运营寄递物流业务。10个乡镇建有镇级物流服务站10个,全县建成村级物流点299个,建设和服务覆盖率达100%。初步形成"县级共同配送、快递直达到村"的配送模式,推动"交邮快"融合发展。县政府常委会正式通过《〈英山县促进现代化物流业发展若干措施〉及农村寄递物流体系运行奖补政策实施细则》。三级物流体系正式运营后,政府将在三年中对农村寄递物流投入资金约2000万元,为全县三级物流体系建设提供政策和资金保障。

(付天姿)

【浠水县】 至2023年底,全县公路通车总里程4127.10公里,公路密度211.75公里/百平方公里,其中高速公路114.4公里、一级公路147.92公里、二级公路225.80公里、三级公路251.54公里、四级公路3266.87公里、等外公路120.57公里;按行政等级(不含高速公路)分为国省道323.81公里、县道340.92公里、乡道1506.40公里、村道1841.57公里;国省干线桥梁86座,农村公路桥梁841座。铁路里程71.3公里。长江岸线长40.6公里,沿线有经营性码头4个、泊位8个、列管渡口19处;内河三级航道里程37.3公里。有客运站11个,其中二级客运站1个、三级客运站1个、四级客运站1个、五级客运站7个、简易站1个,货运站1个。

基础设施建设。全年完成交通固定资产投资12.97亿元,其中争取各类项目资金8.22亿元。完成347国道陶巴一级公路、228省道浠水县团陂镇洪家大湾段公路改扩建工程,完成401省道蔡河镇街道部分路段、202省道松山街至汪岗段、228省道竹瓦至张岭段、409省道麻桥至张岭段等省道路面改善工程。加快推进347国道巴河至蕲州公路建设,宝塔大桥改造,201省道黄溪冲危险路段安全整治提升等。浠水河航道整治工程完成交工竣工,累计完成投资1.80亿元,占总投资的97%;中电建长嵊码头项目一期4个5000吨级泊位建成并投入运营,二期3个5000吨级泊位建成水工部分,累计完成投资13.2亿元,占总投资的85%;浠水县船舶污染物接收转运处置码头改建工程完成竣工验收;散花固昌码头开工建设。完成国省干线洗马、马垅、朱店等养护站标准化建设,积极创建洗马"司机之家";完成5个农村公路综合交通服务站改建。

"四好农村路"建设。完成农村公路路网延伸207.33公里、提档升级153.16公里、"四好农村路"5.77公里、高品质农村公路29.95公里、安防工程131公里。全年危桥改造30座,累计完成危桥改造289座。

运输服务。全年完成道路客运量422万人次、旅客周转量14782万人公里;完成货运量588万吨、货物周转量19904万吨公里。完成铁路客运量61万人次、货运量13万吨。港口吞吐量2195万吨。全县有客运公司24家,营运客车582辆,客运线路126条,其中跨县以上客运车辆86辆、线路18条,县内营运车辆483辆、线路108条;旅游包车34辆。货车853辆。维修企业备案84家,驾培机构5家,机动车综

2023年3月30日,浠水河特大桥合龙

合性能检测站 1 家。全县有出租汽车公司 2 家，出租车 238 辆；国有公汽公司 1 家，城区公交线路 9 条，公交车 106 辆，公交运营里程 191.4 公里，停靠站点 238 个。

物流发展。全县交通运输、仓储和邮政业增加值四季度累计完成 11.08 亿元。邮政快递业务总量累计完成 2.01 亿元。城乡公交一体化改革实施方案通过县政府常务会议，城乡公交一体化工作正式启动。县级物流配送中心（智慧物流园）一、二号仓建成，邮政、中通、圆通陆续入园运营。按照"四统一"标准打造完成乡镇物流综务合服站 13 个，4 家快递企业系统对接基本覆盖 9 个乡镇。按照"一固五有"标准建成行政村级物流服务网点 623 个，实现村级物流网点"一村一点"建设任务，建点率达 100%。

公路管养。做好国省干线和农村公路杂草清理，路肩、边沟清理，路面抛撒物清理，桥梁及涵洞养护，桥梁冲洗，行道树新（补）植等日常养护工作。220 国道东深线土桥至芦河段美丽公路项目交付并通过省级评定。实施巴巴、快城等预防性养护工程线路 14 条 181 公里，填培路肩土，整修、刷白行道树；实施麻余、丁兰等农村公路小修工程 16 处，整改次差路段 110 公里。

综合执法。联合相关单位严查运输车辆超限超载等违法行为，查处超限超载货运车辆 1265 辆，其中"百吨王" 3 辆，卸载货物 33487 吨，查扣非法改拼装车辆 46 辆次。全年办理行政执法案件 213 件，审理重大案件 83 件；加强路域环境专项整治力度，拆除线杆 47 根、大小非标 132 块，纠正占道经营 110 起，拆除乱搭乱建 95 处；开展高速公路大型广告牌拆除行动，完成 11 块拆除任务。落实省委巡视整改任务，集中拆除销毁"三无"船舶 15 艘；加强码头岸线执法检查和巡查力度，下达检查通知书 60 余份，办理水路执法案件 13 起；优化高铁南站服务管理，服务列车 9728 趟，进出站旅客 95 万余人次；对接指导乡镇综合执法中心工作 13 次，共同开展

联合执法 4 次。2023 年，交通行政审批事项全部进入市民之家行政服务窗口，实现"一网通办""一个窗口办理"，全年办件 7278 件，办理行政许可 1173 件。

安全应急管理。聚焦公路、水路、客货运输、物流运输、项目工地等重点领域，压实企业主体责任和监管部门的监管责任，狠抓两个清单落实，持续开展安全生产十大专项行动，开展安全大检查，检查单位（部位）550 家（处），下发整改通知 32 份，排查整改各类安全隐患 236 处，安全生产形势总体平稳。浠水兰溪港区绿色建材循环经济产业园码头工程获全省"平安工地"建设示范工程。

（翟君）

【蕲春县】 至 2023 年底，全县公路通车总里程 4210.83 公里，公路密度 175.6 公里/百平方公里，其中高速公路 89 公里、一级公路 189.59 公里、二级公路 373.48 公里、三级公路 100.32 公里、四级公路 3458.44 公里。内河航道里程 117.8 公里，有码头泊位 24 个，其中生产性码头泊位 13 个、非生产用码头泊位 11 个。有客运站 17 个，其中二级客运站 2 个、三级客运站 1 个、五级客运站 14 个。

基础设施建设。全年完成交通固定资产投资 34.6 亿元，比上年增长 47.2%。其中公路建设完成投资 30.97 亿元，建设里程 299.7 公里。蕲太高速公路东段工程建设快速推进，三标段卢家垮大桥下部结构工程施工全部完成，多个节点工程取得阶段性进展。县内严山桥、横车新桥、横路桥、青石大桥等 11 座危桥改造项目顺利交竣工验收。完成漕河四路非机动车道改造，修复文昌大道、漕河一路等 15 条道路破损市政设施。打通断头路 3 条，漕河四路延伸段即将通车，城南路网创业大道竣工验收。下蕲线胡海至刘塝段主线通车，220 国道东深线白池大桥至清水河段、347 国道南德线蕲州段等 6 条国省道修复工程全面完工。水运建设完成投资 2.36 亿元，新增泊位 1 个、通过能力为 140 万吨。

"四好农村路"建设。启动青石花桐线、向桥花斌线、横车工业园路、赤东竹南线改造，完成狮子古牛线、碉狮线、会牛线、管窑三福线、大同柳仙线、向桥白水街道和漕河中农批市场段提档升级工程。全年新改建农村公路 215 公里，狮子镇获评全省"四好农村路"示范乡镇，县长陈丹为"全国十大最美农村路"绿唐线代言。

运输服务。全年公路完成货运量 1682 万吨、货物周转量 68.85 亿吨公里，货物周转量比上年增长 6.1%；完成客运量 383.67 万人次、旅客周转量 2.16 亿人公里，与上年基本持平。水路完成货运量 2792.43 万吨、货物周转量 44.28 亿吨公里，货物周转量比上年增长 30%。内河港口货物吞吐量 2792.43 万吨。完善县乡村三级物流体系，建成县级共配中心 1 个、乡镇物流综合服务站 54 个，村级物流综合服务网点覆盖率达 100%，加快畅通农产品进城、工业品下乡双向流通渠道。

行业管理。深入实施打非治违大行动，取缔"三无"船舶 3 艘，查处非法营运出租汽车 458 辆次，查处非法改装和超限超载车辆 829 辆次，卸（转）载货物 1.83 万吨，普通货车超限率降至 0.5%。严格落实船舶污染物接收、转运、处置联单制度，全年处置船舶固体垃圾 24.12 吨、生活污水 2085 吨、油污水 5.6 吨，"船 E 行"使用率达到 100%。开展交通工程和交通运输执法领域专项整治，建立规章制度 8 个。

安全应急管理。开展安全生产隐患大排查大整治专项行动，排查整治涉车、涉站、涉路、涉港安全隐患 110 处，查堵违禁品 172 件次，改造危桥 18 座，实施安防工程 83 公里。公交车、出租汽车 4G 监控平台建成投入使用，公交车上线智能语音播报系统，180 辆出租汽车安装 4G 动态监控设备。

（洪莹）

【武穴市】 至 2023 年底，全市公路总里程 2813.20 公里，公路密度 226.5 公里/百平方公里，其中高速公路 72

武穴市界岭至官公路配套设施改造项目完工

公里、一级公路 107.42 公里、二级公路 228.63 公里、三级公路 100.18 公里、四级公路 2304.97 公里。内河航道通航里程 71 公里（界河按二分之一算），有港口 1 个、生产性码头泊位 50 个（在建泊位 16 个）、长江客汽渡口 7 个。有公路客运站 12 个，其中二级客运站 1 个、四级客运站 1 个、五级客运站 10 个。

基础设施建设。全年完成交通固定资产投资 10.86 亿元，比上年增长 58%。其中公路建设投资 2.42 亿元，建成公路（含农村公路提档升级）310 公里、桥隧规模 31 座。港口建设投资 6.16 亿元，新增泊位 2 个、通过能力 600 万吨。客货运站场建设投资 2.28 亿元。347 国道韩垸至龙里段大修、220 国道大金至官桥段提档升级、中部新城高铁小镇连接线配套设施、郑席线龙里至大法寺段改扩建、下余垸桥改造、武穴北站落客匝道工程 6 个项目完工。铁水联运铁路支线工程在建设马口湖大桥和张竹林隧道，港口工程在进行桩基施工，京九铁路下穿通道扩宽工程施工中，公交综合换乘中心完成主体站房建设，黄黄高速铁路武穴北站综合客运枢纽配套设施项目完成站前广场一期建设，盘塘砂石集并中心等 4 座长期性码头在建中。与瑞昌市政府签订 220 国道武穴至瑞昌过江通道项目建设合作协议。黄黄高速公路改扩建工程可行性研究报告通过交通运输部审查，初步设计通过

省交通运输厅审查，获得用地预审、规划选址等工程可行性研究前置专题批复。

"四好农村路"建设。全年完成农村公路扩宽和破损路面修复 171 公里，新建农村公路 97 公里。巩固全省"四好农村路"示范县创建成果，坚持共同缔造理念，有序推进农村危桥改造、公路安防建设、路域文化打造、路域环境整治等专项工程。花桥镇获评全省"四好农村路"示范乡镇。

运输服务保障。全年公路完成客运量 227 万人次，比上年增长 19.20%，完成货运量 1816 万吨、货物周转量 1168 亿吨公里，分别比上年增长 74.01%、1448.98%。水路完成货运量 1.05 亿吨，比上年增长 40%。推进城乡客运一体化，在巩固"村村通"

客车成果基础上，全力推进农村客运公交化改造，新开通城区至田镇马口工业园（韩垸）公交线，制定全市公交化改造实施方案。大力培育实体经济，全年为 7 家运输企业申领到位奖补资金 90 万元。新培育 1 家运输公司入规。

物流发展。加强行业政策支撑，成立武穴市邮政业发展中心，编制完成《武穴市现代物流业发展规划》初稿，公布实施《武穴市推进农村寄递物流体系建设若干措施》。完善三级物流体系，武穴市供销社集采集配中心开工建设，其子项目 3 号智慧分拣中心主体框架完工；建成综合物流服务站 10 家；依托好达快递、邮政公司，按照"五有"标准，建成物流服务网点 281 家，实现镇村网点覆盖率达到 100%。完成交通运输、仓储和邮政业增加值约 12 亿元，比上年增长 10%。完成邮政快递目标业务总量约 1.9 亿元，比上年增长 19%。

综合执法。与皖鄂赣 3 省 16 县市搭建执法合作平台，建立区域路警联合超限治理运行机制。全年查处成品油等危险品非法运输车辆 28 辆，查处货车非法改装 47 辆，移交严重超限及"百吨王"货车 13 辆，处罚超载货车 387 辆，公路治超管理水平极大提升。客运市场检查出租汽车 1600 余辆次，查处非法营运出租汽车及非法网约车 205 辆次、违规经营出租汽车 97 辆次。清理占道经营 98 处，拆除违法

2023 年 12 月，武穴富强散货码头主体工程完工

建筑 7 处、非公路标志 37 块、违规架设电力杆线 13 根，查处脱落扬撒、污染公路货车 1355 辆次，有效提升路域环境。

智慧交通。推动"互联网+"物流发展，4 月运营民本易联无船承运网络货运平台正式上线，当年完成营收 1 亿元，实现税收 600 万元。推进行业绿色发展，免费接收内河港口船舶生活垃圾，岸电设施使用量比上年增长 15%，船舶污染物接收转运处置率达 97%，"船 E 行"平台使用率达 100%。升级改造烤漆作业汽修企业 23 家，减少机动车维修行业大气污染。推动技术创新应用，组织编制《大掺量磷石膏基筑路材料应用技术规程》《磷石膏在道路基层应用实施意见》，并在官桥至朝阳公路路面基层、武新线改建工程路基中进行试验。

安全应急管理。开展交通运输安全生产专项整治三年行动，突出公路超载超限治理、危险货物运输、道路非法客运、工程项目建设、路域环境整治等重点领域，严抓学习教育、源头防控、隐患整改、违法惩处、责任压实。全年开展各类安全应急演练 5 次，组织安全学习培训 17 次，排查整改安全隐患 180 处，其中整改重大安全隐患 2 处。建成安防设施 89 公里，改造平交路口 103 处，约谈企业负责人 6 人次。全年无安全生产责任事故发生。

（韩露）

【黄梅县】 至 2023 年底，全县公路总里程 3384.8 公里，公路密度 210 公里/百平方公里，其中高速公路 73 公里、一级公路 139.7 公里、二级公路 167.7 公里、三级公路 137.6 公里、四级公路 2866.8 公里；按行政等级（不含高速公路）分为国道 115.8 公里、省道 139.3 公里、县道 335.2 公里、乡道 1106.5 公里、村道 1615 公里。全县长江岸线长 58.86 公里，有港口码头 12 个，其中生产性码头 3 个、非生产性码头（公务类、公益类）9 个。有汽车客运站 12 个，其中县级客运站 1 个、乡镇级客运站 11 个。

基础设施建设。全年完成综合交通固定资产投资近 8 亿元，争取上级补助资金约 3.8 亿元。黄梅高铁站集疏运 105 国道改建工程路基完工，路面工程进入收尾阶段。236 省道柳林烈士陵园至停前梅垅红色旅游公路省道段全部完工，具备通车条件；县乡道段桥涵、路基完成，在进行路面施工。加大危桥改造力度，完成 405 省道潘独线油墩二桥、406 省道株大线宋冲桥 2 座干线公路桥梁改造加固，农村公路桥梁改造 20 座。406 省道宋冲段地质灾害处治进展顺利，五鸣线、阻马线水毁修复全部完成。武穴公交综合换乘中心项目开工建设。完成临时集并码头拆除清退，持续推动黄梅港与九江港跨江合作，加快推动黄梅港长江公用锚地建设，积极服务企业永久散货码头建设，完成停前水库渡口升级改造。

"四好农村路"建设。坚持前期与建设同步推进，完成环永安水库东线路面 3.2 公里、西线路基 5.5 公里建设，完成四祖寺至卢花庵旅游公路提档升级 1.8 公里，完成 Y296 黄洪线 1.9 公里、大河镇车路主干道路面 2.2 公里改造，全年完成农村公路建设 222.62 公里。

运输服务。全年公路完成货物周转量 12.59 亿吨公里，比上年增长 528%。新增交通运输一套表规上公路货运企业 6 家，总量达 8 家。华俊运输公司获得省级补助资金 60 万元；广发运输公司等 6 家新增企业共获得省补助资金 60 万元，新增交通物流服务业规上企业 1 家，总量达 5 家。全县拥有客运企业 21 家，客运车辆 347 辆。省际客运线路 4 条、市际客运线路 9 条、县际客运线路 5 条、县内客运线路 63 条。公交公司 3 家，公交线路 10 条，公交车 79 辆，其中新能源公交车 52 辆、燃油公交车 27 辆。出租汽车公司 4 家，巡游出租汽车 213 辆。货运企业 70 家、个体业户 87 家，货运车辆 1976 辆。拥有船舶 121 艘，其中运输船舶 8 艘、乡镇渡船 26 艘、旅游客船 11 艘、标识管理自用船舶 66 艘。

物流快递。县级智慧物流园建成试运营，分拣中心、零担物流、智能云仓、冷链仓储等四大物流仓储建成运营，快递物流企业陆续入驻。15 个镇级电商物流运营中心、435 个村级物流网点全面建成，物流网点覆盖率达 100%。完善提升 1 个二级客运站、1 个三级客运站、14 个乡镇运输综合服务站的综合货运流通服务功能。有品牌快递企业 9 家，零担物流 27 家，零担物流均以小作坊式为主，经营线路主要有黄梅至武汉、黄梅至九江、黄梅至南昌、黄梅至黄石等区域。全年快递件年出港约 1470 万件，进港量约 3200 万件。

公路管养。投资 8000 万元，完成南德线 347 国道吴楚大道 9.9 公里、蔡山段 9.97 公里中修工程，258 省道青下线 6 公里、英黄线 5 公里中修工程。完成国省干线城区周边出口路面清扫洒水、路面冲洗等日常养护，保障路面整洁干净、安全畅通。及时维修破损路面，加大对公路附属物、公路设施日常巡查管护。做好公路绿化，完成国省干线绿化植树，投资 58 万元补栽列养县乡道行道树。深入开展美丽公路创建，完成 405 省道整修路肩 8 公里、258 省道硬化路肩 1.2 公里、236 省道填筑路肩土 4.2 公里、清理边沟 8.99 万米，完成美丽农村路创建 188.25 公里。

综合执法。创新机制加强公路管理，强化路养联动巡查机制，协同各路段属地乡镇及相关部门，及时处置各种侵占、损坏公路路产行为，查处率达 100%、结案率达 100%。清理公路占道 200 余处，严控公路红线控制区管控，参与县自然规划局组织涉路用地联合实地勘验 6 处，拆除违法建筑物 43 处，有力维护路产路权，优化公路通行环境。多措并举抓好超限超载，通过日常监管、部门联动、科技治超等方式，查处超限超载车辆 944 辆次，卸载货物 2.12 万吨，查处"百吨王"24 辆，有效打击遏制超限超载行为。深入开展交通运输市场"打非治违"，查处出租汽车违规行为 100 余起。投入 70 余万元建立出租汽车监控平台，从源头上规范出租汽车运营行为，促进出租客运市场秩序规范。组织开展港口船舶污染防治大检查，坚决打击船舶违法违规投放污染物行为，推进岸电使用全覆盖常态化。

安全应急管理。成立安全工作督查小组、水上安全管理工作小组、道路运输安全管理工作小组、公路安全畅通及施工质量安全管理工作小组，落实责任人，实行隐患清单管理，进一步压实安全生产工作责任。强化隐患排查，重点加强长途客运车辆、旅游客运车辆安全监管，检查客货运企业、客运站场148次，约谈运输企业12次，检查交通运输企业413家次，排查各类安全隐患241条。推进安全隐患整改，第一时间完成党政干部领衔整治重点安全隐患5处，完成小付线等5条线安全生命防护工程建设、梅向线等14条线安全隐患整改及332省道硬隔离护栏建设。督促2艘船舶完善登记手续，整治船舶130艘，取缔不符合要求船舶64艘，督办整改安全隐患70处，整改率达100%。在105国道马尾山隧道口开展普通公路应急综合演练，湖北明珠运输集团有限公司组织开展秋季客运站场消防应急演练活动，组织小池滨江港航发展有限公司及中石油小池油库开展消防应急演练，提高从业人员防灾减灾和应急处置能力。

法治交通。开展《中华人民共和国行政处罚法》《交通运输行政执法程序规定》等法律知识培训，提升交通执法人员业务能力。提升行政审批服务，全面推行"一窗受理、内部流转、协同办理、综合审批、限时办结、快递送件"工作机制；开展高频政务服务审批事项"一网通办、跨省通办"；简化道路货物运输驾驶员从业资格证申领手续；实施"证照分离"改革，推进"容缺受理＋告知承诺"，道路货物运输经营告知承诺制被县政数局评为县优化营商环境自主创新典型案例之一。加强事中事后监管，完成2023年度部门联合"双随机"抽查事项制定和派发，督促执法单位完成各项检查任务，按时在部门联合"双随机、一公开"监管平台上传和在县政府网

站公示"双随机"抽查结果。推进邮政快递物流业法治化发展，成立黄梅县邮政业监管中心，全面依法履行监管职责。

（聂斌）

【龙感湖管理区】 至2023年底，龙感湖管理区公路总里程509.19公里（不含高速公路），公路密度509.2公里/百平方公里，其中高速公路6.40公里，一级公路10.49公里、二级公路50.70公里、三级公路19.46公里、四级公路428.54公里；按行政等级分为省道26.92公里、县道45.63公里、乡道92.71公里、村道343.93公里。有合安九高铁线1.78公里、黄黄高铁线1.70公里2条高铁线路。内河航道通航里程68公里。有客运站9个，其中二级客运站1个、四级客运站1个、五级客运站7个，公交车站1个，货运站1个，交通驿站1个，"司机之家"1个。

基础设施建设。全年完成综合交通固定资产投资9832万元。完成共同缔造"美丽农村路创建"项目采集申报60.57公里。完成全区"三年消危"行动计划危桥改造12座。进一步改善龙感湖管理区农村客运基础设施，巩固"村村通客车"成果，服务乡村振兴战略，购置新能源公交车2辆，引进黄梅小池505公交车进城区。完成龙感湖芦柴湖新港路沥青路面改造、龙感湖青塞线加宽改造工程给水管迁、龙感湖雪龙小区刷黑改造、龙感湖法院和仲浙辉纺织厂大门口刷黑改造等项目建设。完成龙感湖青塞线加宽改造工程二期项目、龙感湖中学路面刷黑改造新建项目建设。完成农村公路县乡道改造和提档升级23.78公里、村道安防工程21公里。完成龙感湖芦柴湖桥至莲花荡队（芦柴湖小学）路段路面刷黑改造、龙感湖下沙村道路刷黑项目、龙感湖塞湖大道路面刷黑改造工程项目建设。完成龙感湖城南路及高速公路左侧与一级公路交会处绿化工程、龙感湖高速公路路口绿化工程。完成龙感湖综合电商物流运营中心建设，打造龙感湖快递物流二

级物流体系，新建办事处村级快递电商物流网点6个。龙感湖240省道黄小高速公路龙感湖出口至105国道改建一级公路工程项目有序推进。

"四好农村路"建设。推进共同缔造"美丽农村路"创建活动，开展农村公路建设、养护、绿化植树和小修保养等工作，积极打造"美丽农村路"。全年投入农村公路养护资金370余万元，主要用于龙感湖农村公路小中修养护工程292万元、养护78万元，完成县乡道改扩建3.78公里、农村公路提档升级19.82公里、农村公路桥梁52.12延米，创建美丽农村路31条60余公里。

运输服务。辖区内有货运公司3家、客运公司1家、公交公司1家，客运班线13条、公交线路8条，有客运中巴车36辆、公交车23辆（其中新能源公交车2辆）、货车468辆，机动车维修企业6家，驾驶员培训学校1所。新增农村候车亭28个，招呼站56个，全区实现公交一体化，村村通客车通达率达100%，农村客运、公交车全部安装4G视频监控设备。推进城乡交通运输一体化建设，小池505公交线路延伸至运安客运站，为城区居民出行提供更加便利和快捷服务。整合资源，拓展客运站功能，龙感湖运安二级汽车客运站在保障客运站安全有序运行前提下，改造建设物流配送设施，拓展货物和邮件快件托运、仓储、分拣、配送等功能，成为管理区寄递物流配送中心和客、货、邮"三位一体"的多功能客运站。龙感湖严家闸农村综合运输服务站为505公交换乘站，按照国家有关"司机之家"建设标准和要求，与物流局联合对其进行建设改造，建成后的严家闸"司机之家"项目通过上级主管部门验收。

公路管养。全年完成240省道蔡费线日常养护，完成县道伦沙线、伦沙线、龙王线、城大线标准化整治工程共53公里，实施整修路肩、清除路肩杂草、整治边坡、路面清灌缝、修补路面坑槽、修复路面破板、处治路基塌方等养护任务，加强桥涵养护，做好桥涵清理、疏通边沟等工作。省

道蔡费线公路好路率达到92%（达标），农村公路好路率达到89%（达标），养护质量综合值显著提高。

路政管理。积极开展路域环境整治，对全区国省干线公路标线标牌、公路安防、交叉道口、违章建筑、地灾治理、桥隧整治等进行全面整治，提升国省干线公路安全度，提升道路通行环境。全年拆除非交通标志标牌38块，制止违法建筑5处，处理乱砍滥伐1件，损坏公路设施赔偿3件。积极参与全市货车非法改装超限超载"雷霆行动"，深入石材源头企业、建设工地砂石中转场所宣传整治工作，依法依规维护路产路权。结合240省道蔡费线龙感湖临时治超点，扎实开展路面联合治超专项行动，严格实施"一超四罚"，确保超限率控制在1%以内，切实维护交通运输正常秩序和公路桥梁安全。

行业监管。开展城区客运市场整治和参与区"雷霆行动"工作，维护客运市场秩序，打击非法营运车辆，维护正常的客运秩序，确保民众安全、有序、便捷出行。全年查处各类违规经营行为23起，受理信访投诉举报件3件，未发生一起行政复议或行政诉讼案件。对全区客运企业、车站、驾校、维修企业进行安全检查，并对重点客运企业进行安全督查整改。全区有许可驾校1所，注册教练车45辆。办理从业资格证换证68件，道路运输证年审63件，完成从业资格证诚信考核68件，从业资格证继续教育68件。

安全应急管理。开展道路交通行业领域安全隐患大检查，坚决把事故隐患消除在萌芽状态，确保无漏洞、无盲区、无死角。对排查出的安全隐患，分类分级开展全面整治。全年开展安全生产大检查15次，检查企业5家，排查安全隐患32条，全部完成整改。先后完成240省道安防配套设施不完善，客运站进站口护栏、栏杆损坏，芦柴湖至洋湖办事处佗沙线段、青塞线塞湖至青泥湖段16公里路面破损、瓦器墩桥桥基护坡下沉等市区挂牌督办安全隐患整改工作。

（孙红斌）

咸宁市交通运输

【概况】 至2023年底，咸宁市公路总里程17433.57公里，公路密度178.77公里/百平方公里，其中高速公路482公里、一级公路448.11公里、二级公路1712.68公里、三级公路696.29公里、四级公路13879.83公里、等外公路214.66公里。内河航道通航里程408.1公里（界河按二分之一算），有生产性码头泊位8个、渡口79个。有客运站35个，其中一级客运站4个、二级客运站3个、三级客运站8个、四级客运站1个、五级客运站19个。

基础设施建设。全年完成交通固定资产投资101.75亿元，比上年增长69.2%。其中公路建设投资100.25亿元，建设完成公路路面966.18公里，桥梁35座1356延米。杭瑞高速公路湖北段项目通过交通运输部竣工验收；咸九高速公路项目全线12座隧道全部贯通；赤东高速公路一期土建工程全线铺开，累计完成投资14.4亿元，占总投资的46.4%；咸宁南外环高速公路、通修高速公路、武汉都市圈环线汉南长江大桥及接线工程项目（咸宁段）正式用地均获批复，"十四五"期规划建设的5条高速公路全面启动。咸宁南外环高速公路和武汉都市圈环线汉南长江大桥及接线工程项目获评2023年全省高速公路"红旗"项目。新改建农村公路938公里，圆满完成省政府十大民生项目任务目标；106国道崇阳段、107国道咸安绕城段、107国道赤壁外迁段即将建成；353国道通城段、351国道嘉鱼段开工建设；351国道咸安段施工招标完成。武咸快速通道天子山大桥正式开工建设，武咸同城进一步加速。水运建设完成投资0.17亿元。大力推进长江咸宁港建设，咸宁市人民政府与湖北港口集团签订咸宁长江综合门户港合作框架协议；总投资8亿元的赤壁港车埠综合码头前期工作完成；陆水湖夜游码头、淦河渡运码头基本完成；陆水河节堤枢纽至京港澳高速公路桥段航道工程通过竣工验收。客（货）运站场建设完成投资1.33亿元。全市建成一级客运站1个、三级客运站2个，在建二级客运站1个、三级客运站2个，新改建交通综合运输服务站4个，新建农村候车亭674个，全年争取农村客运站亭补助资金3341万元。横沟铁路综合物流园（咸宁国际陆港）一期开工建设，咸宁现代公路港物流园建成运营，成功申报省级物流发展补助资金800万元，赤壁曙光智慧冷链仓储配送中心完成主体工程建设，赤壁斋公岭综合物流园、鄂湘赣边贸物流产业园、崇阳县现代物流综合产业园前期工作有序推进。

"四好农村路"建设。赤壁市官塘驿镇、通山县燕厦乡、通城县大坪成功创建全省"四好农村路"示范乡镇，全市共15个乡镇创建成功。咸宁"四好农村路"示范创建实现"市、县、乡"三级全覆盖。全年建设"畅达、平安、共享"四好农村路"600公里。高标准打造美丽公路品牌"咸宁风景道"，编制《咸宁风景道规划》，出台《咸宁风景道建设指南》，构建"交通修路＋林业种树＋交警树标识标牌＋产业融合"链式模式，将国省道和农村公路作为全域风景道进行整体打造，实现省道、县道、乡道、村道互联互通，打通群众出行的"最后一公里"。截至2023年底，全市农村公路总里程1.54万公里，其中县道2646公里、乡道4349公里、村道8401公里。建成美丽农村路3627公里，乡镇通二级路、村村通沥青水泥路、20户以上自然村通硬化路，村村通客车保持率达100%。

公路管养。持续开展国省干线公路养护"精细化"工程，完成路面修复217.8公里，国省干线路况水平（PQI值）稳步提升，养护综合评价排名全省第四。深化农村公路管理养护体制改革，全面推行农村公路"路长制"，设立县道、乡道、村道路长1864名，建立"县有交通综合执法员、乡镇有监管员、村组有护路员"的农村公路管理队伍，在国省干线和农村公路重要节点建成治超站7个、治超点8个、不停车检测系统10个、电子抓拍系统6个，整治普通公路平交路口491处。实施"三年消危"行动，完成全市第一批普通公路四、五类危桥改造526座，全面消除全市公路危桥安全隐患。实现"有路必养"，按照县道每年每公里10000元、乡道每年每公里5000元、村道每年每公里2500元的标准落实农村公路日常养护资金，建立以公共财政为基础、事权与支出责任相匹配的农村公路投资长效机制，将农村公路"建、管、养、运"资金纳入同级财政预算。市级统筹资金3000万元，安排农村公路养护工程奖补资金2000万元，保障农村公路"1525"日常养护资金、5%里程的农村公路养护工程资金以及农村公路管理机构运行和人员支出经费，实现农村公路列养率达100%，优良中等路率达90%以上。赤壁市、咸安区等3个"司机之家"通过国检。通山县入选湖北省农村公路灾毁保险交通强国专项试点。

城乡客运一体化。以全域公交、城乡交通运输一体化创建为契机，加快农村公交线路优化布局，探索"四好农村路"+富民产业、"四好农村路"+生态旅游、"四好农村路"+红色基地等新的发展模式，建立以城带乡、干支互补、以热补冷的资源配置机制，推进农产品进城、工业产品下乡的客货邮游融合发展，赤壁市成功创建全国第二批城乡交通运输一体化示范县，赤壁市、崇阳县2个县被命名为湖北省"全域公交县"，通山县通过湖北省"全域公交县"验收。截至2023年底，全市有农村客运线路491条，农村客运车辆509辆，通农村公交行政村327个，农村公交覆盖率达37%，行政村客运班车通达率达100%。

运输服务保障。全年公路完成旅客周转量5.27亿人公里、货物周转量60.30亿吨公里，比上年分别增长16.89%、17.2%；水路完成旅客周转量89.37万人公里，完成货物周转量1.06亿吨公里，比上年增长4.8%。全年完成农村公交化线路改造147条，通达全市605个行政村，农村公交行政村覆盖率达68.5%。联合市财政局出台《咸宁市中心城区城市交通发展奖励资金管理办法》，创新中心城区城市交通发展奖励资金分配制度，鼓励新能源出租汽车更新替代，对服务质量优、无投诉的出租汽车驾驶员进行奖励。

优化营商环境。落实以控制成本为核心优化营商环境的若干措施，全年发放农村客运补贴资金、城市交通发展奖励资金6689万元。全市30个高速公路收费站通行国际标准集装箱运输车辆约5.23万辆，减免通行费约245.43万元。推进鲜活农产品运输"绿色通道"政策应享尽享，通行绿色通道车辆约4.34万辆，免收通行费约1318.99万元。

物流发展。咸宁市城市绿色货运配送示范工程通过国家三部委验收，构建"3园+6心+70末端示范站+公共信息服务平台"的城市配送网络体系，示范区建成新能源货车专用停车位60个、充电桩806个，培育专业城配企业14家，新增新能源货车249辆。咸宁市政府正式印发《关于支持现代物流业发展的实施意见》，在基础设施建设、产业集聚发展、培育市场主体、产业数字赋能、优化发展环境、壮大人才队伍方面给予资金扶持。京东物流供应链（咸宁）产业基地项目落地公路港开始建设运营，新增AA级物流企业2家、AAA级2家，AAA升AAAA级1家，AAAAA级网络货运平台企业1家。农村物流体系加速推进，全市建成县级智能分拨中心6个、乡（镇）级节点64个、村级节点945个，县、乡、村配送服务覆盖率达100%。赤壁市康华智慧物流园构建的农村物流三级配送体系入选交通运输部十大典型案例，咸安区列为全省农村寄递物流首批12个试点地区之一。

超限超载治理。建立"政府主导、交通主推、交通执法主力、源头路面主攻"的治超工作新格局，召开治超专题会议2次，开展5次明察暗访和通报，对重点货运源头企业开展"进驻式"执法，全市统一治超执法标准，各县市区落实路警24小时联合治超机制，全市超限超载率低至0.11%，获省治超办通报表扬。全年查处超载车

2023年6月30日，咸宁市直交通运输系统开展主题讲演暨"七一"表彰大会

2023 年 5 月 8 日，崇阳县交通运输综合执法大队港航海事中队开展"水上安全知识进校园"活动

辆 1403 辆，卸载转运 21867.3 吨。

行业监管。检查"两客一危"、驾驶培训、维修企业 401 家，查处违规车辆 392 辆、长期未上线车辆 131 辆。16 家实际运营危货企业实现三轮执法检查全覆盖。对全市 9 条 800 公里以上客运班线、11 辆客车开展全覆盖风险评估。加大对出租汽车、网约车等"非法运营"行为的约谈和打击力度，出租汽车、网约车违规投诉率下降 50%。公交甩客、到站不停等现象大幅下降，服务质量大幅提升。

智慧交通。健全数据基础，陆续完成重点营运车辆、重点营运船舶、重点路段、交通场站、从业人员等基础信息数据汇聚工作，基本实现咸宁交通"一张图"，实现动态监控"一张网"，清晰掌握全市交通运行情况。公交信息化基础完备，全市公交车辆 1290 辆均为新能源纯电动公交车，全部配备 4G 动态监控设备，并同步建成 7 个具备运营调度、企业管理和安全管理等功能的公交信息化平台。推进"智慧公交"建设，以创建"十四五"期国家公交都市为契机，"智慧公交"相关建设内容纳入咸宁市"低碳和韧性气候共同缔造城市发展项目"中。

节能减排。全市完成 8 处国省干线服务区（停车区）19 组 36 枪充电桩建设。第二轮中央生态环境保护督察整改（省序号 47）通过省级验收，淘汰落后船型船舶 81 艘，建造新型环保节能标准型船舶 18 艘，淘汰国三及以下柴油货车 458 辆。加快新能源车辆推广运用，全市新能源公交车 1167 辆，占比 100%；新增新能源巡游出租汽车 33 辆、新能源网约车 328 辆。深入推进实施机动车排放检测与强制维护制度（I/M 制度）。

安全应急管理。紧扣"平安交通"主题，积极应对疫后交通运输货运量持续回升、群众出行需求释放、客运结构调整、企业经济效益下滑等带来的各类风险，聚焦道路运输、城市公共交通、公路运营、港口运营、水上交通、公路工程建设等重点领域，扎实开展"安全生产八大专项行动""重大安全事故隐患排查整治""道路运输突出问题专项整治百日行动"等专项行动。完善安全生产制度体系，修订《咸宁市交通运输局突发事件综合应急预案》，印发《咸宁市交通运输局关于完善全市交通运输安全生产监督管理责任体系的意见》《关于调整市交通运输局安全生产委员会组成人员及进一步明确安全监管职责的通知》，进一步完善应急体系，厘清安全生产监督管理职责。市、县两级组建安全生产帮扶专家团队，开展"四不两直""双随机、一公开"等不同形式安全生产检查，全年派出检查组 213 个，督促整

改各类问题隐患 530 个。完成部、省及各县市安委会安全隐患挂牌督办项目整治 114 处。全市水上交通运输连续 28 年零事故，"两客一危"道路运输重点企业连续 11 年零事故，全市交通运输安全生产实现"一无两降"，即无较大以上安全生产事故，事故起数、死亡人数比上年分别下降 23.91%、26.92%。嘉鱼长江大桥获全国公路交通行业最高质量奖项——公路交通优质工程奖（李春奖）；咸九高速公路、351 国道嘉鱼县朱砂至罗家洲新建公路工程获评 2023 年度全省公路水运工程"平安工地"示范工程。获评省级"平安交通"创建示范项目 6 个。

交通改革举措。2020 年 7 月市委编办印发《关于设立市市场监督管理综合执法支队等综合执法机构的通知》，明确咸宁市交通运输综合执法的"三定方案"。2023 年 1 月 18 日，市委编办下发《关于调整市交通运输局有关事业单位机构设置事项的批复》（咸编办文〔2023〕1 号），将咸宁市公路路政支队治超督察大队更名为咸宁市公路治超督察大队，并将咸宁市公路治超督察大队和咸宁市横沟桥治超检测站整体调整为咸宁市交通运输综合执法支队管理的副科级事业单位。2 月 17 日，咸宁市人力资源和社会保障局下发《关于市交通运输局有关事业单位人员划转的通知》，明确市公路治超督察大队和市横沟桥治超检测站 33 人随机构整体划入市交通运输综合执法支队，周福全等 58 人划入市交通运输综合执法支队。至此，91 名人员划转工作完成。2 月 24 日上午，咸宁市交通运输综合执法支队正式挂牌成立。3 月 24 日，市委编办下发《关于市交通运输局所属单位编制划转调整的批复》（咸编办文〔2023〕3 号），将原市公路管理局事业编制 9 名、原市道路运输管理处事业编制 12 名、原市港航管理局事业编制 6 名、市城市客运管理处事业编制 35 名、市交通基本建设质量监督站事业编制 5 名划入市交通运输综合执法支队，编制划转工作完成。

（毕璠）

2023 年 9 月 28 日，208 省道咸安甘鲁至毛坪段改建工程建成并试通车

【咸安区】 至 2023 年底，全区公路通车总里程 2752.40 公里，公路密度 208.03 公里/百平方公里，其中一级公路 13.94 公里、二级公路 134.31 公里、三级公路 180.50 公里、四级公路 2346.72 公里、等外公路 76.93 公里。全区所有乡镇政府所在地均通达二级以上公路，20 户以上自然村 100% 通硬化公路，所有行政村 100% 通客车。

基础设施建设。全年完成公路固定资产投资 23.87 亿元。完成农村公路新改建工程 213.4 公里，其中县乡道建设 27.4 公里、农村公路提档升级 96.8 公里、新建通村组公路 89.2 公里，完成农村公路危旧桥梁改造 12 座、新建桥梁 8 座，完成农村公路安防工程 30 公里。投资 1.9 亿元的咸安区全域公交项目启动，完成咸安至横沟、咸安至贺胜、温泉至横沟 3 条线路 44 辆客运班车收购工作，购置新能源汽车 24 辆，建成候车亭 205 个，咸安中心客运站扩建工程开工。完成咸宁城区南外环高速公路建设征地拆迁的苗木清点和房屋评估工作，推进咸宁国际陆港项目 2023 年计划报批的土地征迁工作，208 省道咸安区甘鲁至毛坪段改建工程建成通车，351 国道、356 省道咸安区横沟至黄沙铺公路改扩建工程（二期）、361 省道咸安区星星竹海至大竹山段、319 省道咸赵线陈家沟段达标提质改造工程完成前期工作。

养护管理。全年完成普通国省道大中修工程 95.05 公里，投入资金 1.24 亿元。其中预安排计划里程 58.16 公里，投入资金 9600 万元；计划外中修里程 36.89 公里，以政府企业带资代建方式，投入资金 2800 万元。积极推进美丽国省道创建，351 国道台小线美丽国道创建全面完工。319 省道咸赵线美丽省道创建种植花草 12.5 公里，完成 6 处宣传墙彩绘，完成 107 国道咸安段全线路面病害修复和路面罩面，投入资金 5100 万元。完成修补坑槽、路面灌缝、清理边沟、平整路肩、修整边坡、清理堆积物、修复钢护栏、施划路面标线、维护标识标牌、埋设公里碑、轮廓标、道口桩、百米桩以及补植行道树等日常养护任务。

路政管理。处理超限车辆 511 辆，卸转载货物 8235.87 吨。发放《全面遏制超限运输　共同守护公路安全》宣传单 1000 余份，向片区矿山企业、矿山生态修复责任单位发放《至全区矿山源头企业告知书》12 份、签订《矿山源头企业规范经营承诺书》12 份、下达责令改正通知书 2 份。拆除违章建筑 142 平方米、违法非公路标志标牌 30 块，清除路障 53 处，清理公路及用地范围内堆积物 777 平方米、占道经营 586 平方米。

运输市场监管。对辖区内 365 家维修企业进行摸排监管，完成 179 家汽车维修企业"双随机"检查，督促 102 家维修企业上传电子健康档案，查处违规经营维修企业 8 家，实施行政处罚 4 万元，排查电气焊特种作业无证、证件过期人员 18 人。对全区范围内设有烤漆房的汽车维修企业开展集中整治，签订承诺书 312 份，下达《责令改正通知书》72 份，关停 9 家不符合整改要求的烤漆房。加大高铁咸宁北站广场非法营运车辆整治力度，查处违法运营车辆 150 辆，其中擅自从事网约车经营车辆 124 辆、巡游出租汽车经营车辆 14 辆、违法巡游出租汽车 12 辆。查处违停车辆 4444 辆次（含电子监控抓拍）。对 46 家驾培、小微客车租赁企业进行综合检查，下达《责令整改通知书》17 份，对全区 10 家机动车驾驶培训机构开展质量信誉考核工作，查处驾培、小微型客车租赁企业违法案件 7 起。检查"两客一危"运输企业 140 家次，发出整改通知书 132 份，排查安全隐患 308 起，督促整改安全隐患 251 起。动态监控抽查处理违规驾驶员 194 人次。检查货运物流企业 202 家次，下达《责令整改通知书》156 份，依法注销无道路经营许可证企业 6 家，约谈企业负责人 6 人次。查处违规经营货运物流企业 74 起，约谈企业负责人 11 家，依法注销道路经营许可证 8 家、车辆运输证 16 辆。查处无证经营案件 15 起、擅自改装车辆案件 26 起；检查 163 家普通货运重点监管企业，下达《责令整改通知书》185 份，督促企业落实消防设施，建立"一车一档"。

物流发展。全区建成高速便捷的区、镇、村三级物流配送体系，即建设 1 个区级分拣中心，10 个镇级农村物流综合服务站，125 个村级农村物流综合服务网点。8 月咸安区快递物流分拣中心正式营业，投资 800 万元。开展"客货邮"试点工作，"客货邮"试点覆盖双溪桥镇、桂花镇、贺胜桥镇 3 个乡镇，涉及 37 个村级寄递物流服务网点。

安全应急管理。拆除高速公路控制区内违规建设广告牌 20 处，及时处理 3 起山体滑坡事件，2 起货车侧翻阻碍公路通行事件。整改各类挂牌督办安全隐患 31 处，标划各类路面标线 4400 平方米，安装各类警示标牌 42 块，完善道口桩 48 根、爆闪灯 4 根，修筑防撞墙 3 块，投入资金 60 余万元。开展公路水毁路段修复工作。

嘉鱼县打造农村公路"小驿站"，服务乡村振兴"大民生"。图为嘉鱼县南门湖驿站

修复边坡塌方 13 处，其中国省干线 3 处、农村公路 10 处，投入资金 90 余万元。完成 107 国道咸安区 38.76 公里和农村公路 50 公里安防工程、351 国道安全设施精细化提升工程前期工作。春运期间连降大雪，投入应急人员 103 人次，装载机、平地机、撒盐机等机械设备共 172 台次，清理路面积雪 141 公里、桥梁积雪 30 余座，清理伏倒树木 400 余棵。

（张凤梅）

【嘉鱼县】 至 2023 年底，全县公路总里程 2355.03 公里，公路密度 231.11 公里/百平方公里，其中高速公路 73.68 公里、一级公路 109.54 公里、二级公路 116.75 公里、三级公路 55.97 公里、四级公路 1954.65 公里、等外公路 44.44 公里。内河航道通航里程 128.1 公里（其中长江航道通航里程 109.6 公里，陆水河航道通航里程 18.5 公里），有港区 1 个、作业区 6 个、生产性码头 3 个、泊位 8 个、渡口 10 个。全县有客运站 4 个，其中二级客运站 1 个、三级客运站 2 个、五级客运站 1 个。

基础设施建设。全年完成交通固定资产投资 3.91 亿元，为年度目标的 196.74%。351 国道嘉鱼县朱砂至罗家洲新建公路工程完成投资 1.75 亿元，农村公路建设完成投资 2.16 亿元，新改建农村公路 56.59 公里。长江综合门户港总规修编完成，11 月 28 日，咸宁市人民政府与湖北港口集团签订咸宁长江综合门户港合作框架协议，双方共同推进咸宁长江综合门户港建设。

"四好农村路"建设。嘉鱼县农村公路总里程 2136.91 公里，其中县道 188.92 公里、乡道 857.47 公里、村道 1090.52 公里，自然村通畅率达 100%，通客车率达 100%，通达率达 100%。全年完成全县农村公路整体提档升级改造，开展农村公路桥梁"三年消危"建设项目、"四好农村路"和"美丽农村路"示范创建工作，打通乡村振兴大动脉。投资 1257 万元，完成农村公路提档升级 21.93 公里；投资 557 万元，完成农村路网连通、延伸公路工程 8.06 公里；投资 19754 万元，完成重要县乡道改造 26.54 公里；开展农村公路桥梁"三年消危"建设项目（二期）建设，完成 38 座桥梁名牌工程。

运输服务。全年水路完成货运量 868.14 万吨，比上年增长 12.59%；完成客运量 25.19 万人次，比上年增长 15.23%。公路完成旅客周转量 1085 万人次，比上年增长 5%。

物流发展。全县有物流企业 38 家，其中快递服务 6 家、货代装卸搬运提取服务 13 家、企业物流服务 10 家、商贸物流 2 家、危险品货运企业 2 家、网络货运平台 3 家、仓储冷链配送型 1 家、农产品物流配送 1 家；营运车辆 578 辆，危货车辆 31 辆。全年新增农村物流寄递网点 79 个，实现村级网点全覆盖；新增货运企业 27 家，新增货车 113 辆；新增列入国家统计局规模以上服务业的多式联运企业 2 家。新建智慧交通物流枢纽中心 1 个。

公路管养。推进国省干线提档升级工程建设，投资 2728.9 万元，完成 351 国道台小线官桥至石埠塘段 12.72 公里沿线绿化、平交口改造、节点打造等。投资 4457.12 万元，完成 359 省道石铁线高铁岭村至陆口大桥段 17.36 公里路面结构性修复、351 国道台小线何家畈桥至公安局段 3.2 公里路面功能性修复、359 省道石铁线石鼓岭村至迎宾大道路口段 4.86 公里路

2023 年 10 月 20 日，嘉鱼县 102 省道武嘉线平交路口交通安全整治项目完工

面功能性修复、全县公路道路路况提升（日常养护）项目达 75%，圆满完成省交通运输厅下达国省干线养护目标。开展国省干线养护管理工作，全面加强公路养护管理精细化提升，做好公路精细化日常养护工作，实现辖区公路"生态、洁净、整齐、美丽、安全"的目标。嘉鱼县公路管理局获评全省普通国省干线公路"十佳养护单位"。加快建立农村公路管理养护长效机制，全面推行"路长制"，形成"县有路政员、乡有监管员、村有护路员"的良好局面。全县农村公路列养率达 100%，安防工程实施率、危桥处治率达 100%，年均养护工程比例不低于 5%，中等及以上农村公路占比不低于 85%。基本实现城乡公路交通基本公共服务均等化，路况水平和路域环境全面提升，农村公路全面实现品质高、路网畅、服务优、路域美，有效支撑交通强县建设。

路政管理。依法查处涉路违法行为，三环华兰公司、陆口旅游度假区项目配套道路和智慧停车场修建工程渣土运输过程中，存在超载运输、车速过快、尘土飞扬等安全和环保问题，立即对相关乡镇、渣土运输有限公司下达渣土运输整改通知和规范石料（渣土）运输通知，并对渣土回填施工现场进行监督检查。查处路面抛洒案件 1 起，对损坏的公路路产和附属设施进行及时恢复，及时上报巡查过程中发现的安全隐患，并进行处理。积极争取县政府和主管部门支持，召开全县超限超载治理工作会，采取现场巡查、源头监管、路警联合执法、科技治超等形式，严把路面管控关，杜绝超限超载车辆出厂上路行驶。与公安交警大队开展为期 60 天的 24 小时不间断联合执法行动，基本消除经嘉鱼往武汉方向的恶意超载、严重超载违法行为。红光治超检测站实行 24 小时执勤制度，对车辆超限超载、非法改装等违法行为实行一站式查处。全年查处超载车辆 194 辆，卸载转运 2600 余吨，整治非法改装车辆 7 辆。

行业监管。开展"打非治违"专项行动，严厉打击非法营运。采取"四个加大"（加大乘坐黑车危害性的宣传力度、加大打击非法营运的处罚力度、加大客运行业服务质量大提升和安全生产大培训、加大执法队伍建设力度），争取政府支持，疏堵结合，扎实开展打击非法营运专项整治行动。严厉打击非法营运、站外上下客、超员、超载、拒载、宰客等各类违章经营行为，维护良好的市场秩序。在全县范围内开展出租汽车领域突出问题专项整治行动，查处案件 54 起。

智能交通。持续推进交通行业信息化建设，推动智慧交通应用，继续深化交通信息系统建设。安装智慧水路监控系统，对 12 处码头及渡口进行监控，114 艘生活船安装定位终端，全面提升渡口码头、船舶管理能力。嘉鱼县农村公路"建管养运"一体化信息综合应用管理平台，实现农村公路重点业务信息化，监控农村公路 20 条、桥梁 41 座、交通驿站 8 个。嘉鱼县红光治超站、嘉鱼三环线应急中心通过科技治超不停车检测系统，自动完成称重、识别牌照、拍照取证等系列操作程序，大大提高治超管理工作效率。"两客一危"、出租汽车、公交、客运智能监控平台，降低重点车辆道路交通事故风险。

交通环保。开展船舶和港口污染防治攻坚提升行动，全县 3 个经营性码头船舶全部落实"船 E 行"App 扫码交付及先交付后作业制度，2 家污染物接收企业完成"船 E 行"App 及五联单制度。全县长江经营性 3 个码头 8 个泊位规范性岸电改造完成，具备岸电供电能力，8 个受电接口改造完成，增加 8 个转换接头，8 个码头泊位使用岸电 840 次，接电时间 5259.29 小时，用电量 12036.28 千瓦时。

安全应急管理。春运、春节、清明、五一、端午、中秋国庆等重大节假日期间开展交通运输安全生产大检查。对蜜泉湖度假区旅游客车进行安全检查，做好渡普镇龙舟节 351 国道烟墩社区车辆停靠点现场秩序，在丰收闸渡口维持秩序。中考期间督促运输企业对所有运送车辆全面开展安全检查，确保考生交通运输安全。及时了解掌握气象信息，做好防抗雷雨大风、防洪预警及通报工作，全年没有发生一起重特大交通运输安全事故。联合县应急局等部门，开展危化品泄漏综合处置应急演练活动。组织开展"2023 年公路交通突发事件应急演练"，提升应急处置能力、实战能力和公路交通保畅能力。

（陈甸甸）

【赤壁市】　至 2023 年底，全市公路总里程 3161.53 公里，公路密度 184.1 公里／百平方公里，其中高速

2023 年 12 月，107 国道咸宁市赤壁段城区外迁段项目施工中

公路 93.34 公里、一级公路 101.04 公里、二级公路 263.73 公里、三级公路 47.66 公里、四级公路 2566.29 公里、等外公路 89.47 公里；按行政等级分为（不含高速公路）国道 106.87 公里、省道 201.55 公里、县道 360 公里、乡道 753.30 公里、村道 1646.47 公里。内河航道通航里程 84.5 公里（界河按二分之一算），有港口 1 个、生产性码头泊位 4 个、渡口 8 个。有客运站 8 个，其中一级客运站 1 个、三级客运站 2 个、五级客运站 5 个。

基础设施建设。全年完成交通固定资产投资 24.19 亿元，比上年增长 18%。主要建设项目有长江大桥东延线项目、107 国道城区外迁段项目、武赤线赤壁段改扩建工程、107 国道咸宁市赤壁段改扩建工程上跨京广铁路立交桥项目、359 省道石铁线中伙铺至神山段改建工程项目、咸宁城区南外环高速公路项目、319 省道赤壁市咸赵线百花岭至羊楼洞段路面改造工程等。完成雪峰山、葛仙山、金峰山等旅游公路改建 69.18 公里，打造羊楼洞、茶庵岭镇等"美丽公路"290.98 公里，完成县乡道升级改造 123.14 公里，实施农村公路安防工程 220 公里，农村公路危桥改造 33 座 732 延米。推进分级分段承包和"三定一保"公路养护模式，全市等级公路养护覆盖率、经常性养护率均为 100%。完成赤壁城南客运站、余家桥客运站、神山镇客运站 3 个客运站新建和赤壁镇客运站改建。

"四好农村路"建设。全年"四好农村路"建设完成 149.94 公里，为年计划任务的 144.3%，投资逾 1.8 亿元，其中农村公路提档升级 21.48 公里、路网连通新建项目 52.42 公里、县乡道改造 76.04 公里。官塘驿镇获评全省"四好农村路"示范乡镇。

运输服务保障。全年公路完成客运量 25.98 万人次、旅客周转量 5365.94 万人公里，比上年分别增长 54.72%、110.81%；完成货物周转量 13.44 亿吨公里，比上年增长 22.1%。水路完成客运量 7.49 万人次、旅客周转量 89.83 万人公里，比上年均增长 46.76%；完成货运量 28.10 万吨、货物周转量 753.18 万吨公里，比上年均下降 57%。全力推进城乡交通运输一体化建设。进一步完善农村寄递物流体系。投资 1200 万元新建 4000 平方米的市级寄递物流公共配送中心，承担全市农村快件的分拨配送；投资 209 万元对 11 个镇级站和 200 个村级点进行完善，打通工业品下乡"最后一公里"和农产品进城"最初一公里"。羊楼洞港小流域客货邮试点工作在全国全省推广。赤壁市被交通运输部认定为第二批城乡交通运输一体化示范县。

行业管理。大力开展打非治违行动，查处违法运输行为 25 起、车辆 37 辆。全面深入安全监管，开展督导检查 200 余次，检查单位、场所 300 余处，排查各类安全隐患 430 余条，全部督促整改落实到位。扎实推进超限超载和路域环境治理，查获超限违法运输车辆 322 辆，卸载货物 7635.28 吨；完成普通国省干线公路安全设施精细化提升 97 公里、农村公路 12 公里。完成船舶升级改造、内河船型标准化、推广"船 E 行"App、岸电建设等工作。

安全应急管理。加大"两客一危"监督管理，强化水上督促检查。全年全市交通运输行业未发生一起重大安全生产责任事故，水上连续 34 年未发生重大安全生产责任事故，行业安全态势持续向好。坚持加强应急保障体系建设，进一步提升防灾、减灾能力。

交通改革。进一步深化公路养护体制改革，4 月赤壁市交投集团新组建的公路养护公司正式开展公路养护工作。

（陈晓峰）

【通城县】 至 2023 年底，全县公路总里程 2464.95 公里，公路密度为 215.68 公里/百平方公里（不含高速），其中高速公路 49.3 公里、一级公路 35.49 公里、二级公路 197.60 公里、三级公路 73.38 公里、四级公路 2109.18 公里。内河航道通航里程 43.7 公里，有渡口 7 个。有客运站 11 个，其中一级客运站 1 个、三级客运站 4 个、五级客运站 6 个。

基础设施建设。全年完成交通固定资产投资 4 亿元。新开工项目 5 个、续建项目 13 个，重点前期推进项目 7 个。完善高速公路网，推进通修高速公路项目建设，完善县内南北高速公路通道。优化干线公路网，启动五里牌互通至马港一级公路、362 省道崇阳县界点天井塃至四庄段项目建设，加快推进 353 国道改建、106 国道绕城公路、交通站场等项目建设，完成 259 省道路面刷黑、259 省道望湖村至图垅村段 3 公里中修工程、106 国道铁柱桥至玉立酒店段 5.8 公里中修工程、智慧治超治限检测系统、银城西路（石泉小游园段）改造工程等项目建设，进一步完善高速公路网布局，升级国省干线公路路网，提升道路服

2023 年，赤壁市赵李桥镇羊楼洞振兴公路——羊羊线

2023 年，大坪乡创建全省"四好农村路"示范乡镇

务水平，增强对外交通服务能力。

"四好农村路"建设。实施农村公路提档升级和通达工程，打造农村公路"九纵七横"路网。优化农村公路网，启动"四好农村路"示范创建工程项目建设，推进庄前至药姑山公路改扩建项目、象月线改扩建工程、关黄线改扩建工程和全域公交一体化等项目建设，完成隽大线、戴黄里塘、沙堆至罗塘、五里镇尖山村至马港镇松港村道路改善工程等项目建设，完成省定渡改桥 93.31 延米，重要县乡道 16.08 公里，窄路面提档升级 90.05 公里，路网连通、延伸工程 21.84 公里，上年度"四好农村路"示范创建 310 公里建设，补齐农村交通基础设施短板，不断提升公路通达深度和覆盖度。配套区域产业路网，围绕县域产业集聚地，实施城东新区路网、开发区路网、中医药产业园医圣大道、金刚藤路、电子信息产业园路网等项目建设，支持产业发展，实现交通与产业有机整合。

运输服务保障。全年公路完成客运量 117.40 万人次，比上年下降 0.49%，完成旅客周转量 7720.91 万人公里，比上年增长 10.47%；完成货物周转量 45611.68 万吨公里，比上年增长 17.4%。水路完成客运量 6.5 万人次、旅客周转量 267 万人公里，比上年分别增长 2%、1%。积极推进城乡客运公交一体化发展，通过整合优化城乡客运资源，理顺管理体制，构筑起与城乡经济发展水平、人口规模相适应的市场规范、管理高效、运行安全、服务优质、出行便捷、网络一体的城乡公共交通服务体系，满足城乡居民的出行需求。全县有沙堆、北港、大坪 3 个乡镇实现全域公交化运营。全县有一类机动车维修企业 6 家、二类机动车维修企业 25 家、三类机动车维修企业 74 家。

公路养护。完成 259 省道望湖段 3 公里、106 国道京广线 5.81 公里、353 国道宁福线 1.94 公里大修改造。国道路面技术状况指数 PQI 达 92.51，省道路面技术状况指数 PQI 达 92.58。对全县 5 条国省干线沥青路面和水泥路面进行清缝灌缝、行道树刷白、清理边沟、清理积水，对所有护栏进行全面修复和清洗，对 5 条国省干线进行坑槽修补，修复水沟、边坡、挡土墙。对城区国省干线车辙进行铣刨、修复、划线，完成 353 国道南岭段 2 公里防撞墙油漆复新。在 353 国道、259 省道补栽苗木、种植草皮。积极探索创新养护模式，通过引入市场机制、推广新技术应用等方式，不断提升路况水平。在"四好农村路"养护中，采用"政府购买服务、专业公司养护"模式，引入一批具有专业资质和丰富经验的养护公司，实现养护工作专业化、市场化运作。同时注重科技创新，推广使用公路技术状况自动化检测等新技术手段，提高养护效率和精度。

路政管理。加强科技治超，106 国道五里和铁柱、353 国道北港和关刀、259 省道塘湖、七铁线双龙等路段 6 处不停车检测系统建成，经公示后投入试运行。全年查处超限车辆 236 辆，卸载货物 2232.2 吨；发现擅自改装车辆 53 辆，主要为擅自加高车厢栏板，扩大车厢容积，对确认的违法改装车进行立案查处。

行业监管。按照"疏堵结合、标本兼治、综合治理、依法监督"的原则，加大对非法营运和违章行为的打击力度。持续开展客运出租市场整治行动，与公安交警、城管执法局建立

2023 年，麦市镇农村公路提质升级

联动机制，持续推进城区出租汽车联合检查常态化。持续开展行业市场整治行动，严厉打击非法营运、驾培行业违章违规等经营行为，查处违法违章305起，处置各类投诉100余件。强化汽车维修企业监管检查，联合环保、市场监管、城管执法等部门，对全县维修企业开展专项整治，查处违规经营维修企业18家。

安全应急管理。开展突出问题专项整治，摸排、清理、纠正交通执法队伍存在的各类问题，保障服务对象合法权益。开展"安全生产八大专项行动""重大事故隐患整治及重大风险防范化解专项行动"，聘请第三方机构，对全县交通领域重点企业、在建工程开展安全隐患排查，提供帮扶指导，排查一般隐患224起、重大隐患5起，除1起重大隐患正在整改中，其余均完成整改。更新老旧客运渡船9艘。启动普通公路18座危桥改造，推进国省干线15处平交道口精细化提升工程和5条国省干线路面修复改造，持续开展干线公路路域环境整治，查改损毁公路设施行为8起。

（张利华）

【崇阳县】 至2023年底，全县公路通车总里程3074.06公里（不含高速公路），公路密度160.83公里/百平方公里，其中高速公路91公里、一级公路61.49公里、二级公路412.49公里、三级公路111.35公里、四级公

2023年12月20日，崇阳县青山镇团沙线路面提档升级完工

路2484.92公里、等外公路3.81公里。监管水域总长138.9公里，水域流程67公里，有渡口16处、客渡船舶45艘。有客运站11个，其中一级客运站1个、三级客运站1个、四级客运站1个、五级客运站8个。

基础设施建设。全年完成交通固定资产投资6.39亿元。完成106国道崇阳县桃树窝至浮溪桥段一级公路改扩建路基路面3公里，完成246省道崇阳县东流铺至渣桥段一级公路改扩建路基8公里、路面6公里，完成246省道崇阳县月亮山至横岭段二级公路改建工程路基0.18公里、路面5.5公里。完成农村公路路网连通、乡镇二通道、提档升级173.6公里，新建桥梁4座130延米，改造危桥7座。

水运建设投资173.65万元，其中老旧渡船更新改造12艘，投资26.48万元；撤销白云谭、猴王庙、何家铺渡、曾家埠、黄土坎及易家埠渡口补助资金38.71万元；青山水库码头、火烧庙渡口、坑口渡口、高石湾渡口及青山水库等渡口维修、提档升级，投资97.11万元；救生衣及救生圈等救生设施，投资11.35万元。城西一级客运站、金界五级客运站建成投入使用，完成桂花三级客运站征地、拆迁、办证等前期工作，完成乡镇客运站升级改造工作，修建农村客运候车亭238个。

"四好农村路"建设。完成农村集疏运公路2.5公里、乡镇二通道4.2公里、重要县乡道改造26.13公里，新建路网连通、延伸工程43.41公里，提档升级工程97.36公里。积极开展安全隐患整治，对农村公路安全设施进行精细化提升，安装钢护栏50公里、道口警示桩400根，施划道路标线9000米，安装警示牌96块、广角镜28个、爆闪灯11个，设置减速带112条520米。对3条过境高速公路11座上跨桥基础数据全部录入，建立相应台账，并更换上跨杭瑞高速公路11座桥梁的防抛网约2000平方米，翻新上跨咸通高速公路的2座上跨桥防抛网约400平方米，安装防撞桶2个、警示桩30根，修复护栏6处、边坡3处。全面推进农村公路宽路窄桥改造，全年加宽农村公路桥涵23座。

2023年12月27日，崇阳城西客运站投入运营

通过购买社会服务，委托专业公司对27条共计198.88公里干线公路进行日常养护，委托群众养护员对其他线路开展常态化养护，确保全县农村公路即建即养、全面养护。完成大油线、大小线、天路线等线路共计198公里路肩绿化任务，所有列养路段实行绿色养护。

运输服务保障。全年完成旅客周转量15041.25万人公里，比上年增长53.95%；货物周转量88711.6万吨公里，比上年增加95.28%。公路完成客运量26.82万人次、比上年下降72.98%，旅客周转量4956.55万人公里，比上年增长10.47%；货物周转量42838.37万吨公里，比上年下降5.7%。水路完成客运量9.5万人次、旅客周转量159.13万人公里，比上年分别增长13%、15%。崇阳县"湖北省全域公交示范县创建"通过验收。完成农村客运车辆收购，注销58条农村客运经营线路和122辆农村客运车辆运营资格，使其退出农村客运运营市场。结合全域公交创建工作实际，督促企业完成8条主线、39条支线"四方会审"工作，签订线路经营特许协议。全县开通运营城乡公交8条主线、38条支线；乡镇公交覆盖率达100%，187个行政村中通车178个，覆盖率达95.2%；建设城西综合性公交枢纽站，增加绿色能源供给服务；同步新建城乡公交站亭238个、乡村招呼站200个；在城区配套换乘站，实现城乡、城区、城际公交无缝对接，打通便捷出行"最后一公里"。建成县级物流城乡配送中心1个，乡镇物流综合服务站点12个，行政村村级服务网点187个，村级物流综合服务站点覆盖率达100%。

公路养护。全县国省干线公路PQI值为89.89，路况稳中有升。全年完成246省道凤界线绿化15公里、259省道铜天线种花30公里，宜林空白路段补植树木1083棵，整治村镇过境路段12公里，修复安防护栏设施4700米，安装各类安全标志2100个，修复挡土墙护坡3550立方米，改造公路站房1200平方米，新建应急物资

仓库1500平方米，升级改造翠竹岭隧道星级服务区，新增充电桩2个，添置养护机械设备22台等。农村公路养护通过询价采购，委托专业公司对干线县道开展常态化养护，委托群众养护人员乡村道路开展常态化日常养护，严格按照农村公路日常养护考核评分制度，逐月开展考核评分，有效提升养护质量和安全。

路政管理。加大公路巡查保畅力度，常态化开展清理公路沿线违法建筑、打击占路经营、侵占路产路权、损坏公路设施行为行动，确保公路及附属设施完好、行车环境良好。全年查处路产赔偿案件27起；制止在红线控制区内违章建筑30处；清理公路路障4136立方米；拆除非公路标志牌244块。做到路政案件查处率达100%、结案率达100%。坚持源头监管和路面管控"双管齐下"强力推进，巩固扩大治超成果、严防货车超限超载运输现象反弹，查处超限超载车辆131辆，卸载转运货物3898.87吨；查处并切割非法改装车辆8辆；深入货源单位督查28次，查处源头企业违规装载2起；约谈企业相关负责人8人次。

行业监管。重点打击和整治企业无资质经营，客车无证运输、非法载客、未办理包车牌、超出运营路线、动态监控不在线，长途客运未按规定接驳等行为，依法严肃查处非法违规

运营车辆和企业，构建道路客运打非治违长效机制，净化道路客运市场环境。全年立案处理非法违规班线客运车辆23辆、非法违规包车客运车辆18辆、非法违规出租汽车80辆、非法违规网约车8辆。对道路客运企业、驾培机构、机动车维修检测企业、道路货运企业（含危货）、公交车企业、出租汽车企业等交通运输领域重点企业进行执法检查，查获未取得相应从业资格证驾驶危险货物运输车辆经营违法行为案件1起。查处交通运输行业突出环境问题案件6起。行政审批持续优化，对110项政务服务办事材料减负，全年依法受理各类行政许可申请48件，从业资格证325起，办理车辆年审305辆。

安全应急管理。紧盯道路运输、水上交通、普通公路、在建工程等重点领域，开展交通运输安全生产八大专项行动、重点事故隐患排查整治和重大风险防范化解专项行动等，强化春节、全国两会、清明、五一、国庆等重要时间节点安全监管，开展隐患排查整治行动，排查各类隐患367项，现场下达整改通知书32份，均完成整改。做好交通运输系统防汛抗旱工作，成立147人的防汛抢险突击队伍，有应急车辆28辆、船舶12艘、应急机械设备21台套，充分预备路面防滑料、防滑垫（草垫）、警示锥形筒、标

2023年12月，通羊镇一都垅至寨下村农村公路提档升级工程完工

志标牌、各类照明设备等应急物资。

（汪庄夫）

【通山县】 至 2023 年底，全县公路总里程 3164.93 公里，公路密度 118.09 公里/百平方公里，其中高速公路 97 公里、一级公路 9.80 公里、二级公路 410.94 公里、三级公路 234.72 公里、四级公路 2412.47 公里；按行政等级划分为（不含高速公路）国道 87.36 公里、省道 195.14 公里、县道 531.38 公里、乡道 714.40 公里、村道 1539.65 公里。内河航道通航里程 89 公里（界河按二分之一算），有渡口 30 个。有客运站 10 个，其中一级客运站 1 个、三级客运站 2 个、五级客运站 7 个。

基础设施建设。全年完成交通固定资产投资 45.07 亿元，比上年增长 35%。咸九高速公路路基工程全面完成，隧道控制性工程全面贯通，路面工程启动建设。通山大道路基工程基本完成，焦下桥、灵寺河桥、桥头桥以及神堂铺一、二、三桥 6 座桥梁启动施工。大幕山抽水蓄能进场道路完成全线清表，路基工程、防护工程快速推进。106 国道洪港至九宫山公路改扩建项目完成路基工程 9 公里。实施养护大中修工程 52 公里。城西客运站项目完成围墙建设、通水通电。

"四好农村路"建设。完成农村公路建设 197 公里，实施农村公路危桥改造 20 座、农村公路安防工程 130 公里，新增通双车道行政村 17 个，累计达到 119 个。燕厦乡成功创建全省"四好农村路"示范乡镇。

运输服务保障。公路完成客运量 1044 万人次、旅客周转量 1.44 亿人公里，比上年分别增长 18.4%、13.6%；完成货运量 411.8 万吨、货物周转量 1.22 亿吨公里，比上年分别增长 6.6%、8.7%。水路完成客运量 17 万人次、旅客周转量 52 万人公里，比上年分别增长 200%、210%。全县跨省跨市客运车辆 13 辆，农村客运车辆 37 辆，出租汽车 128 辆；客运线路 22 条，其中县内 12 条、县外 10 条；城乡新能源纯电动公交车 145 辆、营运线路 29 条，其中城区、城郊线路 7 条，乡镇公交专线 22 条，公交站亭（点）624 个，日运营 809 班次。客渡船 160 艘，适航率达 100%。整合公交资源，收购民营客运班线和车辆，新改建乡镇候车亭 205 个、招呼站 419 个、充电终端 82 个，开通城乡公交线路 26 条，全县公交通车里程 1237 公里，公交通达 12 个乡镇 177 个行政村，实现乡镇全覆盖，公交通村率达 95%。

农村寄递物流。按照"政府引导、市场主导、邮政主营、民营加入"的运行模式，建成县级寄递物流共配中心，标准化打造 12 个乡镇级站点、189 个村级网点、67 个示范村服务网点，实现乡镇服务站全覆盖、村级网点全覆盖、快递进村全覆盖、进村快递品牌全覆盖、村级网点人员培训全覆盖。

公路管养。开展国省干线公路养护提质三年攻坚行动，完成 316 国道贾家源至洪港段大修 2.32 公里，106 国道京广线路面大中修 36.87 公里，414 省道甘燕线中修 5.90 公里，358 省道阳通线畈泥至石宕中桥路面中修 2 公里；完成杨林西坑公路工程 2.5 公里，新牛线（新庄坪至牛鼻孔）养护工程 1.5 公里，燕厦乡潘山村公路养护工程 500 米，祝家楼村公路养护工程 500 米。加强公路日常养护，修补国省干线路面坑槽、路面灌缝、平整路肩、整治边坡、疏通边沟等；清理路面堆积物、伸缩缝、疏通泄水孔；种植树木、草皮，清除枯树，清理遮挡树枝、杂草等养护。加强桥涵巡查，新增桥梁信息牌 12 块，完善调整桥梁信息牌 14 块，更换更新桥梁限载标志 28 个。

路政管理。清理占道经营 19 处，清理堆积物 48 平方米，拆除非公路标志标牌 41 处。紧盯货车改装、货物装载、货物运输等源头企业和场所，严厉打击超限超载车辆。积极推进咸宁电视问政曝光治超问题，全面排查、举一反三，开展为期 1 个月的"雷霆"治超专项行动。全年查处超限运输车辆 285 辆、卸货 2103.24 吨，约谈企业 12 家，处理违规货源企业 12 家，处理擅自改装车辆 8 辆。办理大件运输行政许可 215 件。

行业监管。一是持续优化营商环境。深化行政审批制度改革，加强政务服务事项目录清单管理，梳理政务服务事项 63 项，一窗受理、一网通办累计办件量 903 件。规范开展"双

2023 年 8 月，通山县村级寄递物流网点全域覆盖。图为黄沙铺镇寄递物流综合服务站

随机、一公开"监管，对 112 项抽查事项实行清单管理，组织抽查 11 次，检查企业 8 家，督促 5 家问题企业全面落实整改，检查率、整改率均达 100%。二是全面开展专项整治。开展驾培及其维修行业整顿，全面推行计时培训业务，取缔非法驾培点 9 处，对不符合标准的二类维修企业降级 2 家、注销 2 家。开展公路水运工程建设领域、道路交通安全和运输执法领域突出问题专项整治行动，自查工程建设项目 112 个，全面完成 12 个问题整改，整治执法不规范、执法粗暴等 5 大问题，清查近三年执法案卷 642 件，整改执法不规范、投诉举报等各类问题 11 个。

智能交通。加强交通运输应急监控指挥中心实时监管，对所有营运车船特别是"两客一危"车辆实现全天候、全过程动态视频监控，发送安全预警信息 1.5 万余条，落实驾驶员违规行为闭环处理 85 起。利用渡口渡船电子远程监控系统，及时纠正各类违法航行为。打造全域公交智慧平台，平台具有实时主动安全监控、智能排

班调度、客货邮融合发展、机务管理、多样化支付、"通山行"手机 App、信息运用实时化等七大功能，提高公交运输效率和准点率。

交通环保。推广新能源汽车倡导绿色出行，投入 3180 万元购置新能源纯电动公交车 60 辆，新建充电桩 22 个。持续巩固黄标车整治成果，淘汰营运黄标车 37 辆。整治"脏乱差"现象，严厉查处车辆装载不规范造成的滴漏抛洒、积灰扬尘等污染环境行为。开展船舶和港口设施污染防治专项行动，健全完善富水湖船舶污染物接收、转运及处置监管五联单制度，全县 30 个渡口均配备垃圾桶、废油回收桶，160 艘营运船舶均配备船舶垃圾桶、垃圾袋。积极配合富水湖流域非法捕捞专项整治行动，严厉打击船舶从事非法捕捞等涉渔活动，促进富水湖生态环境保护修复。

安全应急管理。以交通运输安全生产十大专项行动、道路运输安全生产突出问题集中整治"百日行动"等为抓手，全力防风险、除隐患、遏事故。一是强化责任意识，坚持逢会必

议安全，严格落实安全生产"一岗双责"、分线负责分线包保制度。组织参加全县应急知识竞赛、"5·12"防灾减灾宣传和演练活动。二是强化问题导向，紧盯突出问题和薄弱环节，检查重载货车 1249 辆、危货运输车辆 108 辆、物流快递车辆 128 辆，排查境内上跨杭瑞高速公路桥梁 12 座，加强咸九高速公路、通山大道等重点项目安全生产督导工作，整治隐患 32 处。三是强化精准执法，严厉打击城区四轮电动车非法营运，查扣车辆 26 辆。积极参与富水湖流域非法捕捞和销售问题挂牌整治工作，摸排登记乡镇船舶 1528 艘，核减 937 艘，保留 591 艘，设置集中停靠点 88 个。四是强化补短强弱，开展公路平交路口精细化提升行动，整治平交路口隐患 25 处。开展公路安全设施精细化提升行动，清理塌方 3.7 万立方米，修补破损路面 2.6 万平方米，更换广角镜 135 个，增设标志标牌 60 块，排查农村公路隐患路段 480 公里，完成 100 公里年度改造任务。

（徐维新）

随州市交通运输

【概况】至 2023 年底，随州市公路通车里程 13784.35 公里，公路密度 143 公里/百平方公里，其中高速公路 335.02 公里、一级公路 208.26 公里、二级公路 1140.27 公里、三级公路 235.97 公里、四级公路 11864.83 公里。辖区有通航水域 10 处、等级航道里程 150.5 公里，有渡口 30 个。有客运站 7 个，其中一级客运站 1 个、二级客运站 5 个、三级客运站 1 个。

基础设施建设。全市完成交通固定资产投资 42.64 亿元。其中高速公路投资 21.1 亿元，普通公路投资 20.46 亿元，物流园区投资 0.16 亿元，客运站投资 0.85 亿元，水运建设投资 0.07 亿元。随信高速公路快速推进，"南外环"全线贯通，"北外环"和 316 国道随县段改扩建工程正式用

地上报自然资源部待批，316 国道改扩建工程高新区段接近尾声，240 国

道随县段和 320 省道改建工程广水段、曾都洛阳至随县洪山公路建成通车。

2023 年 11 月 18 日，建设中的随信高速公路

漅水二桥拆除重建工程开工，完成14根桩基浇筑；桃源河大桥项目完成交工竣工验收。6月，随县因全县公路水路建设年度固定资产投资保持稳定增长、国省道一二级公路建设总体目标任务完成情况较好受到省政府通报表彰，获奖励资金500万元。

"四好农村路"建设。全力服务乡村振兴和强县工程建设，持续加大农村交通基础设施投入力度，完成农村公路新改建700公里。建立市、县、镇、村四级农村公路养护示范点，采取"驻村包点、典型引路"等方式全面推动农村公路养护和管理。曾都区获评全省"四好农村路"示范县，随县澴潭镇、广水市关庙镇获评全省"四好农村路"示范乡镇。

运输服务保障。全市公路完成客运量1544万人次、旅客周转量7.69亿人公里，比上年分别下降2.90%、3.55%；完成货运量0.79亿吨、货物周转量129.33亿吨公里，比上年分别增长13.59%、4.66%。水路完成客运量34.97万人次、旅客周转量296.29万人公里，比上年分别增长12%、7.5%；完成货运量225.8万吨、货物周转量12.36亿吨公里，比上年分别增长25.6%、39.2%。全市有客运企业33家、客运车辆1123辆，其中旅游客运企业6家、旅游客车81辆；客运班线552条，其中省际班线19条、车辆26辆（其中800公里以上线路9条、车辆8辆），市际班线51条、车

辆115辆；有货运企业544家、货运车辆19503辆。公交营运线路27条、公交车441辆，出租汽车768辆，其中城区547辆、随县5辆、广水216辆。在籍船舶140艘，其中省际普通货物运输船舶44艘、载重10.9万吨，起重船3艘，渡船43艘，旅游客船35艘，砂石船、公务船、水务趸船等15艘。在册船员130人。全年办理客运行政许可业务45件、危货运输行政许可业务1件。全年新增货运经营业户699家，更新客运车辆5辆，新增货车2001辆，新增危货车辆3辆。开通定制公交线路97条。新建标准化农村港湾式候车亭44个。完成3家企业培育任务，全市规上货运企业达到42家，其中100辆车以上货运企业入规14家、50辆车以上货运企业入规28家。全市审核并授牌16家一二类、三类（发动机维修）维修企业作为汽车排放性能维护站（M站），治理8081辆次，上传湖北省机动车维修电子健康档案信息7918条，上传率达到97.98%。完成驾驶员培训机构质量信誉考核工作，经考核AAA级驾校6家、AA级驾校8家、A级驾校11家、B级驾校4家。开展客运、危险品、巡游出租汽车、网约车从业资格证考试7批次共计651人，合格率达80%。启动驾培监管平台与公安互联网服务平台前期对接工作。

公路管养。完成新316国道大修刷黑和路域环境整治工作。结合实际

制定迎"国评"实施方案，完成120公里路面刷黑。随州市迎"国评"工作获得省公路中心通报表扬，获奖励资金314万元。以国省道路况提升、美丽国省道创建、交安设施精细化提升三大工程为重点，成立养护三年攻坚行动领导小组和工作专班，建立"清单制＋责任制＋销号制"的全流程工作推进机制，实行"月通报、季考核、半年拉练、年度考评"，路况水平比上年增长3.11个百分点。随县公路局连续两年进入全省二十强，获得省公路部门奖励资金200万元。

行业监管。聚焦出租汽车、非法营运等重点车辆开展专项整治，采取定点检查与流动检查、错峰执法，突击夜查等方法，查处出租汽车违规129辆次；保持打击非法营运车辆高压态势，查处非法营运车辆2辆，在火车站公共汽车停车场、中心客运站等地驱离非法载客电动车、摩托车130辆次。聚焦道路旅游、危险品、普通货运等企业及重点源头企业，采取制订稽查计划、"双随机、一公开"、道路运输行业专项整治、入驻行业整治专班等方式开展行政检查工作，检查班线客运企业11家次、道路旅客包车运输企业12家次、客运站（场）行政检查6家次、客运站（场）周边及重点路段巡查10次、货物运输企业行政检查14家次、重点货物源头企业行政检查8家次、道路危化品货物运输企业行政检查16家次、机动车维修检测企业14家、机动车驾培机构4家、机动车检验检测机构2家及汽车租赁公司行政检查1家。落实"双随机、一公开"执法工作抽查道路运输企业13家次。支队挂牌后处理行政案件255起、约谈道路运输企业及经营者21起，努力营造"有序、便捷、安全、公平"的道路运输市场环境。

超限超载治理。以"百吨王"和超限超载30%以上的货车为重点，严查货车违法超限超载运输行为。与孝感市联合治超，开展流动治超36次，全市查处超限车辆119辆。与豫皖鄂三省十市深度协作，打破区域交界治超壁垒，形成区域治超工作合力，实

2023年12月12日，随州"南外环"全线贯通

现优势互补、力量融合、信息互通。与南阳市联合开展"寒风行动","昼查＋夜查""固定＋流动"相结合,加大对"两客一危一重"车辆执法检查力度,查处违法超限超载车辆20余辆次、客运班车2辆。对城市出入口、国省干线等重点道路开展执法,重点路段车辆超限超载率大幅下降。

水运执法。将日常执法巡检与专项行动有效融合,对照船舶船员台账,按照全覆盖、严标准原则,对渡口靠泊能力、船舶安全状况和船员实操能力进行检查。全市各级水路执法部门检查渡口28处,检查船舶870艘次,检查船员550人次,保障船舶适航、船员适任。发现水路交通隐患11处,除1处正在整改中,其余均整改到位。

安全应急管理。着力创建交通品质工程,所有在建工程质量安全监督继续保持全覆盖、零事故。圆满完成防汛和节假日运输保障工作,落实防汛车辆53辆,为高考、研学、寻根节提供运输保障30万人次,节假日期间没有出现旅客大面积滞留情况。做好危险货物运输管理工作,对全市危险货物道路运输企业电子运单管理系统使用情况进行统计通报,使全市危货企业电子运单应用率达到100%。做好长途客运接驳运输工作,组织3家企业按时通过"全国道路客运接驳运输管理平台"申报,完成7条线路12辆车每季度的长途客运班线车辆接驳审核工作。开展安全生产突出问题集中整治百日行动,下发安全告知书116份,查处问题隐患143起并整改落实。春运期间,圆满完成两轮极端天气防范应对工作,确保交通运输安全、畅通。

（范宸铭）

【曾都区】 至2023年底,全区公路总里程2953.37公里,公路密度207.19公里/百平方公里,其中高速公路61.4公里、一级公路95.02公里、二级公路212.22公里、三级公路130.72公里、四级公路2454.01公里。

基础设施建设。全年完成交通固定资产投资7亿元。240国道槐东至石桥段改建工程可行性研究报告编制完成,建设用地预审工作启动,初步设计和施工图设计同步推进;262省道万店至淅河段改建工程可行性研究报告编制完成,项目用地预审和选址意见书获批复,初步设计和施工图设计基本完成。完成316国道十岗至随县段路面大中修28.2公里、240国道万店镇槐东村至随县界段路面大修6.79公里、240国道金家湾桥至杨家湾桥段路面中修7.06公里。X006洛明线3.3公里、X016兴老线兴隆塔儿塆段15.81公里、X002汪清线大堰坡至清筑城段16.9公里、X003龚金线同兴至长岭坡段2.75公里建成通车。北郊磙山至汲水湖段在进行路基清表施工;X003龚金线银杏谷景区至同兴段、府河镇段河道综合治理工程继续推进。完成第二批"三年消危"危桥改造12座。完成农村公路渡改桥12座,完成通村公路新建及提档升级145公里。完成农村候车亭16个。

"四好农村路"建设。为做好省级"四好农村路"示范区创建工作,完成农村公路绿化里程50余公里。对辖区农村公路交通标志标线、安全防护设施查漏补缺,确保各类交通标志标线、安防等设施齐全、精准。新建成交通厕所3个。开展路域环境整治,对所管辖路段采取洒水车进行不间断洒水除尘作业,对路肩边坡进行整修培植,清除杂草、清扫垃圾,确保农村公路整洁、干净、畅通。整治"四好农村路"示范县迎检线路42.4公里。12月29日,曾都区获评全省"四好农村路"示范县。

农村寄递物流体系建设。为全面打通消费品下乡"最后一公里",解决农副产品出村"最初一公里",更好满足农村群众生活生产需要,争取曾都区政府出台《曾都区打通农村寄递物流"最后一公里"和"最初一公里"工作方案》（曾政办发〔2023〕8号）文件,推进全区农村寄递物流体系建设。完成万店、何店、洛阳和府河4个镇级共配中心改建,完成106个村级物流寄递站点改造升级。推进邮快合作,牵线区邮政公司与5家快递公司签订合作协议,以保障农村寄递物流需求。

公路养护。强化国省干线公路养护管理,以"国评"为契机,对照部颁标准对迎检路段的标志、标牌、标线、道口桩、钢护栏、防眩板、百米桩进行维护更新;对路肩、边沟、绿化进行整治,对沿线桥梁、行道树、公里碑等进行刷新,顺利通过"国评"。加强日常养护工作,针对春季是公路病害集中爆发期和最佳处治期的特性,完成辖区公路病害处治及维修工作。对曾都区国省干线71座桥梁基础数据进行核查,并将基础数据同步更新至桥梁管理系统。开展路域环境整治,累计整理路肩、修剪高草、疏通水沟、清理堆积物、病害处治、刷新桥梁护栏、更换水沟盖板等,路域环境得到进一步提升。

路政管理。加大超限运输车辆查处力度,坚持源头监管与路面治理相结合,结合货车出行特点,不定时开展路警联合治超突击行动,重点查处超限超载30%以上的货运车辆,加大"百吨王"车辆查处力度,对故意绕道、昼伏夜出等逃避执法检查的"游击行为"予以严厉打击。查处超限车辆420辆,卸转运货物7294吨,有效遏制超限运输车辆违法行驶公路情况,确保辖区公路安全畅通。定期开展非交通标牌、摆摊设点、砂石遗洒等违法行为的专项治理,保障道路安全畅通。累计查处、制止堆物占道、打场晒粮、路面抛洒等违法行为180余起,下达违法行为通知书8份,责令整改通知书15份,处理非法采砂1起,非法改装11起,"一超四罚"案件移交9起。提升服务水平,优化营商环境,开展大件运输重点货运源头企业联系机制先行试点创建,对曾都区45家大件运输企业进行上门服务。

安全应急管理。加强公路安全设施维护和管理,实施农村公路安防工程40公里。开展安全隐患排查,对辖区国省干线、农村公路、桥梁安全隐患进行全面排查与治理,特别对事故多发路段、临水临崖危险路段加强排查,并建立安全隐患治理清单,制定针对性处治措施,杜绝安全事故发生。加大对在建工程项目安全巡查力度,

2023 年 11 月 5 日，完工后的广水市月光海环库公路长岭段路面改善工程

督促施工作业人员提高安全生产责任意识，严格落实各项安全生产操作规程，做好施工作业的防火防电防中毒等措施，严禁恶劣天气状况下冒险强行组织施工，杜绝各种安全隐患的发生，确保项目建设施工安全。全力做好恶劣天气和节假日道路安全保畅工作，密切关注天气变化，及时制定应急预案，储备应急物资，加强对易结冰、急弯陡坡、临水临崖等路段安全巡查力度，针对巡查发现的安全隐患第一时间处置，全力保障恶劣天气和节假日期间道路安全畅通。

（关文）

【广水市】 至 2023 年底，全市公路通车里程 3961.17 公里，公路路密度 149 公里/百平方公里，其中高速公路 118.2 公里、一级公路 73.98 公里、二级公路 266.22 公里、三级公路 54.61 公里、四级公路 3448.16 公里；按行政等级分为国道 127.82 公里、省道 212.38 公里、县道 558.59 公里、乡道 614.02 公里、村道 2448.36 公里。有客运站 13 个，其中二级客运站 2 个、五级客运站 11 个。

基础设施建设。全年完成交通固定资产投资 28 亿元。随信高速公路全线路基基本成型，桥梁全部进入上部结构施工，平靖关隧道霜冻完成 60%。316 国道广水市平林至曾都区淅河段改扩建工程全线征地拆迁工作基本完成，控制性工程徐家河大桥开工建设，二标段路基路面工程招标预公告公示。320 省道广水市桃源至南兴段改建工程路面主体工程全部完工。211 省道广水市李店至太平段改扩建工程二标李店至太平段 5.3 公里建成通车，一标、三标控制性工程开工。武汉城市圈环线高速公路太平互通连接线工程征地拆迁及施工招投标工作均完成。徐家河生态防洪通道道路基工程全部完成；内环公路路面工程完成 40.09 公里、支线路面工程完成 13.37 公里。县乡道改造完成 21.7 公里，新建通村公路 61.80 公里，完成农村公路提档升级 151.57 公里。农村公路桥梁第二批"三年消危"项目 15 座桥梁全部开工，完成 13 座小桥建设和 2 座大桥主体工程。广水市徐家河水库旅游渡运码头完成基础工程。北门综合客运站站房主体结构基本完成，正在进行装修和附属设施建设。

"四好农村路"建设。以"畅、安、舒、美"为目标，全力推进"四好农村路"建设，超额完成年度广水市政府"十大民生实事"中农村公路建设任务。完成月光海环库公路长岭段路面改善工程，完成新改建农村公路 235 公里。全市农村公路桥梁第二批"三年消危"项目，完成 13 座中小型危桥改造、2 座跨应山河大桥改造主体工程建设。持续打造旅游路、平安路、美丽路，黄土关文旅小镇"绿水青山旅游路"成功入选全省"十大美丽农村路"二十强，关庙镇成功创建全省"四好农村路"示范乡镇。

运输服务保障。全年建成二级客运站 1 个，新建农村港湾式候车亭 35 个，农村港湾式候车亭共计 76 个。客运企业 3 家、客运班车 625 辆，开通农村客运班线 330 条，村村通客车率达 100%。基本实现"以镇办客运站为支点、农村招呼站为网络"的农村客运路网基础设施体系，全面打通服务群众出行的"最后一公里"。

公路管养。聚焦养护大中修工程，开展路面结构性修复，完成 328 省道、425 省道、426 省道共 22.22 公里大修任务；完成 316 国道等国省干线 5 条线路 9 处路段 43.22 公里中修任务；完成 316 国道白竹港桥、328 省道双响村一桥危桥加固工程。聚焦次差路

2023 年 11 月 2 日，广水市乡道郝铁线乡村振兴路

段整治，提升公路整体路况，对 211 省道广办小山口至李店段 7 公里进行整体升级改造，对 328 省道中涉及大中修路段的次差路段通过大修施工进行升级，按照大修标准处治吴店加油站至吴店大桥段 3 公里路面病害并加铺双层沥青混凝土，提升路况质量。聚焦迎"国评"任务，推进迎检线路上品质，316 国道和 107 国道广水市段被列入迎检线路。

综合执法。持续规范出租汽车、乡村线路班车经营行为，依法重拳打击非法营运车辆、网约车、广汉网约拼车等扰乱运输市场违法行为。充分发挥多部门公路违法"联合惩戒"威力，加强货运源头管理，切实有效遏制货运车辆非法改装、危险运输行为。全年组织联合行动 85 次，劝离乱停乱靠货车 463 辆次。广水市道路运输环境综合治理成效得到进一步巩固。与孝昌县交通运输综合执法大队签订《广水市、孝昌县区域联动治超工作协议》，依法联合查处 107 国道广水与孝昌交界处超限超载车辆和非法改装车辆，进一步提升区域联合治超工作合力，有效消除治超盲区，打通治超堵点，查处超限超载运输与非法改装车辆 625 辆，卸载及转运货物 2.53 万吨；查处违法超限运输车辆 396 辆、货车非法改装车辆 67 辆、"百吨王"车辆 37 辆，卸载超限货物 16519 吨。

安全应急管理。以交通运输安全生产重大事故隐患排查整治和重大风险防范化解专项行动、交通运输安全生产八大专项行动等为抓手，对道路运输、水上交通、公路路网运营、交通执法、在建工程等领域开展安全生产隐患大排查，执法部门与 30 家运输企业签订安全生产重大事故隐患和重大风险自查承诺书，抽查运输企业 116 家次，发现重大安全隐患 1 个并完成整改。水上交通安全隐患检查发现非重大安全隐患 4 起，全部完成整改，辖区水上交通安全形势持续稳定有序，未发生一起客运船舶靠泊不规范问题和船舶污染事件。梳理完善《广水市交通运输局 2023 年度防汛抗旱应急预案》《广水市交通运输系统防御自然灾害应急预案》《广水市交通运输行业突发事件总体应急预案》等应急预案。极端恶劣天气期间，实行 24 小时值班制。4 月，在平浠线蔡河路段组织开展公路桥梁抢险应急演练；6 月，水运部门联合市徐家河水上运输旅游服务有限公司在徐家河水库桃花岛水域开展水上应急救援演练。

营造优良营商环境。一是以控制成本为核心，更大力度降低制度性交易成本。推进招投标全流程电子化工作。配合市牵头部门公共资源交易中心，持续推进远程异地评标常态化和综合评标（评审）专家库建设。出台《广水市交通工程合同履约管理制度》，加快实施招投标合同签订和变更网上办理工作。二是以控制成本为核心，更大力度降低物流成本。主动与高速公路对接，落实 ETC 安装收费、绿色通道减免等优惠政策。全市高速公路收费站通过绿色通道车辆 2754 辆、累计优惠 10.14 万元，联合收割机 75 台、累计优惠 1.34 万元，集卡车辆 919 辆、累计优惠 5.44 万元。大力推进多式联运。组织本市货运企业与铁路部门对接，实现物流信息互通。深入开展"优化营商环境先行区"试点创建，制定《广水市交通运输局创建优化营商环境先行试点工作方案》。6 月广水市涉路施工许可全流程电子化先行试点创建通过随州市审批，10 月中旬完成验收。

交通民生实事。北门综合客运站完成公交主站房、配电房等主体工程和站前广场地面硬化，维修用房及其他附属设施建设中。12 月 26 日，国营广水市公交集团有限公司 16 辆新能源公交车投运启动。

（王晓青）

【随县】　至 2023 年底，全县公路通车里程 6825.81 公里，公路密度 123.14 公里/百平方公里，其中高速公路 220 公里、一级公路 36.61 公里、二级公路 600.20 公里、三级公路 63.03 公里、四级公路 5905.97 公里。辖区内有通航水库（有船航行）5 座，内河等级航道里程 35.7 公里、等级外航道里程 33.7 公里，有乡镇渡口 7 个，省级达标农村渡口 3 个，新设置渡口 2 个。有客运站 17 个，其中二级客运站 1 个、三级客运站 1 个、五级客运站（包括农村综合服务站）15 个。

基础设施建设。全年完成交通固定资产投资 9.5 亿元，比上年增长 111.1%。全力推进路网改造工程建设，为建设交通强县和区域经济振兴助力。干线公路建设中，全年实施路面改善工程 143.08 公里，货币工程量 1.9 亿元，其中普通国省道 91.80 公里、涉外公路 51.28 公里；迎"国评"实施路面工程 73.27 公里，货币工程量 3700 万元；实施交通安全设施精细化提升工程 19.33 公里，货币工程量 290 万元；实施桥梁改造 5 座，货币工程量 783.5 万元。

"四好农村路"建设。全年完成通村公路建设 67.8 公里，投资 8475 万元。完成县乡道改造 81.02 公里，投资 3.24 亿元。完成农村公路提档升级 185.8 公里，投资约 2.32 亿元。全县 9 座危桥改造计划全部完成，总投资 2373 万元。助力澴潭镇加大"四好农村路"建设，刷黑武家河村、高家冲村、龚家湾村农村公路 15 公里，澴潭镇成功创建全省"四好农村路"示范镇。

运输服务保障。全年公路完成客运量 95.07 万人次、旅客周转量 2952.28 万人公里，完成货运量 2180.9 万吨、货物周转量 38.79 亿吨公里。在春运、中高考、"寻根节"、国庆等重要时间节点，严格落实 24 小时应急值班制度，圆满完成各项运输保障任务，均未造成旅客滞留现象。推进随县"全域公交"创建，开通"随县客运站—安居高铁站"专线公交，"随县城区—洪山镇"2 条城乡公交线路正式通车运营，有效解决随南片区群众直接往返县城出行难问题。启动"随北线"试运营工作，完成"随县—淮河"城乡公交线路勘测、票价审批、车辆购置，并签订运营合同等开通准备工作。新建港湾式候车亭 12 个。有运输船舶 23 艘、总吨位 151 吨。水路完成客运量 9.2 万人次、旅客周转量 102 万人公里。水上交通安全监管海事应急搜救艇船和海事巡逻艇各 1 艘。

公路养护。干线公路养护坚持把

路面病害处治作为养护工作第一要务，全年路面病害处治率达到100%，成功率达到98%以上。突出交通环境品质化养护要求，因地制宜制定各条线路环境治理任务清单，突显出公路边线轮廓，增强公路外形立体感，完成整修路肩、清挖边沟、桥涵疏浚、整修标准路基等日常养护任务。突出桥涵养护安全性，抓好桥梁保洁、泄水孔、伸缩缝清理、桥涵疏浚、标志标牌常态化管理工作同时，加大病害桥梁巡查力度，成功处治汉东中桥、西泽店桥、陡畈一桥等桥梁突发安全隐患。突出预防性养护时效性，实施328省道、333省道混凝土路面清灌缝，延长路面全寿命周期。完成新316国道西宁铁路桥下横向排水沟清理、328省道谢家湾桥直角弯破损路面更换、岩子河街道水泥混凝土路面修复3处特殊路段安全隐患治理。农村公路养护重点对720公里县道进行日常养护，完成路肩除草施药等日常养护工作，进行路肩培土、路肩堆积物清理、边沟清淤、路域环境整治等养护工作，全年日常养护投入400余万元。开展县道路域环境整治，投入资金8000余元对景区唐太线严格按技术规范培实路肩、疏通边沟、清除路面堆积物；改善炎帝大道路域环境，修复炎帝大道沥青路面坑槽、硬化路肩，消除路面安全隐患，更换损毁变形公路护栏，更换平交路口爆闪灯，刷新随岳高速公路高架桥翼墙。完成县道水毁及部分县、乡、村道路面修复工作。

综合执法。强化路警联合治超力度，结合"百日治超"专项行动，加强对"百吨王"专项整治工作，持续加强流动执法工作力度，严格落实"一超四罚"，对重点区域、重点路段、重点时间段非法超限车辆进行集中治理。全年检测车辆29231辆（次），确认查处超限超载车辆390辆，卸载转运货物8762.9吨，车辆超限率持续保持在2%以下。坚决制止侵路毁路行为，加强公路红线控制区管理，落实路养联合巡查制度，对涉路违法行为做到早发现、早控制、早处置。拆除

非公路标志牌26块，制止或拆除违章建筑8处，制止或拆除红线控制区违章电线杆48根。完成拆除高速公路红线控制区广告牌5块、炎帝大道路口跨路广告牌1块。加强路政队伍建设，组织实施"执法大练兵、服务大提质"活动，有效促进路政队伍规范化管理。规范源头企业从业人员日常监管水平，督促货运源头企业安装称重和视频监控设备、并网管理，依法查处货物源头企业违规超限装物行为19起。对检查发现和相关部门移交的非法装运砂石车辆依法依规进行查处，全年查处非法装运河道砂石案件4起。加大运政稽查与动态监控相结合的力度，检查经营业户200余家，收缴自制"揽客出租牌"80余块，查处不按规定线路行驶、未按照规定的周期和频次进行车辆检验检测、擅自改装、超限装载货物、擅自从事网约车或巡游出租汽车经营活动、擅自从事道路客货运经营、未按照规定制作危险货物运单等各类违规经营行为65起，无执法错案，无行政复议情况。

政务服务。优化业务流程，提升服务效能。积极推进道路运输"跨省通办"业务，针对道路旅客运输、普通货物运以及危险货物道路运输驾驶员从业资格证补发、换发、变更、注销、年审及诚信考核等高频事项实行"跨省通办""一网通办"，有效解决道路运输从业人员异地办事问题。积极为企业出谋划策，分析项目发展方向，提供一对一政策咨询和业务对接服务，为湖北大随通物流园项目，通过省级交通物流发展补贴申报，争取补助资金150万元。完成随县政务服务事项基本目录（2023年版）核定工作。持续深入推进"放管服"改革，继续深化"证照分离"改革，大力推进"信用交通"建设。积极推广电子证照应用，辖区内"三证"电子证照申领102次。

公共服务设施建设。积极推进"全域公交县"创建工作，完成随县"全域公交县"创建申报省级综合评审工作。开通"随县客运站—安居高铁站""随县城区—洪山镇"2条城乡公

交线路，武西高铁随县安居客运站建设基本完成。全年投入60万元，在随县随北片区建成"智慧交通"监测平台，对随北片区312国道、240国道、328省道、475省道4条主要干线大中型桥梁、急弯陡坡、事故易发地等险要路段进行实时监测。积极争取上级奖补资金45万元，推动天河口、田上山"美丽乡村渡口"建设，进一步改善全县乡村渡口基础设施条件，提高渡运安全和服务水平。

安全应急管理。突出重点，落实措施，多措并举保障春运、五一、中秋、国庆、元旦等特殊时段交通运输安全生产工作。加大对客运车辆技术性能和运营状况检查和监管，严格执行"三不进站、六不出站"规定，切实做好事故预防，全面消除安全隐患。充分发挥动态监控作用，加强客运车辆动态监管和渡口渡船监管，加强特殊时段辖区重点路段巡查力度，保障道路安全畅通。开展安全生产重大事故隐患排查和重大风险防范化解专项行动，检查道路运输、公路营运、公共交通、水上交通、公路工程建设领域81家，发现问题隐患70余个，并完成整改。完成1处省级挂牌督办重大事故隐患整改和4处县级挂牌督办重大隐患整改。开展安全专题宣讲活动、安全宣传咨询日活动、安全生产网络知识竞赛。开展安全生产应急演练，进一步增强处置各类突发事故组织协调能力和应急救援实战能力。

交通改革举措。2023年10月，根据《中共随县县委机构编制委员会关于设立随县道路水路运输事业发展中心的批复》（随县编发〔2023〕70号），批准成立随县道路水路运输事业发展中心，为公益一类事业单位，核定事业编制15名。12月，根据《中共随县县委机构编制委员会关于调整县物流事业发展中心机构编制事项的批复》（随县编发〔2023〕71号），面向随县交通运输系统组织公开选调考试，公开选调14名工作人员到县物流事业发展中心和县道路水路运输事业发展中心工作。

（黄璐）

恩施土家族苗族自治州交通运输

【概况】　至 2023 年底，恩施土家族苗族自治州在册公路通车里程 31480.19 公里，公路密度 130.8 公里 / 百平方公里，其中高速公路 624.21 公里、一级公路 147.65 公里、二级公路 2586.52 公里、三级公路 604.74 公里、四级公路 27517.07 公里。内河航道通航里程 628.5 公里（界河按二分之一算），有港口 5 个、生产性码头泊位 32 个、汽车渡口 1 个、人行渡口 157 个。有客运站 78 个，其中一级客运站 1 个、二级客运站 4 个、三级客运站 5 个、四级及以下站点（含乡镇综合运输服务站）68 个。

基础设施建设。全年完成交通固定资产投资 144.9 亿元，比上年增长 20%，其中高速公路 87.4 亿元，普通公路 45.1 亿元，站场水运 12.4 亿元。争取到省补助投资 10.1 亿元。恩高宣快速通道等 13 个项目 153 公里纳入交通运输部"十四五"规划中期调整项目库，646 国道等 11 个项目 271 公里纳入前期储备项目库。宣咸高速公路建成通车，利咸、鹤峰东和建恩北高速公路加快建设，沪渝高速公路恩施西收费站改扩建项目实质性开工。推进实施 49 个 1231 公里国省干线公路项目，348 国道巴东长江大桥至平阳坝高铁站快速通道、351 国道恩施芭蕉至谢家土段改建工程（芭蕉境）建成通车，恩施芭蕉、鹤峰邬阳通达二级公路。10 个区域交通"硬联通"项目全部开工，建成 1 个。建始县电商冷链物流扶贫产业园、恩施传化公路港物流项目一期、巴东江北农村物流园建成运营。巴东综合客运枢纽、咸丰综合客运枢纽主体完工。宣恩忠建河航道整治等水运项目有序推进。

项目前期工作。恩施机场高速公路获省政府同意采取特许经营模式（BOT）建设，巴张高速公路沪蓉沪渝连接段项目公司在巴东县注册成立。242 国道恩施市分水岭至马鞍龙段改

建工程、209 国道建始县楂树坪绕镇段、巴东县野三关大桥 3 个项目工程可行性研究报告获批复。339 省道建始县红岩寺至城区段新建工程、巴东县野三关大桥 2 个项目初步设计获批复。351 国道利川市龙井至核桃坝段新建工程、209 国道巴东溪丘湾至巴东县城段改扩建工程、209 国道宣恩绕城公路工程（雷家坳至卸甲坝段）、242 国道来凤县三胡至桂花树工业园段改扩建工程、366 省道利川市长岩屋至易家店子段改扩建工程、463 省道咸丰县尖山至大路坝段改扩建工程、476 省道鹤峰县谷家垭至五里段改建工程、巴东县野三关大桥 8 个项目施工图设计获批复。来凤县综合交通枢纽项目（含来凤龙凤物流园交通物流中心）完成设计施工总承包招标。

"四好农村路"建设。实施县乡道通畅、通村路升级、通组路补短板"三大工程"，完成新改建农村公路 1371 公里，打造美丽农村路 286 公里，新增 20 个行政村通双车道。深入推进"四好农村路"示范创建，巴东县成功创建"四好农村路"全国示范县，恩施市成功创建全省"四好农村

路"示范县，来凤县旧司镇、宣恩县万寨乡、恩施市白果乡、鹤峰县走马镇成功创建全省"四好农村路"示范乡镇。开展"美丽农村路"创建活动，宣恩县黄傅公路获评 2022 年省级"十大最美农村路"，咸丰县唐朝旅游公路入选 2023 年度省级"十大最美农村路"预选名单。

运输服务保障。全年公路完成客运量 2385.63 万人次、旅客周转量 15.36 亿人公里，比上年分别增长 23.68%、38.64%；完成货运量 4493 万吨、货物周转量 66.81 亿吨公里，比上年分别增长 20.25%、19.43%。水路完成客运量 157.65 万人次、旅客周转量 9281.48 万人公里，比上年分别增长 417.91%、563.82%；完成货运量 111.51 万吨、货物周转量 3.43 亿吨公里，比上年分别下降 17.83%、19.82%。平稳推进规模以上道路货运企业培育，1 家企业纳入交通运输部规上货运企业名录，全州纳入规上货运企业名录企业达 5 家。持续巩固拓展"村村通客车"成果，全州建制村通客车保持率达 100%，农村客运公交化率达 16.02%，较上年提升 11.2%。

2023 年 9 月 28 日，宣咸高速公路通过交工验收

做好重点时段运输保障，及时高效完成"五一"假期恩施市旅游客运运力统筹调运及恩施州支援甘肃地震救援物资货运运力调集等关键节点及重点时段交通运输组织保障任务。全州建成并验收乡镇综合运输服务站2个、农村候车亭420个，其中新建港湾式候车亭257个、新建直停式候车亭156个、改建港湾式候车亭7个，累计申报补助资金2324万元。

公路养护。实施普通公路养护提质三年攻坚行动，完成国省道灾害防治工程130公里、安全精细化提升320公里，实施村道安防工程1209公里，建设美丽国省道359公里，申报美丽农村路创建项目286公里。积极推动普通公路日常管养，完成国省道大中修续建项目505公里、国省道危桥改造预安排计划任务20座，实施国省道养护"红黑榜"机制，全年发布恩施州国省道日常养护"红黑榜"3期。持续推进农村公路"路长制"，全面开展农村公路日常养护和养护工程，完成农村公路养护投资2.1亿元；开展农村公路技术状况自动化检测，县市完成路况自检9452公里，州交通运输局完成800公里自动化检测抽检。

综合执法。强化"两客一危"企业、重点营运车船执法监管，开展水运企业经营资质核查、道路客运市场"百日攻坚"、旅游客运市场专项整治及道路客运"打非治违"等专项行动。严格依法行政，全州交通运输综合执法领域立案查处547起，办结529起，结案率达96.7%，行政复议、行政诉讼败诉案件为零。组织推进行政审批"清减降放"，将17个州级道路运输行政许可事项审批权限下放到县市，进一步清理州级证明事项录清单，保留1项实施告知承诺制证明事项。积极开展"标准化安薪项目"选树活动，培树350国道利川市石山庙至羊子岭段、宣恩县普通公路"建养一体化"01项目包等12个标准化安薪项目，在全州交通建设领域起到示范引领作用。强化交通执法队伍建设，积极参与首届湖北省交通运输综合行政执法大练兵大比武竞赛活动，获执法

大讲堂竞赛单项一等奖、业务知识竞赛单项二等奖、队列及交通指挥手势竞赛单项三等奖，团体总分全省第一，获得团体一等奖。

交通环保。实施巡游出租汽车转型升级，全州新能源出租汽车1099辆，占总数的41.11%。扩大城市公交延伸范围和新能源公交车比重，新增新能源公交车6辆，新能源车辆达660辆，占比达96.21%。推进生态环境保护督察反馈交通问题整改，完成中央生态环境保护督察关于"非法码头再清理再整治"反馈问题整改销号和全州港口码头入河排污口整治验收工作以及第二轮中央生态环境保护督察反馈问题（省序号47）州级自行验收。实施船舶和港口污染防治攻坚提升行动，完成上年船舶和港口污染防治攻坚提升行动工作州级自评和县市考核评估工作。

安全应急管理。开展"迎州庆、保稳定"安全生产大检查、道路旅客运输安全体检、营运车辆司乘人员使用安全带专项整治、遏制道路交通事故多发专项整治等行动，全州公路水运工程建设领域、水上交通安全领域保持零事故，安全生产总体形势保持稳定。深入开展交通运输安全生产八大专项行动、重大事故隐患专项排查整治、交通运输重要基础设施安全防护、岁末年初全州交通运输领域安全生产和消防安全"百日会战"、道路运输客运市场专项整治"百日攻坚"、安全隐患排查整治"回头看"等专项行动，立案查处447起，对全州交通运输行业7处挂牌督办隐患、53处重大事故隐患、754处一般隐患整改情况进行梳理排查，督促落实整改销号，确保安全隐患动态清零。强化应急准备，扎实做好防汛救灾、扫雪防滑等工作，有效保障人民群众安全便捷通行。严格执行重点时段24小时应急值守和领导带班制度，确保交通运输政令畅通，及时妥善处置各类突发事件。

（田德久）

【恩施市】 至2023年底，全市在册公路通车里程5315.91公里，公路密

度134公里/百平方公里，其中高速公路162.87公里、一级公路48.62公里、二级公路444.13公里、三级公路106.82公里、四级公路4553.47公里。内河航道通航里程82.4公里（界河按二分之一算），有港口3个、渡口23个。有客运站21个，其中一级客运站1个、三级客运站1个、四级客运站1个、简易客运站17个、综合运输服务站1个。

基础设施建设。全年完成交通固定资产投资6.6亿元（不含高速公路），比上年下降26.67%。恩施机场高速公路工程可行性研究报告通过省级专家咨询会，恩高宣快速通道初步设计通过专家审查，开展施工图设计中。重点推进的6个项目前期工作进展顺利。全面推进国省道建设项目13个，完成国省道路况提升105.8公里。积极破解农村公路建设难题，2023年乡村振兴基础设施建设项目统一采用EPC（工程总承包模式）建设模式。完成农村公路建设计划93.62公里。恩施市境国省干线公路养护提质项目（第一批）完成国道中修工程31.26公里，建设州级七彩旅游公路3条91.5公里、养护提质样板路92.3公里，完成国省道危桥改造6座。农村公路建设完成路面硬化167.08公里、2座桥梁施工。

"四好农村路"建设。积极申报创建全省"四好农村路"示范县、示范乡镇。恩施市获评2022年度全省"四好农村路"示范县，白果乡获评全省"四好农村路"示范乡镇。根据全省"四好农村路"建设工作评价，获得省政府"年度农村公路建设任务总体完成情况较好、农村公路养护成效突出的地方"300万元激励资金。

运输服务保障。加快构建城乡运输服务网络。全市有农村客运班线经营企业15家，客运车辆594辆，农村港湾式候车亭204个，直停式候车亭196个，所有建制村客车通达率达100%；旅游客运企业37家，客车1430辆，公交企业1家，公交车256辆。进一步优化物流快递企业入驻物流园，推动快递分拨处理场地"退城入园"。由农村寄递物流平台中圆申吉公司创立快递共配模式，建成智能

自动化分拣、自动化集包等智慧快递分拣体系。打造开放式驿站，用户自助化取件，采取"中心村站点、边远村网点覆盖"方式，实施电商和快递"并网优化"行动，提档升级村级服务网点70个。

公路管养。做好国省道路面坑槽修补、清理边沟、铲路肩带、清洗安全设施、绿化修剪等日常养护工作。常态化桥隧养护，完成13座重点桥梁、3座隧道一桥（隧）一档。恩施市鸦鹊服务区被评为全省普通公路"五星级服务区"，318国道恩施市境内百步梯至双树门段27公里获评全省美丽国省道。农村公路规范化养护，实施县乡村道美化、绿化及提档升级109.9公里，开展全市县乡村道路况检测评定，PQI优良中等路率达93.09%；恩施市农村公路养护管理被评为全省农村公路"十佳养护单位"。

路政管理。开展常态化超限治理，查处超限运输车辆75辆，卸载货物1076吨，制作案卷56份。开展"路政宣传月"活动，走访货运源头企业25家，开展路警联合治超专项行动12次，办理行政处罚案件252件，处理12328交通运输服务监督热线平台工单转办2171件，受理12345政务服务便民热线平台工单转办915件、阳光信访78件。

安全应急管理。加强组织领导，完善工作机制，不断提升平安建设工作水平，研究制定《2023年恩施市交通运输局平安建设工作方案》。定期召开安全生产例会，加强宣传教育，强化从业人员安全意识，全年对71家"两客一危"道路运输企业、73家普货企业、336个普货个体、24个渡口、1家水路企业及35个在建工程开展安全检查全覆盖，发现各类安全隐患698处，下发整改通知书32份，质量安全监督检查意见书11份，安全隐患全部整改完成。

（谭许晶）

【利川市】　至2023年底，全市在册公路通车里程6022.22公里，公路密度130.75公里/百平方公里，其中高速公路108.95公里、一级公路26.23公里、二级公路396.26公里、三级公路104.44公里、四级公路5386.34公里。内河航道通航里程16公里（界河按二分之一算），有渡口17个。有客运站5个，其中二级客运站1个、便捷客运站4个。

基础设施建设。全年完成交通固定资产投资7.5亿元（不含高速公路），比上年增长4.17%。350国道利川市石山庙至羊子岭段新建项目完成85%路基、路面基层（水稳层）10%，完成桥梁建设，隧道贯通；318国道利川市谋道至长坪段完成50%路基，长坪至苏拉口段14公里全部建成并交付使用；351国道利川市龙井至核桃坝段新建工程马堡隧道开工建设；286省道长顺至野猪池段在进行路基施工；478省道石坝至插旗段完成路面基层施工任务。利咸高速公路利川段临建工程基本完成，路基工程完成67%，桥梁工程完成47%，隧道工程完成33%。龙船水乡景区连接线完成5%路基工程；峡口塘水电站交通复建工程（湖北段）完成桥梁主体工程施工，隧道贯通；腾龙洞景区道路连接线完成路基和90%路面基层（水稳层）。

运输服务保障。全力保障重点时段客运服务，春运期间运送旅客35.67万人次，无旅客滞留现象；高考期间运送高考学生8118名。三级寄递物流体系建设取得初步成效，全市建成乡镇综合服务站12个、村级服务网点

2023年5月3日，峡口塘交通复建工程完成钢拱架安装

262 个，打通快递进村"最后一公里"和农产品进城"最初一公里"。积极推进农村候车亭建设，完成农村候车亭建设 60 处，累计完成 195 处。全面提升船舶防污染水平，对 16 艘机动船舶进行防污染改造；继续推行"群众保险，政府买单"的船舶意外伤害保险工作机制，政府出资对全市所有渡船购买保险。

综合执法。开展超限超载联合执法行动，走访源头企业 24 家，查处超限运输车辆 52 辆，办理行政处罚案件 33 起，卸载超限超载货物 800 余吨。开展客运市场、城区非法营运出租汽车专项整治行动，排查省、州推送高度疑似非法营运车辆 39 起，查处道路运输违法违规案件 107 起。坚持路政巡查常态化，办理路政执法案件 2 起。对在建交通工程项目质量安全进行监督检查，下发责令整改指令书 100 余份，行政处罚交通建设领域违法行为 4 起，实现质量安全监督全覆盖、质量安全零事故。

安全应急管理。持续开展道路交通安全专项整治工作，检查企业 119 家次，发现隐患问题 73 个，下达责令整改通知书 30 份，约谈企业 9 家。联合市教育局、交警大队对全市 88 辆校车开展安全隐患大检查，发现各类安全隐患 116 处，现场督办整改 20 处，限期整改 96 处。开展重大事故隐患专项排查整治行动，督促企业推进全员安全生产责任制落实，切实提高隐患排查整改质量。

交通改革举措。深化农村公路养护体制改革，对全市列养农村公路进行 GPS 数据采集，全市列养农村公路规范化管养线路 1834 条（段）、总里程 5301.23 公里，其中县道及旅游公路 397.95 公里、乡道 2654.02 公里（包含未升等国省道 27.35 公里、未升等县道 113.96 公里）、村道 2249.26 公里。首次对利川市农村公路财产保险项目进行招标，对全市农村公路包括路基、路面、桥梁、涵洞、防护设施、附属配套设施等灾毁保险进行理赔，合同价款 594 万元，赔款限额 772 万元。

（李积瑾）

【建始县】 至 2023 年底，全县在册公路通车里程 3935.78 公里，公路密度 147.68 公里 / 百平方公里，其中高速公路 50.51 公里、一级公路 11.65 公里、二级公路 333.08 公里、三级公路 15.05 公里、四级公路 3525.49 公里。内河航道通航里程 43.1 公里（界河按二分之一算），有港口 3 个、生产性码头泊位 4 个、渡口 17 个。有客运站 14 个，其中三级客运站 1 个、便捷站 13 个。

基础设施建设。全年完成交通固定资产投资 8 亿元（不含高速公路），比上年下降 27.93%。组织 20 个共 70 公里农村公路项目前期工作；承担业主建设项目 18 个共 60 公里；成功创建美丽农村路 50 公里。建设完成官店镇交通运输综合服务站，总投资 200 余万元。

公路养护。坚持"公路养护 + 示范创建"互促共进理念，提升农村公路路容路貌，采取"县道县管、乡村道乡村管"原则，实施"重点线路一月一考核、普通线路一季度一考核"模式。全年纳入养护计划 3477.66 公里，参与考核线路 2244.79 公里，农村公路考核合格率达 99%。养护工程按照一般线路 200 元 / 公里、重点线路 250 元 / 公里的标准下达养护资金 567.75 万元。依托各乡镇农村公路服务中心采取"业主代表 + 现场代表"模式，全年实施小修保养工程近 100 个，投入资金约 500 万元。

运输服务保障。全年公路完成客运量 176.08 万人次、旅客周转量 12694.16 万人公里，比上年分别增长 6.4%、2.1%。全县有水运企业 4 家，道路客运企业 9 家，其中省际旅游包车客运企业 2 家、农村客运企业 7 家，客车 261 辆，客车数比上年下降 14.1%。全县有巡游出租汽车企业 3 家，出租汽车 118 辆，新能源化率为 77.96%，比上年增长 0.36%。所有新增出租汽车均为新能源纯电动出租汽车。城市公交企业 2 家，公交车 93 辆，其中纯电动公交车 91 辆，新能源化率为 97.85%。道路货运经营业户 957 家，其中个体工商 774 家，货运车辆 957 辆；危险货物运输经营业户 2 家，危货运输车辆 15 辆；机动车维修 54 家，机动车驾驶员培训 3 家，机动车检测 2 家，小微客车租赁 14 家。农村客货邮融合站点 6 个。积极推动物流发展，建始县电商冷链物流扶贫产业园（产品集散中心）一期项目纳入 2024 年度省级物流发展资金投资补助项目。

综合执法。联合公安、县城管对货运车辆及源头企业开展专项整治活动 5 次，召开源头货物企业治超工作专题会议 1 次，企业、驾驶员分别签订《禁止货运车辆超限装载承诺书》。开展联合执法，依法打击私家车非法从事道路旅客运输经营行为，联合公安机关开展客运市场专项整治 2 次，受理电话举报投诉 30 起，处理投诉到位率达 100%。办理各类行政执法案件 110 起，行政处罚案件 43 起。

安全应急管理。深入开展交通运输安全生产十大专项行动、安全生产重大事故隐患排查整治和重大风险防范化解专项行动，压实企业安全生产主体责任。制定印发《2023 年度安全监管监督检查计划》，组织开展交通运输安全生产检查 800 余次，检查企业 800 余家次，检查车辆 400 余辆次，检查在建工程项目 180 个，发现并整改安全隐患 200 余起。组织开展水上、邮政快递业、道路运输安全应急暨反恐消防综合应急演练 4 次，提高应急救援队伍规范化、标准化水平。狠抓关键时段安全监管，积极应对春运、节假日、"安全生产月"、汛期及高考期间等重点时段交通运输安全工作，加强道路运输源头安全管理，确保旅客安全。

寄递物流发展。依托县电商冷链物流产业园打造寄递物流公共配送中心，引导快递企业资源共享、设施共建、费用共摊、成果共享，7 个快递品牌企业完成入驻。引导快递企业抱团入驻建立乡镇快递综合服务站（即分拣中心）。合理布局村综合服务点，累计建立村级综合服务站 199 个，全面实现村级建点和快递服务全覆盖。

联合县委两新工委、县总工会开展建始县第一届"最美快递小哥"评选活动，评选"最美快递小哥"19名。

（董仙霜）

【巴东县】 至 2023 年底，全县在册公路通车里程 4926.69 公里，公路密度 146.98 公里 / 百平方公里，其中高速公路 70.01 公里、一级公路 15.42 公里、二级公路 486.41 公里、三级公路 71.13 公里、四级公路 4283.72 公里。内河航道通航里程 157.91 公里（界河按二分之一算），有港口 6 个、生产性码头泊位 11 个、渡口 25 个。有客运站 11 个，其中三级客运站 2 个、便捷站 9 个。

基础设施建设。全年完成交通固定资产投资 9.7 亿元（不含高速公路），比上年下降 24.22%。其中公路建设完成固定资产投资 3.5 亿元，建设完成公路 98 公里、桥隧 15 公里。开展"四好农村路"全国示范县创建活动，打造"四好农村路"示范线路 150 公里，成功创建全国"四好农村路"示范县。

运输服务保障。全县公路完成客运量 107 万人次，与上年基本持平；完成旅客周转量 7032.33 万人公里，比上年下降 2%；完成货运量 160 万吨，比上年增长 1.2%。水路完成客运量 63.26 万人次，比上年增长 341.33%；完成货运量 111.51 万吨，比上年下降 17.83%；港口吞吐量 133.26 万吨，比上年下降 44.76%；港口货物出口量 112.57 万吨，比上年下降 48.18%。建制村通客车率达 100%。全年更新新能源出租汽车 11 辆，新能源出租汽车达 286 辆，新能源化率达 97.61%；公交车新能源化率达 100%。不断完善农村物流体系，推动物流企业转型升级，全县 159 个村（社区）建设物流分拣中心 2 个，村级综合服务点 175 个，集镇自提点 121 个，社会物流成本整体下降。

综合执法。联合公安交警部门开展重载货车运输安全专项整治，排查货运车辆 9090 辆次，确保重载货车运输安全。开展道路客运"打非治违"专项行动，开展"两客一危一面"专项检查，依法暂扣非法营运客车 46 辆。开展货车非法改装和超限治理专项行动，重点整治货车非法改装，检查维修企业 200 家次，下发告知书 100 余份，查处超限车辆 58 辆，卸载货物 1005 吨。开展船舶船员实操能力专项检查行动，组织港口企业、渡口渡工开展实操和安全培训，开展船员实操专项检查 4 次。

智慧交通。开发智慧公交管理系统，建立监控调度中心、云服务器中心，车辆安装卫星接收设备，初步实现智慧出行、智慧监控、智慧场站功能，同时规划全县范围基础类信息化项目，有序推进相关基础设施建设。实现港口船舶污染物接收转运处置设施建设全覆盖，船舶污染物接收—转运—处置有效衔接，逐步推行船舶污染物免费接收转运处置；全面完成港口岸电设施建设及船舶受电设施改造任务并投入规范运行。引导建设汽车排放污染维修治理站（M 站）5 家。

安全应急管理。成立行业安全应急工作领导小组及办公室，建立"党政同责、一岗双责、齐抓共管、失职追责"和"三管三必须"工作机制。加强综合监管，开展安全生产（含消防）综合督查 4 次。大力推行安全监管信息化，实现客运车辆 4G 动态监控设备安装全覆盖，全县 358 辆农村客运车辆 4G 动态监控设备全运行。指导全县道路运输、城市公共交通、公路运营、港口营运、水上交通、公路水运工程建设六大领域开展专项隐患排查治理，排查一般隐患 259 个，全部完成整改。完善行业公共突发事件应急预案 5 个，督促指导水陆运输企业修订突发事件应急预案 25 个。预备客运应急运力 50 辆、货运运力 10 辆、公路抢险设备 15 台套；储备高山扫雪防滑物资 200 吨、保养除雪设备 5 台套；建立公路抢险应急队伍 2 个 48 人；组织开展各项应急演练 5 次。

（李燕）

【宣恩县】 至 2023 年底，全县在册公路通车里程 3025.33 公里，公路密度 110.53 公里 / 百平方公里，其中高速公路 124.82 公里、一级公路 20.12 公里、二级公路 243.46 公里、三级公路 46.95 公里、四级公路 2589.98 公里。内河航道通航里程 75.56 公里（界河按二分之一算），有渡口 17 个。有客运站 5 个，其中二级客运站 1 个、五级客运站 4 个。

基础设施建设。全年完成交通固定资产投资 3.7 亿元（不含高速公路），比上年下降 2.63%。宣咸高速公路宣恩段完成竣工交验。209 国道宣恩绕城公路工程（椒园一碗水至卸家坝段）一碗水至雷家坳段 2.8 公里路基完工；雷家坳至卸甲坝段 10.85 公里施工图设计获批复，在进行征地拆迁工作。351 国道宣恩县椿木营至长

清江大桥

2023 年 6 月 30 日，宣恩县联合开展道路交通突发事件应急救援演练

潭河段改扩建工程全年完成投资 1.13 亿元，累计完成 4.77 亿元，椿木营左家垭至割藤湾段 9.75 公里施工图设计获批复；完成 01 标 3.2 公里路基及桥梁工程，02 标、03 标小卧龙至松树堡段 9.64 公里建成通车。"建养一体化"项目其他路段有序推进，242 国道恩施大集场至宣恩晓关段公路工程路基、桥梁、路肩、路面上面层完工。全年完成农村公路建设 84.14 公里，新建桥梁 53 延米；058 县道椿分线小溪口至水田坝段公路改造工程完工，完成危桥改造 25 座。清江支流忠建河洞坪库区航道工程完成 01 标段全线疏浚，02 标段（航道信息化）项目施工图优化设计，03 标段 2 艘趸船主体建造。新建农村客运候车亭 3 个。

"四好农村路"建设。全面发挥美丽农村路示范带动，指导各乡镇开展省级"四好农村路"示范乡镇创建工作。宣恩县获评全省"四好农村路"示范县，万寨乡获评全省"四好农村路"示范乡镇，黄博公路入选全省"十大最美农村路"；万松线获评州级"四好农村路"示范路；《中国交通报》首届公路助力乡村振兴创新实践优秀案例推选，黄博公路位列其中。

运输服务保障。全县客运企业 8 家，在营客运班车 269 辆；旅游客车 63 辆，出租汽车 60 辆，城市公交车 52 辆（在营 42 辆），全年客运量 264 万人次。机动车综合性能检测站 2 所，三类以上机动车维修企业 114 家，驾校 3 所。大型物流园 1 家，物流公司 11 家，快递公司 8 家，县级寄递共配中心 1 个，乡镇服务网点 25 家，村级站点 144 个。全县 162 个行政村（含 22 个社区）全部通客车，其中农村客运班线 83 条，开通公交线路 18 条，覆盖行政村（社区）140 个；以电话预约方式开通行政村线路 22 个，农村客运"村村通"保持率达 100%，农村客运公交化增加率为 5.3%。宣恩县作为全省打通农村寄递物流"最后一公里"和"最初一公里"12 个试点县市之一，投入 306 万元支持邮政"快递进村"工作，加快推动县乡村三级寄递物流服务体系标准化建设，完成全县 140 个行政村 144 个村级寄递物流综合服务网点全覆盖，有力畅通农产品出村进城和消费品下乡进村双向通道。

公路管养。省级下达宣恩县农村公路养护资金 962 万元，县级财政配套资金 1161.25 万元，县级财政农村公路养护资金配套到位率 120.71%。省下达宣恩县农村客运发展资金 97 万元，县级财政配套资金 50 万元，到位率 51.55%。完成 209 国道宣恩县境内 14 处地灾防治工程、宣恩县普通国省道路面 28.83 公里中修工程、国省道干线"455"安全生命防护工程，完成板场养护站和椿木营养护站标准化改造。首次开展"灾毁保险"工作，通过竞争性磋商确定中标单位，投入保费 198.8 万元将全县 2477 公里农村公路纳入保险标的，累计获赔 258 万元，为灾毁项目修复提供资金保障。

综合执法。深入开展"打非治违"、道路旅游客运市场专项整治、城市出租客运行业专项整治等专项行动。强化公路路政执法监管，加强国省干线及农村公路路政巡查，及时查处侵占公路路权、损坏公路路产行为，联合惩戒超限超载运输、沿途抛洒污染公路行为，全年查处超限超载车辆 3 辆，卸货 21.1 吨，查处涉路违法案件 22 起；查处非法营运 16 起。

节能环保。大力推行绿色公交，实现城区公交纯电动化改造全覆盖，新购置新能源公交车 29 辆，纯电动公交车达到 52 辆。深入打好污染防治攻坚战，做好船舶和渡口污染防治和防污染检查，全年进行船舶污染防治专项巡查 66 次。

安全应急管理。聚焦道路运输、城市公共交通、公路运营、水上交通、公路水运工程建设、寄递物流等领域，建立隐患台账，明确责任主体。建立健全防汛抗旱应急预案，强化物资储备，提升应急处置能力，全力保障公路安全通畅。深入开展安全生产专项整治，全面加强重点领域、重要时段安全隐患排查整治，全年排查问题隐患 397 处，其中重大事故隐患 2 处，均全部整改完成；联合综合交安成员单位开展联合检查工作 5 次。

交通改革举措。宣恩县恒通路桥工程有限责任公司原为宣恩县公路事业发展中心独资控股企业，为积极落实宣恩县深化县属国有企业优化重组改革工作。2023 年 9 月 14 日，宣恩县恒通路桥工程有限责任公司正式移交至宣恩仙山贡水城市建设有限公司，完成宣恩县恒通路桥工程有限责任公司改制工作。

（何华）

【咸丰县】 至 2023 年底，全县在册公路通车里程 3086.37 公里，公路密度 122.33 公里 / 百平方公里，其中高速公路 61.44 公里、一级公路 19.95 公里、二级公路 212.70 公里、三级公路 183.10 公里、四级公路 2609.18 公里。内河航道通航里程 26.5 公里（界河按二分之一算），有渡口 10 个。有客运站 4 个，其中一级客运站 1 个、二级客运站 1 个、五级客运站 2 个。

基础设施建设。全年完成交通固定资产投资 11.1 亿元（不含高速公路），比上年增长 19.35%。利咸高速公路一期土建工程快速建设。"建养一体化" 01 项目包 351 国道大沙坝至李子溪段路基工程完成 12.5 公里、桥梁工程完成 22%、隧道工程完成 92.2%，351 国道茶林堡至龙井段路基工程完成 96.2%、桥梁工程完成 95%、隧道工程完成 99%；"建养一体化" 02 项目包 242 国道忠堡绕镇公路启动建设，完成征地测量工作，工业园区段完成第二层路基换填处置；宣咸高速公路、463 省道绕镇段建成通车。

"四好农村路"建设。持续加强农村交通设施建设，全年向乡镇下达农村公路建设计划 122 公里，总投资 9315 万元。着力开展"四好农村路"示范县创建工作，积极打造美丽农村路，"五一"期间，唐朝旅游公路登上交通运输部组织的"最美的风景在路上"黄金周联播节目，且入选全省"十大最美农村公路"评选范围。

运输服务保障。全年公路完成客运量 115.98 万人次、旅客周转量 10109.92 万人公里，比上年分别增长 30%、23%。全县客运企业 10 家，其中农村旅游客运企业 2 家，城市客运企业 3 家，其他省际、市际班线、农村客运班线企业 5 家；出租客运企业 2 家，客运车辆 200 辆；公交企业 1 家，客运车辆 36 辆；汽车租赁公司 2 家；普通货物运输企业 63 家，车辆 144 辆；个体户 632 家、车辆 703 辆；机动车驾培机构 3 家，教练车 162 辆、摩托车教学车辆 11 辆。加速建设县、乡村寄递物流，优化设置快件到村投运线路 13 条，完成县级寄递物流公共配送中心建设，建成乡镇寄递物流综合服务站 11 个，寄递物流综合服务网点 192 个。

2023 年 9 月 28 日，宣恩至咸丰高速公路通过交工验收

公路养护。加强公路养护及工程项目实施建设，提高养护机械化水平，添置养护车辆、绿植机等机械 30 余台。提升公路服务水平，双河服务区成功改建"房车营地"，忠堡土地关新建服务区施工图设计完成。完成 353 国道高拱桥至杨泗坝加油站段及沙坝至黄泥塘段、242 国道喜松坡至幸福大桥段及甘溪石拱桥至杨泗坝加油站段、249 省道甲马池集镇至坪坝营景区段路面大、中修工程。成立全州首个公路养护系统工作室——公路养护王芳工作室。对全县 3367 公里农村公路继续实行公司化＋专业化养护模式，完成危桥改造 25 座。

综合执法。强化道路运输市场监管，暂扣涉嫌非法营运车辆 27 辆，实行"轻微不罚、首违免罚"，开办驾驶员学习班 4 次，办理不予处罚 26 起，实施行政处罚 13 起。完成交通运输行业政务事项流程优化 8 项，优化道路大件运输、涉路施工审批流程，实现道路运输从业人员、客货运企业电子证照在线申领及应用。

安全应急管理。加强道路运输安全管理，检查旅客运输企业、维修驾培企业、危险货物运输企业、源头矿山企业 210 余家次，发现安全隐患 180 起，现场整改 140 起，下发隐患整改通知 40 份，责令限期整改，到期进行复查形成闭环管理。强化在建工程及列养公路安全监管，以干线公路地质灾害隐患治理为重点，对干线公路存在地质灾害隐患进行排查，对排查出的隐患建立台账，并制定防范措施及整改方案。结合"隐患清零"行动，以公路养护、地质灾害排查、防汛抗旱等为重点，集中精力开展在建工程及公路、桥梁安全专项整治，整改和消除安全隐患，确保公路安全畅通。摸排安全隐患 90 处，分类处理消除隐患，钢护栏更换 500 米，实施沥青路面灌缝处理 102.51 公里，清除塌方 4500 立方米。加强交通领域建设施工现场安全管理，重点检查各施工企业及作业现场安全防护措施、安全管理制度落实情况，开展日常巡查和专项检查 50 次，共发现质量安全隐患 90 处，下发《抽查意见通知书》31 份，质量安全隐患整改率达 100%。

科技与信息化。加快新能源车辆推广应用，新能源公交车 34 辆，占比达 94%；新能源出租汽车 32 辆，占比 16%。继续推进新建公交候车亭，升级改造智能公交站牌，建成公众出行信息服务系统，通过"掌上公交"App、"咸丰城市公交"微信公众号，市民在家即可查询车辆运行情况，公交运行信息更加直观便捷。

（任杰）

【来凤县】 至 2023 年底，全县在册公路通车里程 1792.01 公里，公路密度 133.53 公里/百平方公里，其中高速公路 20.75 公里、一级公路 5.66 公里、二级公路 171.24 公里、三级公路 12.14 公里、四级公路 1582.22 公里。内河航道通航里程 125.9 公里（界河按二分之一算），有客运码头 3 个、渡口 22 个。有客运站 7 个，其中二级客运站 1 个、便捷客运站 6 个。

基础设施建设。全年完成交通固定资产投资 5 亿元（不含高速公路），比上年增长 6.38%。推进来凤县百福司至十字路旅游公路路面修复、龙凤经济协作示范区酉水河大桥等重点工程建设 8 个，来凤县凤舞一路桂花树工业园至狮栗坪段道路工程实施路基和桥梁工程；242 国道来凤县三胡至桂花树工业园段工程完成下穿铁路段 910 米沥青面层铺筑；宣咸高速公路连接线 460 米主线路基完成 30%；353 国道改线路基工程成型；鹤来一级公路来凤县小河坪至湘鄂情大桥工程完成关口至狮栗坪段桥梁下构施工；来凤县张坪界至白岩脚公路事故隐患整治工程完成货币工程量 4270 万元。完成国省干线大修 3.19 公里、中修 35.5 公里，投资 2500 万元。完成农村公路改建工程 53.91 公里，其中重点县乡道 10.53 公里、通村组公路 8.05 公里、提档升级 35.33 公里；实施"三年消

危"桥梁改造 20 座，完工 11 座、在建 9 座；实施 100 公里农村公路生命安全防护工程，建设全省"四好农村路"示范乡镇 1 个。

项目前期工作。推进前期重点项目 7 个，来凤至秀山高速公路项目纳入全省高速路网中长期规划和省"十四五"规划调整项目库。县应急物资中转中心完成初步设计招标工作。248 省道来凤县绿水集镇、漫水集镇、百福司集镇段改建工程完成工可编制。武陵山片区来凤县交通基础设施（综合交通枢纽）项目完成施工方与监理方招标。367 省道来凤县革勒车至旋坨段工程在重新办理土地预审工作。248 省道来智线南河隧道加固改造工程进行前期勘察设计。

"四好农村路"建设。完成旧司镇 48.49 公里"四好农村路"创建工作，实施路面黑色化工程 30.3 公里，道路扩宽硬化 20.6 公里。全面推行农村公路"路长制"管理模式，建立镇、村两级路长各负其责的农村公路治理网络，构建起以路政执法为主导的农村公路路产路权保障体系。建立健全农村公路养护考核机制，以市场化养护公司为养护主体，每月一督查、每季度一考核，严格规范农村公路养护资金管理，确保养护资金专款专用。完善农村公路客运线路配套服务设施建

设，修建板沙界公路停车场、公厕；依托该镇 9 条美丽农村路客运停靠点、客运车辆、农村综合服务社、邮政快递服务点，推广货运班线、客运班车代运邮件快递农村物流发展模式。

行政审批。优化审批服务水平，不断优化办事流程。按照政务服务"清减降放"改革"回头看"要求，统一县级交通行政审批业务事项清单，梳理事项 104 项，依法办理道路旅客、货物运输经营许可 19 件，办理机动车维修备案 12 件。从 5 月 1 日起停止发放原样式纸质证件和 IC 卡证件，应用"四级协同系统"依法签发 9 类电子证照，实现高频证照业务"网上办""掌上办"。完善物流配送体系，投资 400 万元建设来凤县寄递物流公共配送中心，入驻 7 家物流快递公司，建立信息化管理系统，集中处理、中转、仓储邮件快件。农村寄递物流体系建设补助资金纳入县财政预算，根据村级网点"一固五有"建设标准，建成村级服务网点 184 个，行政村覆盖率达 100%。

公路管养。市场化日常养护农村公路 1218.2 公里。县乡道及通行政村主干道日常养护全覆盖，养护成效达标率达 100%。投入资金 50 万元，完成三胡乡黄狮线桃花岛路面修复。国省干线全面落实标准化养护里程 260.12 公里，做好清理水沟边沟、修复路肩墙、整修涵洞、清除路基坍方、路树刷白、边坡修整等日常养护。投入资金 70 万元，修整国省道干线公路破损路面、安全防护挡、防撞墙安全设施；投入资金 4270 万元，实施大河镇张坪界至白岩脚公路事故隐患整治工程，打通来凤县连接咸丰县重要出口通道。

综合执法。协调交警、城管部门、乡镇派出所成立交通运输专项整治联合专班，重点整治非法营运车辆，依法处理非法营运车辆 9 辆，查处不按照规定使用计程计价设备的巡游出租汽车 8 辆。加大公路设施保护力度，强化路政巡查，治理违规占用公路、损坏公路附属设施行为，查处损坏公路附属设施案件 5 起，收缴路损补偿费 1.71 万元。全县境内设立观城坡、

来凤百福司酉水河旅游码头

河坝梁 2 个超限站点，不定时不定点流动执法，处理超限车辆 115 辆次。

安全应急管理。履行水上交通安全管理主体责任，坚持定期检查全县所有渡口船舶，全年开展安全巡查 48 次，撤销渡口 11 个，改造渡口 2 个。抓好道路日常安全隐患排查。成立 9 支应急抢险队伍，由交通公路部门、乡镇人民政府、养护公司组成，负责组织开展抢险救灾工作。加强施工安全管理，全年开展日常安全检查 78 次、质量抽查 12 次，下达质量监督通知书 8 份、责令整改通知书 5 份、质量安全问题清单 5 份。保障道路运输安全，加强客运站、企业场所日常安全监管，严格落实"三不进站、六不出站"管理制度，保证车辆动态监控正常运行、营运车辆安全性能检测合格；加强长途客运车辆违规经营整治，约谈长途客运企业 4 家，召回违规经营长途客车 74 辆。开展综合交通安全生产重大事故隐患排查整治和重大风险防范化解专项行动，约谈重点企业 5 家；及时整改销号来凤县民生能源集团凤翔客运有限公司重大安全隐患挂牌督办问题；成功实施 800 公里客运班线风险评估。开展"交通运输综合应急演练活动"。

交通改革举措。经县委编委研究同意，来凤县农村公路管理局（来凤县交通物流发展局）更名为"来凤县农村公路事业发展中心（来凤县交通物流发展中心）"，来凤县公路管理局更名为"来凤县公路事业发展中心"，来凤县高速公路办公室更名为"来凤县高速公路建设服务中心"。

（田永祥）

【鹤峰县】 至 2023 年底，全县在册公路通车里程 3375.88 公里，公路密度 117.71 公里/百平方公里，其中高速公路 24.86 公里、二级公路 299.25 公里、三级公路 65.10 公里、四级公路 2986.67 公里。内河航道通航里程 101.1 公里（界河按二分之一算），有渡口 11 个。有客运站 9 个，其中三级客运站 2 个、便捷站 7 个。

基础设施建设。全年完成交通固定资产投资 6.5 亿元（不含高速公路），比上年增长 25%。宜来高速公路鹤峰东段累计完成 66.81 亿元，占总投资的 99%。宜来高速公路鹤峰东段互通连接线（云长线、云中线）全年完成产值 7822 万元。完成国省干线路基改扩建工程 17.5 公里、危桥改造 7 座、安全设施精细化提升工程 55 公里。高质量完成公路日常养护工作。鹤峰县路面技术状况（PQI）值达 92.67，245 省道通县城至下坪段成功创建全省"美丽省道"。

"四好农村路"建设。全年完成农村公路改扩建工程 163.5 公里，为年度计划的 118%。完成重要农村公路改造 33.9 公里、路网连通及产业路 48.3 公里、农村公路提档升级 69.01 公里、乡镇通双通道 3 公里，完成安防工程 151 公里、农村公路桥梁 12 座 169.6 延米。走马镇成功创建全省"四好农村公路"示范乡镇。

运输服务保障。全年公路完成客运量 80.53 万人次、旅客周转量 4274.7 万人公里。全县有道路客运企业 13 家（含旅游客运企业 4 家），城市公交企业 2 家。道路客运车辆 229 辆，城市公交车 33 辆、其中新能源公交车 26 辆，个体巡游出租汽车 50 辆。客运班线 94 条，其中农村客运班线 78 条、农村客运车辆 149 辆，全县 152 个建制村和 12 个社区通客车率达 100%，其中通公交村 37 个，农村公交服务占比 24.34%。全县登记道路货运企业 59 家，其中重点物流货运企业 9 家，危货运输企业 1 家；道路货运车辆 302 辆，其中危险货物运输车辆 12 辆。机动车维修企业 49 家；驾驶员培训学校 4 家；机动车维修检测企业 2 家。

推进交邮快商基础设施建设。引入邮政及"三通一快"等快递品牌 9 个，建成村级寄递物流服务网点 163 个，152 个行政村实现快递进村全覆盖，每月农村快递处理量达 15 万余件，覆盖乡村、通达便捷、服务优质、发展有序的农村寄递物流体系基本形成。

行政审批。县交通运输局窗口承接交通行政审批服务事项 158 项，全部实现政务服务事项"全程网办""一网通办"，服务事项网办率达 100%，事项上线率排名全州第一。推广道路运输电子证照应用，全年交通运输窗口办理事项 5862 项，发放电子证照 1800 个。推进"清减降放"，交通运输系统政务服务事项申请材料由原来的 560 项精简到 326 项，实现免提交证明事项 244 项，其中"客货运输车辆年度审验"这一事项中免提交卫星定位装置企业需开具入网证明这一材

2023 年 8 月 2 日，宜来高速公路鹤峰东段溇水河特大桥钢梁顺利合龙

料,被县司法局推送为县创建"无证明县市"工作典型案例。

综合执法。稳步推进超限站综合执法模式转型,以碑垭超限检测站为依托,开展流动治超执法,对严重超限车辆绕行路段作为重点监控路段,常态化开展交通、公安联合流动治超专项行动,严格实施"一超四罚",确保超限率控制在3%以内,切实维护交通运输正常秩序和公路桥梁安全。强化道路运输市场监管,开展城乡客运市场整治,打击非法营运车辆,维护正常客运秩序,受理信访投诉举报件16件,未发生一起行政复议或行政诉讼案件。对全县客运企业、车站、驾校、维修企业进行安全检查8次,并对重点客运企业进行安全督查整改,全年行业未出现重大责任事故。

安全应急管理。牢固树立"隐患就是事故"的理念,对道路交通行业领域开展拉网式、地毯式安全隐患大检查,坚决把事故隐患消除在萌芽状态,确保无漏洞、无盲区、无死角。对排查出的安全隐患,分类分级开展全面整治,坚持边查边改、立行立改。对重大隐患及时上报县安委会进行挂牌督办,确保隐患全部整改销号。全年开展安全生产大检查14次,检查企业26家,排查安全隐患92处,并全部完成整改。

交通改革举措。创新推行农村公路灾毁保险,鼓励积极性高、合作意愿强的保险公司参与农村公路风险管理工作,首次将2113.83公里农村公路以2‰的保险费率计算,与中国人民财产保险股份有限公司鹤峰支公司签订《鹤峰农村公路财产、水毁保险项目合同》,投保金额238万元,实际赔付296.65万元,灾毁赔付率达125%,被省交通运输厅列入全省农村公路灾毁保险交通强国试点工作第一批试点县。

(杨国炎)

仙桃市交通运输

【概况】 至2023年底,仙桃市公路总里程4873.38公里,公路密度192.02公里/百平方公里,其中高速公路146.42公里、一级公路188.06公里、二级公路356.95公里、三级公路64.31公里、四级公路3608.18公里、等外公路509.46公里;按行政等级分为(不含高速公路)国道90.25公里、省道280.68公里、县道696.67公里、乡道1486.95公里、村道2172.41公里。辖区内河航道通航里程82公里。全市有桥梁994座32775.64延米,其中特大桥1座1478延米、大桥19座5603.72延米、中桥194座9744.74延米、小桥780座15949.18延米。有汽车客运站18个,其中一级客运站1个、三级客运站1个、四级客运站10个、五级客运站6个。

基础设施建设。全年完成交通固定资产投资47.4亿元,比上年增长189.33%。武汉至松滋高速公路仙桃至洪湖段(仙桃)完成投资35.35亿元,完成全部征地拆迁工作、大部分下部结构和部分桥梁铺装工程。投资4.86亿元,完成215省道仙桃市张沟至北口大桥段改扩建工程11公里。投资0.86亿元,完成240国道仙桃市岳口汉江大桥南岸至毛嘴段改建工程路基3公里。投资0.4亿元,完成318国道仙桃市国家级高新区至蔡甸改线工程路基3公里。投资1.28亿元,用于汉江二桥新建工程前期工作。投资3.88亿元,完成县乡道改造34.08公里、农村公路提档升级252.2公里、乡村路网连通及延伸公路19.696公里、农村公路连通及延伸工程17.133公里。投资0.09亿元,完成农村公路桥梁建设147延米。投资0.35亿元,进行农村公路危桥改造。投资0.33亿元,完成仙桃港旅游客运码头岸上工程建设。投资350万元,完成通海口客运站站房建设。

"四好农村路"建设。充分发挥市、镇、村在"四好农村路"建设中的主体作用,结合仙桃市水乡田园特色,全力推进"四好农村路"建设,高标准打造示范带,以点带面、成线成网,推进农村路网体系向纵深发展,全市路网结构明显优化,建设质量明显提升,管养护水平全面加强。全年完成农村公路新改建304.08公里,建成省级"美丽农村路"12.77公里。到河镇获评全省"四好农村路"示范乡镇,排湖风景区中南路获评全省"十大最美农村路"。

运输服务保障。全年公路完成客运量111.98万人次、旅客周转量4419.95万人公里,完成货物周转量19.62亿吨公里。水路完成货运量146.3万吨、货物周转量5.34亿吨公里,港口吞吐量35.56万吨。春运期间运送旅客50.26万人次,比上年增长101.85%。全市从事道路客运企业10家、公路货规上企业2家。省际客运班线7条,客运班车12辆;市际客运班线26条,客运班车80辆;市内乡镇客运班线24条,客运班车249辆,其中实施公交化改造农村客运班线18条、新能源纯电动公交车225辆。全年新增货运许可企业91家、车辆163辆,注销"僵尸"企业485家,经营许可证换证57件,年审2013辆、转入普通货物运输车辆140辆、转出普通货物运输车辆74辆、换证351辆;危险货物道路运输车辆年审157辆;客运车辆年审200辆,补换证79辆;出租汽车报废更新2辆;办证货运驾驶员从业资格证2668件(其中网办件976件)、巡游出租汽车驾驶员从业资格证76件、客运驾驶员从业资格证376件、危险货物道路运输驾驶员和押运员从业资格证138件、网约车驾驶员从业资格证467件。全年新增二类维修企业11家、三类维修企业8家。

公路管养。开展公路、桥梁日常

养护，实施精细化管理，着力推进公路养护提质增效，切实提升公路养护服务水平。完成普通国省道年度路面修复工程，境内 318 国道大中修工程 25.1 公里、214 省道大修工程 1.01 公里、240 国道中修工程 6.51 公里。完成小修保养 909 万元、中修处治 691 万元、桥涵水毁工程 215 万元、安全生命防护工程 378 万元，公路路况提升明显。创建美丽公路 318 国道沪聂线仙桃城区至毛嘴段，完成货币工程量 198 万元、绿化工程 210 万元。321 省道仙桃城区至彭场段种植带冠法国梧桐树，公路景观提档升级。开展安全设施精细化提升工程，增设应急停车区，渠化沿线街道平交道口，补植标志、标牌，补划标线，完成货币工程量 168.47 万元。维修加固 214 省道汉江特大桥梁，完成货币工程量 1200 万元，同时开展通航安全风险、抗撞性能综合评估及防撞设计工作，完成货币工程量 481 万元。在全省率先成为国省干线一、二类桥梁占比达 100%。改善境内 318 国道、321 省道中央隔离带，确保行车安全。

路政管理。强化公路巡查监管，制止侵犯路产路权行为，确保红线建筑控制区内无违章建筑。加强重点工程项目大件运输及涉路施工安全监管，确保辖区无施工安全隐患。落实路养联合巡查制度，与辖区路段公路管理站建立定期巡查机制，路产、路损案件相互通报，确保道路安全畅通。积极推进快捷勘验方式，形成当天提交资料，当天预判上传，隔天上门查验，48 小时完成的"两天模式"。开展日常道路监管巡查，依法检查和制止各种破坏、损坏、违法占（利）用公路路产及其他违反公路法律法规行为，完成 28 块高速公路非标广告牌拆除任务。深入开展货车非法改装和超限超载运输治理专项行动，以国省干线为重点，采取定点检查与流动巡查相结合的方式，集中整治超限超载运输"百吨王"及超限 30% 以上车辆，特别是加大对仙西公路、汉仙公路、彭杨公路等重点路段沿线整治力度，有效打击超限超载违法运输行为，维护公路桥梁和群众出行安全。全年查处超限车辆 168 辆，卸载转运货物 3151 吨。清除占道堆积物 230 处，下达责令整改通知书 23 份、清除广告横幅 22 处、办结涉路施工许可 17 件、办结大件勘验 6 起、办结路损案件 27 件。

行业监管。持续开展"打非治违"行动，与市公安局、市城管局等部门组成联合执法专班，严厉打击"黑车"及非法营运网约车，查处和纠正各类违法违规经营行为 460 起。对旅游客运开展不定时稽查，检查 120 余辆次，处罚 20 辆次。完成陈通线、郑毛线公交化改造工作，其中陈通线报废燃油车 47 辆，更新新能源公交车 42 辆；郑毛线报废燃油车 59 辆，更新新能源公交车 24 辆，全市公交化改造完成率达 90%。严厉打击出租客运市场违法违规行为，查处巡游出租汽车不打表计费、违规拼客等不规范经营行为，现场纠正轻微违章 200 余次，处罚违规经营 69 起。调查处理巡游出租汽车投诉 450 余起，查实处理各类违章 180 余起，其中含擅自转让经营权 6 起。制定驾培工作要点和"互联网＋监管"任务清单，进一步完善教练员、教练车更换及备案。对全市 12 家驾培企业开展上年度质量信誉考核，下达督办整改通知书 4 份，考核 AAA 企业 2 家。严厉打击非法采砂运砂行为，多次组织公安、水务部门开展联合执法行动，全年查扣非法采砂运砂船舶 5 艘。受理各类船舶检验 123 艘次，建造检验 2 艘次，船舶图纸审查 4 艘次，船用产品检验 9000 件次，检验满意率达 99%。完成首艘 88 米标准货船单船审核授权检验发证工作，实现 80 米以上船舶建造检验业务零的突破。

交通环保。全年开展水上防污染及船舶受电设施使用监督检查 3 次，完成受电设施改造 34 艘船舶。完成仙桃港综合码头、仙磷化工码头、胡场砂石集并中心码头、丰口头码头雨污水排出口整改销号工作。督促企业与船员签订船舶防污染承诺书，进一步加强"船 E 行"App 注册力度，并实施全过程闭环监督检查。深入创建绿色维修，扎实开展大气污染联合整治，走访机修业户 155 家，发现问题 27 处，下达整改意见 15 条，作出行业要求 2 项。

安全应急管理。开展安全隐患排查治理，组织春运安全生产专项检查、旅游包车安全专项检查行动、夏季安全生产大检查、国庆节前安全生产大检查等 5 次安全专项检查，检查企业 11 家，发现问题和一般隐患 21 起，提出安全意见和建议 7 条。开展"两客一危"车辆动态监控视频抽查行动 11 次，重点对危险货物道路运输车辆驾驶员行车中抽烟、接打电话、超速等违法违规行为进行整治，发现违法违规驾驶行为 81 起，发布通报 12 份。开展"两客一危"运输安全生产专项整治、安全生产十项专项行动和安全生产月隐患治理，督促更换失效灭火器 21 个，修复 4G 动态监控摄像头 51 个，购置危险品运输标志灯 16 个、危险品运输标志牌 11 块，更换危货运输标志 19 个，确保审验车辆安全设施设备齐全，车辆技术符合规定。制定下发《关于实行全市渡口渡船安全网格化管理的通知》，层层签订安全目标责任书，乡镇船舶安全管理责任书签订率达 100%，实现渡口渡船安全监管网格化管理。全年开展港航海事安全检查 12 次，整改安全隐患 92 起，乡镇督查整改安全隐患 75 起。组织开展国内航行船舶船员实操能力专项检查行动，检查船舶 13 艘次，船员 22 人次。报请市政府撤销 7 处安全隐患较大的渡口，迁移 1 处饮用水保护地渡口，督促沔阳小镇完成景区 8 艘电动旅游船更新换代。开展"水上交通安全知识及防溺水进校园、进社区""6 月安全生产月"咨询日、渡工安全知识培训等主题宣传活动，向全社会宣传水上交通法律法规和安全知识。组织一期船员（渡工 12 人）培训、考试，组织 30 人参加船员培训考试并取得相应证书。

（归烨）

天门市交通运输

2023年12月，267省道胡多线路面修复工程完工

【概况】 至2023年底，天门市公路总里程5385.26公里，公路密度205.4公里/百平方公里，其中高速公路56.00公里、一级公路263.70公里、二级公路369.24公里、三级公路245.86公里、四级公路4450.46公里。内河航道通航里程362.7公里（界河按二分之一算），在建港口1个，在建泊位3个，有渡口35处（营运中31处、停运4处）。有客运站19个，其中二级客运站2个、三级客运站2个、五级客运站15个。

基础设施建设。全年完成交通固定资产投资65.55亿元。其中高速公路完成投资60.66亿元，武天高速公路天门东段建设进度全线领跑，连续获评全省高速公路建设"红旗项目"。武天高速公路天门西段、随岳高速公路石家河互通开工建设。普通公路建设完成投资4.82亿元，完成347国道天门市皂市至杨秀段改扩建工程路面工程3公里，危桥改造81座2425.34延米，国省干线大修47.57公里，农村公路提档升级232.56公里，农村公路连通工程47.89公里，重要县乡道建设40.223公里。天门市成功创建全

省"四好农村路"示范市，汪场镇成功创建全省"四好农村路"示范乡镇，新火线获评全省"最具人气农村路"。完成新堰养护站维修改造项目主体工程建设。港航建设完成投资683万元，完成"美丽乡村渡口"共同缔造项目建设任务，开展天门工业园港区收购和岳口港区综合码头项目前期工作。

运输服务保障。全年公路完成

客运量222.86万人次、旅客周转量10676.96万人公里，比上年分别下降22.93%、20.18%；完成货运量2214.41万吨、货物周转量35.89亿吨公里，比上年分别增长17.98%、19.57%。水路完成货运量14.47万吨、货物周转量1.42亿吨公里，比上年分别下降46.2%、32.07%。圆满完成"茶文化节"、服装电商产业峰会、蔬菜产业大会等重大活动服务保障任务，有效应对疫情转段后春运、暑运、节假日人流物流井喷式增长挑战。高效完成迎峰度夏、度冬能源和生活物资运输保障工作。大力发展旅游客运、预约客运、定制客运等品质服务，开通天门至武汉快速定制客运和机场快客。出台《天门市网络预约出租汽车经营服务管理实施细则》。建成"司机之家"1个。打造敬老爱老公交线路1条。

公路管养。贯彻"预防为主、防治结合"公路养护原则，以常态化养护为基础，创新管养模式，采取积极有效的预防性养护，控制公路病害发展，全市458公里普通国、省道优良路率分别达到90.2%、88.6%，县乡道和农村公路主干道纳入专业化管护。加强安

2023年10月8日，天门城区至多宝、拖市公交专线开通运营

全设施精细化提升工作，投入 680 万元强化列养公路安防设施维护保养力度，有效解决通行道路安全隐患。完成 240 国道保台线、348 国道武大线西、234 国道兴阳线、269 省道天监线等公路绿化里程 79 公里，种植苗木 7378 株，持续推进"美丽公路"创建，打造"畅、安、舒、美、洁"公路通行环境。

物流发展。邮政业务总量完成 16.11 亿元，比上年增长 42.11%。快递业务总量完成 1.70 亿件。农村寄递物流体系建设进入新阶段，印发《天门市农村寄递物流服务体系建设实施方案》，组建领导小组，建成市级寄递公共配送中心 1 个、乡镇寄递物流综合服务站 26 个、行政村村级站点 543 个，率先在全省地市州中完成民营快递系统转邮工作，实现农村寄递物流村级网点全覆盖。

城乡客运一体化。完成天门至蒋场（汪场）、多宝、拖市等乡镇农村班线公交化改造，乡镇公交覆盖率达 92%。收购汉羽公交公司 6 条乡镇公交专线。启动天门至皂市（胡市）农村客运班线公交化改造。投入 3800 万元，完成汪场、黄潭、石家河、九真、皂市等乡镇及城区 162 个候车亭和 558 个招呼站建设。新建和修缮汪场、黄潭、石家河、九真、桥南、天西等 17 个城乡公交首末站、乡镇综合运输服务站，群众出行更安全、更便捷、更舒适。

行业管理。道路运输市场秩序保持规范，采取定点检查和流动巡查相结合的方式，加大过境客车、旅游车、残疾人代步车、网约车整治力度。全年查处违规经营网约车和非法营运车辆经营 50 起、巡游出租汽车违规经营行为 102 辆次，查扣违规经营客运车辆 46 辆，客运秩序明显好转。路域整治和公路治超协同推进，查处超限车辆 2835 辆次，卸（转）载货物 5 万余吨。清除路面堆积物 580 处，制止占道经营 70 处，强制拆违 2 处，督办公路沿线企业扬尘污染 57 起，办理路赔案件 23 起。汉江航道管理全面加强，辖区共设置航标 27186 座天（其中浮标 20838 座天、岸标 6348 座天），设标密度 2.46 座 / 公里，航标标位准确率达 100%，航标和发光正常率达 99% 以上，通航保证率达 98% 以上。

科技信息化。加强智慧交通新型基础设施建设，完成公路信息化平台、公路智慧流量观测站建设，实现汉江天门段 80 公里电子航道图全覆盖。启动石家河镇治超不停车监测系统招投标，治超信息综合平台建设纳入计划。推进快递末端网点视频联网信息平台建设，统一管理全市快递企业分拣中心、末端网点现场数据。建立公交、出租、"两客一危"、农村客运 4G 视频监控系统，实现车辆轨迹数据及视频监控在线实时查询服务。

交通环保。积极推进新能源和清洁能源应用，完成老旧营运货车淘汰，新能源公交车占全市公交车总数的 94%。强化移动源尾气治理，开展机动车排放性能维护站点专项执法，全年下达整改通知书 17 份。加强施工区域及沿线通车路段、公路日常养护及道路重点区域环境整治清理工作，定人、定岗、定路段、定车辆，确保路域环境"畅、安、舒、美、洁"。深入推进长江高水平十大攻坚提升行动、污染防治攻坚等专项整治，按照每周不少于 2 次的巡查频率常态化开展非法码头巡查，持续巩固非法码头、岸线清理治理成果。船舶和港口污染防治工作常态化推进，船舶垃圾、污水接收、转运、处置率均达到 100%。

安全应急管理。深入开展"安全生产月""全国防灾减灾日""119 消防宣传月""宣传五进"等活动，组织安全知识进企业宣讲活动 9 次，道路运输驾驶员警示教育、心理辅导等活动 6 次，开展各类应急演练 9 次，企业安全生产主体责任落实积极性显著提升。扎实开展重大隐患排查整治 2023 行动、十大专项行动等，全年排查整治重大事故隐患 17 件、一般隐患 1144 件，整改率达 100%。全市交通运输行业未发生一般等级及以上安全生产责任事故，实现了"一无两降"的工作目标。

交通改革举措。深化"放管服"改革，打造服务型政府部门，大力推进政务服务"一网通办、一窗通办、跨省通办"。完成"大件运输一件事"和"涉路施工一件事"2 个"一事联办"主题事项的推广落地。天门市承接的涉路施工许可全程电子化办理事项列入省级优化营商环境改革先行区名单。拓展电子证照在实际工作场景的应用，推送电子证照数据 88 件。梳理完成《2023 年度天门市行政审批事项基本目录》交通运输领域事项 94 项。完成武汉都市圈 104 项高频事项办件工作。

（张文敏）

潜江市交通运输

【概况】 至 2023 年底，潜江市公路总里程 3976.81 公里，公路密度 195.73 公里 / 百平方公里，其中高速公路 76 公里、一级公路 235.09 公里、二级公路 321.79 公里、三级公路 138.48 公里、四级公路 3205.45 公里。内河航道通航里程 231.1 公里（界河按二分之一算），有港口 1 个、生产性码头泊位 8 个、渡口 15 个。有客运站 12 个，其中一级客运站 1 个、二级客运站 1 个、四级客运站 10 个，货运站 1 个。

基础设施建设。全年完成交通固定资产投资 15.36 亿元，比上年下降 22.3%。其中公路建设完成投资 11.86 亿元，为年度目标的 160.7%。完成路基 377.53 公里、路面 369.28 公里；原 318 国道东荆河大桥危桥改造工程完工通车。物流场站建设完成投资 3.42 亿元，潜网生态小龙虾物流园建成运营，潜江现代农业科技示范园冷链物流中心（一期）、潜江市现代综合交通物流港加速建设。

"四好农村路"建设。紧扣农村公路高质量发展主题，以"四好农村路"升级版项目建设为重要抓手，聚焦高质量建设，办好农村公路建设这一民生实事。全年完成农村公路建设328.60公里，其中重要县乡道建设45.07公里、乡村路网连通工程32.35公里、农村公路提档升级251.18公里。2023年，潜江市"四好农村路"综合考核评价居全省县市区第一，熊口镇成功创建全省"四好农村路"示范乡镇。

运输服务保障。全年公路完成客运量37.43万人次、旅客周转量2170.07万人公里，比上年分别增长85.02%、100.28%；完成货运量2053.99万吨、货物周转量35.89亿吨公里，比上年分别增长15.95%、20.3%。水路完成货运量212.51万吨、货物周转量8.69亿吨公里，比上年分别增长46.86%、35.5%。完成港口吞吐量126.82万吨，比上年增长13.5%。拥有道路客运车辆111辆，客运班线24条，道路客运网络延伸到7个省（自治区、直辖市）；拥有公交车426辆，万人拥有公交车辆数为8.65标台，"村村通公交"通达率达100%。拥有普通货物运输车辆3021辆、危险货物道路运输车辆1526辆。拥有运输船舶112艘139507.72载重吨。潜江市首条城际公交——潜江火车站至天门张港城际公交正式开通。

公路管养。农村公路管养紧紧

2023年9月5日，原318国道东荆河大桥危桥改造工程完工通车

围绕"政府考核""信息化管养"试点主题，创新思路，强化举措，农村公路管理养护成效得到较大提升。农村公路信息化管养模式入选交通运输部农村公路数字化信息化建设典型案例，盐兴线被评为全省"最具人气农村路"，"四好农村路"建养护成效获省政府激励通报。实施国省道路况提升工程，完成240国道渔洋段、269省道周矶至熊口段、234国道龙湾段、322省道运粮湖段、247省道竹根滩段等27.1公里国省道中修工程，推进318国道安全设施精细化提升工程，完善一级公路中央分隔带、平交路口和桥梁安全设施建设。推进公路管理站达标建设，完成熊口公路管理站改造，启动苗圃公路管理站改造及高霖公路管理站建设，加快推进积玉口公路管理站前期手续。

物流发展。全市物流基础设施加快完善，建成3个物流园区、2个农产品交易中心、1个铁路货运枢纽。依托市域内电商快递企业、零担物流企业、商贸物流企业以及专门从事农村物流配送的物流企业，全市城乡配送网络逐步形成，逐步构建起"工业品下乡，农产品进城"的双向物流通道。全年物流业总收入95.08亿元，比上年增长2.5%。全市登记注册的仓储物流企业有221家，其中快递企业11家，规上物流运输企业24家（不含危化品运输企业），全市24家物流企业被中国物流与采购联合会评定为A级物流企业（其中AAAA级企业2家、AAA级企业22家）。

城乡客运一体化。编制完成《潜江市公共交通线网优化调整方案》，全年新开通、调整公交线路18条，完成浩口、龙湾、广华3座农村综合交通运输服务站改建、新建96个农村达标候车亭，维修公交站牌583个、站亭23个。开通潜江至天门、仙桃2条城际公交线路，高标准完成全域公交验收工作，全面实现城乡公交全域覆盖。潜江被省交通运输厅命名为"湖北省全域公交县"，入选全国第三批城乡交通运输一体化示范创建县名单。

行业管理。以道路运输执法领域突出问题专项整治为契机，强力推进机动车维修、驾驶培训、出租汽车、超限超载、公路占道经营等领域专项整治，强化交通运输综合执法检查，大力推行"柔性"执法、"首违

2023年7月18日，潜江火车站至天门张港城际公交正式开通

免罚""轻微不罚",全年办理行政处罚案件 1084 件;清理非公路标志牌 145 块(含高速公路建筑控制区内非公路标志牌 7 块),拆除跨街龙门架 6 处、地面构筑物 32 处、大型广告 T 牌 2 处;查处非法超限超载车辆 325 辆,卸载货物 7751.7 吨,公路路域环境得到极大改善。落实行政审批事项跨市通办和高频服务事项"一网通办""自助办",确定交通运输政务服务圈内通办事项 85 项,实现道路运输高频事项跨省、市通办 20 项,公路超限运输许可、涉路施工许可、更新采伐行道树等 20 项事项全程网办。

工程质量监督。持续强化重点建设项目监管,从严把控交通建设项目质量,坚持严监管与优服务并重,切实加强现场监督检查力度,进一步增强服务意识,抓好隐患排查整改落实工作,确保全市交通项目建设质量安全状况持续向好。全年组织开展监督检查 65 次,印发提醒函 2 份、质量抽查通知书 18 份、安全整改通知书 4 份,召开问题整改督办现场会 5 次;组织完成 20 个国省道和水运工程项目交工验收质量检测、质量核验工作,完成 17 个通村公路质量验收工作。全市交通建设项目监督覆盖率达 100%,质量安全隐患问题整改率达 100%,交(竣)工验收工程质量合格率达 100%,交通工程质量安全始终处于有效受控状态,全年未发生一起公路水路工程质量安全事故。

科技信息化。升级潜江交通运输指挥应急服务信息平台,解决信息系统网络安全防护问题、信息系统安全可靠问题、潜江智慧交通终端 App"多个合一"问题、潜江综合智慧交通平台大整合问题。建设潜江市物流综合信息服务平台,建设覆盖生产、物流、运输、商贸等企业和个人的物流综合服务信息平台,整合解决企业仓储、运输、配送供应链环节信息化应用管理需求,提供物流企业管理、信息发布、金融信贷、企业服务、公众服务等功能。建设交通运输综合执法管理系统,利用交通视频云,监控运输车辆和船舶,将交通综合执法智能化、精准化,推进交通运输执法智慧应用、智能管理。升级公路养护管理系统,升级公路智能化检测、养护、管理系统。加强交通运输服务热线电话运行管理。

交通环保。完成 36 艘 600~1200 总吨运输船舶受电设施改造并通过船检部门验收和长航系统同步填报,完成全部 4 个泊位的岸电桩建设,可满足汉江航行船舶靠港用电需求。出台《交通运输综合行政执法协作办法》《船舶港口污染物接收转运处置联合监管办法》,落实船舶污染物接收、转运、处置作业全过程监管和"船 E 行"系统同步记录。全力推进泽口综合码头项目建设,将岸电设施纳入项目建设内容,同步规划、同步设计、同步建设,完成电路管道铺设,正在进行

电缆敷设。12 月底前完成船舶和港口污染防治工作整改,顺利通过第二轮中央生态环境保护督察整改省级验收组实地验收。

安全应急管理。扎实推进"交通运输安全生产重大事故隐患排查整治和重大风险防范化解专项行动""交通运输安全生产八大专项行动""交通运输安全生产领域不担当不作为突出问题专项整治行动""交通运输安全生产和消防安全'百日会战'专项行动"。修订完善交通运输安全工作清单指引、安全工作例会制度、应急值班规范、举报管理办法、约谈警示挂牌督办办法、"双控"机制建设及评估管理办法、风险隐患排查治理制度、重大安全隐患治理督办制度等。持续开展"一法一条例"、消防安全、交通运输安全宣传"七进"活动,深入企业基层宣讲 60 余次。组织开展危险货物道路运输事故应急处置、客运车辆防暴恐、消防逃生、公路保畅等各类实战化演练 40 次。开展安全生产督导检查,排查各类隐患 621 处,其中重大风险隐患 57 条,责令现场整改 453 处,下达隐患整改通知书 90 份,限期整改 168 处,实现重点行业安全责任落实率、安全隐患整治率、安全教育覆盖率均达到 100%,全系统未发生一起安全生产责任事故,安全生产形势持续稳定。

(胡合亮)

神农架林区交通运输

【概况】 至 2023 年底,神农架林区公路通车里程 1992.67 公里,公路密度 61.42 公里/百平方公里,其中一级公路 31.09 公里、二级公路 403.34 公里、三级公路 190.71 公里、四级公路 1334.07 公里、等外公路 33.46 公里,等级公路比重达 98.32%;按行政等级划分为国道 183.25 公里、省道 224.33 公里、县道 366.70 公里、乡道 539.50 公里、专用公路 15.92 公里、村道

662.97 公里。全区通车里程中有铺装(高级)路面里程 1925.39 公里,其中水泥混凝土路面里程 1406.42 公里、沥青混凝土路面里程 518.97 公里;简易铺装路面(次高级)里程 17.91 公里;未铺装路面(中级、低级、无路面)里程达 49.37 公里,路面铺装率为 97.52%。有客运站 16 个,其中一级客运站 1 个、二级客运站 1 个、三级客运站 3 个、四级客运站 2 个、五

级客运站 9 个,候车亭 136 个;货运站 1 个。

基础设施建设。全年完成交通固定资产投资 16858 万元。房县至五峰高速公路神农架段初步设计报交通运输部审查。645 国道松柏至宋洛公路路基工程完成 98.4%,桥梁工程完成 95%,隧道工程完成 60%,累计完成投资 2.83 亿元。347 国道神农架林区坪阡水库大桥在进行桩基超前转孔和

2023年12月3日，龙竹隧道顺利贯通

临建设施建设。651国道大九湖至巫溪界新建工程在进行项目前期工作。307省道八角庙至茨芥坪公路建成通车，在进行沿线绿化及景观打造。省道柳神线大下段和省道野机线机场路35.2公里大中修工程全部完成。林区公路水毁修复工程基本完成。公路桥梁"三年消危"行动中纳入农村公路危桥库危桥3座，其中小当阳桥维修加固完成、架红岩桥拆除重建完成、小岔沟桥改为箱涵。官封至上龛改扩建工程2.75公里主体工程完成；鱼头河至双建公路提档升级工程神农架段9.3公里完工。松柏新客运站完工并组织竣工验收；神农架物流园累计完成投资3119万元，计划2024年竣工。九湖养护站主体工程、九湖应急物资储备中心（钢构仓库）及相关配套设施建设完成，并投入使用。

"四好农村路"建设。全年累计完成农村公路建设79.11公里，其中重要县乡道神农架林区大板栗树至太阳村公路改扩建9.03公里、硬联通项目12.1公里、提档升级36.72公里、路网延伸工程21.26公里。推动农村公路"建、管、养、运"高质量发展，积极搭建"四好农村路"信息化平台。阳日镇成功创建全省"四好农村路"示范乡镇，至此，林区有5个乡镇成功创建全省"四好农村路"示范乡镇。积极开展"美好环境与幸福生活共同缔造"，申报创建"美丽农村路"25.79公里。

运输服务保障。全年完成客运量95.23万人次、旅客周转量3539.92万人公里。全区有客货运输车辆695辆，其中客运车辆189辆、出租汽车70辆、货运车辆426辆、公交车10辆。有客运班线68条，其中省际班线3条、市际班线30条、县际班线21条、区内班线13条、城际公交1条。全区

运输经营业户120家，其中客运经营业户6家、货运业户69家、维修业户39家、综合检测站2家、驾培业户1家、出租汽车业户1家、公交公司1家、网约车平台公司1家。4月，山东及时雨汽车科技有限公司神农架分公司申请经营许可，11辆网约车开始营运，10辆纯电动汽车正式营运。打造敬老爱老服务城市公共汽电车线路，将1号公交线路打造为敬老爱老公交专线，新增及更新低地板及低入口新能源公交车。

交旅融合一体化发展。《神农架运游融合一体化发展规划》结合《神农架林区自然生态保护和统筹发展规划》修编中。全区建立"一核四心多点"客运站布局体系，联通内外部运输服务通道、支撑区内联动发展，在班线客运模式基础上开通旅游直通车，根据流量适时调整运力、班次、运营时间，实行政府指导价，多种运行模式，提供点到点服务，不换乘、不经停、直达目的地，方便游客安全、便捷出行。

运输市场监管。规范提升机动车驾培市场秩序，进一步提升驾校教学质量及服务水平。开展驾校上年度质量信誉考核工作，经评定驾校质量信誉等级评为A级；同时，根据《关于进一步开展省驾培监管平台与公安互联网服务平台对接工作相关情况调研的通知》的要求，积极与公安交警部门和驾校进行沟通，加强巩固"两网对接"工作成效。落实客运站安全生产责任及客运企业对所属客运站安全生产责任，提升道路运输动态监管安全能级。引入第三方服务机构，搭建神农架道路运输安全第三方监测服务平台，对林区所有道路旅客运输、道路危险货物运输、道路普通货物运输车辆运行动态进行7×24小时实时监测，减少道路运输车辆安全隐患。对全区39家机动车维修企业进行摸排，通知未办理备案手续的企业到交通运输窗口办理备案手续；对手续不全、设施或人员不健全、未按规定使用电子健康档案的企业提出整改要求，共下达整改通知书4份。开展"打非治

神农架林区松柏镇两河口至麻湾产业农村路

违"重载货车"运输专项整治活动及汽车客运站客运安全专项整治。春运和法定节假日期间严格落实驻站值班制度，明确责任，督促企业落实安全生产责任主体，冰雪天气在重点时段、路段进行稽查活动，主要检查安全例检落实情况、定位监控系统运行情况、驾驶员发车前安全告知片播放情况、包车牌申领流程情况、"三品"查堵情况等。

物流寄递。依法加强林区邮政寄递行业管理，保障林区邮政寄递业行业安全，有力推进农村寄递物流体系建设工作。建立工作机制，打牢基础，推动全区寄递行业发展。常态化开展寄递物流企业督导检查。与快递物流企业签订《神农架林区 2023 年度快递（物流）企业管理工作责任书》《神农架林区 2023 年度快递（物流）企业平安建设暨安全生产目标管理责任书》《湖北省邮政业安全生产 29 条硬要求责任书》等，组织寄递业从业人员对寄递渠道中"扫黄打非"、禁毒、野生动植物保护、假烟识别等培训 3次，发放寄递业禁止二次收费、安全知识生产、消防安全挂图等 150 余份。深入物流快递网点督导检查"三项制度"、安全生产 16 次，处理信访投诉10 次，联合公安局内保支队涉枪涉爆安全检查 2 次，通过企业自查、督导检查，进一步压实企业主体责任，排除安全隐患，提高安全意识。全年向 7家快递企业下达整改通知书 15 份，限时整改，让督导检查工作形成良性闭环。完成寄递"三级物流体系"建设，67 个行政村"村村都有服务站点"，让群众在家门口享受寄件、收件服务。

公路养护。遵循"公路养护技术标准"，加强日常养护巡查，及时发现问题并有效处理，对全区 426.52 公里国省干线公路、62 座桥梁、10 条隧道及沿线公路服务设施开展日常巡查、零星修复。以养护提质三年攻坚为主线，开展养护提质样板路创建工作，推动公路养护工作高质量发展。全区列养国省干线路况均状态良好，各类附属设施齐全。春运期间，投入融雪剂及工业盐 58 吨，草甸 500 条，警示标志设置 30 套 60 块，工程车辆 55 台班，装载机 71 台班，融雪剂撒铺机289 台班，除雪车 57 台班，养护巡查车 360 台班，保障道路运输安全畅通，为群众出行提供良好的路况和环境。

公路路政。清理路面落石障碍物33 处，责令当事人清除占用公路加宽道路晾晒农作物 12 处 440 平方米，消除安全隐患 17 处，拆除管辖区范围内非公路标志牌 75 块 727 平方米，清理公路及公路用地范围内堆积物 53处 1174 平方米，拆除违法建筑物 4 处1165 平方米，清理占道经营 15 处 962平方米，制止违法采挖行为 11 次，制止其他路损行为 52 次。责令停止未经许可擅自施工违法行为 3 起，许可现场勘验 2 例，新华治超站查处超限车辆 279 辆，卸载货物 26.78 吨。

行政审批服务。根据"一网通办"和五级事项清单编制工作要求，完成林区交通运输系统 215 项政务服务办理事项自查认领及编辑，所有办理事项均实现网上办理，全年完成办件量1768 件，其中客运业务 370 件、出租业务 502 件、普通货物运输办件量551 件、危险货物道路运输 48 件、从业资格证业务 297 件。

安全应急管理。加强重点领域监管，在国省干线公路、农村公路、道路运输企业、公路工程建设等领域持续开展安全生产监督检查和隐患排查治理，确保国省干线公路安全畅通。对辖区公路临水临崖、急弯陡坡、长下坡等重点路段和桥涵、隧道、道路缺口、高边坡路段进行隐患排查治理，完善标志标牌、安保设施，修复路面病害。加强"两客一危一货"等重点营运车辆监管，打击客车非法营运、危险货物非法运输等违法行为，督促客运企业严格执行车辆安全例检等制度；加强车辆动态监控，开展重点营运车辆动态监控培训；加强道路运输企业、高铁站、客运站、货运车辆安全检查，及时消除隐患。不定期对全区农村公路开展安全检查，重点对通客运班线农村公路加强隐患排查治理，推进安全防护设施建设。进一步加强施工现场安全监管，确保桥隧施工、高边坡深基坑开挖和临水临崖作业安全，完善标识标牌等安防措施，确保施工现场机械设备、临时性结构工程安全运行。做好汛期和恶劣天气条件下安全防护措施，节假日和重要时段安排专人值守，做好应急处置。全年排查隐患 142 处，其中重大隐患 3 处，全部整改完成。

交通改革。加快完成交通运输综合执法改革，完成 42 名执法人员编制划转工作，支队内设机构完善中。结合"能力作风提升年"工作，制定《神农架林区交通运输局行政执法专用章使用管理办法》《神农架林区交通运输局重大行政处罚决定法制审核和集体讨论办法》《神农架林区道路交通运输执法领域突出问题专项整治工作方案》，围绕规范化长效机制建设开展行政执法监督检查，不断推进依法行政工作科学化、制度化和规范化运行。

（张朝）

交通运输发展战略研究及前期工作

【物流服务研究】 物流业作为科学管理物的流动的行业，是融合运输、仓储、配送、流通加工、信息服务等产业的复合型服务业；交通运输是物流发展的基础环节和重要载体。近年来，湖北省立足"得天独厚""得水独优"的资源禀赋和区位优势，不断完善综合交通运输体系，着力畅通物流通道，大力推进综合货运枢纽建设，加快多式联运高质量发展，优化调整运输结构，有力促进两业衔接的发展格局，强力推动交通物流降本提质增效。

巩固陆运物流通道。全省实现市市有高速铁路（荆门在建）、县县通高速公路、镇镇通二级路、村村通硬化路，交通"硬联通"不断延伸、加密、成网。截至2023年底，全省综合交通网总里程达32.9万公里。其中，公路总里程30.8万公里（高速公路7849公里），铁路营业里程5778公里（高速铁路和城际铁路2064公里）。"九纵五横四环"高速公路网基本形成，为建设高效运输物流体系提供了重要支撑。

强化水运物流通道。湖北水运发展态势良好，全省1000吨级及以上高等级航道里程2154公里，居长江中上游第一、全国内河第二，万吨级船舶可直达武汉；"四纵四横两网"国家高等级航道布局中，在湖北境内有7条。汉江航道整治工程加快启动实施。水运物流通道网络不断拓展，大力发展江海直达和铁海联运，巩固壮大至日本、韩国近洋直航航线，积极探索至东盟国家新航线，加强江海联运、江海直达航线与中欧班列对接。湖北省基本形成外达欧亚、内联江海的铁水联运、江海联运、水水直达、公铁联运（中欧班列）、水陆滚装、陆空联运联运网络。

做强枢纽，加快综合货运补链强链。落实国家综合货运枢纽补链强链，武汉市成功入选国家综合货运枢纽首批城市（全国共15个城市），是连续两年获得全额中央资金城市中唯一的独立申报城市，依托补链强链项目，累计培育新增国际货运线路24条。全省形成以武汉港为核心，黄石港、宜昌港、荆州港、襄阳港为重点的港口体系。推进交通物流枢纽建设，湖北省交通运输厅制定印发《2024年加快推动交通物流枢纽建设实施方案》，确定涉及高速公路、武鄂黄黄快速道路系统、普通公路、水运和货运站场等方面63个重点项目，实行季度通报，加快建设进度。2023年全省港口吞吐量6.93亿吨（长江中上游第一、全国内河第二）、集装箱吞吐量330万标箱（长江中上游第一、全国内河第二）。全省共投资补助交通物流枢纽园区95个，共建成乡镇服务站552个。

注重培育，推动道路货运企业规模发展。出台鼓励运输市场发展的扶持政策，会同省财政厅制定《支持公路货物运输业发展实施方案》等配套措施，2022—2023年，发放公路货物运输发展奖补资金6640万元，全省规上道路货运企业数量稳居全国第一方阵。开展全省道路货运企业经营情况调查督导。2023年底，全省规上道路货运企业达697家，居全国第四、中部第二。强化道路货运企业运营情况监测，对规上企业中车辆数少于50辆的，及时预警，确保规上企业留得住、发展稳定；同时积极培育新增规上企业，建立规上企业培育库，对近50辆车、年营业收入有望突破1000万元的企业纳入培育库进行重点帮扶。

促进多式联运发展。制定印发《湖北多式联运示范工程资金管理办法》，对于湖北省验收并命名的国家多式联运示范工程，给予2000万元补助。武汉市出台武汉长江中游航运中心航线补贴办法，对符合条件的武汉至近洋直航航线、水铁联运集装箱等航运航线给予补贴。全省申报创建4批次共8个国家多式联运示范工程，有4个示范项目获得正式命名，湖北省国家级多式联运示范工程创建数量、命名数量均位居全国第一。

精准施策，全力推进物流降本提质增效。落实高速公路通行费减免政策，推广高速公路差异化收费。持续调整运输结构，2023年，湖北省公路运输在综合运输中占比为69.51%，远低于全国平均水平（73.8%）。不断优化运输组织，襄阳、十堰、黄石、咸宁、武汉等5个城市先后申报创建国家绿色货运配送示范城市，在三级配送体系建设、配送车辆通行政策、新能源汽车推广和信息平台建设等方面持续发力。全省培育创建37个农村物流示范县，整合交通、商务、农业、邮政、供销等资源，构建城乡一体的农村物流共同配送模式。

（何智玲）

【交通规划管理】 省道网规划及"十四五"中期评估。完成全省17个市（州）、60余个县市实地调研，多次组织召开专题会，征求省直部门意见、学习兄弟省（区、市）先进经验。省道网规划文本及"十四五"中期评估报告通过专家评审，组织编制单位根据专家意见完成规划、报告文本修改完善，相关进度全部达到工作时序要求。

省域国家公路线位规划研究。组织完成规划研究文本编制工作，邀请相关专家到武鄂黄黄、宜昌等地开展实地调研，积极争取更多项目线位纳入国家规划。规划研究工作基本完成，相关研究成果报送至交通运输部，在前期争取2600公里国家公路网规模基础上，再争取约200公里高速公路和200公里普通公路纳入国家规划。

三大都市圈规划研究方面。协助省发展改革委完成武汉、襄阳、宜荆荆三大都市圈发展规划纲要及武汉都市圈交通专项规划编制工作。组织开展武汉新城与鄂黄黄快速通道方案研究工作，对中通道方案开展多次深入研究讨论，确定相关方案，2023年12月8日开工建设。

其他重大规划。协助完成流域综合治理和统筹发展规划纲要、湖北省域规划中交通部分编制，对各市州城市基础设施规划、各市流域规划、国土空间规划等提出修改意见，参与全省和各市（州）城市和产业集中高质量发展研究工作。

（冯乐）

【**交通强国建设试点工作**】 完善顶层设计，争取政策支持。结合部、省"十四五"规划中期评估工作，加强与交通运输部规划对接，最大限度争取国家资金、政策支持，力争试点方案中更多项目进入国家中期规划调整，为试点任务顺利推进创造有利的政策基础。贯彻落实《加快建设交通强国五年行动计划（2023—2027年）》，制定印发《省交通运输厅推进落实〈加快建设交通强国五年行动计划（2023—2027年）〉相关目标任务分解方案》。组织开展湖北省交通强国评价指标体系研究工作，并通过专家评审，待修改完善后按程序发布。

做好评估验收，推广试点成果。加强部、省衔接，组织开展部分强国试点中期验收评估工作。邀请交通运输部强国办、科学院等权威机构到湖北省开展交通强国智慧交通中期评估验收工作，明确下一步工作思路和重点。根据交通运输部统一部署，邀请技术专家开展在役干线公路基础设施与安全应急数字化试点中期检查评估并顺利通过评审。

抢抓政策机遇，争取更多试点。贯彻交通运输部交通强国建设试点工作推进会精神，抢抓部扩大试点范围、强化资金支持的政策机遇，组织相关部门认真研究谋划一批新的交通强国建设试点任务，并积极与部相关部门进行沟通、申报。其中，湖北省申报的"宜昌港旅游码头提档升级"项目位列交通运输部发布的全国首批11个港口功能优化提升专项试点；交通强国农村公路灾毁保险试点、国家南水北调水源地绿色交通运输综合治理示范区试点、高速公路服务区高质量发展试点工作已行文向交通运输部申报。

1. 现代内河航运建设。

一是建设高效绿色航道。汉江兴隆至蔡甸2000吨级航道整治工程前期工作完成，准备开工。兴隆枢纽2000吨级二线船闸工程可行性研究通过行业审查，正在开展设计招标。王甫州二线船闸完成工程可行性研究报告编制。唐白河航道工程开工建设。江汉平原水网地区航道联通工程完成前期研究，其中松西河工程可行性研究获批复。汉江襄阳以下的崔家营、雅口、碾盘山、兴隆枢纽及江汉运河共6个船闸航运统一调度等一体化运行机制建立。建设雅口、碾盘山、新集枢纽时，均同步建设仿生态鱼道和增殖放流站，同时配合开展汉江生态调度，营造良好的水生态环境。二是打造环保智慧特色港口。建设以阳逻港为核心的智慧港口。武汉港阳逻国际集装箱铁水联运二期工程完成码头作业区及铁路作业区建设并开港运营，实现智能闸口、堆场自动化、无人自动驾驶集装箱货车、智能理货等大部分智慧港口建设内容。建设安全绿色的现代危化品洗舱站和水上绿色航运综合服务区。武汉、宜昌化学品洗舱站建成运营，累计完成197艘次船舶洗舱，处置洗舱水7803立方米，同时制定《洗舱从业人员培训制度》等52项规章制度。推进港口岸电示范建设和使用。宜昌市完成71家经营性码头、129个泊位规范性岸电建设，全部具备岸电供应能力。全省码头岸电设施和船舶受电设施改造全面推进，累计完成船舶受电设施施工改造1229艘，全省具备岸电泊位达488个，建立交通、海事、电力、企业等单位资源共享、合作共建、联合共推的工作机制。打造内河游轮港口示范工程。宜昌港三峡国际游轮中心码头工程、三斗坪旅游客运港改扩建工程均完成竣工验收。三是建设现代化船舶。加快特定航线集装箱船建造。武汉至上海洋山江海直达特定航线的1140标箱集装箱船建成5艘并投入运营，长江中上游至日本、韩国的500标箱级示范船建成4艘并投入运营。积极推进纯电动游轮建设。全球电池容量最大的纯电池动力船"长江三峡1"、武汉纯电池动力高端城市滨江游船"长江荣耀"、武汉300客位纯电动游轮"君旅号"、新能源商旅游船"利记01""利记02"等一批电动船投入运营，分别在提升武汉"两江四岸"、宜昌"两坝一峡"特色旅游品质中发挥重要作用。开展内河智能船舶技术研究。由武汉理工大学绿色智能江海直达船舶研究中心开展的内河智能船舶技术研究项目，完成四大绿色系统、六大智能系统技术攻关，实现将高效推进、直流组网、清洁能源动力、智能能效等研究成果在散货运输示范船"理航渝建1号"、3000吨级电动集装箱船"港航船途01"轮中成功应用。

2. "四好农村路"建设。

一是建设覆盖广泛的农村公路基础网。2021年以来，全省累计上报完成农村公路新改建50858公里，为目标的101.7%；完成农村公路桥梁27575延米，占目标的91.9%。截至2023年底，全省农村公路总里程27.21万公里，路网密度146.36公里/百平方公里，等级公路比例达到99.19%，农村公路通达深度明显提高，农村群众"出行难"问题得到根本解决。二是建立运转高效的农村公路治理体系。全省86个有农村公路管理任务的县（市、区）全部建立农村公路"路长制"，健全完善"县级总路长+县乡村三级路长"组织体系，形成"政府主导、部门协同、上下联动、运转高效"的工作格局。三是建立权责清晰、齐抓共管的农村公路养护体系。全省所有县市区均明确农村公路管养机构和职责，出台农村公路养护管理办法，实现主体责任、机构人员、养护资金"三落实"。至2023年底，省级完成农村公路路况自动化检测抽检4.46万公里，其中抽检农村公路优良中等路率达到86.75%，比上年提高0.4个百分点。四是建设城乡一体、服务均等的农村客货运输体系。整合各类资源，构建"一点多能、一网多用、功能集约、便利高效"的农村运输新模式，加强农村客运、货运、邮政快递等服务标准衔接，构建运转高效的农村三级物流网络，实现农村客货运降本增效、人便于行、货畅其流。全省建制村通客车率保持100%，建制村快递服务通达率100%。五是深化创新示范体系。全省累计完成美丽农村路创建4.4万公里，累计创建国家级"四好农村路"市域突出单位3个、国家级示范县22个、省级示范县56个、省级示范乡镇237个，创建国家级城乡交通运输一体化示范县 2 个、国家农村物流服务品牌 6 个、省级全域公交县 8 个。

3. 智慧交通建设。

一是组织开展智慧交通建设中期评估工作。对该试点任务涉及的省级综合交通运输信息平台、智慧公交、智慧地铁、智慧机场 4 项子任务开展实施单位自评、联合调研组现场调研核查、专家组评估、组织单位反馈等工作。二是制定方案，推动试点任务落地实施。印发《湖北省"数字交通"三年行动方案（2023—2025 年）》，系统谋划、布局全省数字交通体系。将智慧交通建设试点工作内容纳入该行动方案，以项目清单形式，明确各任务的责任单位，从组织、资金、人才等方面给予支持和保障，有力推动智慧交通建设试点任务的落地实施。三是依托技术咨询单位，把脉智慧交通试点工作的组织管理问题，制定《湖北省智慧交通强国试点任务考核管理办法（草拟稿）》《湖北省智慧交通强国试点任务细化及对口协调分工（草拟稿）》，为牵头单位更好落实交通强国建设试点工作管理要求、推进智慧交通强国建设试点建设提供规范、可操作的制度文件。截至 2023 年底，智慧交通强国试点 4 项任务总体进展情况良好，省级综合交通运输信息平台形成"1+4"架构，各子系统全面推进。武汉地铁 5 号线无人自动驾驶线路开通运营，地铁隧道工程结构监测系统在 8 号线得到应用；武汉天河国际机场"一库一系统四平台"基本建成；襄阳建成公共交通信息服务云平台，宜昌建立起公交信息平台，与市交通信息平台接通。全省形成一批以鄂州花湖国际机场智慧高速公路、阳逻港智慧港区二期工程等为代表的智慧公路、智慧港口、智慧物流应用，形成荆州车阳港区、武汉阳逻港等一批智慧港区。

4. 交通运输领域信用体系建设。

一是完善信用制度建设。组织编制《湖北省公路水运建设市场信用档案管理办法》，完成调研、专家评审和征求意见工作。二是严格落实信用奖惩机制。组织开展全省公路水运工程建设领域突出问题专项治理工作，对发现的违法违规等失信行为进行通报并陆续发布《关于湖北省公路水运工程建设领域突出问题治理工作的通报（第 1-9 号）》，公布典型案件 28 起，对违规评标的 29 名专家进行行政处理；对 3 家违规市场主体实施信用降级，并将情节严重的 7 家企业列入省公路水路工程建设市场黑名单，有效遏制公路水运建设市场特别是招投标环节的失信行为，助力构建公平公正、竞争有序、诚实守信的市场环境。三是构建新型信用监管机制。依托具体的高速公路建设深入探索建立监理信用试点。开展分级分类监管，对全省 85 家公路水运工程检测机构信用评价结果为 B 的 6 家检测机构实行差异化监管，充分运用"双随机"等方式实行严格监管，针对性提高抽查比例和频次，进一步增强市场主体的主体自律意识，提高其守法经营的自觉性。四是认真开展信用评价工作。根据交通运输部工作要求，每年对全省公路水路建设市场施工、设计、监理和检测企业开展信用评价工作。4 月，完成全省公路水运工程 52 家设计企业、72 家施工企业、54 家监理企业、85 家检测机构信用评价工作。对 625 名监理工程师进行信用评价，其中 3 名监理工程师因失信行为扣分。五是大力推进诚信文化建设。以"信用交通宣传月"活动为契机，组织全省各市（州）交通运输主管部门开展诚信文明出行宣传教育和实践活动。培树和宣传交通运输领域道德模范、诚信之星等先进典型。通过"信用交通·湖北"网站、政务门户网站等渠道，宣传诚信典型、曝光失信案例，讲好交通"诚信故事"。

5. 交通运输投融资体制改革。

一是持续推进交通运输领域地方财政事权和支出责任划分改革。按照《省人民政府关于加快全省高速公路高质量发展的实施意见》，继续实行分级负责的高速公路投资建设体制，进一步深化投融资创新工作。二是积极探索政企合作新模式。在全省公路桥梁"三年消危"行动中，积极探索建设与养护有机结合的新模式，采用"EPC+养护""总承包施工+养护"承包方式，选择有实力的施工企业承担项目的总承包施工及交工验收后一定期限内的养护工作，业主依据项目建设及养护的绩效评估情况，分期支付相关费用，推进桥梁消危工作的高质量发展。鼓励市（州）政府和交通企业，在交通建设项目上积极发展"交通+物流""服务区+"等新兴业态。湖北交投坚持"基础设施修到哪里，产业延伸到哪里"，面向市场求发展，依托投资拓产业，构建包括工程建设、现代物流和交通服务的三个百亿级产业，并依托服务区构建商贸网，独家运营湖北省区域公用品牌"荆楚优品"，走出一条具有湖北特色的交通关联产业新路。鼓励有条件的地区将公路建设与产业发展、资源开发等捆绑实施一体化开发。如湖北省麻城市在普通公路建设项目中，通过捆绑砂石经营进行融资+设计+采购+施工总承包（F+EPC）招标，有效解决地方财政能力有限的困难。探索航道、港口、物流园捆绑式统一开发模式。成立湖北省港口集团有限公司，作为湖北全省港口航运投资、建设、运营主体，以港口服务、综合物流、临港园区建设开发运营三大业务领域为主业，打造全国一流、内河最大的现代港口服务商、综合物流集成商、临港园区运营商；推进优质港口资产整体上市，构建高效灵活的市场化经营机制。三是有效防范化解交通领域地方政府隐性债务风险。在"十四五"规划项目上，积极做好交通运输发展规划的资金保障能力评估，明确资金保障渠道，努力做到财力与需求相匹配。积极争取将没有收益的普通公路等交通公益性事业发展所需资金纳入年度财政预算予以保障，用好车购税、成品油消费税转移支付等交通专项资金。积极争取省财政安排财政资金和一般债券资金用于"十四五"规划的普通公路建设。

6. 多式联运创新发展方面。

一是集疏运体系不断完善。加快

推进多式联运三年攻坚行动67个集疏运重点项目建设，开工63个，整体开工率94.03%，其中完工项目26个。二是联运能力加快提升。浩吉铁路建成通车，成为"北煤南运"战略大通道，汉十高速铁路通车，每年增加5000万吨货运能力。三级及以上高等级航道总里程2090公里，港口38个，武汉长江中游航运中心高等级航道网基本建成。全省重要港口基本实现二级公路覆盖，长江干线主要港口的11个重要港区连通疏港铁路。全省主要铁路货运站实现等级公路覆盖。三是示范项目不断增多。全省共创建四批次8个国家多式联运示范工程，2023年武汉打造长江经济带粮食物流核心枢纽与供应链金融多式联运服务平台多式联运示范工程和长江三峡枢纽"大分流、小转运"水铁公多式联运示范工程通过国家发展改革委、交通运输部验收并正式命名，验收总个数达到4个。联合省发展改革委、省财政厅制定印发《湖北多式联运示范工程资金管理办法》，对湖北省验收的国家多式联运示范工程，每个奖补2000万元。四是联运线路不断拓展。省内主要港口均开展多式联运业务，形成了一批以武汉港、黄石新港等为始发港或中转港，上至重庆、成都，下至洋山港、宁波港的固定铁水联运或水水直达班轮，武汉成为中西部最佳内陆"出海口"。鄂州花湖国际机场成为联系武汉都市圈与粤港澳大湾区的航空物流新纽带。湖北联合四川先后开通"长江班列"成都—荆州、成都—武汉2条铁水联运线路，实现东西双向互济。全省累计开辟集装箱航线35条、多式联运航线约50条。五是平台服务实现突破。经过不断探索，湖北省港口集团打造"云上多联"智慧供应链综合服务平台，完成与上海港、宁波港的数据对接，与铁路总公司达成数据对接协议。以此平台为基础，升级打造湖北供应链物流公共信息平台，着力构建跨部门、跨行业、跨区域的公共信息平台。

（冯乐）

【规划编制工作】 完成湖北省综合交通运输发展"十四五"规划中期评估工作。通过招标选取外部合作单位，确定工作大纲、调研方案等，到仙桃、潜江、天门、咸宁、孝感、荆州、宜昌、恩施州、神农架等地进行实地调研，获取第一手资料，下发关于开展全省"十四五"综合交通运输发展规划中期评估工作的通知，启动报告编写工作。2023年持续深化实地调研，广泛搜集资料，积极组织市（州）交通公路水路交通重点项目对接工作，在对现状进行全面梳理和未来形势科学研判的基础上，完成《湖北省"十四五"综合交通运输中期评估报告》（简称《报告》）送审稿。10月，省交通运输厅组织召开《报告》评审会并通过评审，《报告》全面总结"十四五"前半期全省综合交通运输发展成绩，分析存在的主要问题，围绕发展面临的新形势和新要求，提出"十四五"后半期推进规划实施的对策措施、调整意见。

做好"十四五"规划中期评估，助力中长期规划落地见效。向交通运输部提供《湖北大别山革命老区综合交通运输"十四五"发展规划中期评估》相关材料。此外，对国家"十四五"国民经济规划纲要、湖北省"十四五"国民经济规划纲要、"十四五"现代综合交通运输体系发展规划、交通运输部"十四五"公路发展规划等交通发展情况进行评估，形成中期评估报告。

（胡莎）

【专项研究工作】 完成依托湖北鄂州花湖国际机场，打造国家航空枢纽经济综合试验区战略规划研究。作为亚洲第一个、全球第四个航空货运枢纽的鄂州花湖国际机场，根据省政府主要领导指示精神，为抢抓新一轮全面加强现代化基础设施建设机遇，最大限度、最快进度争取国家层面资金补助和政策支持，省交通运输厅开展课题"依托湖北鄂州花湖国际机场，打造国家航空枢纽经济综合试验区战略规划研究"。为切实推进该课题研究深入、全面、有效开展，省交通运输厅成立领导小组及办公室，组织召开专家研讨会，完成项目招标，拟定研究思路、总体框架、编制提纲等，该课题于2023年10月完成送审稿并通过专家评审。以鄂州花湖国际机场为依托，高位谋划国家航空物流枢纽经济综合试验区建设，既是湖北省全面贯彻落实党中央"三新一高"决策部署、扩大有效投资、实现经济稳定增长的必然要求和战略举措；也是湖北省率先实现中部崛起、培育区域新经济增长极的重要抓手和战略重点；更是作为"桥头堡"，服务湖北打造新发展格局先行区，支撑我国构建国内国际双循环发展格局的战略举措。

完成交通强国建设湖北省省域评价指标体系研究。交通运输部印发《交通强国建设评价指标体系》，要求各省级交通运输部门要从本地区实际出发，加快制定指标体系，积极引入第三方评估，确保国家指标体系尽快落地。省交通运输厅与合作科研单位共同开展交通强国建设湖北省省域评价指标体系研究，完成工作大纲，不断加强与部相关单位和其他省（区、市）沟通，借鉴各方经验同步推进相关工作，完成初稿后开展内部审查，7月组织召开课题结题评审会并通过评审。该项目提出具有湖北特色的省域评价指标体系和评价指标指南，为湖北省出台交通强国省域指标提供有力支撑。

完成湖北省货物运输需求结构特征及演化趋势分析。新形势下，货物运输需求需要实现高质量发展，才能更好地满足人民日益增长的美好生活需要。为做好相关研究，省交通运输厅组织开展课题"湖北省货运需求结构特征及演化趋势分析"。课题组到地市州及有关厅直单位进行实地调研，组织座谈会，广泛征求各方意见，认真编写课题内容，12月完成课题送审稿并通过评审。该课题全面分析湖北省货物运输发展现状，系统总结全省货物运输需求结构特征，研判未来全省货物运输结构演化趋势，提出发展重点及相关措施，对湖北省货物运输需求的相关研究具有一定的前瞻性和创新性。

完成湖北省交通运输行业生产形势月度分析报告。为及时掌握交通运输行业运行情况，特别是交通运输货运经济运行情况，研判当前及今后一段时间交通运输经济形势，根据省政府指示要求，省交通运输厅开展湖北省交通运输行业统计数据分析等相关工作。每月组织做好《湖北省交通运输行业生产形式月度分析报告》，及时搜集整理、核实和反馈公、铁、水、航各行业及相关重点交通运输企业货物运输情况资料，为湖北货运发展提出可行性对策建议。定期开展分析报告编制，对及时掌握湖北交通运输行业尤其是货运经济运行形势，研判湖北交通运输经济发展态势和采取应对措施，具有重要现实意义和必要性。

（胡莎）

交通建设前期工作

【重点工程前期工作】 加快推进项目核准工作。2023 年确保开工的 10 个项目全部完成工程可行性研究核准批复。19 个力争及新增开工项目中，武汉至重庆高速公路天门西段工程可行性研究、武黄高速公路改扩建核准；17 个未核准项目中，16 个项目完成省交通运输厅咨询审查，其中麻城至阳新高速公路北延线、英山至黄梅高速公路、襄阳至新野高速公路 3 个项目，基本具备核准条件；需要部审的 13 个项目全部通过部审，项目核准规模及核准速度，均创历史之最。

积极开展沟通工作。加强与交通运输部规划司沟通，争取交通运输部对湖北省国家高速公路项目支持。每周前往省发展改革委、省自然资源厅现场办公，推动项目核准及用地报批工作，省发展改革委确定所有计划开工项目工程可行性研究评估单位，鄂州花湖国际机场高速公路二期、武汉至重庆高速公路天门西段等项目用地预审获批。

协调解决重大问题。通过组织市（州）交通运输局、设计咨询单位、有关专家对项目难点、堵点进行专题研究，顺利解决鄂州花湖国际机场二期项目终点方案、沪渝高速公路武黄段改扩建方案等项目制约，推动项目前期工作顺利开展。

提前谋划加强项目储备。结合"十四五"中期调整及省道网规划，谋划储备高速公路项目 33 个、总里程 1807 公里、总投资 3242 亿元。其中，新建项目 23 个、总里程 1039 公里、总投资 2061 亿元，改扩建项目 10 个、总里程 768 公里、总投资 1181 亿元。并指导地方有序启动前期工作，为"十四五"末及"十五五"初的建设任务衔接奠定坚实基础。

（冯乐）

【站场物流前期工作】 全省站场建设围绕"十四五"规划及年度目标任务要求，强化项目督导，加强项目调度，推进站场物流项目前期工作。2023 年，先后 40 余次到项目建设现场进行督导，对全省 17 个市（州）的客货站场建设进展情况进行指导。纳入 2023 年度客运站场预安排计划的 52 个项目中，建成及开工在建 36 个；纳入 2023 年度货运枢纽预安排计划的 89 个项目中，建成及开工在建 66 个。

结合"十四五"规划中期评估工作，认真做好客货运站场项目库调整，将前期工作完成情况作为站场项目入库的重要依据，督促市（州）加快项目前期工作和审批核准进度，确保规划项目顺利实施。

（朱燕）

【港航工程前期工作】

1. 汉江兴隆至蔡甸段 2000 吨级航道整治工程。

汉江兴隆至蔡甸段 2000 吨级航道整治工程上起汉江兴隆枢纽下游引航道，下至蔡甸汉阳闸，全长 233 公里，河段范围包括潜江市、天门市、仙桃市、汉川市、武汉市。项目按二级航道标准建设，主要工程内容包括航道工程、生态工程、智慧航道工程、配套工程。项目总投资约 19.98 亿元。

进展情况。1 月取得省发展改革委关于汉江兴隆至蔡甸段 2000 吨级航道整治工程可行性研究报告的批复；6 月取得农业农村部长江渔业办公室关于汉江潜江段、汉川段水产种质资源保护区影响专题论证报告的批复；7 月取得省生态环境厅关于环评报告的批复；8 月取得省水利厅、长江水利委员会关于水保、洪评的批复；9 月取得省发展改革委关于汉江兴隆至蔡甸段 2000 吨级航道整治工程初步设计的批复；10 月取得省委政法委对社会稳定风险评估报告备案的函。至此，项目所有前期工作全部完成，具备开工条件。

2. 汉江丹江口至襄阳段不衔接段航道整治工程。

汉江丹江口至襄阳段不衔接段航道整治工程上起汉江丹江口陈家港码头，下至襄阳铁桥，全长 101 公里，河段范围包括十堰市、襄阳市。项目按三级航道标准建设，投资约 1.1 亿元。

进展情况。1 月完成省交通运输厅组织的工程可行性研究报告行业审查；9 月取得省交通运输厅对通航专题批复及省自然资源厅对用地预审与选址专题批复；同步开展项目防洪、环评等专题研究工作。

3. 汉江兴隆枢纽 2000 吨级二线船闸工程。

汉江兴隆枢纽 2000 吨级二线船闸工程位于潜江市境内，按二级船闸标准建设，设计代表船型为 2000 吨级货船、一顶二驳双排单列 2000 吨级船队，兼顾船型为 3000 吨级货船。船闸有效尺度为 300.0 米 × 34.0 米 × 5.6

米（有效长度×有效宽度×门槛最小水深），估算投资13.79亿元。项目主要建设内容包括船闸工程、航道工程及配套工程（航标工程、锚地工程、桥梁工程、其他工程等）。项目的实施有利于加快破除汉江航运"瓶颈"，对于畅通汉江水运通道，适应汉江船舶大型化发展趋势，实现汉江航运提级扩能具有重要意义。

进展情况。5—6月，湖北省委省政府、湖北省交通运输厅、湖北省港航事业发展中心相关领导多次现场调研兴隆枢纽并召开项目推进会，研究加快推进汉江兴隆枢纽2000吨级二线船闸工程建设有关问题。6月9日，交通运输部相关领导调研汉江兴隆枢纽并指出，兴隆枢纽是汉江流域综合开发治理的重要工程，交通运输部高度重视汉江航运发展，省交通运输厅和省水利厅要加强沟通协作，加快开展兴隆枢纽二线船闸前期工作；要统筹好安全与发展的关系，采取工程措施，早日解决兴隆枢纽下游河床下切、非正常蓄水位运行等导致的船舶过闸通航效率不高的问题。7月21日，湖北省水利厅在武汉主持召开汉江兴隆枢纽2000吨级二线船闸工程选址方案及运行水位征求意见讨论会，会议讨论认为二线船闸右岸闸位方案基本可行。9月17日，湖北省交通运输厅在武汉主持召开《汉江兴隆枢纽2000吨级二线船闸工程工程可行性研究报告》专家咨询会，会议认为工程可行性研究报告内容完整，深度满足要求，文件编制符合国家有关规定。9月26日，湖北省自然资源厅核发汉江兴隆枢纽2000吨级二线船闸工程建设项目用地预审与选址意见书。10月11日、27日，中国石化江汉油田分公司勘探管理部、潜江市自然资源和规划局分别就汉江兴隆枢纽2000吨级二线船闸工程压覆矿出具无影响，不存在补偿及赔偿，不需要签订互不影响协议的意见。10月12日，行业专家对《汉江兴隆枢纽下游长河段水沙数学模型研究报告》成果进行评审验收。10月30日，湖北省交通运输厅批复《汉江兴隆枢纽2000吨级二线船闸工程通航条件影响评价报告》。12月11日，平安潜江建设领导小组维护社会稳定组办公室对《汉江兴隆枢纽2000吨级二线船闸工程社会风险稳定评估报告》进行备案。项目工程可行性研究报批的3个前置专题均取得批复或备案，项目工程可行性研究报送省发展改革委待批复。

（徐伟）

交通基础设施建设

【全省公路水路交通基础设施建设概况】 2023 年，全省完成公路水路固定资产投资 1838.9 亿元（含长江航务管理局投资 12.6 亿元），为年度目标的 122.6%。全省新增公路里程5388 公里，其中新增高速公路 251 公里、一级公路 382 公里、二级公路 66 公里、三级公路 416 公里、四级公路5252 公里，等外公路减少 1005 公里。截至 2023 年底，全省公路总里程307566 公里，其中高速公路 7849 公里、一级公路 8591 公里、二级公路25053 公里、三级公路 9526 公里、四级公路 254317 公里、等外公路 2231公里，等级公路所占比重为 99.3%，比上年提高 0.37 个百分点，二级及以上公路所占比重达到 13.49%，比上年降低 0.01 个百分点。

全省公路沥青混凝土路面 50047公里，水泥混凝土路面 240762 公里，简易铺装路面 5283 公里，未铺装路面 11475 公里，公路路面铺装率为96.27%。全省公路按行政等级分，国道 14617 公里、省道 20601 公里、县道 28618 公里、乡道 85338 公里、专用公路 393 公里、村道 157999 公里。全省公路密度 165.46 公里/百平方公里，乡镇通畅率 100%，行政村通达率100%、行政村通畅率 100%。

全省内河航道总里程 9066.7 公里，其中内河航道通航里程总计8666.9 公里，与上年保持一致。按航道结构等级分，共有一级航道 269.4公里、二级航道 801.5 公里、三级航道1083.1 公里、四级航道 259.31 公里、五级航道 811.4 公里、六级航道1776.6 公里、七级航道 1164.9 公里、等外航道 2500.7 公里，等级航道所占比重为 71.2%，三级及以上航道所占比重为 24.9%。

1. 公路重点工程建设。

全省高速公路完成投资 1009 亿元，比上年增长 110.9%，其中国家高速公路建设完成投资 495.7 亿元。全省高速公路通车总里程 7849 公里。硚口至孝感高速公路（二期）、武汉至阳新高速公路黄石段、武汉至阳新高速公路武汉段、武汉至阳新高速公路鄂

州段、武汉至大悟高速公路河口至鄂豫界段、武汉至红安高速公路（沪蓉高速红安联络线）、张家界至南充高速公路宣恩（李家河）至咸丰段 7 个项目共计 251 公里建成。

全省普通公路完成固定资产投资636.4 亿元，为年度目标的 117.8%。建成一级公路 457.3 公里，为年度目标的 114.3%，二级公路 725 公里，为年度目标的 103.6%。完成新改建农村公路 14819.7 公里，为年度目标的148.2%，建设进度位列全国第一方阵。截至 2023 年底，全省农村公路总里程27.2 万公里，实现所有乡镇、行政村、20 户以上自然村通硬化路，农村公路通达深度和等级结构明显提高。

2. 港航建设。

全省港航建设固定资产投资完成87.3 亿元（长江航务管理局完成投资12.6 亿元），为年度目标的 105.5%。其中港口项目完成投资 62.7 亿元，航道项目完成投资 11.5 亿元，支持保障系统项目完成投资 0.5 亿元，长江航道完成投资 12.6 亿元。汉江雅口、孤山枢纽基本建成，新集、碾盘山等枢纽项目加快建设，唐白河、富水、汉北河、浠水等航道整治项目顺利实施，黄石港棋盘洲港区三期工程、宜昌港洋溪临港物流园综合码头、荆州港监利港区白螺作业区白螺物流港一期工程等港口项目推进迅速。宜昌港枝江港区姚家港作业区姚家港煤炭专用码头、黄石港阳新港区富池作业区综合码头工程、武汉娲石水泥配套码头改扩建工程等 15 个项目建成，新增港口通过能力约 5200 万吨。

全省水路完成客运量 717.6 万人次，比上年增长 250.9%，旅客周转量 39357.2 万人公里，比上年增加389%；完成货运量 7 亿吨，比上年增长 19.8%，货物周转量 4996.8 亿吨公里，比上年增长 17.3%。完成港口吞吐量 6.93 亿吨，比上年增长 22.8%，其中，内贸货物港口吞吐量完成 6.74亿吨，比上年增长 23.6%。完成集装箱 329.8 万标箱，比上年增长 5.5%。

3. 站场建设。

全省站场建设完成投资 106.25 亿

元，为年度目标的 132.8%。其中客运站场建设完成投资 22.04 亿元，货运物流设施建设完成投资 84.21 亿元。赤壁市余家桥汽车客运站、大冶市综合客运站、谷城县石花汽车客运站、十堰市客运西站、武西高铁枣阳综合客运枢纽、英山县温泉客运综合服务中心 6 个客运站项目建成。顺丰武汉电商产业园、辰颐物语华中秭归电商加工产业园、荆门国际内陆港公铁物流中心（一期）、捷利（黄石）物流综合产业园（一期）、咸宁公路港、潜江潜网生态小龙虾物流园区 6 个货运物流项目建成。

全省公路完成客运量 1.87 亿人次，比上年增长 7.7%，旅客周转量120.1 亿人公里，比上年增长 24.8%；完成货运量 17.3 亿吨，比上年增长19.4%，货物周转量 2424.3 亿吨公里，比上年增长 17.8%。

（张学阳）

【全省"四好农村路"建设】 2023年，全省完成农村公路新改建 10072公里，占年度目标的 100.7%。截至2023 年底，全省农村公路通车总里程达到 27.2 万公里，位居全国第三，农村公路等级公路比例达 99.2%，乡镇通三级及以上公路比例达 98.6%，乡镇通双通道比例达 94.3%，通双车道建制村比例达 63.3%。主要做法如下：

1. 坚持高位推进，强化工作部署。省委省政府将农村公路新改建项目纳入十大民生项目、强县工程、乡村建设行动予以推进。每季度召开全省交通运输投资调度会，将农村公路新改建完成情况作为调度的重要内容，以季保年。省交通运输厅制定《2023 年全省农村公路建设实施方案》，进一步压实责任，凝聚合力，加快项目建设。

2. 坚持机制创新，强化过程管理。在农村公路建设中坚持"六带、五保、四集中"原则，提升项目质效；建立"四好农村路"五色图工作评价机制，每季度进行五色图评价并通报至各县市区，各地党委、政府主要领导高度重视，亲自督办，狠抓农村公路项目推进。

3. 坚持跟踪督办,强化督查问效。省纪委制定《关于推动交通物流枢纽建设专项监督的工作方案》,将农村公路新改建项目建设纳入重要事项予以专项监督;省交通运输厅与驻厅纪检组联合组建专班,组织召开交通运输项目督办服务推进会,对五色图评价为"红色"的县市区进行专项督办,有效推进落后县市区"四好农村路"建设提档进位。

4. 坚持调查研究,强化补短提升。深入开展主题教育,针对农村公路存在路面窄、错车难等问题,通过座谈走访、入户调研等形式,问计于民、问需于民,组织各地排查并完成农村公路断头路、瓶颈路2874公里。组织调研专班到浙江省学习考察"千万工程"经验做法,形成调研报告,指导湖北"四好农村路"高质量发展。

5. 坚持合力攻坚,强化要素保障。联合省自然资源、生态环境等部门建立协商机制,做好土地等要素保障。指导各地探索"对上争资、政府投资、对外引资、社会融资、群众捐资"的多元机制,用好涉农资金整合、政策性贷款等政策,保障公路建设资金。

6. 坚持共同缔造,强化融合发展。指导各地将农村公路发展与"美丽乡村"建设、"特色小镇"建设和农村人居环境整治等乡村振兴战略举措相结合,打造"路衍经济"新模式。继续将"美丽农村路创建"作为共同缔造活动试点的"以奖代补"项目,推进农村公路与产业、旅游、文化等融合发展。制定《关于进一步加强普通公路路域环境综合治理的通知》,进一步营造"畅、安、舒、美"公路交通环境,各地申报创建完成共同缔造试点范围内美丽农村路406个项目1112公里。

7. 坚持示范引领,强化全域达标。推进交通强国试点,深入开展示范创建,及时总结推广工作经验,推进区域引领向全域达标转变。推进"四好农村路"建设、农村公路灾毁保险等交通强国试点项目,分别在交通强国建设试点调研研讨会、推动"四好农村路"高质量发展现场会等2次全国会上作经验交流;成功创建6个"四好农村路"全国示范县,组织9个县、50个乡镇,23条农村路参加省级示范创建。

8. 坚持以工代赈,强化就业增收。积极推进以工代赈在农村公路建养过程中的应用,优先吸纳当地农村群众特别是脱贫人口等低收入群众参与工程建设以及农村公路维修养护,持续加大农村公路管护岗位开发力度。截至2023年底,全省农村公路工程领域吸纳农民就业13737人次,全省农村公路管护领域提供就业岗位38556个。

(黄河)

省交通建设重点项目

【武汉至大悟高速公路武汉至河口段通车运营】 6月2日,武汉至大悟高速公路武汉至河口段正式开通,并入全国高速公路网管理。武汉至大悟高速公路武汉至河口段由主线、机场东通道支线、滨湖路延长线支线3条路段组成,是黄陂全面融入武汉中心城区的"黄金连廊"。通车之后,可实现黄陂木兰云雾山、木兰草原、锦里沟、清凉寨等以北景区,五公里内直达。主线采用双向六车道高速公路标准建设,设计速度120公里/时,整体式路基宽34.5米;机场东通道支线采用双向六车道高速公路标准建设,设计速度100公里/时,整体式路基宽33.5米;滨湖路延长线支线采用双向四车道高速公路标准建设,设计速度100公里/时,整体式路基宽26米,主线+支线全线建设里程86.50公里。批复概算163.28亿元,建设工期42个月。

工程进度。武汉至大悟高速公路武汉至河口段项目于2023年4月交工,4月28日实现通车试运营,6月2日零时正式并入全国高速公路网管理,实现通车运营。

(汪琰钧)

武汉至大悟高速公路武汉至河口段罗汉寺互通

武汉至阳新高速公路武汉至鄂州段

【武汉至大悟高速公路河口至鄂豫界段开通试运营】 6月30日,武汉至大悟高速公路河口至鄂豫界段开通试运营。项目起于麻竹高速公路刘集枢纽,顺接武大高速公路武汉至河口段,止于大悟县宣化店北鄂豫界,对接河南规划安罗高速公路,路线全长48.28公里,主线按双向四车道高速公路标准建设,设计速度120公里/时,全线设四姑、吕王、黄站、宣化店4处匝道收费站。通车后,孝感大悟到武汉城区车程由2个小时缩短至40分钟。

（周宇豪）

【沪蓉高速公路红安联络线（武汉至红安高速公路）通车试运营】 9月29日,沪蓉高速公路红安联络线（武汉至红安高速公路）通车试运营。本项目起于红安县觅儿寺新型产业园西侧的陈家田村,止于红安县城区云台村,与发展大道相接。路线全长27.68公里。主线设桥梁16座4263米（含互通区主线桥、主线上跨分离式立交桥）,其中大桥13座4088.5米、中桥3座174.5米;设互通式立体交叉3处（觅儿西枢纽互通、高桥互通、红安南枢纽互通）,设监控管理分中心1处、养护工区1处、主线收费站1处、匝道收费站1处。

工程进度。9月10日,沪蓉高速公路红安联络线（武汉至红安高速公路）通过交工验收。

（付子祥）

【武汉至阳新高速公路武汉至鄂州段通车运营】 10月20日,武汉至阳新高速公路武汉至鄂州段正式通车运营。武汉至阳新高速公路武汉段起于武汉绕城高速公路,设凤凰山枢纽互通与绕城高速公路和光谷二路相接,路线向东穿越凤凰山,经中华科技园设龙泉互通,沿梧桐湖南缘至项目终点升华村,与武汉至阳新高速公路鄂州段对接,路线全长16.69公里。设桥梁12座14995.2米（含互通区主线桥）,设互通式立交2处（凤凰山枢纽互通、龙泉互通）、主线收费站1处、匝道收费站1处、监控管理分中心1处。

武汉至阳新高速公路鄂州段起于武汉、鄂州两市交界的梧桐湖南岸,止于鄂州、黄石两市交界的三山湖农场,与武汉至阳新高速公路黄石段对接,路线全长17.91公里。设大桥8座17899.45米（含互通区主线桥、主线上跨分离式立交桥）,设互通式立交2处、匝道收费站1处、服务区1处、养护工区1处。主线采用双向六车道高速公路标准建设,设计速度100公里/时,路基宽度33.5米。批复概算91.68亿元,建设工期42个月。

工程进度。武汉至阳新高速公路武汉段、鄂州段分别于2023年6月16日、2023年4月28日通过交工验收。武汉段建设工期42个月,一期土建工程于2020年1月开工建设,二期路面工程于2021年10月开工建设,三期房建、机电、交安工程分别于2021年6月、2021年7月、2022年9月开工建设。武汉至阳新高速公路鄂州段建设工期36个月,一期土建工程于2020年6月开工建设,二期路面工程于2021年10月开工建设,三期房建、机电、交安工程分别于2021年9月、2021年5月、2022年9月开工建设。

（董振华）

【张家界至南充高速公路宣恩（李家河）至咸丰段通过交工验收】 9月28日,张南高速公路（湖南张家界至四川南充高速公路）宣恩（李家河）至咸丰段项目通过交工验收。本项目起于宣恩县李家河镇二虎寨村,接安来高速公路恩施至来凤段,止于咸丰县高乐山镇小模社区,接恩黔高速公路和在建中的利咸高速公路,全长37.5公里。宣恩至咸丰高速公路是张南高速公路的组成部分,宣咸高速公路穿过恩施土家族苗族自治州境内的宣恩县、来凤县、咸丰县,桥隧比达

张南高速公路宣恩（李家河）至咸丰段

孝汉应高速公路（福银高速公路至武荆高速公路段）

到 65.5%，是连接湘、鄂、渝、川等中西部省（市）的重要快速通道。通车后，咸丰至来凤车程缩短为 0.5 小时，咸丰至张家界车程为 3 小时。

本项目设桥梁 22 座 7949.9 米、隧道 13 座 16603 米，设互通式立交 5 处、服务区 1 处（与忠堡互通合建）、匝道收费站 3 处、监控管理分中心 1 处、养护工区 1 处。同步建设三胡连接线 1.38 公里，设大桥 2 座 441.5 米；忠堡连接线 2.48 公里。项目批复概算 56.37 亿元，建设工期 48 个月。

工程进度。全年完成投资 9.53 亿元，为年度计划的 100%；开工累计完成投资 56.37 亿元，占概算总投资的 100%。

（廖春桃）

【孝汉应高速公路（福银高速公路至武荆高速公路段）通过交工验收】 12 月 24 日，孝汉应高速公路（福银高速公路至武荆高速公路段）通过交工验收。项目起于孝感市孝南区肖港镇以西的匡家埠接福银高速公路，止于汉川市麻河镇竹林垸附近接武荆高速公路，全长 34.44 公里，采用双向六车道高速公路标准建设，全线桥梁长 26.77 千米，桥梁占比 77.8%，设计速度 120 公里 / 时。全线设互通立交 4 处（孝感北互通、陡岗互通、下辛店互通、麻河互通）、收费站 2 处、服务区 1 处、监控管理分中心 1 处、养护工区 1 处。批复概算 74.39 亿元，建设

工期 36 个月。2021 年 12 月正式开工建设。

工程进度。全年完成投资 28.38 亿元，一、二、三期工程全部完成。

（杨睿）

【呼和浩特至北海高速公路宜都（全福河）至鄂湘界段】 本项目位于湖北省宜昌市境内，北起宜都市全福河村文竹湾，连接呼和浩特至北海高速公路宜都至五峰（渔洋关）段，南止鄂湘两省交界（炉红山），对接呼和浩特至北海高速公路湖南段，全长 18.81 公里。项目全线设桥梁 12 座 4595.24 米，其中特大桥 1 座 1364.4 米、大桥 10 座 3162.94 米、中桥 1 座 67.9 米；设隧道 3 座 10232 米，其中特长隧道 2 座 10184 米、短隧道 1 座 48 米；设互通式立交 1 处、隧道管理所 1 处。建设工期 48 个月。

工程进度。全年完成投资 8.80 亿元，为年度计划的 102.33%；开工累计完成投资 31.13 亿元，占总投资的 92.73%。

（易龙）

【武汉绕城高速公路中洲至北湖段改扩建】 本项目起于武汉四环线与武汉绕城高速公路相交的藏龙岛（枢纽）互通式立交终点，止于武汉绕城高速公路与武汉东四环相交的北湖（枢纽）互通式立交，路线全长 30.43 公里。全线利用既有高速公路两侧加

宽为主的八车道高速公路标准改扩建方案，设计速度采用 120 公里 / 时，路基宽度 42 米，批复概算 40.93 亿元，建设工期 36 个月。主线桥梁 25 座 3689.1 米；拆除重建分离式立交桥 1 座、天桥 13 座，新建天桥 14 座；涉及互通式立交 6 处、服务区 1 处、养护工区 1 处。

工程进度。全年完成投资 12.64 亿元，为年度计划的 114.9%；开工累计完成投资 36.71 亿元，占总投资的 89.69%。路基工程累计完成 95%，桥梁（涵）工程累计完成 98%，路面工程累计完成 49.67%，房建工程累计完成 99%，机电工程累计完成 84.4%，交安工程累计完成 57.69%。

（张徐）

【通山至武宁高速公路湖北段】 本项目起于咸宁市通山县境内，与咸通高速公路对接，向东南延伸至江西省九江市武宁县，与大广高速公路、永武高速公路对接。路线全长 46.15 公里。全线采用双向四车道高速公路建设标准，设计速度 100 公里 / 时，路基宽度 26 米。全线设互通立交 3 处（通山西互通、厦铺互通、九宫山互通）、收费站 3 处、服务区 1 处、监控管理分中心 1 处、养护工区 1 处。批复概算 71.04 亿元，建设工期 48 个月。2022 年 8 月 6 日正式开工。

工程进度。全年完成投资 29.06 亿元，为年度计划的 111.8%。路基工程完成 92%，桥涵工程完成 90%，隧道工程完成 89%，路面工程完成 16%。控制性工程九宫山 1 号隧道初支开挖全部完成。九宫山 2 号隧道左洞初支累计完成 2166 米，占总量的 66%，右洞初支累计完成 1871 米，占总量的 57%。

（董长征）

【宜都至来凤高速公路鹤峰东段】 本项目起于恩施土家族苗族自治州鹤峰县与宜昌市五峰土家族自治县交界的马蹄岩隧道，止于龙潭坪附近，与宜都至来凤高速公路鹤峰（容美）至宣恩（当阳坪）段对接，路线全长

在建中的九宫山 1 号隧道

38.63 公里（短链 31.23 米）。主线设桥梁 26 座 12213.23 米，其中特大桥 4 座 4840.75 米、大桥 20 座 7167.98 米、中桥 2 座 204.5 米；隧道 6 座 13735.5 米，其中特长隧道 2 座 5526.5 米、长隧道 4 座 8209 米；设互通式立交 2 处（燕子互通、鹤峰东互通）、匝道收费站 2 处、服务区 2 处、养护工区 1 处。批复概算 67.32 亿元，建设工期 48 个月。2020 年 7 月开工建设。

工程进度。全年完成投资 10.60 亿元，为年度计划的 101%；开工累计完成投资 66.81 亿元，占概算投资的 99%。

（廖春桃）

【宜都至来凤高速公路宜昌段】 本项目路线起于宜都市姚家畈，止于宜昌市五峰土家族自治县和恩施土家族苗族自治州鹤峰县分界处的田家屋场附近，路线全长 91.66 公里。主线拟设桥梁 71 座 32331.53 米（含互通区主线桥、主线上跨分离式立交桥）；隧道 25 座 34821.5 米；设互通式立体交叉 4 处（渔洋关西、柴埠溪、后河、湾潭互通），续建渔洋关互通；设监控中心 1 处、服务区 2 处、养护工区 3 处、匝道收费站 4 处、隧道管理站 1 处。批复概算 167.85 亿元，建设工期 48 个月。2022 年 7 月 13 日土建工程正式开工。

工程进度。全年完成投资 49.05 亿元，为年度计划的 102.19%；开工累计完成投资 105.37 亿元，占总投资的 62.78%。

（易龙）

【十堰经镇坪至巫溪高速公路郧西至鲍峡段】 本项目起于十堰市郧西县城南侧，连接福银高速公路，止于十堰市郧阳区鲍峡镇，连接十天高速公路，并与十巫高速公路鲍峡至溢水段对接，路线全长 34.8 公里，桥隧比约 71.8%。全线采用设计速度 80 公里/时、路面宽度 25.5 米的双向四车道高速公路标准。项目设特大桥 2 座 1841 米、大桥 38 座 13826.5 米、隧道 6 座 7745 米，其中青岩寨特长隧道长 4995 米；设互通式立交 4 处（郧西南枢纽互通、观音互通、五峰互通、鲍峡枢纽互通）、分离式立交 3 处、停车区 1 处、通信监控分中心 1 处。批复概算 74.50 亿元，建设工期 48 个月。

工程进度。全年完成投资 24.77 亿元，为年度计划的 113%；开工累计完成投资 51.77 亿元，占概算总投资的 69%。

（刘志）

【鄂黄第二过江通道（燕矶长江大桥及接线）】 本项目起于黄冈市黄州区陈策楼镇古楼园村，设黄州北枢纽互通与大广高速公路相接，在鄂海船厂西侧跨越长江后，经鄂州市鄂城区燕矶镇松山村，设沙窝枢纽互通与武鄂高速公路相接。项目上层为高速公路，下层为城市快速路。高速公路全长 26.34 公里，城市快速路全长 9.38 公里。长江大桥为主跨 1860 米四主缆不同垂度双层悬索桥。高速公路与城市快速路双层桥合建段长 7.90 公里（含主跨 1860 米长江大桥 1 座）。高速公路设置互通式立交 4 处、服务区 1 处、养护工区 1 处、监控通信分中心 1 处；城市快速路设置黄州大道和鄂东大道上下桥匝道 2 处、主线收费站 1 处、大桥管理所 1 处。上层高速公路采用设计速度 100 公里/时、整体式路基 33.5 米/分离式路基 16.75 米的六车

宜来高速公路鹤峰东段云南庄特大桥主桥合龙

宜来高速公路宜昌段柴埠溪大桥施工中

道标准建设。下层快速路采用设计速度 80 公里/时、路基宽度 25.5 米的四车道标准建设。批复概算 137.67 亿元，建设工期 54 个月。2022 年 6 月主桥及先行用地（黄冈侧南湖路至鄂州侧鄂东大道段）正式开工建设。

工程进度。全年完成投资 37.07 亿元，占年度投资计划的 105.9%；开工累计完成投资 66.17 亿元，占总投资的 48.06%。主塔（黄冈侧）上游侧塔柱累计完成 170.5 米，占总量 87.44%，下游侧塔柱累计完成 164.5 米，占总量的 84.36%；锚体（黄冈侧）累计浇筑 10.5 万立方米，占总量的 61.76%。主塔（鄂州侧）上游侧塔柱累计完成 176.1 米，占总量的 95.71%，下游侧塔柱累计完成 176.1 米，占总量的 95.71%；锚体（鄂州侧）累计浇筑 16.3 万立方米，占总量的 78.38%。桥涵工程累计完成 58.56%，路基工程累计完成总量的 69.98%。

（倪赐圭）

【襄阳绕城高速公路东南段延长线（襄阳至南漳）】 本项目起于襄阳市襄城区尹集乡熊庙村，止于襄阳市南漳县九集镇方家集村，路线全长 17.5 公里，桥隧比 28%。项目采用双向四车道高速公路标准建设，设计速度 100 公里/时，路基宽度 26 米。全线桥梁总长 4900 米，设互通式立交 3 处（熊庙互通、九集互通、方家集互通）、服务区 1 处、匝道收费站 1 处、

天桥 12 座、涵洞通道 70 道。批复概算 18.86 亿元，建设工期 24 个月。

工程进度。全年完成投资 6.1 亿元，为年度计划的 102%；开工累计完成投资 13.96 亿元，占概算总投资的 74%。襄阳至南漳高速公路路基完成 98.2%，桥梁完成 91.77%，房建工程完成 16.77%。

（汉江国投湖北高速公路发展有限公司）

【安康至来凤高速公路渝鄂界至建始段】 本项目起于恩施土家族苗族

自治州建始县长梁乡闵家湾（渝鄂界），止于恩施土家族苗族自治州建始县陇里。路线全长 10.3 公里，设置隧道监控站和养护站各 1 处，同步建设必要的交通工程和沿线设施。全线采用设计速度 80 公里/时、路基宽度 25.5 米的双向四车道高速公路标准建设，桥涵汽车荷载等级为公路—I 级。主线设桥梁 7 座 3136 米、隧道 4 座 4882 米，设隧道监控通信站 1 处、养护工区 1 处。Y044 改扩建路线长 10.8 公里。批复概算 18.28 亿元，建设工期 48 个月。2022 年 7 月 15 日土建工程正式开工建设。

工程进度。全年完成投资 6 亿元，开工累计完成投资 7.82 亿元，占总投资的 42.9%。路基工程完成 81%，桥梁工程完成 48%，隧道工程完成 61%。控制性工程奉建隧道全部开挖完成，二衬完成 100%。

（廖春桃）

【武汉至重庆高速公路汉川至天门段】 本项目起于汉川市田二河镇李集村以南，设田二河枢纽互通与武汉城市圈环线高速公路交叉，至项目终点天门市岳口镇徐越村蜂窝台附近，设

燕矶长江大桥黄冈侧主塔中横梁施工中

河坪特大桥施工现场

标准，设计速度 40 公里/时。主线拟设桥梁 43 座 30788 米（含互通区主线桥、主线上跨分离式立交桥）、隧道 17 座 36051 米、互通式立体交叉 8 处（天鹅池枢纽、利川南、忠路、沙溪、小村、卷洞门、唐崖、小模枢纽）。另设连接线 2 条 25.25 公里。批复概算 194.50 亿元，建设工期 48 个月。

工程进度。全年完成投资 56.79 亿元，为年度计划的 109%；开工累计完成投资 79.10 亿元，占概算总投资的 41%。利咸高速公路一期工程在建中。

（廖春桃）

岳口枢纽互通与随岳高速公路交叉，路线全长 37.44 公里。批复概算 88.97 亿元，建设工期 42 个月。

工程进度。全年完成投资 50.84 亿元，开工累计完成投资 56.85 亿元，占概算总投资的 63.9%。路基工程完成 85.5%，桥涵工程完成 72.5%，房建工程完成 25%。

（戴光柏）

【新港高速公路双柳长江大桥及接线工程】 本项目起于武汉市新洲区刘大房湾附近，止于鄂州市华容区柴汤村附近，路线全长 35.04 公里，其中长江大桥主桥长 1.43 公里。主线设桥梁 32 座 33418.24 米、互通式立交 7 处（郑城西、宝龙枢纽、莲湖畈、航天城、泥矶、七迹湖、华容枢纽）、匝道收费站 5 处、服务区 1 处、监控管理分中心 1 处、养护工区 1 处。批复概算 159.78 亿元，建设工期 48 个月。2022 年 9 月 30 日，土建工程开工建设。

工程进度。全年完成投资 63.16 亿元，开工累计完成投资 74.04 亿元，占总投资的 46.3%。双柳长江大桥北主塔上、下游幅完成 60%，北锚碇完成 75%、底板全部完成；南主塔上、下游幅完成 60%；南锚碇基础混凝土浇筑全部完成。接线工程土石方累计完成 50%；桥梁桩基累计完

成 91.5%，墩柱累计 71%，盖梁累计 52%；梁板预制累计 20.6%，箱梁安装累计 9.5%。

（夏友军）

【利川至咸丰高速公路】 本项目起于恩施土家族苗族自治州利川城区以西的天鹅池，止于恩施土家族苗族自治州咸丰县小模村附近，主线全长 85.4 公里，同步建设忠路连接线 10.4 公里、沙溪连接线 8.7 公里。主线采用双向四车道高速公路标准，设计速度 80 公里/时，路基宽度 25.5 米。忠路连接线、沙溪连接线采用二级公路

【武汉至松滋高速公路仙桃至洪湖段】 本项目起于仙桃市西流河镇柳沟村，对接武汉至松滋高速公路武汉段，止于洪湖市万全镇，设万全枢纽互通与监利至江陵高速公路东延段相接，路线全长 47.98 公里。主线采用设计速度 120 公里/时的高速公路标准建设，起点至胡家台枢纽互通段采用路基宽 34.5 米的双向六车道标准，胡家台枢纽互通段至终点段采用路基宽度 27 米的双向四车道标准。全线设互通立交 6 处（西流河互通、胡家台枢纽互通、彭场互通、杨林尾互通、黄家口互通、万全枢纽互通）、匝道收费站 4 处、服务区 1 处、连接线 1

武汉至重庆高速公路汉川至天门段施工中

郝城西互通施工现场

条（黄家口连接线，长 7.55 公里）。批复概算 100.39 亿元，建设工期 42 个月。

工程进度。全年完成投资 45.40 亿元，开工累计完成投资 53.71 亿元，占概算总投资的 53.5%。路基工程完成 70%，桥涵工程完成 65%。控制性工程燕子河大桥下部结构全部完成，梁板预制完成总量的 49.5%，安装完成占总量的 41.6%。

（赵雄飞）

【武汉至松滋高速公路江陵至松滋段（含观音寺长江大桥）】 本项目起于荆州市江陵县熊河镇跃进村，对接监利至江陵高速公路，止于松滋市南海镇，与岳宜高速公路相接，路线全长 54.84 公里。全线设计速度 120 公里/时，其中马家寨互通至公安北枢纽互通段（含观音寺长江大桥）长 7.2 公里，采用双向六车道高速公路标准建设，路基宽度 34.5 米；其余路段采用双向四车道高速公路标准建设，路基宽度 27.0 米。全线设桥梁 42 座 35968 米。其中，观音寺长江大桥是武汉至松滋高速公路江陵至松滋段过江通道的关键性控制工程。大桥为主跨 1160 米的混合式钢 - 超高性能混凝土（UHPC）组合梁斜拉桥。主塔采用 A 形塔，塔高 262 米。全线设置互通式立交 7 处，匝道收费站 5 处，服务区、停车区、监控管理分中心和养护工区各 1 处。项目概算 158.64 亿

元，建设工期 54 个月。

工程进度。全年完成投资 43.6 亿元，为年度计划的 109%，占概算总投资的 27.5%。

（董金中）

【当阳经枝江至松滋高速公路（含枝江百里洲长江大桥）】 本项目起于当阳市坝陵街道，接沪蓉高速公路，经枝江市跨越长江后，止于松滋市王家桥镇，接岳宜高速公路，路线全长 74.68 公里，其中长江大桥主桥长 1573 米、松滋河特大桥主桥长 995 米。主线采用设计速度 120 公里/时的高速公路标准建设。枝江枢纽互通至老城互通（含长江大桥、松滋河特

大桥）采用双向六车道标准，路基宽度 34.5 米，长江大桥主桥宽 47.5 米（含非机动车道），松滋河特大桥主桥宽 38 米；其余路段采用双向四车道标准，路基宽度 27 米。主线设桥梁 55 座 33488.3 米（含主线上跨分离式立交桥、互通区主线桥），互通式立交 9 处，服务区、停车区、监控管理分中心和养护工区各 1 处。概算总投资 158.22 亿元，建设工期 48 个月。

工程进度。全年完成投资 48.03 亿元，为年度计划的 106.74%；开工累计完成 66.72 亿元，占总投资的 42.17%。临建工程累计完成 100%，路基工程累计完成 69%，桥梁（涵）工程累计完成 43%。

（邓应林）

【蕲春至太湖高速公路蕲春东段】 本项目起于黄冈市蕲春县株林镇，接蕲太高速公路蕲春西段，止于黄冈市蕲春县檀林镇（鄂皖省界），与蕲太高速公路安徽段相接，路线全长 49.57 公里。项目主线设桥梁 27 座，隧道 5 座，设置互通式立交 5 处，同步建设匝道收费站 4 处、监控管理分中心 1 处、服务区 1 处。概算总投资 67.94 亿元，建设工期 36 个月。

工程进度。全年完成投资 24 亿元，为年度计划的 120%；开工累计完成投资 34.21 亿元，占概算总投资

胡家台枢纽施工现场

松滋河特大桥主塔施工现场

的 50.4%。路基工程完成 70%，桥涵工程完成 65%（其中桩基全部完成，下部结构完成 75%，梁板预制完成 40%），隧道工程完成 42%（其中控制性工程胡家岩隧道开挖完成 40%，卢家塆、枕头村、下家冲隧道贯通），二期路面基层拌和站开工建设，房建工程完成监理招标和场坪土石方工程。

（张溪）

【随州至信阳高速公路】 本项目起于随州市广水市马坪镇棚子岗村，与麻安高速公路互通式交叉，止于鄂豫省界平靖关附近对接信阳至随州（豫鄂界）高速公路。项目主线全长 44.97 公里，全线采用设计速度 100 公里 / 时、路基宽度 26 米的双向四车道高速公路标准。主线设桥梁 43 座 13978 米（含互通区主线桥）、隧道 1 座 1354 米、互通式立体交叉 5 处、匝道收费站 4 处，以及服务区、监控管理分中心、养护工区各 1 处。另设浙河连接线 7.5 公里，采用设计速度 80 公里 / 时、路基宽度 25.5 米，按一级公路标准建设；连接线设桥梁 4 座 723 米。项目采用建设 - 经营 - 转让（BOT）+ 工程总承包（EPC）建设模式，由湖北交投集团随州投资公司组织实施，批复概算 60.27 亿元，建设工期 36 个月。

工程进度。全年完成投资 21.1 亿元，为年度计划的 117.2%；开工累计完成投资 24.50 亿元，占概算总投资的 40.6%。随信至信阳高速公路一期工程在建中。

（张胜强）

【武汉至松滋高速公路武汉段】 本项目起于武汉市经开区（汉南区）邓南街道窑头村附近，设水洪枢纽与汉洪高速公路相接，止于武汉市蔡甸区消泗乡港洲村，设消泗互通后进入仙桃市，与武松高速公路仙桃至洪湖段起点顺接，路线全长 10.36 公里，其中蔡甸区境内 7.84 公里、经开区（汉南区）境内 2.52 公里。全线为双向六

车道高速公路，设计速度 120 公里 / 时，路基宽度 34.5 米。全线设互通式立交 2 处（水洪枢纽互通、消泗互通）、匝道收费站 1 处。概算总投资 34.4 亿元，建设工期 42 个月。

工程进度。全年完成投资 10.37 亿元，为年度计划的 103.7%；开工累计完成投资 18.87 亿元，占概算总投资的 54.9%。桩基累计完成 97%，墩柱累计完成 73%。现浇梁累计完成 20%，小箱梁预制累计完成 25%。

项目特点：①地形条件相对简单，取土困难，地材、主材极其缺乏。②全线地基天然承载力均较小，软土地基分布广。③沿线水系发育，河流、沟渠密布，其中通航河流为通顺河，规划为六级航道，施工技术复杂。④项目经过杜家台分蓄洪区，路线纵面高程需满足蓄洪水位的要求。⑤多次与天然气管线交叉，施工难度大。

（汪琰钧）

【赤壁长江公路大桥东延段高速公路开工建设】 9 月，赤壁长江公路大桥东延段高速公路正式开工建设。项目起于赤壁市赤壁镇普安村附近，与赤壁长江公路大桥南岸接线顺接，止于赤壁市蒲圻街道苦竹桥村舒家湾附近，设陈屋枢纽互通与京港澳高速公路相接，路线全长 22.59 公里。主线采用设计速度 100 公里 / 时的高速

蕲太高速公路蕲春东段狮子河特大桥施工中

公路标准建设，路基宽度采用33.5米的双向六车道标准和26米的双向四车道标准。主线设桥梁19座5222.9米（含互通区主线桥、主线上跨分离式立交），其中大桥16座4982.9米、中桥3座240米；设互通式立体交叉3处（车埠、上饶枢纽、陈屋枢纽）、匝道收费站1处、服务区1处。概算总投资33.95亿元，建设工期36个月。

工程进度。全年完成投资13.12亿元，占总投资的42.4%。路基工程完成57%，桥涵工程完成22%。

项目特点：①工程不良地质复杂，岩溶发育。②与既有高速公路、地方道路交叉多，施工安全风险大。

（董长征）

【京港澳高速公路湖北境鄂豫界至军山段改扩建】 本项目起于孝感市大悟县九里关，止于武汉西枢纽互通立交，路线全长157.79公里，同步建设府河互通连接线3.8公里。全线采用"两侧拼宽为主、局部分离加宽新建"的改扩建方案，采用双向八车道高速公路标准，设计速度120公里/时。主线设桥梁206座28950.7米、互通式立交16座、服务区4处、停车区2处、养护工区2处。批复总投资210.16亿元，建设工期48个月。

工程进度。全年完成投资67.04亿元（其中孝感段44.67亿元、武汉段22.37亿元），为年度计划的115.59%；开工累计完成投资117.08亿元（其中孝感段76.09亿元、武汉段40.99亿元），占总投资的55.7%。临时工程累计完成100%，路基工程累计完成74.3%，桥梁（涵）工程累计完成75.5%，路面工程累计完成11.9%。控制性工程汉江特大桥主墩桩基累计完成40根，占总量的100%；引桥桩基累计完成119根，占总量的100%；引桥墩柱完成13个，累计完成79个，占总量的100%；系梁（承台）累计完成12个，占总量的100%；北岸主塔完成第19节段浇筑，占总量的86%；南岸主塔完成第20节段浇筑，占总量的87%。

（张徐）

【鄂州花湖国际机场高速公路二期工程开工建设】 11月，鄂州花湖国际机场高速公路二期工程正式开工建设。本项目是鄂州花湖国际机场快速集疏运体系的重要组成部分，同时也是武鄂黄黄国际综合交通枢纽的标志性工程。项目起于鄂州市泽林镇陈桥村，顺接鄂州花湖国际机场高速公路一期工程，止于太和镇南侧，与拟建的武汉都市圈环线高速公路江夏至梁子湖段对接，路线全长36.45公里。主线设桥梁39座13451米（含互通区主线桥、主线上跨分离式立交桥），其中大桥35座13195.5米、中桥4座255.5米；隧道2座3586.5米，其中长隧道1座2741.5米、中隧道1座845米；互通式立交7处（陈桥枢纽、碧石渡、还地桥、临空经济区、保安枢纽、太和东、太和南枢纽）；匝道收费站4处、服务区1处。另设连接线1条，连接线长3.04公里。批复概算70.59亿元，建设工期36个月。

工程进度。全年完成投资9.01亿元，为年度计划的100.06%，占概算总投资的12.76%。

项目特点：①项目区存在岩溶等不良地质。②项目区路网发达，交叉的等级道路较多。③沿线交叉的高压电力线、燃气等管线较多。④沿线村庄密集，厂房较多，拆迁协调难度较大。⑤项目区基本农田分布广泛。⑥项目区环水保要求高。

（江瑞）

【通城至修水高速公路湖北段】 本项目是《国家发展改革委关于印发长江中游城市群发展规划的通知》《湖北省综合交通运输发展"十四五"规划》中的重点项目，是湖北省与江西省共同推进的省际通道。项目路线起于咸宁市崇阳县石城镇苏家坳村，止于鄂赣省界南楼岭，路线全长39.64公里。全线采用双向四车道高速公路标准，设计速度100公里/时，路基宽度26米。全线设桥梁35座11624.8米（含互通区主线桥）、隧道1425.6米、互通式立体交叉5处（崇阳西枢纽、沙坪北、沙坪东枢纽、通城东、

麦市）、匝道收费站3处，以及服务区、监控管理分中心、养护工区各1处。概算总投资54.59亿元，建设工期36个月。

工程进度。全年完成投资6.02亿元，为年度计划的100.3%。通城至修水高速公路湖北段先行用地段开工建设。

（汪琰钧）

【武汉都市圈环线高速公路黄陂至新洲段】 本项目起于武汉市黄陂区李家集街与孝感市孝南区交界的界河，与武汉都市圈环线高速公路孝感北段对接，止于武汉市新洲区郑城街西侧的刘集，与新港高速公路双柳长江大桥及接线工程对接，路线全长66.1公里（黄陂区境内44.3公里、红安县境内6.2公里、新洲区境内15.6公里）。项目全线采用双向六车道高速公路标准建设，设计速度120公里/时，路基宽度34米。全线设置枢纽互通2处、喇叭互通6处，以及服务区、停车区、管理分中心、养护工区各1处；设桥梁42座27557米，桥梁占比41.7%。概算投资126.1亿元，建设工期42个月。

工程进度。全年完成投资17.05亿元，为年度计划的100.32%，占概算总投资的13.52%。全线完成红线放线30公里、红线挖沟16公里，施工便道完成10公里。滠水河特大桥桩基工程、G230高架桥桩基工程、新洲西高架桥桩基工程、下穿沿江高铁路基段均在施工中。

（汪琰钧）

【武汉都市圈环线高速公路汉南长江大桥及接线工程】 12月30日，武汉都市圈环线高速公路汉南长江大桥及接线工程开工建设。本项目起于武汉、孝感两市交界的蔡甸区侏儒山街道百赛村，与拟建的武汉都市圈环线高速公路孝感南段对接，止于山坡街道前途村，与拟建的武汉都市圈环线高速公路江夏至梁子湖段对接，路线全长72.52公里，其中长江大桥2.84公里、接线工程69.68公里。汉

南长江大桥为主跨 1600 米双塔单跨双铰钢箱梁悬索桥，接线工程设桥梁 49 座 69067.5 米（含互通区主线桥、主线上跨分离式立交桥）、互通式立交 8 处（南屏枢纽、侏儒山南、沉湖、邓南枢纽、簰洲湾、畈湖、四邑枢纽、山坡枢纽）、匝道收费站 4 处，以及服务区、养护工区、监控管理分中心各 1 处。主线设计速度 120 公里／时，邓南枢纽互通至四邑枢纽互通 28.35 公里段采用路基宽度 41.5 米的双向八车道，其余 44.17 公里路段采用路基宽度 34 米的双向六车道高速公路标准建设。项目批复概算 289.82 亿元，建设工期 54 个月。

工程进度。全年完成投资 34.01 亿元，为年度计划的 106.3%，占总投资的 11.7%。大型临时工程完成总量的 77.60%；汉南长江大桥主墩桩基完成 20.83%；接线工程桥梁桩基完成 10.06%。

项目特点：①沿线水网密集，穿越河流和湖泊多，施工难度大。②沿线路网发达，跨越既有公路多，安全风险大。③沿线岩溶发育，地质情况复杂。④汉南长江大桥主跨 1600 米，是项目关键控制性工程。沉井基础平面尺寸为 76.4 米×76.4 米，为世界第一大公路工程沉井。⑤征地拆迁量大，跨越三区一县，协调复杂。⑥跨越沉湖湿地和斧头湖，环保要求高、措施要求严。

（汪琰钧）

【客货运（物流）重点项目】 综合客运枢纽建设。纳入交通运输部"十四五"综合客运枢纽规划的 17 个项目中，郑万高速铁路兴山、郑万高速铁路神农架、武西高速铁路安陆、武西高速铁路枣阳、武西高速铁路武当山、武西高速铁路丹江口、武汉至仙桃城际铁路仙桃 7 个综合客运枢纽建成，武九高速铁路阳新、黔张常铁路咸丰、郑万高速铁路巴东、郑万高速铁路南漳、黄黄高速铁路武穴、黄黄高速铁路浠水、武杭高速铁路黄冈西、武西高速铁路随州南 8 个综合客运枢纽开工建设。兴山综合客运枢纽、

咸丰综合客运枢纽获得交通运输部补助资金 8000 万元。协助交通运输部对纳入部规划的阳新、仙桃等综合客运枢纽进行现场核查，并随交通运输部科学研究院到武汉、襄阳、荆门、随州、黄冈等市（州）对在建、拟建的综合客运枢纽进行现场调研。

重点物流站场建设。重点推进姚家港多式联运物流园、荆门国际内陆港公铁物流中心、湖北长江现代物流产业集聚示范区·现代物流园等在建项目，以及大力推动武汉玉湖国际冷链食品交易中心、三峡智慧物流园（一期）、襄阳市农产品电商物流园等物流园区开工建设。

省纪委交通物流枢纽建设专项监督项目。纳入驻厅纪检组重点督导的顺丰武汉电商产业园、辰颐物语华中秭归电商加工产业园、荆门国际内陆港公铁物流中心（一期）、捷利（黄石）物流综合产业园（一期）、咸宁公路港、潜江潜网生态小龙虾物流园区 6 个交通物流项目建设进展良好，至 2023 年底全部建成运营。

（朱燕）

【枝城港铁水联运一期项目全面完工】 2023 年，枝城港铁水联运一期项目全面完工，各子项工程完成交工验收。该项目拆除枝城港闲置的 15 码头以及 15 附码头，原址建设 2 个 5000 吨级多用途泊位，配套建设陆域堆场及配套设施，设计年吞吐量 204 万吨（集装箱 9 万标箱，件杂货 60 万吨），设计年通过能力 254 万吨，计划建设工期 24 个月，项目总投资 3.48 亿元。项目完工后，将进一步扩大枝城港地处焦柳铁路大动脉和长江黄金水道十字交叉定位优势，打造中部陆海新通道桥头堡及长江中上游铁水联运核心港区，推进宜昌港口型国家物流枢纽建设。项目于 2022 年 3 月开工。

（王鹏）

【国家粮食现代物流（武汉）基地码头二期项目通过交工验收】 11 月 23 日，国家粮食现代物流（武汉）基

地码头二期项目通过交工验收。该项目是第三批国家多式联运示范工程重点建设项目，是具备铁、水、公等多种方式运送和接发粮食功能的综合货运枢纽。项目总投资 2.65 亿元，占地 189.64 亩，已建成 6 个 1500 吨立筒仓、2 座 3000 平方米平房仓，具备散粮和包装粮的暂存、中转、集散、分拨功能，通过封闭式皮带机廊道与码头连接，极大节省船舶待泊和车辆待卸等非生产性时间，切实降低粮食物流运输成本。项目于 2022 年 11 月 25 开工。

（王鹏）

【武穴港田镇港区盘塘作业区散货码头】 该项目位于湖北省黄冈市武穴市刊江街道办事处张竹林村。项目建设规模：建设 4 个 5000 吨级（中高水位兼顾 10000 吨级）散货出口泊位，建设仓储、堆场、道路、生产及辅助设施（含综合楼、侯工楼等）、配套装卸、机械等设施，设计年吞吐量 1800 万吨，使用港口岸线 560 米，项目投资估算 4.83 亿元。项目主要用途：用于矿山砂石料出口作业。该项目于 2022 年 12 月 31 日开工，2023 年完成全部主体工程。

（王鹏）

【雅口航运枢纽项目主体工程全面完工】 6 月，雅口航运枢纽全部机组投产发电，主体工程全面完工。雅口航运枢纽项目以航运为主，结合发电，兼顾旅游、灌溉等水资源综合开发功能，总投资 33.5 亿元。工程主要建筑物有千吨级船闸、电站、44 孔泄水闸、土石坝和鱼道及坝顶公路桥等，坝轴线总长 3180 米。水库正常蓄水位 55.22 米，相应库容为 3.37 亿立方米，6 台机组装机容量 75 兆瓦，年均发电量 2.52 亿千瓦时。项目完工后，有利于促进汉江丹江口以下千吨级航道形成，有效提升湖北内河航运能力。该项目主体工程于 2017 年 2 月开工建设。

（王鹏）

各市州交通建设重点项目

十堰市

【十堰玄岳大道】 本项目起于十堰市生态滨江新区，终于武当山特区玄岳门，主线长约 58 公里（不含机场东、机场西连接线 3.3 公里），采用设计速度 80 公里/时、路基宽度 55 米、双向六车道加两个辅道的一级公路标准建设（武当山境内全段采用设计速度 60 公里/时、路基宽度 26 米、双向四车道），总投资 91 亿元。城区段主线长 19 公里，机场西连接线长 2.1 公里，总投资 28.4 亿元，开工累计完成投资 27.3 亿元，占总投资的 96%，其中高铁东站至茅箭区驼鞍沟工业园区段 8.7 公里建成通车；驼鞍沟工业园区至机场西连接线段 7.7 公里主体工程完成，具备试通车条件。郧阳区段全长 8.9 公里，总投资 17.4 亿元，开工累计完成投资 6.8 亿元，占总投资的 39%。路基工程完成 48%，控制性工程神定河大桥正在进行架梁施工。经开区段主线长 3.43 公里，机场东连接线长 1.6 公里，总投资 3 亿元，开工累计完成投资 1.32 亿元，占总投资的 44%；主线完成路基 1.2 公里，机场东连接线完成路基 1.6 公里。丹江口段主线长 14.6 公里，总投资 21.56 亿元，开工累计完成投资 4.1 亿元，占总投资的 19%。用地预审、工可变更、初步设计获批复。武当山段全长 11.7 公里，总投资约 11.3 亿元。开工累计完成投资 0.65 亿元，占总投资的 5.8%；开展桥梁施工准备、试验段清表及征迁补偿等前期工作。柳树沟至六里坪芝河大桥段建设用地获批复。

（唐钒秋）

【十房一级公路】 本项目起于十堰城区垭子，终于房县城关，全长 72 公里，总投资 57.1 亿元，采用设计速度 60 公里/时的双向四车道一级公路标准建设，其中城区段 22 公里、总投资 20.2 亿元，房县段 50 公里、总投资 36.9 亿元。项目分 5 段实施，其中十堰城区垭子至大川段路线长 11.6 公里，投资 7.4 亿元，开工累计完成投资 7.12 亿元，占投资量的 96%；百二河至大川段 10 公里路基、桥隧基本完成，路面完成 67%。十堰城区垭子至百二河段 1.6 公里与武当路复线交叉工程，路基完成 75%，桥梁下部结构右幅完成。十堰大川至唐家河段 10.53 公里，投资 12.81 亿元，完成隧道进口及场平工作。房县唐家河至柳树垭段 9.02 公里，投资 11.25 亿元，开工累计完成投资 1.92 亿元，占投资量的 17.1%；马家院隧道、柳树垭隧道等控制性工程稳步推进。房县柳树垭至土城段 21.03 公里，投资 11.55 亿元，开工累计完成投资 11 亿元，占投资量的 95%；完成路基 22 公里、路面 14 公里。房县土城至城关段 18 公里在开展项目前期工作。

（唐钒秋）

【双高路】 本项目起于张湾区郧阳路双楼门，终点接高铁十堰东站十堰大道枢纽互通立交，路线全长 3.19 公里，项目概算 6.6 亿元。全线采用设计速度 60 公里/时的一级公路标准建设，其中起点至八亩地采用双向六车道、标准路幅宽度 40 米，八亩地至五衢大道步云桥采用双向四车道、标准路幅宽度 33 米；设置桥梁 3 座，其中神定河大桥长 764.4 米，分离式隧道 1 座，交叉 3 处。累计完成投资 2 亿元，占建安总投资的 43%。八亩地大桥桩基及下部结构完成，神定河大桥综合完成率 83.2%；八亩地隧道左线进尺 361 米，完成率 93.6%；隧道右幅进尺 120 米，完成率 27.5%；路基完成 41%。

（唐钒秋）

襄阳市

【207 国道襄州至宜城段改建】 该项目起于鄂豫两省交界处的黄集镇长王村，在宜城小河刘家营顺接 207 国道，路线全长 96.18 公里。概算总投资 69.5 亿元，建设工期 42 个月。该项目于 2021 年 5 月开工建设，2023 年完成投资 20.19 亿元，累计完成投资 49.62 亿元。

（王自强）

【302 省道樊城段改建工程完工】 12 月底，302 省道樊城段改建工程全部完工。302 省道樊城竹条至太平店段改扩建工程起于牛首镇竹条村，终于太平店与老河口交界处的华家沟桥桥头，全长 29.45 公里。设计速度 80 公里/时，路基宽度 24.5 米（其中牛首街道、朱坡街道宽 30 米、太平店镇街道宽 39 米），设计标准为双向四车道一级公路，全线共设桥梁 6 座 186 米、涵洞 56 道、平面交叉 19 处，同步建设樊城公路应急中心和牛首公路治超站。项目概算总投资 55061 万元，施工合同资金 43499 万元（含 5 年养护费 916.7 万元）。本项目是襄阳市第一个采用"建设及养护"总合同期 7 年，即建设期 2 年、养护期 5 年，中标施工单位负责施工和工程交工验收后 5 年内的养护工作模式建设的国省干线公路项目。2023 年 5 月，项目主体完工全线通车。

（王自强）

【南漳县蛮河（谢家台至兴发大桥段）旅游航道工程】 该项目参照七级航道标准整治蛮河南漳县内 8.1 公里航道。项目总投资概算 16809.99 万元，签约合同价为 13599 万元。截至 2023 年底，疏浚工程除武镇桥上下游 300 米外基本完成，护底带工程完成，在进行护岸工程，自开建以来累计完成投资 13973 万元（含前期工作），占项目总投资的 83.12%。

（王自强）

【唐白河（唐河）航运开发工程双沟航运枢纽开工】 7月8日，唐白河（唐河）航运开发工程双沟航运枢纽开工仪式在襄阳市襄州区双沟镇刘大湾村举行。双沟航运枢纽项目是唐白河（唐河）航运开发的重要控制性工程，双沟航运枢纽开工标志着襄阳市唐白河（唐河）航运开发工程进入全面施工阶段。双沟航运枢纽是唐河干流（河南社旗—唐白河口）航道建设规划中弋湾、源潭、马店、郭滩、水台子和双沟六级枢纽的最后一级，枢纽主要建筑物为挡水建筑物、14孔泄水闸、单线单级三级船闸以及鱼道、跨闸交通桥等，工程总投资 5.75 亿元，正常蓄水位 68 米。船闸枢纽下游水位与汉江崔家营航电枢纽正常蓄水位衔接，建成后可满足 1000 吨级船舶常年通航。

（王自强）

【谷城至丹江口公路改建】 该项目起于汉十高速公路谷城互通匝道口与 303 省道平交口处，止于丹江口市东环路（241 国道）平交处。路线全长 29.47 公里，其中谷城县境内全长 28.95 公里，丹江口市境内全长 0.52 公里。谷城境内计划总投资 54487 万元。项目为一级公路，设计速度 80 公里/时，路基宽 21.5 米，沥青混凝土路面，双向四车道。全年完成路基 7 公里、路面 3 公里，完成投资 11244 万元，累计完成路基 27.59 公里、路面 23.59 公里，累计完成投资 50465 万元。

（王自强）

【316 国道三岔路至土关垭段（水星台至石花）改建工程完工通车】 10月底，316 国道三岔路至土关垭段（水星台至石花）改建工程完工通车。该项目起于水星台村 316 国道与谷水路连接处，终于 316 国道与老谷高

速公路石花站出口处。改建路线全长 9.21 公里。项目为一级公路，设计速度 80 公里/时，路面宽度 21~24.5 米，沥青混凝土路面。计划投资 28723 万元，累计完成 33515 万元。

（王自强）

【346 国道宜城市二广高速公路宜城北互通至界碑头段改建】 该项目起于二广高速公路宜城北互通出口处，止于宜城与南漳交界的界碑头。线路全长 7.95 公里。全线路基宽度 24.5 米，双向四车道，一级公路标准建设。估算投资 17813 万元，其中上级补助资金 7948 万元。截至 2023 年底，项目累计完成路基 4.6 公里、路面 2.0 公里，完成货币工程量 11643 万元。

（王自强）

【328 国道老河口市孟楼至仙人渡段改建】 本项目起于 328 国道鄂豫省界孟楼镇附近，与 328 国道河南段对接，止于老河口市仙人渡镇以北的王家楼附近，与 316 国道衔接。建设里程 32.94 公里，中标合同价 50050.06 万元，其中中央补助 32935 万元，全线设计速度 80 公里/时，路基宽度 24.5 米，孟楼镇区设置非机动车道及人行道，路基宽度采用 29 米，各种路基宽度之间设置过渡段。双向四车道一级公路标准。全年完成投资 5946 万元，完成路基 6.24 公里、路面 5.5 公里，累计完成路基 32.94 公里、路面 30.15 公里。

（王自强）

【302 省道老河口至丹江口段改建】 该项目起于江山重工附近接 302 省道，终于艾家沟二组与丹江口市分界处，接老河口江山重工至 241 国道丹江口段道路工程丹江口段。路线全长 10.92 公里，其中老河口段路线全长 9.6 公里。计划总投资 27655 万元。全年完成投资 13827 万元，完成路基 2 公里；累计完成投资 22920 万元，完成路基 5 公里。

（王自强）

【316 国道枣阳随阳店至肖家垱段改建工程开工建设】 7月，316 国道枣阳随阳店至肖家垱段改建工程开工建设。路线全长 19.38 公里，全线按设计速度 80 公里/时的双向四车道一级公路标准建设，路基宽度 25.5 米，中标合同价 36078.87 万元。至 2023 年底，完成路基 10 公里、路面 3 公里，累计完成投资 30081 万元。

（王自强）

【234 国道枣阳吴店镇段改扩建工程开工建设】 8月，234 国道枣阳吴店镇段改扩建工程开工建设。路线全长 9.47 公里，全线按设计速度 80 公里/时的双向四车道一级公路标准建设，路基宽度 25.5 米（局部路段按设计速度 60 公里/时的双向四车道一级公路标准建设，路基宽度 19 米），中标合同价 21013.76 万元。至 2023 年底，完成路基 3 公里、路面 1 公里，完成投资 9870 万元。

（王自强）

【302 省道老河口市仙人渡至 316 国道段改扩建工程开工建设】 10月，302 省道老河口市仙人渡至 316 国道段改扩建工程开工建设。该项目起于华家沟，止于光化大道与 316 国道平交处，路线全长 12.09 公里。全线采用四车道一级公路标准建设。计划总投资 36483 万元。至 2023 年底，完成投资 6967 万元，完成路基 6 公里、路面 3.6 公里。

（王自强）

【468 省道保康县寺坪至马桥改建工程】 该项目起于保康县寺坪镇，与 346 国道相接，止于马桥集镇，与 307 省道相交，路线全长 59.54 公里。全线采用设计速度 40 公里/时、路基宽度 8.5 米的二级公路标准建设。项目总投资 67523 万元。全年完成路基 15 公里、路面 5 公里；累计完成路基 55 公里、路面 45 公里。

（王自强）

【467 省道谷城县紫金至赵湾改建】 该项目起于紫金镇西北约 500 米处与 241 国道相交，终于赵湾西侧与谷城至赵湾公路（275 省道）终点顺接。路线全长 42.93 公里，按二级公路标准建设，设计速度 40 公里 / 时，路基宽度 8.5 米。工程概算 63469.92 万元。截至 2023 年底，累计完成路基路面 24.6 公里，累计完成投资 45638 万元。

（王自强）

宜昌市

【348 国道当阳市谢花桥至泉河公路（谢花桥至张翼德横矛处）完工】 10 月，348 国道当阳市谢花桥至泉河公路（谢花桥至张翼德横矛处）完工。该项目起于张翼德横矛处，止于荆门市谢花桥，全长 21.2 公里，估算总投资 4.8 亿元。项目建成后，当阳至荆门通行时间从 60 分钟缩短至 30 分钟。

（朱思伟）

【254 省道宜都市清江三桥完工】 12 月，254 省道宜都市清江三桥完工。该项目起于五眼泉镇汉洋坪村，止于高坝洲镇湾市村，总投资约 2.6 亿元，全长 1249 米，桥面宽 36 米，双向六车道，采用一级公路标准，是 254 省道宜都绕城项目的控制性工程，也是宜都市重点民生工程。项目由中交第二公路勘察设计研究院有限公司设计，中国一冶集团有限公司负责承建，项目建成后将有效缓解区域交通压力，扩宽城市发展格局，推动城乡发展一体化。

（朱思伟）

【458 省道秭归县两河口至磨坪公路改建工程完工】 12 月，458 省道秭归县两河口至磨坪公路改建工程完工。该项目起于两河口镇，止于磨坪乡集镇，全长 25 公里，公路等级为二级公路，路基宽 8.5 米，路面宽 7.0 米，沥青混凝土路面，总投资约 2 亿元。项目由中国市政工程中南设计研究总院有限公司设计，项目建成后将进一步提高秭归山区路网通达深度，改善公路出行环境，助力城乡协调发展。

（朱思伟）

【当阳市北绕城线公路新建工程开工建设】 1 月，当阳市北绕城线公路新建工程开工建设。该项目起于当阳五桥与锦屏大道交叉口，止于当枝一级公路（256 省道），全长 24.4 公里。采用二级公路标准，路基宽度 12 米，路面宽度 10.5 米。其中 311 省道至当枝一级公路段 940 米按双向四车道一级公路标准建设，路基宽度 24.5 米。总投资 11.7 亿元。

（朱思伟）

【254 省道红花套镇绕镇公路工程开工建设】 5 月，254 省道红花套镇绕镇公路工程开工建设。该项目起于宜昌长江公路大桥以北，与江城大道顺接，止于宋山冲村，路线里程 15.70 公里。由武汉综合交通研究院有限公司设计，中国化学工程第十六建设有限公司承建。

（朱思伟）

【枝江市 253 省道远松线至枝江北站连接线开工建设】 5 月，枝江市 253 省道远松线至枝江北站连接线开工建设。该项目起于沿江大道，沿当枝松高速公路走廊向北布线，终于仙女大道，全长 6.1 公里。按一级公路标准建设，估算投资 4.82 亿元。完成路基土石方 52 万立方米，金湖中桥桩基 10 根，涵洞 8 道，路基防护挡墙 4 万立方米，市政雨水管 1650 米。

（江凤珍）

【318 国道长阳老林坡至孙家湾段新建工程开工建设】 6 月，318 国道长阳老林坡至孙家湾段新建工程开工建设。该项目线路全长 16.4 公里，按一级公路标准建设，总投资约 6.8 亿元。一标段偏岩至老林坡段 2.83 公里项目建设启动，由湖北建科国际工程有限公司设计。

（朱思伟）

【324 省道长阳县资丘至渔峡口段工程开工建设】 6 月，324 省道长阳县资丘至渔峡口段工程开工建设。该项目起于长阳土家族自治县资丘镇区，止于渔峡口西侧夷城路与盐阳路交叉口。全线按二级公路标准设计，路线里程 19.2 公里，设计速度为 40 公里 / 时，路基宽度 8.5 米。由中交第二公路勘察设计研究有限公司设计。

（朱思伟）

【宜昌港枝江港区中长燃油库码头工程通过竣工验收】 3 月，宜昌港枝江港区中长燃油库码头工程通过竣工验收。该项目总投资 8356 万元，新建 5000 吨级成品油进口泊位 1 个，利用岸线 165.5 米，设计年通过能力 85 万吨。项目的建成对修复长江生态环境、净化中华鲟自然保护区水域、推动绿色航运发展具有重要意义。

（朱思伟）

【宜昌港秭归港区三峡库区秭归县水运应用 LNG 项目码头工程通过竣工验收】 3 月，宜昌港秭归港区三峡库区秭归县水运应用 LNG 项目码头工程通过竣工验收。该项目是交通运输部水运行业应用 LNG 试点示范项目。项目总投资 1.21 亿元，建设 7000 吨级 LNG 加注泊位 1 个，设计加注能力 3.1 万吨 / 年。项目的建成将进一步引领"气化长江"工程，服务船舶清洁能源使用，减少船舶污染排放，推进长江生态保护，助力美丽长江建设和长江航运高质量发展。

（朱思伟）

【三峡枢纽江南成品油翻坝项目（坝上）码头工程正式开工】 12 月，三峡枢纽江南成品油翻坝项目（坝上）码头工程正式开工。该项目位于秭归港区茅坪作业区，长江三峡库区太平溪水道右岸，三峡大坝上游约 14.8 公里处。新建 5000 吨级油品泊位 5 个，设计年通过能力 515 万吨，总投资 12 亿元。该项目是《湖北省综合交通运输发展"十四五"规划》重点项目，是建设长江大保护典范城市、缓解三峡航运瓶颈制约的有力举措。项目建成后将进一步提升长江黄金水道功能，对扩大三峡枢纽通过能力、挖掘三峡及葛洲坝既有船闸潜力、完善翻坝转运体系等具有十分重要的意义。

（朱思伟）

【姚家港煤炭专用码头通过竣工验收】 8月5日，姚家港煤炭专用码头通过竣工验收。该项目位于姚家港作业区，新建3000吨级煤炭专用泊位2个，利用岸线265米，设计年吞吐量400万吨，总投资4.7亿元。业主为枝江市宁港物流有限公司。

（江凤珍）

【枝江市城市公共停车场】 该项目位于东湖大道以南、双寿桥路以西，规划占地面积57737平方米，含中大型车停车场、电动汽车充换电站、汽电车维修服务站、智能调度中心、汽车检测站等服务区域，总投资1.2亿元。项目场地平整完成，正在进行施工招标。

（江凤珍）

【顾家店三级客运站建成并投入运营】 10月，顾家店三级客运站建成并投入运营。该项目新建客运中心、农贸市场、商超、物流中心及相关配套设施，总占地面积23171.41平方米，总建筑面积13761.73平方米，投资约2950万元。

（江凤珍）

荆州市

【沙市至荆州机场一级公路（沙市区段）工程项目】 该项目路线全长6.83公里（含新建栖凤湖桥，桥长486延米），同步配套管网工程（道路红线宽度60米），全线按双向六车道城市主干路标准建设。至2023年底，栖凤湖桥主桥完工，辅桥下部结构完成，并启动公路部分建设。

（殷华）

【318国道荆州段（丫角至枪杆段）改扩建】 该工程起于丫角桥东，止于枪杆村，路线全长10公里。其中K1+000～K10+000段全线采用设计速度80公里/时、路基宽度21.5米的双向四车道一级公路标准建设，完成货币工程量2.09亿元；K0+000～K1+000段全线采用集散型一级公路标准建设，设计速度60公里/时，路基宽度21.5米，路面结构为沥青混凝土路面，全线设桥梁1座（丫角中桥），桥长81.08延米。至2023年底，丫角中桥左幅桥梁和线外下桥的主体工程完工，路基挡土墙及土方工程完成，正在进行石灰土路基施工。

（殷华）

【沙市区环长湖旅游生态公路改建】 该项目路线全长20.2公里，分主线和支线两部分。其中主线12.3公里，路线起于马志湖路乡村公路，向南止于318国道，设计速度60公里/时，水泥混凝土路面加宽至7.5米，按地方二级公路标准建设；支线7.9公里（其中新建路段1.9公里、老路修复6公里），路面结构为水泥混凝土路面，路线起于朱场村，止于长湖堤顶路与五支渠路平交口处，设计速度20公里/时，路面加宽至6米。

（殷华）

【沙市区枪杆至白渎公路新建工程】 该项目起于枪杆村接318国道，止于322省道，与322省道（凌云大道）顺接。路线全长4.65公里。全线采用设计速度60公里/时、红线宽度40米的双向六车道一级公路标准建设。项目估算总投资37684万元。

（殷华）

【荆州开发区工业综合码头4号泊位通过竣工验收】 5月，荆州开发区工业综合码头4号泊位通过竣工验收。码头采用顺岸式布局，高桩平台码头，设计通过能力为42万吨/年。泊位为3000吨级通用泊位。建设业主为湖北同盛新材料科技有限公司。该

项目同步建设环保设施，履行环保手续，取得环评批复，完成环保验收，同步建设岸电系统1套。

（殷华）

荆门市

【三环线平交道口改造】 本项目包括辅道21处，分离式立交9处（上跨4处、下穿5处）；大型平交口渠化4处；封闭中分带开口65处，新增5处，共保留36处；封闭路侧开口195处；搭接道口纵坡优化112处、局部硬化131处。全线共设支线上跨桥4座538.8米；涵洞101道；新增标志牌405块，护栏15.604公里，道口警示桩875个，减速丘850.5米；设置信号灯7处，交叉口交通流探测预警系统6处。施工图设计总预算19786.13万元，资金来源为市级财政资金投资，建设工期24个月。至2023年底，工程基本完工。

（魏晓敏）

【234国道钟祥城区绕城段正式通车】 9月29日，234国道钟祥城区绕城段正式通车。该路线全长19.95公里，总投资60311万元，2023年9月25日进行交工验收。

（魏晓敏）

【347国道京山段改扩建】 该路线全长56.92公里，至2023年底，路面工程基本完成，城区段（北环线）除了部队林场因置换未到位外，其余路面工程均完工，完工率达99%。

（魏晓敏）

【311省道沙洋县后港至十里铺段改扩建】 该路线全长28.5公里，至2023年底，完成路基基层38.3公里、水稳铺筑24.8公里、油面封层12公里。

（魏晓敏）

【钟祥丰乐汉江公路大桥】 该项目起于钟祥市胡集镇陈营村，止于钟祥市丰乐镇三滩村北侧，大桥全长6.69

公里，其中主桥 557 米、引桥 1762 米，两岸接线 4.37 公里，全线设计宽度 24.5 米，设计速度 80 公里 / 时，采用双向四车道一级公路标准建设。

（魏晓敏）

鄂州市

【106 国道鄂州碧石至黄石铁山改建（鄂州段）】 该项目起于碧石渡镇万家湾西侧 106 国道与 348 省道平交口，终于白雉山隧道鄂州与黄石两市市界，路线全长 6.90 公里。全线采用一级公路标准，设计速度 60 公里 / 时，路基宽度 31.5 米，双向六车道。全线设分离式隧道 1 座 1.39 公里（鄂州境）。本项目概算总投资 85521.71 万元，其中建安费 59778.07 万元。建设工期 36 个月。完成便道施工建设 2.3 公里。

（张昭）

【黄鄂黄快速通道鄂州段工程】 该项目起于燕矶长江大桥（鄂州—黄冈界），终点接迎宾大道。路线长度 18.73 公里，其中新建道路 6.95 公里、改造段 1.76 公里、利用段 10.02 公里。采用双向四~六车道一级公路兼城市道路标准，设计速度 60 公里 / 时，规划红线宽度 26~55 米。全线设置桥梁 7 座 2379.1 米，其中设置特大桥 1 座 778 米、大中桥 6 座 1601.1 米（利用 1 座、新建 5 座）。本项目概算 187025.12 万元，其中建安费 116089.48 万元。建设工期 36 个月。

（张昭）

【316 国道鄂州杜山至葛店段改建】 该项目起于杜山镇 316 国道与汉鄂高速公路鄂州西互通交叉口，止于 316 国道与光华大道平交口。全长 29.51 公里，此次施工长度 17.5 公里。采用双向四车道一级公路（兼城市道路功能）标准，设计速度 80 公里 / 时，路基宽度 25.5 米，概算总额 10.15 亿元，其中建安费 4.57 亿元。建设工期 30 个月。完成路基 13.12 公

里、路面 10.77 公里，累计完成建设投资 9.12 亿元。

（张昭）

黄冈市

【武穴市界岭至官桥公路配套设施改造完工】 本项目起于梅川镇界岭，终于石佛寺镇官桥桥头，路线全长约 40 公里。本项目主要对公路配套设施进行改造，包括人行道、非机动车道、排水工程、照明工程、绿化工程等，总投资约 3.3 亿元。完成边沟浇筑、非机动车道、路灯建设及绿化等配套设施工程。

（韩露）

【X122 龙里至大法寺镇区段配套设施建设主体工程完工】 6 月，X122 龙里至大法寺镇区段配套设施建设主体工程完工。该项目起于刊江办事处龙里社区、武穴大道与 X122 交叉处，止于大法寺镇，全长 11.28 公里，建设标准为双向四车道一级公路，其中起点至大法寺镇街道路基宽度 20 米，大法寺街道至终点路基宽度 18.5 米。全线为沥青混凝土路面，设计速度 60 公里 / 时。沿线箱涵 7 处，圆管涵 33 处。该公路已建成投入使用，安防设施齐全。

（韩露）

【武穴港田镇港区马口富强散货码头工程主体工程完工】 11 月，武穴港田镇港区马口富强散货码头工程主体工程完工。该工程新建 2 个 5000 吨级散货出口泊位（水工结构按靠泊 10000 吨级船舶设计），码头设计吞吐量 600 万吨 / 年。码头采用高桩码头结构形式，占用岸线 275 米，配置装载能力为 2000 吨 / 时的移动式散货装船机。陆域布置有堆场等生产设施，配套建设给排水、供电照明、消防、环保等设施。项目概算总投资 2.5 亿元，资金为企业自筹，建设单位为武穴市富强砂石物流有限公司，施工单位为中交四航局第五工程有限公司，

监理单位为武汉长航科达工程监理有限公司。

（韩露）

【石佛寺至高铁北站段公路配套设施建设工程】 12 月，石佛寺至高铁北站段公路配套设施建设工程全面完工。该工程是连通黄黄高速铁路武穴北站的重要配套设施。起于花桥镇郭德元村，止于石佛寺镇红绿灯处，与 220 国道武穴界岭至大金段一级公路相交，全长 6.6 公里，建设标准为一线公路兼城市主干道功能，其中郭德元桥至京九铁路桥段路基宽 32.3 米（路面宽 19.5 米）、京九铁路桥至石佛寺镇红绿灯段路基宽 36.5 米（路面宽 25.5 米），全线为沥青混凝土路面，设计速度 60 公里 / 时。沿线重建桥梁 1 座、涵洞 17 道，与公路平面交叉 30 处。项目总投资 1.86 亿元，资金为地方自筹。

（韩露）

【武穴港区多式联运工程开工建设】 6 月，武穴港区多式联运工程开工建设。本项目包括铁路专用线工程和港口工程两部分，估算总投资 35.76 亿元。铁路专用线接轨京九铁路栗木站，至马口多式联运中心线路全长 18.37 公里，初期运量 623 万吨。同步建设马口多式联运中心，规划铁路装卸线 3 束 7 线，其中集装箱作业区 2 束 5 线（含 1 条机走线）、散货作业区 1 束 2 线。配套建设拆拼箱库、辅助箱区、海关监管区等。先开工段正在建设马口湖大桥和张竹林隧道。港口工程拟建 6 个 5000 吨级泊位，其中 4 个散货泊位、2 个通用泊位，设计年吞吐量 1318 万吨。后方陆域配套建设堆场、仓库及生产生活辅助建筑物、煤炭矿石输送带系统等生产辅助建（构）筑物等。正在进行桩基施工中。

（韩露）

【城东公交换乘中心项目完成全部主体结构建设】 12 月，城东公交换乘中心项目完成主站房及配套设施建设，全面进入装修阶段。本项目位于

城东新区郭应龙村 16 号路南侧，估算投资 8568.3 万元，含综合换乘枢纽及公交停车、充电、保修等多种功能。其中综合换乘枢纽建筑面积约 8650 平方米，站前换乘广场占地面积 1900 平方米，站后停车和充电场占地面积 1320 平方米。同时配备交通 5G 信息系统、4G 运输调度系统、车辆运行监控系统、充电桩及电源高压接入系统等设施。

（韩露）

【黄梅高铁站集疏运 105 国道改建工程（南三环）项目全线建成】 12 月 30 日，黄梅高铁站集疏运 105 国道改建工程（南三环）项目主体工程全面完工，转入安防绿化等配套工程建设阶段。黄梅高铁站集疏运 105 国道改建工程（南三环）隶属于国家普通国省干线公路网，是北京至珠海 105 国道公路的重要组成部分，项目起于黄梅县杉木乡梅山村，止于黄梅迎宾大道，新建段全长 12.1 公里，采用双向四车道设计，设计速度 80 公里/时，项目总投资 9.7 亿余元，建筑工程投资 6.5 亿余元，征拆、安防等其他投资 3.2 亿余元。项目建成通车后，外埠过境车辆将不再过境黄梅县城，解决城区交通混合通行和城区交通拥堵问题，过境黄梅时间将从过去 1 小时缩短至 0.5 小时。

（聂斌）

随州市

【346 国道随州市十岗至任家台段改扩建】 本项目起于曾都区淅河镇十岗，止于任家台接回 346 国道，全长 23.82 公里，路基宽度 25.5 米，采取 PPP 模式实施，总投资 7.96 亿元。项目主体工程贯通，附属设施服务区加快建设中。

（范宸铭）

【316 国道广水市平林至曾都区淅河段改扩建】 本项目起于广水市长岭镇响塘湾，与 316 国道孝感市安陆段对接，止于高新区淅河镇丁家湾，与 316 国道随州十岗至厉山段对接，路线全长 36.57 公里，总投资 139874 万元（其中广水市境内 30.03 公里、投资 116579 万元，高新区境内 6.54 公里、投资 23295 万元）。高新区段完成路基、路面 5 公里；广水段分 2 个标段实施。

（范宸铭）

【211 省道广水市李店至太平段改扩建】 本项目起于广水市李店镇新峰村，终于安陆市交界处，全长 16.64 公里，总投资 1.35 亿元。建成通车 5.3 公里，在建 11.34 公里。

（范宸铭）

【263 省道随县柳林镇区至随岳高速出口段改扩建】 本项目起于柳林镇区与 263 省道何店至柳林段交汇处，止于团结村随岳高速公路柳林互通出口平面交叉处。按两车道沥青混凝土路面建设，全长约 6.70 公里，总投资 6060 万元。路基工程及桥梁工程完成，路面工程完成 10%，安防工程完成 80%，排水工程完成 90%。

（范宸铭）

【淮河至随阳店公路改建】 本项目起于淮河镇，终于唐县镇随阳店接 316 国道，全长 80.6 公里，总投资 11.8 亿元。按照"一路一策"思路将项目分淮河至天河口段、天河口出口至项家湾段、项家湾至随阳店段三段实施。天河口至项家湾段 35.27 公里，完成路基 30 公里，桥梁及涵洞完成约 60%。淮河至天河口段、项家湾至随阳店段在办理前期要件。

（范宸铭）

【随州市㵐水二桥拆除重建工程开工建设】 11 月 20 日，随州市㵐水二桥拆除重建工程开工建设。本项目预算总投资 8900 万元，采用分离式立交桥梁加下穿通道方案；桥梁为简支小箱梁加连续刚构结构，主桥全长 240 米，桥面宽 26 米，双向四车道，设计速度 40 公里/时，计划工期 24 个月。

（范宸铭）

【徐家河生态防洪通道（一期）项目建成通车】 10 月 19 日，徐家河生态防洪通道（一期）项目建成通车。该项目起于马坪镇狮子岗村，终至长岭镇新庵村明月湾转盘，主线总长 49.23 公里，是一条焕新区域生态、激发发展动能的生态走廊，对于提高徐家河水库防洪能力、盘活区域旅游资源、方便库区群众出行、辐射带动沿线镇办经济社会和旅游业快速发展具有重要意义。

（范宸铭）

【武西高铁随州南站综合客运枢纽】 本项目位于汉十高速铁路随州南站东南侧，与高铁随州南站紧密相连，地上总建筑面积 13840 平方米，地下面积 2450 平方米，停发车场面积 26600 平方米，停车位 273 个。分客运站、公交站和旅游集散中心三大功能区域，是集客运中心、旅游集散服务中心、公交首末枢纽站、安检维修中心于一体的综合性客运枢纽站。项目总投资 1.5 亿元，项目业主为随州市交通投资建设有限公司。项目主体工程完工，正在实施室内外装修装饰，组织幕墙、地下联系通道施工。

（范宸铭）

【武西高铁随县安居客运站】 本项目位于随县安居镇车岗村，建筑总面积约 3571.39 平方米。其中主站房为 2 层框架结构，地上 2 层、地下 1 层，建筑面积约 3010.73 平方米；安检车间为 1 层框架结构，建筑面积约 152.16 平方米；风雨连廊为 1 层框架结构，建筑面积约 408.5 平方米；室外工程包含道路、停车场、广场等。概算总投资 2871.89 万元。主站房、安检车间等主体结构及主站房轻钢雨棚钢构安装完工，客运站视频监控系统、安检车间防水隔温和内部装修及充电桩安装中。

（范宸铭）

【广水北门客运站】 本项目位于广水市城郊街道办事处北门平伏路与三环路交汇处，预计总投资 4700 万元

（申请省补助资金 600 万元），按二级客运站标准建设，项目业主为广水市更新城市投资有限公司。总投资 5292 万元，客运站房主体结构基本完成，正在进行装修和附属设施建设。

（范宸铭）

【随州城乡万吨农产品冷链物流中心】 本项目位于高新区解放东路，由湖北可口黑大健康产业股份有限公司建设及经营管理，本项目是纳入湖北省交通物流基础设施建设的通用集散型物流园区项目，将为入园的物流企业提供集约化公共冷藏、运输、信息共享、公共停车等服务，总投资 1.5 亿元。一期项目建成投入使用。

（范宸铭）

【湖北交投随州智慧供应链产业园】 本项目位于随州高新区能源物流园内，总投资 12 亿元，项目占地 35.2 万平方米，分三期建设，其中一期占地 8 万平方米，主要建设集采仓库、下料车间、大宗中转仓、设备用房、制造业物流仓库及运营中心；二期计划引入铁路专用线，建设专汽厂房、商贸协同仓库、城市云仓、多功能仓库、设备用房以及综合供能服务中心；三期建设固废资源综合利用项目，主要包括原燃料储存及散装，原料配料、煅烧、搅拌及包装等生产厂房、工艺设备、办公楼等设施。

（范宸铭）

恩施土家族苗族自治州

【351 国道恩施芭蕉互通至谢家土段】 项目起于恩来高速公路芭蕉互通附近，与 209 国道平交，止于恩施市与咸丰县交界处谢家土，全长 56.16 公里，采用设计速度 40 公里 / 时、路基宽度 8.5 米的二级公路标准建设，概算投资 7.77 亿元。截至 2023 年底，完成芭蕉段路面 22.8 公里，芭蕉隧道贯通；盛家坝段 32.4 公里完成 35% 路基工程，马鹿河大桥完成桩基工程。

（曾雅君）

【350 国道利川市石山庙至羊子岭段一级公路】 项目起于利川市石山庙，与 318 国道利川绕城线相接，止于羊子岭，全长 7.62 公里。采用设计速度 40 公里 / 时、路基宽度 28 米的市政道路标准，以及设计速度 60 公里 / 时的一级公路标准建设，整体式路基宽度 23 米，分离式路基宽度 11.25 米。概算投资 5.06 亿元。截至 2023 年底，路基工程完成 70%，清江中桥完成主体建设；柳家槽隧道、黄家垭隧道贯通。

（曾雅君）

【339 省道鹤峰邬阳至建始官店段（建始段）】 339 省道鹤峰邬阳至建始官店段起于鹤峰县邬阳乡王家铺，止于建始县官店镇殷家坪，路线全长 48.63 公里，其中鹤峰县境 8.8 公里、建始县境 39.83 公里。概算投资 4.57 亿元。建始县境二岔口至大坪段路线全长 30.50 公里，采用设计速度 20 公里 / 时、路基宽度 6.5 米的标准建设；大坪至殷家坪段全长 10.5 公里，采用设计速度 40 公里 / 时、路基宽度 8.5 米的标准建设，其中原岭集镇路段采用设计速度 30 公里 / 时、路基宽度 8 米的标准建设。截至 2023 年底，大坪至殷家坪段 10 公里建成，二岔口至大坪段完成 20% 的路基工程。

（曾雅君）

【348 国道巴东长江大桥至平阳坝段一级公路完成交工验收】 8 月 15 日，348 国道巴东长江大桥至平阳坝段一级公路完成交工验收。348 国道巴东长江大桥至平阳坝段是 348 国道巴东长江大桥至巴东垭中的一段，该段起于巴东县柚子树坪，止于郑万高速铁路巴东北站站前广场，全长 14.14 公里。柚子树坪至葛藤坪段采用设计速度 60 公里 / 时、路基宽度 23 米的双向四车道一级公路标准建设；葛藤坪至巴东北站段采用设计速度 40 公里 / 时、路基宽度 23 米的双向四车道标准建设。概算投资 16.27 亿元。

（曾雅君）

【242 国道恩施大集场至宣恩晓关（宣恩段）】 项目起于恩施市与宣恩县交界处拖泥沟，止于宣恩县晓关侗族乡，全长 17.95 公里，采用设计速度 40 公里 / 时、路基宽度 8.5 米的二级公路标准建设，概算投资 2.30 亿元。截至 2023 年底，晓关中桥主体完工，边坡防护工程完工，路面下面层完成，路肩墙施工完成，路面上面层完成 50%，正在进行路面、绿化及安防工程施工。

（曾雅君）

【351 国道咸丰县谢家土至龙井段】 351 国道咸丰县谢家土至龙井段分为谢家土至大沙坝段、大沙坝至李子溪段、李子溪至龙井段 3 个标段。谢家土至大沙坝段全长 18.63 公里建设完工。大沙坝至李子溪段全长 31.59 公里，采用设计速度 40 公里 / 时、路基宽度 8.5 米的二级公路标准建设；李子溪至龙井段全长 35.46 公里，另设活龙坪连接线 0.5 公里，采用设计速度 40 公里 / 时、路基宽度 8.5 米的二级公路标准建设（活龙坪集镇段路基宽度 12 米）。大沙坝至李子溪段、李子溪至龙井段概算投资 15.93 亿元。截至 2023 年底，大沙坝至李子溪段完成路基 14 公里、桥梁 22%、隧道 92.2%；茶林堡至龙井段完成路基 96.2%、桥梁 95%、隧道 99%；少湾至茶林堡段完成路基 42%、桥梁 30%。

（曾雅君）

【242 国道来凤县三胡互通至桂花树工业园段一级公路】 242 国道来凤县三胡互通至桂花树工业园段一级公路，全长 21.12 公里，采用设计速度 60 公里 / 时、整体式路基宽度 23.5 米、分离式路基宽度 11.75 米的一级公路标准建设，概算投资 17.33 亿元。截至 2023 年底，中华山隧道全线贯通，狮立坪至猴栗堡段 4.5 公里路基及桥梁下部结构完工，猴栗堡地铁下穿段完成路面施工的 90%。

（曾雅君）

【351 国道鹤峰县绕城公路】 项目

起于鹤峰县容美镇窝丘，止于鹤峰县中营镇腊树垭，全长 23.14 公里，采用设计速度 40 公里/时、路基宽度 8.5 米和设计速度 30 公里/时、路基宽度 8.5 米的标准建设，概算投资 2.89 亿元。截至 2023 年底，长岭至腊树垭段 18 公里建成；云南庄至长岭段 5.2 公里路基完成 38%，桥梁完成 23%。

（曾雅君）

天门市

【347 国道天门市皂市至杨秀段改扩建】 该项目起于天门市皂市镇，在二龙大道与 311 省道交叉自南向北展线，右幅沿老路改扩建，左幅于白龙泉自来水公司附近跨越长荆铁路，后接入老路，沿老路改扩建，至天门与京山交界处，接 G347 国道京山段。线路全长 4.02 公里，计划总投资 22961 万元。完成路基 4.02 公里、路面 3 公里，累计完成投资 19544 万元，占总投资的 85.12%。

（张文敏）

【仙桃汉江二桥及接线工程天门段】 该项目起于天门多祥镇达洲村，接 S214 省道天仙大道，在张刘家台附近设置分离式路基下穿汉宜铁路，于郭台村通过汉江二桥跨越汉江进入仙桃市。线路全长 3.14 公里，计划投资 1.20 亿元。启动征地拆迁工作，累计完成投资 578.9 万元。

（张文敏）

【348 国道天门市窑台至丝网湾段改线工程】 该项目起于天门市窑台村附近接西环线，止于丝网湾区域的徐马湾附近接回 348 国道老路。线路全长 9.23 公里，计划投资 55464 万元。施工单位在开展征地拆迁工作，完成投资 2570.46 万元。

（张文敏）

潜江市

【318 国道苏港至南湾段改建工程】 该项目起于潜江市浩口镇苏港村，顺接 318 国道浩口镇苏港段改建工程，终于南湾村，顺接 318 国道南湾至丫角段改建工程，全长 2.67 公里。至 2023 年底，完成路面施工 2.67 公里。

（胡合亮）

【318 国道南湾至丫角段改建工程】 该项目起于潜江市浩口镇南湾村，路线沿老路布设，经三柴小学后达终点七里村，全长 7.48 公里。至 2023 年底，累计完成路基施工 4 公里。

（胡合亮）

【潜江市公路桥梁消危行动】 潜江是全省公路桥梁消危行动试点县市，在技术、建设、管理三大领域集中选取 6 项试点任务，按照"七化"工作要求，采取 EPC 建设模式，统筹推进省交通运输厅下达的 92 座公路桥梁改造计划，其中省道危桥 16 座、农村公路危桥 76 座。至 2023 年底，92 座公路桥梁全部完成施工任务。

（胡合亮）

农村公路建设

【武汉市】 2023 年，武汉市完成农村公路新改建里程 310 公里。成立农村公路工作专班，建立月调度工作机制。召开全市"四好农村路"建设工作会。全面推行"路长制"，武汉市政府正式印发全市农村公路"路长制"实施方案。研究制定美丽农村路景观设计方案，加快推进交旅融合发展，初步制定实施路网图。江夏区成功创建"四好农村路"全国示范县，蔡甸区嵩阳大道获评 2022 年度全省"十大美丽农村路"。广泛开展"江城十大最美乡路"评选宣传活动。

（盛欢）

【荆州市】 持续推进农村公路建设，完善农村公路网络体系。全年完成农村公路新改扩建 1040 公里，新增 260 个建制村通双车道公路。荆州市获评全省"四好农村路"示范市，公安县获评全省"四好农村路"示范县，高基庙镇、大垸管理区、戴家场镇、沙岗镇获评全省"四好农村路"示范乡镇。荆州市"建立多元化资金保障体系持续推进农村公路建设"入选交通运输部典型案例。江陵县在上年度全省农村公路养护评价中排名第一，获奖励资金 86 万元。农村公路抽查优良中等路率 87.25%，较上年提升 1.13 个百分点。积极推进农村路共同缔造，纪南文旅区环长湖公路获评全省"十大最美农村路"，在农村公路领域开发就业岗位 6255 个，吸收脱贫户 2767 人。

（彭华）

【随州市】 全力服务乡村振兴和强县工程建设，持续加大农村交通基础设施投入力度，完成农村公路新改建 700 公里。通过建立市、县、镇、村四级农村公路养护示范点，采取"驻村包点、典型引路"等方式全面推动农村公路养护和管理，在全省三季度"四好农村路"建设工作评价中，三个县市区全部"由红转绿"，提前实现"全域全绿"预定目标。曾都区获评全省"四好农村路"示范县，随县环潭镇、广水市关庙镇获评全省"四好农村路"示范乡镇。

（范宸铭）

【恩施土家族苗族自治州】 完成农村公路建设投资 15.9 亿元，新改建农村公路 1371 公里。开展农村公路工程建设突出问题专项治理，完善招投标、施工管理、竣工验收等管理制度，建设规范管理水平有效提升。巴东县成功创建"四好农村路"全国示范县。恩施市成功创建全省"四好农村路"示范县，恩施市白果乡、宣恩县万寨乡、来凤县旧司镇、鹤峰县走马镇成功创建全省"四好农村路"示范乡镇。宣恩县黄傅公路获评2022年度湖北省"十大最美农村路"，并入选全国"公路+农业"融合发展"十佳案例"。宣恩县椒园镇农村公路乡级路长成为"全国最美公路人"候选人。

（张仕斌）

【仙桃市】 围绕《湖北省综合交通高质量发展三年行动计划（2022—2024年）》和《湖北省普通公路养护提质三年攻坚行动方案（2023—2025）》，着力实施农村公路提档升级，促进农村公路从重增量向优存量转变、从建设向养护转变、从通畅路向美丽路转变，推动全市农村公路高质量发展。全年完成重要县乡道工程34.08公里，农村公路提档升级、连通及延伸工程270公里，完成固定资产投资4.3亿元，建制村通双车道率达到80.7%。投入建设资金约2000万元，建设完成西流河镇洪渊泽水产园内道路和白衣庵村乡村道路，张沟镇镇区环线和黄鳝产业通道、郭河镇黄鳝产业通道、剅河镇千桥村水产基地道路等6条相关产业道路的改建、维修，道路总里程19.32公里，其中沥青混凝土加铺路面14.3公里，水泥混凝土路面改建、维修6.98公里。

（归烨）

【天门市】 全年完成农村公路提档升级232.556公里，农村公路连通工程47.89公里，重要县乡道建设工程40.22公里，危桥改造81座2425.34延米，村道安防工程71.8公里。天门市成功创建全省"四好农村路"示范市，汪场镇成功创建全省示范乡镇，新火线获评全省"最具人气农村路"。

（张文敏）

【潜江市】 全年完成农村公路建设328.60公里，其中包含重要县乡道建设45.07公里，乡村路网连通工程32.35公里，农村公路提档升级251.18公里。新增通双车道及以上建制村127个，累计通双车道及以上建制村250个，占比72.89%。2023年，潜江市"四好农村路"综合考核评价居全省县市区第一，熊口镇成功获评全省"四好农村路"示范乡镇。主要做法如下：

1. 坚持高质量建设理念，打造"四好农村路"升级版。锚定农村公路"以路带产、以产兴业"功能，推进农村公路融合发展，启动实施总投资达10.56亿元1100公里的"四好农村路"升级版项目，努力打造"市有大循环，镇有小循环，村有微循环"的路网格局，促进"四好农村路"建设从区域示范引领向全域达标高质量发展转变。创新建设模式，采取EPC建设模式对工程设计、施工和"5年养护"进行整体打包招标。截至2023年底，启动实施农村公路升级改造460公里，完成建设投资4.96亿元。创新资金筹措，由政企联合保障项目资金需求。

2. 坚持可持续发展理念，深化农村公路管理养护体制改革。以深化农村公路管理养护体制改革全国试点为契机，积极探索农村公路管养新思路，逐步形成以"政府考核""专群结合""信息化管养"等为特色的农村公路管养"潜江模式"，构建"权责分明、运转高效、保障有力"的农村公

路管养体系。严格考核，强化农村公路养护"硬支撑"，全年全市投入农村公路养护资金3163万元，有力保障农村公路管养资金需求。依托市级农村公路应急养护中心及7个农村公路养护站，与市场化管养相互补充，形成"横向到边、纵向到底、职能到位、责任到人"的三级管养格局。投入资金500万元，在全省率先开发集建设管理、养护管理、路况评定、路长管理、路政执法等五大功能为一体的农村公路管养服务信息化平台，实行"一路一桥一档"全数字化管理。推广农村公路管养"e畅通"小程序。

3. 坚持高水平安全发展理念，成功打造全省公路桥梁消危行动试点。抢抓全省公路桥梁消危行动试点机遇，推动实施潜江市公路桥梁消危行动"EPC+养护"项目，完成全市69座公路病危桥梁一年销号清零的预期目标，在全省率先实现病危桥清零并顺利转入长效化智慧管养阶段。

4. 坚持融合发展理念，推行"农村公路+"交通发展新模式。坚持路产融合，将农村公路建设与重点产业、景区、体育赛事有机结合，建成返湾湖湿地景观走廊等农村公路250余公里。坚持城乡一体，累计投入资金7.06亿元，推进公交途经线路拓宽改造200余公里。坚持交邮融合，通过"互联网+供应链+销售终端+流通"发展模式，6~16小时可将潜江小龙虾送达全国500个城市。扶持以捷佳储运为代表的专业农村物流配送企业，开通潜江城区至各乡镇农村物流专线，实现全市329个村级寄递物流服务网点全覆盖并持续稳定运行。

（胡合亮）

旅游公路建设

【荆州市】 全市AAAA级以上景区全部通达二级以上公路。

环洪湖旅游公路洪湖段。项目起于螺山镇螺山干渠东侧，止于瞿家湾蓝田港。路线全长72.90公里，其中一级公路12.85公里、二级公路60.05公里，总投资15.2亿元。按照分期分段建设原则，建成新堤至大口一级公路12.85公里、大口至小港洪城垸渔

场段二级公路 7 公里。

环崇湖旅游公路。路线全长 30 公里，其中主线 13 公里，三条连接线及一条支线 17 公里。按照双向两车道四级公路标准建设，沥青混凝土路面，设计速度 20 公里 / 时，路基宽度 7 米。2023 年 7 月完工。

松滋环小南海湖旅游公路。项目起于三垸村，沿线环小南海湖经候急渡渔场、百溪桥、牛食坡、渔场，止于三垸村与起点形成闭合。路线全长 11.39 公里，双向两车道三级公路标准建设，总投资约 32761 万元。2023 年 12 月完工并交工验收。

环长湖旅游生态公路改建工程（沙市区段）。项目起于沙市区观音垱镇马志湖路乡村公路，止于 318 国道。全长 12.26 公里，双向两车道二级公路

标准建设，项目于 2023 年开工建设。

松滋市卸甲坪至洈水水库旅游公路改建工程。项目起于卸甲坪乡梅子垭与 435 省道平交，止于洈水镇龙华园与拟建环洈水水库旅游公路平交。全长 29 公里，双向两车道三级公路标准建设。

（张俊霞）

【随州市】 327 省道曾都区洛阳镇永兴村旅游公路。项目全长 16.9 公里，总投资 9377 万元。该项目原路线为四级公路，水泥混凝土路面，路基宽 4.5 米，路面宽 3.5 米，计划按二级公路标准进行扩改建，分三段实施，项目线路起于国家 AAAA 级景区"明玉珍故里"，穿过"中国千年银杏谷"景区，起到旅游景区串联作用，建成后

将成为通往景区重点公路之一，有效缓解景区交通压力，满足旅游发展和沿线居民出行需要。完成公路建设 3.3 公里，累计完成投资 1831 万元。全市主要 AAA 级、AAAA 级景区全部联通二级及以上公路。

（范宸铭）

【恩施土家族苗族自治州】 打造七彩旅游公路。依托改扩建项目及养护工程，结合地域和民族文化特色，突出色彩季相变化，深度融合公路沿线旅游景观和自然风貌，全年打造七彩旅游公路 359 公里。318 国道建始高坪至恩施崔坝段、245 省道鹤峰下坪至太平段通过全省美丽国省道验收。

（曾雅君）

交通建设和质量管理

【交通基本建设管理】 全力完成武鄂黄黄快速通道工作任务。按照高起点规划、高标准建设、高效能管理、高质量发展的总要求，组织到浙江学习考察，提前编制完成《武汉新城至鄂黄黄快速道路系统工程技术指南》，2 次征求地方政府意见，6 次筹备向省委省政府专题汇报，4 次向省政府报送专报，按照"一年贯通、重要节点工程限期完成"的目标，及时完善并发布技术指南，支撑武鄂黄黄快速通道建设。

全力加快设计审查审批。围绕高速公路 1000 亿元投资年度目标，采取"提前介入、合理交叉、平行推进"的方式，提出"早一天都是好的"理念，坚持"5 个适度超前"。厅主要领导、分管领导、工作专班 10 余次到北京争取交通运输部全力支持。武汉至重庆高速公路天门西段在交通运输部出具工程可行性研究行业审查意见后，省发展改革委当天核准、省交通运输厅当天上报初设请示文件、交通运输部当天组织初步设计审查；鄂州花湖国际机场高速公路二期工程在工程可行

性研究核准后当天办理初步设计批复。批复 23 个公路水运重点工程设计文件，2023 年计划开工的 10 个项目初步设计除襄宜宜昌段、房五兴山至长阳段外均获批复；确定 2023 年计划开工的 24 个项目及 2024 年计划开工的 5 个项目设计咨询招标；提前完成 19 个项目初步设计技术审查、7 个项目施工图定测详勘外业验收；共 9 个项目初步设计批复，2 个项目施工图设计批复；提前确定 14 个国家高速公路网项目初步设计代部咨询单位；邀请代部咨询单位提前介入国家高速公路网项目初步设计审查。协调陕西省交通运输厅审查猫子庙互通施工图，推进十巫南高速公路项目进入实质性建设阶段。

全力推动问题解决。坚持问题导向，加强指导督促调度，制订《2023 年计划开工高速公路设计报批计划》，明确时间节点，倒排工期计划，统筹工作安排，每周指导跟踪调度，协调设计推进中存在的问题。推动解决硚孝高速公路二期概算、东山服务区、容缺交工等问题；协调鄂州市政府，

3 次召开专题协调会，推动黄龙服务区改造问题解决，确保燕矶长江大桥终点互通早日开工建设；及时指导武阳高速公路武汉段、鄂州段完善交工验收备案材料，容缺办理武大高速公路等 7 个项目交工备案，推动高速公路加快建设。

着力推进"平安百年品质工程"创建。承办深入推进公路水运平安百年品质工程建设现场会，31 个省（区、市）到黄冈市实地观摩燕矶长江大桥项目，加强品质工程推进力度；按照"省级创建推荐、部级示范滚动机制"工作思路，印发《关于报送 2023 年度湖北省高速公路"平安百年品质工程"创建项目的通知》，组织新一批高速公路开展创建活动。石首长江公路大桥获得公路交通优质工程奖（李春奖），宜昌长江大桥获得第三届世界超高性能混凝土创新奖，白洋长江公路大桥、十巫高速公路鲍峡至溢水段等 28 个项目获公路交通优秀勘察设计奖。

着力推进精品桥梁建设。贯彻落实《质量强省建设纲要》关于精品桥

梁建设要求，深入开展桥梁结构体系研究，依托观音寺、百里洲长江大桥开展千米级UHPC组合梁斜拉桥结构体系、施工工艺与品质控制研究、斜拉桥钢壳 - 高性能混凝土组合索塔结构体系研究，依托松西河特大桥开展大跨新型波形腹板槽形钢箱组合梁养一体化关键技术研究；组织施工工艺工法"微创新"，在燕矶长江大桥、双柳长江大桥项目开展新型一体化智能筑塔机及相应桥塔工业化建造技术及装备研究，及时将研究成果在项目中应用，推进精品桥梁建设。

着力推进绿色低碳公路建设。坚持生态设计，引领绿色低碳建设，注重路线、互通方案与地形条件的适应性，十巫南高速公路丰溪互通由T形优化为变异B形单喇叭，避免深挖路堑，土方开挖量降低80%；强化项目整体土方调配，赤壁长江大桥东延段等项目通过调整路线平纵指标、路桥方案比选、利用微地形打造填方区等措施实现"零弃方、零借方"。贯彻"不破坏就是最好的保护，施工中最小程度的破坏，施工后最大程度的恢复"的环保理念，宜来高速公路宜昌段全线25个隧道98个洞门均采用小套拱方案进洞，降低洞门边仰坡开挖量，最大限度地保护洞口周围植被。

进一步完善制度体系建设。开展质量安全红线行动、质量月等活动，持续推进质量通病治理，对工程缺陷或质量问题实行闭环管理；加强质量状况统计分析，推动工程质量抽查合格率稳定向好。每周组织召开标准规范宣贯讲座，共计3000余人次线上参与培训。

加强常态化监管力度。按照质量监督全覆盖要求，制订年度检查计划；运用综合督查、专项督查、质量巡查等多种监督检查手段，组织开展质量监督检查7次，完成节假日等重点时段"安全包保"督查和暗查暗访工作，印发检查通报4份，对发现的450余个隐患和问题及时督促项目整改到位。按照卫片执法职责分工，组织市（州）交通运输局完成3批次、1946项违法用地图斑核实工作。

紧盯重点领域差异化监管。对长江大桥、利咸高速公路等山区高速公路隧道工程实行差异化监管，加大监督检查频次，压紧压实参建单位主体责任，预防重大质量安全事故发生；委托第三方检测机构对全省在建高速公路项目按季度开展原材料及工程实体监督抽查，加强质量状况统计分析，采取"互联网+""专家+专业机构"、质量风险预警等方式，提升监管效能。

着力推动项目竣工验收。积极争取交通运输部支持，一次性集中完成沪蓉西、宜巴等3个国家高速公路网项目竣工验收。完成十白、郧十、汉江汉阳闸至南岸嘴段航道工程竣工验收工作，完成黄黄高速公路鉴定和验收工作。

推动工作规范化管理。制定印发《2023年全省交通运输工程管理工作要点》，逐项细化重点工作清单，明确工作措施和完成时限，采用对账式和清单式工作方法推进各项工作；组织研究制定并印发《关于进一步明确全省经营性高速公路鉴定和验收有关事项的通知》。

完善标准规范。结合湖北省实际，组织编制《湖北省高速公路标志和标线设置指南》《磷石膏公路基层试验段跟踪评价技术指南（试行）》；推动全国首部磷石膏复合稳定基层材料的地方标准《公路磷石膏复合稳定基层材料应用技术规程》的发布。

着力开展调查研究。围绕交通建设重难点问题，开展《特殊桥梁使用状况调研》《降低建设成本促进高速公路高质量发展》《公路磷石膏复合稳定基层产业化应用研究》等调研；组织公路工程造价管理调研，与安徽、湖南、江西等省交流工程造价管理经验。

（段亚伟）

【交通基础设施建设市场管理】 全力推进高速公路投资人招标工作，完成鄂州机场高速公路二期工程等24个项目的投资人招标文件备案，建设里程1480公里，总投资2902亿元，创历史新高。

开展公路水运工程建设领域治理专项行动。组建厅工作专班，编制印发实施方案，自查问题1981个，整改1842个，占93%。对自查"零报告"地区进行督导检查全覆盖，发布9期通报，公布典型案件36起，对违规评标的34名专家进行行政处理，对3家违规市场主体实施信用降级，将7家企业列入黑名单，对4家平台公司和9家交通运输主管部门主要负责人进行约谈。

加强公路水运工程建设市场管理。一是加强市场监管。完成201项公路养护作业机构、监理机构、试验检测机构、施工企业资质的审批。处理招投标异议投诉5起。对178家公路水运工程设计、施工、监理企业进行信用评价。完成企业业绩信息审核1814条。二是加强"信用交通省"建设。全面归集汇总全省交通运输行业主体信用信息，报送交通运输部信用数据1000余万条，对6家信用评价结果为B的检测机构实行差异化监管。三是加强市场督查，对武松高速公路松滋段等项目开展综合督查、能力核验和转分包专项检查工作。组织17个市（州）开展公路水运建设领域拖欠农民工工资问题排查。四是加强制度建设，规范招标文件备案程序，发布《公路水运工程项目招标文件备案指引》（1~7号）。

（苏德俊）

【交通建设造价管理】 1.造价审查。造价文件审查。严格依据现行规范标准，从项目造价文件编制依据的合法性、工程数量的准确性、技术经济指标的合理性等方面进行认真细致的造价审查。全年完成65个各类建设项目造价文件审查，其中高速公路建设项目11个（工程可行性研究报告6个、初步设计5个），专项工程项目51个（高速公路专项10个、国省干线专项41个），信息化项目2个，水运项目1个。上报金额936.34亿元，审查金额868.49亿元，核调金额67.85亿元，核调金额占上报金额的7.25%。

造价审查简报。为积极推进公路造

价从业单位信用评价工作，根据《湖北省交通基本建设项目造价文件审查规定（试行）》有关规定，厅造价站对送审的造价文件及编制单位进行评分评价。全年发布造价审查简报 4 期，对促进造价文件编制单位提高编制水平起到积极作用。

对审查的项目进行实时造价数据统计、分析，建立造价数据库。对2023 年公路工程项目造价审查情况进行年度总结，整理形成《造价审查工程年度总结》。完成《2023 年度湖北省公路建设工程造价指标》，并按要求上报交通运输部路网监测与应急处置中心。

2.定额管理。厅造价站采取与交职院合作的创新模式，发挥造价站实践和交职院理论优势，开展省内补充定额调研编制工作。2023 年完成《地下连续墙抓铣成槽》《大直径旋挖钻机钻孔》《三臂凿岩台车开挖隧道》和《湿喷机械手喷射混凝土》等 4 大项共计 61 个定额子目及 7 个机械台班定额子目发布工作。配合省交通运输厅完成《湖北省高速公路养护预算定额（试行）》、编办、配套的机械台班定额等。

3.信息化管理。完成 12 期湖北省交通建设工程主要材料价格信息的收集、整理、上报、测算、审核、发布任务。收集材料价格信息报表共计800 余份，完成并向交通运输水运工程造价定额中心上报 4 期水运工程材料价格信息。编制发布《湖北省交通工程造价信息》期刊 6 期。

4.造价人员管理。按照交通运输部职业资格中心要求，受理省内公路、水运造价人员注册事宜。全年受理上报初始、延续和变更注册申请 300 余人次；根据省人力资源和社会保障厅、省交通运输厅统一安排，积极配合，完成 2023 年全国一级造价工程师考前资格审核工作、湖北省二级造价工程师考前资格审核及考试命题等工作。

（周振）

【交通工程质量监督】 2023 年，厅工程事务中心全面落实交通强省、质量强省建设要求，履职尽责，全省公路水运工程建设质量安全形势平稳可控。运用综合督查、专项督查、质量巡查等多种监督检查手段，加强对长（汉）江大桥、特长隧道和地质条件复杂地区隧道、工程管理问题多的项目监督管理，加大监督检查频次，压紧压实参建单位主体责任，防止重特大质量安全事故发生，组织开展工程原材料、工程实体质量监督检查，加强质量状况统计分析，通过"互联网+""专家＋专业机构"、质量风险预警等方式，提升监管效能。

1.公路工程监督。2023 年，受监公路水运重点工程 55 个，其中新开工4 个、续建 51 个，开展综合及专项督查 30 次，发现各类质量问题约 1500处（个）；监督抽检工程实体和原材料合格率均在 95% 以上，质量平稳可控；武大高速公路等 45 个项目交竣工验收检测总体合格率均在 95% 以上；石首长江公路大桥等 8 个项目竣工质量鉴定及沪蓉西高速公路等 5 个项目竣工验收，均以"优良工程"通过验收。

组织完成十堰至白河高速公路、上海至成都高速公路麻城至武汉段、宜昌至巴东（鄂渝界）公路、郧县至十堰高速公路、石首长江公路大桥、青山长江公路大桥、保宜高速公路宜昌段、保宜高速公路襄阳段等 8 个项目竣工质量鉴定工作；完成枣潜高速公路襄阳南段、大广高速公路黄石至通山段等 13 个项目高速公路竣工质量复测方案审查及外业检测工作；完成武阳高速公路武汉段、武阳高速公路鄂州段、武阳高速公路黄石段、硚孝高速公路二期、武大高速公路武汉至河口段、十淅高速公路（湖北段）、张南高速公路宣恩至咸丰段、孝汉应高速公路、宜城汉江二桥、武英高速公路新增石桥铺互通、宜昌长江大桥猇亭服务区等 11 个项目交工验收质量核验工作。

湖北省被交通运输部确定为公路水路行业产品质量监督抽查部省联动试点省份，对外加剂、沥青、钢筋、桥梁支座、锚具等公路水运工程常用的主材、构配件共 44 批次产品开展监

督抽查，检验结果均合格。燕矶长江大桥被交通运输部选定为"深入推进公路水运平安百年品质工程建设现场会"观摩点。

2.水运工程监督。全年组织 2 次质量综合督查和 12 次专项检查，下发质量督查通报 4 份，质量抽查意见通知书 12 份。强化交竣工质量检测检验检查工作，完成黄石港棋盘洲港区三期工程水工建筑物、黄石港阳新港区富池作业区综合码头（陆域）、武汉新港三江港区综合码头工程一期（3、4号泊位设备安装及后方陆域）、浠水港兰溪港区绿色建材循环产业园码头工程 4~7 号泊位等 15 个项目交工验收及11 个项目竣工验收相关工作。完成武穴港田镇港区盘塘作业区散货码头工程和武穴港田镇港区红阳湖作业区余家冲恒鹏物流码头工程质量监督手续办理。全省在建水运工程整体实体质量保持较高稳定水平，全年质监机构和监理单位共抽检质量数据 26492 点（组），总检测合格率 96.4%，同比降低 0.2 个百分点。

3.资信管理。完成 2022 年度公路水运工程监理信用评价工作，共有54 家监理企业、136 个工程项目、151个监理标段、625 名监理工程师参评。完成赤壁长江大桥东延段、随州至信阳高速公路等 12 个公路重点项目、23个监理合同段共计 600 余名监理人员考核工作。开展湖北省公路水运工程建设领域突出问题治理专项行动指导调研和督导，对十堰市、随州市、孝感市、襄阳市交通运输局（汉江国有资本投资集团有限公司）等单位进行实地指导调研，收集整理各类问题 35个；到咸宁、黄石、江陵、潜江、天门、仙桃等地开展监理检测市场调研督导工作，发现问题 260 余个。协助省交通运输厅完成 16 项监理企业资质审查及发证工作，开展 1 次监理企业"双随机、一公开"监督抽查，对 5 家监理企业进行检查。

4.试验检测管理。配合省交通运输厅完成 17 家等级检测机构等级评定；开展检测机构能力验证（比对试验），涉及全省 93 家公路水运工程试

验检测机构，72家重点工程工地试验室，对比对试验结果为"不满意"和"基本满意"的10家检测机构和工地试验室作出暂停相应参数试验、限期整改、年度信用评价扣分等处罚；开展对检测机构的"双随机"检查，抽查等级检测机构10家，要求10家机构在1个月内完成整改；完成93家等级检测机构、313个工地试验室（含现场检测项目）、3000余名检测人员上年度信用评价工作。

（沈磊）

【厅重点办工作】 2023年，全省高速公路完成投资1002亿元，为年度目标的100.2%，比上年增长109.4%。建成硔孝高速公路二期、武阳高速公路等7个项目251公里，全省高速公路里程增至7849公里。10个确保开工项目全部获得核准并开工建设，其中鄂州机场高速公路二期、李埠长江公铁大桥等8个项目先行用地获批。此外，谋划项目中的沪渝高速公路武汉至黄石段改扩建、武汉至重庆高速公路天门西段2个项目核准并开工建设。

19个从储备项目库中提前推进的谋划项目，工程可行性研究报告全部编制完成并通过审查，18个项目确定投资人，16个项目用地预审获批复。主要做法如下：

锚定年度投资目标不动摇。高站位统筹，制定加快高速公路发展三年行动计划，锚定千亿目标，详细分解各项目投资计划和节点目标。联合省自然资源厅成立高速公路土地报批工作专班，全年推动8个开工项目先行用地获批，16个谋划项目用地预审获批；积极对接国网省电力公司，推动当枝松高速公路、襄阳至南漳高速公路等项目20余处高压电力线路迁改加快推进。省政府每月进行调度，省交通运输厅成立高速公路建设专班，厅领导每周专题调度，挂图作战，定期向全体职工晾晒是否完成目标，出台"红旗""蜗牛"项目评定方案，褒扬先进，鞭策落后。

关口前移，超常推进开工项目前期工作。督促地方政府，加快完成建设模式确定，投资人招标等环节，为项目启动奠定基础；督促项目业主平

行、交叉推进工可研究和勘察设计等工作，加快完成项目核准；协调配合相关处室提前开展行业审查审批，容缺受理，指导帮助。全年10个确保开工项目获得核准批复，18个谋划项目确定投资人。

完善机制，推进全省高速公路持续健康发展。健全推进机制，形成紧急事项和特殊情况专报、全省项目月报、半年全省通报、年度考核评价的督办通报和项目推进工作机制，保证项目建设动态、需解决的问题等信息及时高效沟通。坚持月报研判，及时掌握项目建设动态，每月更新项目投资和形象进度，评估研判是否达到时序进度，形成建设情况月报，制作进度作战图，保证高速公路建设动态高效沟通和反馈。强化重点专报，针对省领导高度关注的项目、急需解决的重大问题，及时向厅领导及省政府专题报告，引起各方重视和支持，推动重点难点问题解决、重要时间节点落实。

（左小明）

交通基础设施养护和管理

【全省公路养护】"国评"成绩进步明显。加强部省衔接、部门协同、上下联动，建立重要事项交办机制和对外工作联系机制，组织召开湖北首次会和末次会；"国评"后及时对接、反馈整改建议 17 份，逐一跟踪进度，进行"销号"管理。

养护提质稳步推进。做到前期工作抓早、保障措施抓实、督导检查抓严、作业安全抓细，组织召开养护提质三年攻坚动员会，对普通国道大中修项目进行巡检；制定养护提质三年攻坚"红旗""蜗牛"单位评定方案，下发三年攻坚行动情况专报 2 期以及"红旗""蜗牛"通报 3 期。国省道大中修工程完工 3522.17 公里，完工率为 94.1%；安全设施精细化提升工程完工 902.23 公里，完工率为 95%；灾害防治工程完工 390.69 公里，完工率为 91.4%；美丽公路创建有序开展。

高速公路绿化成效初显。紧盯"一主两副"周边及武鄂黄黄重点区域，以及武汉绕城高速公路等重要路段，加强"路、警、企、地"一路多方沟通配合，做好前期规划设计，强化效果导向，促进高速公路绿化实现"三个转变"（实现从"普通管养"向"生态景观"转变，从"粗放式"向"精细化"转变，从"各行其是"向"系统打造"转变）。拟定技术指南，研究制定考核评价标准，以不低于"433"的进度要求推进实施；每半月深入基层调研走访至少一次，建立周报、月报制度。

桥梁管护积极推进。加快完成"三年消危"行动，共下达计划项目 6110 座、补助资金 48.9 亿元，对照项目库逐一核实进度，完成情况纳入普通公路"红旗""蜗牛"项目评比。结合各地上报进度，实施 6076 座（占项目库总数的 99%）、完成 5763 座（占项目库总数的 94%）、在建 313 座（占项目库总数的 5%）、未开工 34 座（占项目库总数的 1%）。建成省级公路长大桥梁结构健康监测系统，两次在全国作经验交流；督促指导高速公路运营单位建设单桥系统，完成建设 60 座，在建 1 座，待建 1 座。印发上跨

桥提升行动方案，完成排查 1518 座桥梁，对未开展检测的 10 家管养单位下发督办函。印发公路桥梁防船撞设施改造效果"回头看"相关问题报告，组织开展培训，积极开展省级抽检。

试点工作初具成果。推进在役干线公路基础设施智能养护、在役高速公路安全与应急数字化试点应用两项试点工作，在部集中调研中作经验交流。协助省交通运输厅召开试点项目对接会、中期检查评估会、预验收会议等，到赤壁市、潜江市开展智能化养护系统应用培训。

"四新"技术推广有力。组织召开全省公路养护"四新"技术调研会，开展经验交流、技术示范和现场观摩等活动，以"四新"技术应用推动全省养护工作降本提质增效。

制度规范不断完善。拟定普通公路养护工程管理办法等制度 3 个，印发普通国省道路面养护工程设计指南 1 部，制定美丽国省道创建活动实施方案，全省养护管理制度体系不断健全。

（余威）

【全省公路服务区】 2023 年，湖北公路以服务区"强基"行动为载体，投入 5471 万元专项资金，对服务设施进行更新改造，对全省 5 对服务区投入 5.79 亿元进行综合性服务设施改扩建。通过更新改造，服务质量提升成效明显。潜江服务区管理团队获评"中国高速公路服务区 35 年优秀服务团队"，安陆服务区被评为 15 对全国高速公路旅游特色服务区之一，潜江服务区、仙桃服务区、巴东服务区"司机之家"列入 2023 年暖心服务"司机之家"推选名单。

组织督促服务区充电桩建设。推进公路沿线充电基础设施建设工作，编写高速公路充电基础设施建设完成情况。下发《关于全省高速公路未完成充电基础设施的通报》，推进全省充电基础设施建设进度，12 月完成高速公路服务区全覆盖。完成充电基础设施"随手查"省级平台功能开发，完成"随手查"部级接口生产环境对接，

关联并推送湖北省高速公路服务区充电基础设施数据。

开发"荆楚行 湖北情"微信小程序。基于移动智能终端技术，整合信息及资源，建设湖北公路诚信经营系统，为驾乘人员提供便捷出行公共服务。"荆楚行 湖北情"智"绘"公路服务入围"楚治——2023'荆楚杯'社会治理创新十大案例"评选。

开展"荆楚民生观察团走进湖北高速公路服务区、收费站"活动。搭建行业监管、企业、媒体、群众之间的良性互动平台。组织由驾驶员、网络"大V"、媒体组成的荆楚民生观察团实地探访服务区、收费站、高速公路建设项目工地，并与经营单位座谈，交流建议与想法。此次活动，荆楚网网络直播共吸引 43.39 万名网友在线观看，数百名网友在直播间留言互动。

组织"荆楚行 湖北情"活动。"荆楚行 湖北情"活动现场发布 16 个高速公路信息短视频，涵盖湖北高速公路新路段开通数据、湖北高速公路出行数据、优惠政策、ETC 服务、扩容改造、服务监督等内容，设置高速公路直播带货、岚图新能源汽车等特色产品展示，以及十佳美食及梁子湖大闸蟹试吃等环节，展示湖北公路行业风采。

（叶春松 余威）

【航道建设和维护】 全省共有通航河流（水库、湖泊）230 条，航道里程 9066.24 公里（含境内长江航道 1038 公里），其中三级及以上高等级航道通航里程 2154 公里、四级航道通航里程 259.31 公里、五级航道通航里程 811.4 公里。全省共有港口 38 个，建有生产性码头泊位 775 个，通过能力 5.54 亿吨，集装箱通过能力 589.1 万标箱。

汉江在建（碾盘山、雅口、新集、孤山）四级枢纽通航设施全面建成通航，全省范围内 8 级梯级全面建成。唐白河航运枢纽工程、富水航道工程加快推进。通过督促、协调，汉江兴隆枢纽管理局加快兴隆枢纽的恢复性工程，船闸断航于 5 月 27 日恢复

通航。重大项目前期工作推进顺利，2000 吨级航道工程施工图获批复，具备开工建设条件；2000 吨级二线船闸初步设计工作全面推进。以水运建设市场信用评价工作和突出问题治理工作为抓手，推进水运平安品质工程有序推进，全年竣工航道、港口项目 14 个。汉江航道养护、服务能力不断提高，每日向社会公布航道水情和浅滩信息，及时开展航道应急抢通工作，保障航道安全畅通；组织备战汉江秋汛，保航道设施安全；修复水毁整治建筑物 23 处。高质量完成 20 余个拦跨临河建筑物通航条件审核工作，以及通航枢纽船闸运行方案审核工作。全年航道整治工程和航道应急抢通利用疏浚土 460 万立方米，探索航道工程建设资金渠道。完成汉江生态调度航运影响观测，为汉江科学调度提供科学依据，提出通过生态调度减少对航运的影响意见。

（张汪　马静）

市州公路养护及改革

【武汉市】　聚焦"国评创优"，高标准开展养护提质三年攻坚行动，引入"红旗""蜗牛"评比，建立健全周推进、月调度机制，争取地方政府落实养护配套资金 1.8 亿元。全年实施干线公路养护提质工程 201 公里、危旧桥梁改造 24 座、安全设施精细化提升 146 公里。积极争创省级"美丽国省道"，编制实施指南，打造示范样板路 8 条，成功创建 1 条。深化路域环境巡查治理，健全完善巡查、通报、整改、"回头看"闭环管理机制。

积极推广采用新技术、新理念，江夏区在 122 省道（武咸线）采用基层再生与沥青面层再生双层连铺技术，压缩施工工期，降低工程成本。黄陂区在 316 国道（长同线）采用 PR 高模量抗疲劳沥青混凝土，提高沥青路面抗疲劳能力，延长路面使用寿命；在 318 国道（沪聂线）采用水稳填充大粒径碎石基层技术，有效解决基层早期开裂顽疾，提高基层承载力。一批项目"四新"技术应用率达 54.6%。

养护管理（巡查）系统移动版上线试运行，智慧桥梁监测系统立项启动建设。持续深化路域环境巡查治理，高速公路广告牌拆除、绿化景观提档升级督导成效明显，全年发出问题清单 115 份，问题数 1158 处，完成整改 1154 处，整改率达 99.5%。

加快推进普通国省道"三年消危"剩余项目实施，实行"销号管理"，江夏区 124 省道乌龙泉立交桥、新洲 318 国道举水河大桥、118 省道利河中桥、106 国道李集大桥均开工建设。

（盛欢）

【十堰市】　全市公路管养里程 3283 公里，其中国道 982 公里、省道 2299 公里、国省道桥梁 1072 座、隧道 131 座。全年争取国省干线公路大中修项目 43 个共 275 公里、补助资金 2.8 亿元，实施大中修里程 197 公里，其中首次成功争取并实施城区市政道路大中修 100 公里。完成村道安防工程 776 公里，整治 242 国道重大地灾隐患 46 处，预防性养护郧县汉江大桥等桥隧 5 座，改造危旧桥梁 63 座。创建美丽国省道 70 公里、美丽农村路 100 公里，打造市级样板路 4 条，其中郧阳区 209 国道 60 公里创建路段通过验收，成为十堰市第一条美丽国省道达标路段。

面对历史极值秋汛，全市国省干线先后发生交通中断 96 次，累计发生水毁 1400 余处，公路受损里程达近 20 公里。全市交通公路部门先后出动机械设备 1600 余台套、应急人员 6500 余人次，投入抢通经费 3210 万元，有效保障境内国省道公路畅通。

（唐钒秧）

【襄阳市】　2023 年，全市完成国省道沥青（水泥）路面病害处治、路面灌缝、疏通边沟、整修高草、标准路肩、施划标线、桥梁病害处治等日常养护工作。完成大修项目 23 个共 168.72 公里、中修项目 165.31 公里、危旧桥梁改造 10 座、危旧隧道改造 2 座、灾害防治工程 13 处共 46 公里，老河口、谷城、保康、南漳、枣阳 5 家单位获评全省普通公路养护提质三年攻坚行动"红旗"单位；完成 346 国道、234 国道、316 国道共 452.88 公里交安设施精细化提升工程前期工作。

精准备战迎"国评"。2023 年襄阳市"国评"路况检测里程 280 公里，占全省普通公路检测里程的 31%，交通安全检测里程 10 公里，占全省交通安全检测里程的 33%。枣阳、保康、谷城、襄州公路部门在全市统一调度部署下，在 6 月底完成检测路段大中修工程基础上，完成 58 公里应急养护任务。重点做好 241 国道（呼北线）、234 国道（兴阳线）、316 国道（长同线）裂缝处治、坑槽修补、标线翻新升级等作业；对沿线标志牌、公里碑、百米桩等附属设施进行规范化维护修补。对迎评路段路容路貌开展专项整治，及时整修绿化平台，保障公路畅、安、舒、美。

精品打造美丽公路创建。因地制宜建设公路驿站，深化绿化公路景观建设，推进路衍经济发展，深入推进美丽国省道创建。重点打造保康 241 国道"楚源绿廊示范线"及枣阳 316 国道 +234 国道"文旅灵秀公路"2 条国道，争取创建省级美丽国省道。保康县在 241 国道沿途新建 11 处观景台、停车场，新建陈家院服务区和盘龙交通驿站，对 13 处高危边坡等地质灾害进行防治，因地制宜对公路沿线实施绿化、美化、亮化。枣阳 234 国道和 316 国道连接汉城 AAAA 级风景区、白水寺 AAAA 级风景名胜区等主要景区，以"千古帝乡"为主题，依托乡镇地域特色、自然资源禀赋、历史文化内涵，打造串联起枣阳工业经济、农业产业、旅游发展的美丽致富路。

（王自强）

【荆州市】 2023年，完成国省道大中修项目设计批复40个共235.74公里，其中开工40个，完工221.47公里。完成国省道危旧桥改造3座、207国道和318国道荆州段精细化提升工程123.52公里。整修标准路肩963公里，清挖水沟8.8公里，清理路面堆积物3106处，养护沥青路面缝95.4公里，修补坑槽4250平方米，水泥混凝土缝养护18.9公里，修复混凝土路面破板1600平方米，维修更换钢护栏7014米，补划道路标线10829平方米。

全面推广"四新"技术。采取外聘行业专家辅导、内请技术人员讲解、相互观摩交流等多种方式培养工程技术人员。5月举办全市普通国省道养护内业资料规范化管理培训班；9月组织开展养护工程技术培训活动；11月邀请部公路科学研究院北京新桥技术发展有限公司等专家到松滋市实地踏勘253省道、351国道路面病害，为松滋市公路中心提供养护及大中修工程前期工作咨询服务。

站点建设。全市规划23个标准化公路管理站，按照《湖北省公路养护管理站建设标准》，建成21个并通过验收，在建2个。荆州区自筹资金完成规划外川店公路站建设。规划公路应急中心8个，建成6个。规划新建交调站39个（普通国省道24个、农村公路15个），其中普通国省道6个建成待验收。

安全应急。积极开展重大事故隐患排查整治和重大风险防范化解、普通公路上跨高速公路桥梁等专项行动，督促整改松滋市351国道、254省道施工现场一般事故隐患，以及公安县351国道湖口闸桥重大事故隐患，督促经开区开展223省道管养路段严重病害路面修复养护，责成荆州区、沙市区、文旅区修补318国道路面坑槽，有效防范和化解公路生产风险。全市

排查整治一般事故隐患154处，整治市综合专委会挂牌督办道路交通事故隐患6处；对2021年识别评估的118处公路运营风险继续采取跟踪观测措施；排查普通公路上跨高速公路桥梁40座，全部落实管养责任；组织编撰特大桥梁安全风险辨识及评估手册并开展工作培训。全市各地对重要桥梁、急弯险段等多处公路设施实行视频监控，遇有突发情况及时向社会发布公路信息，供群众选择出行路线。

（彭华）

【鄂州市】 截至2023年底，全市国省干线公路里程294.38公里，其中国道2条99.42公里、省道9条194.96公里。一是实施公路养护标准化、规范化，全年完成整修路肩、清理边沟、转运路肩堆积物、清除路肩蒿草、清理路面、清洗波形护栏、刷白行道树、修补坑槽、灌缝、施划标线、安装道口桩、更换百米桩和公里碑、桥梁刷漆、新建硬路肩等日常养护任务；实现公路承载体安全风险普查，及时处治公路危险源。二是应用新工艺，在国省道采用碎石化工艺及无车辙沥青路面（NRP）改性剂处置，较好地解决资源浪费及沥青混凝土路面车辙问题。三是实施美丽公路创建工程，完成316国道沼山至六十段22.8公里路域美化提升工程，完成投资1000万元；完成316国道峒山至杜山段9.52公里美丽公路景观提升工程，完成投资400万元。四是实施公路安全精细化提升工程，完成106国道、316国道安全设施精细化提升工程86.1公里。五是开展第二轮桥梁排查，对36座国省道桥梁全面开展风险辨识，新增桥梁告示牌、桥名牌、溺水警示牌，更换桥名牌面板，处治15座桥梁伸缩缝，进行桥面铺装等，完成316国道六十中桥等3座桥梁桥下空间净化。六是实施科技赋能，投资100万元建成国省道服务设施信息化操作系统，在重点桥梁、重点路段设置监控设施36处、可变信息标志5处，实行24小时智能监控，各基层养护站智能化、高效化巡查能力不断得到提升。同时，

及时通过可变信息标志发布路况和恶劣天气预警信息，有效提升公路突发事件快速响应能力；设有交通调查观测站10个。

政企改革。完成101名公益一类编制人员实名核定，明确其余194人编制为公益一类事业单位改革过渡人员，参照公益一类编制标准给予财政保障，并按"退编1人递补1人"原则，完成18人进入公益一类编制，完成30人退编手续，17人分流安置到交通局所属其他单位。

（张昭）

【随州市】 2023年，全市计划完成国省道养护工程项目34个197公里，实际完成国省道大中修项目37个320余公里，为年度计划的162%，国省干线路况水平得到大幅提升，路面性能指数（PQI）值比上年增长3.11个百分点。随县和广水市公路中心分别被省公路中心评为三季度"红旗"单位。主要做法如下：

推动公路养护转型升级。积极争取市政府制定出台《关于全面推进普通公路路长制的指导意见》等多个政策文件，进一步健全完善市、县、乡、村四级"路长制"体系，加速推进公路管理体制机制完善，切实落实好配套政策和措施，着力构建"政府主导、部门参与、多方配合、齐抓共管"的长效管理机制。同时，结合全市公路实际，研究制定《随州市普通公路养护提质三年（2023—2025年）攻坚行动方案》，进一步明确全市管理养护体制三年攻坚行动的工作目标、重点任务、实施步骤和保障措施，为三年攻坚行动有效实施创造有利条件。

实施国省道路况提升工程。针对近几年全市养护管理中存在的重建设轻养护、经费投入严重不足和路况水平逐年下降等问题，市公路养护专班组织对日常养护管理中存在的问题进行拉网式大排查，列出所有问题清单，并将任务清单、责任清单、问题整改清单"一对一"下达到县市区，建立"清单制＋责任制＋销号制"的全流程工作推进机制，确保目标任务推进

落实。同时，加大项目实施的督办检查力度，成立养护三年攻坚领导小组和工作专班，市公路中心主要领导和分管领导分片对项目的组织实施实行责任包保，推动养护工作提速、提质、提效。建立"周掌握、月通报、季拉练、半年分析、年度考评"攻坚机制，确保目标任务推进落实。

持续推进美丽国省道创建工程。组织各县市区对创建路段进行全方位调查摸底，围绕改善路面技术状况、完善交通安全设施、美化公路路域环境、优化服务设施等内容开展创建工作。抓住乡村振兴等重点工作，积极争取地方政府和部门支持，采取"政府主导、部门联动、齐抓共管"的推进方式，在公路沿线乡镇政府、城管、工商、公安等部门配合下，开展公路路肩、边坡、边沟、标线、标志标牌等标准化达标行动，加大公路用地、建筑控制区、桥梁禁止采砂区等公路安全监管力度，确保无违章建筑，无未经批准的非公路标志、广告、涉路工程等，路域环境不断提升。全市创建美丽国省道4条111公里，其中省级样板路1条50公里、市级样板路3条61公里。

（范宸铭）

【恩施土家族苗族自治州】 推进养护提质三年行动，完成国省道路面大中修工程423公里、危桥隧改造41座、地质灾害防治工程130公里、安全设施精细化提升工程287公里。推进养护管理转型发展，加强"四新"和现代化信息技术运用，有序推进全州公路养护管理向设施数字化、养护专业化、管理现代化、运行高效化、服务优质化等"五化"建设方向发展。聚焦日常狠抓规范养护，建立养护季度评价"红黑榜"机制，开展"一桥

（隧）一档"专项行动和服务设施整治专项行动，推进养护"粗活细干"，以日常养护为重点开展月度、季度检评，对日常养护项目全覆盖检查评价通报，强化结果运用，推动日常养护精细提效。探索发展公路路衍经济，扩展公路服务外延，加强公路服务区与旅游景区、乡村旅游目的地、民俗文化展演等衔接，打造建始汪家寨公路服务区、来凤兴隆坳公路服务区等12个公路路衍经济带，为过往群众和游客提供精细化、差异化服务体验。

日常养护市场化全面推进。推进日常养护市场化，完善市场化养护相关制度，细化管养单位日常养护管理考评机制，市场化养护渐趋成熟规范。宣恩县、咸丰县实现全市场化养护，其辖区内所有国省道养护均由第三方完成；其余县（市）均为半市场化养护模式，即市场主体与公路部门在编人员共同养护。通过推进日常养护市场化，引入价格机制、竞争机制和激励机制，实现养护生产设备、资金、材料和人员合理调配，节约公路养护资源，提高养护质效和日常养护精细化管理水平。

（曾雅君）

【仙桃市】 318国道仙桃公路应急服务中心建设项目前期工作完成，进入施工阶段。开展美丽国省道创建活动，对318国道城区至深江段50公里、321省道汉仙线、107省道消仙线和何场至仙桃段、蔡甸区与仙桃界点至仙桃段50公里创建路段进行提质，确保普通国道PQI值达到92以上，普通省道PQI值达到90以上，普通国省道一、二类桥梁（隧道）比例达到90%以上。同时，美化景观系统，确保公路沿线绿化完好率达到95%，路域环境与周边环境和谐统一，打造

"环境美"标杆。做好公路交通安全设施精细化提升工作，推进"三个"公路安全设施重要转变（即公路安全从"生命防护"向"人民至上、生命至上"转变、公路安全设施从"有没有"向"好不好"转变、交通秩序管理从"粗放式"向"精细化"转变），确保2025年底实现公路"安全保障能力系统提升、安全管理水平显著提升、交通事故明显减少"目标，为人民群众出行创造更加安全的公路交通环境。继续申报路面结构性改造计划，即214省道仙桃市路面改造工程12.01公里、352省道仙桃市路面改造工程36.74公里、321省道仙桃市路面改造工程16.6公里。

（归烨）

【天门市】 以春季病害处治、夏季抢修、秋季预防性养护、冬季保通保畅为重点开展公路养护作业，全市公路养护小修保养共计完成沥青面层坑槽修复4650.7平方米；清灌缝45.98万米；清除堆积物3879.4立方米；疏通涵管1821道；除草901.2公里；修剪围枝392210平方米；维修防护栏10353.8米；补栽刷新公路沿线百米桩1059个、公里碑168块；更换标识牌172块、警示牌697块；更换轮廓标875个。加强安全设施精细化提升工作，投入680万元强化列养公路安防设施维护力度，有效解决通行道路安全隐患问题。完成240国道保台线、348国道武大线西、234国道兴阳线、269省道天监线等公路绿化里程79公里，种植苗木7378株，持续推进"美丽公路"创建，打造"畅、安、舒、美、洁"的公路通行环境。

（张文敏）

公路水路经营管理

【湖北交通投资集团有限公司】 湖北交通投资集团有限公司（简称"湖北交投集团"）是湖北省人民政府全资的交通投融资企业，成立于2010年10月，注册资本金为209亿元。截至2023年底，湖北交投集团有员

建设中的燕矶长江大桥北锚碇前仓顶板混凝土浇筑现场

工 23000 余人，党组织 545 个，党员 6062 人，各级子公司 300 余家。2020 年 6 月，湖北交投集团被确定为全省首家国有资本投资公司改革试点企业。围绕省委、省政府赋予湖北交投集团交通规划、设计、建设、管理全生命周期运营商的"一商"功能定位，落实交通基础设施投资、设计、建设、管理主体和交通产业开发、经营、发展主体"两大职能"，做强做优做大交通基础设施、交通关联产业、交通金融"三大主业"，湖北交投集团自 2022 年起连续两年登榜中国企业 500 强，2023 年位列第 360 位。2023 年，湖北交投集团全年完成投资 880 亿元，实现营业收入 1055 亿元，利润总额 59.1 亿元，提前两年完成"十四五"规划"万千百"目标（万亿元资产、千亿元营收、百亿元利润）中的"千亿元营收"，截至 2023 年底资产总额近 7000 亿元。湖北交投集团呈现稳中有进、进中提质的良好发展态势，并成功协办世界交通运输大会。

投资建设。湖北交投集团自成立以来累计完成融资 8759 亿元、投资 5549 亿元，建成高速公路项目 64 个（含长江大桥 7 座）3273 公里，承担湖北省 80% 以上的高速公路投资建设任务。2023 年高速公路投资 818.4 亿元，建成硚孝高速公路二期、武大高速公路大悟段、武红高速公路、张

南高速公路宣咸段等"4 路"126 公里，续建"4 桥 19 路"1066 公里，新建"2 桥 5 路"359 公里；交通运输部、湖北省"平安百年品质工程"建设现场会先后在燕矶桥项目现场召开；石首长江大桥获公路交通优质工程奖（李春奖）、中国建设工程鲁班奖。

运营服务。湖北交投集团运营管理的高速公路里程超 6400 公里，服务区（停车区）177.5 对，收费站 372 座。成功打造千里示范路，管辖路段全年通行车辆 5.1 亿辆次，实现通行费清分收入 203 亿元，其中通过差异化收费、堵漏实现增收 1.5 亿元；"荆州东＋文商旅""潜江＋文商旅"等服务区成为网红打卡新地；服务区充

换电设施实现全覆盖，19 个"司机之家"提档升级，5 个"司机之家"获评全国 AAAAA 级；全面承接湖北省高速公路 ETC 发行服务；全省高速公路通行费票据实行"纸改电"；推广准自由流无人收费，通行效率提升 41%；"绿通车"等惠民政策累计减免 13.46 亿元。

产业发展。湖北交投集团锻造形成"规划设计、工程建设、现代物流、区域开发、交通服务、交通科技和交通金融"七大产业板块，拥有产业类子公司 212 家、建设类子公司 89 家、运营类子公司 11 家。产业类子公司全年实现营收 790 亿元，比上年增长 77%；实现净利润 42 亿元，比上年增长 29%。培育 300 亿元级现代物流、200 亿元级工程建设、100 亿元级交通服务的"321 百亿级产业集群"；围绕湖北省"51020"现代产业集群、"三高地两基地"、突破性发展五大产业等战略部署，湖北交投集团统筹资源、梯次推进，加快培育和发展新质生产力，重点启动氢能、新能源汽车、智慧高速公路、智能建造、新能源、低碳交通等六条战略新兴产业链建设；旗下湖北交投物流集团有限公司连续 4 年入选中国物流企业 50 强，湖北交投建设集团有限公司获得市政、公路行业"双壹级"资质，湖北省交通规划设计院服务全省综合交通规划、省内 80% 以上地市交通规划编制；建成孝汉应高速公路、京港澳高速公路改

承接湖北省高速公路 ETC 发行服务，在高速公路收费站口开设 ETC 服务点

扩建等 10 余座智慧梁场，智慧梁场技术获国家级金奖；沿着"一带一路"首次走出国门，"出征"马来西亚雪兰莪州再生能源电站建设；实现油气电氢全品类供应、光储充换全链条布局、"车能路云"一体化发展，成功打造汉十高速公路"双示范线"，全国首座高速公路综合能源补给站在荆州东服务区建成投运；"楚道云链"平台纳入全省供应链金融试点，上链企业超 1000 家，为产业链降本超 4500万元。

国企改革。坚持以改革破局破题，压茬推进系列改革落实落地，实现企业战略性重组，通过改革建立市场化体制机制。圆满完成国企改革三年行动目标任务；公司治理建章立制全面完成，"三重一大"事项决策流程、权责权限一表覆盖，各治理主体权责明确、边界明晰、履职充分；打造改革创新样板和尖兵，旗下湖北交投智能检测股份有限公司、湖北交投科技发展有限公司、湖北省交通规划设计院入选国务院国有企业改革领导小组发布的"科改示范企业"名单，湖北交投建设集团有限公司入选国务院国有企业改革领导小组发布的"双百企业"名单；积极探索精准化、差异化、个性化改革措施，聚焦市场化经营机制、产业布局结构、科技自主创新体系等短板弱项靶向发力，明确 10 大类 29 项 76 个具体任务分工，力争在新一轮国企改革深化提升行动中展现交投作为，打造交投特色。

党建工作。坚持党的领导，加强党的建设，是国有企业的"根"和"魂"。湖北交投集团坚持"两个一以贯之"，积极探索党建工作与生产经营深度融合的方法路径，以高质量党建引领保障高质量发展。学习贯彻习近平新时代中国特色社会主义思想主题教育"五路"文章（理论学习强"路基"、调查研究摸"路况"、推动发展拓"路网"、检视整改清"路障"、建章立制筑"路标"）经验做法被中央主题教育官网、国务院国资委官网刊载，2 次在中央主题教育指导组调研座谈会上作经验交流；将"路"元素、"路"基

因植入品牌内核，打造"不止于路"党建品牌；连续 11 年举办"510·我要廉"廉洁教育活动，举行"学党章、知党规、守党纪"知识竞赛，"清廉交投"理念深入人心；2023 年，湖北交投集团获评全省国有企业"示范基层党组织"。

（万竹风）

【湖北港口集团有限公司】 湖北港口集团有限公司（简称"湖北港口集团"）是湖北省港口、航运、汉江通航建筑物的投资、建设、运营主体，以建设长江中游航运中心和多式联运国家物流枢纽为使命，致力于打造全国一流、内河最大的现代港口服务商、综合物流集成商、临港园区运营商。湖北港口集团是中国物流企业 50 强、中国服务业企业 500 强、全国供应链创新与应用示范企业、2023 年第一批五星级多式联运经营人、湖北省"双百强"企业，主体信用评级为 AAA，拥有 3 家 AAAAA 级、15 家 AAAA 级、16 家 AAA 级物流企业和 1 家 AA 级物流企业，2 个港口型国家物流枢纽（武汉、宜昌），1 个陆港型国家物流枢纽，10 个对外开放口岸资质。近年来，湖北港口集团围绕发展定位和职责使命，努力做大做强做优，形成特色鲜明、产业清晰、重点突出的三大业务板块。

1. 港口服务。沿长江从恩施巴东至黄梅小池，沿汉江从襄阳至武

汉，码头覆盖通航里程 1545 公里，拥有 48 个港区、204 个泊位，年设计集装箱吞吐能力 493 万标箱、货物吞吐能力 2.56 亿吨，形成集装箱、商品车、件杂货、大宗散货运输、石化储运等功能互补的港口布局以及"以武汉港为龙头，鄂东南、宜昌荆州港为两翼，汉江港为延展"一体化发展格局。

2. 综合物流。截至 2023 年 12 月，累计开发航线、通道、线路 159 条，其中集装箱航线 41 条、中欧班列线路 52 条、多式联运通道 66 条。航运物流方面，常态化运营至日本、韩国、俄罗斯国际直达班轮航线，拥有集装箱船、沥青船、散货船近 20 艘，自有及加盟运力达 200 万载重吨，为长江存储、东风汽车、伊藤忠株式会社等数百余家客户提供货物直航运输及配套供应链服务。铁路物流方面，中欧班列（武汉）形成"七龙出关"进出境格局（新疆阿拉山口、霍尔果斯，内蒙古二连浩特、满洲里，黑龙江绥芬河，广西凭祥，云南磨憨 7 个口岸），辐射欧亚大陆 40 个国家、116 个城市。多式联运方面，湖北港口集团下属 6 个国家多式联运示范工程（武汉阳逻港、鄂州三江港、宜昌白洋港、荆州车阳河港、宜昌枝城港、黄石新港），数量居全国企业第一，形成以武汉阳逻港为核心枢纽的多条铁水联运、北粮南运、集装箱国际海铁联运新通道。物贸供应链方面，依靠港

2023 年 12 月 20 日，荆州港监利容城港区新洲码头散货泊位工程通过竣工验收

口、航运、仓储、保税园区等综合优势，大力发展煤炭、木材、棉花、成品油、石油焦等大宗商品贸易。

3.临港园区建设开发运营。坚持走港产融合、产城融合、港城融合、城市与自然融合发展之路，2023年累计为全省产生及带动的经济增加值约5040亿元，占全省生产总值的9.3%。长江航运中心大厦、阳逻综保区、杨泗港区整体搬迁综合开发等项目加快推进；与长江新区合力推进阳逻26.75平方公里核心区开发建设；在武汉东西湖、汉口北等地建有5个物流基地，有近百万平方米的物流仓储设施；在咸宁、荆州、宜昌等地推进一批临港产业园、综合物流园建设。

聚焦"加快建设一流航运枢纽、一流港口企业、一流开放通道"目标要求，湖北港口集团推动发展大突围、闯出事业新天地，肩负起建好用好湖北供应链物流公共信息平台、打造船舶供应链公共信息服务平台、推进汉江一体化开发三大省级任务重担，为探索中国式现代化湖北实践以及打造湖北新质生产力而不懈奋斗。

经营业绩。2023年，湖北港口集团资产总额664亿元，完成营收222.34亿元，利润2.76亿元，上缴利税7.98亿元，比上年分别增长15.3%、43.8%和22%；完成货物吞吐量2.06亿吨，集装箱吞吐量361.91万标箱，比上年分别增长23.3%、18.4%，分别高出全国平均增幅16.8、13.5个百分点。物贸供应链总量突破160亿元，比上年增长近50%。全年新增各类航线、通道44条，拓展数量为历年之最。中欧班列（武汉）开行1005列，比上年增长64%。汉亚直航开启周双班运行，全年运输4.5万标箱，比上年增长43%。全年新增签约客户836家。经营成效超出预期。全面超额完成省政府国资委下达的年度考核目标。实现扭亏企业13户，增盈企业42户，减亏企业19户。发行五期债券43亿元，节约财务成本约3000万元。业务协同成效明显。制定湖北港口集团港口装卸作业费率管理办法。推出"七港一站""全域响应"

的"散改集"物流方案，吞吐量实现翻倍增长。实行武汉地区铁水联运业务统一集散，铁水联运一期突破10万标箱，比上年增长58.4%。安全生产圆满实现"五无"目标，集团内部保持和谐稳定。

改革发展。谋划布局"战略型总部+子集团"管控模式，组建湖北港口集团战略研究部、督查室和攻坚克难督导组。精简湖北港口集团部室3个、企业户数20家，减少交叉持股6家。建立市场化淘汰机制，全层级压减人员400余人。18家出资企业实施财务集中核算，降低成本1200万元。审计关口前移，挽回损失2100万元。法治建设扎实推进，制定《法律纠纷案件管理办法》《大宗贸易格式合同汇编》等规范性文件。开展湖北港口集团总部19个中层岗位和出资企业7名班子副职"全员竞聘"，13家出资企业启动核心部室岗位竞聘。华中港航、汉江公司、港城实业、武穴公司、港建集团吹响"揭榜挂帅"冲锋号，全面完成榜单任务；"勤俭办企业"，压降成本3亿元，存货去化1.6亿元。"应收账款百日攻坚"，清收逾期账款2.05亿元。"南征北战拓市场"，新增客户引流集装箱28万标箱、散杂货2148万吨，合同签约金额达54亿元。

投资建设。紧盯难点、解决痛点、打通堵点，重大项目建设圆满完成既定目标，投资比上年增长34%。15个续建项目实际完成21.29亿元，为年

度计划的112.51%。其中，江陵石化码头工程、雅口航运枢纽工程、2艘500标箱级汉亚集装箱船、阳逻港升级改造项目、新港临江汇、武汉长江航运中心、枝城铁水联运一期工程、金控粮食码头基地工程、监利容城新洲码头、三江港区综合码头一期工程、汉欧国际物流园、潜江港泽口港区码头、武穴盘塘散货码头工程、车阳河港口二期工程等14个项目完工；松滋进港铁路专用线项目计划2024年8月完工。4个新开工项目实际完成4.69亿元，为年度计划的104.67%。其中，国际货物集散中心、西港路改造工程完工。湖北港口集团先后与鄂州、咸宁、黄冈等地签署战略合作框架协议，省内千亿磷化、光伏、煤炭、危化品等临港产业加速集聚，港产融合日益紧密。新增储备投资项目32个，规模达232.5亿元。

科技创新。全年研发投入3600万元，比上年增长210%。新增高新技术企业3家。取得26项软件著作权和38项实用新型专利，获得各类科创奖项14项。成立湖北供应链物流公共信息服务股份有限公司，打造湖北供应链物流公共信息平台，平台上线4个月，归集数据2.23亿条，用户注册1621家，交易额突破120亿元。组建湖北长江船舶供应链有限责任公司，年内新增订单金额12.6亿元；长江支线首艘120标箱纯电动集装箱船实现当年开工、当年投运。阳逻港二

2023年7月26日，"华航汉亚6"轮从武汉阳逻港开启首航

期智慧化改造项目全面完工，实现11个泊位智能理货全覆盖，16个闸口智能化改造以及门式起重机远控、岸桥远控、自动导引运输车（IGV）自动驾驶，通关电子化率超80%，过闸效率提升80%。建成阳逻港智能换电站，投入电动集装箱货车30辆，每年降低能源消耗及维护成本超500万元，武汉阳逻港获评全省首个"四星级绿色港口"。

党群工作。优化"三重一大"事项决策程序，进一步理清党委前置研究和董事会、总经理办公会的权责边界。持续筑牢意识形态领域防线，定期开展分析研判，多渠道掌握职工思想状况，妥善处理可能引起舆情风险的突发事件，保持湖北港口集团意识形态领域总体平稳可控。确定示范基层党组织"八个有力"和党员先锋模范"八个突出"创建标准，选树首批7家"示范基层党组织"、10名"党员先锋模范"。组织开展党员发展对象、基层党组织书记和党务工作者培训班，68名发展对象顺利结业并发展入党。集团工会系统开展劳模系列宣贯活动70余场次；举办各类技术比武51场；开展技能人才专项培训558场次；4500余名职工参与勤俭办企"金点子"征集活动。

（王鹏）

【湖北省江汉运河航道管理处】

管养并举质效兼取。依法履职，加强航道管理和养护，制止、处理违规作业、破坏航道与助航设施等行为，全年巡航134次，劝离捕鱼垂钓游泳200余人次，开展漂浮物打捞30次，维修保养航标、桥柱灯、标志牌等165个，导助航设施完好率达98%，未发生航道堵塞事故。开展汛期前后水下地形测量，实时掌握跨河线缆净空高度动态变化，走访在建跨河桥梁建设单位3家，现场监管跨河线缆施工作业1次，发出通航条件技术回函、督办函、工作提醒等9份。

创新服务提档升级。做好水位涨退频繁交替期通航保障工作，开展重点时段货流分析研判，主动对接重点

保供船企的过闸运输需求，统筹做好能源、粮食等民生物资的运输保障。落实通航高峰期应急调度机制，到汉江沿线天门、沙洋等地采砂点调研砂石料运营企业及水上物流运输情况，靠前服务，保通保畅。开展货物流量流向调研，健全通航运量统计分析体系，建立与地方海事部门日常联系机制，每日发布通航水情信息，实现当日待闸船舶"清零"，通航保证率达98%。自通航以来到2023年底，全线累计通航船舶59361艘次、4667万吨。2023年，通航船舶达5219艘次、463万吨。

居安思危确保安全。编制完成防汛预案，开展防汛应急演练，充实物资储备，开展汛期24小时值班值守和险情排查，安全度过汉江秋汛。健全风险识别管控和隐患排查治理双重预防机制，推进危险货物运输船舶过闸安全管控。落实省交通运输厅安全生产"十大专项行动"部署，细化19条工作措施，实施清单式闭环管理，确保安全。全年开展各类安全检查和监测31次，排查隐患61项并全部整改落实。通航安全形势持续稳定，无安全责任事故发生。

重点任务全面完成。年初确定的重点工作全部按序时完成到位。其中，进出口航道专项养护项目安全廉洁高效完成，疏浚工程量达35万立方米，航标船建造布设10座。完成龙洲垸船

闸配电房升级改造。完成公务趸船移泊及锚固改造工程。推进岸电使用建设，编制完成研究报告。完成汉江梯级枢纽新建二线船闸收费可行性研究报告。

党建引领建强队伍。学习贯彻习近平新时代中国特色社会主义思想，主题教育多形式深入开展，全面从严治党工作、党风廉政建设和基层党组织建设进一步深化，巡察反馈问题整改全面完成。精神文明建设、品牌建设、档案、保密工作稳步推进，政治生态健康，风清气正、担当干事的风气形成。开展各类学习、授课及培训20余次。党员干部下基层59次，收集并解决问题11件。第二党支部获第五届省直机关"红旗党支部"；龙洲垸船闸所运调班获评湖北省"巾帼文明岗"；经湖北省交通运输厅机关党委复核，全处4个党支部全部保留厅"红旗党支部"称号；2名党员被评为省交通运输厅优秀共产党员、优秀党务工作者；"绿色运河"文化品牌获第四届交通运输"榜样品牌"称号，"绿色运河工作套装"文创产品获首届交通运输"十佳文创产品"称号。

（张聪）

【湖北省高速公路联网收费中心】

2023年，全省高速公路联网收费里程7626.76公里，共有108个路段单位、457个收费站；收费车流量

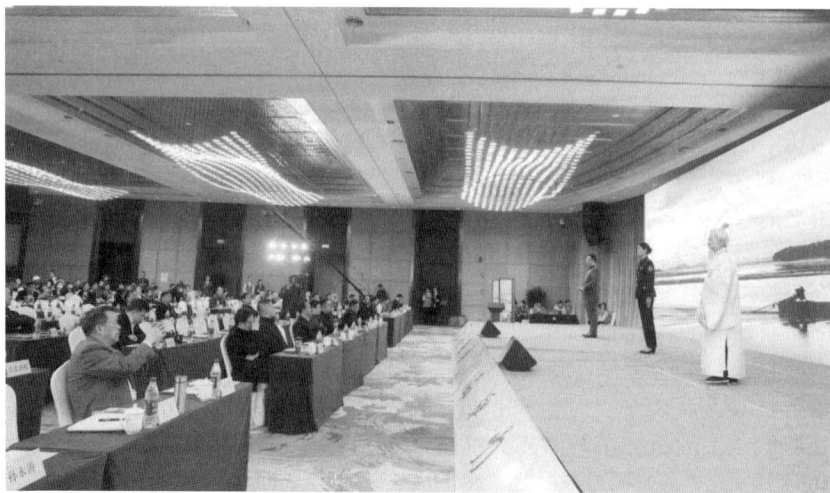

2023年4月2日，省江汉运河航道管理处"绿色运河"文化品牌节目在首届全国交通运输文化年会展演

3.60 亿辆，比上年增长 23.16%，通行费总收入 294.91 亿元，比上年增长 11.97%，集中汇缴省直国库省级政府还贷高速公路通行费收入 133.18 亿元，比上年增长 13.93%；新增 ETC 用户 25 万个，热线电话、在线客服共受理 69.01 万件咨询投诉，处理率、办结率均达 100%，"湖北 e 出行"微信公众号关注数突破 135 万人；通行费稽核由量到质转变，调拨复合通行卡（CPC 卡）680 次 275 万张，全年未发生重大网络安全和舆情事件。

1. 稳步推进"三项改革"，助力全省营商环境优化提升。

（1）ETC 发行服务市场化改革高效完成。8 月 23 日，湖北省高速公路 ETC 发行服务业务平稳有序移交湖北交投集团，聚焦"三个一百"奋斗目标，扛牢 ETC 业务统筹之责，督办对接湖北交投集团承接方全面开展 ETC 发行服务业务，截至 12 月底，100 个 ETC 站口发行网点和 100 人客服团队均组建完成，"95022"热线电话客服各项指标连续 3 月优于交通运输部标准（简称"部标"），ETC 用户发行新增 9 万户。

（2）高速公路现金通行费票据电子化改革强力推进。12 月 28 日，湖北省高速公路 457 个收费站全面实现现金通行费票据电子化，全省每年节省通行费纸质票据 1.46 亿张，高速公路经营管理单位节省发票运营成本 83%，收费车道单车通行时间缩短 4~6 秒，通行效率提升 25%~30%。

（3）通行费收入结算和现金归集方式调整圆满收官。将现金收费五日结算、电子收费按月结算调整为现金电子收费合并按旬结算，将银行统一上门收款调整为路段单位自行选择银行存放。此项改革为全省经营性路段单位每月节约资金超百万元。

2. 抓紧抓实"两项整改"，为事业发展保驾护航。

坚决落实厅党组巡察反馈问题整改和交通运输部路网中心调研反馈问题整改，厅党组巡察反馈 26 个具体问题、交通运输部路网监测与应急处置中心调研反馈问题整改全面完成。ETC 多省通行出口交易含分省占比达 99.80%，排名连续 4 个月位列全国前 10，每日银行 ETC 记账返回及时率连续 3 个月保持 100%，部转投诉与舆情连续 6 个月保持零记录，ETC 出口交易后 2 个自然日内上传发票基础数据占应上传数据的 98.21%，待处理稽核异议工单连续 5 个月控制在 100 笔左右，"95022"热线接通率保持在 99.37% 以上，"中国 ETC 服务"保持在 99.99% 以上，放弃率下降为 1.41%，均优于部标，ETC 门架及车道连通合格率、ETC 门架路侧单元（RSU）正常率、车牌识别正常率、网络安全部级态势感知等指标全国排位持续提升。

3. 全力确保"优质高效"，持续推进各项服务提档升级。

（1）狠抓联网运行核心业务系统运维管理。全力做好全省高速公路通信主干网、联网收费、部级视频云联网等系统管理、维护及升级改造，有力保障全省高速公路联网安全稳定高效运行。

（2）用心用情为新建路段提供全程联网服务。高效提供基础数据上报、并网检测、费率软件更新等全程联网服务，有力保障武红高速公路等 9 个新建路段 392 公里高速公路如期开通运营。

（3）持续推进差异化收费政策落地见效。持续推进 ETC 车辆 5% 优惠、绿通车免费、联合收割机免费、重大节假日 7 座及以下小客车免收通行费、"点对点"免费、集装箱货车差异化收费、路段差异化收费等惠民政策落地。全年累计减免通行费 44.53 亿元。

（4）为上级决策和相关部门提供有力数据支持。全年向省交通运输厅及相关单位提供各类数据上报与查询服务 400 余次，与公安交管部门实行 ETC 门架数据共享。

（5）积极引领路网新技术应用。开展联网收费系统优化升级试点，支持和指导路网单位开展智慧路网新技术应用，自助收费、移动收费、自由流预收费、智慧云舱等新技术试点多点开花，部分实现规模化应用，有力提升车辆通过效率，降低人力成本。

（6）不断健全联网运营长效机制。组织编写发布《湖北省高速公路联网收费系统运行监测及保障工作指南》，协助省交通运输厅制定《湖北省高速公路投诉处理实施规则》《湖北高速公路系统收费运营服务质量综合考核办法》，用制度保障联网收费运营高质效，不断优化全省路网"一张网运行、一体化服务"长效机制。

4. 将全面从严治党贯穿始终，不断提升内部管理和内控水平。

进一步守好全面从严治党"责任田"，扎实开展学习贯彻习近平新时代中国特色社会主义思想主题教育，党委书记带头讲专题党课，将调查研究、推动发展、检视整改作为重点任务，班子成员带领党员干部深入路网基层站所调查研究，形成调研报告 4 篇、实践活动"三张清单"，整改落实问题 7 个。全年召开党委（扩大）会"第一议题"学习 24 次，中心党委圆满完成换届，"红旗党支部"覆盖面近 70%，扎实开展不担当不作为专项整治、违规吃喝专项整治，持续加强监督执纪，深入推进"清廉机关·护航行"系列活动和党风廉政宣教月常态化，组织建设坚强有力。

（李雪弢）

综合交通和水陆运输

【综合交通】 立体、畅通、绿色的全省综合交通运输基础设施建设成效显著。截至 2023 年底，全省综合交通网总里程 32.98 万公里，交通"硬联通"不断延伸、加密、成网。公路：全省公路总里程 30.76 万公里，其中国省干线 3.52 万公里（含高速公路 7849 公里）、农村公路 27.2 万公里，全省二级及以上公路里程 4.15 万公里。水路：全省内河航道通航里程 8667 公里，其中高等级航道 2154 公里，全省港口货物吞吐能力 5.54 亿吨，集装箱吞吐能力 589 万标箱。铁路：全省铁路营业里程 5764 公里，其中高速铁路里程 2064 公里，在建高速铁路里程约 1300 公里，已建在建高速铁路覆盖全省所有市州。航空：全省共有机场 16 个，其中民用机场 8 个、通用机场 8 个（含直升机停机坪），鄂州花湖国际机场仅用 1 年左右时间开通 10 条国际和 40 余条国内货运航线，"当日达全国、隔日连全球"的航空快货物流格局加速形成。邮政：全省建制村 100% 通邮，快递网点 100% 乡镇全覆盖，全省农村寄递物流体系全面建成。管道：油气管道总里程 7800 公里。城市公交：全省共有公共交通线路 2523 条、4.98 万公里（含武汉城市轨道交通线路 15 条，运营里程 535 公里），拥有清洁能源和新能源公交车辆 2.38 万辆，占公交车辆总数的 94.74%。

（冯乐）

【全省道路运输和交通物流发展概况】 2023 年，全省完成客货站场建设投资 106.25 亿元，为年度投资目标的 106%。全省开工客货站场项目 83 个、建成 15 个，新建改扩建农村综合运输服务站 78 个、农村候车亭 3491 个。

货运物流发展成效显著。全省规上道路货运企业新增 207 家。配合交通运输部对黄石市、咸宁市开展城市绿色配送示范工程验收。宜城市、郧阳区入选交通运输部农村物流服务品牌。国家级和省级多式联运示范工程积极推进，运输结构持续优化，公路运输占比 71%。

城乡客运多点推进。全省开通定制客运线路 221 条，城际公交线路 57 条。14 个县被纳入全域公交县创建范围，赤壁市、潜江市、老河口市、竹山县、谷城县、崇阳县、团风县被命名为全域公交县。武鄂黄黄都市圈城际公交一体化建设试点有序推进，开通武汉城际公交线路 13 条，公交卡实现全域"通刷通用"。

行业转型不断加力。积极推动"客货邮"融合发展，持续推进宜城市、老河口市、罗田县等 8 个样板县创建，"客货邮"融合线路达 966 条。新增 39 家网络货运企业（共 141 家），完成运单 1267 万单，货物周转量达 1293 亿吨公里。绿色低碳理念不断深入，淘汰老旧柴油货车和燃气车辆 14375 辆。

公交服务质量提升。荆州市、十堰市、咸宁市成功入选国家公交都市建设示范城市。适老化无障碍服务水平持续提升，打造 20 余条示范线路，投入运营 4000 余辆低地板公交车，武汉、宜昌、荆门、鄂州、荆州、恩施等 6 个市州完成"95128"热线约车应用服务。

科技支撑不断拓展。四级协同系统便民服务水平进一步提升，电子证照办件 50 万余件，办理跨省通办事项 30 万余件，完成从业资格证自动诚信考核 37983 人次，服务经营业户 15 万余户、营运车辆 42 万余辆、从业人员 142 万余人。全省 348 家检验检测机构实现"三检合一"。

安全基础不断夯实。开展 9 次督导检查。全省"打非治违"专项行动累计检查车辆 46838 辆次，查处违规车辆 1861 辆次。集中整治重载货车违法违规行为，整改隐患 2830 起，查处违法行为 3860 起。深入开展安全生产突出问题整治"百日行动"，整改发现隐患 4411 起，完成整改 4289 起。落实违规信息闭环处理，印发通报 46 期，整改企业问题 2472 起，运用"五种形态"处理违规驾驶员 30297 人次。

党建引领作用不断发挥。党建与道路运输事业发展深度融合，主题教育走深走实、见行见效，开展调研 25 次，查摆问题 32 条，为基层协调解决问题 8 个。行业党建破冰发展，协助

省交通运输厅开展道路货运和网约车领域行业党建工作，全省道路运输行业共有党组织 489 个。涌现了以邓兰舟为代表的一批模范典型。

（南小冰）

【全省道路运输业发展】 1.道路客运。截至 2023 年底，全省有道路客运企业 1749 户，其中班车客运 1531 户，旅游、包车客运 417 户；拥有营运车辆 100 辆及以上的有 40 户，拥有营运车辆 50~99 辆的有 98 户，拥有营运车辆 10~49 辆的有 450 户，拥有营运车辆 5~9 辆的有 103 户，拥有营运车辆 5 辆及以下的有 94 户，个体运输户 964 户。全省共有营运客车 2.5 万辆。

道路运输保障有力有效。2023 年春运、五一、国庆中秋双节黄金周期间，全省分别发送客运量 1758 万人次、318 万人次、508 万人次，比上年分别增长 29%、89%、80%。重要时段、防汛抗旱运力保障工作平稳有序。

客运发展转型加快。全省实现二级以上汽车客运站和联网售票三级客运站的道路客运电子客票服务全覆盖。仙桃市开通至湖南岳阳东站的定制客运快车。十堰市、宜昌市、襄阳市等地抓住旅游热度攀升契机，纷纷开通至热门景区的旅游直通车、旅游班线和公交。

农村客运高质量发展。湖北省全域公交县建设工作向纵深推进，以点带面提升城乡客运公共服务均等化水平。全省继续保持 100% 乡镇和建制村通客车，14 个县被纳入全域公交县创建范围，赤壁市、潜江市、老河口市、竹山县、谷城县、崇阳县、团风县被命名为全域公交县。

2.道路货运。截至 2023 年底，全省共有道路货运经营业户 11.6 万户，其中普通货运 11.4 万户、危险货物运输 425 户。有规上道路货运企业 553 家。全省共有营运货车（含牵引车、挂车）33.4 万辆，其中货车 16.1 万辆、牵引车 8.4 万辆、挂车 8.9 万辆。

规上企业培育成效显著。全省发放公路货物运输业发展奖补资金 6640 万元。2022 年新增规上货运企业 388

家，增量为全国第一；2023 年新增规上货运企业 195 家，总量位居全国第四、中部第二。

网络货运快速增长。全省共有网络货运平台企业 117 家（其中 2023 年新增 33 家、注销 5 家），新增整合运力 74.8 万辆，累计整合运力 150.4 万辆、驾驶员 149.5 万人，全年完成运单 764 万单、货运量 2.3 亿吨、运费总额 270.4 亿元。货物类型排名前三的分别是煤炭及制品、其他、钢铁。湖北省网络货运车辆、驾驶员资质合格率均排名全国前三。

农村物流更加完善。赤壁市、竹山县、罗田县等 8 个县市被列入省交通运输厅客货邮融合发展创建县，老河口市、长阳县成功入围交通运输部第三批农村物流服务品牌。积极推动"客货邮"融合发展，持续推进宜城市、老河口市、罗田县等 8 个样板县创建。宜城市、郧阳区入选交通运输部农村物流服务品牌。

3. 行业管理。四级协同系统便民服务水平进一步提升，道路运输电子证照系统稳定运行，普货车辆年审无人干预审批，从业资格证自动诚信考核，道路运输高频事项实现跨省通办，跨省通办事项办件质量第二季度位居全国第一。全面实施危险货物道路运输运单管理，全省危险货物电子运单企业覆盖率保持 100%。

（刘蔚）

【节假日运输】 春运 40 天（2023 年 1 月 7 日至 2 月 15 日），全省公、铁、水、航共发送旅客 3465.03 万人次，比上年增长 28.08%，恢复到疫情前（2019 年）的 53.4%。其中，公路发送旅客 1757.64 万人次，比上年增长 28.81%，比 2019 年下降 58.09%；铁路发送旅客 1506.14 万人次，比上年增长 27.22%，比 2019 年下降 26.91%；水路发送旅客 20.52 万人次，比上年增长 96.4%，比 2019 年增长 66.9%；民航发送旅客 180.74 万人次，比上年增长 23.23%，比 2019 年下降 19.26%。全省高速公路出口流量 4622.90 万辆次，比上年增长 15.68%，

比 2019 年增长 13.15%。

1. 春运运行趋势特点。

（1）流量态势呈"三峰一谷"。2023 年春运是疫情防控进入新阶段后的第一个春运，客流从长期低位运行转入快速恢复攀升，但总体运行平稳，节前客流稳步攀升、节中客流降至最低、节后客流高峰凸显，单日客流超百万人次的共有 10 天，均集中在 1 月 26 日（正月初五）后，整体趋势呈"三峰一谷"形态：峰值一，1 月 28 日（正月初八）120.7 万人次，主要以探亲、旅游客流为主；峰值二，2 月 6 日（正月十六）107.35 万人次，主要以复工返岗客流为主；峰值三，2 月 11 日（正月二十一）102.27 万人次，主要以学生返校流为主；谷值出现在 1 月 22 日（大年初一），31.96 万人次。

（2）累积出行需求集中释放。从流量涨幅看，公路、铁路、水路、民航客流量均有明显上涨，且水路客流量比上年增长 96.4%；从流量占比看，公路、铁路、水路、民航分别占比为 51.4%、42.8%、0.6%、5.2%，与上年占比（50.2%、43.9%、0.4%、5.5%）相比无明显变化，与疫情前（2019 年）占比（64.9%、31.5%、0.2%、3.4%）相比较，呈现公路客运下降明显，铁路客流大幅攀升，水路、民航客流小幅上涨的特点。

（3）高速公路流量持续增长。从高速公路通行流量看，全省高速公路出口流量总体比上年和疫情前（2019 年）分别增长 15.68% 和 13.15%，整体呈高位运行，无明显低谷，但峰值涨幅明显，达 205.1 万辆次（2 月 6 日，正月初六），创历史峰值，相比上年和 2019 年峰值分别增长 25.55% 和 40.57%。从高速公路通行车型看，客货车辆占比约为 9：1，客车、货车比上年分别增长约 21.2% 和 6.2%，公众选择自驾出行意愿显著增强，私家车出行规模增加明显，自驾出行人数创历年最高。

（4）水路客流略有增长。2023 年春运由于疫情实行乙类乙管，再加上春运期间天气整体较好，全省水路客运出现恢复性增长。全省水路春运旅

客运输主要以省内旅游及短途出行为主，主要集中在武汉、宜昌、十堰、鄂州、恩施州等地。其中，武汉以"两江游"为主，宜昌以长阳普通客运、清江游及"两坝游"为主，十堰以丹江口库区旅游为主，鄂州以梁子湖普通客运为主，恩施州以巴东普通客运为主。

2. 春运工作开展情况。

强化政策落实，明确工作目标任务。湖北省防疫指挥部印发《2023 年春运疫情防控和运输服务保障工作方案》，成立省疫情防控指挥部春运工作专班，确定省交通运输厅为组长单位，省发展改革委、省卫生健康委为副组长单位，省总工会、团省委、省军区、武警湖北省总队、省教育厅、省公安厅、省人社厅、省文旅厅、省应急管理厅、省气象局、中国铁路武汉局集团有限公司、省邮政管理局、民航湖北监管局、湖北机场集团有限公司为成员单位，建立工作机制，协同做好综合运输春运疫情防控和运输服务保障各项工作。

协调组织动员调度，全面部署春运工作。1 月 4 日，组织全省各市州春运工作专班及省春运领导小组各成员单位收听收看全国春运工作电视电话会议，并在会后接续召开湖北省春运工作电视电话会议，赵海山副省长出席并对全省春运工作进行全面部署动员。1 月 20 日，盛阅春副省长到武汉市检查春运及安全生产相关工作，强调要时刻绷紧安全生产这根弦，加强特殊时段安全监管，确保春运平安高效畅通和安全生产形势稳定。

持续开展安全包保督查，防范化解各类风险。春运以来，各地联合有关部门检查道路运输企业 8850 家，排查高风险"两客一危"企业 354 家、高风险客车 570 辆，以及逾期未审验、未换证客、货车驾驶员 6.1 万名。春运前，省交通运输厅印发《关于开展今冬明春安全生产和消防安全工作包保督导检查的通知》，成立由厅领导带队的 6 个包保督导组，先后对 13 个市州以及部分高速公路运营管理单位、省管公路水运重点工程等开展包保督

导检查，针对检查发现的 71 项问题隐患，及时下发督办通知，实行清单化管理，确保全部整改落实。

强化客流组织保障，优化运输服务措施。各地积极统筹运输需求和运力供给，做好不同运输方式间、城乡间的服务衔接，对在春运、春节期间有集中运输需求的，配合相关部门适时组织开行农民工返乡返岗"点对点"运输。全省工会专项安排资金 100 余万元，通过包车、返岗车票补贴等措施支持成规模、成批次出行农民工安全有序返岗。春运以来，共发送农民工返乡返岗"点对点"包车 234 趟次，运送人员 9349 人次，有效服务务工人员平安有序返乡返岗。

做好恶劣天气应对，保障路网运行畅通。春运以来，湖北省 1 月 13—15 日出现降温寒潮，全省多地降雪降温，多条国省道出现路面积雪结冰现象。为确保公路安全畅通，全省各级公路部门收到寒潮天气预警后，第一时间启动应急预案，上路开展除雪保畅作业，全省高速公路累计动用机械设备 1079 台次，抛洒融雪剂 5956.4 吨。全省普通公路累计动用机械设备 2827 台次，抛洒融雪剂 1877 吨。

抓好物流保通保畅，保障重点物资运输。充分发挥物流保通保畅工作机制作用，保障交通"大动脉"和物流"微循环"畅通。春运以来，全省铁路、民航、港口、邮政等领域货物运输量，受春节假期影响呈"V"形分布，节后运输量缓慢上升。其中，铁路货运量 529.52 万吨，民航货邮吞吐量 2.3 万吨，港口吞吐量 1166.05 万吨，邮政揽收 3.21 亿件、投递 3.83 亿件。春节假期期间，全省近 3 万名快递员揽收快递包裹约 1551 万件，与上年春节假期相比增长 7.5%，投递快递包裹 1063 万件，与上年春节假期相比增长 5.7%，保障全省邮政快递业安全平稳畅通运行。

（刘恒）

【交通运输节能减排】 2023 年，全省交通运输系统深入贯彻落实生态文明建设和绿色发展理念，不断完善绿色交通基础设施、优化交通运输结构、推进交通运输创新驱动发展，交通运输领域节能减排取得积极成效，为实现碳达峰碳中和作出有力贡献。

1. 加快绿色交通基础设施建设。

加快推进绿色公路建设。贯彻落实绿色设计建设理念，严格落实环保要求，充分节约集约利用土地等资源，尽量减少占用生态敏感区。"永临结合""零弃零借"等绿色建设理念深入贯彻，2 个公路项目实现填挖平衡，12 个公路项目利用隧道洞渣等 4000 余万立方米，磷石膏应用试验推广工作持续推进，不断加强沥青路面旧料在国省干线道路施工中的回收利用。全省高速公路废旧沥青路面材料循环利用比例为 86.9%。

推进公路沿线充电基础设施建设。高度重视公路沿线，尤其是高速公路服务区充电设施建设服务工作，努力构建适度超前、布局合理、功能完善、智能高效的公路沿线充电服务网络。积极会同省能源局、国网电力湖北省公司建立联合工作机制，成立工作专班，采取定期会商、适时衔接、重大问题高层互动等方式，统筹推进各项工作。依托湖北省高速公路服务区系统平台，搭建基础设施环境，建设数据汇聚和基础数据管理系统，实现与充电设施运营商、交通运输部路网监测与应急处置中心系统数据互联，为电动汽车用户提供高速公路服务区充电基础设施实时精准的充电信息查询服务。截至 2023 年底，全省开通运营高速公路服务区 138 对，共建设 1062 个充电桩，完成 100% 全覆盖。

进一步加快绿色港航设施建设。在航道建设中应用生态固滩、生态涵养区等绿色生态航道技术，投入应用一批符合环保要求的新材料新工艺。以荆江航道整治一期项目为代表的生态环保示范工程成为长江航运发展的绿色名片。积极推动湖北省泊位岸电设施建设和改造，新建、改扩建码头必须配套建设岸电设施，已建码头协同推进港口岸电改造。截至 2023 年底，湖北省累计建成具备岸电供应能力的泊位 492 个，实现 2000 吨级以上泊位基本覆盖，累计完成船舶受电设施改造 1229 艘。

2. 推动运输工具装备绿色低碳转型。

强化新能源公交车资金保障。制定《湖北省农村客运补贴资金和城市交通发展奖励资金管理实施细则》《湖北省"十四五"期城市交通发展工作绩效评价办法》，将城市公共交通领域车辆电动化推广情况纳入城市交通发展评价指标并与奖励资金分配挂钩，2023 年安排国家城市交通发展奖励资金 5.36 亿元，引导推动城市公共交通领域新能源车辆占比提升。严格落实省政府对全省城市公交企业新购置新能源公交车给予一定补贴的政策，引导城市公交企业加快新能源车辆购置更新步伐。截至 2023 年底，全省有城市公共汽电车 25208 辆，其中清洁能源及新能源车 20362 辆，占比 80.8%，比上年增加 4%；全省有巡游出租汽车 43851 辆，其中清洁能源及新能源车辆 15522 辆，占比 35.4%，比上年增加 16.8%。

加快打造绿色低碳船舶。配合省委军民融合办在武汉、宜昌、黄冈等地布局绿色智能船舶建造基地，实施气化长江，电化汉江、清江示范行动，抢占内河新能源船舶市场，进军海洋新能源船舶领域。出台补助政策，制定《"美丽乡村渡口"共同缔造实施方案》，对绿色智能客渡船、乡村客运船更新改造予以补助。出台老旧运输船舶提前报废拆解奖补政策，支持绿色智能船舶发展。在电力驱动游船方面，研发全电力全回转舵桨推进装置、"高压＋低压"充电模式等先进技术，"长江三峡 1"号、"长江荣耀"号、"长江叁"号、"君旅"号等电力驱动游轮下水运营，实现从 100 客位以下到 1300 客位新船型全覆盖。以电动游轮为载体的武汉"两江四岸"、宜昌"两坝一峡""清江画廊"等 3 条旅游客运航线入选全国精品航线。在电力驱动货船方面，大力推进传统燃油货船向新能源电动船升级换代，湖北首艘 120 标箱新能源纯电动集散两用示范船"华航新能 1"轮下水。在液化天然气（LNG）动力货船方面，应用智能助航、智能能耗、船岸一体等技术，长江首艘新一代130米纯LNG动力川江标准散货船"长航货运002"轮投入营运。氢能源动力船舶方面，积极探索氢能源技术应用，国内首艘氢燃料电池动力船"三峡氢舟1"号下水。

积极推进船舶靠港使用岸电。积极推进岸电设施新改扩建，新建船舶按要求全部配备防污染设施和安装受电设施，新建、改扩建码头工程严格按要求同步配置环保设施，并按规定履行环保手续，船舶受电设施改造任务全面完成。宜昌市着力推进岸电建设，建成秭归港、三峡通航综合服务区、沙湾锚地和仙人桥靠船墩等多个岸电示范项目，率先在长江流域实现港口岸电全覆盖，绿色岸电成为船舶待闸期间动力的主要来源。2023年，港口岸电泊位增长到498个，岸电用电量达1467万千瓦时。

3. 持续优化交通运输结构。

抓好政策文件落实。按照《国务院办公厅关于印发推进多式联运发展优化调整运输结构工作方案（2021—2025年）的通知》及交通运输部、中国国家铁路集团有限公司贯彻落实通知文件要求，全面落实《湖北省推动多式联运高质量发展三年攻坚行动方案（2021—2023）》工作任务，积极申报国家综合货运枢纽补链强链相关工作，武汉国家综合货运枢纽补链强链累计获得补助资金10亿元，67个多式联运集疏运基础设施重点建设项目开工63个，整体开工率为94%，其中完工项目26个。

抓好示范工程创建。武汉"打造长江经济带粮食物流核心枢纽与供应链金融多式联运服务平台多式联运示范工程"和"长江三峡枢纽'大分流、小转运'水铁公多式联运示范工程"顺利通过国家发展改革委、交通运输部验收并正式命名。全省共创建4个批次8个国家多式联运示范工程，其中有4项工程通过国家验收并命名，湖北省国家级多式联运示范工程创建数量位居全国第一，命名数量位居全国第一。

运输结构持续优化。联合省自然资源厅、武汉海关、武汉铁路监督管理局、中国铁路武汉局集团有限公司印发实施《湖北省推进铁水联运高质量发展实施方案（2023—2025）》。完成港口集装箱铁水联运量17.7万标箱，比上年增长107.2%，占全省港口集装箱吞吐量的比重达到5%。

4. 积极宣传推广绿色低碳出行理念。

积极开展"国家公交都市""绿色出行城市"创建工作。相继印发《关于进一步加快推进新能源公交车推广应用工作的通知》《关于开展全省城市公共交通服务质量提升行动的通知》等文件，大力开展公交优先、慢行交通、绿色低碳发展等工作，积极建设国家公交都市示范城市。武汉市、襄阳市和宜昌市获得"国家公交都市建设示范城市"称号，武汉市、襄阳市获得国家"绿色出行创建达标城市"称号，十堰市、荆州市、咸宁市列入"十四五"期国家公交都市申创城市名单。

强化绿色低碳出行理念宣传推广。湖北省交通运输系统围绕"绿色出行、美好生活"主题，积极组织各市州开展主题宣传活动，广泛动员社会各界支持、参与绿色出行，大力宣传绿色低碳生活方式，多地联合第三方公司推广"优惠乘车、优惠办卡活动"等惠民活动，进一步深化绿色出行理念，提高社会公众认同感，增强市民绿色出行、公交出行意愿。

5. 持续推进绿色交通科技创新。

坚持"创新驱动、科技兴路"战略，加强重点项目、重点难题攻关，不断推进"四新"技术（新技术、新材料、新工艺、新设备）研发、应用和推广。相继推广应用水稳填充大粒径碎石基层、大粒径沥青碎石基层、旧水泥路面多锤头破碎级配技术、再生利用技术、橡胶沥青技术、预防性养护（碎石封层、稀浆封层）等技术。"湖北鄂州花湖货运机场转运中心智慧运营科技示范工程"成功获评全国7个科技示范创建项目之一。"大型LNG船舶通航组织保障关键技术及应用"等5个项目入选2021年交通运输重大科技成果库，"复杂条件下汉江下游急弯段航道整治关键技术研究"入选2022年交通运输行业重点科技项目清单（绿色交通领域研究项目），"面向电动客车的节能行驶规划与能量优化技术研究"等7个项目入选2022年交通运输重大科技成果库。

（刘恒）

【班线客运】　至2023年底，全省有道路客运班线8349条，比上年减少7%，其中一类客运班线565条，比上年减少17%；二类客运班线1415条，比上年减少4%；三类客运班线978条，比上年增加2%；四类客运班线5391条，比上年减少9%。有班车客运经营业户1531户，其中拥有营运车辆100辆及以上的有36户，拥有营运车辆50~99辆的有77户，拥有营运车辆10~49辆的有295户，拥有营运车辆5~9辆的有88户，拥有营运车辆5辆及以下的有80户，个体运输户955户。全省有营运班车客车1.99万辆。

全省有定制客运线路131条，约占道路客运班线总量的2%，以200公里以内线路为主；定制客运车辆823辆，约占道路客运车辆总量的4%，以7~9座车辆为主。定制客运联程运输积极推进，如仙桃市开通至湖南岳阳东站的定制客运快车。武鄂黄黄都市圈城际公交有序推进，13条城际公交联通四城，公交卡实现全域"通刷通用"。如省客集团联合黄石交运集团采取"城际公交"运行模式开展定制客运服务。定制客运逐步向乡镇扩展，如老河口市顺通运业有限公司通过"老河口出行"线上平台提供定制客运服务，服务范围由老河口市区逐步扩展到各乡镇。

道路客运电子客票普及推广。全省106家二级以上客运站全部实现联网售票、电子客票功能，旅客无纸化出行成常态。

（刘蔚）

【旅游客运】　至2023年底，全省有班车客运经营业户417户，其中拥有营运车辆100辆及以上的有19户，拥有营运车辆50~99辆的有62户，拥有营运车辆10~49辆的有252户，拥有营运车辆5~9辆的有37户，拥有营运车辆5辆及以下的有35户，个体运输户12户。全省有营运旅游、包车1.2万辆。

推进旅客联程运输发展。拓展机场快线、联程运输、"高铁直通车"等服务。十堰市在高速铁路车站建立"公共交通＋定制出行＋共享交通"集疏运模式，上线"微信＋"周边游通达市内各景区；宜昌市、襄阳市、黄梅县等地开通至热门景区旅游直通车、旅游班线和公交。

支持运游一体化发展。鼓励汽车客运站与旅游集散中心合作，鼓励企业开展旅游客运专线、旅游直通车、旅游公交、景区小交通等运游结合特色业务。宜昌积极探索，以"客运站＋旅游"为导向，在客运站设立旅游集散中心，提供"车票＋景区门票"服务，完善客运站至景区、乡村游重点村镇的旅游直通车网络，开通景区直通车约40条，并入选交通运输部2023年道路客运转型发展典型案例。

（刘蔚）

【城市公交营运】 1.着力提升城市公交服务质量。积极申报争取国家公交都市创建项目。按照交通运输部专家综合评价意见，对荆州、十堰、咸宁三市的《国家公交都市建设示范工程创建实施方案》进行审核，上报批复意见。

办好城市公共交通民生实事。起草《湖北省2023年持续提升适老化无障碍交通出行服务工作方案》，在城市公共汽电车、城市轨道交通、出租汽车等领域通过车辆更新、升级服务、设施改造等措施，提升适老化服务水平，便利老年人乘车出行。全省共打造10余条公交爱老敬老示范线路，投入运营3000余辆低地板或低入口公交车。

聚焦公交服务品质。草拟"湖北省城市公交服务质量达标创建方案""湖北省公交行业健康可持续发展情况调研报告"和"关于抓紧开展全省城市公共交通服务质量监测行动的通知"，以提升城市公共交通服务质量为出发点和落脚点，着力解决影响人民群众出行质量的突出问题，持续推动城市公交服务提质增效，为人民群众提供安全、优质、便捷的城市公共交通服务。

做好重点时段城市交通运输保障。指导督促全省公交和出租汽车行业通过优化调整线路，提供充足运力，科学统筹调度，圆满完成春节、清明、五一、十一等重要时段城市交通运输保障任务。

2.加强城市交通发展资金保障。贯彻落实省政府《关于加快消费恢复提振若干措施的通知》以及省交通运输厅印发的《湖北省2022年新能源公交车购置补贴实施细则》文件要求，督促全省公交企业按照规定提交申报材料，统计汇总并复核相关资料凭证，累计为15个市州3429辆新能源公交车争取到省级购置补贴资金4930万元。

做好城市交通发展工作绩效考核。按照交通运输部、财政部《关于印发〈"十四五"时期农村客运、城市交通发展工作绩效考核办法〉的通知》（交办财审〔2022〕65号）要求，对照交通运输部下发的评分标准，开展省级2022年度城市交通发展工作绩效评价自评和打分，在规定时间完成《关于2022年度湖北省城市交通发展工作绩效考核自评情况的报告》，并报交通运输部。在开展交通运输部对省级考核的同时，全面实施全省17个市级中心的城市交通发展工作绩效评价，结合湖北省实际，起草制定全省"十四五"时期城市交通发展工作绩效评价办法和评价标准，并完成全省17个市级城市的评估打分排序。

完成上年度全省城市交通发展奖励资金测算分配工作。"十四五"期间，中央财政每年拨付湖北省城市交通发展奖励资金53606万元，本次奖励资金分配给全省14950辆新能源公交车运营补贴24924万元；武汉市、襄阳市公交都市奖励资金分别为500万元；襄阳市、十堰市绿色货运配送示范城市奖励金分别为300万元。

3.加强行业宣传报道。扎实开展"公交宣传周"活动，及时编发政务信息和行业动态，多条信息被省政府和交通厅采纳。中央电视台、光明日报、澎湃新闻、极目新闻、湖北日报等多家重要媒体刊发湖北省公交工作经验和做法。至2023年底，湖北省共有公交企业134家，公交车辆2.51万辆，新能源公交车2万余辆，新能源公交车占比81.13%，全省有29个县（市）公交车新能源率达100%。全省有公交运营线路2508条，年客运量18.8亿人次。

（徐晓婷）

【城市轨道交通运营】 2023年12月1日，武汉轨道交通5号线二期工程开通初期运营，12月30日，轨道交通19号线工程开通初期运营，新增轨道交通运营里程约26公里，线网运营总里程达486公里。在建项目11个，在建总里程约为156公里，武汉迈入世界级地铁城市行列。轨道交通5号线二期线路长度2.61公里，全线均为高架线路，起于红霞站，止于轨道交通5号线一期线路中医药大学站。轨道交通19号线工程线路长度23.3公里，全线均为地下线路，起于武汉站西广场站，止于新月溪公园站。轨道交通19号线是武汉轨道交通网络中首条市域快轨，设计速度为120公里/时。轨道交通19号线作为首条采用城轨云平台技术的轨道交通线路，为武汉后续新建线路接入及既有线路迁入云平台提供了宝贵经验。

武汉轨道交通全年总客运量13.42亿人次，全国排名第七，日均客运强度0.8万人次/公里；武汉轨道交通通过服务提升等多种举措培育客流，公共交通分担率由上年的61%提升至65%。线网运行图兑现率及列车正点率均为99.99%，列车服务可靠度247.49万列公里/次，各项指标维持在较高水平，为市民出行提供了坚实的交通出行保障。

（陶梦茹）

【客运出租汽车运输】 巡游出租汽车行业。至2023年底，全省共有巡游出租汽车44347辆，客运企业278户，个体2009户，新能源汽车15320辆，办理"巡游出租汽车驾驶员证"322403人。武汉市拥有巡游出租汽车1.9万辆，中等城市拥有巡游出租汽车2000

辆左右，如荆州市、襄阳市、宜昌市；县城一般拥有200辆左右，多的达到300辆。企业经营模式主要有两权合一经营、挂靠经营、个体经营三种，所占比重分别为66%、31%、3%。

网约车行业。至2023年底，全省有首汽约车、神州专车、易到、呼我出行、斑马快跑、风韵出行、万顺叫车、尚车出行、曹操专车等64家平台公司，在湖北省16个市州分别办理网络预约出租汽车经营许可证。全省为38888辆车办理网络预约出租汽车运输证。为179870人办理网络预约出租汽车驾驶员证。

1.做好出租汽车行业服务和稳定工作。开展专项整治行动，严厉打击违法违规经营行为，规范从业人员经营行为，着力提升出租汽车服务质量。推进道路运输行业党建工作。通过找党员、建组织、抓基础、强力量、筑堡垒、树先锋等方式，组织培训基层党务人员，健全建强组织体系，着力提升组织能力，维护从业人员合法权益，促进网约车行业健康发展。全省共摸排网约车平台公司139家，合规网约车驾驶员3.5万人，其中党员网约车驾驶员686人，网约车行业建立党支部36个。及时排查化解矛盾纠纷。通过加强省市县联动，督促各地认真排查出租汽车行业矛盾纠纷隐患，及时处理省交通运输厅交办转办的各类投诉案件，采取有力措施及时化解矛盾纠纷，确保全省出租汽车市场稳定。推广"95128"电话约车应用。将"95128"推广应用情况纳入湖北省"十四五"期城市交通发展工作绩效评价考核，按市州推广应用打分并与城市交通发展奖励资金分配挂钩。武汉、宜昌、荆门、荆州、鄂州、恩施州等6个市（州）完成"95128"约车应用服务，便利老年人打车出行。促进新业态健康发展。贯彻落实《关于加强交通运输新业态从业人员权益保障工作的意见》，规范交通运输新业态企业经营行为，营造良好从业就业环境。督促主要网约车平台公司加强与从业人员代表、行业协会等的沟通协商，降低主要网约车平台公司过高的

抽成比例或会员费上限，并向社会公开发布，保障从业人员合理劳动报酬，增强从业人员的职业归属感。继续全面推进电子证照工作，同时开展"出租汽车驾驶员一件事"的"一事联办"试点工作，并在全省推广。摸清全省出租汽车底数，筑牢行业管理基础。积极参与阳光行动、安全检查及全省道路运输风险隐患排查，从根源上化解安全隐患。

2.开展出租汽车质量信誉考核工作。按照交通运输部《关于印发出租汽车服务质量信誉考核办法的通知》要求，组织开展上年度考核工作并上报考核结果，通过市州考核评定、省级汇总、公示、上报，全省评定AAAAA级出租汽车企业4家、AAAA级7家、AAA级103家。

3.强化城市交通发展资金保障。做好城市交通发展工作绩效考核，对照交通运输部考核和评分标准，完成湖北省城市交通发展工作绩效评价自评打分，在规定时间上报《关于2022年度湖北省城市交通发展工作绩效考核自评情况的报告》，完成全省17个市级城市的评估打分排序。按照湖北省交通运输厅和湖北省财政厅《湖北省农村客运补贴资金和城市交通发展奖励资金管理实施细则》规定，完成湖北省上年度城市交通发展奖励资金53606万元的分配工作，共分配给全省出租汽车领域27082万元。

（吴松）

【城乡客运一体化】 城乡客运一体化加快推进，省交通运输厅出台《湖北省全域公交县建设管理办法》，在全省继续保持100%乡镇和建制村通客车基础上，不断深入推进全域公交县建设工作。湖北省农村地区公交化服务占比达38%，14个县（市、区）被纳入全域公交县建设范围，赤壁市、潜江市、老河口市、竹山县、谷城县、崇阳县和团风县等7个县市被省交通运输厅命名为全域公交县。农村客运站亭达标行动有序推进，新建成改扩建农村综合运输服务站78个、农村客运候车亭3491个。农村"客

货邮"融合发展初显成效，宜城市、老河口市、罗田县等8个样板县创建持续推进。全省共有"带货"公交车（客车）5697辆，全年"带货"1128万件。

（刘蔚）

【全省交通物流业发展】 至2023年底，全省有道路货运经营业户14.2万户，规上道路货运企业553家，普货车辆（不含4.5吨以下）29.4万辆（其中总质量在12吨以上的23.7万辆），危货运输车辆1.8万辆，其中主车11106辆、挂车6552辆。全省共有网络货运平台企业117家，累计整合运力150.4万辆、驾驶员149.5万人。武汉市被列为国际性综合交通枢纽，黄冈—鄂州—黄石、宜昌、襄阳被列为全国性综合交通枢纽。全省有交通枢纽物流园区85个，县级物流中心实现全覆盖，建成乡镇综合运输服务站527个，快递网点乡镇覆盖率达100%，快递进村覆盖率达80%。2023年货运物流服务总体保持平稳运行，完成货运量24.9亿吨，比上年增长19%。其中，公路货运量17.3亿吨，占总货运量的比重为69.5%。

1.畅通运输通道。全省实现县县通高速公路、镇镇通二级公路、村村通硬化路，交通"硬联通"不断延伸、加密。"九纵五横四环"高速公路骨架网基本形成，高速公路里程达到7849公里，长江万吨级船舶可直达武汉，武汉长江中游航运中心高等级航道网基本建成。

2.做强货运枢纽。武汉市国家综合货运枢纽补链强链工作扎实推进，第一批项目资金5亿元拨付至17个重点项目，汉欧国际物流园、国家粮食现代物流基地等重大项目有序推进。健全"市县镇村"四级物流网络节点体系，全省共有交通枢纽物流园区85个，县级物流中心实现全覆盖，建成乡镇综合运输服务站527个，快递网点乡镇覆盖率达100%。武汉东西湖综合物流园、宜昌三峡物流园、襄阳国际陆港物流园、十堰林安综合物流园等大型物流园区稳步运营，形成以武

汉港为核心，以黄石港、宜昌港、荆州港、襄阳港为重点的港口体系。

3. 做优多式联运。全省申报创建 4 批次共 8 个国家多式联运示范工程，有 4 个示范项目通过国家验收并被正式命名，湖北省国家级多式联运工程创建数量、命名数量均位居全国第一。鄂州花湖国际机场国家多式联运示范工程填补湖北省陆空联运空白。全省累计开辟集装箱航线 35 条、多式联运航线约 50 条。武汉阳逻港至上海洋山港江海直达实现天天班运营，"泸汉台"集装箱近洋航线、中国武汉至东盟四国航线、中国武汉至日韩航线等水水中转航线不断巩固，阳逻水铁联运基地"北粮南运班列"、汉亚直航对接中欧班列（武汉）国际海铁联运新通道、"武汉、黄石—舟山"长江中游江海直达等新航线陆续开通运营，外达欧亚、内联江海的铁水联运、江海联运、水水直达、公铁联运（中欧班列）、水陆滚装、陆空联运多式联运网络初步形成。深入实施多式联运三年攻坚行动，67 个多式联运集疏运重点项目开工 63 个，整体开工率 94.02%，其中完工项目 19 个。

4. 助推货运转型。襄阳、十堰、黄石、咸宁、武汉 5 个城市成功申报国家绿色货运配送试点城市。全省 90 家网络货运平台企业在物流信息推送、车货匹配、车联网等方面发挥重要作用。成功培育 29 个省级农村县乡村三级物流体系示范项目。赤壁市、竹山县、长阳县、老河口市成功申报国家农村物流服务品牌。

5. 做大市场主体。持续开展全省公路货运规上企业培育，全年对符合要求的 394 家规上企业安排奖补资金 6640 万元。全省规上道路货运企业达到 553 家，数量位居全国第五。

6. 营造发展环境。省政府出台《湖北省促进多式联运高质量发展的意见》《湖北省推进多式联运高质量发展三年攻坚行动方案（2021—2023 年）》，印发《湖北省推进多式联运发展优化调整运输结构工作方案（2022—2025）》，持续推动全省多式联运高质量发展优化运输结构。会同省财政厅制定《湖北省多式联运示范工程奖补资金管理办法》《支持公路货物运输业发展实施方案》《关于支持公路货物运输、多式联运、货运代理业发展奖补政策实施方案》等配套措施，对符合条件的多式联运示范工程和规上道路货运企业进行奖补。落实减免高速公路通行费政策，推广高速公路差异化收费。全面落实货车"三检合一"，开展"我要开物流公司（货运）"的"一事联办"试点及推广工作，多措并举降低物流成本。

（何智玲）

【驾驶员培训行业管理】 积极推进驾驶培训监管平台与公安考试系统对接工作。配合省交通运输厅对武汉市、孝感市两地省驾驶培训监管平台与公安互联网服务平台对接情况进行调研，向省交通运输厅报送关于武汉、孝感两地推进省驾驶培训监管平台与公安互联网服务平台对接工作情况的调研报告，分析两地对接成功经验，找准存在的问题，提出有关建议。

督促市州开展驾驶培训与驾驶培训考核系统对接工作。按照《关于进一步开展省驾培监管平台与公安互联网服务平台对接工作相关情况调研的通知》要求，每月汇总各市州对接最新情况，整理有关材料并提出建议。在上年武汉、孝感两地对接成功基础上，荆州市、咸宁市分别于 9 月 1 日、11 月 15 日对接成功。针对对接成功的地市，加强对对接后驾驶培训学时的监管，协助指导武汉市加强对驾驶培训市场的清理整治，完成《关于支持武汉市推进驾培市场智能监管工作有关意见的报告》。

协助完成上年度驾驶培训机构质量信誉考核工作。督促各市州按照有关规定开展上年度机动车驾驶培训机构质量信誉考核工作，并要求各市州上报考核结果，由道路运输中心汇总并向省交通运输厅报送考核结果。2022 年，全省共有 728 家机动车驾驶培训机构参加考核，其中 AAA 级 110 家、AA 级 391 家、A 级 171 家、B 级 31 家，另有经营未满一年不参加当年考核 21 家、因故未参加考核 4 家。

（胡礼苗）

【道路运输从业人员培训】 持续提升湖北省互联网道路运输便民政务服务质量。继续发布湖北省道路运输高频事项"跨省通办"业务办理成功率有关情况，发布《全省道路运输高频事项"跨省通办"业务办理成功率有关情况的通报》7 次。贯彻落实《交通运输部办公厅关于印发〈互联网道路运输便民政务服务质量评价办法〉的通知》精神，按季度开展湖北省互联网道路运输便民政务服务质量评价工作。为持续提升全省"跨省通办"业务办理成功率，就基层反映在互联网道路运输便民政务服务系统业务办理工作中遇到的有关系统的情况进行分析梳理，请求交通运输部研究完善。二季度交通运输部通报湖北省互联网道路运输便民政务服务质量评价全国排名第一。

做好 2023 年持续推进道路运输便民政务服务提质增效工作。根据《交通运输部办公厅关于印发 2023 年持续提升适老化无障碍交通出行服务等 5 件更贴近民生实事工作方案的通知》有关精神，配合交通运输部完善道路运输高频事项"跨省通办"服务功能和服务内容，持续提升湖北省道路运输行业便民政务服务效能，不断提高道路运输政务服务规范化、智能化、便利化水平，积极配合交通运输部开发道路运输从业人员跨省转籍业务网上办理相关功能。

持续加强道路货物运输驾驶员从业资格考试制度改革工作落实与监管。通过分析省运政系统数据发现，个别市州未严格落实《全省道路货物运输驾驶员从业资格考试制度改革工作实施方案》要求，存在大量发放道路货物运输驾驶员从业资格证但未同步上传"机动车驾驶员培训结业证书"的情况，协助省交通运输厅加强全省道路货物运输驾驶员从业资格证发放管理。

实现道路运输驾驶员诚信考核无人干预自动审核。为深化"放管服"改革优化营商环境、"互联网＋政务服务"推进"一网、一门、一次"改革要求,1月15日,省运政系统正式上线道路运输驾驶员诚信考核无人干预自动审核功能,对诚信考核周期届满的道路运输驾驶员,无须申请即可通过调用湖北省大数据能力平台中的驾驶证初领日期、驾驶证状态等相关数据,与运政系统中驾驶员相关信息进行比对、校验,实现到期自动办结。此举方便全省道路运输驾驶员诚信考核业务办理,进一步增强广大道路运输从业人员获得感。

做好道路运输从业人员职业技能竞赛相关工作。按照手续完备、依据充分、厉行节约的原则举办全省大赛,9月25—27日在武汉交通职业学院开展2023年"湖北工匠杯"暨全省交通运输行业第六届"交通工匠杯"技能大赛——汽车维修工职业技能大赛。经过各地选拔推荐,共有32名汽车维修工参加本次竞赛,最终有6名选手、7个集体获奖。

(胡礼苗)

【机动车维修检测行业管理】 加强汽车维修数据综合应用,继续推广应用湖北省汽车维修电子健康档案系统。全省17个市州推广实施汽车维修电子健康档案,并实现部省系统数据对接。按照交通运输部《关于深化汽车维修数据综合应用有关工作的通知》,推动湖北省汽车维修电子健康档案系统向三类维修企业延伸。督促和引导维修企业使用系统,提高系统使用率和数据上传率,按季度对使用情况进行通报。1—12月,全省有4446家(含新增企业)一/二类维修企业、1373家三类维修企业安装汽车维修电子健康档案系统,共上传维修数据325万余条,上传率47.48%。有1143家、25.71%的维修企业完成系统对接,实现数据自动上传;全省有2217家维修企业,共出具65.768万张汽车维修竣工出厂合格证,并生成尾气治理数据16.46万余条。

深入推进道路货运车辆"三检合一"工作,优化道路运输车辆技术管理。继续深入贯彻落实国务院关于推进道路货运车辆"三检合一"有关决

策部署,落实国家标准《机动车安全技术检验项目和方法》(GB 38900—2020)和交通运输部《关于优化道路运输车辆技术管理 便利开展车辆技术等级评定工作的通知》(交办运〔2020〕67号)要求,发布《关于开展机动车检验检测机构联网登记的公告》,指导取得市场监管部门颁发的相关资质认定证书,并实现与机动车安全技术检验检测系统和机动车排放性能检验检测系统联网的机动车检验检测机构,接入道路运输车辆综合性能检测联网系统。截至2023年底,全省有348家检验检测机构实现"三检合一"。全年全省道路运输车辆检测量为33.52万辆次,其中出具省内异地检测报告5.37万份,跨省异地检测报告2.88万份。

推进实施机动车排放检测与强制维护制度(I/M制度)工作。2020年底,交通运输部生态环境部下发《关于发布〈汽车排放检验机构和汽车排放性能维护(维修)站数据交换规范〉的公告》(2020年第100号),2021年经过湖北省生态环境厅、省交通运输厅及省道路运输事业发展中心调研、座谈、试点,基本实现湖北省汽车排放检验信息和维修治理信息闭环联网管理。在实际工作中,存在生态环境部门和交通运输部门公告的汽车排放性能维护(维修)站情况不一致问题。为便于两部门开展管理工作,省交通运输部门提出完善省级汽车维修电子健康档案系统功能需求,在企业录入维修信息时,汽车排放性能维护(维修)站必须进行标注。也要求各地指导汽车排放性能维护(维修)站在汽车维修电子健康档案系统中进行申请标注,并规范录入尾气治理数据。截至2023年底,汽车维修电子健康档案系统中标注的汽车排放性能维护(维修)站有1035家。全年尾气治理数据上传16.46万余条。

(陈蕤)

【全省水路运输管理】 2023年,全省完成水路货运量6.99亿吨,比上年增长20.1%;完成货物周转量4995.97

亿吨公里,比上年增长17.2%;完成铁水联运量17.55万标箱,比上年增长107.2%;完成水路客运量716.34万人次,比上年增长250.3%。

水路多式联运持续快速发展。多式联运示范工程建设加快推进。全省共创建7个国家级涉水多式联运示范工程,数量位居全国第一。第一批武汉阳逻港铁水联运一期、第二批黄石棋盘洲项目通过国家验收并实现常态化运营。第三批武汉金控粮食物流、宜昌白洋港项目通过部级验收,于10月被正式授予"国家多式联运示范工程"称号。第四批武汉阳逻港铁水联运二期项目投入运营。鄂州三江港公铁水空联运以及荆州"双十字"多式联运示范项目加快建设。多式联运业务不断拓展。"名古屋—武汉—塔什干""近洋直航+江海联运+铁水联运"国际新通道首次开通,阳逻国际港铁水联运二期项目首发"铁转水"集装箱业务,推动铁水联运双向对流发展。黄石新港以"江海直达+铁水联运"完成大豆、铁矿石两类大宗散货运输,进一步丰富多式联运模式。白俄罗斯—中国武汉阳逻港—中国烟台集装箱铁水联运、应城—武汉集装箱铁水联运、山东—湖北—重庆"北粮西运"集装箱铁水联运、荆州—南阳铁矿石铁水联运、淮滨港—阳逻港—四川等一批铁水联运线路陆续开通。

江海联运持续提质增量。近洋直航汉亚系列第4艘船舶"华航汉亚6"投入运营,汉亚直航实现每周两班,航线延伸到包括东京、横滨在内的日本关东地区并形成常态化。"中国武汉阳逻港—越南凯莱港"国际近洋直航航线成功开通。中国黄石—韩国釜山散杂货近洋国际直航停摆20个月后恢复作业,顺利重启。武汉港—上海港"点对点天天班"快航再升级,沿江捎带模式变为点对点直航模式,往返时间进一步缩短。省内武汉港、黄石港、鄂州港、黄冈港、荆州港等均开展江海联运业务,江海联运节点功能进一步发挥,推动全省多式联运的发展,形成外至日韩、俄罗斯,下达上海、宁波,内联重庆、成都、陕

西的多式联运网络。

水路运输结构调整稳步推进。各市州按照全省运输结构调整工作总体要求，推动适水货物公转水，扩大水运货源，积极培育发展水运航线。武汉成功开辟"黄冈—武汉"砂石"陆改水"新通道、"武汉—黄冈"城际集装箱天天班航线、"阳逻—云南"点对点集装箱航线、"阳逻—宜宾"集装箱航线、"武汉—重庆"直航航线、"荆州—万州"集装箱航线等一批水运集装箱航线陆续开通运营。

运输船舶绿色低碳持续发展。强化运输船舶绿色低碳发展领域政策支持。《湖北省支持绿色智能船舶产业发展试点示范若干措施》出台。新能源清洁能源在运输船舶上的应用持续推广。全国首艘长江支线120标箱新能源纯电动集装箱示范船"华航新能1"成功首航。长江首艘新一代130米纯LNG动力川江标准散货船"长航货运002"轮投入营运。国内首艘氢燃料电池动力船"三峡氢舟1"号在宜昌三峡游客中心首航。全省222艘船舶受电设施改造任务顺利完成。

水上旅游发展取得新突破。9月26日，秭归茅坪游轮母港建成开港，标志着"两坝一峡"国内旅游精品航线创建工作取得重大进展。同时，"两坝一峡"旅游成功入选全国首批交通运输与旅游融合发展十佳案例，全省水上旅游知名品牌打造成效显著。荆州旅游码头致力于打造长江港口文旅优质品牌，水上旅游服务能力不断提升。

水路运输市场服务保障有力。协助开展2023年度全省水路运输及其辅助业核查以及重点企业现场核查、水路运输企业"双随机、一公开"现场检查等工作。到长航集团、武汉中远海运等重点水运企业走访调研，积极谋划服务行业发展。圆满完成全省防汛抗旱水路运输保障及全省水路春运、清明、"五一""十一"等重要时段水路运输协调保障工作。

（崔娟）

【长江航运管理】 安全生产固本强基。与沿江7个省市交通运输主管部门签订《长江水上交通安全与应急管理合作备忘录》，推动建立4个省级水上搜救联席会议制度，三峡库区地质灾害防范应对形成"五个一"长效机制，全要素水上"大交管"延伸推广，长江航运"五大风险"有效防、管、控。深入开展安全生产重大隐患排查整治和重大风险防范化解2023年专项行动，推进重大风险隐患整治集中攻坚，排查问题隐患1.6万项。完善安全风险动态评估程序，对48项重大风险实行"图斑化"管理。扎实开展川江滚装船、省际客船、电动船专项检查，推进"夜游船"安全专项整治、船舶运输危化品全过程智慧监管能力提升行动、运输船舶跨区域跨部门违法违规信息通报专项治理等取得阶段性成果，危化品选船结果在长江全线互信互认。完善长江航运应急预案体系，修订《长航局突发事件综合应急预案》和16个专项预案。万州、武汉、南京三个应急救助基地建设稳步推进，国内首套常压深潜水系统投入使用。

绿色转型深化拓展。联合长江水系13个省市交通运输主管部门发布倡议，鼓励支持新能源清洁能源船舶产业链发展，合力推进长江航运绿色低碳转型升级。推动完成1.5万艘船舶受电设施改造，长江水系投用新能源清洁能源船舶300余艘。长江经济带岸电使用量为1.2亿千瓦时，比上年增长64%并提前2年实现"十四五"用电量超亿千瓦时目标。长江干线3.6万艘船舶实现"零排放"。推动"三峡氢舟1"、江海直达700标箱、汉江120标箱等新能源船舶建成投运，开展川江载货汽车滚装船新能源应用试点。上线运行港口和船舶岸电监管与服务信息系统，实现岸电使用全信息采集、全链条监管。推动安徽省出台长江船舶污染防治条例，长江经济带船舶垃圾、生活污水交付量同比增长50.2%、30.8%。印发《长江干线载运散装液体危险货物洗舱指南》，引导船舶规范洗舱。打造"船员服务驿站"和"水上社区"服务品牌，启动安徽枞阳、万州、云阳等水上绿色综合服务区建设。实施航道疏浚土综合利用约900万立方米，联合开展干线水域非法采砂专项整治行动。开展长江航运进入碳交易市场、锂电池过闸和长江干线绿色航道养护指标体系专项研究，修订长江航道工程生态设计等指南性文件。

规划建设稳步推进。深入开展三峡重大工程前期工作，率先完成建设期通航保障方案研究，积极推进航道通航影响条件评价审核。配合做好工程总体布置、工程可行性研究、环境影响评价、建管体制、投融资等研究。完成长航系统"十四五"发展规划及

2023年12月12日，长江航道首艘纯电测量船"航道06202"在宜昌航道辖区投入使用

2023 年 12 月 26 日，"信用长江"上线试运行

部水运、支持系统建设规划等中期评估，研究形成长江干线锚地布局规划方案。落实中央投资 16 亿元，6000 立方米耙吸挖泥船等 21 个项目竣工验收，30 米级纯电动测量船投入使用，涪陵至丰都段航道整治、旧洲河锚地、岳阳和南通监管救助基地等重点项目稳步推进。荆江二期航道整治工程通过国家发展改革委审查，土桥二期、黑沙洲水道航道整治项目工程可行性研究上报交通运输部。

通航保障能力提升。长江干线港口货物吞吐量 38.7 亿吨、三峡枢纽货物通过量 1.7 亿吨、引航船舶载货量 4.5 亿吨、省际旅游客运量 138 万人次，比上年分别增长 7.8%、8.8%、7.5%、26.3%，均再创新高。正式将宜昌至松滋、城陵矶至武汉航道维护尺度提高到 4.5 米。圆满完成年度"一战三保"任务，全力保障物流供应链稳定，干线航道维护水深保证率达 100%，完成疏浚量 7200 万立方米。制定《长江干线航道养护技术核查实施方案》，开展航道及通航建筑物日常运行监测。圆满完成三峡升船机停航检修工作，落实《三峡船闸优化运行调度和提升安全管理水平工作方案》，开展重点船舶预约过闸试点方案研究。深入实施重点物资运输"四优先"措施，共保障 9.2 亿吨能源、粮食等重点物资便捷运输。发布施行新版引航"八项服务承诺"，引领中外船舶 5.8 万艘次，比上年增长 11.1%。其中开普型

船舶近 2800 艘次，比上年增长 1.5%。

运输市场活力增强。打造重庆—宜昌三峡旅游精品航线试点，淘汰客船 2 艘，省际旅游客运量较疫情前增长超过 25%，"长江三峡旅游产品"被交通运输部、文化和旅游部等部委遴选公布为"第一批交通运输与旅游融合发展十佳案例"。淘汰液货危险品船 137 艘、6.8 万载重吨，液货危险品运价纳入《长江航运价格统计调查制度》。探索缓解普货运输市场供需矛盾的方法路径，推进市场监管向省际普货运输企业拓展延伸。积极推进多式联运发展，上游重庆果园港开通至四川宜宾、泸州、广元等 6 条水水中转航线，中游武汉至日韩集装箱江海直达航线实现运力倍增，下游特定航线江海直达船队规模持续扩大，干线港口集装箱铁水联运量 52 万标箱，比上年增长 27.6%。

"131"智慧长江成势见效。上线试运行"信用长江"系统，初步建立"1+N+5"的基础制度体系。上线试运行智能管理平台，集成"智能管理驾驶舱"，初步实现智能化监管服务。基本建成长江干线 L1 级、三峡和武汉 L3 级数字孪生系统，《内河水运数字孪生总体要求》通过国家数字孪生标准工作组立项审核。搭建综合保障平台，初步建成长江航运数据中台，研发资源图谱示范应用，融合建立统一的"三船"基础数据库，初步完成新一代北斗智能船载产品原型研发，"长江新链"试点建成武汉段"陆水空天"

无线网络，基本实现局系统协同办公。"长江 e+"公共服务平台建立"三位一体"服务模式，融合电子航道图、"船 E 行"等系统，汇聚 7 大类 77 项功能，提供集中统一高效的服务。全面推进交通强国建设试点工作，绿色航道试点形成"长江方案"，并在交通运输部交通强国建设试点工作推进会上进行经验交流；智慧航道试点形成"数字航道"应用平台，并向支流推广；三峡智能通航试点形成内河通航枢纽"运管维"成套技术；岸电试点实现沿江主要港口设施基本覆盖；多源时空试点全面建成运行北斗卫星地基增强系统；安全管控与应急搜救建设试点初步形成体系。同时，完成智慧长江建设和新能源清洁能源船舶应用 2 个交通强国建设试点申报。

（林雅琴）

【港口管理】 1. 船舶与港口污染防治。船舶生活污水收集处置装置改造全面完成，全省 4016 艘船舶完成加装船舶生活污水收集处置装置改造，新建船舶严格按船舶技术法规要求配备防污染设施。

港口船舶污染物接收转运能力明显提升。船舶污染物接收设施实现全省所有港口码头全类别、全覆盖。全省船舶污染物日常年接收能力：船舶生活垃圾为 10965 吨，生活污水为 65.9 万吨，含油污水为 20 万吨。接收能力与产生量相适应，满足当前和未来一段时期船舶各类污染物接收需求。

船舶污染防治电子联单管理服务水平和监管水平不断加强。交通运输部开发的涵盖交通、住建、环保等部门的船舶水污染物联合监管服务与信息系统（"船 E 行"）在湖北省全面应用。全省全年船舶生活垃圾接收量为 4943.8 吨，船舶生活污水接收量为 37.9 万吨，含油污水接收量为 8295.9 吨，船舶污染物转运处置率达 98% 以上，武汉市、宜昌市水上洗舱站累计作业 86 次，处置洗舱水 3794.4 吨。船舶污染物接收转运处置各环节电子联单形成闭环。

推动出台船舶水污染物相关政策。

落实省委办公厅督办通报要求，组织对长江沿线省市及省内水污染物接收情况进行调研，形成《关于船舶污染防治有关支持政策的调研报告》。省交通运输厅出台《湖北省船舶污染防治资金补助实施方案》《湖北省船舶和港口污染防治攻坚提升行动指挥部关于切实加强载运散装液体危险货物船舶洗舱工作的通知》，争取每年 4000 万元省级财政补助资金，用于免费接收长江、汉江干线船舶水污染物，引导化学品船舶规范洗舱，推进船舶和港口污染防治在高水平保护上进一步迈进。

岸电建设使用大幅提升。2023 年全省计划受电设施船舶改造 222 艘全部完成。全年港口岸电用电量达 1467 万千瓦时，比上年增长 158%，其中货运码头用电量超 158 万千瓦时，比上年增长 68%，岸电设施使用情况良好。

2. 专项工作。中央生态环境保护督察（省序号 47）验收整改情况。贯彻落实省交通运输厅《关于印发贯彻落实第二轮生态环境保护督察报告整改方案及措施清单的通知》，对照整改目标、整改措施、整改时限要求，对全省 15 个市州政府逐项开展验收。以第二轮中央生态环境保护督察反馈问题整改为重点，全方位提升船舶和港口污染防治能力和水平。

针对警示教育片披露的问题的整改情况。针对"2022 年长江经济带生态警示片披露突出问题第 13 项问题"，坚持"当下改"与"长久立"相结合的原则，拟定整改方案和验收标准。采取定期调度、调研评估、明察暗访等方式，对问题整改情况开展监督检查。督促黄冈市紧盯重点难点、时序进度、质量标准，对标对表认真整改。黄冈市人民政府通过市级验收，提交省级验收申请。

3. 港口安全管理。牢固树立红线和底线意识，以"平安港口"为统领，扎实推动港口安全生产工作系统化、规范化、精准化，全省港口安全形势总体平稳。

落实交通运输安全生产专项行动。制定水路客运船舶靠泊问题、港口装卸内贸集装箱超重治理、港口危险货物安全等 3 个专项行动方案，指导各地细化

行动实施方案，制定详细的专项检查项目清单，明确工作目标、主要任务、时间安排及工作要求，收集汇总各地行动进展情况，督促各地港口行政管理部门按照要求完成行动任务。

开展全省港口危险货物和水路客运安全生产管理"专家会诊"工作。5 月，对武汉、黄冈、荆州、鄂州、黄石、宜昌、荆门等 7 个市开展港口危货企业安全督查。采取现场核查、查阅资料、问询交流相结合的方式，检查港口危险货物企业 14 家、水路客运企业 11 家，共发现问题隐患 344 个，其中一般事故隐患 337 个、重大事故隐患 7 个，现场向受检单位反馈确认。各地整改工作有序推进。

督促落实企业安全主体责任。依法开展安全条件审查、安全设施设计审查，组织开展安全设施验收。对武汉港水上洗舱站改扩建工程、宜昌港秭归成品油翻坝茅坪码头工程、武汉港白浒山港区民生港口 LNG 储配基地码头、鄂州港三江港区交投沥青储运码头等 4 个建设项目开展安全条件审查，审核建设项目的条件论证报告和安全预评价报告，为项目审批提供意见建议。

履行部门监管责任。开展港口作业重大事故隐患排查治理和重大风险防范化解专项行动工作，对市（州）港航部门履职情况开展督查；制定相关制度指导市（州）、县（市区）港航管理部门组织对辖区港口企业开展全面安全检查和安全专项检查。按照"一经营人一档案"和"一项目一档案"基本原则督促各地建立监管对象基础档案、隐患排查治理台账、监管责任人台账等；加强港口设施保安符合证书核发和年审审查工作；强化港口危险货物从业人员职业资格管理和监管人员培训；运用"湖北省港口危险货物安全监管基础信息系统"，对港口危险货物企业实现动态监管。

4. 规范港口经营、锚地管理。督促指导全省港口行政主管部门，集中开展港口经营资质核查工作。主要核查港口企业经营资质达不到规定要求、未按规定进行备案、企业安全生产制度和管理不落实、未按照码头泊位性

质和功能接靠船舶或者超过码头靠泊等级接靠船舶、不按规定申报危险货物作业等违规违法等问题。依据相关规定责令问题企业限期整改。

开展生产性码头违规经营专项治理工作。联合省综合交通运输执法局，督促各级交通运输主管部门联合环保部门、海事机构，针对生产性码头违规经营、非散货码头违规装卸储存散货等问题，集中开展为期 1 个月的治理行动。重点针对装卸散装水泥、煤炭、砂石的码头开展检查，严防已经取缔的非法码头死灰复燃和新的非法码头出现。

打造交通强国示范，推动绿色港口建设。推动黄石新港打造绿色港口示范工程，建立长江内河港口绿色发展的标杆。黄石新港以工艺模型和结构创新为突破口，率先实现全球首创链斗式连续卸船机装卸工艺和港口堆场全封闭膜结构，创建全封闭、智能高效的大宗散货物流模式。

（潘婵）

【船舶检验】 2023 年，全省检验登记船舶 6184 艘、411.8 万总吨、151.1 万千瓦。全年审查船舶图纸 321 套，检验船舶 7896 艘次、696.1 万总吨。其中，已登记的建造检验 578 艘、92.9 万总吨（完成检验并授予船检登记号 516 艘），营运检验 7318 艘次、603.2 万总吨。船用产品检验 4.24 万件（台、套）。与上年相比，建造检验业务量上升超 10%，营运检验业务量基本持平，船用产品认可工厂数量、检验批次和件（台、套）数均增长显著。全省船检部门在岗持证验船人员有 223 人，其中持有注册验船师资格证书 139 人（A 级 8 人、B 级 52 人、C 级 69 人、D 级 10 人），持有内河小船营运检验适任证书 84 人。全省船检岗位取得渔船检验适任资格 209 人。船检工作人员和在岗持证验船师均有小幅增长。主要做法：

1. 推进船舶检验高质量发展。制定下发 2023 年湖北省船舶检验工作要点，总体部署全省船检工作，并定期调度。贯彻落实《湖北省交通运输厅船舶检验管理评价办法（试行）》和船

检质量体系文件相关要求,采取交叉内审和第三方机构跟踪服务相结合的方式,组织实施年度船舶检验管理评价工作。组织开展全省船检高质量发展集中调研活动,研究并印发《湖北省推进船舶检验高质量发展三年行动计划(2023—2025)》。

2. 推进创新试点工作。通过定期跟踪加强指导力度,保障第二阶段小船检验管理制度创新试点工作稳步推进。宜昌船检中心着力打造"简捷、便民、高效"船检服务新模式,坚持公平、公正、公开原则,结合辖区内船舶建造质量实际情况,评选出3家优秀船舶修造企业配合开展小型船舶试点工作,累计完成149艘小型船舶(含第一、第二阶段)试点船检验发证。

3. 构建区域合作发展新格局。长江船舶检验一体化工作站(宜昌)建设取得新进展,一体化工作站为过往的鄂豫籍船舶提供"就近检验、就近整改、就近发证"的便民检验服务,是适应"区域合作、协调联动、共建共享",构建区域船检合作发展的重要举措,是船舶检验省域间互通互认、资源共享的创新模式。

4. 支持谋划宜昌船舶审图中心挂牌成立。按照省审图中心资质管理文件要求,积极拟定宜昌市港航建设维护中心审图资质条件现场评估考核方案,并组织实施考评工作,全力支持宜昌船舶审图中心筹建及挂牌工作,此举对于优化省内船舶制造和航运营商环境、提升船检服务保障能力、促进船舶检验和航运高质量发展具有重要意义。

5. 推进质量管理体系,规范船舶检验行为。持续推进质量体系有效运行,以船检质量管理体系运行为载体,持续完善船检工作理念,持续改进船检工作模式,不断推动运行质量体系与船检业务日常管理有机结合,不断促进检验行为流程化、标准化、规范化,保证全省船检程序到位率不低于95%,顾客满意度达到90%以上。

6. 强化关键项目审核。按照"双随机、一公开"要求,不定期开展检验质量督查。依据多级审查制度,全面加强新建船舶船检登记号审核管理。充分利用海事协同平台检验监督功能,强化船图一致性等重点环节关键项目审查,对于船舶总吨位、总功率与审批图纸不一致,以及未按新法规复审等异常情况,严格要求相关船检机构补办手续、提交说明,再依规授号。

7. 加强船舶检修检测机构管理。增强船舶检修检测服务行业安全意识和底线思维,提升行业管理水平,根据长江海事局《关于开展2023年度船舶检修检测服务机构检查工作的通知》要求,主动配合专项检查工作,抽查完成省内7家船舶检修检测公司认可条件和现场核查评估工作,促进规范检修检测数据采信行为。抓好大型海船、河船、绿色新能源动力船舶等新型船舶检验质量督查,采取购买服务方式,委托第三方机构对宜昌、黄冈、鄂州、孝感4地的5艘新建船舶开展审图质量和建造检验督查。

8. 强化建造检验管理。压实船舶修造厂主体责任,抓好船舶开工前检查,强化船舶下水前、完工前等重要环节内部复核控制。强调图纸审查"六必须"(设计单位必须有资质,审图申请表和建造合同的适用法规规则必须正确,初审意见必须有回复,稳性计算必须校核,图纸资料归档必须完整),建造检验"五不检"(未建立质量自检制度,报废船舶和设施,技术资料不真实,未取得运力审批手续,不具备检验安全保障)和"五杜绝"(船厂无资质建造,无审批图纸,来历不明的改造,不按规定程序报检,问题未整改继续施工)。

9. 组织开展重大改建船舶检验专项检查。对全省2020年1月1日以后完成重大改建的,船长20米以上的151艘国内航行船舶进行清理汇总,并责成各市州船检机构成立专项工作检查小组,安排专人督导工作,通过召开工作会议,部署重大改建船舶检验相关工作,明确检查工作内容及要求,落实检查人员具体分工。依据重大改建船舶清单,完成151艘船舶的档案检查工作,结合定期检验完成97艘船舶的实船核查和证书签注工作。

10. 加强被滞留船舶检验质量管理。通过海事协同平台安全监督系统,收集整理2022年1月至2023年5月期间全省被滞留船舶的相关信息。对于包含缺陷问题1674项的231艘次被滞留船舶,在全省范围内进行通报,并责成相关船检机构抓好被滞留船舶的整改跟踪,结合定期检验,抓好问题项的整改闭环。安排专人督查工作,对滞留船舶缺陷整改工作情况进行定期检查,及时消除被滞留船舶安全隐患。

11. 推进运输船舶安装北斗卫星定位系统。督促各市州船检机构推进新建运输船舶安装北斗卫星定位系统,对船舶安装北斗卫星定位系统情况进行摸底统计,确保实现新建20米以上运输船舶北斗卫星定位设备安装率100%。

12. 抓好绿色新能源动力船舶检验。至2023年9月,全省有锂电池、LNG等新能源动力船舶71艘(地方检验发证60艘),地方检验发证的新能源船舶中包括公务船13艘、工作船9艘、货船6艘、客船32艘。国内首艘氢燃料电池动力船"三峡氢舟1"号下水运行,汉江首艘120标箱纯电动集散两用示范船"华航新能1"轮顺利下水,助力"电化长江""电化汉江"建设提速增效。

13. 做好船检技术培训。组织举办全省船舶检验业务知识培训班,全省150余名船检技术骨干参加集中培训。验船师驻厂实训班在湖北省验船师实训基地(宜昌)开班,来自全省7个市州的10名学员参加为期2个月的驻厂实训。武汉市港航中心黄燕玲获评全国"最美验船师"称号。

(李群华)

安全应急管理

【全省水陆交通安全】 2023 年，全省交通运输系统坚持以交通运输安全生产十大专项行动为主线，统筹推进重大事故隐患专项排查整治和重大风险防范化解，全省交通运输安全生产形势总体稳定，实现"一无两降"目标。截至 2023 年底，省交通运输厅共接报公路水路行业安全生产事故 17 起、死亡 24 人，其中，较大等级事故 1 起、死亡 3 人；未发生重大及以上等级事故。

1. 强化思想引领，坚决落实安全生产责任。

深入学习贯彻党的二十大精神和习近平总书记关于安全生产的重要论述。坚持党对交通运输安全生产工作的全面领导，深入贯彻落实党的二十大对于安全生产的重要部署，加强行业安全生产分析研判，研究解决安全生产重点难点问题。多次召开省交通运输厅党组会、安委会、专题视频调度会，及时传达学习贯彻习近平总书记关于安全生产重要指示批示精神和国务院、部、省有关安全生产会议精神，统筹部署推进全省交通运输安全生产各项工作。

切实加强组织领导。印发《关于调整湖北省交通运输厅安全委员会的通知》，进一步明确省交通运输厅安委会、省交通运输厅安委办主要职责。组织签订 2023 年度平安建设目标责任书。制订年度安全生产监督检查计划，重点时段领导带队进行检查，深入基层一线开展调研督导和重点帮扶。推动修订《省人民政府办公厅关于进一步加强道路交通安全工作的意见》，出台《湖北省道路交通安全整治三年（2023—2025）专项行动实施方案》。

建立健全工作机制。持续完善省综合交通安全生产专委会、省治超办、省铁路沿线安全环境治理厅际联席会议等工作机制，承办铁路沿线安全环境治理部际联席会议现场会。深化路警联合执法机制，实现省市县三级治超机构全覆盖。制定并印发《湖北省交通运输行业安全生产事故隐患排查治理办法》和《湖北省交通运输安全生产警示约谈和挂牌督办办法》。每季度组织开展安全监管典型执法案例收集和公布工作；定期报送全省交通运输安全生产重大风险点信息清单。

2. 强化预防预控，防范化解重大风险隐患。

扎实开展全省交通运输安全生产十大专项行动。坚持系统治理和问题导向，聚焦重载货车运输安全、上跨高速公路桥梁专项提升等重点领域及关键环节，制定《全省交通运输安全生产十大专项行动方案》，成立领导小组和工作专班，厅领导带队赴 17 个市州全覆盖督查。落实定期调度、通报制度，印发 8 期专项通报至市州政府，全省累计查处道路运输违法违规企业 4457 家次、车辆 27375 辆次、船员缺陷 520 项，排查上跨高速公路桥梁 1518 座，完成公路精细化提升工程 8639 公里，取消港外靠泊点 9 个。

扎实开展重大事故隐患排查整治和重大风险防范化解专项行动。围绕"火、爆、塌、撞、淹、挤"等易造成群死群伤的致灾因素，突出重点运输工具、重点企业、重点路段、重点基础设施等，组织开展 2 轮"行业＋专家"帮扶指导，全省排查整改问题隐患 11512 个，其中重大事故隐患 342 个，2023 年度省级挂牌督办的 17 个重大事故隐患全部销号，黄石长江公路大桥安全隐患治理强力推进。指导各级交通运输部门、重点工程建设单位动态更新重大风险清单，形成 41 个重大风险点"一张图""一张表"。

扎实开展交通重要基础设施安全防护大检查大整治。深刻汲取"7·8"宜昌五峰山体滑坡事件教训，组织专家督导组开展公路重点工程地质灾害摸排检查。建立省级交通基础设施安全防护"1+5"重点工作推进机制，落实重要基础设施"三个清单"，实施日报送、周总结，对 583 处交通重要基础设施实施安全运行监测。各级交通运输部门累计派出督导组 4159 个，检查基础设施（项目）5391 个次；研判重大风险 92 个，发布风险预警 1107 个。

3. 强化执法检查，严厉打击违法违规行为。

加强部门联合执法。深入推进重点领域和重大隐患整治精准执法检查工作，依法严肃查处各类违法违规行为。各级交通运输部门查处非法违规经营企业 597 家、车辆 2802 辆；处理抄告案件 650 件，吊销有关许可证 548 个，注销有关从业资格证 5928 个。充分利用信息化手段切实加强道路旅客运输非法违规运营精准协同治理，向外省交通运输主管部门推送"疑似非法营运客车"670 辆。强化重点货运源头监管，全省摸排重点货运源头企业 892 家；深化路警常态化联合治超，整治"百吨王"货车违法行为 1063 起，高速公路超限率维持在 0.01% 以下。

加强重点车辆动态监控。有序推动 800 公里以上长途客运班线退出市场，经营线路和班线车辆较 2021 年底分别减少 33%、42%。持续开展重型载货汽车运行监测和系统分析，坚持按月统计、通报全省"两客一危"车辆动态监控违规信息闭环处理工作情况，2023 年全省累计对"两客一危"企业通报 979 起、约谈 539 起、整改 2472 起、处罚 88 起；对"两客一危"车辆违规驾驶员批评教育 23339 人次、经济处罚 6170 人次、安排停班参加学习 684 人次、辞退开除 51 人次、联合惩戒 53 人次。

加强船舶协同监管。推广使用"e 船畅"App，跨区域跨部门共享过闸船舶安全检查信息，实现汉江沿线崔家营、雅口、兴隆等枢纽和江汉运河沿线龙洲垸、高石碑等船闸一键申报、一次船舶安全检查、数据共享、联合调度。大力开展注销未登记船舶清理整顿、水上涉客运输安全治理等 10 余项专项治理工作，实施船舶现场监督 17443 艘次，发现问题或违章 702 项；船舶安全检查 5355 艘次，发现缺陷 5620 项。完成 2023 年国内水路运输及其辅助业和国际船舶运输业核查。

4. 强化综合施策，筑牢夯实安全生产基础。

提升交通本质安全水平。深化自然灾害综合风险公路水路承灾体普查成果应用，持续加强交通重要基础设施安全防护，实施公路危桥改造 885

座、农村公路安防工程 6139 公里、公路灾害防治工程 191 公里，建设长大桥梁结构健康监测系统 60 座，完成碾盘山至兴隆 16 处丁坝、5 处护岸以及天门、十堰 2 处航道养护基地水毁修复。开展"美丽乡村渡口"共解缔造工作，撤销渡口 169 道、拆解渡船 107 艘，完成 104 道渡口提档升级。全力推进全省治超联网管理信息系统建设，加快构建全省"一盘棋、一张网"科技治超兴安新格局。

提升基层安全监管能力。先后举办全省交通运输法治干部能力提升培训班和行政执法人员示范培训班，参训人员共计 124 人次；举办内河 C 级船舶安全检查员培训和适任考试 3 期，新增具备船舶安全检查任职资格人员 199 人；组织业务骨干参加非涉外中级海事调查官培训，新增中级海事调查官 8 名。开展湖北省交通运输综合行政执法人员大练兵大比武活动，举办业务知识和执法大讲堂竞赛，以赛促训、以训促学、以学促干，进一步提高执法人员综合素质和能力。

提升企业事故预防水平。研究编制《湖北省公路水路安全生产风险分类分级及动态调整工作指南（试行）》。制定《交通运输行业重点领域安全生产责任保险试点方案》，在武汉、宜昌、恩施州等地重点公路水路企业和高速公路经营管理单位试点推进安全生产责任险实施。印发《省交通运输厅关于加强全省交通运输安全生产标准化建设的通知》，推动安全生产向事前预防转型。

提高从业人员安全素质。开展"路政宣传月""安全生产月"以及普法宣传等活动，广泛宣贯"一法一条例"和《湖北省生产经营单位主要负责人安全生产职责清单指引》《湖北省生产经营单位全员安全生产职责清单指引》"两个清单"。聚焦"人人讲安全、个个会应急"主题，全省交通运输系统举办安全生产培训班、研讨会 284 场次，发放安全手册近 6 万册、张贴或悬挂安全标语、横幅、挂图 5476 份；开展企业主要负责人"安全承诺践诺"活动 578 场，企业安全培

训 2.8 万人次。

（董少青　董沛玲）

【工程安全监督】 2023 年，全省在建公路水运重点项目 46 个。其中，公路重点工程项目 28 个（高速公路项目 26 个，含长江公路大桥项目 4 个、高速公路改扩建项目 2 个）、水运重点工程项目 11 个（航运枢纽工程 1 个、码头项目 9 个、航道整治项目 1 个）、高速公路新增服务区（收费站）6 个、汉江大桥 1 座。建设规模大，施工安全难度大，安全监管项目众多，安全监管任务繁重。

厅工程事务中心贯彻落实习近平总书记关于安全生产重要指示批示精神，坚守安全生产底线和红线，奋力推动平安百年品质工程建设，扎实开展安全治理能力提升行动和防范化解重大风险行动，督促公路水运重点工程项目落实安全生产责任，强化过程管理和日常监管，进一步夯实全省公路水运重点工程安全生产基础。主要做法如下：

1. 始终强化党建引领，提高政治站位。以习近平新时代中国特色社会主义思想为指导，深入学习贯彻习近平总书记关于安全生产重要指示批示精神，坚持人民至上、生命至上，围绕"学思想、强党性、重实践、建新功"总要求，坚决扛起安全生产政治责任，定期召开安委会分析安全监管工作重难点，认真应对各项风险挑战，全力推进国务院安委会安全生产十五条措施和省安委会安全生产二十条措施落实落地，努力开创安全监督新局面。

2. 始终强化风险预防预控，落实安全生产条件。坚持前移安全监督关口、强化源头管控，持续推进桥隧风险评估制度，督促新开工项目编制项目总体风险评估，对辨识出的风险较大分部分项工程编制专项风险评估，制定项目重大风险清单和风险管控措施。加强对安全生产条件的核查，全年对京港澳高速公路湖北省豫鄂界至军山段改扩建工程等 10 个新开工项目进行安全生产条件核查，检查施工单位 29 家、监理单位 19 家，督促参建

单位健全安全生产保证体系，完善安全生产条件。

3. 始终强化组织领导，大力开展隐患排查治理。针对全省重点工程建设项目多、分布广、施工难度大等特点，采取"监督工程师+专家""四不两直"等方式，适时组织开展安全综合督查和专项督查，全年组织开展各类安全督查 18 次，书面下发整改通知书 66 份，累计排查问题 1400 余处，整改率 100%，有力保障重要时段公路水运重点工程建设领域安全生产形势稳定。

4. 始终强化施工重难点，全力推进专项行动落实落地。全面贯彻落实八部委《关于进一步加强隧道工程安全管理的指导意见》和交通运输部《关于进一步加强隧道施工安全专项整治工作的通知》规定，针对隧道开挖、衬砌支护、洞口防护和路堑高边坡、高墩长跨桥梁、挂篮悬臂浇筑、支架现浇、预制梁架设等施工重难点部位施工安全管理，制定"公路水运重点工程施工安全生产十大专项行动"和《全省公路水运重点工程安全生产重大事故隐患排查整治和重大风险防范化解专项行动方案》，组织对长江大桥、山区高速公路、大型水运码头等项目开展桥梁隧道工程专项督查、公路水运重点工程综合督查 5 次，累计抽查重点项目 26 个，确保关键部位、关键工序安全可控。

（沈磊）

【公路安全管理】 加强统筹协调，安全基础管理得到增强。加强上传下达、贯通左右、联系内外、衔接各方等具体工作，提高自身执行力度，大力推进安全生产责任体系完善，突出公路建养管收各领域安全监管责任。下发《2023 年全省公路安全应急管理工作要点》。全年开展安全检查督办 20 余次，安全应急领域发出公文 33 份、通知通告 22 份、信息 20 余篇、预警通告 15 份，有力促进全省公路安全工作开展。

强化制度引领，安全应急管理更加规范。通过主动对照运用安全生产

法律法规，积极查找公路领域安全管理短板和薄弱环节，推进公路领域隐患排查制度化、常态化，落实部省文件标准规定，从排查、通报、整改、销号等环节实现闭环管理。大力推进高速公路领域安全标准化建设，推动安全工作制度化、规范化建设，夯实安全管理工作基础。加强高速公路安全管理，对经营单位加强检查督办和规范内业资料，着力解决企业安全生产执行力和落实力不足问题，推进高速公路运营安全管理。

加强安全监管，风险隐患排查治理成效初显。完成交通运输部、省交通运输厅要求的安全生产监管系统重大风险上报初核，持续动态评估、管控重大风险3项。督促指导各级公路部门全面加强公路安全风险管理工作，推进公路风险管理与重大风险防控。下发《公路安全生产重大事故隐患排查整治和重大风险防范化解专项行动方案》，推动公路领域隐患排查整治和风险防控工作。开展督导检查46次，检查部门企业76家，发现问题隐患82个，全部整改完成。聘请第三方机构，对17个市州公路部门和32个高速公路经营管理单位开展重点问题排查和帮扶指导，排查发现问题904处，有效防范和遏制各类生产安全事故发生。加强上级挂牌隐患整改督办，省安委会挂牌督办的4个重大事故隐患、省综交专委会挂牌督办的16个重大事故隐患全面整改销号。

加强统筹协调，深入开展公路安全专项行动。推进公路领域安全设施精细化提升行动和跨高速公路桥梁专项行动。加强检查督办，向16个市州交通局、71个县级交通局、6个县级建设局以及各高速公路经营管理单位下发加强上跨桥安全管控严防安全事故提醒函，进一步压实上跨桥安全责任措施。下发《关于做好全省公路重要基础设施汛期安全防护工作的通知》，进一步推进公路重要设施安全管理能力水平提升。

强化应急管理，应急保障能力全面增强。启动修订2个总体应急预案和6个专项应急预案；11月17日在

S48张太高速公路寨子包隧道举办湖北省公路隧道突发事件应急演练。通过办公自动化（OA）系统、QQ群、手机短信等方式，及时发布气象灾害预警信号，全年省级公路信息平台发布冰雪及汛期洪水暴雨预警通告15个，及时通报各级公路部门警惕防范。

抓好宣传培训，能力素质得到有效提升。组织举办200余人参加的公路安全培训班，助力提升全省公路本质安全水平。在S29麻阳高速公路武穴服务区举行"安全宣传咨询日"活动，开展公路行业"安全生产月""5·12全国防灾减灾日""10·13国际减灾日"等活动，强化安全生产法律法规、政策宣传，进一步提升行业从业人员的安全意识和应急处置能力。

（余威）

【道路运输安全管理】 1—12月，全省发生道路运输行车事故15起，死亡21人，受伤22人，与上年相比，事故起数下降40%，死亡人数下降41.67%。未发生重大及以上道路行车安全责任事故。安全生产形势基本稳定可控，各项工作稳步有序推进。

1.积极推进安全生产专项整治行动。

按照全省交通运输安全生产十大专项行动要求，突出重载货车整治、道路客运打非治违及专项行动，先后到武汉、襄阳、宜昌、十堰、荆州、荆门、孝感、黄石、黄冈、咸宁、鄂州、恩施州、随州、潜江、天门等地开展交通运输安全生产调研和十大专项行动督导调研，指导责任市州严格按照部署开展各项专项行动，确保专项行动落地见效。专项行动开展以来，全省当年检查经营业户9783家，发现安全隐患2922起，整改隐患2830起，对企业通报约谈605次，查处违法行为3860起。开展安全生产突出问题整治"百日行动"，指导各地开展10年以上车龄老旧重载货车和800公里以上营运客车排查整改，通过四级协同运政信息系统，梳理全省10年以上车龄老旧重载货车28066辆，排查10年

以上老旧重载货车15013辆，整改发现隐患4411起，完成整改4289起。十堰市在重载货车整治中强化源头管控，看牢资质关口，成效突出。整治活动开展以来，全年共注销有关许可证431个、货运车辆670辆、从业资格证5566个。宜昌市紧盯道路危险货物运输领域，开展道路危险货物运输企业动态监控"数据大起底、运行大分析、问题大整改、质效大评价"行动，取得积极成效。

2.持续开展重大隐患排查治理。

按照部、省工作部署，开展道路运输重大事故隐患排查整治和重大风险防范化解专项行动，建立重大风险"五个清单"，全面摸排800公里以上里程客运班车、省际包车、危险货物运输、重载货车等重点领域重大风险信息50条。认真分析研判道路运输自然灾害风险隐患，配合省交通运输厅做好预警监测应急处置工作，防范化解自然灾害等突发事件对道路运输经营服务活动的影响。

3.狠抓重点营运车辆动态监控违规信息闭环处理。

（1）督促完成部、省两级动态监控抽查通报的核查整改工作。全年督促完成部、省两级动态监控抽查通报核查整改11期，涉及车辆698辆次。组织对2023年交通运输部前6期抽查通报的458台次车辆问题进行分析梳理，对涉及的10个市州、15家多次被通报的企业和15辆因同一个问题被连续通报的车辆提出整改要求，要求相关市州严格监管涉及的企业和车辆，加大抽查频次，注重分析梳理，督促企业再次核查整改。针对恩施州部分道路运输企业主体责任落实不到位、多次被交通运输部通报的情况，推动省交通运输厅对恩施州交通运输部门进行约谈。

（2）督促完成交通运输部长期未上线车辆核查整改工作。组织对交通运输部通报的5241辆"两客一危一重"长期未上线车辆进行核查整改，督促做好恢复上线、报废车辆清理等工作。

（3）坚持动态监控违规信息闭环

处理全覆盖。规范动态监控闭环处理工作流程，拓展违规信息收集渠道，把各级（部、省、市州）抽查、第三方监测、外地抄告、企业监控等发现的违规信息纳入闭环处理范畴，坚持违规信息百分之百收集、百分之百处理。2023年，全省对"两客一危"企业通报979起，约谈539起，整改2472起，处罚88起。对"两客一危"车辆违规驾驶员批评教育23339人次、经济处罚6170人次、安排停班参加学习684人次、辞退开除51人次，联合惩戒53人次。

4.强化重点时段安全服务保障。

突出元旦、春运、两会、中秋、国庆、亚运会等重点时段行业安全管理，采取"四不两直""双随机"等形式，深入一线排查隐患，开展9次督导检查，检查企业130家，现场发现并督促整改问题隐患145起。贯彻落实上级汛期行业安全防范和应急保障指示批示精神，协调落实应急运力储备，做好汛期自然灾害风险研判等工作。组织落实汛期交通运输重要基础设施安全防护大检查，加强应急值守，完善应急预案，提高应急处置能力。认真贯彻中央、省委领导同志关于宁夏"6·21"事故指示批示精神，按要求协助开展城镇燃气、消防安全、食品安全、寄递物流、校车安全等其他安全生产专委会组织的专项整治工作，协调参加省安委办、省文化和旅游厅、省烟花爆竹专业委员会和省交通运输厅组织的督导检查，全力保障重要时段、重大活动期间的道路运输安全。

5.开展平安创建活动。

积极深化平安交通创建活动，制定"平安中心"创建活动方案，组织协调开展"平安车""平安站"创建活动。配合省交通运输厅做好"十四五"安全应急规划中期评估。拟定湖北省危险化学品道路运输安全监管工作措施。开展"安全生产月"活动及系列专题学习，组织中心干部职工开展"全民国家安全教育日""防灾减灾救灾日"和国际减灾日等主题宣传活动。

（黄继兵）

【水路交通安全管理】2023年，全省共发生水上交通事故1起、死亡1人、沉船1艘，船籍港船舶在辖区外发生水上交通事故2起、死亡1人、沉船1艘。全省水路交通领域安全形势总体平稳，未发生较大等级及以上事故。重点开展以下七个方面工作。

1.统筹发展和安全。

调查研究。聚焦湖北水运高质量发展，积极开展调查研究，完成《关于湖北省水运高质量发展的调研报告》《关于推动湖北航运经济发展建议的情况报告》《关于汉江航运发展的情况报告》《关于加快湖北省港航业高质量发展的实施意见》《关于推动我省港航业高质量发展有关情况的报告》《关于学习江苏经验，加快推进我省水运高质量发展有关情况的调研报告》等一系列报告，提交省领导研究。

规划引领。3月20日，省交通运输厅出台《湖北省水运发展三年行动方案（2023—2025年）》；11月，省港航事业发展中心出台《湖北省推进船舶检验高质量发展三年行动计划（2023—2025年）》，完成全省水运发展"十四五"规划中期评估，配合省发展改革委组织编制《汉江流域综合治理规划纲要》，扎实推进《湖北省港口与航道布局规划》编制工作，统筹推进湖北水运高质量发展。

政策支持。9月，省交通运输厅出台《湖北省船舶污染防治资金补助实施方案》，每年安排4000万元用于奖补船舶污染物接收转运处置和化学品船舶洗舱作业，建立全省船舶污染物免费接收机制和危险化学品船舶"应洗尽洗"制度，提升船舶污染防治能力与水平；出台《湖北省老旧运输船舶淘汰更新实施方案》，每年安排2000万元用于老旧运输船舶淘汰更新，优化船舶运力结构，提高船舶技术水平；2月，出台《湖北省"十四五"乡村振兴旅游渡运码头建设实施方案》，每年安排一定的补助资金建设乡村振兴旅游渡运码头，提升旅游渡运设施设备安全水平。9月，省港航事业发展中心出台《船舶安全管理专项治理资金补助及评价办法（试行）》，从2023

年起，每年安排1800万元补助资金，用于全省船舶安全管理专项治理工作，强化船籍港管理和现场监督。

2.提升履职能力。

验船师队伍建设。举办验船师驻厂实训，组织参加第二届全国船检技能比武的选手集中培训、全省船检人员检验业务视频培训，组织验船师参加船舶检验业务知识培训、渔船检验业务知识培训，组织179名验船人员参加2023年船舶检验适任资格考试。

船员管理队伍建设。举办船员管理业务培训，组织业务骨干参加船员培训和船员管理质量管理体系审核员培训、船员考试管理人员能力提升培训、新版内河船舶船员实操评估系统使用培训、"海事之眼"使用培训，新增船员考试考官35名、审核员5名，推广使用"海事之眼"和船舶实操评估系统。

现场监管队伍建设。举办3期内河C级船舶安全检查员培训和适任考试，新增具备船舶安全检查任职资格人员199人，组织业务骨干参加非涉外中级海事调查官培训，新增中级海事调查官8名。

3.提升治理效能。

港口营运突出问题治理。开展规范水路客运船舶靠泊、港口装卸内贸集装箱超重、港口危险货物安全、港口作业重大事故隐患排查治理和重大风险防范化解等专项治理行动，取消港外靠泊点9个，发现装卸超重内贸集装箱691个，排查整治港口危险货物码头问题隐患682个，进一步规范水路客运船舶靠泊、内贸集装箱装卸、港口危险货物作业等行为。组织开展全省港口危险货物和水路客运安全生产管理"专家会诊"，对7个市25家企业进行督查检查，发现并督促整改问题隐患344个。

通航桥梁、建筑物突出问题治理。完成13座跨航道桥梁隐患治理收尾工作，5座未整改完工桥梁列入湖北交投集团在役高速公路运行安全提升专项行动。12月15日，完成崔家营航电枢纽船闸大修，完成碾盘山至兴隆16处丁坝、5处护岸以及天门、十堰2处航道养护基地水毁修复，配合省水利厅完成汉江中下游梯级枢纽联合生态调度。完成兴隆枢纽通航保障暨安全运行应急处置工程,积极推动兴隆枢纽加快实施技改方案,近远期结合彻底解决兴隆船闸通航保证率不高的问题。加快建设新集水电站上下游航标、锚地等配套设施,加快疏浚新集水电站下游引航道衔接段。

水上交通安全突出问题治理。开展运输船舶违法违规信息跨区域跨部门通报专项治理、国内航行船舶船员实操能力检查、注销未登记船舶清理整顿、水上涉客运输安全治理等10余项专项整治活动。实施船舶现场监督17443艘次、发现问题或违章702项,实施船舶安全检查5355艘次,发现缺陷5620项。完成2023年国内水路运输及其辅助业和国际船舶运输业核查。

4. 夯实渡运基础。

3月2日,出台《"美丽乡村渡口"共同缔造推进方案》,继续安排4698万元用于开展"美丽乡村渡口"共同缔造工作。5月23日,组织召开"美丽乡村渡口"共同缔造工作调度会,摸底掌握农村水路客运补贴资金需求,每月调度项目进度,加强现场调研和督办。全省共撤销渡口169道,提前拆解渡船107艘,完成104道渡口提档升级,研发4种渡船标准船型,从根本上降低渡运安全风险,消除渡运安全隐患,打造更高水平"平安渡运"。

5. 激发创新活力。

船检管理机制创新。10月2日,成立宜昌船舶审图中心,建成船舶电子审图系统,实现全线上审图,便利非入级大型船舶就近审图,为宜昌打造新能源船舶制造中心、加快实施"电化长江"战略提供有力支撑。鄂豫两省共同选派验船师进驻长江船舶检验一体化工作站,为鄂豫两省籍过闸船舶提供"就近检验、就近发证"服务,降低航运企业成本,提高船舶营运效率。开展小型船舶检验及其监督管理优化试点工作,主动回应社会对船舶检验"简捷、便民、高效"的需求。推广使用"E船检",推行"打包式"集中检验,提升船舶法定检验发证服务效能。

船员培训考试供给。聚焦就近培训、就近考试、节约成本需要,组织1935名船员参加65期船员培训,组织3272名船员参加64期船员考试,指导襄阳技师学院、湖北黄冈应急管理职业技术学院新增内河船员培训机构,襄阳技师学院取得交通运输部海事局许可,填补湖北省汉江沿线8地市无船员培训机构的空白。

重点工程通航安全。调整通航安全保障技术评审模式,对18个项目通航安全保障方案进行技术评审,对42个水上水下施工作业项目进行技术审核。完成51个项目航道通航条件影响评价审核、6个项目航标设置方案审核。指导崔家营、雅口、江汉运河编制通航建筑物运行方案。雅口、碾盘山枢纽船闸建成通航,孤山、新集枢纽船闸实现试通航。

6. 做强信息支撑。

项目前期推进。积极推进湖北省水路交通运输信息平台(一期)、湖北省港口危险货物安全监管平台、汉江兴隆至蔡甸段智慧航道工程前期工作。

网络安全管理。全面贯彻落实网络安全党委工作责任制,持续优化网络安全应急预案,修订网络安全和信息化领导小组组成及职责,部署"天翼大脑"网络安全预警监测平台,防范病毒和网络攻击、网络侵入等危害网络安全行为。细化部、省垂直信息系统的网络安全管理,加强重点时段网络安全检查和攻防演练,开展OA系统密码应用软件升级,通过密码应用安全性评估检查和网络等级保护二级测评。通过省交通运输厅和省公安机关网络安全和数据安全检查和现场核查。

7. 做强支持保障。

加强档案管理组织领导,修订完善档案管理系列制度,升级档案管理系统。认真落实保密要求,全年收取密件130余件,未发生失泄密事件。加强节假日值班提醒,全年未发现脱岗失职等事件。每月现场抽查公务船艇情况,确保处于良好的待命状态。加强机关消防和食品安全管理,圆满完成办公楼和办公设施设备日常维修保养等工作。

(王祥)

【全省交通应急管理】 应急管理体系不断完善。印发《交通运输厅关于加强交通运输应急管理体系和能力建设的实施意见》。修订《湖北省交通运输厅突发事件综合应急预案》,推进省交通运输行业突发事件(道路运输、城市轨道交通运营突发事件)应急预案、省水上搜救应急预案、省突发事件综合交通运输保障应急预案等3项省级专项预案、8项部门专项预案修编。潜江市水上搜救应急预案、宜昌市交通运输突发事件应急预案先后获批发布。2023年湖北省高速公路改扩建项目突发事件实战演练圆满完成。

应急处置能力持续加强。制定《国家区域性公路交通应急装备物资(湖北宜昌)储备中心建设实施方案》,逐步形成"1+5+90"(1个国家级中心,5个省级区域性中心,90个县级中心)的普通公路交通应急装备物资储备体系建设,以及28个高速公路养护(应急)中心规划布局。加快推进清江宜昌长阳段和汉江襄阳段2个50吨船舶溢油应急处置设备库建设,水上交通应急设施设备配置不断完善。全省共组建普通公路应急保通队伍96支、高速公路应急处突队伍197支,储备公路钢桥29套、无人机11架、冲锋舟11艘、应急搜救艇203艘,省级应急储备运力车辆1020辆。

极端天气防范应对。印发《湖北省防汛抗旱交通运输应急保障工作预案(2023年修订)》,编制《湖北省公路领域防范低温雨雪冰冻灾害应急预案》。加强与气象、公安交警等部门信息互通、资源共享、处置协同,及时掌握气象信息和路网运行情况,全年有效应对气象灾害应急响应8次。各地及时修复汛期水毁路段524处,其中抢通中断路段33处。针对冬季低温雨雪冰冻灾害天气,形成政、警、路、企"四位一体"协同作战机制,全力以赴保障高速公路安全畅通。

应急处置信息化建设。在长江、汉江安全环保视频监控一期的基础上,延伸、加密387个视频监控点位。改造升级省级路网监控中心,实现与全省17个市州公路中心、32家高速公路运营单位视频连线。积极推进湖北省水路交通运输信息平台（一期）、湖北省港口危险货物安全监管平台、汉江兴隆至蔡甸段智慧航道工程前期工作。完成湖北省公路水路安全畅通与应急处置系统工程竣工验收工作。

应急值班规范化建设。严格落实领导带班和24小时专人值班制度，实施重点时段、重大活动期间安全生产事故日报告、零报告制度。落实"五一"期间带班厅领导每日视频调度机制，组织重要节假日视频调度9次，累计报送《交通运输值班信息》16期、路网阻断信息1800余条，抽查厅直单位值班情况728次，协调处置各类突发事件100余起。省交通运输厅被国务院第一次全国自然灾害综合风险普查领导小组、应急管理部授予"先进个人"1人；厅总值班室（应急办）获评2023年度全省交通运输先进集体。

（董沛玲　朱磊）

【公路应急管理】 抓基础保障，应急服务能力不断增强。整合高速公路和普通公路应急值班值守工作，修订印发并严格落实政务值班和应急值守制度及信息报送制度；参与公路行业突发事件2项综合预案及1项专项预案编制，健全完善三级预案体系。组织开展行业应急管理培训、应急处置服务平台和交通调度数据系统专项培训；配合安监处开展应急演练，督促各地各单位开展应急演练159场次。完成公路应急处置服务平台数据切割、完善、优化及全面启用；推进"阳光救援"专项行动，完成省级"阳光救援"子系统开发、建设、试用等工作。

抓预警处置，路网通行效能不断优化。以落实应急值守、信息流转、联勤会商、事件处置为抓手，全面整合高速公路和普通公路应急预警处置工作，发布重大气象风险预报信息309条，指导各地各单位妥善防范应对恶劣天气；开展重点收费站实时监测35000余次，督促收费站口采取疏堵保畅措施1526次，平均单次拥堵时长、拥堵距离较上年同期分别下降11.54%和5.77%；妥善处置公路网重点突发事件216起，

交通阻断平均时长较上年同期下降13.04%，路网通行效能进一步提升。

抓出行服务，信息服务水平稳中有进。与中国交通广播合作，全年为驾乘人员播报路况9500次，其中"高小飞"播报路况1440次。参加路况直播、接受湖北卫视等媒体采访9次，登上中央台新闻频道1次。通过应急中心官方抖音号、"湖北高速"微博、门户网站等平台发布出行信息2720条。制作重大节假日出行指南6期，在20余家媒体平台发布，为驾乘人员提供专业、权威的出行指引。

（余威）

【道路运输应急管理】 根据《省交通运输厅关于印发2023年汛期全省交通运输重要基础设施安全防护工作大检查及驻点督导工作方案的通知》部署，采取"四不两直"方式到公路养护中心、客运中心站、综合货运枢纽等道路运输生产现场，暗访暗查出入口、防涝排涝设施连接、下沉式建筑等重点点位，排水挡水设施设备、防汛抢险应急物资储备等情况，涉及多式联运环节的安全管控和隐患集中整治情况，出现极端天气等非常情况的应急预案制定及演练情况等。

提前预警，有效应对恶劣天气。每月开展道路运输自然灾害风险隐患研判，配合省交通运输厅做好加强安全生产季节性规律分析研判，强化重点时段安全保障，密切关注湖北省气象动态和道路通行情况，加强恶劣天气运行安全风险评估研判，关注天气和路况信息，强化"两客一危"车辆动态监控违规信息闭环处理工作。多次启动应急响应，指导市州及运输企业及时按规定调整运行安排，减少途中滞留风险，严防重特大安全事故发生，防范突发事件对道路运输车辆和旅客造成影响。

超前谋划，做好应急准备。协助省交通运输厅落实供省调用的防汛应急车辆1000辆，其中客车500辆、货车500辆。防汛应急运力做到"六落实、三有数"，即领导责任落实、车属单位落实、车牌号落实、驾驶员落实、带队人落实、集结地点落实，重点地

段车辆运力运量情况心中有数、应急支援运力及其分配情况心中有数、组织指挥调度心中有数。

多种形式，开展教育活动。加强防灾减灾宣传，普及安全知识，培育安全文化，切实加强防灾减灾救灾工作、推进应急管理体系和能力现代化建设。促进机关职工干部防灾减灾意识的增强和应急避险能力的提升，围绕"防范灾害风险 护航高质量发展"主题，采取多种形式有效开展防灾减灾宣传教育，组织开展防灾减灾知识宣传教育，普及防震减灾、应急避险、自救互救等相关科普知识，有效提升防灾减灾意识和综合防灾避险能力。

整治隐患，做好灾害防控。结合安全大排查大整治活动，指导交通运输部门组织开展灾害风险隐患排查整治，分析各类灾害发生机理和影响程度，确定客运站（场）、公交、出租汽车等交通运输单位及公共交通工具运营过程中播放防灾减灾知识宣传视频，加大极端天气时防灾减灾巡查频率和范围。根据区域灾害风险特点，完善相应基础设施，建立道路运输领域灾害群防群治长效机制。健全灾前应急准备、临灾应急防范和灾后应急救援体系，加强灾害预警预报和救灾物资应急保障能力，丰富物资储备种类，完善物资储备管理制度，强化灾害信息报送和救灾应急队伍建设。强化多方联动，做好灾害防控。

加强值守，确保信息畅通。对照《湖北省政府系统值班工作规范（试行）》《全省交通运输系统政务（应急）值班管理制度（试行）》等文件要求，认真梳理值班工作，切实落实《省道路运输事业发展中心机关值班管理规定》，确保值班工作规范有序。严格落实领导带班和24小时值班制度以及重大事项报告制度，一旦发生事故或紧急情况，立即请示报告，并及时有效开展应急响应工作。建立全省防汛抗旱道路运输保障工作联系通讯录，按要求做好相关信息报送工作，确保防汛抗旱行业动态信息报送工作机制运转有序。

（黄继兵）

交通财务费收

【资金保障】 争取车购税资金支持。千方百计拓展融资渠道，按照职责加强对车购税项目和资金申报、审核、执行的管理监督，建立"谁申报、谁负责""谁使用、谁负责"的责任机制。强化绩效目标管理。车购税资金使用主体在申报项目和资金时，科学设置明确、具体、一定时期内可实现的绩效目标，以细化、量化的指标加以描述并按要求提交。加强对绩效目标的审核，将其作为项目评审评估、资金分配的重要依据，并将审核后的绩效目标随同资金一并分解下达到具体项目。做好绩效运行监控。加强车购税资金执行过程中的绩效监控，综合运用数据支撑系统等信息化手段，重点监控是否符合既定的绩效目标。加强绩效评价和结果运用。按照各自职责客观公正地组织开展好绩效评价工作，将评价结果及时反馈给被评价单位，对发现的问题进行督促整改。同时，加大对基层和项目一线的支持力度，加快投资补助资金拨付进度。在保证燃油税资金专款专用的基础上，积极争取交通运输部、省财政厅每年安排债券及财政预算资金用于交通建设。主要做法如下：

争取省政府政策支持。省政府印发《关于加快全省高速公路高质量发展的实施意见》，分类确定投资模式和投资主体，充分发挥政府和市场、省和市县、国有资本和社会资本各方面作用，保证高速公路建设资金。省政府明确国家高速公路项目、跨市州地方高速公路联网项目由省交通运输厅负责组织推进。省领导每月调度武鄂黄黄快速路建设，每季度召开交通运输投资调度会，交通项目建设得以持续强势推进。根据发展规划和财力相适应的要求，做实"十四五"时期投融资政策研究和资金测算工作。研究制定投资补助政策标准。协调省财政厅，积极落实对多式联运集疏运体系建设、"四好农村路"、公路桥梁"三年消危"等项目的政策资金支持。

体制机制创新激励。建立全省交通投资及重点项目"红旗""蜗牛"评定和"四好农村路"五色图评价机制，坚持"六带（带整治、建设、改造、保护、管理、开发）、五保（保质量、进度、安全、稳定、廉洁）、四集中（领导精力、人员、资金、设备集中）"原则，严格实施月通报、季调度、"点对点"约谈。同时，将公路水路建设纳入各级政府重点督查内容和目标考核体系，如：将"四好农村公路"纳入全省市县党政领导班子和领导干部推进乡村振兴战略实绩考核，将国省道和一二级公路建设情况纳入省政府对地方落实有关重大政策真抓实干成效明显督查激励范围。加大对地方筹融资工作指导力度，督促市县落实地方配套资金。加大经营期固贷等创新融资品种的推广，置换高速公路项目存量到期债务，实质性拉长项目债务期限，缓解还本付息压力；抢抓养护支出资本化政策机遇，持续深挖创新融资渠道，创新开展养护类固贷以保障建成项目养护支出资金需求。

省直部门支持力度前所未有。为加快项目建设进度，确保按时序完成投资，省直各单位多次深入交通项目建设现场调研督导，协调解决历史遗留难题，一批滞后项目取得突破性进展。省发改委特事特办，加快受理项目核准审查。省自然资源厅跟踪协调自然资源部加快审批。省财政厅、省生态环境厅、省住建厅、省水利厅、省农业农村厅、国网省电力公司、武汉铁路局等部门倾力支持，针对交通运输基础设施项目涉地、涉水、涉电、涉气、涉铁等审批审查备案事项，特事特办、急事快办，要素保障问题极大缓解。

项目投资人加大融资力度。在科学界定政府与市场边界基础上，完善创新交通发展筹融资机制。研究高速公路建设模式，充分利用国家补助政策。依法合规运用政府和社会资本合作模式，通过不断探索和创新，最大限度地鼓励和吸引社会资本投入。支持符合条件的项目通过资产证券化、不动产投资信托基金（REITs）等方式，盘活存量资产，持续跟进REITs试点项目。指导项目投资人抢抓宏观政策窗口期，积极盘活存量资产，主动谋划公募REITs发行工作，择优选择控股上市公司发行公募REITs。湖北交投集团主动作为，抢抓宏观政策窗口期，积极盘活存量资产，主动谋划公募REITs发行工作，择优选择控股上市公司楚天公司发行公募REITs。完成管理要件100余项，以及申报文件编制工作，正式进入国家发改委前期培育机制，交由国家发改委专家库专家开展评审。

积极拓展筹融资渠道。探索将新建项目和存量项目打包，凭借存量项目较为稳定的收益预期吸引社会资本投资，缓解资本金出资压力。引导、鼓励有条件的地区将交通建设与产业发展、园区建设、乡村旅游、资源开发等捆绑实施一体化开发。探索实施流域矿产、水电资源、港口岸线、后方土地产业及商业开发与航道、港口、物流园等捆绑式统一开发模式。积极发展"交通＋物流""交通＋旅游""互联网＋交通"等新兴业态，充分发挥大数据在交通运输领域的运用，提高交通运输基础设施的社会效益和经济效益。盘活权属清晰、收益稳定、回报率良好和运营持续的存量资产，募集资金用于新的交通基础设施补短板项目，形成投资良性循环。探索具有良好现金流和收益支撑的交通运输基础设施项目，通过资产证券化、出让部分政府资产以及经营性国有资产权益等方式，盘活存量资产，释放投融资能力，实现投资良性循环。调动地方政府积极性，对地方配套到位情况良好、投资完成情况良好的市县，优先向部申请、下达车购税补助资金和省级补助资金；对地方投资不能到位或到位率较低的市县，以及资金下达后项目推进滞后的市县，缓拨或核减下一批次部省补助资金，以促进项目加快建设。

（黄河清）

【预算管理】 加强预算编制和执行。发挥预算龙头作用。及时批复下达年度预算，压实预算主体责任，狠抓预算执行进度分析、通报、调度，大力统筹预算调整，提升年度执行率；及时公开预决算信息，高质量完成部门决算、政府财报、内控报告等编审，组织各单位加强预算项目统筹谋划，做好项目储备。年度预决算工作被评为省级"优秀"。强化预算编制主体责任，印发预算编制工作实施方案，明确三年支出规划和预算编制具体要求，做好2024年部门预算编制工作，结合机构改革职能调整，按规定对项目进行专项审查对接，形成分工明确、协调有力、沟通顺畅、上下联动的预算工作机制。采取月度通报和召开推进会的形式，督促厅直单位加快预算执行进度，实行重点单位督办，有效提升执行进度。结合年度预算执行实际，通过预算调整，优化支出结构，着力保障年度交通工作目标任务，提高资金使用效率。组织做好中央、省对下转移支付资金分配、请拨款及下达工作，合理统筹，提高资金配置效率。采取"事前申报绩效目标和指标、事中开展绩效日常监督、事后进行绩效评价、选择部分项目开展重点绩效评价"的方式，建立贯穿项目支出"事前、事中、事后"全过程的绩效管理模式。以绩效目标为导向，做好年度部门预算项目支出、部门整体支出、车购税重点项目、省对下交通专项转移支付项目绩效评价工作，建立绩效评价结果沟通反馈机制，强化评价结果应用。做深做实绩效管理。修订绩效管理办法、绩效指标和标准体系，印发绩效管理工作方案及加强绩效评价结果应用文件，做到省级、对下转移支付绩效评价全覆盖，并将评价结果与资金分配挂钩。

持续推进财政事权和支出责任划分改革。进一步完善事权和支出责任改革的配套措施，建立健全省与市县财政事权划分统筹协调、动态调整机制。推进《湖北省交通运输领域省与市县财政事权和支出责任划分改革实施方案》落实落地。指导各地进一步细化改革任务和措施，制定地方改革方案。按省财政厅、省发展改革委、省交通运输厅《湖北省交通运输领域省与市县财政事权和支出责任划分改革实施方案》，加强事权和支出责任改革。加强省级统筹，合理分担责任。根据国务院关于交通运输领域中央与地方财政事权和支出责任划分改革方案的要求，进一步完善省与市县执行落实机制，加强省级统筹，充分发挥市县政府区域管理优势和积极性。明确受益范围覆盖全省的交通运输事务作为省级事权，地区性事务作为市县事权，跨区域事务作为省与市县共同事权。遵循行业规律，促进平衡发展。探索开展农村公路灾毁保险工作。《国务院办公厅关于深化农村公路管理养护体制改革的意见》（国办发〔2019〕45号）提出，鼓励保险资金通过购买地方政府一般债券方式合法合规参与农村公路发展，探索开展农村公路灾毁保险工作。借鉴福建、安徽、甘肃等省做法，采取"市县自愿参保、县乡村共同受益"方式，开展农村公路灾毁保险试点，通过保险赔付方式筹措农村公路灾毁抢修重建资金，保费由各级政府共同承担。着力构建现代化交通运输网络系统，促进不同运输方式的深度融合和系统集成，以系统思维推进安全、便捷、高效、绿色、经济的综合交通运输体系建设。理顺部门职责，提升服务效能。建立事权划分协调机制，按照部门职责分工妥善解决跨部门事权划分不清晰以及重复交叉问题，指导市县主管部门履行交通运输领域公共服务职能。落实支出责任，强化投入保障，完善预算管理制度，全面实施预算绩效管理，实现预算和绩效管理一体化。

加强预算绩效管理。继续争取省级财政保障和省级债券资金投入，保障重点支出、重大项目，加大统筹力度，进一步提高资金安排的指向性、有效性。强化"零基预算"理念，建立"能增能减、有保有压"的预算分配机制，坚决删减不具备条件的项目或者高估支出标准的项目；优化支出结构，精准发力、精准投入、精准保障，在项目谋划与资金安排上更加科学、可行。对于预算编制不严谨、预算执行不及时、绩效评价不合格的项目进行甄别清理；取消无效和不必要的支出，压减非刚性支出，严控新增支出；坚持厉行节约，深入挖掘节支潜力，加大重点领域和刚性支出保障力度，构建"过紧日子"的长效机制。深入贯彻落实党中央关于全面实施预算绩效管理的意见精神，进一步推进交通运输领域全方位、全过程、全覆盖的预算绩效管理体系建设，实现预算和绩效管理一体化。全面推进部门预算项目支出绩效管理，按要求完成车购税资金绩效评价工作；印发年度预算绩效管理工作方案，开展省级交通专项资金重点绩效考评。建立完善绩效指标库，强化绩效评价结果应用，综合衡量资金政策执行效果，为政策后续实施和完善提供决策支撑。开展资金结存情况调查。按交通运输部《车辆购置税交通运输专项资金结存情况审计调查工作方案》，配合做好车购税资金结存调查工作。开展省级交通运输专项资金结存情况抽查工作，提高资金使用效率，避免资金沉淀。

探索建立交通运输领域预算绩效指标和标准体系，加强绩效目标编制管理，提高绩效评价水平，推进评价结果应用，切实提升资金使用效益。积极建立绩效指标和标准体系。系统总结近年绩效目标编制成果和经验，提炼适用于全省交通运输行业的共性和个性化绩效指标，划分绩效指标和标准体系框架、类别、属性，力争建成既符合湖北省财政预算绩效管理需要，又能体现全省交通行业特色的绩效指标和标准体系。将全部交通领域省级部门预算项目资金纳入绩效评价范围，对中央和省级安排的对下转移支付资金项目，根据要求开展绩效评价。在季末对项目绩效执行情况进行分析并形成报告，如实反映单位项目绩效目标的实现程度，分析问题、自我纠偏，确保完成年度绩效目标，并为下年度绩效目标编制提供参考。加强绩效评价结果应用，将绩效评价结果充分应用到预算编制、资金分配、政策调整等方面。提高绩效指标设置的科学性、合理性，以及绩效评价质量和水平。提升指标体系设定与部门职能、发展规划、工作计划的相关性，结合部门工作变更对指标进行调整与修正。在指标分值权重的设置上，进一步体现重要性原则，改变部分项目单位存在指标权重设置不均衡、难以与资金安排、年度工作重点相关联的情况。进一步提升绩效目标与项目资金量、资金规模的匹配程度，充分反映项目实施的产出与效果，有效体现绩效目标的引导和激励作用。

提高资金使用效率。积极完善预算绩效管理体系，加强内部控制，强化项目管理和成本控制，不断提高资金使用效率，防控地方政府交通债务风险，推进信息公开。将绩效评价结果作为编制三年滚动预算、调整资金支出结构、完善资金政策的主要依据。研究具有行业特色的预算绩效评价指标体系，逐步扩大绩效评价的范围与规模，积极开展本单位整体支出、项目支出或交通专项转移支付资金绩效目标编报。进一步完善制度设计，夯实制度基础，结合内部业务管理流程，加快构建覆盖资金筹集、预算编制、预算执行、资产管理、审计监督等各环节的内部控制制度体系。推行重点建设项目跟踪审计制度，重点加强对征地拆迁、工程招投标、设计变更、计量支付、竣工决算等关键环节的审计，防范管理漏洞，纠正建设浪费，促进资金安全和高效使用。加强项目成本控制。在确保安全与质量的前提下，开源节流，加强设计、施工、养护等各阶段环节管理，建立项目全过程成本控制制度。合理选择技术标准，优化设计方案，加强物料、设备采购、概算审查和工程造价管理，有效控制工程造价。科学合理调度资金，提高资金利用效率，减少债务利息支出。适时向社会公开交通基础设施建设项目和投融资政策信息，特别是推行政府和社会资本合作（PPP）模式项目的工作流程、评审标准、实施情况等相关信息。引导各级交通运输部门扩大部门预决算公开范围，细化部门预决算公开内容，自觉接受社会监督。

（黄河清）

【费收管理】 2023 年末，湖北省收费公路里程 8055.7 公里，占公路总里程 30.8 万公里的 2.62%，其中高速公路 7441.1 公里、一级公路 452.2 公里、独立桥梁隧道 162.5 公里，占比分别为 92.37%、5.61% 和 2.02%。湖北省收费公路里程比上年末净增加 429.4 公里，其中高速公路净增加 432.1 公里，独立桥隧减少 2.7 公里。湖北省收费公路共有主线收费站 35 个，其中高速公路 22 个，一级公路 8 个，独立桥梁隧道 5 个，占比分别为 62.86%、22.86% 和 14.29%。

1. 政府还贷公路情况。

2023 年末湖北省政府还贷公路里程 3765.6 公里，累计建设投资总额 2505.81 亿元，债务余额 2054.99 亿元，年通行费收入 135.75 亿元，年支出总额 307.41 亿元，分别占全省收费公路的 46.74%、38.39%、41.08%、45.27% 和 37.21%。

2023 年末政府还贷公路总里程 3765.6 公里，其中高速公路 3299.9 公里、一级公路 434.5 公里、独立桥梁隧道 31.3 公里，占比分别为 87.7%、11.5% 和 0.8%。政府还贷高速公路里程占收费高速公路里程的 44.35%。

2. 经营性公路情况。

2023 年末湖北省经营性公路里程 4290.1 公里，累计建设投资总额 4022.26 亿元，债务余额 2946.95 亿元，年通行费收入 164.14 亿元，年支出总额 518.82 亿元，分别占全省收费公路的 53.26%、61.61%、58.92%、54.73% 和 62.79%。

2023 年末经营性公路总里程为 4290.1 公里，其中，高速公路 4141.22 公里、一级公路 17.68 公里、独立桥梁隧道 131.22 公里，分别占经营性公路里程的 96.53%、0.41% 和 3.06%。经营性高速公路占收费高速公路里程的 55.7%。

3. 通行费减免情况。

为有效降低企业物流成本，激发市场活力，优化发展环境，促进经济平稳健康发展，自 2016 年 6 月 1 日起，湖北省实行联网收费的高速公路、长江大桥的收费标准，在现行收费标准基础上降低 10% 左右。推广电子不停车收费系统（ETC）。为进一步降低企业物流成本，对 ETC 客车用户给予应缴纳通行费 5% 优惠政策，对 ETC 货车车辆给予应缴纳通行费 5% 的基本优惠。落实"绿色通道"车辆免费通行政策。湖北省高速公路"绿色通道"政策从 2010 年开始实施以来，一直有着较好的社会效应，对降低流通成本、稳定物价、促进农业经济发展起了重要作用。落实重大节假日免费政策。根据国务院《重大节假日免收小型客车通行费实施方案》要求，对春节、清明节、劳动节、国庆节等四个国家法定节假日，以及当年国务院办公厅文件确定的上述法定节假日连休日，行驶收费公路的 9 座以下（含 9 座）载客车辆。对集装箱货车实行高速公路通行费优惠。实施区间车辆免费通行，政府统一支付政策。湖北省共有 5 个区间路段（汉洪、岱黄、蔡琴、汉十、绕城高速公路—武英）实行用户免费通行、政府埋单。根据《省人民政府办公厅印发关于进一步降低企业成本若干措施的通知》（鄂政办发〔2023〕20 号）、《省人民政府办公厅印发关于更好服务市场主体推动经济稳健发展若干政策措施的通知》（鄂政办发〔2022〕54 号）等文件要求，省交通运输厅研究制定湖北省高速公路通行费差异化优惠措施，自 2023 年 7 月 1 日起，对安装使用 ETC、通行省、市属国有全资和控股高速公路路段的合法装载货运车辆，在 5% 基本优惠的基础上，再给予省内通行费 3% 的优惠。

4. 差异化收费情况。

为深入贯彻落实国家全面推广高速公路差异化收费有关精神，加强顶层设计，研究分路段、分车型、分时段、分方向等差异化政策措施。根据《省政府办公厅关于印发支持中小微企业降本若干措施的通知》（鄂政办发〔2021〕34 号）要求，省交通运输厅、省发改委、省财政厅研究制定湖北省关于国际标准集装箱运输车辆通行费实施差异化优惠措施，自 2021 年 9 月 1 日 0 时起，对安装使用集装箱运输专用 ETC、合法装载的、通行于湖北省高速公路的国际标准集装箱运输车辆，在5%基本优惠基础上，再给予省内通行费9折的优惠。根据《省人民政府办公厅印发关于进一步降低企业成本若干措施的通知》《省人民政府办公厅印发关于更好服务市场主体推动经济稳健发展若干政策措施的通知》等文件要求，省交通运输厅研究制定湖北省高速公路通行费差异化优惠措施，自2023年7月1日起，对进出省内长江、汉江沿岸主要港口附近高速公路指定收费站、安装使用集装箱运输专用ETC、合法装载的国际标准集装箱运输车辆，在5%基本优惠基础上，再给予省内通行费8折的优惠；对进出湖北省中欧、中亚班列附近高速公路指定收费站、安装使用集装箱运输专用ETC、合法装载的国际标准集装箱运输车辆，在5%基本优惠基础上，再给予省内通行费5折的优惠。

武汉城市圈、武监高速公路及襄阳地区相关路段货车差异化收费。①武汉城市圈及武监高速优惠。根据《省交通运输厅关于武汉城市圈环线高速公路4条路段及武监高速公路洪湖至监利段实施差异化收费的通知》要求，对通行武汉城市圈环线高速公路及大随至汉十段、孝感南段、仙桃段和洪湖段等4条路段，以及武监高速公路洪湖至监利段，2类及以上货车、专项作业车，实施差异化收费。2023年12月优惠金额1525.25万元（2023年累计达1.45亿元），优惠流量32.14万辆（2023年累计达311.17万辆）。②襄阳地区相关路段优惠。根据省交通运输厅《关于推广高速公路差异化收费支持助企纾困的通知》和省政府办公厅《关于更好服务市场主体推动经济稳健发展接续政策的通知》（鄂政办发〔2023〕6号）文件精神，对通行麻安高速公路和保神高速公路襄阳境内南漳至尧治河区间路段的部分车辆制定差异化收费方案，麻安高速公路南漳站至长坪站、麻安高速公路南漳站至保康站、麻安高速公路南漳站至保神高速五道峡站、麻安高速公路南漳站至保神高速公路尧治

河站4个区间单程单向路段安装并正常使用ETC的6类货车（不含专项作业车），先给予应交通行费5%的基本优惠，再按基本优惠后应交通行费金额给予45%的差异化优惠。2023年12月优惠金额166.81万元（2023年8—12月累计789.98万元），优惠流量1.31万辆（2023年8—12月累计6.18万辆）。③根据《省交通运输厅关于咸通高速咸宁东站至桂花站点对点双向路段实施差异化收费的通知》要求，自2023年11月3日起，对通行咸通高速公路咸宁东站至桂花站点对点双向路段，安装并正常使用ETC的6类货车（总轴数6轴，不含专项作业车），先给予应交通行费5%的基本优惠，再按基本优惠后应交通行费金额给予45%的差异化优惠。2023年12月优惠金额4.67万元（2023年11—12月累计达5.47万元），优惠流量2256辆（2023年11—12月累计达2630辆。）

（黄河清）

【债务风险防范】 根据"十四五"规划，科学测算融资规模，做好融资方案，规范举债行为，坚持预算与规划相适应、财力与需求相匹配，从源头上防控债务风险。进一步完善"政府主导、分级负责"的投融资管理体制，按照预算制度改革要求，统筹利用好各种财力资源，科学安排建设、管理、养护、运营和债务偿还等，提高资金集约利用效率。强化交通运输基础设施支出的财政保障。对于没有收益的公路、水路交通基础设施，其建管养运、安全应急、服务等所需资金纳入年度财政预算予以保障。对没有收益的普通公路、内河航道等的建设养护资金需求，争取纳入地方政府一般债券的融资渠道；对有一定收益的收费公路、枢纽站场及航电枢纽等交通基础设施的建设运营资金需求，争取纳入地方政府专项债券的融资渠道。交通基础设施的建设、管理、养护和运营中适合采取市场化方式提供、社会力量能够承担的服务事项，通过政府向社会专业机构购买服务等

方式实现，以提高财政资金使用效率。积极争取政府财政资金加大对普通公路、内河航道等交通基础设施建设、养护、管理的投入。努力建立以公共财政为基础、各级政府责任明晰、事权和支出责任相适应的普通公路、航道投融资长效机制，建设运营公路、水路交通运输基础设施。在坚持政府主导的基础上，通过沿线土地开发收益、配套设施经营等方式，多渠道筹集资金，增强公共财政保障能力。积极争取债券资金投入。交通运输基础设施建设仍将是政府投资的重要领域，研究编制好发展规划，强化项目前期工作，搞好项目储备，为积极利用地方政府一般债券和专项债券，加大对交通运输基础设施建设的支持创造条件。将各类用于交通运输发展的财政性资金、政府性债务资金分门别类纳入预算管理。积极推行部门综合预算管理模式，逐步实现年度预算编制涵盖建设、管理、养护、运营、偿债和运输服务等交通运输发展各个方面的资金需求安排，以全面反映交通运输部门经济管理活动，提高资金集约利用效率。对未来三年重大财政收支及政策目标进行分析预测，结合交通运输发展规划，研究编制公路、水路等交通基础设施建设和养护的三年滚动计划和项目库。优化预算资金支出结构，优先保障重点区域、重点项目的建设和养护等资金需求。用好中央交通专项资金投融资政策。按照优化转移支付结构，规范专项转移支付的要求，进一步加强对中央交通专项资金使用的监督管理，对违规挤占、挪用资金的，采取必要措施，相应核减年度投资补助规模。妥善处理存量债务和在建项目后续融资。按照积极推进、谨慎稳健的原则，加强交通运输基础设施政府性债务管理，优化债务结构，统筹各种资源，确保在建项目有序推进。加强与地方财政部门的沟通协调，清理甄别后属于政府应当偿还的存量债务，相应纳入一般债务和专项债务，分类进行预算管理。加强与财政部门和金融机构的沟通协调，妥善处理好其他或有债务，切实

防范交通运输债务风险，确保交通运输行业不发生区域性、系统性债务风险。对甄别后纳入预算管理的交通运输存量债务，加强与财政部门的沟通，积极争取将高利短贷的债务纳入债券置换范围，降低利息负担，优化债务期限结构。统筹各类资金，优先保障在建项目续建和收尾，统筹交通发展与债务风险防范，充分认识防范化解债务风险的紧迫性。做好债务清理甄别工作，加强跟踪督导，建立债务化解信息报送制度，加强动态监控和督办。积极配合同级财政部门，建立健全债务风险预警及应急处置机制，偿债困难时，要通过控制项目规模、处置存量资产、争取财政支持等方式，多渠道筹集资金偿还债务。推动地方政府建立交通项目偿债保障机制，统筹安排各项财政资金，加快存量债务偿还，维护政府信誉。

（黄河清）

【ETC发行服务市场化改革】 高效完成湖北省高速公路ETC发行服务业务平稳有序移交湖北交通投资集团有限公司，扛牢ETC业务统筹之责，督办对接湖北交投集团承接方全面开展ETC发行服务业务，截至2023年12月底，100个ETC站口发行网点和100人客服团队均组建完成，95022客服各项指标连续3月优于交通运输部标准，ETC用户新增9万户，努力向完成新增100万户用户目标迈进，助力全省营商环境优化提升。高速公路现金通行费票据电子化改革强力推进。12月28日湖北省高速公路457个收费站全面实现现金通行费票据电子化，全省每年节省通行费纸质票据1.46亿张，高速公路经营管理单位节省发票运营成本83%，收费车道单车通行时间缩短4~6秒，通行效率提升25%~30%。ETC多省通行出口交易含分省占比达99.80%，排名连续4个月位列全国前十，每日银行ETC记账返回及时率连续3个月保持100%，交通运输部转投诉与舆情连续6个月保持零记录，ETC出口交易后2个自然日内上传发票基础数据占应上传数

据98.21%，待处理稽核异议工单连续5个月控制在100笔左右，95022热线接通率保持在99.37%以上，"中国ETC服务"保持在99.99%以上，放弃率下降为1.41%，均优于交通运输部标准，ETC门架及车道连通合格率、ETC门架RSU正常率及牌识正常率、网络安全部级态势感知等指标的全国排位持续提升。

（黄河清）

【联网收费管理】 狠抓联网运行核心业务系统运维管理，全力确保"优质高效"，持续推进各项服务提档升级，全力做好全省高速公路通信主干网、联网收费、部级视频云联网等系统的管理、维护及升级改造，有力保障湖北省高速公路联网运行安全稳定高效。高效提供基础数据上报、并网检测、费率软件更新等全程联网服务，有力保障武红高速公路等9个新建高速公路路段392公里如期开通运营。持续推进ETC车辆5%优惠、"绿通车"免费、联合收割机免费、重大节假日小客车免费、"点对点"免费、集装箱货车差异化收费、路段差异化收费等惠民政策落地。开展联网收费系统优化升级试点，支持和指导路网单位开展智慧路网新技术应用，自助收费、移动收费、自由流预收费、智慧云舱等新技术试点多点开花，部分实现规模化应用，有力提升车道过车效率，降低人力成本。不断健全联网运营长效机制。组织编写发布《湖北省高速公路联网收费系统运行监测及保障工作指南》，制定《湖北省高速公路投诉处理实施规则》《湖北高速公路系统收费运营服务质量综合考核办法》，用制度保障联网收费运营高质效，不断优化全省路网"一张网运行、一体化服务"长效机制。

（黄河清）

【公路资产管理】 根据国家有关管理办法及规定，对公路公共基础设施养护范围及分类、养护支出划分、养护支出记账方法等予以明确，对各地公路公共基础设施养护支出会计核算工

作进行规范和指导。在公路公共基础设施养护范围及分类方面，根据《中华人民共和国公路法》以及《财政部交通运输部关于进一步加强公路水路公共基础设施政府会计核算的通知》中关于公路公共基础设施的基本定义，所指公路公共基础设施养护，是指按照技术规范和操作规程，对公路（含公路桥涵、公路隧道、公路渡口等）及构筑物、交通工程及沿线设施（含交通安全设施、管理设施、服务设施、绿化环保设施）、公路用地等有形资产进行维护，保证公路公共基础设施经常处于良好的技术状态。根据《公路养护技术标准》《公路养护工程管理办法》等规定，结合公路公共基础设施养护相关工作在日常管理、费用支出渠道等方面的实际情况和特点差异，将公路公共基础设施养护分为养护工程和日常养护两大类，其中养护工程又细分为修复养护、预防养护、专项养护、应急养护工程。在公路公共基础设施养护支出划分方面，公路修复养护、预防养护及专项养护工程，属于为增加公路使用效能或延长公路使用年限而发生的大型维修改造，其支出应当予以资本化。应急养护工程项目支出在实际工作中属于非预见性支出，需要根据具体实施内容进行划分，因此，应急养护工程项目实施内容与修复养护、预防养护及专项养护工程相同的，其支出应当予以资本化，除此之外的支出应当予以费用化。日常养护支出属于为维护正常使用而发生的日常维修养护费用，其支出应当予以费用化。在公路公共基础设施养护支出的记账方法方面，对于修复养护工程，其费用在计入公路公共基础设施成本后，应当扣除原设施被替换部分的账面价值金额。为充分适应工作中可能发生的各类情况，有效指导实际操作，被替换部分的账面价值难以确定的，可以根据具体情况采用比例分配法、成本估算法等合理的分配方法计算确定，或组织专家参照资产评估方法进行估价。对于预防养护工程，考虑到实际工作中一般是在现有条件基础上进行规模化维修改造，确定被

替换部分的账面价值不切实可行且不符合成本效益原则，因此，按照《政府会计准则制度解释第4号》的规定可以不予扣除，但应当在报表附注中予以披露。对于日常养护，应当在相关支出发生时计入当期费用。另外，专项养护、应急养护工程项目支出，应对照其具体支出细目的相关要求进行记账。在公路公共基础设施养护支出划分明细方面，根据《公路养护技术标准》《公路养护工程管理办法》的规定，结合日常养护、预防养护工程、修复养护工程、专项养护工程、应急养护工程的具体工作内容，对应明确了相应支出细目，并在此基础上相应汇总明确了各项费用的支出划分及记账方法，指导各会计主体在实际工作中对照使用。

（黄河清）

【采购管理】 加强采购管理，确保政府采购程序合规合法，加强政府采购内部控制管理，确保政府采购项目规范运行。提高资产使用效益。组织开展国有"三资"清查，全面摸清资产家底；印发盘活工作通知，挖掘盘活利用潜力；强化基础信息管理，加强资产年报、月报编制。不断优化会计服务。严谨细致规范处理厅机关等10个会计主体经济业务，有力保障机关正常运转，顺利通过审计厅、财政厅各类专项工作检查。控制资产管理的关键环节。在资产购置环节，结合省财政厅政府采购审批权限下放的新要求，做到"应编尽编、应采尽采、不编不采"，加强对属于财政性资金采购项目的预算与计划的管理，严格采购计划审批，加强采购活动流程控制，突出重点环节，确保政府采购信息及时、完整、准确地公布，实现全流程公开透明。并依法依规办理调拨、出让、置换、报废报损和资产损失核销等资产处置事项，确保国有资产不流失。依法依规做好政府采购工作，严格审批政府采购计划，紧扣行业特点，用好用足采购政策，指导、

规范厅直单位的采购行为。开展政府资产报告试点报表填报工作。对界定为政府经管资产范围的交通公共基础设施，从实物量和价值量两个方面，全面摸清家底，逐步建立经管资产信息库。按财政部门要求，完成会审工作。持续推进资产清查工作。形成厅直单位资产清查工作报告，提出建议意见，依法规范处置历史遗留问题，切实加强和规范国有资产管理。规范基建项目资产移交程序，规范基本建设项目财务决算、资产交付、结余资金处理等工作。规范公路资产核算及管理，贯彻落实《公路资产管理暂行办法》，研究公路水路公共基础设施政府会计核算工作，指导行业做好初始入账工作，全面反映公路水路资产"家底"。

（黄河清）

【规范涉企违规收费】 交通运输是市场经济的经脉，也是民生保障、疫情防控的重要支撑。交通物流领域链条长、参与者多，涵盖公路、水路等多种运输方式，涉及船代货代、堆存保管、货物运输、报关通关等多个环节。规范交通物流领域涉企收费工作，是稳住经济大盘的内在要求，是激发交通物流市场主体活力、畅通产业链供应链的重要保障，也是促进交通运输平稳健康发展的有效举措。要充分认识交通物流对经济发展、生产生活的重要作用，以及违规收费对经济秩序、营商环境的不利影响，深刻认识专项整治行动对助力企业纾困解难、畅通产业链供应链稳定、稳住经济大盘的重要意义，切实把思想和行动统一到党中央、国务院和省委省政府的决策部署上来，增强责任感、使命感、紧迫感，扎实做好规范涉企违规收费工作。加强组织领导，不折不扣落实专项整治行动的各项要求，加强工作指导督办，全面梳理分析违规收费的风险点，紧盯违规收费问题，重点关注落实助企纾困政策不到位、继续收取已明令取消的费用或者重复收费、

规避政府规定拆分项目收费、不执行政府定价目录或收费公示制度等问题和行为。建立工作机制，认真组织相关收费主体和管理部门开展自查自纠工作，通过投诉举报、企业调查、明察暗访等多种方式收集有关问题线索和意见建议，充分发现和暴露问题。对发现的违规收费问题，不回避、不遮掩、不转移，做到即知即改、立查立改，实行问题销号管理。深入研究典型性、普遍性、倾向性问题及屡查屡犯问题，深入剖析违规收费问题产生的原因，健全制度措施，完善长效机制。

（黄河清）

【交通内部审计】 开展预算执行情况审计和审计整改工作。完成14家厅直单位2022年度预算执行和财务收支审计；持续督办原厅主要领导经济责任审计、厅直单位2021年度预算执行和财务收支审计整改工作。

开展交通建设项目审计。完成郧县至十堰、保康至宜昌高速公路等5个高速公路项目竣工决算审计认定；组织指导省交通运输综合行政执法局开展省取消高速公路省界收费站项目结（决）算审计工作。

指导开展交通专项资金审计。指导省公路事业发展中心完成公路桥梁"三年消危"行动专项审计；配合厅财务处开展车购税资金和绩效评价整改审计调查工作。完善内部审计制度建设，修订完善并编印《湖北省交通运输厅内部审计手册》。

配合国家审计开展审计工作。配合审计署驻武汉特派员办事处开展上年度湖北省网络安全和信息化建设审计；配合省审计厅对省交通运输厅开展上年度预算执行及其他财政收支情况审计。参加厅直单位政治巡察工作，参与省交通运输厅组织开展的政治生态分析研判工作。

（胡敏）

交通法治

【交通法治建设】 深入学习贯彻习近平法治思想。省交通运输厅党组集中组织法治专题学习4次，举办习近平法治思想专题讲座2次，专题学习习近平总书记重要署名文章《谱写新时代中国宪法实践新篇章——纪念现行宪法公布施行40周年》等。将习近平法治思想纳入教育培训重要内容，5月举办全省交通运输法治干部能力提升培训班，11月举办执法人员示范培训班。省交通运输厅主要领导经常听取法治建设工作汇报，按要求每半年审签上报第一责任人职责清单，先后签批法治建设工作文件、请示、报告30余份，对法治调研、法治督导、执法检查等工作进行调度。认真总结推进法治化营商环境建设主要做法及工作成效，积极申报省级法治政府建设示范创建项目。选取有行业和地域代表性的高速公路服务区、高速公路路政二支队、宜昌市水路交通综合执法支队开展法治文化示范点创建。开展"宪法宣传周""民法典宣传月"宣传活动，举办法治讲座，用好电子屏、展板等宣传宪法、民法典知识。以"保障公路畅通，服务人民出行"为主题，深入开展5月"路政宣传月"活动，全省交通运输系统共走访机关企事业单位1652家，走访群众2.46万人次，发放调查问卷、宣传资料11万份，拍摄小视频、微电影63部，开设直播3场，举办访谈活动30场。依法回应诉求防范法律风险，妥善办理6件涉厅行政诉讼案件、3件行政复议案件。

（郭秀丽）

【交通行政立法】 推动交通运输地方立法。开展交通运输立法梳理分析和调查研究，对6部省本级地方性法规、8部省政府规章的实施情况进行梳理分析，推动《湖北省高速公路管理条例》（修改）等3个项目列入省人大常委会五年立法规划。开展《湖北省高速公路管理条例》立法调研，召开3个层次的调研座谈会，收集整理7个方面15类意见建议，组织起草完成草案初稿、调研报告及相关立法参阅件。加强行政规范性文件审查清理，对26部省政府行政规范性文件进行清理，建议对15部文件宣布失效，其余11部继续保持生效。对省交通运输厅有效规范性文件组织"回头看"工作，宣布1件失效。组织对《湖北省高速公路日常养护管理办法（送审稿）》等5部新制定规范性文件草案、3件政策措施进行合法性审查。

（郭秀丽）

【交通行政执法】 推进严格、规范、公正、文明执法。规范行政执法权力运行，组织梳理470项交通运输综合行政执法事项，起草完成行政处罚自由裁量权标准实施办法及常用行政处罚事项标准。制定2023年度"双随机、一公开"部门联合监管抽查计划，组织抽查5个在建项目使用的44个批次交通运输产品质量。组织对上年度办结的省本级交通运输涉企行政执法案卷进行评查，自查并整改执法文书制作不规范方面的110个具体问题。开展道路运输执法领域突出问题专项整治，建立并落实问题线索周统计、工作信息月报告、典型案例通报、常态化调研督导工作机制，召开专题调度会，组织多轮暗访督导，始终保持高压态势，全省共整改问题1420个。

（郭秀丽）

【执法队伍建设】 加强行政执法人员教育培训。在15个市州开展省交通运输行政执法综合管理信息系统实操培训，参训人员3850人次。深入开展以六项练兵、五项比武为主要内容的大练兵、大比武活动，全省8000余名交通运输行政执法人员积极参与，以赛促训、以学促干、比拼争先。

（郭秀丽）

【优化营商环境】 组织落实优化营商环境重点任务。学习贯彻落实《湖北省优化营商环境条例》、全省优化营商环境大会及《以控制成本为核心优化营商环境若干措施》等政策精神，印发《省交通运输厅2023年优化营商环境重点任务清单》明确17项重点任务，制定省交通运输厅以控制成本为核心优化营商环境工作方案和操作流程分图，并明确10项细化措施，坚持由省交通运输厅优化营商环境领导小组统筹协调、由厅各责任单位分头推动的工作机制，强化组织协调和分工协作，狠抓高速公路通行费减免优惠、推进多式联运高质量发展、规范港口经营以及收费行为、降低企业制度性交易成本等措施落实，有效降低交通运输物流成本。开展优化营商环境先行试点创建，将"推进涉路施工许可全流程电子化""建立大件运输重点货运源头单位联系机制"等纳入2023年全省优化营商环境先行区改革事项，推动全省16个交通运输基层创建点组织实施并完成试点验收。扩大"一件事一次办"范围，在深化"大件运输审批一件事"等一事联办事项基础上，聚焦群众办事需求高的领域，争取省公安厅支持，将"出租汽车驾驶员一件事"纳入2023年全省一事联办清单，会同省公安厅、省政务办制定印发流程再造标准文件并在全省组织实施。深化"高效办成一件事"，对照国家发布的行政许可事项清单，衔接省政务办发布湖北省交通运输部门省市县三级政务服务事项基本目录（2023年版），省级政务服务事项"减时限"比例达80%，省级58个事项启用电子证照，85个事项在武汉都市圈内通办，69个省市县三级事项入驻"鄂汇办"实现"掌上办"，全年共受理省级事项申请28.4万件。印发《湖北省2023年持续推进道路运输便民政务服务提质增效工作方案》，进一步提升道路运输高频事项"跨省通办"业务办理效率和办理质量。畅通政企沟通渠道，落实省交通运输厅"店小二"服务专线电话办理督办机制，强化12345诉求办理标准化和规范化，深化落实政务服务"好差评"制度，主动接受社会监督。省交通运输厅"店小二"热线全年接听咨询电话64单，处理响应率达100%；办理12345服务热线工单191单，处理响应率达100%；开展跨省超限运输"好差评"，在交通运输部平台上进行"好差评"6681件，好评率为99.86%，处理响应率达100%。

（郭秀丽）

【高速公路路政管理】 超限运输治理。持续加强高速公路入口治超、出口倒查、全过程监管工作机制，巩固完善"路警地企"联合执法、联合监管工作机制，深入整合行业数据资源信息，拓展大数据、人工智能等与治超工作的应用场景和功能，推广非现场治超执法，提升科技治超效能。1—12月，各高速公路路政执法机构查验货运车辆11712辆，开展三类大件运输车辆入口核查3069辆，核验比对大件运输车辆通行路径5242条，对违法超限运输实施行政处罚90起，抄报外省在鄂高速公路违法超限运输信息184条。高速公路货车违法超限率控制在0.01%以内。

路域环境治理。持续巩固路域环境整治"一路多方"联合执法协作、区域联合综合治理工作机制，加强对收费站货车恶意冲岗、路产损坏逃逸案件、盗损隔离网等交通安全设施、违法占用高速公路桥涵下空间等违法侵权行为的查处力度，共同缔造"畅安舒美"通行环境。开展高速公路广告牌清理整治活动，组织高速路政执法机构通过现场调查、查阅资料、上门走访、张贴公告等方式，对全省高速公路路域范围内广告牌进行"拉网式"清查，核实产权单位，全面摸清底数，建立"一牌一档"。按照"能拆全拆、应拆尽拆、尽量多拆"工作原则，压实"三个"责任（属地、企业主体、执法监管），明确"三张清单"

（任务、时限、责任），锚定目标任务，建立清理整治工作时间进度表、动态进展清单，挂图作战，严格督导，分类施治，依法依规保障清理整治工作安全平稳有序推进。共拆除高速公路违法广告牌1939块；同时，配合省交通运输厅拆除武汉新城与鄂黄黄快速道路沿线广告牌408块，拆除武鄂、武黄高速公路沿线广告牌89块。

执法安全保障。成立工作专班，制定保障方案，调集汉十、黄黄等5个支队18个大队，60余人、25辆车，责任到人、细化到点、保障到位，历时10天，全程跟踪服务，与检测路段交警、经营管理单位、市州交通运输主管等部门无缝衔接，做好检测车队引导和安全警戒工作，圆满完成迎"国评"期间安全保通任务。有序衔接高速公路安全应急监督管理工作，健全完善应急值班值守、信息报送等工作制度，强化执法监管力度，圆满完成春运、汛期、重大节假日等重点时段高速公路安全保畅工作。

执法服务效能。坚持专班对接、专人协调、跟踪服务，全力护航京港澳改扩建、武鄂黄黄快速通道等重点项目施工建设，圆满完成京港澳高速汉江大桥升级改造、武汉段所有上跨天桥拆除期间施工安全监管与执法服务保障工作。进一步规范完善高速公路大件运输、涉路施工许可审查流程，强化事中事后监管，优化"预约核查""免费护送"等服务举措，助

力企业纾难解困。全年审查涉路施工许可474件，协助办理大件运输许可271156件，各高速公路路政执法机构为浙江卫星能源公司546吨反应器、荆州长源电力公司520吨变压器等大件运输无偿开展护送服务44次。

（李先国）

【普通公路路政管理】 全年办理公路行政许可128190件（数据为1个账号工作量，省公路事业发展中心共有2个账号），其中办理涉路施工许可349件、省内大件运输许可20708件、跨省大件运输许可107133件，群众满意度达100%。协同省交通运输厅及相关部门开展元旦、春节、两会和清明节等重要时间节点、重大节假日期间公路治理、安全保畅等督导检查和明察暗访工作。全年共参与明察暗访4次，同步提交督查材料。参加对宜昌市普通国省道养护管理评价工作。到襄阳、十堰、随州、林区等地开展全省道路运输执法领域突出问题专项整治督导检查。配合改革研究细化路产保护职能权责。统计完成《湖北省公路路政部门改革情况表》，做好省交通运输厅调研"优化大件运输审批环节"工作，针对交通运输部公路局《大件运输许可业务规范和技术要求（征求意见稿）》反馈意见和建议，并参加座谈会。

（余威）

交通科技与培训教育

【科技项目研究与管理】"湖北鄂州花湖货运机场转运中心智慧运营科技示范工程"获交通运输部批复创建，成为本年度全国 7 个科技示范创建项目之一。修订印发《关于印发湖北省交通运输厅科技项目管理办法的通知》，厅科技项目管理更加科学规范，重点更突出，分类更合理，操作性实效性更强。

印发《省交通运输厅关于下达 2023 年交通运输科技项目计划的通知》，共立项科技计划项目 57 个，其中包括重点科技项目 5 个、一般科技项目 52 个，预算补助资金 534 万元。首次遴选 5 个重点科技计划项目，既突出重点，又兼顾行业创新需求，提升交通运输科技创新对重大战略和重要产业发展的支撑作用。组织完成"湖北省交通运输'一张图'地理信息平台空间分析功能开发"等 25 个厅科技计划项目验收工作，项目成果在网上公开。

2023 年度湖北省交通运输厅科技项目计划表

重点科技项目

序号	项目名称	建设单位	保证单位	项目类别
1	汉江 120TEU 纯电动集装箱船	湖北港口集团	湖北港口集团	应用基础技术研究
2	北斗定位定姿的视频流数据和交通数字孪生的实时融合与监测应用	湖北交投科技发展有限公司，武汉大学，吉奥时空信息技术股份有限公司	湖北交投集团	信息化技术研究
3	基于自注意力机制解译算法的高速公路内部病害三维雷达精细化检评决策与系统研发	湖北交投智能检测股份有限公司，湖北交投高速公路运营集团有限公司，东南大学，武汉工程大学	湖北交投集团	信息化技术研究
4	基于光栅传感技术的高速公路隧道智能化应用研究	湖北交投科技发展有限公司，武汉理工大学，湖北交投咸九高速公路有限公司	湖北交投集团	信息化技术研究
5	航空物流场院车辆智能调度系统关键技术推广应用	鄂州顺路物流有限公司	湖北公路学会	科技成果推广应用

一般科技项目

一、应用基础技术研究

序号	项目名称	项目承担单位	保证单位
1	环保耐久型磷石膏基装配式路面基层材料及结构研究	武汉理工大学，湖北聚海环境科技有限公司，湖北交通职业技术学院	湖北交通职业技术学院
2	国省道铣刨料用于热再生沥青混合料的技术及应用研究	中国地质大学（武汉），崇阳县交通运输局	咸宁市交通运输局
3	极端暴雨条件下生态防护公路边坡变形动态演化过程及其机制研究	湖北省路桥集团有限公司，湖北工业大学	湖北省联合发展投资集团有限公司
4	磷矿区重载沥青路面服役性能劣化机制与提升技术研究	中交第二公路勘察设计研究院有限公司，宜昌市公路建设养护中心	湖北省公路学会
5	基于公路隧道内高压氢气泄漏的扩散特性及燃爆风险控制研究	武汉理工大学，湖北省交通运输厅通信信息中心，湖北交通职业技术学院	湖北交通职业技术学院
6	基于活化-融合行为的钢渣基热再生沥青混凝土性能提升关键技术研究	武汉工程大学	荆州市交通运输局
7	公路平面交叉口沥青混凝土路面病害综合处置技术研究	黄石市公路事业发展中心，苏交科集团股份有限公司，湖北公科路桥技术有限公司	黄石市交通运输局
8	废旧沥青混合料的全组分冷再生及关键技术研究	湖北省路桥集团有限公司，武汉工程大学	湖北省联合发展投资集团有限公司
9	环保煅烧磷石膏制备道路构配件关键技术及其应用研究	武汉轻工大学，武汉理工大学，湖北聚海环境科技有限公司	湖北交通职业技术学院
10	改扩建公路碾压施工智能控制关键技术研究	湖北省交通规划设计院股份有限公司，湖北交投京港澳高速公路改扩建项目管理有限公司，湖北智慧交通研究有限公司	湖北交通投资集团有限公司
11	中低水头航运枢纽仿生态过鱼设施关键技术研究	湖北省交通规划设计院股份有限公司	湖北交通投资集团有限公司
12	磷石膏在高速公路综合利用成套技术研究	湖北交投智能检测股份有限公司，湖北省协诚交通环保有限公司，华中科技大学，当阳市交通运输局	湖北交通投资集团有限公司
13	"双碳"目标下大比例温拌再生沥青路面应用技术研究	湖北长江路桥有限公司，华中科技大学，湖北交投建设集团有限公司，湖北省公路学会	湖北省公路学会

续上表

序号	项目名称	项目承担单位	保证单位
14	聚烯烃改性沥青混凝土制备与路用性能研究	武汉理工大学,湖北省公安县交通运输局,武汉市城市建设投资开发集团有限公司,武汉中炬科学技术有限公司	湖北省公路学会
15	磷石膏在公路复合稳定基层中的产业化应用研究	中南安全环境技术研究院股份有限公司,湖北省交通规划设计院股份有限公司,湖北省黄麦岭控股集团有限公司,中建铁路投资建设集团有限公司,中南检测技术有限公司	中南建筑设计院有限公司
16	低碳环保型高性能冷拌冷铺薄层罩面技术开发与应用	湖北省高速公路实业开发有限公司,宜昌砼富公路养护有限公司,湖北交投高速公路运营集团有限公司,湖北交投襄阳高速公路运营管理有限公司	湖北省公路学会
17	高性能冷拌冷铺超薄降噪磨耗层设计与施工关键技术	武汉理工大学,中南勘察设计院集团有限公司	湖北交通投资集团有限公司
18	多雨地区高陡斜坡路基稳定性控制及高边坡生态修复关键技术研究	湖北长江路桥有限公司,武汉理工大学,湖北交投建设集团有限公司	湖北交通投资集团有限公司
19	基于咸宁视角的武汉城市圈综合交通运输网络动态脆弱性研究	西南交通大学,咸宁市交通运输局	咸宁市交通运输局
20	基于超高性能混凝土(UHPC)加固桥梁结构的设计方法及应用技术	武汉中交试验检测加固工程有限责任公司,湖南大学,湖北省交通运输厅公路事业发展中心,中交第二公路勘察设计研究院有限公司	湖北省公路学会
21	公路软岩隧道路面起拱病害维修加固关键技术研究	湖北省高速公路实业开发有限公司,武汉科技大学,湖北交投高速公路运营集团有限公司,湖北交投建设集团有限公司项目	湖北交通投资集团有限公司
22	高速公路改扩建工程桥梁设计施工关键技术与应用研究	湖北交投京港澳高速公路改扩建项目管理有限公司,西安公路研究院有限公司	湖北交通投资集团有限公司
23	深厚软弱富水地层圆形地下连续墙永临结合大型锚碇基础关键技术研究	湖北交投双柳长江大桥有限公司,湖北省交通规划设计院股份有限公司,中交公路长大桥建设国家工程研究中心	湖北交通投资集团有限公司
24	沥青路面粘韧磨耗层预防性养护技术体系及应用研究	湖北省高速公路实业开发有限公司,湖北交投建设集团有限公司,湖北交投高速公路运营集团有限公司,湖北省公路学会	湖北省公路学会
25	江汉平原区桥梁桩基钻渣综合利用成套技术研究	湖北交投江陵长江大桥有限公司	湖北交通投资集团有限公司
26	基于固碳理论的轻质高强再生混凝土在道路工程中关键技术研究	中交第二航务工程勘察设计院有限公司,武汉大学	湖北省交通运输厅工程管理处
27	路面性能快速修复的超薄高韧沥青罩面技术研究与工程应用	湖北长江路桥有限公司,华中科技大学,湖北交投建设集团有限公司,湖北省公路学会	湖北省公路学会
28	基于磁调控原理的沥青路面裂缝自愈合及融冰雪感应磨耗层研发与工程应用	湖北长江路桥有限公司,华中科技大学,湖北交投建设集团有限公司,湖北省公路学会	湖北省公路学会
29	1200m级混合式组合结构斜拉桥关键技术研究	湖北交投江陵长江大桥有限公司	湖北交通投资集团有限公司
30	不同垂度四主缆超大跨悬索桥结构体系及关键技术研究	湖北交投燕矶长江大桥有限公司	湖北交通投资集团有限公司
31	大跨钢筋混凝土拱桥快速加固设计施工技术研究	中交第二航务工程勘察设计院有限公司	湖北省交通运输厅建设管理处
32	基于变形协调控制设计的高性能地聚物灌注半柔性重载铺面材料	武汉工程大学,武汉道盛交通科学技术有限公司	咸宁市交通运输局
33	公路工程改性磷石膏再生轻集料的制备与性能研究	湖北聚海环境科技有限公司,湖北省交通运输厅工程事务中心	湖北省交通运输厅工程事务中心

二、软科学研究			
序号	项目名称	项目承担单位	保证单位
1	天河空铁枢纽交通规划设计与评价研究	武汉综合交通研究院有限公司,武汉市市政建设集团有限公司,武汉理工大学,清华大学	武汉市交通运输局
2	宏观视角下湖北供应链物流优化升级研究	厅客货运输处,湖北工业大学	湖北省交通厅客货运输处
3	高职教育交通类专业"招培就"一体化人才培养模式研究	湖北交通职业技术学院,武汉理工大学,长江职业学院	湖北交通职业技术学院
4	植入地域文化基因的高速公路服务区环境品质提升建设研究	湖北省交通职业技术学院,武汉科技大学	湖北交通职业技术学院
5	大思政视域下交通运输专业人才培养体系探索与实践	湖北省交通职业技术学院,湖北工业大学,武汉奈特建筑设计有限公司	湖北交通职业技术学院
6	长江中游地区高速公路服务区生态景观构建策略研究	武汉综合交通研究院有限公司,武汉理工大学,武汉彩墨江南文化创意有限公司,湖南大学,武汉市市政建设集团有限公司	武汉市交通运输局
三、信息化技术研究			
序号	项目名称	项目承担单位	保证单位
1	基于车路图协同的高速公路交通事故风险主动防控技术	武汉理工大学,湖北交通职业技术学院	湖北交通职业技术学院
2	基于车路协同的全息感知高速公路交通安全预测研究	湖北省交通运输厅通信信息中心,武汉理工大学	湖北省交通运输厅通信信息中心
3	基于多源数据融合的高速公路出行服务分析平台研究	省高速公路联网收费中心,北京世纪高通科技有限公司	湖北省高速公路联网收费中心
4	基于多目标动态感知和空间综合分析预判的施工安全动态监控与预警	武汉工程大学	荆州市交通运输局
5	基于5G与人工智能的公路工程智能管控系统研究	中交第二公路勘察设计研究院	恩施州交通运输局
6	大跨公路斜拉桥管养数字化与智能化关键技术研究	湖北交投智能检测股份有限公司,湖北交投鄂黄长江公路大桥有限公司,华中科技大学	湖北交通投资集团有限公司
7	基于机理模型的施工安全决策分析关键技术研究	中交武汉智行国际工程咨询有限公司,湖北交通职业技术学院	湖北交通职业技术学院
8	基于边缘计算的高速公路隧道监控系统的研究与应用	湖北省交通规划设计院股份有限公司,湖北交投科技发展有限公司,武汉微创光电股份有限公司,湖北交投鄂西北高速公路运营管理有限公司	湖北交通投资集团有限公司
9	准自由流收费及智慧站所关键技术的应用研究	湖北交投高速公路运营集团有限公司,湖北省交通规划设计院股份有限公司,湖北交投科技发展有限公司,湖北省智慧交通研究院有限公司	湖北交通投资集团有限公司
10	基于阵列光栅全域感知的鄂州机场高速准全天候通行关键技术研究	湖北交投科技发展有限公司	湖北交通投资集团有限公司
四、标准化研究			
序号	项目名称	项目承担单位	保证单位
1	货车不停车检测系统建设规范	武汉市交通运输局智能交通中心	武汉市交通运输局
2	湖北省公路工程岩溶区地质勘察技术标准研究	湖北省交通规划设计院股份有限公司,湖北省神龙地质工程勘察院,中国地质大学(武汉),中南勘察设计院集团有限公司	湖北交通投资集团有限公司
五、科技成果推广应用			
序号	项目名称	项目承担单位	保证单位
1	高温多雨地区路桥隧排水沥青路面技术应用	湖北省交通规划设计研究院股份有限公司,中路交建(北京)工程材料技术有限公司,湖北省高速公路实业开发有限公司、湖北长江路桥有限公司,湖北武麻高速公路有限公司	湖北省公路学会

"公路柔性伸缩缝应用技术规程"等25项湖北省地方标准被省市场监管局批复立项，批准发布实施《公路磷石膏复合稳定材料应用技术规程》等7项湖北省地方标准。湖北省2023年公路水路行业产品质量监督抽查工作被交通运输部确定为6个部省联动交通运输部产品质量监督抽查试点省份之一。完成对24个高速公路项目和11个干线公路项目的外加剂、沥青、钢筋等9种共计43个批次产品质量的监督抽查，配合交通运输部抽检湖北省路面标线涂料、防眩板、减水剂等5种共计10批次，检验结果全部为合格。

（周建勋）

【标准化工作】 贯彻落实交通运输部《公路水运工程淘汰危及生产安全施工工艺、设备和材料目录》相关规定，推动项目淘汰影响施工质量安全的落后工艺、设备，引导从业单位创新安全管理模式，加强安全智能化、信息化建设，逐步实现"机械化换人、智能化减人"，引导从业单位使用定型化、标准化安全防护设施，积极探索和开展施工安全微创新，推动施工设备、设施提档升级。

平安百年品质工程建设。依托高速公路建设项目，广泛开展调研，出台《湖北省公路重点工程平安百年品质工程建设技术指南》，协助省交通运输厅举办交通运输部"深入推进公路水运平安百年品质工程建设现场会"、全省高速公路建设项目平安百年品质工程创建现场推进会，打造湖北示范名片。呼北高速公路运用智能三臂凿岩台车等隧道全工序成套机械化施工，显著提升隧道施工效率和质量安全水平。京港澳高速公路改扩建、孝汉应高速公路等项目建设智慧梁厂，工效成倍增长，预制梁品质极大提高且稳定可靠。燕矶、双柳长江大桥等主塔采用智能筑塔机＋钢筋部品化工艺，主塔钢筋对接精度提升至毫米级，降低高空作业风险，缩短节段施工周期。武红高速公路等项目规模化应用无人集群智能摊铺碾压技术，明显提高沥青面层平整度。京港澳高速公路改

扩建工程项目借助数字孪生、北斗系统等技术手段，建立建管养智慧管理信息平台，探索高速公路全生命周期管理数字化技术。

（沈磊）

【交通环境保护】 履行牵头职责，船舶和港口污染防治攻坚提升行动阶段性收官。湖北省船舶和港口形成常态化污染治理格局，长江高水平保护三年攻坚提升行动取得丰硕成果。全省累计建成接收转运码头41个、专业化学品洗舱站2个，船舶污染物接收转运设施实现全省港口全类别全覆盖。经评估，全省船舶污染物综合年接收能力（生活垃圾超过1万吨、生活污水近66万吨、含油污水约20万吨）大于2023年全年船舶污染物接收量（船舶生活垃圾5118吨、生活污水39万吨、含油污水8639吨），能够满足当前和未来一段时期船舶污染物接收需求。长江经济带船舶水污染物联合监管与服务信息系统（"船E行"）覆盖全省所有港口，到港营运船舶注册率达100%。截至2023年底，全省船舶生活垃圾、生活污水转运处置率均达到99%（按量计，大于交通运输部要求的90%），监管服务水平不断加强。全年船舶受电设施改造任务全面完成，原有1200总吨以上运输船舶受电设施改造达100%。具备港口岸电泊位增长到498个，全年港口岸电用电量达1467万度，比上年增长158%，其中货运码头用电量超158万千瓦时，比上年增长68%。全年武汉、宜昌2座化学品洗舱站共计洗舱86艘次，比上年增长53%；宜昌枝江、鄂州白浒山2座LNG加注站共计加注148艘次，LNG总计加注量为1200吨。全省需要安装防污染设施设备的4872艘船舶和305艘新建船舶均按要求配备防污染设施。

依责协同治理，交通大气污染防治不断深化。持续推动运输结构优化调整，湖北省国家级多式联运示范工程创建数为8个，命名数为4个，均居全国第一位。"湖北顺丰陆空联运示范工程"等10个项目被列为省级第一批多式联运示范工程创建项目。全

年完成港口集装箱铁水联运17.6万标箱，比上年增长107.2%，占港口集装箱吞吐量比重为5.32%，高于全国平均水平。依责加快淘汰高排放营运柴油货车，加强用车环保达标监管，加大新能源在公共交通领域推广应用。截至2023年底，全省累计注销4.5吨以上国三及以下排放标准营运柴油货车道路运输许可证约3.26万本、机动车排放污染维修治理站（M站）1035个，12月各地I/M闭环率均高于80%，新能源公交车（2.04万辆）占总数（2.51万辆）的81%；着力强化重污染天气交通运输保障，与省生态环境部门建立突发生态环境事件应急联动工作机制。督促落实重污染天气行业节能减排和错峰运输的分级管控要求，持续加大交通工地建养施工扬尘防治和非道路移动机械管理力度。

实施"起底清仓"，交通环保问题整改取得积极进展。高位推进中办督察调研反馈问题整改，厅主要领导挂帅成立工作专班，两名分管领导具体负责，明确专人协调推动4项整改任务，完成1项、达到进度要求3项。推进省委主要领导关注的港口与航道布局规划思路通过省委专题会审议，继续配合国家有关部委加快三峡水运新通道项目前期工作，督促省港口集团将打通阳逻"最后一公里"铁路进港项目报请省发改委核准。强力推进第二轮中央生态环保督察整改，6项整改任务中2个责任事项完成整改并销号，1个牵头事项"船舶污染防治"12月底完成整改，余下3个责任事项均达到进度要求。协调推进2022年生态警示片反馈问题整改，统筹省直相关部门和黄冈市政府合力推动整改，截至2023年底，黄冈2个码头营运环保问题完成整改并通过省级分项核验。

（刘伟）

【交通强国智慧交通试点工作】 湖北省是第一批交通强国试点省份，智慧交通建设是六项试点工作之一，为抓好试点工作，2023年1月印发《关于开展湖北交通强国建设试点智慧交

通中期评估工作的通知》，邀请交通运输部科学研究院开展湖北省交通强国智慧交通试点任务中期评估，实地调研全省4个市州智慧公交、4个重点平台企业智慧建设，以及1个高速公路服务区智慧试点情况。10月27日，省交通运输厅组织召开湖北省2023年数字交通绩效评价（交通强国智慧交通中期评估项目）结题验收会，经评估，湖北省交通强国智慧交通建设试点总体进展情况良好，基本完成第一阶段目标任务；组织开展省交通强国智慧交通试点工作交流会，交通运输部科学研究院评估组对智慧交通各试点任务开展情况进行反馈，强国办专家对强国评估政策及流程进行解读。

（邹珺）

【新型基础设施建设】 制定印发《湖北省"数字交通"三年行动方案（2023—2025年）》《湖北省交通运输行业突破性发展北斗产业重点工作清单（2023—2025年）》《湖北省交通运输行业突破性发展新能源与智能网联汽车产业2023年度工作清单》。

特色智慧高速公路项目有序开展，鄂州花湖机场智慧高速公路一期全线贯通，在全国率先探索高速公路应用阵列光栅光纤传感技术，基于雷达、视频和光栅光纤多源传感技术融合的感知系统，形成全时、全域、全天候的交通信息全感知车路"一张图"，初步探索具有湖北特色的智慧高速公路模式。京港澳高速公路鄂豫界至军山段改扩建工程初步设计、施工图设计获批，智慧高速公路建设方案编制中。

统筹推进省级综合信息平台建设，锚定省级交通运输"数据大脑"定位，统筹推进"1+4"平台建设，推进省级综合交通运输信息平台和综合交通大数据中心一体化建设，同步统筹推进公路、运管、港航、综合执法等4个智慧监测子平台，4个子平台进入实施阶段，综合交通运输信息平台进入方案设计阶段。

智能网联示范建设协同推进，印发《湖北省交通运输行业突破性发展新能源与智能网联汽车产业2023年

度工作清单》，聚焦4个方面、11项重点任务，全面推进产业重大部署在交通运输领域落地见效。支持武汉市建设国家智能网联汽车（武汉）测试示范区、国家级车联网先导区，支持襄阳市建设国家级车联网先导区，发挥先行带动、示范引领作用。组织行业单位积极申报交通运输部第二批"智能交通先导应用试点"项目，遴选推荐武汉市"城市自动驾驶跨区运营先导示范"项目等5个项目作为试点申报项目。目前，武汉市开放智能网联汽车测试路段3379.15公里，累计发放自动驾驶牌照2210张，测试总里程逾1000万公里；襄阳市投入自主开发的智能网联公交车31辆，开展常态化运营。

北斗技术应用落实落地。在公路建设方面，完成全省62座特大及特殊结构桥梁使用北斗技术开展健康监测建设工作，完成1座隧道基于北斗技术的健康监测建设，完成硚孝高速公路1处高边坡北斗技术健康监测建设（15个GNSS点位），实现31个新开通高速公路收费站北斗技术授时全覆盖。道路运输方面，全省道路运营车辆北斗技术应用基本实现全覆盖。在港口航道方面，新建20米以上运输船舶北斗终端安装率达100%。武汉阳逻港、荆州松滋车阳河智慧港口实现集装箱货车运输"5G+北斗"无人驾驶。在综合交通运输领域，高速公路运输执法北斗终端安装率达100%，邮政干线运输车北斗终端安装率达98%，机场集团2023年完成机场作业车辆北斗终端安装100辆。

（邹珺）

【网络安全工作】 加强网络与数据安全体系建设。组织开展网络与数据安全培训，提升网络安全管理人员的网络与信息安全业务能力及思想认识。组织开展省交通运输厅攻防演练，做好部、省网络安全演练防守工作，提升全厅网络安全意识和突发事件应急处置能力，实现互联网信息系统全覆盖，通过实战演练不断提高厅网络安全防御体系建设，2023年在湖北省关键信息基础设施和重要信息系统实网攻防演练中获"最佳防守单位"称号。

统筹开展现场核查和技术防守。组织开展全厅、高速公路路段单位的网络和数据安全现场核查及高风险隐患排查，组织构建全厅网络安全监测平台。结合各级攻防演练，现场核查发现问题，督促完成闭环整改。修订出台《湖北省交通运输厅门户网站管理办法》，强化网站协同管理，省交通运输厅门户网站获交通运输部考核第4名、湖北省第9名。顺利迎接完成公安机关网络和数据安全监督检查工作。

指导行业数据安全建设。召开省交通运输厅数据安全研讨会，开展省交通运输厅数据分类分级培训，启动交通运输行业数据安全保障体系建设。梳理建立省交通运输厅数据共享责任清单、数据开放责任清单，与部、省20余家单位实现250余项数据交换。

（邹珺）

【湖北交通职业技术学院】 办学水平。学校以"双高建设决胜年"为主题，紧扣建设目标、逐项对照检查、总结经验成效、补齐短板弱项，为圆满完成"双高计划"终期验收与下轮遴选工作奠定坚实基础。全面加强教学基本条件建设、强化教学规范管理、加强教学质量监控、完善教学质量保障体系，教学中心地位更加突出。大力推进现代职业教育体系建设改革重点任务，成功入选交通职业教育交通强国专项试点院校，获批"十四五"国家规划教材5种，获得中华人民共和国第二届职业技能大赛优胜奖1项。完成省交通运输厅级科研项目申报立项课题23项，完成地厅级以上项目结题20项，获得实用新型专利3项、软件著作权11项，获得省级教学成果奖3项、国家级教学成果奖2项（参与），获评"湖北省科技工作者之家"称号。

对外合作交流。牵头成立新能源汽车行业产教融合共同体，参与建设3个市域产教联合体、12个行业产教融合共同体。打造吉利汽车产教融合实训基地1个，共建产业学院2个，与顺丰速运、东风汽车、华工激光、上海鼎衡等企业深化校企合作。圆满举办江夏区"三区融合"校地企合作

2023 年 11 月 2 日，俄罗斯马格尼托戈尔斯克国立技术大学来湖北交通职业技术学院访问交流

推介会，顺利召开职教集团年会。一批"供需对接就业育人项目"获教育部批准立项。国际合作交流取得新突破，与俄罗斯马格尼托戈尔斯克国立技术大学合作开展的机电一体化技术专业高等专科教育项目获省教育厅批复。与中交二航局马来西亚分公司、白俄罗斯吉利汽车工厂共建挂牌国际化技能培训中心，与日本自动车短期大学共建挂牌海外职业教育实践基地，并派学校教师到海外开展本地员工培训、访问交流。与老挝巴巴萨技术学院签署备忘录。学校承担的坦桑尼亚"新能源汽车技术员 4 级"国家职业标准和教学标准通过验收结项。

专业设置调整。学校紧紧围绕七大交通特色专业群，开展专业设置工作，共备案专业 40 个，分别是：土木工程检测技术、工程造价、道路与桥梁工程技术、道路工程检测技术、道路养护与管理、城市轨道交通工程技术、机电一体化技术、飞行器数字化制造技术、无人机应用技术、新能源汽车技术、智能工程机械运用技术、汽车检测与维修技术、新能源汽车检测与维修技术、飞机机电设备维修、汽车智能技术、智能交通技术、计算机网络技术、大数据技术、云计算技术应用、人工智能技术应用、电子商务、空中乘务、邮政快递运营管理、大数据与会计、跨境电子商务、现代

物流管理、智能物流技术、旅游管理、酒店管理与数字化运营、智能控制技术、电气自动化技术、航海技术、轮机工程技术、船舶电子电气技术、建筑装饰工程技术、建筑工程技术、供热通风与空调工程技术、虚拟现实技术应用、艺术设计、环境艺术设计。全年新增道路工程检测技术 1 个专业。

职业教育体系建设。与武汉市第一职业教育中心学校、湖北省旅游学校、十堰市郧阳科技学校、武汉市供销商业学校、武汉市石牌岭高级职业中学和江汉油田职业技术学校 6 所中

职学校实行"3+2"中高职分段培养合作，"3+2"中高职分段招生专业分别是：现代物流管理、计算机网络技术、酒店管理与数字化运营、汽车检测与维修技术、电子商务、汽车检测与维修技术、虚拟现实技术应用及汽车检测与维修技术，共录取考生 337 名。全年学校面向退役士兵单独招生专业 2 个，分别为新能源汽车技术、轮机工程技术，共录取考生 12 人。

招生就业。全年录取新生 5676人，报到 5492 人，招生人数和录取分数再创历史新高。生源质量持续提升，构建招生与就业联动机制，科学编制招生计划，创新招生宣传方式，积极争取招生政策，拓宽招生生源渠道。积极与海军、空军和武警部队需求紧密对接，连续三年联合培养定向军士招生专业 8 个，招生计划 650 个。就业创业质量进一步提升，积极拓宽就业市场和就业渠道，参与"百校联动"武汉高职高专七校毕业生就业联合招聘活动，举办毕业生春季网络招聘会、专场空中双选会，累计发布用人单位需求信息 3500 余条，组织空中宣讲会 150 余场（次）、空中双选会 15 余场，提供就业岗位 2 万余个。毕业生 5318人，就业率达 98.01%，实现毕业生充分就业、高质量就业。1 个案例成功入选 2023 年度普通高校院（系）毕业

2023 年 10 月 30 日，新能源汽车行业产教融合共同体在湖北交通职业技术学院成立

生就业创业工作典型。

人才培养。广泛开展"技能成才、强国有我""学习二十大、永远跟党走、奋进新征程"等各类主题实践活动,精心举办科技文化艺术节、书香满校园、劳模工匠进校园等特色校园文化活动,全面提升学生综合素养。学生在全国、全省技能竞赛、创新创业大赛中获奖60余项,全国交通职业院校演讲比赛一等奖、全国暑期"三下乡"社会实践活动优秀个人、湖北省"百生讲坛"金牌主讲人等荣誉捷报频传。学校获批湖北省高校心理健康教育示范中心、湖北省大学生社区实践计划优秀工作单位、湖北省直机关共青团和青年工作先进单位。1个典型案例入选湖北省高校"一站式"学生社区综合管理模式建设案例选编。

社会服务。校属企业体制改革稳步推进,全年实现营收4800万元,教培中心顺利通过四星复核,获"平安旅馆"称号、诚信经营示范店等荣誉。依托"一个中心、两个基地",全年完成培训37200人次,承接各类社会考试27338人次,成人教育招生报名604人。圆满完成神农架林区宋洛乡梨子坪村驻村工作队轮换交接和持续选派工作,校领导带队先后4次前往神农架林区开展帮扶调研,筹措各类帮扶资金66万元,推进乡村规划、道路建设、消费扶贫、产业发展,助力村民稳定增收。全力开展结对帮扶,做好10名新疆教师来校跟岗学习和培训工作,继续选派2名骨干教师到新疆博尔塔拉职业技术学院开展教育援疆。

文明创建。隆重举行庆祝建校70周年系列活动,回顾办学历史,总结办学经验,展示办学成果,彰显办学特色,凝聚师生合力,扩大社会影响。培树基层党建品牌7个,凝练支部工作法34个,新建党建阵地11个,发展党员126人,第二批全国高校党建样板支部、全省高校党建样板支部顺利通过验收,新能源汽车技术专业群教研室获评全国"青年文明号"。持续提升校园媒体舆论引导力,全年在中央、省市级媒体发表新闻宣传作品20余篇,10件新闻作品获评"湖北高校好新闻奖"。持续营造争做新时代"大先生""引路人"良好氛围,1人入选教育部新时代名师名校长培养计划,一批优秀教师相继获评"全国基层就业卓越奖""湖北省教育工作先进个人""湖北省首届最美交通运输人""湖北省优秀带徒名师""湖北省女职工建功立业标兵""1+X证书制度试点优秀指导老师""省直机关书香家庭""全省高校平安校园建设工作成绩突出个人"等荣誉,为学校高质量发展奠定坚实基础。

办学条件。攻坚克难,推动实现藏龙岛新校区全面投入使用,9月,1.2万余名师生搬迁入住,基本配套设施日趋完善,育人环境焕然一新,办学资源有效整合,师生学习生活条件全面改善。全力提升教学现代化水平,建设智慧教室和室外监控项目,完成基础型智慧教室、交互式智慧教室建设并全部投入使用,实现教室集中管控、AI学习分析、在线巡课等,新增安防摄像头1000余个,实现教学和安防数字化、智能化。完成高性能计算机公共实训云机房建设,新增3D沉浸式虚拟仿真实训中心实训机位100个。

平安校园建设。全年开展多次安全宣传教育、安全隐患排查,举行各类消防知识讲座、法治安全讲座。举办消防宣传月系列活动,定期开展全校消防大演习、"身边的消防隐患"主题班会、"拔插头行动"、消防安全大检查等,校园环境文明和谐、安全稳定,综合治理水平显著提升。

(郑禹舟)

交通综合管理

【机构编制】 逐步理顺省交通运输厅机关与厅直单位职责关系，高位谋划推动执法改革和事业发展中心机构转型、职能转变、人员转隶、工作转接等工作。向省委编办报送3个副厅级事业发展中心"三定"方案，并协调省编办到交通运输厅开展专题调研。组织前往省农业执法局调研学习，指导综合执法局办理法人登记，完成所属支队内设机构和下设机构设置批复，指导执法局制定下设支队岗位设置管理办法并报送厅党组审定。建立执法局机关编制本，完成人员内部划转和选调，落实21人上编手续。完成厅工程质量监督局职能调整及更名批复，以及内设机构设置批复。完成信息中心的交科所领导班子及内设机构批复，建立厅信息中心编制本，落实6人上编登记。稳步推进事业单位法人登记清理规范工作。

（肖磊）

【干部工作】 着眼建设高素质干部队伍，干部选任加快推进。始终把政治标准、政治素质作为选人用人的首要标准，严格落实"凡提四必"、全程纪实、任前公示等制度，切实加强干部选任工作，完成上年度选人用人"一报告两评议"工作。归纳总结领导班子和干部队伍建设情况，配合省委组织部完成道路运输事业发展中心主职干部选任及3个事业中心4名班子副职选配工作；选配执法局领导班子成员4名，支队长1名；完成厅机关2名正处长和3名副处长选配；完成厅直事业单位领导班子9人调整配备工作；完成厅机关和厅直单位正处级领导干部个人评价报告。印发干部人事档案质量提升工作方案，开展厅管干部人事档案二轮复核，完成7名厅管干部在职学历认证工作，开展厅直单位干部人事档案专项检查，执行好干部人事档案任前审核制度。赴藏看望、慰问、了解援藏干部工作情况，协调推进对山南市交通运输局项目援助工作。组织接待新疆博尔塔拉蒙古自治州交通运输局来访。落实2023年军转干部安置网上双选工作。

抓好干部梯队建设，年轻干部培养持续发力。建立年轻干部动态管理信息库，加大优秀年轻干部持续发现、跟踪培养、管理、使用力度。积极落实省委组织部《关于大力发现培养选拔优秀年轻干部的实施意见》，2023年6月省委组织部反馈的监测结果显示，厅机关正处级干部配备达到年轻干部（45岁以下）结构比例要求。组织开展科级干部情况摸底调研，完善优进拙出的年轻干部信息库，并结合干部日常调整配备，加大使用力度，完成1名45岁以下正处和1名35岁以下副处干部选用，推荐1名年轻干部参加全省年轻干部培训班，推荐1名年轻科级干部参加"乡村振兴重点乡镇"挂职，接收3名省委组织部安排的挂职干部，撰写加强和改进年轻干部培养选拔工作调研报告。

加强和改进公务员工作，日常管理更加规范。依法规范、及时动态开展公务员职级工作，推进5个参公单位职级职数重新申报，开展公务员法律法规实施情况和干部选任纪实情况督导调研检查，完成厅机关17名调研员和厅直参公单位51名调研员职级晋升，配合组织部完成2名一级巡视员、2名二级巡视员职级晋升。建立健全以平时考核为基础、以年度考核为重点的公务员知事识人和履职尽责体系，完成领导班子、领导干部和公务员2022年度考核，完成省管领导班子和领导干部考核基础信息采集报送，完成厅机关前三季度平时考核工作，发布《厅机关公务员年度综合量化考核办法（试行）》。用好表彰奖励制度，完成公务员嘉奖和记三等功奖励工作。开展公务员法及其配套法规宣贯活动，举行新入职公务员宪法宣誓活动，推进落实完善干部荣誉退休制度。

坚持从严监督管理，激励干部担当作为。坚持督查问责和激励关爱"两手硬""两手实"，建立健全日常工作调研考察和新任干部谈话制度，健全完善领导干部配偶、子女及其配偶经商办企业行为常态化管理机制，配合开展违规吃喝问题专项整治和受处理处分干部回访教育工作，完成2023

年度个人有关事项集中填报工作，在省直单位率先开展领导干部个人有关事项报告专题集中培训，完成省管干部个人事项报告转递和22名领导干部个人有关事项报告重点查核。严格执行因私出国（境）有关政策规定，严格履行因私出国（境）审批手续，进一步完善厅机关、厅直单位工作人员因私出国（境）登记备案工作。落实好省交通运输厅关于激励干部新时代新担当新作为的实施意见，推动落实带薪年休假、体检等待遇保障措施。

强化人才支撑作用，引进培养步伐进一步加快。制定出台《省交通运输厅所属事业单位专业技术三级岗位设置与人员选聘管理办法（试行）》《2023年厅所属事业单位专业技术三级岗位人员选聘工作方案》，完成厅首次专业技术三级岗位选聘工作，聘用2名专业技术三级岗位人员，充分激发专业型领导干部工作积极性。指导职业资格中心组织开展公路、港航专业技术职称评审，完成试验检测工程师职业资格考试，开展违规取得专业技术职称资格人员审核工作，指导执法局推行下设支队实行事业单位岗位管理，完成湖北交通职业技术学院职称评聘工作调研。完成省交通运输厅2023年享受省政府专项津贴专家推荐工作，成功推荐1名同志获评"享受省政专项津贴专家"称号。完成厅直参公单位6名人员招录，厅直事业单位44名人员招聘和1名退役运动员专项招聘工作，开展湖北交通职业技术学院博士专项公开招聘，完成湖北省"青年拔尖人才"推荐申报工作。制定下发完善社会团体管理制度有关意见。

（肖磊）

【干部培训】 着力提升干部素养，教育培训分类实施推进。对标"七种能力""八项本领"，重点围绕贯彻落实新发展理念、建设交通强省、当好加快建设全国构建新发展格局先行区开路先锋等重大战略部署，突出行业、岗位特点，分层分类分级开展专门业务培训。印发《2023年省交通运输厅培训计划》，落实省级主体培训班计划，完成全省统计工作研讨班、年轻干部培训班、全国交通运输局局长培训班、全省总体国家安全观、退役军人事务工作专题研讨班、促进中部地区加快崛起专题培训班、交通系统新闻发言人培训班等参训组织工作，协调、组织开展交通运输部10个专题网络培训。印发《2023年全省交通运输综合行政执法人员培训试点实施方案》，协调推进执法人员培训试点工作。印发路桥、港航领域专业技术人才知识更新工程实施方案，推进专业技术人才继续教育，开展厅直单位干部人才队伍需求状况专题调研。印发《关于进一步加强干部教育培训管理的通知》，落实驻厅纪检监察组《关于对以培训之名变相公款旅游问题进行整改的纪律检查建议》整改情况反馈工作，严格规范管理厅机关、厅直单位培训组织实施工作。

（肖磊）

【驻村扶贫工作】 助力乡村全面振兴，驻村工作有力有效。根据省委部署，省交通运输厅为远安县龙凤村驻村工作队派出单位、远安县省派驻村工作队牵头单位。严格按照选派程序，落实新一轮挂职驻村干部到村到岗有序轮换与交接事宜，1名处级干部挂职远安县政府副县长，3名干部派驻远安县龙凤村。积极发挥驻村帮扶牵头单位作用，着力提升帮扶质效，落实好"学理论、强组织、固成果、兴产业、共治理、办实事"等"六个推动"，推进帮扶驻点村产业、人才、文化、生态、组织全面振兴。省交通运输厅被省委组织部、省委农办、省农业农村厅、省乡村振兴局表彰为2022年度工作突出派出单位。

（肖磊）

【工资社保】 印发厅直非参公事业单位制定并实施单列核定绩效工资分配制度指导意见，指导厅直事业单位陆续开展单列核定绩效工资分配制度实施工作。召开《湖北省工伤保险实施办法（修订草案）》及工伤预防项目研讨会，启动推进交通行业工伤保险工

作，完成厅机关人员工伤保险参保续保工作。完成2023年度厅机关残疾人保障金标准核算。

（肖磊）

【交通职业资格】 做好职业资格考务管理工作，顺利完成2023年度全国公路水运工程试验检测专业技术人员职业资格（湖北考区）考试，参加考试人数7561人。全年组织湖北省公路水运工程施工企业负责人和安全生产管理人员考核9次共计9311人。开展交通运输行业职业技能等级认定、职业技能鉴定考核共49次，参加考试人数4924人。圆满完成2023年度全国机动车检测维修专业技术人员职业资格（湖北考区）考试，参加考试人数156人。开展危险货物水路运输从业人员资格考核2次，共238人参加考试。协助省人社厅组织开展2023年度监理工程师职业资格（湖北考区）考试，审核交通运输工程专业报名材料275份。

完善职业资格服务社会功能，及时办理公路水运工程施工企业负责人和安全生产管理人员考核工作的注册、延期、调入、变更、注销手续达11000余件。办理交通运输工程监理工程师初始注册、变更注册、注销注册共计360人。办理危险货物水路运输从业人员考核证书延期258人次。

（郭成林）

【职称】 组织编写《湖北省路桥、港航工程专业技术职务任职资格量化评审方案（试行）》，并于2023年路桥、港航专业职称评审工作中施行，有效提升职称评审公平性和评审工作效率。11月18日，组织开展2023年度湖北省路桥、港航工程专业技术职务任职资格评审，119人通过评审，其中：正高级32人，通过率为68.09%；副高级86人，通过率为79.63%；中级1人，通过率为100%。

（彭哲）

【外事外经】 协助省交通运输厅办理因公出国出访团组手续2批次共3人，

向武汉市出入境管理处申报办理因私出国（境）备案人员的新增、更新和撤销事项600余人次。

协助世行贷款宜荆、荆恩项目组完成贷款申请前期的国际、国内准备工作，指导项目组及时梳理项目结果领域主要工作内容和考核指标，构建结果导向型世行贷款项目指标体系基本框架，推动项目按计划完成各阶段工作目标。

（彭哲）

【目标管理】 精准定位系统谋划。坚持服务发展大局，围绕部省重点工作部署，根据省委办公厅、省政府办公厅《贯彻落实〈中共湖北省委、湖北省人民政府关于加快建设全国构建新发展格局先行区的实施意见〉工作方案》《省政府工作报告》及2023年度全省交通运输工作会议工作安排，全面梳理、逐项分析、归纳研究，及时细化分解年度重点工作任务，统筹拟定2023年度重要职能工作目标，逐项明确目标落实的分管领导、责任处室、责任人和完成时限，为完成全年目标任务奠定坚实基础。

高频调度跟踪督办。每季度召开全省交通运输投资暨重大项目建设调度会议，系统分析上阶段全省交通运输经济形势和下一步经济走势，研究部署下阶段工作措施，确保年度目标任务圆满完成。锚定年度重点工作目标，督促厅直单位、厅机关处室建立工作清单，实行周动态、月通报、季调度、年总结工作机制，发布周工作完成情况20期，通报年度重点工作推进情况3期。建立目标责任制联络员制度，定期收集职能目标各项重点任务进展情况并进行通报，按时间节点做好职能目标督办、沟通衔接、考核迎检资料准备等各项工作，切实推动部、省、厅重大决策部署落实落地。

优质高效抓好落实。全省交通运输推出一系列突破性创新措施，取得一系列工作成效。全省累计完成交通领域固定资产投资1826.3亿元，实现跨越式增长，增速为全国第四、中部第一。高速公路投资首次突破千亿大

关，同比实现翻番。普通公路、站场物流提前 3 个月完成年度确保目标。建成武汉至大悟高速公路河口至鄂豫界段等 7 个项目 251 公里；建设一、二级公路 1182.3 公里，为年度目标任务的 107.48%；新改建农村公路 10072 公里，为年度目标任务的 100.72%；建成客运站、交通物流站场 12 个；开展多式联运高质量发展三年攻坚行动，67 个多式联运集疏运基础设施重点建设项目开工 63 个，完工 26 个，2 个国家多式联运示范工程通过验收并获得正式命名；宜昌姚家港煤炭专用码头等顺利完工，新增港口吞吐能力 2341 万吨；武穴港余家冲恒鹏物流码头等 5 个项目开工建设；建设高速公路服务区充电桩 1062 个，新增星级服务区 14 对，成功创建"四好农村路"全省示范县 9 个、全省示范乡镇 49 个，5 地纳入城乡交通运输一体化示范创建县创建名单，全省新能源公交车辆占比超 76%，均超额完成目标任务。

（程梦雨）

【社会管理及综合治理】 积极参与属地综合治理管理和平安建设工作。认真落实综合治理"属地管理"原则，将协助、支持属地开展综合治理工作列入年度工作计划，将支持属地社区平安建设经费纳入财政预算。动员广大干部群众积极支持和参与所在地区、街道开展社会治安及其创新工作，落实有关社会治安防控措施，形成"社会治安人人参与"的群防群治格局，积极组织参加社区党建联席会，联合航空社区对辖区困难退休职工家庭开展走访慰问活动，慰问困难户 30 户，发放慰问金 2.15 万元。将援建航空社区勘察宿舍休闲亭和创意墙项目纳入驻地社区共建帮扶项目予以支持，全年共建帮扶项目 2 个，拨付资金 2.75 万元。

加强对平安建设联系点的指导和帮扶力度。贯彻落实省委平安办平安建设联系点工作相关要求，将开展平安建设联系点工作作为本单位联系服务基层群众的一项重要举措，按照厅平安建设联系点三年工作计划，全面

落实开展平安建设联系点帮扶工作。加强对于平安建设联系点的帮扶、指导，对东宝区提出的支持项目进行调研审核，积极解决工作中出现的问题。在示范项目帮扶方面，安排专人对省交通运输厅 2022 年平安建设联系点帮扶示范项目进行验收，积极开展 2023 年示范项目帮扶工作。服务保障厅主要领导到东宝区开展平安建设工作调研 1 次，组织专人调研 4 次，帮扶平安建设联系点示范项目建设 3 个，拨付帮扶建设资金 100 万元。东宝区被省委政法委确定为全省第一批市域社会治理现代化试点示范县（市、区）。

（李永胜）

【信访】 2023 年，省交通运输厅本级办理信访件 487 件，接待来访 123 批 185 人次，督导 8 次，督办 38 次，信访案件受理率、办结率 100%。做好全国、全省两会以及亚运会等重要时段信访稳定工作，全省交通运输系统信访稳定态势总体平稳，未出现重大缠访闹访和大规模聚集性群体性信访事件。主要做法如下：

1. 提高政治站位，深入学习贯彻习近平总书记关于加强和改进人民信访工作重要思想。始终坚持和加强党对信访工作的全面领导，把信访工作纳入党组议事日程，定期在厅党组会上传达学习习近平总书记关于加强和改进人民信访工作重要思想，提高认识，统一思想。厅党组定期听取信访工作情况汇报，分析研判形势，研究部署落实工作。厅党组会开展学习、研究信访工作 2 次，厅党组理论学习中心组专题学习 1 次。落实领导干部接访和主要领导阅信接访包案有关工作要求，开展领导干部接访、约访、下访活动。建立领导干部阅信接访包案台账，加大对厅领导包案件、上级单位交办件等重点信访案件跟踪督办力度，逐案督办化解。

2. 突出工作重点，持续推进《信访工作条例》宣贯走深走实。把《信访工作条例》纳入厅党组学习计划，举办主题教育第二次交流研讨暨党组理论学习中心组（扩大）学习会深

入学习《信访工作条例》。同时，将《信访工作条例》纳入 6 月支部主题党日学习内容，要求各单位党支部组织学习。制定印发《全省交通运输系统学习宣传贯彻〈信访工作条例〉实施方案》，汇编下发《交通运输信访工作资料汇编》，通过制作宣传展板、宣传手册，开展系列宣传活动，积极营造"学条例、用条例"浓厚氛围。将开展条例贯彻落实年工作纳入年度信访工作要点，制定印发《全省交通运输系统贯彻落实〈信访工作条例〉责任清单》，分解清单事项共计 20 条，细化具体任务要求。组织开展全省交通运输系统信访工作督办调研，通过书面调研和实地调研督办方式，强化对贯彻落实《信访工作条例》工作的指导和督促力度。

3. 紧盯目标任务，多措并举做好信访矛盾化解工作。坚持统筹部署，突出工作重点，在对交通运输重点领域仔细梳理研判基础上，制定印发《全省交通运输系统信访问题源头整治三年工作行动方案》，明确源头治理重点工作、矛盾重点和化解要求，压实工作责任，部署开展专项工作，切实维护交通运输行业健康稳定发展。针对出租汽车、公交车以及客运班线等涉运信访矛盾突出领域，会同省信访局制定印发《全省道路运输领域信访突出问题处置和积案化解专项行动方案》。按照"属地属事"和"一案一策"原则，督导属地逐项制定化解方案，逐级建立工作台账，逐案明确包案领导、责任单位、化解措施和化解时限，切实做好督办化解工作。省信访工作联席会交办化解的 2 件信访积案均上报销号办结，会同省信访局联合交办的 73 件道路运输领域信访件化解 72 件，对于剩余 1 件积案事项在持续督办化解中。

加强分析研判，做好重点时段信访保障工作。定期召开厅信访工作领导小组办公会，梳理分析信访形势，部署重点工作。针对重要会议、重大活动等重点时段，制定信访稳定专项工作方案，做好重要时段领导值班和信访保障工作。严格执行信访零报告、

节假日值班等制度，督促各级交通运输部门密切关注行业动态，加强行业稳定情况监测，做好形势研判和风险排查。针对上级部门通报和省交通运输厅排查发现的不稳定线索信息，及时提醒，及早采取措施。全年处理各地各部门报送涉稳涉访日报信息689条，上报信访日报46条。

（李永胜）

【**档案管理**】 2023年，省交通运输厅档案工作紧紧围绕交通运输中心工作，坚持以习近平新时代中国特色社会主义思想为指导，深入贯彻习近平总书记对档案工作重要指示精神，围绕"贯彻二十大·奋进先行区"主题，强化档案业务建设，加快档案数字转型，推进档案治理体系和档案资源、利用、安全体系建设，较好地完成年度目标任务。主要做法如下：

1. 高度重视，积极部署开展学习贯彻活动。扎实开展学习贯彻活动。5月6日，厅党组会传达学习全省档案局长馆长会议精神，进一步提高政治站位，压实档案工作责任，注重交通档案收集整理，加强档案开发利用，发挥档案服务功能。要守牢档案工作安全底线，确保档案实体和信息绝对安全。组织厅机关、厅直单位收看第16个国际档案日活动视频直播，同时采用宣传展板形式，组织厅机关全体干部学习《中华人民共和国档案法》。按照省委办公厅关于开展档案专项督查工作部署，扎实做好佐证材料准备工作，全面准确反映档案各项工作。为切实落实专项督查工作，12月19日，厅办公室带队对厅直单位开展档案专项检查，确保厅直各单位档案工作标准化、规范化。贯彻落实"十四五"湖北省档案事业发展规划实施情况并开展自评工作。切实做好声像档案归档、整理、保管和利用工作。

2. 扎实开展年度归档及进馆档案开放审核工作。按照《机关归档文件整理规则》，对厅机关纸质和电子档案、会计档案进行收集、归类、整理工作，较好地完成上年度归档任务。

按照《省交通运输档案工作要点》及省档案局工作要求，对厅直单位档案年度归档情况进行指导，及时发现问题，规范业务操作，推进年度归档工作顺利开展。按照省档案馆《关于会同审核开放馆藏档案的函》要求，厅办公室牵头开展到期档案开放、鉴定工作，扎实做好具有保存价值的档案资源收集整理、归档移交、接收进馆工作。根据省档案局、档案馆相关要求，积极组织"三合一"制度报审工作，要求厅直各单位提高认识、统一思想，加强领导、精心组织，把修订审查"三合一"制度作为一项重要任务抓落实。对厅直单位开展"三合一"制度修订审查工作，按"编报-审核-确认"程序进行，较好地完成审核工作。按照省档案局《关于开展档案安全检查的通知》要求，迅速开展档案安全检查工作，牢牢绷紧档案安全这根弦，全面加强档案安全风险隐患排查。

3. 利用档案效果显著。档案是历史的真实记录，是汇集起来的记忆，是历史的镜子，是国家的文化财富和重要文化资源。大力开发档案信息资源，切实做到服务对象多维化、服务程序规范化，为湖北省交通运输发展制定计划和规划、进行科学决策、开展建设项目管理、办理房地产权、编写交通年鉴、开展干部调配和晋级调资、评聘专业技术职务、开展案件诉讼和公证等一系列活动提供大量可靠的依据，充分发挥档案作用，取得较好的社会和经济效益。

（戚媛）

【**省人大建议、政协提案办理**】 2023年，省交通运输厅共收到省人大建议125件，其中主办82件、会办43件；省政协提案91件，其中主办28件、会办63件。建议提案全部按时办结，主办件答复率、沟通率均为100%，得到代表委员满意评价。办理结果均完成网上办理、纸质回复"双轨制"。积极推进建议与答复公开工作，接受社会监督，除内部信息外，全部在本单位门户网站上主动公开。答复意见资

料统一归档管理，较好地完成办理任务。主要做法如下：

1. 领导重视，责任落实。3月22日召开厅党组会，听取代表建议、政协提案办理情况汇报，研究部署工作落实措施。建立厅主要领导总负责、亲自抓，班子成员具体抓、严把关，各承办处室明确办理任务、办理时限、办理人员工作机制，形成一级抓一级、一级对一级负责的办理工作体系，保证办理渠道畅通，促进办理工作顺利开展。

2. 强力推进，解决难题。对人大代表委员多年来提出的同类型建议提案给予重点关注，强力推进解决，取得积极成效。例如，黄鹏飞代表提出的《关于支持加快推进武咸快速通道天子山大桥项目的建议》，多年来没有取得实质性进展。在省交通运输厅高度重视和强力推动下，该项目18项前期工作获批12项，特别是2023年5月，天子山大桥《环境影响评价》《工程可行性研究报告》获批，12月18日正式开工建设。

3. 程序规范，确保质量。规范办理流程，对人大建议、政协提案交办、催办、答复、审核、反馈、归档等各个环节均有明确规定，形成完整的工作流程，确保办理工作规范性。严格审查审核，承办处室负责人在OA上审核确定后，在规定时限内将答复意见送至办公室，由办公室把关后报分管领导审签。凡答复格式不合要求的，退回重新办理。答复内容经厅领导审签后，由办公室按照有关规定，统一格式、统一印发、统一反馈给各位人大代表、政协委员及省人大、省政府、政协有关部门。

4. 求真务实，加强沟通交流。一是坚持在办理前沟通。在人大建议、政协提案办理前，厅办公室明确要求各承办处室按照要求，积极与人大代表、政协委员联系沟通，采取电话、信函、邮件等多种方式，积极听取人大代表的意见和建议，在此基础上制定有针对性的办理措施。二是坚持在办理中调研。在办理过程中，各承办处室负责人针对人大代表、政协委员

提出的建议和意见，开展调研监管机制。三是坚持在办理后反馈。办理工作结束后，由各承办处室将答复意见告知人大代表、政协委员，并征求人大代表、政协委员的满意度。对"基本满意"评价，不回避问题，主动向人大代表、政协委员作出解释说明。

（戚媛）

【研究室工作】 高质高效完成各项重大文字任务，起草全省交通工作报告等100余篇重要文稿，审核把关100余篇业务文稿，累计超过50万字。如起草省领导在交通项目建设调度会、武鄂黄黄快速道路建设调度会的讲话材料，厅领导参加两会座谈等的有关发言材料，厅领导参加省政府务虚会的发言材料，省纪委副书记、监委副主任马朝晖到厅调研时的汇报材料；精心指导、把关修改交通运输部在黄冈召开公路水运平安百年工程建设现场会的重要材料、交通运输部工作会经验交流材料、高速公路广告牌整治和路域环境提升工作专报材料；参加省《政府工作报告》集中起草，积极向省委、省政府宣传展示交通运输工作成效。

落实调查研究工作卓有成效。以厅党组名义印发全系统大兴调查研究实施方案，明确调研课题、责任单位、完成时间，组织召开厅领导调研成果交流会。收集调研报告80余篇，其中领导个人调研报告8篇。成功接待中国国际可持续交通创新和知识中心人文交流项目来鄂调研。

政研培育工作取得实效。用心培养新入职干部，提出"把保障安全作为第一要求，把抓好学习作为第一任务，把增强综合素质作为第一追求，把提升文字能力作为第一目标"理念，完善培训手册，4名跟班学习干部全部顺利转正，实现从"小白"到基本胜任一般性文字工作的提升。举办疫情后首期全省交通运输系统线下政研专题培训，同步开放线上课程，受到全省交通运输系统干部学员们欢迎和好评。

协调宣传、舆情和改革工作有力有效。完成了厅主要领导在省委"关于加快建设全国构建新发展格局先行区的实施意见精神解读"新闻发布会等重要讲话、汇报材料和重要上报文件的审核把关。强化高速公路"统借统还"舆情监测，确保了重要时段行业网络舆情稳定。定期上报改革工作进展情况。

（闫兰）

【厅机关后勤服务】 聚焦重难点，综合服务保障能力全面提升。圆满完成厅机关水电维护、职工进餐、公务接待、会议服务、保洁绿化、公务用车、安全保卫及节能降耗等各项服务保障工作。同时在夯实制度基础和构筑安全屏障上下功夫。坚持问题导向、目标导向、效果导向，健全完善体制机制，对既有制度进行梳理，查找问题并认真落实整改，修订3项制度、新建4项制度、废止2项制度，进一步推动服务保障工作朝着标准化、法治化、专业化、效能化方向发展；多次组织召开安全生产专题学习会，对照《厅机关后勤服务中心安全生产风险排查表》部署工作，通过开展节前安全卫生大检查、用电安全专项检查、"百日会战"联合检查等，不断增强干部职工安全责任意识，为确保服务保障工作高效有序运转筑牢"铜墙铁壁"。

厅机关大楼维修项目和"健康食堂"提档升级工作顺利推进。厅机关大楼维修项目涉及楼顶及外墙防漏防渗维修，本身就存在时间紧、任务重、要求高的特点，且施工和办公同时进行，管理和协调难度更大。后勤中心统筹安排，合理交叉，与施工方密切配合，在确保质量和安全的前提下，通过工序优化，科学调配，实现100天竣工目标。同时中心不断跟进相关配套工作，完善相关配套设施，协助做好机关大楼内厅直单位搬迁相关协调工作，统筹做好办公用房调整方案的制定、建设大道430号宿舍楼拆迁对接事宜，全面完成厅机关大院花坛自动喷灌系统维修改造、办公楼层所有灯具更换、理发室和13楼职工活动室维修改造、机关大院路面维修刷黑等临时交办工作，进一步提升干部职工幸福感和满意度。坚持从源头入手，提升食材品质，与省内大部分地市建立起名特优食材及绿色食材供应链，通过供应链采购的时令蔬菜、水产品、土猪肉、土鸡蛋、有机大米及杂粮等，接近全部食材采购总量的30%。同时还应职工之需开通"低盐低油低糖进餐通道"，进一步完善以涵盖食品安全、菜品质量以及成本管控为主要内容的食堂外包监管协调机制，为干部职工筑牢食品安全、健康饮食的屏障。

（姚婷）

党群工作和精神文明建设

【党建工作】 强化理论武装，筑牢理想信念之基。始终坚持把政治建设摆在首位，把政治纪律和政治规矩教育贯穿党建工作和其他一切工作的全过程各方面，不断提高党员干部的政治判断力、政治领悟力、政治执行力，不断增强"四个意识"、坚定"四个自信"、做到"两个维护"。扎实开展学习贯彻习近平新时代中国特色社会主义思想主题教育，成立领导小组，组建工作专班，制定工作方案，召开动员会、推进会、学习心得交流会、总结会，举办专题读书班，开展专题辅导，确保学习教育全覆盖。各支部开展以"奋力当好建设先行区的开路先锋""我为先行区献一策"等主题的大学习大讨论。深入学习宣传贯彻党的二十大精神，采取中心组示范领学、举办读书班专题学、集中宣讲辅导学、主题党日研讨学、与党代表面对面座谈学、线上竞答自主学等多种方式推进党的二十大精神学习入脑入心。省交通运输厅获评省直机关"学习二十大 建功先行区"线上学习竞答活动先进集体。

强化政治担当，压紧压实党建责任。严格落实主体责任。召开党建专题党组会2次、日常8次党组会研讨党建工作议题14个，组织召开厅直单位党委书记座谈会，分析研判党建工作形势，研究解决具体问题和推进措施，确保习近平总书记系列重要讲话精神和重要指示批示精神、党中央决策部署以及省委省政府工作要求落地见效。推动压力传导到位。年初召开全面从严治党工作会，分解责任清单、明确目标要求。年中开展中期抽查，检查任务清单落实情况。认真组织与驻厅纪检监察组会商会，结合巡视巡察和审计督察反馈问题，及时抓好整治整改。借力纪检监察组党支部与机关各处室党支部分别开展的联合支部主题党日活动，推动管党治党责任落实，风险能够有效防范，隐患得到及时排查。坚决守住精文简会"硬杠杠"，深入推进纠治形式主义官僚主义、为基层减负工作。

强化"两个作用"，不断夯实基层基础。围绕建强"战斗堡垒"、发挥"两个作用"，建立领导干部基层党建联系点8个，着力搞好传帮带。坚持以"两优一先"评选和"红旗党支部"创建为抓手，推动基层党组织标准化规范化建设。新创建省直机关"红旗党支部"3个、厅级"红旗党支部"5个，厅表彰"两优一先"个人31名、单位10个，新发展党员150名。牵头组织省直机关党建协作五区研讨交流活动，组织党务干部等6个培训班，分层分类培训骨干240余人。党建宣传片《党旗辉映乡村路》获全省"机关党建促先行"优秀项目一等奖，党建论文《提升湖北道路货运行业党的组织和工作"两个覆盖"质量研究》获2023年度全省党建研究课题优秀成果三等奖。大力弘扬"四下基层"优良传统，全厅系统开展专题调研、督导调研、微调研等3192人次，汇总梳理636个问题。针对需要持续推进的问题，列入"三张清单"，建立闭环处置机制。厅领导带头示范，领办并完成民生实事8件，下基层发现的32个问题全部得到解决并销号。共同缔造"以奖代补"美丽农村路创建1112公里，在2023年10月省委实践活动调度会上，省交通运输厅作交流发言。完成新改建农村公路10072公里，为年度目标的100.7%，被省直机关工委作为厅主要领导领办民生实事第一批典型案例采编推广。省实践活动简报第42期和《政策》杂志第11期专题报道高速公路服务区充电基础设施建设和运营情况。组建党员突击队3支，下沉服务对口社区200余人次，党员下沉居住地参加社区志愿服务2000余人次。

（李琴）

【党风廉政建设】 坚持以筑牢风险堤坝为目标，加强纪律教育。贯彻落实《关于深化党员干部纪律教育工作的意见》《关于建立领导干部应知应会党内法规和国家法律清单制度的意见》，每月支部主题党日活动把对党章的学习作为第一内容、把党内法规和规范性文件的学习作为必学内容。坚持把纪检监察干部队伍教育整顿与学习贯彻习近平新时代中国特色社会主义思想主题教育结合起来，制定学习教育计划表，列出必学清单，每周提示学习内容，每月安排专题学习。厅系统纪检监察干部开展集中培训2次、组织观看红色电影45人次、观看警示教育片30人次、组织学习警示教育通报和违纪违法案例48人次、组织应知应会知识在线测试2次，撰写心得体会27篇。

组织开展党风廉政建设宣教月活动。制定党风廉政建设宣教月活动方案，认真谋划5项内容8项具体活动；召开党员干部警示教育大会，组

2023年4月15日，省交通运输厅召开学习贯彻习近平新时代中国特色社会主义思想主题教育动员大会

织观看警示教育片；党组织书记率先示范讲廉政党课，208 个基层党组织书记讲廉政党课。实现党纪法规知识测试党员干部全覆盖。收集"以廉促行"的基层典型事例 10 件，向省直机关工委推荐"最美家庭""书香家庭"各 3 个，以及廉政书画作品 8 件。组织 18 批次 500 余人到省党风廉政警示教育基地、7 批次 423 人到省图书馆参观"清风颂"廉政书画展等接受教育，编印《交通系统违纪违规案例选编（2023 版）》，以案释法、以案明纪、以案促改。

持续推进清廉机关建设，努力打造清廉交通特色品牌。以开展"以廉促治"提质、"清廉窗口"创建等活动为载体，把常态化纪律教育与"清廉机关·护航行"主题系列活动结合起来，省高速公路路政执法六支队全力推进"清廉窗口"创建的案例得到省直机关工委肯定，并在《湖北机关党建》杂志上刊发。探索"以廉促治"常态化机制，重大节假日通过 OA 通知、廉政谈话、短信提醒等方式，开展常态化廉洁提醒，建立"领导率先垂范、上级管好下级、支部管好党员、党员管住自己"的监督约束机制，引导党员干部自觉做到慎独慎微、廉洁自律。

统筹推进专项整治整改。按照交通运输部有关要求，对 2016—2022 年全省交通运输系统参加部各类培训情况进行摸排和核查处理。深入开展违规吃喝问题专项整治，230 名副处级以上干部全员签订抵制违规吃喝承诺书。制定印发开展道路运输执法领域、公路水运工程建设领域等 7 个方面不担当不作为突出问题专项整治方案并认真组织实施，对为期 7 个月的道路运输执法领域突出问题专项整治督促建立问题清单整改机制，对 9 个公路、水运建设项目督促开展建设市场督察，对在施工招标中 5 名玩忽职守的专家进行通报曝光。

持续保持高压态势正风肃纪。重视群众信访举报，及时自办、交办、转办和督办，全年收到信访举报 4 件，全部分类办理办结。协助更新完善 53 名处级、123 名科级干部廉政档案信息。精准有效用好监督执纪"四种形态"，协助办理 2 名厅级、4 名处级干部组织处理和 1 名科级干部纪律处分的相关事宜。对受处理处分干部回访教育、考核评价 4 人次，激励干部担当作为。用好审计监督手段，提升财务管理水平，防范财经纪律风险。

（李琴）

【全省道路运输行业党建工作】 全面推进全省道路货运领域和网约车、出租汽车行业党建工作，积极引导各市州货运企业依托物流园区、业务板块、基层网点等建立组织，网约出租汽车企业依托网络平台、分支机构等建立组织。指导平台企业根据不同群体工作方式、活动半径、特定需求，采取单独组建、联合组建等灵活方式，实现党组织应建尽建。通过开展多形式的"党员找组织、组织找党员"活动，号召党员驾驶员主动向党组织报到，同步做好党员身份核实等工作。全省道路运输行业有党组织 489 个，其中党委 25 个、党总支 19 个、党支部 445 个；有党员 9191 人，其中驾驶员党员 4615 人、企业管理人员党员 4576 人。5 月底，全省 17 个市州全部建立道路运输行业党委，实现组织全覆盖。

关心关爱企业和驾驶员群体，不断提升行业党建凝聚力。按照"先把服务做进去，再把作用带出来"的理念，深入开展道路运输企业帮扶行动，省交通运输厅制定出台道路货运物流企业奖励政策，通过采取政策帮扶、纾困解难、整合资源、示范创建等措施，全力推进"助企纾困贷"和交通物流再贷款政策落实，大力扶持物流企业发展。持续开展"我为司机办实事"活动，建立部级"司机之家"63 个，加上各市州自建的"司机之家""红色驿站"，总数达 200 家。向交通运输部申报并经考核验收达标部级"司机之家"24 个。G50 沪渝高速公路潜江、仙桃服务区、G42 沪蓉高速公路巴东服务区、武汉汇通公路港等 4 个暖心服务"司机之家"受到交通运输部、全国总工会表彰。全省高速公路服务区新增货车停车位 292 个。广泛开展"冬送温暖，夏送清凉"慰问驾驶员活动，武汉 T3 公司建立驾驶员学历提升奖学金，风韵出行公司全年为党员驾驶员减免佣金 20 余万元，曹操出行平台公司为驾驶员子女设立高考奖学金，宜昌市对网约车驾驶员新入学的大一子女开展"三个一"关爱活动。襄阳市襄州区将辖区所有党员群众服务中心活动场所对网约车、出租汽车驾驶员开放，较好地解决如厕难和活动难问题。

推行"八步工作法"，着力提高行业党建水平。将平时工作体会与做法，总结提炼出"八步工作法"，即"重学习、摸底数、建组织、筑阵地、优服务、抓活动、送关爱、强自身"。重点在加强政治学习，统一思想认识；全面摸清底数，实行动态摸排；创新组织建设，灵活设置基层党组织；加强党员活动阵地建设，不断规范组织生活；坚持"放管服"改革，为企业及驾驶员提供优质服务；积极开展各项活动，不断提高行业凝聚力、向心力、战斗力；通过系列关心关爱活动，让驾驶员群体感受党组织温暖；加强行业党委和基层党组织自身建设，着力提升行业党建工作能力。八个方面持续发力，取得较好效果。4 月，专门召开全省行业党建推进会，要求各市州进一步理清思路，结合各地交通实际，全面推行"八步工作法"。指导各地采取派驻"第一书记"或"党建指导员"、领导蹲点帮建以及分类举办企业党组织书记培训班等形式，强化对企帮扶督导，建立行业党委每名委员"1 对 1"联系指导重点企业机制。

组织开展各项活动，充分发挥"两个作用"。组织各地开展党员驾驶员亮身份、车辆亮标识、服务亮承诺和在平台上推出亮身份功能。在网约出租汽车行业广泛开展"日行一善，载德前行"活动，网约车文明出行，优质服务整体形象得到提升。武汉风韵出行公司开展的"风韵好司机"活动，好人好事层出不穷，有 2627 人次获公司奖励。引导驾驶员群体积极参与共同缔造活动，把驾驶员变为社区"民情前哨""流动探头"，让"行业小群体"融入"基层大治理"。组织各市州成立网约车党员志愿服务车队，广泛开展"助力高考，爱心护航"免费接送高考考生、陪考家长活动和免费接送社区行动不便老人、军烈属等志愿服务活动。

加大品牌创建力度，放大先进典型示范效应。工作方法上注意"抓两头、带中间"，加强调研指导，积极培育行业党建品牌。5月24日，组织各市州交通运输管理部门党务人员、部分省、市级党建指导员代表和网约车平台公司党务人员80余人，在武汉风韵出行公司进行党建现场观摩活动，大力宣传该公司党支部与行政人员交叉任职、建立党建公积金等党建工作的好经验、好做法。先后举办2期行业党建工作培训班，130名学员参加学习。积极开展"最美出租汽车司机""最美货车司机"推树活动，2名网约车驾驶员和4名货车驾驶员分别获得"全国最美出租司机""全国最美货车司机"称号。十堰市交通运输局连续开展五届"最美交通人"评选活动，多名网约车和货车驾驶员入选。

持续发力降本增效，全力服务运输企业和驾驶员群体。严格落实鲜活农产品"绿色通道"、国际标准集装箱车辆差异化收费等各类通行费优惠政策，积极支持和鼓励高速公路经营企业在部分路段实行差异化收费。截至10月底，通行费优惠金额达到12.84亿元，进一步助力企业降本增效。加快高速公路服务区充电设施建设，年底前实现100%全覆盖。为电动汽车用户提供实时、精准充电信息查询服务，积极开发的"随手查"省级平台开始试运行。全年新增高速公路服务区货车停车位292个，大件审批全部实行网上审批，完成审批约22.4万件。联合省财政厅制定《关于支持公路货物运输、多式联运、货运代理业发展奖补政策实施方案》，对394家规上企业落实奖补资金6640万元。2023年，全省道路运输驾驶员"跨省通办"业务有效申请量134507件，办结量126614件，办结率94.1%，服务好评率保持在97%以上。持续推动电子证照使用，全省累计发放道路运输电子证照43余万张。全省338家检验检测机构全面推行"三检合一"，全年检测运输车辆28.16万辆次。12328交通运输服务监督电话共受理、办结工单429085件，其中道路运输工单57680件，投诉举报工单满意率为99.9%。

（张宏）

【行业精神文明建设】 开展"社会主义核心价值观主题实践教育月"活动。根据交通运输部统一部署，4月组织全省交通运输系统开展主题实践教育月活动，主要内容包括学习宣传贯彻党的二十大精神、群众性精神文明创建、大力弘扬"两路"精神等交通精神、加强先进示范引领、深化"文明交通志愿随行"宣传教育行动等5项活动；5月按要求报送活动总结报告。

组织开展系列争创活动。一是省委宣传部等6部门开展的第九届湖北省道德模范评选表彰活动。组织推荐、遴选，申报首届"最美交通运输人"邓兰舟，成功入选公示名单，进一步扩大交通运输领域培树典型的影响力。二是广泛参加交通运输部开展的"最美"系列评选和省直机关工委"家书传家风""书香家庭""最美志愿服务者"等各种评选推荐活动，交职院老师马靖宇、高速公路路政员任聪等一批先进典型的荣誉继续增加，"最美交通运

输人"万雯成功当选省妇女代表大会代表、赵汉蕊和邓兰舟当选省劳动模范并出席表彰大会，先进典型的辐射力有效增强。三是持续加强宣传传播，创造培树先进典型的良好环境。加强对先进典型的成长关注，对培树的"最美交通运输人"，通过各种平台、媒体加大宣传力度，邀请邓兰舟、万雯、张晓波给各类培训班作报告、参加支部党日活动，用先进事迹感染人、影响人，同时深入基层单位指导，发挥先进典型的示范引领作用，督导项目建设。

成功组织首届"最美交通运输人"颁奖活动。4月7日，在湖北电视台成功举办首届"最美交通运输人"颁奖活动，获得社会广泛好评。7月31日，交通运输部、中华全国总工会公布"2022年感动交通年度十大人物"名单，邓兰舟位列首位。各地政府领导和交通运输部门看望慰问"最美交通运输人"，十堰、孝感等地交通运输部门也相继举行类似活动。

开展文明品牌创建活动。以文明单位申报年为契机，立足过程创建、完善运行机制，按要求做好每个月的省文明单位管理实时系统维护管理，收集整理并录入省交通运输厅创建文明单位工作资料，指导厅直相关单位做好数据录入及维护管理工作。积极参与"青年文明号""工人先锋

2023年5月12日，湖北省交通运输厅第14期"书香交通·文化同行"读书分享会在武汉地铁运营有限公司举行

号""巾帼文明岗""文明示范窗口"等文明创建活动，2个单位获"全国青年文明号"。深化"书香交通·文化同行"品牌创建，举办主题为"打造精神高地、成就精彩人生""以学铸魂、以学增智、以学正风、以学促干"的第14期、15期读书分享会。厅直单位读书活动广泛开展。截至2023年底，全省交通运输系统有全国文明单位11个、省部级文明单位157个、全国青年文明号22个、省部级青年文明号198个，其中交通运输厅及厅系统有全国文明单位1个、省部级文明单位9个。

（李琴）

【交通运输工会工作】 2023年，全省交通运输系统有3人获得全国劳模、12人获得省劳模（先进工作者）称号，推荐全省五一劳动奖章3人，授予15名"湖北交通工匠"，推树一批"湖北省技术能手"、建功立业标兵，在2022年度全省工会工作"职工说了算"考评中获优胜单位。

围绕思想引领，扎实开展宣传教育。2月初，协调组织省总工会、省交通运输厅工会工作交流座谈会，争取党组为交通工会工作定向把关、督导明责。组织学习宣传习近平总书记关于工人阶级和工会工作重要论述、全国工会十八大、省总工会十四大精神，唱响"中国梦、劳动美"，在湖北交通报、《工友》等用3个专版宣传交通系统全国、省劳模（工匠）先进事迹和交通工会品牌工作，组织省劳模（工匠）宣讲团到湖北交通职业技术学院宣讲，为39个基层交通职工书屋征订书刊。会同有关部门开展"最美交通运输人""最美货车司机""最美出租汽车司机"等评选活动。参加第二届大国工匠创新交流大会暨大国工匠论坛主题征文，遴选、报送征文2篇。

围绕服务中心，扎实推进岗位建功。完成省交通运输厅、人社厅、总工会、团省委联合开展的4类4个项目工种职工职业技能竞赛；组织钢筋工、轨道交通行车调度员等工种竞赛，并组队参加第十四届全国交通职业技能大赛；协同组织参加全国海员技能

比武、船舶检验业务技能比武、道路运输安全行车百万公里驾驶员劳动竞赛；组织职工参加"安康杯"竞赛。

围绕服务职工，扎实做好精准服务。开展厅级职工书屋、职工（劳模）创新工作室、职工（教育）培训基地、示范爱心母婴室等阵地建设，全年新创建阵地12个，并向省总工会推荐、申报一批阵地。同时，巩固交通工会品牌创建成果，发挥引领作用。联合开展"共建共织关爱网"服务职工心理健康活动，服务200余人次；组织对厅直单位工会工作评估，下拨一般性转移支付补助资金84.68万元，自筹10万元配套资金补助"职工爱心消费助农"，下拨"五个阵地"建设补助资金13万元，下拨承办"交通工匠杯"单位补助资金16万元。慰问春节坚守生产一线基层职工、新就业形态下困难货车驾驶员、夏季高温下坚守一线职工等近800人；慰问劳模23人，组织27位劳模、优秀职工和技术工人疗休养活动；做好困难职工档案动态核查调整；争取省总工会各类慰问、补助资金等35万元。

围绕基本职责，扎实推进权益维护。下发《关于协同推进交通运输新就业形态劳动者建会入会等工作的通知》，会同调研、指导新就业形态劳动者建会入会、县（市、区）工会联合会建设情况，呈报专题调研报告3个，争取省总工会拨付基层工会联合会资金补助。据统计，全省货车驾驶员工会会员有15.2万人，网约车驾驶员工会会员有3.6万人，全省建立县（市、区）货运（道路运输）行业工会联合会24个，覆盖建会企业数550家、会员2万余人。协同推动落实"建会建家、共同缔造""人社＋工会""法院＋工会"维权服务机制，会同有关部门开展货运、出租汽车等劳动领域风险隐患调研排查。开展"伴您一路同行"公益活动。加大工会劳动保护监督检查力度。

围绕组织建设，扎实开展治会管会。举办工会主席培训班55人、班组长培训班55人，开展工会统计年报网上培训35人、实名制会员录入网上培训20人。严格落实工会领导、决策、

会议和重大事项请示报告等制度。组织工会廉政风险排查，加强作风建设。及时督促厅直单位工会换届选举。认真编制工会预算、决算，对厅直单位和交通工会开展财务监督自查，呈报《关于2019—2023年交通工会经费缴纳情况的报告》，并组织核算"基准数"。交通工会接受省总工会经审办对2021年、2022年经费收支审计，没有发现违法违纪行为。

（吴祺航）

【离退休干部工作】 截至2023年底，厅机关及厅直单位共有离退休人员868人（其中离休人员13人）。厅机关有离退休人员104人（其中离休人员2人），其中厅级干部21人（含离休1人）；80岁以上离退休人员32人；设立老干部党支部2个，分别在台北二路、交通小区。二级单位共有离退休老同志764人、党支部11个。

抓实理论学习。4月上旬至8月，与厅机关同步开展学习贯彻习近平新时代中国特色社会主义思想主题教育，发放学习书籍100余套，9月27日请省委党校江小燕教授做题为《以中国式现代化全面推进中华民族伟大复兴——学习贯彻党的二十大精神》专题辅导，组织座谈和学习交流；每月10日固定组织传达中央、省委以及交通行业重要会议精神；3月22日，厅党组专题学习全省老干部工作会议精神；8月8日，厅党组第19次会议，认真研究学习近平总书记关于老干部工作重要指示批示精神和尊老敬老情怀；组织老同志收看全国离退休干部网上专题报告会5次，每周线上学习主题教育有声书《习近平著作选读》、党章、党的二十大精神，用理论上的清醒确保政治上的坚定，老同志同样不能懈怠。

抓实党建引领。注重"五个坚持"，一是坚持把离退休干部党建与厅机关同部署、同推进，每月开展支部主题党日活动，2月10日召开老干部专题会，认真研学《关于加强新时代离退休干部党的建设工作的实施意见》，省委老干局相关平台进行专门报道；二是坚持党支部书记讲党课，3

月 9 日、7 月 29 日老干处处长为老同志分别进行台海问题和人民军队建设专题党课辅导；三是坚持组织革命传统教育，4 月和 7 月分别组织 60 余名老干部到"武汉抗战第一村"、英山革命烈士陵园进行革命传统教育，重温入党誓词；四是坚持抓好党务培训，5 月和 9 月前后共组织 11 名老干支部班子成员参加省委老干局和厅机关党办组织的党务培训；五是坚持到交通一线传帮带，7 月下旬组织老同志参观"四好农村路"，与英山交通人座谈交流，"话初心使命，话交通故事，话乡村巨变"。

抓实精细服务。坚持每月 2 次请新华医院医生上门问诊，送药上门，让老同志看病用药不出户；坚持做到"六必访"，看望生病老干部 32 人、整十岁生日老同志 9 人，慰问去世老干部家属 6 人，春节敬老月走访慰问 200 余人次，走访生活困难和有矛盾纠纷的家庭；定期对 10 名高龄、独居、长期卧床、生活自理差的老同志进行慰问，电话问候 8 名外地养老人员；为老同志报销医药费 600 余人次，办理特殊用药、转诊审批 16 人次；举办老干歌唱班 33 次、模特班 28 次，报销老年大学学费 15 人次，全年不间断安排黄梅戏、摄影、棋类、扑克牌、红歌、书法等娱乐活动，极大丰富老同志晚年生活。4 月和 10 月，分别组织老同志到蔡甸区和江夏区春游和秋游，让老同志进行红色教育的同时也感受到乡村振兴的发展。夏季英山健康休养期间，到茶园采茶、菜地采摘，把养生讲座、民歌教学、手工制作、文艺演出融在一起。

抓实自身建设。认真落实党日学习制度，严肃组织生活；每月组织 1 次老干部工作政策文件学习，日积月累，提高依规服务的能力；每季度举行 1 次重点工作分析会议，理清思路，提前筹划；认真落实厅党组关于做好调查研究工作的部署安排，5 月中旬至 6 月上旬，先后对省公路局、运管局、港航局、交职院、信息中心等进行专题调研，对支部班子建设、二级单位老干工作人员不足、二级单位活动不够频繁等问题交换改进意见；到省委老干局汇报工作，到省直单位沟通交流，对标对

2024 年 4 月，组织老党员到武汉黄陂姚家山"武汉抗战第一村"参观新四军第五师历史陈列馆

表，学习借鉴，拓宽服务思路。

促进老有所为。老同志全年参加桃源社区、公路社区和谐社区创建、美好环境与幸福生活共同缔造等共建活动 10 余次；组织 10 名老同志到省未成年犯管教所开展"一对一"帮教活动，组织到南漳县、大悟县开展关爱未成年助学活动；组织老干部深入交通一线，感受新时代交通发展成果，为交通发展建言献策。

（汤玲珍）

【交通宣传报道】 2023 年，省交通运输厅宣传中心突出交通服务都市圈建设、服务乡村振兴、服务"双碳"、城乡交通一体化建设等主题，高站位、多渠道、展亮点宣传，内外宣传工作有深度、有广度、有强度。

在外宣方面，紧紧围绕交通运输有效投资、武鄂黄黄快速通道建设等重点，高速公路项目建设、优化营商环境等难点，"四好农村路"突出成就、交通"共同缔造"经验等亮点，借助中央主流媒体和省内社会媒体，守住行业阵地《中国交通报》，借助《湖北日报》、湖北卫视等平台，采取集中采访、头版头条、整版报道等形式，策划和撰写大量稿件，做到月月有重点、期期有主题、篇篇有特色。组织集中采访和专题策划 12 次，先后在《人民日报》1 版刊发报道宜昌绿色航运、在《湖北卫视》播发专题特

别报道——"桥见十年"，在《湖北日报》头版刊发"农村公交"等重磅交通稿件 10 余条，在其他版面刊发交通稿件近 70 条。在《中国交通报》发稿近 120 篇，中国交通报湖北站被中国交通报社评为优秀记者站，在《湖北日报》刊发交通行业版 10 余期、稿件 60 余篇，湖北卫视播出交通新闻 60 余条。此外，每月 2 期"荆楚大交通"栏目，连续播发 22 期。

在内宣方面，坚持跟踪报道重大活动，牢牢盯住关键事件，持续聚焦日常工作，不断夯实建强自有宣传平台，优化融媒体立体宣传效果，打造省交通运输厅集微信公众号、报纸杂志、门户网站于一体的融媒体阵地，在报纸、微信公众号开辟"看交通投资建设""重点项目进行时""聚焦交通民生一线"等专题专栏，策划报道交通重点工程项目进展、"四好农村路"兴业富民等重大主题，建立交通投资调度会、快速路建设现场会、品质工程推进会等专题宣传常态机制。每周召开编辑部主题策划碰头会，主动服务厅机关各类会议，进行稿件撰写和照片拍摄，加强与市州县交通运输系统通讯员沟通对接。全年组织专题策划 30 余次，编发湖北交通微信公众号文章 800 余篇，编辑出版《湖北交通新闻》45 期、《湖北交通》杂志 3 期，拍摄照片近万张。

（赵超）

调查研究

完善鄂州花湖国际机场集疏运体系　提升一流航空货运枢纽功能

湖北省交通运输厅　钟芝清

为贯彻落实习近平总书记考察湖北重要讲话精神，按照省委省政府要求，省交通运输厅就完善鄂州花湖国际机场集疏运体系、提升一流航空货运枢纽功能开展了专题调研，形成调研报告如下。

一、鄂州花湖国际机场取得的跨越式发展与面临的瓶颈制约

鄂州花湖国际机场从 2020 年开工建设、到 2022 年校飞成功到现在，在省委省政府高度重视和直接领导下，短短四年间迈出了基础建设快速完工、校飞试飞快速完成、货邮运量快速增长三大步，创造了一个又一个"花湖速度"，锚定全球一流航空货运枢纽目标，实现了跨越式发展。

一是货邮吞吐量呈现井喷式增长。2022 年启用当年完成货邮吞吐量 46.8 吨，在全国 254 个民用运输机场中排名 188 位。2023 年完成货邮吞吐量 24.5 万吨，排名跃升至全国第 16 位。2024 年 1—10 月，鄂州花湖国际机场货邮吞吐量已超 86 万吨，全国排名跃升至全国第 5 位，仅次于上海、广州、深圳、北京，超过郑州新郑国际机场、成都双流国际机场，位居中西部第一。

二是加快织密轴辐式全球航线网。截至 2024 年 11 月，鄂州花湖国际机场累计开通货运航线 83 条，其中，国内货运航线 53 条、国际货运航线 30 条，通达 48 个国内城市和 34 个国际城市，形成覆盖亚洲、联通欧美和共建"一带一路"国家的航空货运网络。正加快构建"123 快货物流圈"，形成辐射五大洲、服务全世界的货物流通"空中丝路"。

三是开放功能不断增强。2024 年 5 月升格国际机场，成为全国首个获批对外开放的专业货运枢纽机场；6 月获批 2 条国际定期第五权货运航线；空港保税物流中心（B 型）封关运行；

进境水果、食用水生动物、冰鲜水产品、肉类、药品 5 类海关指定监管场地资质获批；国际贸易数字化平台正式启用；机场保税航油即将落地。

四是保障能力不断提升。全球最大的波音 747-800 型 F 类全货机获批起降；建成鄂州花湖国际机场中实物流货站、日邮物流货站和临空集团 2 号货站，加快启动公共国际货站二期项目，今年底国际货邮保障能力实现倍增到 70 万吨，整体货邮保障能力达到 170 万吨。

五是多式联运不断拓展。"空空中转"更快。打造"E 转全球"品牌，提升 16 种业务场景空空中转保障能力，为全球航空物流提供新方案、新速度。"空铁联运"更优。协助开展铁路联络线项目前期工作，拟接入武九铁路，计划 2024 年开工建设，机场集疏运体系不断完善。"多方联动"更强。建成投用全国首家网状驳运型航空前置货站，推动跨境电商调拨转运业务实现常态化运行，将两场联动从概念变为实践。

但是，按照省委省政府对鄂州花湖国际机场的战略定位，对照全球一流航空货运枢纽目标，鄂州花湖国际机场面临着一些发展的瓶颈制约。

一是运输能力还需要进一步提升。按照规划目标，鄂州花湖国际机场 2025 年达到 250 万吨、2030 年达到 330 万吨货邮吞吐量，但 2024 年年底总体货邮保障能力为 170 万吨，离规划目标有较大差距。对比全球排名前列的航空枢纽，排名第一的香港国际机场货邮保障能力达到 1000 万吨，排名第二的孟菲斯国际机场货邮保障能力达到 890 万吨。从起降跑道来看，鄂州花湖国际机场有两条起降跑道，而香港国际机场有三条、孟菲斯国际机场有四条。

二是基地航司结构单一。目前，鄂州花湖国际机场基地航司只有顺丰

航空一家，尽管顺丰目前占据国内航空货邮量第一位，但是截至 2023 年，顺丰拥有的全货机只有 87 架（加上租赁共 103 架），其中以鄂州花湖国际机场为基地的有 45 架。而香港国际机场有超过 120 家航司运营，连接全球超过 180 个航点。孟菲斯国际机场有 65 家航司运营，航线 274 条，航班数量 2491 个（2024 年 11 月数据）。

三是航空货代发挥作用有限。航空货代企业是航空货运的代理者、货源的组织者、托运和承运的中介者，对于航司扩大货源、拓展航线、提高实载率、提高边际效应具有重要作用。世界前十名货运机场拥有世界排名前列的货代企业，但鄂州花湖国际机场目前拥有的货代企业数量少、实力不够强。2023 全球空运货代 50 强榜单中，第一名德迅的年货运量为 223.2 万吨，第二名敦豪（DHL）的年货运量为 190.2 万吨。而入驻鄂州花湖国际机场的货代企业大多在 20 名之后。

四是本地适航产业严重滞后。目前，鄂州花湖国际机场货邮吞吐量几乎绝大部分由顺丰提供，鄂州本地、武鄂黄区域以至湖北全省的航空货源占比极少，这造成了对单一航司的严重依赖。在短期内，依靠顺丰的业务转场，大量货源从杭州转至鄂州，带动鄂州花湖国际机场短短两年内从零起步，一跃到全国第五，但是，这种运营模式带来的问题是后期增长乏力，要想实现规划的 330 万吨年货邮吞吐量、迈入全球机场前十名，补齐适航产业的短板刻不容缓。

二、鄂州花湖国际机场多式联运集疏运体系还有待健全

构建衔接顺畅、快捷高效、优势互补、多式联运、绿色智慧的现代化集疏运体系，对于提高鄂州花湖国际机场运输保障能力，打造全球一流航

空货运枢纽，具有重要意义。近几年来，省交通运输厅会同相关部门，大力推动鄂州花湖国际机场集疏运体系建设，取得了显著成绩，但是按照未来年货邮吞吐量330万吨、远期达到450万吨的目标，鄂州花湖国际机场的集疏运体系建设还有不少短板。具体有以下四个方面不足：

一是区域路网有待完善。机场对外通道主要由沿江骨架路网构成，而境内福银、沪渝两条国高共线里程达140公里，多数路段交通流量已接近通行能力，江南组团之间及对外交通缺乏有效分流通道。武鄂黄黄"三横三纵"快速道路体系建设有待加快。

二是枢纽与组团间连接不畅。枢纽功能的全面发挥还有赖于腹地港、产、城的高效互动，目前区域内部路网韧性不强，鄂州花湖国际机场、黄石新港、三江港等重要枢纽与各城市、产业组团之间的高等级通道布局不足，枢纽快速集散能力有待提升。

三是空铁联运有待提速。鄂州花湖国际机场铁路联络线于2024年9月28日启动建设，将接入武九铁路，目前按照设计速度120公里/时的技术标准建设，和高铁联运相比，还不能较好匹配航空货运速度要求快、附加值高的运输特征。全省高铁建设正加快步伐，预计到2025年底高铁里程将达到2750公里，京九、福银、沿江等高铁主通道将逐步贯通，需要抢抓高铁建设机遇，积极谋划"高铁通机场"。

四是两场协作有待加强。打造国际航空门户枢纽，亟待充分发挥武汉天河国际机场客机腹舱和鄂州花湖国际机场全货机的运力组合优势，推动两场在航班时刻、航线航权等方面的资源互补，加快构建"高铁进两场、快轨连两场、高速通两场"的航空双枢纽联通体系。

五是多式联运还需要进一步加强。2022年，鄂州花湖国际机场入选第四批多式联运示范工程创建名单。该项目要求推动航空货运和高铁快运实现无缝衔接，创新全球领先的空高联运示范模式，推动形成空空中转、空陆联运协同配合的"天网＋地网＋信息网"一体化智慧联运标准规范体系，将鄂州花湖国际机场逐步打造成为国际领先、国内一流的国家航空多式联运创新示范基地和全球供应链物流中心。但是目前机场联运方式还仅限于空空中转、卡班运输，铁路、水港的作用没有得到充分发挥。

三、完善鄂州花湖国际机场集疏运体系的总体要求和创新思路

空港集疏运体系是连接多种运输方式的平台和纽带，是进行一体化运输组织的关键。空港集疏运体系的快速高效，能在相当大的程度上缓和由于飞机进出港、货流不均衡而引起的滞货现象，也可以缓和货物集散对仓库容量过大的要求。而且，集疏运体系能力的不断增强也会在一定程度上弥补机场其他系统的不足乃至扩大机场腹地半径，从而促进机场发挥最大的潜力。

总体要求是：围绕鄂州花湖国际机场高时效、快疏运、广覆盖特点，促进机场与包括轨道交通在内的其他交通运输方式协同运行。与干线铁路、城际铁路、市域（郊）铁路以及城市轨道交通、主干公路路网、公共交通等方面加强规划协同、设施有效联通，提高机场轨道交通接入率。提高机场与其他交通方式在制度、标准、信息等方面的统一性和协同性，在服务流程、班次衔接等方面进一步做好有效对接。

学习借鉴国内外一流航空枢纽集疏运体系建设经验，结合湖北实际，鄂州花湖国际机场集疏运体系构建要从以下维度来思考，即综合交通、多式联运、全程统筹、无缝衔接、绿色智能、交产相融。要以构建新型集疏运体系为抓手，系统整合产业链、供应链、价值链，培植创新链，实现四链有机融合与互促发展。

一是以畅通骨架为重点，完善区域路网。完善区域高速公路骨架网。进一步提升鄂州花湖国际机场核心枢纽对湖南、河南等腹地的辐射能力。远期谋划鄂州花湖国际机场高速公路东延线，强化鄂州花湖国际机场对东北区域的辐射能力；谋划武鄂高速公路、大广高速公路花湖枢纽至武阳高速公路段改扩建工程，进一步强化区域高速公路网集疏运服务能力。

二是以区域产业为重点，打通组团通道。建设"鄂州花湖国际机场—武汉新城"集疏运通道，串联鄂州花湖国际机场与武汉新城组团光谷片区、中心片区。重点打通鄂州花湖国际机场南侧集散通道。建设"黄冈临空片区—鄂州花湖国际机场"集疏运通道，连通鄂州花湖国际机场与黄冈临空片区，重点打通鄂州花湖国际机场西侧集散通道。

三是以分期推进为策略，发展空铁联运。近期以普速铁路为重点，加快培育铁空联运试配产业。加快建设鄂州花湖国际机场铁路联络线，引导支持民航和铁路企业开展深度合作，联合开发联程运输产品，优化列车与航班计划编排，推动空铁联运信息共享。

四是以机制协同为抓手，强化两场协作。构建"双枢纽"协同运行机制。支持"双枢纽"在专业货运枢纽空管运行保障、地面交通衔接等领域先行先试，全面推动跨航司中转、联程运输、安全监管、空管服务市场化等领域改革创新，形成多领域、多层次的两场协同发展"湖北模式"。支持扩大"双枢纽"与共建"一带一路"国家和地区包括第五航权在内的航权安排，货运航权重点支持鄂州花湖国际机场发展，客运航权重点支持武汉天河国际机场提升国际功能。

五是远期以高速铁路为重点，加快建设全国快货空铁联运中心。积极谋划高铁联络线引入鄂州花湖国际机场，真正实现"高铁通机场"，将鄂州花湖国际机场连入国家高铁网。以鄂州花湖国际机场为试点，积极谋划与航空物流运输相互匹配的高铁快运设施建设和改造，完善与空铁联运高效衔接的快递物流服务网络，提供更宽广的产品市场。

四、完善鄂州花湖国际机场集疏运体系的总体布局和重点项目

按照空港集疏运体系建设的创新原则，从综合交通、公路、铁路、港口、物流、供应链等多维度规划综合立体的鄂州花湖国际机场集疏运体系。总体由空港＋公路（高速公路、快速路）、空港＋铁路（高铁、普铁）、空港＋港口（货运港口、专用港口）、空港＋空港（双枢纽连接线）、鄂州‑全球空港（空中航线网）几个部分组成，努力打造鄂州花湖国际机场集疏运体系的地面和空中两张网。

（一）铁路集疏运体系

高铁系统。区域内规划4条高铁，分别是既有的京广高铁、"十四五"规划建设的沿江高铁、京九高铁、福银高铁（武汉枢纽直通线）。在近期开工建设已入规项目的基础上，规划新增武汉枢纽直通线东延线（南湖东—葛店南），在武黄高速公路南侧设武汉新城高铁站，通过既有武冈城际，接入京九高铁西通道。总长约38公里。

远期规划对福银高铁和京九高铁进行延伸补强。一是福银高铁补强工程。新建武汉新城站—黄石白沙铺，长约75公里，黄石白沙铺—南昌，长约170公里，实现福银高铁高标准（速度为350公里/时）全线贯通。二是京九高铁南延经鄂州花湖国际机场至黄石，长约43公里，提升鄂州花湖国际机场战略投送能力。

城市快轨系统。构建2条速度为140~160公里/时的快速轨道，形成"鱼"形骨架网络，在武汉新城核心实现交叉。快速轨道一：武冈市域（郊）铁路＋13号线。新建武冈市域（郊）铁路，里程约64公里；新建轨道交通13号线，经天河枢纽、盘龙城、常青、新华路、汉正街、南湖、南湖大道、武汉东至光谷中心城，里程约65公里，连接武汉天河国际机场经光谷与鄂州的连通。快速轨道二：武黄城际市域化改造＋19号轨道交通线＋10号轨道交通线。武黄城际市域铁路及新建铁路引入鄂州花湖国际机场，里程约15公里；轨道交通19号线，一期武汉站至高新二路，途经洪山区、青山区、东湖风景区、东湖高新区，南至新月溪公园站，串联杨春湖副中心、青山区武东、花山生态城、光谷中心城，止于新月溪公园站，是武汉轨道交通线网中的市域快线，里程约

23公里，规划新建二期高新二路至武汉新城，里程约12公里；轨道交通10号线，一期武汉站至汉口站，里程约18公里，未来规划建设二期汉口站至沌口，里程约28公里。以上城市快速轨道系统将武汉天河国际机场、铁路枢纽站、轨道交通站与鄂州高效连通。

（二）公路集疏运体系

鄂州花湖国际机场与武汉、鄂州、黄冈、黄石通过公路系统紧密连接，包括高速公路、国省干线公路等。加快完善武汉新城与鄂黄黄快速道路布局，真正实现同城化，规划建设"三横三纵"快速道路系统。

三横："横一"（北通道），利用高新大道贯穿武汉新城组团光谷片区、中心片区，经吴楚大道联通鄂州主城组团，到达鄂州花湖国际机场，连接203省道沿江经过黄石—大冶组团北部至黄石新港；"横二"（南通道），利用凤莲大道（武阳高速公路辅道）贯穿武汉新城南部、龙泉山片区、梧桐湖片区，经锦冶公路联通保安湖片区、黄石临空片区，连接钟山大道穿过大冶湖新区至黄石新港；"横三"（中通道），未来规划建设通道，通过武黄高速公路城市快速路改造西连高新三路，东连348省道到达鄂州花湖国际机场。

三纵："纵一"，利用创业大道贯穿武汉新城葛华片区，连接257省道联通武汉新城中心片区、红莲湖片区；"纵二"，利用黄冈路口大道、明珠大道贯穿黄冈主城组团，经鄂黄大桥连接鄂州主城组团，南向通过106国道接锦冶公路，联黄石临空片区、黄石—大冶组团；"纵三"，利用燕矶长江大桥连接黄冈主城组团和鄂州主城组团，向南经过鄂州花湖国际机场西侧接201省道，贯穿黄石—大冶组团接入钟山大道。

（三）双枢纽连通集疏运体系

强化武汉天河国际机场和鄂州花湖国际机场两大核心枢纽的对外联通能力，完善集疏运系统，充分发挥武汉天河国际机场客运航线多、航班多、客机腹舱带货优势和鄂州花湖国际机场全货机优势，实现两场统筹、两场协同，提升运输效率。

构建"高铁进两场、快轨连两场、高速通两场"的航空双枢纽连通系统。"高铁进两场"即沿江高铁引入武汉天河国际机场、京九福银黄冈—黄冈联络线引入鄂州花湖国际机场；"快轨连两场"即武黄、武冈城际及轨道交通13号线连接武汉天河国际机场、鄂州花湖国际机场；"高速通两场"即福银高速公路—四环线—武鄂高速公路—鄂州花湖国际机场高速公路和机场二通道—四环线—武阳高速公路—鄂州花湖国际机场高速公路连接武汉天河国际机场、鄂州花湖国际机场。

（四）鄂州花湖国际机场与港口集疏运体系

鄂州花湖国际机场与三江港连通工程、鄂州花湖国际机场与鄂州杨叶港连通工程（航空燃油运输）、鄂州花湖国际机场与黄石新港连通工程。远期规划鄂州花湖国际机场东向过江通道，与九江港及安徽、江苏、浙江、上海等地的港口连通工程。

（五）鄂州花湖国际机场公交客运及通勤运输体系

现有机场专线4条，分别是801路（花湖机场航站楼—鄂州火车站）、802路（花湖机场航站楼—葛店南站）、黄冈91路/鄂州—黄冈（黄州虹桥—鄂州花湖机场航站楼）、鄂州—黄石（鄂州花湖机场航站楼—黄石天虹小区候机楼），定班发车；常规公交线路1条，即26路/520路（鄂州火车站—黄石万达），途经机场北门。

现有机场快线通行在高速公路上，仅在主城区、葛店等候机楼设站，考虑鄂州花湖国际机场内顺丰集团、鑫港航空、普洛斯、日邮物流等企业员工日常出行及乘机市民的公交出行需求，规划常规公交线路8条，其中，城际公交线路4条，分别是26路（鄂州火车站—黄石万达）途经机场北门、调整28路（鄂州火车站—黄石万达）途经机场南门、调整25路（花湖机场航站楼—黄冈沙街）、新增113路（花湖机场航站楼—黄石）；城市公交线路3条，均为规划新增，分别是601路（花湖机场—鄂州火车站）、602路（机场北门—葛山大道）、605路（花

湖机场—车湖）；城乡公交线路1条，为规划新增，E304（花湖—花湖机场—花湖）。此外，规划新增1条机场专线（花湖机场—太和枢纽）。

（六）打造全球空港连通的"空中网"

国内航线网：鄂州至全国各大中城市，包括香港、台北、澳门航空网。

国际航线网：中国湖北鄂州至欧洲主要空港（西欧、中欧、南欧、东欧、北欧），至北美主要空港（洛杉矶、纽约、芝加哥、亚特兰大、孟菲斯等），至东亚（日本、韩国），至南亚、至东南亚。

五、增强集疏运功能服务保障临空适航产业园建设

省委省政府要求，要全力提升鄂州花湖国际机场战略枢纽功能，以战略功能提升推动鄂州花湖国际机场为湖北科技创新和产业创新注入强大动力，进而加速达成花湖国际自由贸易航空港的战略目标，为中国式现代化湖北实践提供有力支撑。从国家战略、省域规划、"十五五"交通发展综合思考，鄂州花湖国际机场要大力提升五个方面的战略枢纽功能：

一是提升鄂州花湖国际机场作为"空中丝绸之路"桥头堡的战略枢纽功能（如同海上丝绸之路的泉州港），把鄂州花湖国际机场建成全国甚至全球航空货运门户港、湖北"空中出海口"。

二是提升鄂州花湖国际机场在全国综合立体交通网中的战略枢纽功能，助推湖北打造全国综合交通枢纽和区域经济第五极。京津冀、长三角、粤港澳大湾区、成渝城市群构成了中国综合交通枢纽和区域经济最重要的四极，武汉、鄂州正处在东西、南北两大轴线交汇点，具有独特的优势区位。

三是提升鄂州花湖国际机场作为全球重要航司、头部货代企业的汇集地功能，以强大的分拨能力、中转能力、运输能力和高效的服务能力，促进航线网络不断织密、集货网点不断加密、航空要素不断集聚、正向效应不断增强。

四是提升鄂州花湖国际机场作为航空货运供应链链长战略枢纽功能，不断优化全球航空货运流程，全力确保供应链的高效、稳定与安全，有效促进区域协调发展，催生高新技术产业、跨境电商等新兴业态，充分激发经济增长的全新动力，加速打造中部地区崛起的战略支撑。

五是提升鄂州花湖国际机场作为国家安全应急运输战略备份的枢纽功能。鄂州花湖国际机场具有投运速度快、储备能力强、战略韧性强的优势，可以在特殊时期发挥其独特的作用。

完善鄂州花湖国际机场集疏运体系，要牢牢把握五个功能定位。要以大力发展临空产业、适航产业为抓手，把集疏运体系建设和临空产业园结合起来，以集疏运体系服务临空产业创新，继而带动湖北科技创新。

武汉、鄂州、黄冈、黄石正在大力建设临空产业园，我们要谋划思考构建连通机场与产业园的集疏运体系，以集疏运体系建设服务、促进临空产业园建设。

一是服务智能制造产业园建设。充分发挥区域装备制造的技术和产业优势，重点发展精密机床、航空制造、3D打印及增材制造、航空复合材料再制造、智能模具制造、智能终端、人工智能机器人、激光设备、精密器械、智能输送等智能制造产业，推动打造智能制造创新中心。

二是服务生物医药产业园建设。对标全球生物医药和生命健康产业前沿领域，对接武汉光谷科创大走廊和武汉国家生物产业基地，推进建设临空生物产业园。大力发展生物医药产品制造、生物技术研发、精密医疗设备的研制、大型高端医疗器械共享服务、第三方检验检测服务等医疗健康产业。聚焦基因、疫苗等生物制药、生物制品的生产流通，血液供应及活体器官移植，构建生物医药智能化高标冷链生态体系，打造"保税＋生物医药产业集群"。

三是服务电子信息产业园建设。积极发展集成电路、新型显示、智能终端、光通信、新能源和智能网联汽车、集成电路设计、智能物联网设备等细分领域光电子产业。依托武汉国家存储器基地和武汉国家光电子信息产业基地，推动发展"光芯屏端网"产业。积极融入国际市场，加强与全球领先的设计、研发及代工企业合作，加快打造新一代电子信息产业集聚区。

四是服务汽车及零部件制造产业园建设。依托国家新能源和智能网联基地，积极发展新能源汽车及零部件制造、先进汽车电子系统研制、汽车高端服务等环节。推动相关领域关键技术并实现产业化应用，引领汽车产业转型升级。产业重点项目包括：汽车科技成果转化平台、国际新能源汽车零部件交易服务基地、先进汽车电子系统解决方案全球供应商项目、国际先进汽车电子系统检验检测中心、汽车高端服务平台等。

五是服务专业会展文旅总部园建设。大力发展会展经济，建成集会议、展览、商务、酒店、文旅、总部等于一体的商贸会展集聚区。积极引进国际知名会展企业总部、境内外专业组展机构、国际品牌重要展会活动以及上下游配套企业，着力打造一批高端国际会议会展品牌，提升会展品牌影响力和国际化水平。

六是服务航空物流产业园建设。重点发展航空快递物流、国际空空联运、特色产品物流和航空物流配套等服务，择机发展保税物流，开展保税仓储、保税加工、转口贸易等业务。加快发展冷链物流、危险品物流、应急物流等特色产品物流。推进航空物流园区建设，包括空港物流运营平台、电商产业园、区域物流运营结算中心、跨境电商分拨中心及物流分发中心等，完善分拨转运、仓储配送、交易展示、加工、信息服务、研发设计等功能，发展报关清关、金融保险、咨询评估、投资运营管理等商务服务。

七是服务航空维修制造产业园建设。大力拓展航空机电设备研发制造、航空机载和地面配套产品研发制造、无人飞行器研发制造、飞机新材料研发生产等产业。重点发展飞机大修、航线维护、附件维修、改装及再利用等飞机维修改装业务，通用飞机、无人机和飞行模拟器整机生产和零部件制造业务，航空复合材料的研发与制造业务。积极引进国际知名航空维修

企业，推动建设航空器材保税维修中心，打造具有国际影响力的航空器材、部件维修基地。积极布局航空零部件制造、航材供应等产业，开展飞机航材交易业务，吸引德国汉莎、UPS、霍尼韦尔、GA Telesis等涉及飞机零部件维修与制造、航空零部件物流等企业向试验区集聚，积极打造中国航空零部件贸易和供应链中心，推动航空维修制造产业全产业链发展。

高效畅通的现代化集疏运体系，将为鄂州花湖国际机场打造世界一流航空货运枢纽赋能。下一步，在省委省政府的领导下，我们将争取交通运输部和国家有关部委的大力支持，会同省直相关部门和有关地方政府，将谋划的一批机场集疏运项目，争取纳入全省"十五五"期综合交通运输规划，争取纳入国家有关规划，明确建设时序，制定建设方案，一项项抓好督办和落实。

提升湖北道路货运行业党的组织和工作"两个覆盖"质量研究

湖北省交通运输厅　汪凡非

习近平总书记高度重视新业态、新就业群体党建工作，强调要高度关注新业态发展，坚持网上网下结合，做好新就业群体的思想引导和凝聚服务工作❶。其中，货车司机是习近平总书记重点关注的四大新就业群体之一。湖北九省通衢，是全国重要的水陆空综合交通枢纽，货运行业发达、货运企业和货车司机群体庞大，是交通运输部开展道路货运领域党建试点省份之一。可以说，做好道路货运行业党建工作既是习近平总书记交代的必答题，也是湖北加快建设全国构建新发展格局先行区的现实需要。

怎样构建覆盖有效、执行有力的组织体系？怎样提高货车司机群体的融入感和归属感？围绕这些问题，课题组深入货运企业、物流园区、货运平台公司以及司机群体进行专题调研，总结经验做法、分析问题成因、提出对策建议。

一、充分认识做好道路货运行业党建工作的重要意义

（一）这是贯彻落实习近平总书记重要指示批示精神、夯实党的执政根基的重大政治任务

习近平总书记多次针对新业态、新就业群体党建工作作出重要指示批示。2020年9月，习近平总书记在湖南省长沙市与货车司机、公交司机、快递小哥等30名基层代表亲切座谈，了解实际困难。2021年4月，习近平总书记在广西调研时强调，维护好卡车司机、快递小哥、外卖配送员等的合法权益❷。2022年3月，习近平总书记在中央党校（国家行政学院）中青年干部培训班开班式上强调，要高度关注新业态发展，坚持网上网下结合，做好新就业群体的思想引导和凝聚服务工作。2022年10月，党的二十大报告对加强党的组织建设作出明确部署，强调要"坚持大抓基层的鲜明导向"，要"加强新经济组织、新社会组织、新就业群体党的建设"。2023年6月，习近平总书记作出专门指示，强调党的建设和组织工作要有新担当新作为❸。

这些重要精神为我们指明了方向、提供了根本遵循。开展道路货运行业党的建设，就是要组织好、服务好货车司机群体，推进货运企业、物流园区和各类货运平台健康发展，把党的全面领导贯彻到最基层、把党的温暖关怀传达到最基层，增强党在新兴领域的号召力、凝聚力、影响力，进而巩固党长期执政的阶级基础、群众基础、社会基础。

（二）这是促进行业健康发展、防范化解社会领域风险的内在要求

道路货运是国民经济发展的基础性服务业，是人民群众就业择业的重要领域。2022年，全行业1100多万货运车辆、1700余万货车司机完成全社会73%的货运量和30%的货物周转量，为支撑经济社会发展、保障和改善民生作出重要贡献。同时，货车司机也是劳动关系领域中相对弱势的群体，他们长期以车为家、与路为伴，大多没有固定的劳动关系，收入不稳定，相关保障欠缺。尤其是近年来，受疫情和宏观经济形势影响，货车司机从业压力骤增。加强货车司机的权益保护、教育引导和服务管理，对道路货运行业健康发展至关重要，已成为当前党建与政务工作中的优先课题。

（三）这是加快建设全国构建新发展格局先行区、答好行业党建"湖北卷"的现实需要

湖北是全国重要的水陆空综合交通枢纽，货运行业发达、货运企业和货车司机群体庞大。据统计，2022年湖北公路货运量占全部货运量的69%，公路货物周转量占全部货物周转量的27%；实际货运从业司机约45.16万，多数是"网上注册、平台派单、线下干活"的新就业群体。湖北打造新时代"九州通衢"，货车司机功不可没；要加快建设全国构建新发展格局先行区，道路货运行业提质增效也势在必行。

2021年6月，中组部部署开展新业态、新就业群体党建工作试点，主要包括快递员、外卖送餐员、网约车司机和货车司机四类新就业群体。2021年7月，交通运输部开展道路货运领域党建试点工作，四川、贵州、甘肃、湖北、江苏5省被确定为全国试点。2022年初，中组部要求认真做好试点地区经验总结，在全国面上推广。2023年11月，十部门联合发文，就扎实推进两新组织党的建设作出深入部署。湖北有基础、有责任、有条件发挥试点示范作用，以党建引领道路货运行业高质量发展。

❶ 《习近平在中央党校（国家行政学院）中青年干部培训班开班式上发表重要讲话强调　筑牢理想信念根基树立践行正确政绩观　在新时代新征程上留下无悔的奋斗足迹》，《人民日报》2022年3月2日。

❷ 《习近平在广西考察时强调　解放思想深化改革凝心聚力担当实干　建设新时代中国特色社会主义壮美广西》，《人民日报》2021年4月28日。

❸ 《习近平对党的建设和组织工作作出重要指示强调　深刻领会党中央关于党的建设的重要思想　不断提高组织工作质量　代表党中央向全国广大共产党员致以节日问候》，《人民日报》2023年6月30日。

二、湖北推进道路货运行业党的组织和工作"两个覆盖"的做法与成效

(一)开展试点，初步建立领导责任体系

一是试点工作深化拓展。2021年8月，省交通运输厅联合省委组织部（两新工委）在武汉、十堰、荆门、鄂州、孝感、咸宁、恩施7个市州开展道路货运领域党的建设工作试点。2022年，省交通运输厅印发《关于深化道路货运领域和网约出租车汽车行业党的建设试点工作的通知》，以加强传统道路货运企业、货运平台、物流园区运营企业党的建设为重点，摸底数、建组织、强功能、优服务，探索推进道路货运领域党建工作覆盖的有效路径。2023年，拓展至全省道路货运领域和网约出租汽车行业。

二是领导机制全面建立。省市县乡四级联动，行业、属地、企业三方参与，建立了"地方党委统一领导、组织部门牵头抓总、交通运输部门指导协调、企业发挥主体作用、属地党委具体负责"的行业党建工作领导机制，实现行业党建"组链成网"。截至2023年5月底，全省17个市州已全部建立道路货运行业党委。

三是责任体系初步构建。省道路货运行业党委牵头，成立工作专班，召开各级工作推进会，细化梳理工作任务。制定行业党委工作规则、行业党建工作要点、联系点工作方案、流动党员管理办法等规章，形成党建与行业同管、运行与保障并重的责任体系。建立行业党委委员"1对1"联系指导重点企业机制，通过采取选派"第一书记""党建指导员"、领导蹲点帮建以及分类举办企业党组织书记培训班等形式，强化对企业帮扶督导。

(二)摸清底数，扩大党的组织覆盖

一是摸清存量核底数。沿着货车注册地、集散地、货运线，走家串户"线下找"，组织技术部门运用平台"比对找"，设立流动卡点亮明党旗"报到找"，通过微信平台、物流平台、门户网站发布党员司机"召集令"，开展多种形式的"党员找组织、组织找

党员"活动，建立行业党建工作台账。截至2023年底，全省摸查出道路货运行业党员9191人，其中，司机党员4615人、企业管理党员4576人。

二是灵活设置建支部。符合条件的"应建必建单独建"、力量薄弱的"分片划区联合建"，指导货运企业依托物流园区、业务板块、基层网点，平台企业根据不同群体的工作方式、活动半径、特定需求等建立组织，探索党组织"建在车队上、建在园区里、建在社区中、建在平台上"。截至2023年底，全省道路货运行业共有党组织489个，其中，党委25个、党总支19个、党支部445个。

(三)搭建平台，推进党建工作覆盖

一是建立"司机之家"。围绕党建阵地、会员之家、保险理赔、医疗救助、休息用餐、诉求服务六大功能加强线下阵地建设。全省已建立部级"司机之家"63个，2023年底又有24个通过部级考核验收。各市（州）、县（区）也按照"会、站、家"一体化要求，建设各级"司机之家""红色驿站"200个。

二是开展党内活动。指导企业创建微信公众号、企业小程序、党建App等，推行"微信群、微课堂、微党课"，线上线下相结合打造"党员加油站"，发动司机党员深入学习党的二十大精神。持续开展"我为司机办实事"活动，集中走访慰问困难货车司机160名，团结广大从业人员坚定拥护"两个确立"、坚决做到"两个维护"。

三是优化助企服务。深入开展企业帮扶活动，出台支持公路货物运输业发展配套措施，通过政策帮扶、纾困解难、整合资源、示范创建等措施，对符合政策的集装箱车辆优惠通行费1.7亿元，落实阶段性收费公路货车通行费优惠10%政策，协调银行推进交通物流专项再贷款，累计为"两企两个"发放贷款14亿元。

(四)激励示范，探索党建品牌创建

一是选树党员先锋模范。组织各地开展党员司机亮身份、车辆亮标识、

服务亮承诺等活动，引导司机群体积极参与共同缔造，让"行业小群体"融入"基层大治理"。开展"最美货车司机"推树、"最美交通人"评选等，发掘和宣传先进典型，激扬先锋力量。比如，十堰市连续5年举办"最美交通人"评选，4名司机入选全国最美货车司机。

二是创建企业党建标杆。自开展试点以来，一批道路运输企业结合自身业务特点，形成了各具特色的党建工作模式。如九州通医药物流有限公司打造"党建实训基地""司机之家"及"全国调动指挥中心"三点一线党建阵地，建立"双向进入、交叉任职"机制；路歌物流有限公司开展党工共建，成立党员司机志愿服务队，开展保障云计划，筹措货车司机保障金5830万元；楚天智能交通股份公司高质量打造一流"司机之家"，在全省率先推出"货物代保"服务。

三是总结行业党建工作法。围绕行业党建重点任务、关键环节，总结提出"重学习、摸底数、建组织、筑阵地、优服务、抓活动、送关爱、强自身"的行业党建"八步工作法"，在全省货运行业推广，促进基层党组织建设标准化、规范化。

三、湖北道路货运行业党的组织和工作"两个覆盖"面临的挑战与问题

(一)认识不深、合力不足，行业党建面临"谁负责"难题

一是多元主体缺乏协同。道路货运行业党建工作范围广、领域广、涉及部门多，形成合力不够。部分行业主管部门"管行业必须管党建、抓监管必须抓人群"的意识树得不够牢，没有在行业监管中把党建要求做进去；一些地方街道社区党组织没有把货运司机等新就业群体纳入工作视野，属地管理责任落实不到位；一些企业把党建工作当作"软任务"来完成，在经营工作上定"实调"，在党建工作上定"虚调"。

二是工作机制尚待健全。行业党建工作责任制虽初步建立，但在完善与落实每月专题研究、每季工作调度、半年小结评比、年底述职评议和不定期互学互比、现场观摩、交流研讨、

考核激励等运行机制方面还不够完善，选拔、培养优秀业务干部到兼职党务工作岗位的机制不够健全。

三是企业认同有待提升。道路货运行业以民营企业和个体经营户为主，对党建工作存在思想认识不到位的问题，概括起来有"三怕"：一怕党组织在功能上向国有企业党组织看齐，对其"三重一大"决策、用工、税收等方面进行监督，从而干预企业原本的生产经营；二怕党组织开展活动太多，占用生产经营时间，加重企业负担；三怕党组织和党员成为职工主心骨，动摇自己的绝对权威。

（二）党员分散、流动作业，党组织面临"怎么建"挑战

一是动态摸清底数难。货车司机工作时间、路线不固定，与公司的纽带联系和依赖程度不高，流动分散、难以集中，部分货运企业经营不稳定、更替快、变化快，这些特点使得党组织设置存在巨大挑战。试点以来，我省已多次开展摸底工作，但摸排仍不彻底，还存在盲区，数据还不够精准。

二是组织设置精准难。目前，我省行业党委基本实现省市全覆盖，但县级层面大多仍未成立，各类支部建设离"应建尽建"还有差距。初步建立了行业党建台账，但分类不清晰、关键信息不够完善，组织设置的科学性与创新性尚待提升。

三是组织生活开展难。一些党组织局限于进行选举、发展党员、组织学习等党章规定的活动内容，其他组织生活开展得很少，在组织策划和内容设计上与司机党员的实际需求相差较远。多数流动支部很难落实"三会一课"制度，主题党日开展频率低、党员参与率低，线上组织活动出现内容单一、不生动和同质化现象。

四是党员队伍建设难。我省司机群体总体上呈现党员占比偏低、学历层次偏低、职业技能偏低、稳定性偏低的"四低"特点，给集体活动、发挥作用、有效管理等工作带来挑战。司机党员中流动党员占比大，远远多于在册党员，大量党员还未能纳入党组织有效管理，一

线党员发展难、组织关系转接难、党员信息收集难、口袋党员摸排难"四难"问题还比较突出。

（三）基础薄弱、人才缺乏，党建工作面临"力量弱"短板

一是缺思路。道路货运行业党建是新任务、新课题，与机关党建、国企党建区别较大。有的地区和部门抓行业党建缺乏深入调查研究，照抄照搬机关党建做法，没有在项目建设、资金拨付、纾困帮扶等重要节点融入行业党建工作，导致效果大打折扣。

二是缺人才。货运企业和园区点多线长，企业更替快、员工流动频繁，企业中的党组织与党务工作者经常处于变动之中，熟练掌握党务基本知识和技能、熟悉了解公司和党员情况的资深党务工作者极其缺乏。同时，民营道路货运企业党务工作者大都是兼职岗位，不列入绩效考核，思想上不同程度地存在经济观念强、政治热情不高等倾向，制约了他们作用的发挥。

三是缺保障。目前党建经费主要是各市场主体自行安排，一些企业党组织由于经费有限、阵地缺乏，组织党员开展活动的次数、质量、形式、内容受到限制，功能和作用发挥不够。基层行业管理部门因自身经费有限，同样在指导帮扶企业进行阵地建设、活动开展等方面捉襟见肘，缺少制度性资金安排渠道，亟待上级组织部门加强统筹与指导。

（四）融合不够、归属感弱，两个作用面临"发挥难"困境

一是组织覆盖"有而不优"。司机群体大多奔波在路上，对企业依赖性不高，对党组织不了解、不信赖，从业人员凝聚力、归属感不强。有的怕"暴露身份"后，新增过多义务，影响个人收入，成为不表明身份的"隐形党员"；有的考虑到流动性较大，怕麻烦不愿转组织关系，做起不转接关系的"口袋党员"；有的党员转而不入，几乎不参与任何组织生活，成为统计在册但不见踪影的"问号党员"。

二是作用发挥"抓而不强"。行业党委"溢出"作用发挥不够，推动行业引领与属地管理协同并进、深度融

合不足。部分企业党组织没能很好地融入企业发展和生产经营，在企业中处于边缘化的状态，党组织和党员作用发挥不明显。大多司机党员参与经营管理的机会不多，在职工群众中号召力较低，在参与基层治理、服务社会发展上载体较少。

四、提升湖北道路货运行业党的组织和工作"两个覆盖"质量的对策建议

（一）理念更新"提站位"，"先把服务做进去，再把作用带出来"

一是站位要更高。民营道路货运企业与传统的国有、集体企业不同，党组织不参与企业经营、人事任免等重大问题的决策，党组织在企业中的作用和地位是通过凝聚党员、服务群众、推动发展实现的。只有切实把党的关怀和温暖送到新就业群体心坎上，才能广泛凝聚起听党话跟党走的思想共识。

二是理念要更新。省委常委、组织部部长张文兵在调研指导两新党建工作时反复强调，要树牢"先把服务做进去，再把作用带出来"的理念。这提示我们，推进道路货运行业党建工作必须创新观念，将职责定位在沟通政企关系、协调劳资关系、密切党群关系上，将工作重心放在为党员司机提供教育、管理和服务上，将作用发挥落脚在行业服务管理和货车司机权益维护上，努力成为道路货运行业的"方向盘"、民营企业发展的"定盘星"、司机群体的"娘家人"。

三是方法要更优。改变就党建抓党建的工作方法，以共同目标、共同利益、共同需求为纽带，把开展党的活动与搞好企业经营活动结合起来、与推动企业文化建设结合起来、与提高员工技能和素质结合起来，综合运用法律、经济等手段开展工作，努力发挥党组织的战斗堡垒作用和党员的先锋模范作用。

（二）点线面上"建组织"，凝聚协同联动的多元合力

一是"点上"建支部堡垒。依据"业缘"关系，依托货运企业和平台企业建立党支部；沿着"地缘"路径，在党员相对集中、条件成熟的物流片

区建立党支部；循着"趣缘"链条，结合个体货车司机的个人意愿、运输习惯、年龄兴趣等，建立货运行业协会党支部和新就业群体流动党支部，将分散的党员组织起来。强化台账规范化建设，坚持全面摸排、动态调整、定时复核，做到经营运行清、党组织建设清、职工队伍清、党员队伍清、出资人情况清、群团组织设置清。

二是"线上"强行业党委。坚决落实"管行业就要管党建，抓平台就要抓人群"的政治责任，按照"党建引领＋行业管理"路径，针对收集掌握的货车司机群体信息数据开展年龄、学历、劳动关系、工作强度、收入水平、居住地、组织关系所在地"七个专题分析"，建立以行业党委为核心，组织联建、党员联管、活动联办、资源联享的"一核四联"模式，全面理清党建工作思路，统筹调动交通运输、公安、市场监管、政务办、工会、邮政等多元力量，努力实现自上而下疏通堵点。

三是"面上"抓群团共建。由行业党委牵头，联合工会、团委、妇联等群团部门和组织力量，依托服务阵地打造职工之家、青年之家、卡嫂服务驿站等工作载体，聚焦权益维护、帮扶救助、公益课堂、亲情连线等开展常态化关心关爱活动，促进党群工作一体化，形成良性互动、资源共享的党群工作合力。

（三）共建共享"筑阵地"，打造线上线下和谐家园

一是网格布局"党员之家"。在具备条件的道路货运企业、物流园区打造党员活动室，建立企业网格；针对个体党员司机、流动党员群体等，依托交通运输综合执法中队、社区等基层单位党群服务中心，纳入片区网格。遵循"统一形象设计、差异功能设置、多元投入保障"原则，以党建和工会经费补贴、以奖代补等方式确保阵地高标准建设、常态化运营。

二是高标建设"司机之家"。聚焦走访调研中货车司机反映最强烈的"吃口热乎饭、喝杯温开水、冲个热水澡、睡场舒服觉、停次放心车、穿身干净衣、畅快聊聊天"7个方面现实需求，根据货运路线"热力图"，梳理高速公路服务站、货运公司驻外站点等资源，联合共建"暖心驿站""旅途之家"，为货车司机提供休息、紧急救助等路途保障服务，真正实现车轮滚滚党旗红。

三是智慧赋能"云上之家"。丰富党建云平台功能，建立货车司机常用服务清单，完善人、货、车一键配对以及货运信息、预约停车等功能，链接周边资源，集成现场办理、就近办理服务事项，实现"衣食住行情理愿景"一码通办。

（四）用心用情"解难题"，建立纾困解难的服务体系

一是加强诉求响应服务。建立健全"党员货车司机＋党支部＋行业党委"诉求表达直通机制，建立部门联席会议制度和问题诉求联动处置机制，对合法、合理的诉求按行业、层级分类处理，明确处置时限标准，依法依规帮助解决。加强长期制度供给，从畅通投诉举报处置、严格规范交通执法行为、改善货车司机从业环境等方面，最大程度保障货车司机合法利益。

二是加强权益专业服务。会同公安、司法、工会、保险等部门，在"党员之家""司机之家"开设党建、市场监管、税务服务等窗口，成立法律诊所、非公经济服务站，为货车司机群体举办安全驾驶培训、健康知识讲座，提供报到登记、业务咨询、心理咨询、法律援助、纠纷调解、事故救济、就业创业等专业服务。

三是加强困难关怀服务。制定关心关爱货车司机专项举措，设立党内关爱基金，将困难党员货车司机纳入慰问帮扶对象。凡是因重大疾病、重大变故、自然灾害等原因导致家庭困难的党员货车司机，通过本人申请、所属党组织协助、组织核准，从党费中出资进行慰问。开展"货车司机关爱日""送清凉""送温暖""亲子联谊"等常态化党内关怀活动。探索建立联系包保走访机制，针对货源信息、子女托管、家属就业等个性化问题尽力而为、予以解决。

（五）互融互促"促发展"，激活服务大局的先锋力量

一是以党建入章优企业治理。将党组织设置、党务工作机构、党建工作经费及党员权益保障等内容纳入企业章程，使党组织建设在公司治理中逐渐规范化、制度化、具体化。推广"三培养三优先"机制，把党员培养成骨干、把骨干培养成党员、把优秀党员培养成中高级管理者，推动党组织成员进入董事会、监事会，推广党员"优先招聘、优先培养、优先任用"原则，把发挥实质作用、助推企业发展作为"党建入章"的落脚点，让民营企业有党组织与无党组织不一样，党组织健全与不健全不一样。

二是以党员示范展行业风采。更加关注货车司机情感需求和社会认同需求，深入挖掘行业先进人物事迹，开展货运行业标杆选树活动，举办货车司机宣讲报告会等主题活动，拍摄货运行业公益片、货车司机纪录片，鲜活讲述"车轮上的故事"。实施志愿服务积分管理，成立货运领航志愿服务队，创建政策法规宣传员、社情民意收集员、困难群众服务员、群防群治信息员、文明创建观察员等志愿服务岗位和随手做、随手帮、随手拍、随手记、随手报等志愿服务功能，深化拓展"一名标杆就是一面旗帜、一面旗帜引领一个领域"的格局成效，提升货车司机荣誉感。

三是以党建联盟助行业发展。以凝聚行业发展合力为目标，建立"行业党委＋行业协会＋企业＋司机"的大党建联盟，制定联盟章程，建立常态联席机制和协作互助工作模式。发布从业声明和从业公约，推选行风监督员，全面规范企业和司机从业行为。紧盯互联网平台和重点企业"关键主体"，发挥联席会议作用，督促它们向社会公开抽成比例或会员费上限，对恶性压价竞价行为进行有效整改。引导企业逐步健全货车司机劳动用工、日常管理、安全教育、权益保障等机制，持续提升司机归属感，实现行业发展规划共谋、机制共建、事项共商、问题共解。

我省"四好农村路"高质量发展存在的问题及对策

湖北省交通运输厅　王　炜

为深入学习贯彻习近平总书记关于"四好农村路"的最新指示精神，落实全国推动"四好农村路"高质量发展现场会安排部署，持续推动我省"四好农村路"高质量发展，我同普通公路处、省公路事业发展中心的同志先后赴罗田县、麻城市、通山县和松滋市等地开展实地调研，并召开座谈会，了解"四好农村路"发展现状和存在问题，听取地方代表的意见建议，寻找解决的途径和办法。

一、全省"四好农村路"发展现状

一是农村路网持续延伸，"出行难"问题得到根本解决。截至 2023 年底，全省农村公路总里程达到 27.2 万公里，居全国第三，路网密度达到 146.36 公里 / 百平方公里，等级公路比例达到 99.19%，乡镇通双通道比例达到 94%，行政村通双车道比例达到 63%，2024 年计划新改建农村公路 1 万公里，截至 11 月已完成 10714 公里，形成了覆盖广泛、便捷高效的农村公路基础网，农村群众"出行难"问题得到根本解决。

二是农村公路管养升级，实现"有路必管、有路必养"。全面推行"路长制"，健全完善"县级总路长 + 县乡村三级路长"组织体系，率先将乡、村道纳入管理范围，实现"有路必管"；按照"县道县管、乡村道乡村管"的原则，建立权责清晰、齐抓共管的农村公路养护体系，创新"专群结合"的农村公路养护模式，推行大中修养护市场化、小修保养专业化、日常养护群众化，每年投入省级养护补助资金 8.7 亿元，实现"有路必养"。2023 年底，农村公路优良中等路率达到 86.75%。

三是开展安全隐患专项整治，为群众出行"系上安全带"。坚持保质量、保进度、保安全、保稳定、保廉洁，完成公路安全生命防护"455"工程 9.8 万公里和"三年消危"行动危桥改造 6110 座，让群众走上放心路、放心桥。2023 年、2024 年，全省持续推进以村道为重点的农村公路安全整治，分别完成农村公路安保工程 7671 公里、6206 公里（截至 2024 年 11 月底），农村交通安全形势持续向好。

四是提升服务质效，打通农村交通运输"最后一公里"。整合各类资源，构建"一点多能、一网多用、功能集约、便利高效"的农村运输新模式，加强农村客运、货运、邮政快递等服务标准衔接，构建运转高效的农村三级物流网络，实现农村客货运降本增效，人便于行、货畅其流。目前，我省建制村通客车率保持 100%，城乡客运公交化率达到 47%，建制村快递服务通达率达到 100%。

五是示范创建成效显著，创新"农村公路 +"融合发展新模式。截至 2024 年底，全省累计完成美丽农村路创建 5.0 万公里，累计创建国家级"四好农村路"市域突出单位 3 个、国家级示范县 22 个、省级示范县 56 个、省级示范乡镇 237 个，创建国家级城乡交通运输一体化示范县 2 个、国家农村物流服务品牌 6 个、省级全域公交县 8 个，全省上下形成了比学赶超的良好创建氛围。

二、存在的主要问题

十年来，我省深入贯彻落实习近平总书记关于"四好农村路"指示批示，"四好农村路"建设取得显著成效，但仍存在一些亟待解决的问题。从调研来看，主要集中在六个方面：

一是对提档升级的迫切需求与重增量向优存量转变的思路十分契合。部分乡镇未实现双通道连通，行政村未实现通双车道，实施提档升级愿望十分强烈。从 2003 年开始，国家和省逐步开展大规模农村公路建设，由于建设周期长、超期服役路段多，受沿线开发建设、超限车辆碾压和自然灾害等影响，"油返砂""畅返不畅"等问题突出，急需实施路面改善。

二是通村路的安全防护扩面提升呼声强烈。全省实施公路安全生命防护"455"工程后，基本实现了县乡道、通客车村道安防全覆盖，但村道安防需求依然较大。

三是管理养护工作在镇、村一级存在短板，体制机制需进一步完善。乡镇和村缺乏有效手段和能力开展乡村道管理养护，不具备承接能力，需要解决乡村道有人管、有能力管的问题。

四是产业路需求和乡镇规划之间衔接不紧密。乡镇规划、产业园区布设与农村公路规划之间存在蛋与鸡的问题，未能一体化推进。

五是对部省补助资金提高标准存在普遍性期望。县级财力有限，建养资金筹措难，兜底保障能力不足，基层普遍希望省级提高补助标准，加大对农村公路发展投入，减轻地方政府资金筹措压力。

六是城乡客运均等化的成本核算和补贴政策尚不完善。随着群众出行方式多元化，农村客运量大幅下降，农村客运减运、停运情况逐步凸显，开得通、留不住现象客观存在。

三、对策及建议

深入贯彻习近平总书记关于"四好农村路"最新指示精神，按照全国 2024 年推动"四好农村路"高质量发展现场会会议要求，坚持以人民为中心的发展思想，聚焦基层实际需求，坚持问题导向，深入实施新一轮农村公路提升行动，扎实开展八大提升行动，着力解决农村公路建管养运过程中存在的主要问题与困难,推动"四好农村路"持续高质量发展。

一是路网提升行动。主要包括实施农村公路骨干网提档升级工程,提高乡村骨干网通行能力和运行效率;实施建制村双车道提升工程,改善建制村对外公路交通条件;实施农村公路向村组延伸、连通工程,进一步连接不通路,畅通微循环;实施次差路面改善工程,进一步提升农村公路路况水平;建设美丽农村路。

二是安全提升行动。主要包括完成农村公路现有四、五类桥隧改造任务,深入推进公路安全设施和交通秩序管理精细化提升行动,实施以村道为重点的安防工程建设;建立农村公路防灾减灾体系,探索农村公路路政管理及超限超载治理常态化工作机制,重点整治安全隐患突出路口、路段,提升运输安全水平。

三是运输提升行动。主要包括鼓励支持各县(市、区)建设全域公交,采用城市公交延伸、班线客运公交化改造、开通农村公交等模式,确保建制村通客车比例保持100%,进一步推进农村候车亭建设,提升城乡客运均等化服务水平;着力完善县乡村三级物流体系,提升城乡货运物流一体化服务水平;加大推进乡镇综合运输服务站建设,提升客货邮融合发展水平。

四是治理能力提升行动。主要包括完善湖北省农村公路地方技术标准体系;健全完善县乡村三级"路长制",三级路长覆盖率100%,确保有路必养;构建数字化管理体系,县(市、区)农村公路数字化管理平台覆盖率达到90%以上;建立健全监管有效、覆盖全面的农村公路建设质量安全管理体系,优化绩效评价体系。

五是出行服务提升行动。主要包括加大养护投入力度,提升路况服务水平;完善农村交通驿站、停车区、休息观景台、交通厕所、公共充换电等配套服务设施,拓展农村公路沿线设施服务功能;优化完善农村公路交通引导、警示标志标线标识,切实做好出行指引服务。

六是和美乡村提升行动。主要包括持续推进农村公路路域环境洁化、绿化、美化,推进路宅分家、路田分家,提升农村公路路域环境;加强农村公路与地理环境、历史风貌、人文景观、古村落保护等有机结合,打造彰显荆韵楚风的农村路。

七是助力产业提升行动。主要包括大力发展"农村公路+"模式,因地制宜推动农村公路与新业态融合发展,挖掘路衍经济潜能,盘活路域资源,发挥整体最大效能。

八是就业增收提升行动。主要包括加大以工代赈推广力度,支持农村公路管护领域开发公益性岗位,促进农民群众就地就近就业增收。

湖北省交通运输执法工作实践与高质量发展思考

湖北省交通运输厅　陈光斌

近年来，省交通运输厅坚持以习近平新时代中国特色社会主义思想为指导，深入学习贯彻习近平法治思想，全面贯彻落实党的二十大和二十届二中、三中全会精神，持续深化交通运输法治政府部门建设，坚持严格规范公正文明执法，着力提升交通运输行政执法质量效能，不断优化法治化营商环境，在推进法治湖北建设、服务全省经济社会发展中进行了积极有益的探索实践。

一、近年全省交通运输执法工作情况

新一轮机构改革后，全省组建交通运输综合执法机构86个，机构数量进一步精减，职责进一步优化整合，综合执法合力进一步显现。全系统始终积极顺应改革、适应改革，坚持深入推进依法行政，不断强化执法服务，各项工作取得长足发展。

一是交通运输法规制度建设有力推进。注重以良法保障善治，坚持加强法规制度建设。会同相关单位完成《湖北省长江船舶污染防治条例》调研起草、征求意见、专家论证等工作，条例（草案）已由省人大常委会进行第一次审议。组织对《湖北省水路交通条例》《湖北省高速公路管理条例》《湖北省道路运输条例》3个立法规划项目开展相关立法工作，完成调研报告及草案初稿。组织对厅本级行政规范性文件进行审查，对25部省政府行政规范性文件进行清理并分类办理。制定交通运输行政处罚自由裁量权实施办法及自由裁量基准、文书卷宗制作工作指引等规章制度，统一了全省交通运输领域行政执法裁量"度量衡"和文书填制规范。

二是重点领域执法监管不断加强。聚焦道路运输领域突出问题和高频违法行为，坚持组织"打非治违"、"百吨王"治理等专项行动，开展路域环境、高速公路特许经营管理等专项整治，探索推进治超非现场执法，道路运输秩序逐步规范。注重督导检查与整改"回头看"相结合，有力督促完成黄冈巴河港区临时砂石集并中心、盘塘临时砂石集并中心等码头的清退工作。组织港口经营及船舶污染防治专项检查，对荆州、黄冈10余家重点港口企业进行暗访，处置11个问题线索。坚持强化"双随机、一公开"监管，重点针对水路运输经营者资质保持情况、交通运输产品质量、高速公路清障施救服务等进行随机抽查，及时发现问题并督促整改。

三是交通运输营商环境逐渐优化。积极申报"推进交通运输领域说理式执法"等4个改革事项纳入全省优化营商环境改革事项清单，组织有关试点地区、单位开展先行先试。持续服务京港澳等"五路一通道"重点项目建设，坚持全程"护航"超大件运输，高速路政执法人员为经营企业追回巨额通行费，全方位、全链条执法服务得到各方企业"点赞"。全省推行包容审慎执法监管，对47项交通运输领域首次轻微违法行为免处罚免强制，"说理式执法""柔性执法""三书同达"让执法有力度更有温度。

四是"四基四化"建设全面加快。深入开展行政执法素质能力提升行动，建立全省交通运输法治培训师资库，开展"线上＋线下"专项培训，推广"大队长讲堂"学法交流机制，执法队伍专业化水平不断提升。持续举办全省交通运输综合行政执法技能竞赛、无人机实操训练、知识竞赛等训练比赛，有力推动全体执法人员学理论、学业务。基层执法站所标准化建设资金政策、标准、标识相继出台，一批标准化执法站所展示执法新形象。适应工作形势加强基础管理制度规范化建设，30余项管理制度为执法工作划定权责、行为边界，推动执法办案更加规范公正文明。省执法信息系统实现执法机构应用全覆盖，省治超信息系统建成投入运行，执法工作信息化迈上新台阶。全系统2名个人、5个集体（品牌）入选交通运输部"四基四化"建设典型案例。

五是党建与执法深入融合开展。全系统各级党组织贯彻落实新时代党的建设工作总要求，坚持抓基层、打基础、保稳定、促提升的鲜明导向，以党建工作新成效保障执法工作打开新局面。执法局党委、纪委及基层党支部圆满完成换届选举，机关、基层党支部深入开展党纪学习教育，集中整治群众身边的不正之风和腐败问题，认真开展"作风建设年"活动，通过开展支部共建、读书分享、体能竞赛等活动，全系统的凝聚力、战斗力不断增强，以机关带基层、促系统的党建工作格局初步形成。基层党支部积极探索"党建＋执法""党建＋服务"实现机制，深入推进党建与业务融合，党建引领保障作用进一步显现。

二、全省交通运输执法面临的新形势

党的二十届三中全会对进一步全面深化改革作出重大决策部署，党中央、国务院相继发布行政执法重要政策，需要我们认清依法行政的新形势，把握行政执法工作的新要求，切实增强责任感使命感，一步不停歇竞进作为，共同迎接交通运输执法工作新挑战。

一是全省交通运输执法改革难点痛点尚未彻底解决。党的二十届三中全会就深入推进依法行政作出重要部署，对政府机构职能、权限、程序、责任法定化，重大决策审查机制、基层综合执法体制机制、行刑衔接制度、行政执法监督体制机制等提出明确要求。当前，全省交通运输综合执法改革"后半篇"文章还有很多难点痛点亟待解决。各地交通执法机构性质均为"暂定"，尚未完全定性，无法新招录人员，执法人员只出不进，人员年龄偏大，法学专业人员偏少，执法力量明显不足。2024年，由交通运输部随机抽查的执法考试，全省参考执法人员平均成绩较低，执法队伍专业化建设亟待加强。许多转隶人员因机构或身份问题难以纳入编制管理，未取得全国统一行政执法证件，影响执法队伍稳定，存在执法风险。行业主管部门、执法机构、事业发展中心在行政许可、行业检查、安全监管等方面分工不够明确准确，容易造成重复监管、相互推诿等缺位、越位现象。

二是交通运输行政执法工作要求更具体更严格。2024年以来，国务院相继颁布多项重要政策文件。《国务院关于进一步规范和监督罚款设定与实施的指导意见》强调，不得随意给予顶格罚款或高额罚款，严禁逐利罚款，加大对重点领域的执法力度，持续规范非现场执法等。《国务院办公厅关于严格规范涉企行政检查的意见》对行政检查事项、标准、方式、计划、实施等作出原则性规定，设定"五个严禁""八个不得"硬杠杠。《中共中央办公厅 国务院办公厅关于加快建设统一开放的交通运输市场的意见》指出，加强交通运输领域执法队伍专业化建设，完善跨部门联合执法机制。中共中央办公厅、国务院办公厅印发的《有效降低全社会物流成本行动方案》提出，深入推进货车违法超限超载治理，加强货物装载源头治理。这些文件对行政执法工作的要求非常明确、非常具体。当前工作环境既要求依法行政、打击违法、维护市场秩序，又要求宽容审慎监管、优化营商环境。如何在严格规范公正执法、维护市场秩序、优化发展环境中找到刚性与柔性、力度与温度的平衡，同时防止柔性执法、自由裁量行为容易滋生的腐败问题，对规范执法与加强监督提出

新的考验与挑战。

三是全省交通运输执法"四基四化"建设尚存短板弱项。2024年交通运输部召开深化"四基四化"建设推进会时提出，在基层执法队伍职业化建设上塑造新形象、在基层执法站所标准化建设上构筑新堡垒、在基础管理制度规范化建设上探索新机制、在基层执法工作信息化建设上培育新动能。会议强调要聚焦"六个问题"，突出抓好"六个重点"，完善"六个工作体系"。对照交通运输部的工作要求，认真分析我省在"四基四化"建设中的短板和弱项，还有很多需要完善的地方。新一轮机构改革后，因机构合并、分设等多种原因，约30%执法机构无独立营房，基层执法站所功能不全、设施老旧、标识不统一等问题突出。各地执法经费普遍紧张，执法执勤用车（船）更新不及时，行业标准要求的无人机、执法记录仪、手持执法终端等装备难以配置到位，无法适应执法现代化的要求。全省交通运输执法信息平台较多，管理主体不同、信息数据割裂，需要关联应用的行政许可等重要数据无法获取共享，难以为智慧执法、精准执法提供有力支撑。

三、推进全省交通运输执法高质量发展的有关建议

依法行政、执法为民是行政执法工作的根本遵循。我们既要贯彻行政执法工作政策法规和最新要求，也要聚焦解决行政执法工作中的突出问题，始终坚持目标导向、问题导向，坚定以改革创新精神推进全省交通运输执法工作不断突破、持续发展。

（一）以队伍建设为核心，着力夯实行政执法基础

深入推进执法改革。按照交通运输综合执法改革部署要求和全省机构改革实施意见，积极争取省委编办、省人社厅等相关部门支持，推进执法人员招录工作。进一步明确交通运输主管部门、执法机构、事业发展中心工作职责，建立执法协作机制，推进行业管理与执法工作良性互促、融合发展。坚持开展培训练兵。牢牢抓住执法队伍建设这个核心和根本，持续

开展"业务大培训、技能大比武、素质大提升"系列活动，依托知名高校全覆盖培训执法骨干，切实提高培训的系统化、针对性，不断培养造就更多研究型、实操型业务骨干。选拔政治素质过硬、业务技能过硬、综合素质过硬的同志担任大队长职务，提高大队长履职本领，坚持培养造就更多"领头雁"。加强绩效考核激励。坚持目标导向设计考核机制，建立完善考核制度，全面评价工作质量和办案质效，将考核情况作为评先评优、职务职级晋升重要参考，树立鲜明的选人用人导向，通过检查考核推动工作部署落地，提高干部职工积极性主动性创造性。

（二）以规范执法为重点，着力加强执法监督

持续规范执法监管行为。严格落实行政执法"三项制度"，严格执行涉企行政检查最新要求，明确行政检查工作流程，加强重大执法决定法制审核，运用信息化手段强化执法监督，坚决避免随意检查、重复检查，坚决防止违规违法执法。完善基础管理制度。对基础管理制度规范化建设再梳理、再完善，加强规范性文件、执法管理制度"立改废"工作，加快形成完善的制度体系。深入研究涉企行政执法案件经济影响评估制度，健全行政处罚公示和信用修复机制，积极探索建立"信用+执法"制度机制。健全执法监督体系。完善省市县三级执法工作监督机制，注重发挥外部监督作用，推进落实行政执法监督员制度，组织开展执法评议，建立与司法部门沟通机制，加快完善内外结合监督体系。

（三）以数智化执法转型为手段，着力提升执法效能

推动全流程线上办案。健全网上办案管理制度，加强网上办案数据月统计、季通报，对线上办案工作落实不力的及时约谈提醒、督促整改，推动实现全部案件线上办理，严禁出现案件线下办理情形。加快推进科技治超。立足提升科技治超水平，全面推进省治超系统应用，总结推广治超非现场执法试点经验，加快建设非现场执法检测监控平台，切实强化货物装载源头治理。加

力推动修订《湖北省公路超限运输管理办法》，为治超工作提供有力法治保障。加强信息技术应用。用好交通运输综合执法省级补助资金配备执法记录仪、手持执法终端，加快打通审批、监管、执法等业务信息系统，推动打通区域间、部门间信息壁垒，夯实执法大数据基础，研发数字化执法监管场景，综合运用数据分析、图像识别等方式，着力解决网约车等违法违规行为"发现难""取证难"问题。

（四）以"执法＋服务"为导向，着力优化营商环境

坚持严格执法。始终致力于打造法治化营商环境，对违法违规行为加大打击力度，实实在在鼓励支持守法经营行为，努力营造公平竞争的市场环境。加强七大门类案件均衡办理和交通运输市场均衡治理，解决公路案件多、水路海事和工程质量案件少，市县案件多、省级案件少等执法工作不平衡问题，切实做到执法均衡发力不偏废、不留盲区。坚持推行柔性执法。秉持执法为民理念，总结推广2024年8个试点地区经验，进一步深入推进说理式执法、柔性执法，持续保持执法力度和温度相得益彰。探索健全"首违轻微免罚""轻微违法不罚"清单，坚持"处罚与教育""执法与指导""监管与服务"相结合，坚决防止小错重罚、过罚失当等现象。坚持做实做优执法服务。积极"护航"重点工程、重大运输，为高速公路改扩建项目涉路施工提供有力支持保障，对超大件运输车辆上下高速公路收费站提供安全协助，以实际行动解决企业急难愁盼问题。

（五）以专项整治行动为抓手，着力强化重点领域安全监管

深入开展路域环境整治行动。扎实推进全省交通运输系统安全生产治本攻坚三年行动，聚焦路域环境突出问题集中攻坚治理，开展公路用地、建筑控制区、安全保护区"三大区域"执法督导，助力打造"畅、洁、舒、美、安"的公路通行环境。深入开展公路水路运输安全执法行动。聚焦道路运输、新业态监管等重点领域，持续开展"百吨王"治理、非法网约车监管、"两客一危"动态监控、港口危货储存、船舶碰撞桥梁等专项整治，努力维护好公路水路运输市场秩序。深入开展公路水路交通工程质量监督执法行动。加强在建高速公路、长江大桥等重点工程质量监督，强化已通车高速公路、重大桥梁和隧道的工程质量检查抽查，根据重大隐患判定标准强化安全生产执法监管，督促重大隐患整改，不断助推提升高速公路安全韧性，努力防止梅大高速公路塌方、丹宁高速公路桥梁垮塌类似事件发生。

交通运输执法工作承载着规范交通运输市场秩序重任，是优化全省法治化营商环境的重要力量。我们要始终把握发展形势、坚定执法理念，坚持深入推进严格规范公正文明执法，致力于不断提升行政执法质量效能，为法治湖北建设、交通强国建设贡献全省交通运输执法力量。

我省多式联运发展存在的问题及对策

湖北省港航事业发展中心 王 伟

按照主题教育和大兴调查研究工作安排，我牵头负责多式联运发展专题调研，先后带队深入长航集团、中远海运港口码头、华航集团舵落口码头等地现场走访，听取企业和基层管理机构的意见建议。现将有关情况报告如下：

一、基本情况

2022年，全省集装箱铁水联运量完成8.47万标箱，近4年平均增长约16%；公路、水路、铁路运输在综合运输中的比重依次是69.2%、27.8%、3.0%，与2021年相比，分别下降5.9%、上升5.6%、上升0.3%。

（一）多式联运集疏运体系不断完善

全省综合交通网总里程达32.6万公里。其中，公路总里程30.2万公里（高速公路7598公里），铁路营业里程5684公里，内河航道通航里程9062.8公里（三级及以上高等级航道2090公里），武汉至安庆段6米水深工程完工，万吨货船可直达武汉，"长江—汉江—江汉运河"810公里高等级航道圈形成，三级及以上高等级航道总里程2090公里，港口38个，通过能力达4.59亿吨。全省重要港口基本实现二级及以上公路覆盖，一般港口实现等级公路覆盖。长江干线主要港口的11个重要港区连通疏港铁路，交通"硬联通"不断延伸、加密、成网。

（二）多式联运示范效应不断增强

省内主要港口均开展了多式联运业务，形成了一批以武汉港、黄石新港等为始发港或中转港，上至重庆、成都，下至洋山港、宁波港的固定铁水联运或水水直达班轮。截至2022年底，全省累计开辟集装箱航线35条、多式联运航线39条。全省共创建8个国家级多式联运示范工程和10个省级多式联运示范工程，国家级多式联运

示范工程数量位居全国前列，长江、汉江黄金水道优势进一步发挥，运输结构进一步调整优化。

（三）多式联运智慧信息化水平不断提升

推动湖北港口集团打造"云上多联"智慧供应链综合服务平台，完成与阳逻港、上海港、宁波港及铁路公司的数据对接，实现武汉范围铁路物流信息查询功能。黄石新港多式联运物流公共信息平台、宜昌白洋多式联运信息系统均已上线运行。武汉粮食物流项目、鄂州三江港项目基本实现铁水联运信息交换共享。长江干线主要港口基本实现与交通运输部数据直报。持续发布武汉航运中心出口集装箱运价指数、中国长江煤炭运输综合运价指数及中国长江（商品）汽车滚装运输景气指数长江航运三大指数。

（四）多式联运发展环境不断优化

省政府成立省长任组长的推进多式联运发展工作领导小组，协调推进解决多式联运和运输结构调整中的重大问题。联合省发展改革委、省财政厅出台《湖北省多式联运示范工程奖补资金管理办法》，对创建成功的国家多式联运示范工程给予每个2000万元的补助，制定出台《交通运输物流基础设施投资补助项目管理办法》，对多式联运物流园区给予2000万元的补助。同时，联合省发展改革委对创建成功的省级多式联运示范工程给予每个1000万元的补助。

二、存在的主要问题

虽然我省在推进多式联运发展方面做了一些工作，取得一定成绩，但与发达地区相比，仍存在"硬联通"不够、"软连接"不足等问题和短板。主要表现为：

一是集疏运体系有待进一步完善。长江武汉至宜昌段航道"中梗

阻"、三峡船闸"卡脖子"、汉江梯级"断档位"等问题尚未根本解决，部分重点港区与进港铁路尚未实现高效衔接，疏港公路等级偏低，港区对外通道与市政道路混用，省内港口基础设施衔接互联互通还有待完善。铁路运价尚未完全与市场经济接轨，部分地方铁路、专用铁路运价甚至达国家铁路3倍。

二是经营主体有待培育壮大。省内具有公、铁、水联运功能的综合货运枢纽（物流园区）总体数量偏少。本土物流企业总体实力较弱，管理水平偏低，经营粗放，缺乏有竞争力的龙头企业。同时，由于多式联运市场存在一定的行业分割和区域分割，较难产生集约化、规模化运作的多式联运经营人。

三是信息共享服务能力有待加强。目前全省尚未建立统一的多式联运公共信息服务平台，多式联运企业整体信息化水平不高，信息共享渠道不畅，导致运输资源不能高效合理配置。省内港口、机场、口岸、铁路及物流园区、货运站场等信息系统功能较为单一，信息交互共享程度低，承运人难以对客户提供"一站式"和"一单制"服务。

四是保障能力有待提升。综合运输协调机制尚不健全，各种运输基础设施在规划、建设、运营及政策支持等方面衔接不够紧密。同时，不同运输方式管理规则协同难度大，货类划分和管理要求不一致，运输单证流转繁杂，技术装备标准不匹配，管理部门之间政策不协调，制约"一单制"形成。

三、推进多式联运高质量发展的对策建议

围绕将湖北建成国家内陆地区多式联运中心和国家多式联运创新示

区目标，加快推进多式联运高质量发展，为交通强国建设作出湖北贡献。

（一）优化多式联运集疏运通道

一是加快推进水运连通。完善长江东西大通道，加快三峡新通道建设，完善三峡翻坝多式联运体系建设，谋划荆汉运河长江中游水系连通工程，实现武汉至重庆5000吨级船舶直达、武汉至上海万吨级船舶直达。完善汉江南北大通道，破解枢纽通航瓶颈，促进汉江梯级开发，提升汉江航道等级，构建以"唐白河—汉江—江汉运河—长江—松西河"为轴线的南北水运新通道，打造干支直达的内河航运体系。

二是加快推进公路连通。实施主通道扩容工程，提升主通道的运行效率和服务水平；实施骨架路打通工程，促进城市群、城市间的快速连通；实施高速公路网络优化工程，实现区域路网互联互通；实施过江通道加密工程，支撑长江经济带高质量发展。

三是加快推进铁路连通。以完善铁路路网结构、提高干线能力为重点，完善与长三角、珠三角、京津冀、成渝地区等主要城市群的铁路货运网络，进一步完善多式联运集疏运基础设施建设，加强省内及省际主要综合交通运输通道建设，提高多式联运联通效率。

（二）提升多式联运枢纽服务能级

一是加快综合交通枢纽建设。重点建设武鄂黄黄国际综合交通枢纽、襄阳全国性综合交通枢纽、宜荆荆全国性综合交通枢纽。加快武汉国家综合货运枢纽补链强链建设，指导黄鄂黄、襄阳、宜昌申报国家综合货运枢纽补链强链城市（群）。

二是加强多式联运核心枢纽建设。以武汉、宜昌、襄阳、荆州等沿江联运通道节点城市为重点，加快多式联运物流枢纽、港口、铁路物流基地、集装箱中心站等重点设施项目建设。以专业化、集群化港口建设为核心，打造长江中上游规模最大的集装箱和大宗物资集散基地。加快打造武汉天河国际机场、鄂州花湖国际机场"双枢纽"，连接国际重要航空货运中心。

三是畅通枢纽"微循环"。推进主要港口疏港铁路、疏港公路以及铁路枢纽站场外联公路、综合物流园区铁路专用线建设。推进大型园区、港站枢纽等外连高等级公路建设，实现重要港口二级及以上公路高效连通，实现货物快速集散，优化"最先一公里"和"最后一公里"配送网络。

（三）提高多式联运服务水平

一是大力培育多式联运精品线路。大力发展江海联运、水铁联运、水水直达、沿江捎带，依托长江、汉江黄金水道资源网络，巩固既有航线，扩大国内航线，拓展国际航线，建设覆盖全国、服务全球的运输网络。加大中欧（武汉）班列支持力度，拓展货源组织力度，建设东亚—中国武汉—欧洲新通道。

二是推广应用新技术新装备。加快基础设施数字化升级和智能化改造，积极布局交通新型基础设施，加快既有设施的货运枢纽（物流园区）联运功能设施改造和功能提升。大力推进多式联运设施装备提升，推动江海直达船型应用，推广应用集装箱、厢式半挂车、转运托盘等标准化运载单元。破除数据壁垒，实现信息数据开放共享和互联互通。

三是加快培育多式联运经营人。加强市场主体培育，加快湖北港口集团深化改革，明晰企业定位，以建设长江中游航运中心和多式联运国家物流枢纽为使命，打造成为全国一流供应链运营商。引进全球物流业头部企业，支持上海港、中远海运、盐田港等港航龙头企业深度参与湖北水运发展，做大做强湖北物流枢纽，打造现代商贸物流发展高地。支持多式联运企业开展"一单制"服务，研究开展多式联运"一单制"试点工作，通过以点带面的试点创新，逐步提高多式联运"一单制"应用水平。

（四）抓好多式联运示范工程建设

一是加快国家示范工程创建。实施多式联运示范工程，推动铁水、公铁、陆空、公水、空铁等多式联运发展，指导我省第三批多式联运示范工程验收迎检工作，加快第四批多式联运示范工程创建工作，继续争创一批国家级多式联运示范工程。加强中欧班列（长江号）与汉亚直航衔接，大力发展国际铁海联运，构建中部国际陆海联运新通道。

二是加强省级示范工程创建。积极指导推进第一批10个省级多式联运示范工程创建，推动全省多式联运由点及面全面发展，继续在省内积极谋划布局和改造升级一批铁水联运、公铁联运项目，新创建一批省级多式联运示范工程。

三是加大政策支持力度。落实我省多式联运示范工程奖补资金管理办法，对创建成功的国家和省级多式联运示范工程给予奖补，进一步加强对示范工程的政策保障和资金支持。强化港口规划与国土空间规划的衔接，通过政府引导、市场主导方式，有序推动临港非物流、非产业用地腾退。加大对湖北长江段主要港口、集疏运铁路及配套工程的用地保障和铁路接轨条件支持力度。研究制定多式联运标准化、统一化单证票据。完善铁路运价调节机制，实现国家铁路、地方铁路运价统一。

专题资料

湖北省高速公路清障施救服务标准和规程

（鄂交发〔2023〕73号）

第一章 总 则

第一条 为规范全省高速公路清障施救服务工作，根据《湖北省高速公路管理条例》（2022年11月25日，湖北省第十三届人大常委会第二次修正）、《道路车辆清障救援操作规范》（JT/T 891—2014）、《道路车辆清障救援技术要求》（JT/T 1357—2020）、《道路交通事故现场安全防护规范》（GA/T 1044—2012）等有关规定，结合我省实际，制定本标准和规程。

第二条 本标准和规程适用于全省高速公路范围内清障施救服务工作。

本标准和规程所指的清障施救服务包括：对事故车辆、故障车辆进行排障、拖曳（牵引）、吊装运输以及对车载货物进行收集、装卸（搬运）、转运等清障施救服务行为。

第三条 高速公路经营管理单位承担高速公路清障施救主体责任，统筹组织实施清障施救服务。高速公路清障施救服务工作接受公安机关交通管理部门、省交通运输综合行政执法机构的现场组织调度。

第四条 全省高速公路清障施救服务电话为027-12122（湖北高速公路服务电话）。

高速公路经营管理单位应向社会公布本单位清障施救服务和监督投诉电话。

第五条 高速公路清障施救服务应当遵循就近、安全、便捷的原则，体现高速公路清障服务的公益属性。

第二章 基 本 要 求

第六条 高速公路经营管理单位可采取自营、委托、合作等方式组织实施清障施救服务，并满足以下基本要求：

（一）有办公、停车、仓储场所。

（二）设置受理、调度、车辆驾驶、清障施救操作、清障车技术及安全生产管理等岗位。

（三）应根据实际情况配备巡逻车、货车、客车和拖吊型清障车等装备，并应定期维护。

（四）应建立健全清障施救人员管理、设备设施管理、服务流程、操作规程和应急预案等相关制度。

第七条 高速公路经营管理单位应当按照"布局合理、规模适度、定期评估、适时调整"的原则，结合高速公路车流量、交通事故量及沿线社会救援机构分布等因素，设置清障施救服务站，并满足以下要求：

（一）高速公路主线外清障施救服务站距离收费站入口原则上不得大于10公里。

（二）高速公路里程在50公里以上的，高速公路经营管理单位应设置清障施救服务站；高速公路里程小于50公里的，高速公路经营管理单位可协调相邻单位统筹设置清障施救服务站，管理主体责任不变。每处清障施救服务站的服务半径原则上不大于50公里。

（三）清障施救服务站原则上设在服务路段居中位置。

第八条 高速公路经营管理单位应当在清障施救服务站醒目位置公示以下内容：

（一）营业执照。

（二）清障施救服务项目及收费标准。

（三）清障施救服务流程。

（四）清障施救作业人员照片、姓名及工号。

（五）清障施救服务电话及经营管理单位监督投诉电话。

（六）属地政府市场监督部门投诉电话。

第九条 高速公路清障施救服务从业人员应当符合以下基本条件：

（一）熟悉国家、高速公路清障施救行业有关相关法律、法规、规章及技术规范。

（二）清障车辆驾驶员驾驶证应与驾驶车型相适应。

（三）特种设备作业人员应按照国家有关规定取得相应资格。

（四）按照国家有关规定进行培训，培训合格后参加工作。

第十条 高速公路经营管理单位应统一设置清障施救车辆标识，车身醒目位置应涂装"湖北高速清障施救"字样；清障施救作业人员上路作业时，应统一着装，佩戴工作证件，穿着统一样式的反光背心，着装的胸前和后背均应印制"湖北高速清障施救"字样。

第三章 服 务 流 程

第十一条 高速公路经营管理单位接到清障施救信息后应立即响应，45分钟内到达救援现场。

遇特殊路段或不可抗拒因素（包括自然灾害、天气因素、交通事故、道路施工等）不能及时到达的，应及时通知当事人预计延误时间，并说明情况。

第十二条 清障施救作业人员到达现场后，应按下列操作规程进行作业：

（一）到达现场后，按照安全管理要求设置现场安全防护区域，并开启示警灯。夜间或雨雾冰雪等恶劣天气还应同时开启廓灯、后位灯和照明设备。所有清障施救作业人员穿着带有反光条的工作服，做好个人安全防护。

（二）设置现场安全防护区域前，

安排 1 名人员在来车方向进行警示。

（三）设置现场安全防护区域时，使用反光标志牌及反光锥形筒设置安全防护区域。反光锥形筒布设间隔不超过 10 米，锥形筒呈斜弧形排列；白天距现场区域来车方向 150 米外至作业现场中心位置连续设置；夜间或雨雾冰雪等恶劣天气距现场区域来车方向 200 米外至作业现场中心位置连续设置；救援警示标志设置于安全防护区域中来车方向最远端。

（四）设置好安全防护区域后，主动向当事人出示工作证件，表明单位和身份；向当事人了解车辆故障或损坏情况，确定并告知清障施救方案；如可能对车辆造成二次损伤，须征得当事人同意。

（五）告知当事人经政府定价的收费标准、计算方法及所需费额，交当事人签字。

（六）按照安全操作程序进行清障施救作业，对需牵引的车辆，根据当事人的意愿就近拖移至服务区或收费站外，严禁强行拖移车辆到指定场所进行维修。

（七）清障施救服务结束后，作业人员应向作业现场中心位置向来车方向依次撤除标志标牌。撤除完成后，向公安机关交通管理部门、省交通运输综合行政执法机构和清障施救服务电话报告交通恢复情况。

（八）清障施救工作完成后，收取清障施救服务费，并提供合法、足额有效票据。

第十三条　清障施救作业人员开展工作时应当遵守以下规定：

（一）对故障车辆停放影响道路交通安全，存在事故隐患且拒绝服务的，必须采取警示、防护等安全措施，并及时报告公安机关交通管理部门，不得擅自撤离。

（二）属于事故车辆的，在公安机关交通管理部门指挥下，及时完成清障施救作业，并按照公安机关交通管理部门指令，将事故车辆和货物拖曳（牵引）、转运至指定地点存放。

（三）因当事人伤亡等无法委托他人的特殊情况，先行开展清障施救工作，收集固定相关证据，按法定程序确认清障施救项目。

第四章　服 务 收 费

第十四条　高速公路经营管理单位应当执行清障施救服务标准和规程，按照政府定价标准收费，不得擅自增加收费项目、扩大收费范围、提高收费标准。

第十五条　高速公路经营管理单位应当利用收费站和服务区公示牌、电子信息板、单位网站、公众号等媒介，向社会公布经政府定价的清障施救服务收费项目和标准、服务流程、服务求助和监督投诉电话等信息，接受社会监督。

第十六条　公安机关交通管理部门因依法扣留车辆发生的转移、停放、保管费用，按照相关法律规定执行。

第五章　服 务 规 范

第十七条　清障施救作业人员在清障施救工作中，应文明礼貌、规范服务，严禁有下列行为：

（一）接到求助信息或公安机关交通管理部门等有关单位指令后，无特殊原因不及时到达现场。

（二）不服从工作安排，故意拖延，不及时进行清障施救作业。

（三）不按规定着装、佩戴工作证件。

（四）采取哄骗、威胁等手段强行提供清障施救服务并收取费用；未经高速公路经营管理单位同意，违规收取路产损失赔偿费；私下接受网络平台、中介介绍的高速公路救援信息，违规收取押金或中介费用。

（五）冒充执法人员擅自查扣车辆、证照。

（六）故意扩大或过失损坏高速公路路产设施。

（七）敲诈勒索、辱骂殴打服务对象；恶意损坏、变卖、非法占有、非法扣押、盗窃服务对象的车辆、随车物品或货物；未经公安机关交通管理部门同意，擅自撤除、变动交通事故现场，放行车辆；擅自泄漏清障施救服务对象个人信息。

（八）迟报、漏报、瞒报、谎报清障施救服务信息。

（九）遇到不接受现场清障施救服务且未排除交通安全隐患的车辆，不及时报告公安机关交通管理部门，擅自离开现场。

（十）违反法律法规及其他规定的行为。

第十八条　清障施救服务完成后，高速公路经营管理单位应规范完成清障施救服务记录和台账，档案至少保留 5 年。

第十九条　高速公路经营管理单位应当在服务完成后 5 个工作日内对当事人进行回访，做好客户满意度调查，及时处理服务投诉和收费争议。

第二十条　高速公路经营管理单位应当做好客户投诉接待、登记及记录工作，按程序调查处理，对当事人及相关人员意见和投诉，应在接到投诉后 24 小时内处理，48 小时内反馈处理情况或提出处理解决方案。

第六章　监 督 管 理

第二十一条　省级交通运输主管部门统一监督管理和规范高速公路清障施救服务。公安机关交通管理部门在职责范围内依法对清障施救服务进行监督管理。

省公路事业发展中心负责督促高速公路经营单位落实清障施救服务主体责任，并做好考核监督相关工作。省交通运输综合行政执法机构加强高速公路清障施救现场作业秩序管理，对违法行为依法处理。省高速公路联网收费中心负责高速公路清障施救信息流转工作，并按规范做好投诉的受理、分办、回访等工作。

对违反道路交通安全管理有关法律法规规定的，由公安机关交通管理部门根据职责依法处理。对涉及治安管理的，由公安机关依法处理。

第二十二条　高速公路经营管理单位应按照要求向省公路事业发展中心报送清障施救服务数据。

第二十三条　高速公路经营管理单位在清障施救服务过程中，未按服务标准和规程作业，造成当事人或第三方人身和财产损失的，承担相关法律责任。

第二十四条　高速公路经营管理单位未按照政府定价标准收费，或收费不开具合法有效票据的，依据相关法律法规处理。

第七章　附　则

第二十五条　本标准和规程由省交通运输厅和省公安厅共同负责解释。

第二十六条　本标准和规程自印发之日起施行，有效期五年。省交通厅高速公路管理局、省公安厅交通警

察总队高速公路管理支队于2009年5月27日制定的《关于印发〈湖北省高速公路清障施救服务标准和规程〉（试行）的通知》（鄂高管〔2009〕57号）同时废止。

2023年12月7日

省交通运输厅关于进一步加强全省交通运输安全生产标准化建设的通知

（鄂交发〔2023〕116号）

各市州交通运输局，湖北交通投资集团有限公司、湖北港口集团有限公司，各高速公路经营管理单位、各公路水运重点工程建设单位，厅直各单位，厅机关各处室：

为认真贯彻落实《交通运输部关于加强交通运输安全生产标准化建设的指导意见》，进一步加强交通运输安全生产标准化建设，提高交通运输安全生产治理能力和水平。现就有关事项通知如下：

一、指导思想及目标

以党的二十大精神为指引，深入学习贯彻习近平总书记关于安全生产重要论述，坚持安全第一、预防为主，通过企业安全生产标准化建设，实现安全生产管理系统化、岗位操作行为规范化、设备设施本质安全化、作业环境器具定置化，推动全省交通运输安全生产治理模式向事前预防转型，提高行业安全生产治理能力和水平。

二、工作原则

（一）坚持企业为主。依法落实企业主体责任，将安全生产标准化建设作为安全生产管理的基础，贯穿生产经营全过程各环节，提升企业全员全方位安全管理水平。

（二）坚持注重实效。细化实化企业安全生产标准化建设规范，推动企业人、装备和生产经营环境安全标准化管理、规范化操作，保障安全生产。

（三）坚持依法监管。依法依规加强监督检查，强化指导服务，注重宣

传引导，推动企业加强安全生产标准化建设，推动交通运输安全生产治理模式向事前预防转型。

（四）坚持协同共治。发挥专业力量、社会团体参与安全生产标准化建设的专业性，鼓励企业互助帮扶，推动安全生产共建共治共享，提升安全生产治理能力和水平。

三、建设内容及方法

（一）实施范围。具有独立法人资格，且具体从事交通运输生产经营建设活动的交通运输企业，包括道路运输、水路运输、港口营运、城市客运、交通运输工程建设、收费公路运营和其他类型企业。

（二）建设等级。分为一级、二级、三级，其中一级为最高等级，三级为最低等级。水路危险货物运输、水路旅客运输、港口危险货物营运、城市轨道交通、高速公路、隧道和桥梁运营企业安全生产标准化建设等级不设三级，二级为最低等级。满分为1000分，一级达标企业的分数不低于900分且完全满足一级达标企业必备条件，二级达标企业的分数不低于750分且完全满足二、三级达标企业必备条件，三级达标企业的分数不低于600分且完全满足三级达标企业必备条件。

（三）建设内容。依据《中华人民共和国安全生产法》《湖北省安全生产条例》，对照《交通运输企业安全生产标准化建设基本规范》（JT/T 1180—

2018），重点围绕企业的安全目标、管理机构和人员、安全责任体系、法规和安全管理制度、安全投入、装备设施、安全技术管理、队伍建设、作业管理、危险源辨识与风险控制、隐患排查与治理、职业健康、安全文化、应急救援、事故报告调查处理、绩效考评与持续改进等16项内容，建设安全生产标准化体系。

（四）建设方式。交通运输企业每3年组织一次安全生产标准化建设和评价，每年进行年度核查。评价可采取企业自评或聘请熟悉交通运输安全生产的第三方机构进行评价。评价前要制订计划，成立评价小组（人员不少于5人，其中第三方行业专家不少于2名），采取资料核查、人员询问、现场核对等方式进行评价，结束后应形成成书面评价报告。

（五）结果公示。企业应将评价结果在企业办公场所显著位置或官方网站首页进行公示，公示内容应包括但不限于以下内容：安全生产标准化体系建设情况及评价结论；企业主要负责人安全履职情况；安全生产经费提取及列支情况；监督举报渠道及联系方式。公示应不少于10个工作日，公示期间，任何人员均可提出意见和建议，如有违法违规行为，可投诉举报。企业应及时整改公示期间发现的问题，持续改进安全绩效。

四、保障措施

（一）强化组织领导，明确职责

分工。各级交通运输主管部门要高度重视，细化职责分工，强化责任落实。省交通运输厅负责组织、指导、协调、督促全省交通运输安全生产标准化建设工作。省公路事业发展中心、省道路运输事业发展中心、省港航事业发展中心、厅工程事务中心分别负责指导本行业交通运输企业安全生产标准化建设工作，修改完善相关规范和实施细则等。省交通运输综合行政执法局负责全省交通运输企业标准化建设的监督和执法工作。各市（州）、县（市、区）交通运输主管部门负责组织、指导、协调、督促本辖区交通运输安全生产标准化建设工作。

（二）强化执法检查，实施精准监管。各市（州）、县（市、区）交通运输主管部门要将企业安全生产标准化建设作为差异化监管的重要参考依据，采取"双随机、一公开"等方式加强抽查，年度抽查企业比例不低于30%，3年内实现抽查全覆盖。对安全生产标准化建设成效明显的企业，做到"无事不扰"；对安全管理混乱、安全生产标准化建设滞后或标准化建设评价结果与实际建设情况明显不符的企业，加大执法检查频次；对未开展安全生产标准化建设或问题突出的企业，强化重点监管，并纳入失信企业名单。

（三）强化帮扶指导，提高建设水平。要强化典型引领和示范带动，选取部分安全生产标准化建设基础条件好的企业，强化帮扶指导和经验总结，形成一套可借鉴、可复制、可推广的长效管理机制。要完善激励机制，把标准化建设作为省级平安交通创建和目标考核、信用评价等工作的重要参考依据。航运企业依法建立船舶安全营运和防治船舶污染管理体系的，原则上不重复开展企业安全生产标准化建设。

（四）强化贯彻落实，确保取得实效。各市（州）交通运输局要结合实际，研究制定实施方案，完善具体工作措施，强化管理和服务，督促企业加强标准化建设，确保取得实效。

2023 年 11 月 29 日

湖北省交通运输厅科技项目管理办法

（鄂交发〔2023〕122 号）

第一章　总　则

第一条　为加强湖北省交通运输厅科技项目管理，合理配置全省交通运输科技资源，充分发挥科技创新在推动交通运输高质量发展中的引领和支撑作用，实现科技项目管理工作的科学化、规范化、制度化，依据国家和部、省科技项目管理的有关规定，结合我省交通运输科技创新工作实际，制定本办法。

第二条　本办法所称科技项目，是指列入湖北省交通运输厅（以下简称"省厅"）科技项目计划并依据《湖北省交通运输厅科技项目任务书（合同）》（以下简称"任务书"）进行管理、在一定时间内组织实施的科学研究、技术开发及成果推广活动。主要包括：应用基础技术研究、软科学研究、信息化技术研究、标准化研究、科技成果推广应用研究等类别。

第三条　科技项目管理坚持科学规范、突出重点、分类指导、注重实效的原则。

第四条　省厅每年结合交通运输科技创新实际，组织遴选一批面向交通运输科技前沿，承接国家和部、省重大战略及决策部署，服务交通强国建设、交通运输高质量发展，具有战略性、前瞻性的项目，形成年度重点科技项目，支持提升我省交通运输行业在重大科技攻关、共性关键技术和产品研发等方面创新能力。

第五条　科技项目管理内容主要包括：申报立项、组织实施、结题验收、资金管理、成果管理等。

第六条　科技项目实行网上申报，通过"湖北省交通运输厅科技项目管理系统"（以下简称"管理系统"）实行全过程动态管理。

第二章　职责分工

第七条　科技项目管理和实施单位包括省厅科技管理部门、项目保证方、项目第一承担单位及项目联合承担单位等。

第八条　省厅科技管理部门是厅科技项目的主管部门，主要职责为：

（一）制定相关管理制度，协调处理厅科技项目管理中的重大问题。

（二）开展厅科技项目需求征集，发布科技项目申报指南。

（三）组织厅年度计划科技项目申报、评审、遴选。

（四）编制下达厅年度科技项目计划，组织签订科技项目任务书。

（五）会同保证方或聘请专家对科技项目组织管理、执行情况、经费管理、配套条件落实以及科技项目预期效益等情况进行中期检查或评审。

（六）组织开展科技项目验收、成果管理，指导开展科技成果推广应用工作。

第九条　科技项目保证方是经省厅科技管理部门认定，能协助省厅科技管理部门对科技项目实施全过程进行监督管理的单位或部门。市（州）交通运输主管部门、厅直单位、厅机关处室、相关行业单位等可作为科技项目保证方。

保证方的主要职责为：负责所推荐项目的初审，协助省厅科技管理部门监督、检查项目执行情况和经费使用情况，按要求报告项目年度执行情况及有关信息，协调落实任务书约定的项目实施条件，督促项目承担单位按期保质完成研究任务。

第十条 项目承担单位负责项目的具体实施。

项目第一承担单位主要职责为：

（一）制订研究计划，确定项目联合承担单位，落实项目研究经费、场地、设备等必要条件，规范项目管理，明确与项目联合承担单位的工作分工、经费使用管理、知识产权（专利）归属等事宜。

（二）严格按照任务书约定的内容和进度完成研究任务，接受省厅科技管理部门和保证方的监督检查。

（三）负责项目开题、中期评估和项目验收的准备工作。

（四）负责项目的技术文件归档、科技成果登记和成果推广应用。

（五）配合开展科技项目绩效评价工作。

项目联合承担单位负责严格按照任务书约定的内容和分工，按期保质完成科技项目研究任务。

第十一条 在科技项目管理过程中引入专家咨询机制，提高科技项目管理的科学性、公正性、专业性。专家咨询工作由省厅科技管理部门组织或委托相关机构组织。咨询专家组组成应具有代表性和互补性，人数、年龄和知识结构应相对合理。咨询专家应具备以下基本条件：

（一）具有良好的职业道德和科学精神，能客观、公正、实事求是地提出咨询意见。

（二）从事科技项目所涉及领域的工作，在该领域内具有较高的权威性，熟悉和了解国内外该领域最新发展趋势。

（三）一般应具有正高级（含）及以上的专业技术职称或相应职务（职级）。

（四）应为项目承担单位以外人员。

第十二条 在项目立项、实施和验收过程中，所有参与人员未经许可，不得擅自复制、披露、引用、使用项目相关内容和关键技术信息，不能对外透露立项、实施和验收过程中的意见以及未公布的结果。

第三章 申报立项

第十三条 省厅科技管理部门根据交通运输中长期发展规划所确定的发展目标、部省有关交通运输重大任务和重点工作、我省交通运输高质量发展实际需求等，于每年第二季度开展科技项目需求征集。

根据需求征集情况，结合形势任务要求、重难点技术攻关任务等，每年第三季度，省厅科技管理部门编制印发年度科技项目申报指南，明确下一年度交通运输科技计划项目申报重点方向和内容，根据申报指南组织开展科技项目申报。

第十四条 科技项目申报立项应符合以下要求：

（一）申报项目应符合交通运输科技发展方向，符合国家和部、省重大决策部署和交通运输发展规律，注重原始创新、集成创新和引进消化吸收再创新，具有良好的推广应用前景和社会经济效益，预期技术水平达到国内先进以上。

（二）同一年度项目负责人原则上不得同时主持2项（含）以上科技项目。

（三）鼓励交通运输行业单位与高等院校、科研机构联合申报科技项目，充分利用社会科技资源，联合开展科技项目研究。

（四）科技项目执行期一般在2年以内，重点科技项目执行期一般在3年以内。

第十五条 申报立项条件

（一）符合申报立项要求，有明确的研究目标，创新的学术思想，科学、合理、可行的研究方案。应用基础技术研究类科技项目要有明确的依托工程，软科学研究类科技项目在交通运输发展的全局性、战略性、前瞻性方面应具有针对性。

（二）有精干、稳定的研究队伍，良好的前期研究工作基础，必要的实验、试验条件，预期取得重要成果或突破性进展。

（三）项目负责人必须是科技项目的实际主持人，应为申报单位的在职人员，具有副高级（含）以上技术职称，具备完成科技项目的组织管理协调能力。科技项目研究成员具有较高的研究水平和较强的团队协作精神。

（四）申报单位、科技项目负责人应诚实守信，承担的省厅科技项目能按期保质保量完成。

（五）申报手续完备，所需资料齐全，经费预算合理。

第十六条 申报立项程序

（一）申报。申报单位按照省厅发布的科技项目申报指南，在省厅官网首页登录"管理系统"进行申报，填写《湖北省交通运输厅科技项目建议书》和《湖北省交通运输厅科技项目可行性研究报告》。

（二）受理。省厅科技管理部门对申报的材料进行审查，对填报资料完整、重要信息准确的申报项目受理通过。

（三）查重。对受理通过的申报项目，与省厅往年下达的科技项目计划进行比较，剔除相似度较高的申报项目。

（四）查新。对查重通过的申报项目，未提交科技查新报告的进行科技查新、已提交的查阅科技查新报告结论，剔除科技查新结论不适合立项的申报项目。

（五）评审。对查新通过的申报项目，省厅科技管理部门组织专家评审，根据专家评审意见，拟定科技项目立项计划和资金补助建议报批。

（六）公示。通过省厅审批的科技项目立项计划公示5个工作日，对公示有异议经调查核实确有异议的科技项目不予立项。

（七）立项。经公示无异议的科技项目列入省厅年度科技项目计划下达。

（八）编制任务书。列入省厅年度科技项目计划的科技项目，由项目第一承担单位组织专家对《湖北省交通运输厅科技项目可行性研究报告》进行评审，形成《湖北省交通运输厅科技项目可行性研究报告专家评审意见》。第一承担单位按照专家评审意见对可行性研究报告修改完善后，作为任务书编写依据。

第十七条 省厅科技管理部门与第一承担单位签订任务书，明确各方的责任、权利、义务和考核任务指标等，作为科技项目管理和执行的依据。项目第一承担单位在规定时间内不办理任务书签订手续的，视为自动放弃。

第四章 组织实施

第十八条 科技项目管理和实施单位根据签订的任务书对科技项目实施全过程管理。

科技项目实行年度执行情况报告制度。科技项目第一承担单位应于任务书约定期内的每年11月30日前将《湖北省交通运输厅科技项目执行情况年度报告》报送至省厅科技管理部门。

第十九条 重点科技项目实行中期检查制度。根据项目的进度计划，一般在计划实施年限的中期，省厅科技管理部门组织专家对项目的阶段性研究成果、经费执行情况及下阶段研究情况进行中期检查，对科技项目保证方、承担单位及负责人进行目标考核与信用评价。

第二十条 科技项目第一承担单位应及时报告科技项目实施过程中的重大事项。

需对项目名称、考核目标、研究内容、技术方案、完成时间等进行重大调整或变更的，科技项目第一承担单位应组织专家评审论证，经科技项目保证方同意，填写《湖北省交通运输厅科技项目变更申请表》，报省厅批准后变更。未经批准，不得变更任务书内容。

第二十一条 对擅自变更任务书内容或不接受监督检查的科技项目，省厅科技管理部门将要求项目保证方和项目第一承担单位限期整改，整改不力的对其通报批评，并视情通告停止科技项目第一承担单位承担科技项目的资格。

第二十二条 科技项目主要研究人员不能按照任务书有效履行职责，致使科技项目进度或质量受到较大影响的，省厅科技管理部门将责成其所

在单位予以调整，视情节通告其停止其承担科技项目的资格。

第二十三条 科技项目执行过程中，有下列情况之一的，省厅科技管理部门有权撤销或解除任务书并通报：

（一）依托工程项目研究试验资金和承担单位自筹资金、依托工程等条件不落实的。

（二）科技项目执行不力、长期拖延或技术骨干发生重大变动，致使科技项目无法执行的。

（三）实施过程中发现科技项目技术路线不合理，达不到预期目标又难以进行调整的。

（四）任务书确定的考核任务指标已由他人率先完成的。

（五）由于不可抗拒因素造成科技项目无法完成的。

第二十四条 在科技项目执行中有造假、抄袭、剽窃等学术不端行为的科技项目承担单位和个人，省厅科技管理部门将其纳入科技信用记录。

根据情况给予通报、责令限期改正、终止项目、2年内不得申报厅科技计划项目等处理。情节特别严重的，5年内不得申报厅科技计划项目。

第五章 结题验收

第二十五条 科技项目在规定执行期结束1个月内，项目第一承担单位应向省厅科技管理部门提出书面验收申请，并按规定提交《湖北省交通运输厅科技项目验收材料》等有关文档、资料供省厅科技管理部门初审。

经初审符合验收条件的，省厅科技管理部门在60日内组织结题验收。对初审不符合验收条件的科技项目，项目第一承担单位应在整改后60天内再次提出书面验收申请，初审通过后按验收程序进行验收。

第二十六条 科技项目结题验收以任务书约定的考核任务指标为基本依据，主要对科技项目研究工作的完成情况、实施的技术路线、攻克的关键技术、成果应用及社会经济效益、知识产权的形成与管理、人才培养、经费使用的合理性等情况作出客观、实事求是的评价。

第二十七条 科技项目结题验收主要采用会议验收方式，特殊情况下可采用网上（通信）验收方式。结题验收由省厅科技管理部门组织专家组进行，验收专家组构成符合文件第十一条，人数应为单数且不少于5人。验收专家在审阅资料、听取汇报、质询的基础上，经讨论形成专家验收意见。专家验收意见由专家组长签名确认。

第二十八条 验收专家组对验收意见的真实性、准确性负责。省厅科技管理部门对在验收过程中出现的弄虚作假及渎职等行为的专家，一经查实，将取消该专家参与省厅科技项目验收的资格。

第二十九条 科技项目结题验收结论分为"通过验收""不通过验收"。凡有下列情况之一的，为不通过验收：

（一）验收专家组认为科技项目完成任务书考核任务指标不到85%的。

（二）验收专家组认为验收文件、资料、数据不真实，有弄虚作假和剽窃他人科技成果行为的。

（三）验收专家组认为经费使用存在较严重问题的。

（四）验收专家组认为存在其他不通过验收的重大问题的。

第三十条 视科技项目结题验收需要，省厅科技管理部门可委托第三方机构对项目经费的使用情况进行审计，发现较大问题的，为不通过验收项目。

第三十一条 通过验收的科技项目，省厅科技管理部门向项目第一承担单位下达《湖北省交通运输厅科技项目验收意见通知书》。

不通过验收的科技项目，省厅科技管理部门将对科技项目第一承担单位及科技项目负责人进行通报，并记入科技项目信用档案，科技项目负责人两年内不得承担省厅科技项目。

第三十二条 因提供的文件资料不详、研究成果难以判断等导致验收专家争议较大，难以评定验收结论的科技项目为需要复议的项目。

需要复议的科技项目，应在首次验收后的3个月内，由科技项目第一

承担单位针对存在的问题进行整改，并再次提出验收申请。未再次提出验收申请或再次验收仍难以评定验收结论的，为不通过验收项目。

第三十三条　科技项目因故不能按期完成验收的，项目第一承担单位应在执行期内提出延期申请，报省厅批准，科技项目延期时间一般不得超过1年。

科技项目执行期内不能按期完成、科技项目第一承担单位在逾期半年内未提出延期申请的，厅科技管理部门将对有关单位和责任人进行通报督办，督办期内仍不能完成的，科技项目负责人3年内不得承担省厅科技项目。

第三十四条　因不可抗拒因素未完成项目任务书确定的考核任务指标，经批准撤销或中止的科技项目，科技项目第一承担单位应对已开展的工作、经费使用、已购置的设备仪器、已取得的成果等进行总结，撰写中止结题报告，经保证方和项目第一承担单位所在单位审查确认后报省厅科技管理部门备案，可确定为项目中止。

第六章　资金管理

第三十五条　科技项目资金管理和使用：

（一）科技项目资金主要来源于财政拨款、依托工程项目的研究试验资金和承担单位的自筹资金等。鼓励企业、社会力量加大科技项目资金投入。

（二）科技项目资金财政拨款部分为科技项目补助资金，由省厅科技管理部门编制预算，拟定科技项目补助建议，报省厅批准后拨付。

（三）依托交通建设工程项目的研究试验资金，由依托工程项目管理单位批准列支，研究试验资金应足额列支并确保到位。

（四）科技项目资金由科技项目第一承担单位负责管理，做到专款专用，不得挪作他用和扩大使用范围。项目验收时，提交第一承担单位和项目负责人签字盖章的"科技项目资金决算表"。

第三十六条　科技项目补助资金用于需要补助的科技项目，其中，软科学研究类每个项目补助10万元，应用基础技术研究、信息化技术研究、标准化研究、科技成果推广应用研究类每个项目补助15万元。重点科技项目最高可按科技项目预算资金总额的30%给予补助，每个项目最多不超过60万元。

第三十七条　对列入交通运输科技示范工程的项目，根据省厅年度项目计划配套经费支持，对获批交通运输部重点实验室、研发中心、野外科学观测研究基地、科普基地等科技创新平台的申报项目，根据省厅年度科技项目计划给予优先支持。

第三十八条　补助资金拨付方式。

（一）重点科技项目，任务书签定当年首次拨付30%，余款在中期评审会结束、专家认定任务书研究任务进度达到50%以上时拨付。

（二）其他需要补助的科技项目，在任务书签定当年一次性拨付。

第七章　成果管理

第三十九条　成果管理指科技项目在实施中取得的，包括新技术、新产品、新工艺、新材料、新理念、新设计、新装置、技术标准、技术规程、技术指南、施工工法、计算机软件以及专利、论文和专著等项目成果的管理。

第四十条　实行科技项目成果公开制度。省厅科技管理部门对已通过验收的科技项目成果，根据第一承担单位提供的项目成果公开报告，在省厅网站公开科技项目成果简要情况。

第四十一条　实行科技成果登记制度。

（一）通过验收或评价（由第三方机构组织实施）的科技项目成果，可通过"湖北政务服务网"申请成果登记。

（二）通过验收的科技项目成果，获评国际奖项、国家和省部级三等奖以上奖项，项目第一承担单位应在获奖1个月内，向省厅科技管理部门报备登记。

（三）通过验收的科技项目成果，被成功应用于依托工程等，并创造了巨大的社会经济效益，项目第一承担单位应在效益核准1个月内，向省厅科技管理部门报备登记。

（四）通过验收的科技项目成果，被转化形成国家标准、行业标准、省级地方标准的，项目第一承担单位应在标准批准发布1个月内，向省厅科技管理部门报备登记。

（五）通过验收的科技项目成果，转化为其他重大成果的，项目第一承担单位应在成果取得1个月内，向省厅科技管理部门报备登记。

（六）落实科技成果登记制度的科技项目成果，符合条件的将优先提名国家和省部级科技奖。

第四十二条　科技项目承担单位应对科技项目成果及时采取知识产权保护措施，依法取得相关知识产权，知识产权保护情况报厅科技管理部门备案登记。

第四十三条　自科技项目验收之日起2年内，项目第一承担单位可填写《湖北省交通运输科技成果推广应用申报书》，申报科技成果推广应用研究类项目。

第四十四条　科技项目结题验收成果资料，纳入省厅科技管理部门和科技项目第一承担单位档案管理。

第四十五条　科技成果涉及国家秘密的，有关单位和人员应按照《中华人民共和国保守国家秘密法》《科学技术保密规定》及有关规定，切实做好科技成果保密管理工作。

第八章　附　则

第四十六条　办法规定所有报送材料均采用"管理系统"生成文档，有印章、签名要求的须盖章签名后扫描，用电子文档报送，同时报送纸质文档。

第四十七条　本办法自印发之日起施行。2011年发布的《湖北省交通运输厅科技项目管理办法》（鄂交科教〔2011〕275号）同时废止。

第四十八条　本办法由湖北省交通运输厅负责解释。

2023年12月14日

全省交通运输系统

领导名录

厅领导及厅机关处（室）负责人名单

厅领导

党组书记、厅长：钟芝清
党组成员、副厅长：
姜友生（—2023.05）
汪凡非
王 炜
陈光斌
党组成员、总工程师：
陶维号（—2023.07）
党组成员、驻厅纪检监察组组长：
赵志国
一级巡视员：姜友生（2023.05—）
陶维号（2023.07—）
副厅级干部：石先平

机关各处（室）负责人

办公室

主 任：胡松涛
二级调研员：戚 媛（2023.02—）
三级调研员：李永胜
四级调研员：湛 威（2023.01—）

机关党委

专职副书记（正处级）、一级调研员：
冯学斌
厅直属机关纪委书记、二级调研员：
马万里
办公室副主任：王国富（2023.01—）
一级调研员：张 宏
李裕民（2023.10—）
二级调研员：杨剑锋（2023.03—）
三级调研员：江 飞
四级调研员：李 琴（2023.10—）

人事教育处

处长、一级调研员：周拥军
副处长、三级调研员：赵春华
副处长：李 晶（2023.01—）
二级调研员：鲁 撰 方 敏

财务处（审计办公室）

处 长：万小芳
副处长、三级调研员：
黄河清（—2023.02）
副处长、二级调研员：
黄河清（2023.02—）
副处长：吴素萍（2023.01—）
审计办副主任、三级调研员：
胡 敏
审计办二级调研员：包楚林

法规处（行政审批办公室）

处 长：邱欣年
副处长：鲁 军（2023.11—）
一级调研员：周佑林
二级调研员：肖介山
四级调研员：郭秀丽（2023.10—）

研究室

主 任：胡小松
副主任：覃本煊（—2023.12）
罗志文（2023.11—）

综合交通处（湖北省综合交通运输工作领导小组办公室）

二级巡视员：徐文学
处 长：高 波
副处长：王 成（—2023.12）
一级调研员：谢圣松（2023.02—）
二级调研员：廖向东
四级调研员：罗志文（—2023.11）

计划处（交通战备办公室）

处长、一级调研员：洪文革
交通战备办公室专职副主任（正处级）：
宋征难
副处长：郭 龙（—2023.10）

副处长、三级调研员：
郭 龙（2023.10—）
二级调研员：罗红燕

安全监督处（应急办公室）

处 长：李裕民（—2023.10）
陶泽民（2023.11—）
应急办副主任：孙 军
应急办副主任、二级调研员：
孙 军（2023.12—）
副处长：彭 刚（2023.11—）
一级调研员：孙春红（—2023.01）
二级调研员：冯泽刚

科技信息处

处 长：桂永胜（—2023.09）
邹 珺（2023.12—）
副处长：邹 珺（—2023.12）
二级调研员：徐小文（—2023.02）
周建勋（—2023.12）
一级调研员：徐小文（2023.02—）
周建勋（2023.12—）

建设市场处

处 长：彭建光
副处长：苏德俊
四级调研员：倪 伟

工程管理处

处长、一级调研员：陈 飚
副处长：康新章（—2023.10）
副处长、三级调研员：
康新章（2023.10—）
二级调研员：周炎新（—2023.02）
一级调研员：周炎新（2023.02—）

高速公路处

处长、一级调研员：
　　谢俊杰（—2023.03）
处　长：张　欢（2023.04—）
副处长：陆　放（—2023.10）
副处长、三级调研员：
　　陆　放（2023.10—）

普通公路处

处　长：肖开锋（2023.04—）
副处长、三级调研员：
　　肖开锋（—2023.04）
二级调研员：谭宏斌
四级调研员：崔新武（2023.10—）

港航海事处

处长、一级调研员：罗　毅（—2023.08）

处　长：王　成（2023.12—）
副处长、三级调研员：
　　许　剑（—2023.10）
副处长、二级调研员：
　　许　剑（2023.10—）
四级调研员：李　碧（2023.01—）

客货运输处

二级巡视员：沈雪香
处　长：曹　翙（—2023.09）
　　覃本煊（2023.12—）
副处长、三级调研员：
　　杨建萍（—2023.12）
副处长、二级调研员：
　　杨建萍（2023.12—）
四级调研员：彭　刚（—2023.11）
　　王成林　张努特（2023.10—）

运输保障处

处　长：余建平（—2023.12）
处长、一级调研员：余建平（2023.12—）
副处长：张　欢（—2023.04）
二级调研员：黄　钟　廖光明

交通运输工会工作委员会

专职副主任（正处级）：王义华
二级调研员：尹寿林（—2023.12）
一级调研员：尹寿林（2023.12—）

离退休干部处

处　长：燕建田
副处长、三级调研员：黄　凌
一级调研员：胡树江（—2023.09）

厅直属单位领导名单

湖北省公路事业发展中心

党委书记、主任：张　磊
党委委员、副书记：张　洁
党委委员、纪委书记：王光利
党委委员、副主任：蒋明星　孙昌军
　　詹　勇（2023.09—）
应急处置中心主任：朱业贵（2023.07—）

湖北省道路运输事业发展中心

党委书记、主任：曹　翙（2023.09—）
党委委员、副书记：邵　迈（—2023.05）
　　桂永胜（2023.09—）
党委委员、纪委书记：范　建
党委委员、副主任：秦介飞（—2023.05）
　　杨培林　赵　勇
　　乔　亮（2023.09—）
二级巡视员：邵　迈（2023.05—）
　　秦介飞（2023.05—）

湖北省港航事业发展中心

党委书记、主任：王　伟
党委委员、纪委书记：段　洁

党委委员、副主任：王耀惠　伍云辉
　　李泽刚（2023.09—）

湖北省交通运输综合行政执法局
（湖北省交通运输综合行政执法总队）

党委副书记、局长：徐　波（2023.02—）
党委委员、副局长、二级调研员：
　　刘君峰（2023.02—）
党委委员、副局长：杨　平（2023.02—）
党委委员、纪委书记、三级调研员：
　　官　为（2023.02—）
应急处置中心主任：朱业贵（—2023.07）
直属支队支队长：汪忠胜
二支队支队长：游　峰（2023.02—）
五支队支队长：丁进军
六支队支队长：汪利军
八支队支队长：刘群峰

湖北省交通运输厅工程事务中心

党委书记、主任、一级调研员：
　　章征春（2023.01—）

党委委员、副主任、三级调研员：
　　李长民（2023.01—2023.03）
党委委员、副主任、二级调研员：
　　李长民（2023.03—）
党委委员、总工程师、三级调研员：
　　卢　柯（2023.01—2023.03）
党委委员、总工程师、二级调研员：
　　卢　柯（2023.03—）
党委委员、副主任：
　　管　菲（2023.01—）
党委委员、纪委书记：
　　张德全（2023.08—）
三级调研员：官　为（—2023.02）
（注：2023年1月，湖北省交通运输厅工程质量监督局更名为湖北省交通运输厅工程事务中心）

湖北省交通重点建设领导小组办公室

副主任、党支部书记：
　　方晓睿（正处级）（—2023.12）
副主任、党支部委员：徐建明

湖北省交通基本建设造价管理站

副站长、党支部委员：付红勇
　　　　　杨金蓉（—2023.06）
　　　　　左小明（2023.08—）

湖北省交通运输厅世界银行贷款项目办公室
（湖北省交通运输厅援外办公室、湖北省交通运输厅职业资格中心）

主任、党支部书记：乔 亮（—2023.09）
副主任、党支部委员：
　　　　刘 江　万 帆　张 岚

湖北省交通运输厅宣传中心

主任、党支部书记：石 斌
副主任、党支部委员：潘庆芳

湖北省交通运输厅规划研究室

主任：林 浩
副主任、党支部委员：
　　　　余厚振　邓国清

湖北省高速公路联网收费中心

党委书记、主任：周文卫（2023.06—）

党委委员、副主任：李 辉　刘小燕
党委委员、总工程师：
　　　　王三军（—2023.08）
党支部委员、纪委书记：
　　　　左 玲（2023.08—）

湖北省交通运输厅机关后勤服务中心

主任、党支部书记：沈 晖（—2023.03）
　　　　　　　　明 杨（2023.08—）
副主任、党支部委员：
　　　　　　　　明 杨（—2023.08）

湖北省江汉运河航道管理处

处　长：邵爱军
党委委员、纪委书记：申 燕
党委委员、副处长：程世勇　彭兴无
党委委员、总工程师：彭长征

湖北交通职业技术学院

党委书记：戴光驰
党委副书记、院长：
　　　　陈方晔（—2023.02）
　　　　王孝斌（2023.02—）

党委副书记、副院长：
　　　　李 全（—2023.12）
党委委员、纪委书记：齐建模
党委委员、副院长：
　　　　谢 彤
　　　　王孝斌（—2023.02）
　　　　李建民（2023.08—）
　　　　施裕国（2023.11—）
党委委员、工会主席：
　　　　方 庆（2023.08—）
党委委员、宣传部长：
　　　　龚韵枝（2023.11—）
党委委员、组织部长：
　　　　向 元（2023.11—）
党委委员、统战部长：
　　　　李永刚（2023.11—）

湖北省交通运输厅通信信息中心

主 任：周文卫（—2023.07）
　　　　王三军（2023.08—）
党委委员、纪委书记：
　　　　李红艳
副主任、党支部委员：
　　　　杨厚新　朱 严

市（州）交通运输局、县（市、区）交通运输局领导名单

武汉市交通运输局

党组书记：邹 耘
局　长：贺 敏（2023.12—）
党组成员、市邮政管理局党组书记：
　　　　宫世成
党组成员、副局长：
　　　　蔡文波　陈晓红　李 虎

江岸区城市管理执法局
（交通运输局）

党委书记、局长：黄顺江（2023.05—）
副局长：陈 愚　万 义
　　　　李 飞（2023.02—）

总工程师：骆 威

江汉区城市管理执法局
（交通运输局）

党委书记、局长：于跃茹
党委委员、副局长：
　　　　葛均伟　张方黎　孙 斌
党委委员、总工程师：沈秋玲

硚口区城市管理执法局
（交通运输局）

党委书记、局长：童 伟
党委委员、副局长：
　　　　代 彦　赵 飞　舒宝祥

汉阳区城市管理执法局
（交通运输局）

党委书记、局长：汪 淼
党委委员、副局长：
　　　　胡 敏　高 明　余国俊
党委委员、总工程师：雷海东

武昌区城市管理执法局
（交通运输局）

党委书记：山 峰
常委副书记：陈 斌

枝江市交通运输局

党组书记、局长：谈　丹
党组成员、副局长：
　　李志刚（—2023.12）
　　胡昌武　覃华平
党组成员、总工程师：
　　周　明（—2023.09）
　　王风华（2023.04—）
党组成员：王风华（—2023.04）
　　陈　涛（2023.12—）

当阳市交通运输局

党组书记、局长：杨　勇（—2023.12）
　　　　　　　　马学东（2023.12—）
党组成员、副局长：
　　戴明富（—2023.12）
　　杨　雄（—2023.12）
　　刘　方
党组成员、总工程师：刘　晋
党组成员：柴　伟
　　卢　洁（2023.12—）
副局长：赵有志（2023.12—）

远安县交通运输局

党组书记、局长：余大银
党组副书记：陈　涛
党组成员、副局长：宋国庆　李传香
党组成员、总工程师：苏先科

兴山县交通运输局

党组书记、局长：
　　冯　淼（—2023.05）
　　郭　勇（2023.05—）
党组成员、副局长：
　　陈行达　田　龙　郑毕诗
党组成员：李　涛（—2023.05）
　　王恩君（2023.05—）
　　万　波
　　尹选兵（2023.05—）
党组成员、总工程师：刘　涛

秭归县交通运输局

党组书记、局长：廖厚坤（2023.05—）
党组副书记：向立林
党组成员、副局长：
　　余爱华　周　慧　钟　进
党组成员：薛　钢
党组成员、总工程师：王建华

长阳土家族自治县交通运输局

党组书记、局长：章一英
党组副书记、副局长：
　　覃卫平（—2023.05）
　　陈芳梅（2023.06—）
党组成员、副局长：胡玖明
副局长：田继庆（—2023.05）
党组成员、工会主席：秦道志
党组成员：李书盛　汤应权　闫孝云
总工程师：覃孔华

五峰土家族自治县交通运输局

党组书记、局长：张忠华
党组副书记：杨继平
党组成员、副局长：邱　田（挂职）
　　魏华锋
党组成员：张家权　黄文书
总工程师：杨官军

夷陵区交通运输局

党组书记、局长：陈先冬（—2023.09）
　　翟前军（2023.09—）
党组成员、副局长：左家国　丁雪菲
党组成员、总工程师：易正林
副局长：冯巧云（2023.07—）
党组成员：邓　波（2023.09—）

点军区交通运输局

党组书记、局长：陈湘君
党组成员、副局长：万春明
副局长：尹　青

猇亭区交通运输局

党组书记、局长：陈曲
党组成员、副局长：符　建　杨瑞虎
　　易礼彬（2023.11—）

荆州市交通运输局

党组书记、局长：杨运春（—2023.08）
　　李　平（2023.08—）
党组副书记、副局长：许开平
党组成员、派驻纪检监察组组长：
　　徐文靖
党组成员、副局长：龚汉莉
　　梁世兴（—2023.10）
　　李华平（—2023.08）
　　何　波（2023.11—）
　　钱国栋（2023.08—）
党组成员、总工程师：肖　飞

荆州区交通运输局

党组书记、局长：李德荣
党组副书记、副局长：
　　李以四（—2023.12）
党组成员、副局长：江　波　黄　浩
　　李清杰（2023.12—）

沙市区交通运输局

党组书记、局长：花　勇（—2023.07）
　　陈爱平（2023.07—）
党组成员、副书记：杨德祥
党组成员、副局长：毛　颖　裴军军
党组成员、总工程师：刘昌清

江陵县交通运输局

党组书记、局长：应　军（—2023.10）
　　黄　华（2023.10—）
党组成员、副局长：李　颖
　　袁丹眉（—2023.10）
　　张　超（2023.10—）
党组成员、总工程师：张向静

松滋市交通运输局

党组书记、局长：张 青
党组成员、副局长：邬小兵 佘振宇
党组成员、总工程师：
　　苟中华（—2023.10）
　　张 勇（2023.10—）
党组成员：周 斌

公安县交通运输局

党组书记、局长：魏 毅
党组副书记、副局长：蔡环宇
党组成员、副局长：李 健 张中平
党组成员、总工程师：熊义军

石首市交通运输局

党组书记、局长：郑 云
党组副书记、副局长：柳 浩
党组成员、副局长：张 明 齐海军
党组成员、总工程师：刘银强

监利市交通运输局

党组书记、局长：陈学洪
党组成员、副局长：
　　胡超胜 李卫斌 彭鸿涛
党组成员、总工程师：周 兵

洪湖市交通运输局

党组书记、局长：郭金高（—2023.11）
　　　　　　　　赵 斌（2023.11—）
党组副书记、副局长：
　　胡劲松（2023.08—）
党组成员、副局长：雷艳舞 史玉峰
　　李 静（—2023.07）
党组成员、总工程师：肖初军

荆门市交通运输局

党组书记、局长：郑伦智
党组副书记：王和毅

党组成员、副局长：
　　邓承胜 宋慧琼 李洪震
党组成员、总工程师：汪微波
党组成员、派驻纪检监察组组长：
　　石 飚

京山市交通运输局

党组书记、局长：许文华
党组副书记：邵劲松
党组成员、副局长：王光波 何 勇
党组成员：王武彪 杨 军

沙洋县交通运输局

党组书记、局长：张 军
党组副书记、副局长：陈 涛
党组成员、副局长：王 华
党组成员：王 东 李晓明 张新华

钟祥市交通运输局

党组书记、局长：王 俊
党组副书记、副局长：王晓明
党组成员、副局长：刘从东
副局长：刘远忠（—2023.12）
党组成员、总工程师：黄贻斌
党组成员、工会主任：高良华
党组成员：徐进军 陈 勇

东宝区交通运输局

党组书记、局长：梁 辉
党组成员、副局长：
　　万 勇（2023.03—）
副局长：赵江年
党组成员：马琳波
　　李明巍（2023.10—）
党组成员、总工程师：周 婷

掇刀区交通运输局

党组书记、局长：郑华军
党组成员、副局长：
　　陈志平 李卓洵 杨丰平

党组成员、工会主席：王桂明
党组成员：何 锋（2023.07—）

漳河新区交通运输服务中心

党组书记、主任：陈 敏
党组成员、副主任：陈 祺
党组成员：田 杰

屈家岭交通运输局

党组书记、局长：黄 斌
党组成员、副局长：刘 胜 杨继文
党组成员：景向阳

鄂州市交通运输局

党组书记、局长：陈卫兵
党组成员、派驻纪检监察组组长：
　　杨裕斌
党组成员、副局长：
　　熊学军 杨 晋 任晓刚
党组成员、总工程师：董进行
党组成员、工会主席：蔡良智
党组成员：肖 明

鄂城区住建局

局 长：王文胜

华容区交通运输局

局 长：王新国

梁子湖区交通运输局
（梁子湖区工业经济和交通工作
领导小组办公室）

局 长：万 辉

孝感市交通运输局

党组书记、局长：王广刚（—2023.03）
　　　　　　　　严书高（2023.03—）
党组成员、副局长：朱光辉（—2023.05）
　　左振中 王亚锋 毛宁波

孝南区交通运输局

党组书记、局长：陈　靖（—2023.05）
　　　　　　　杨云峰（2023.05—）
党组成员、副局长：王　斌
　　　　　　　张承文（工会主席）
党组成员：侯大敏　罗永宏

汉川市交通运输局

党组书记、局长：汪爱华
党组成员、副局长：肖银国　王广军
党组成员：田万明　董应军

应城市交通运输局

党组书记、局长：李桦山
党组成员、副局长：
　　　　　　　陶仙侠
　　　　　　　谢天超（—2023.11）
　　　　　　　张淑娥（2023.10—）
党组成员：李　军
党组成员、总工程师：
　　　　　　　何继东（2023.06—）
工会主席：张运宗

云梦县交通运输局

党组书记、局长：郑建平
党组成员、副局长：汤三毛　李俊峰
党组成员：叶　波（2023.10—）
　　　　　　　任华群（2023.12—）

安陆市交通运输局

党组书记、局长：董清平
党组成员、副局长：马　彪
副局长：丁广毅
党组成员：罗光涛　刘关云
　　　　　　　仰建林（2023.03—）

大悟县交通运输局

党组书记、局长：谈心宽
党组成员、工会主席：杜明辉

孝昌县交通运输局

党组书记、局长：饶勤秀
党组成员、副局长：田俊军
党组成员：黄艮松
总工程师：汪鹏兴
工会主席：罗跃文

黄冈市交通运输局

党组书记、局长：孙迎松
党组成员、派驻纪检监察组组长：
　　　　　　　田永忠
党组成员、副局长：
　　　　　　　金晓耕　张　阳　倪红玲
党组成员、总工程师：王习潮
党组成员：王　宁（邮政局局长）

黄州区交通运输局

党组书记、局长：殷　敏
党组成员、副局长：付俊锋　孙展虎
党组成员：王晓胜

团风县交通运输局

党组书记、局长：刘　丹
党组成员、副局长：
　　　　　　　冯启兵　樊　瑞　张碧鸿
党组成员：凡　萍

红安县交通运输局

党组书记、局长：冯兴潮
党组副书记、副局长：徐　晖
副局长：金汉春
党组成员、副局长：许跃鹏
党组成员、总工程师：陈全波

麻城市交通运输局

党组书记、局长：王　军
党组成员、副局长：
　　　　　　　张云峰　曾　文　程亚辉
副局长：陈　节

党组成员、总工程师：李庆朝

罗田县交通运输局

党组书记、局长：陈春峰
副局长：韩　峰　陈海军　姚新峰
工会主任：史继云
党组成员、总工程师：张志强

英山县交通运输局

党组书记、局长：冯矫正
党组副书记、副局长：何冠亚
党组成员、副局长：查耀坤　王　欣
　　　　　　　王　勇（2023.10—）
党组成员、工会主任：杨　平
党组成员、总工程师：段志猛
党组成员：叶金锋

浠水县交通运输局

党委书记、局长：程　旭
党委委员、副局长：周年锋　涂柏林
　　　　　　　陈金桥　潘国东
党委委员、总工程师：冯广青
党委委员：韩新锋　邢绍青（—2023.04）

蕲春县交通运输局

党组书记、局长：江远明
党组成员、副局长：
　　　　　　　杨曙生　吴　涛　余　清
党组成员：王贤德
党组成员、总工程师：王文林

武穴市交通运输局

党组书记、局长：项国盛
党组成员、副局长：徐　瑜　罗云龙
党组成员：蒋　磊　孙　刚　田晓华
党组成员、总工程师：吴　霄

黄梅县交通运输局

党组书记、局长：许继军

党组成员、副局长：

聂时新　胡永智　赵丽

党组成员、工会主任：汪枫

党组成员、总工程师：吴爱民

党组成员：邓朝阳

黄冈市交通运输局龙感湖分局

党总支书记、局长：徐先军

咸宁市交通运输局

党组书记、局长：彭光平

党组副书记、副局长：曾勇

党组成员、副局长：吴翚

梁冕（2023.04—）

党组成员、总工程师：廖承武

咸安区交通运输局

党组书记、局长：唐德文

党组成员、副局长：王刚　施继勇

党组成员、总工程师：姜庆

党组成员：黄志敏

工会主席：余道继

嘉鱼县交通运输局

党组书记、局长：聂东

党组成员、副局长：

周高清（—2023.12）

刘元辉（—2023.11）

刘长军（2023.12—）

范爱国（2023.12—）

党组成员：周万勇　陈文辉

工会主席：张盆发

赤壁市交通运输局

党组书记、局长：邓晓金

党组副书记、副局长：沈志宏

党组成员、副局长：熊英　陈功

张四铭　宋献东

通城县交通运输局

党组书记、局长：吴红艳

党组成员、副局长：

刘传国　李红光　杜文豪

党组成员：何国斌

崇阳县交通运输局

党组书记、局长：孙文甫

党组成员、副局长：付旭平　庞平珍

党组成员：石雄军　汪正榜

通山县交通运输局

党组书记、局长：刘兴美

党组成员、副局长：

邵陌（—2023.05）

朱江华（—2023.05）

金化煌（2023.08—）

陈峰

党组成员、总工程师：

徐飞翔（—2023.09）

党组成员：郑晓东　陈从仁

随州市交通运输局

党组书记、局长：李经发

党组成员、派驻纪检监察组组长：

方亮

党组成员、副局长：魏从明

王先军（2023.02—）

李长国（2023.12—）

总工程师：郭东

曾都区交通运输局

党组书记：刘金波（2023.07—）

局长：刘金波（2023.09—）

党组成员、副局长：王大权　张碧贵

党组成员、总工程师：程怀念

党组成员：夏猛

广水市交通运输局

党组书记、局长：吴大鹏

党组副书记、副局长：

孙章勇（2023.06—）

党组成员、副局长：

孙章勇（—2023.06）

彭开勋

党组成员、总工程师：梁红英

随县交通运输局

党组书记、局长：张涛

党组成员、副局长：

胡学刚（2023.02 任副局长）

党组成员、总工程师：李杰

党组成员：余金娟

恩施土家族苗族自治州交通运输局

党组书记、局长：冉茂和

党组成员、派驻纪检监察组组长：

李玉剑

党组成员、副局长：

黄秀武（—2023.08）

敖建华

罗建刚（2023.01—）

党组成员：张志奇　罗建刚

党组成员、总工程师：庞涛

恩施市交通运输局

党组书记、局长：张涛（—2023.09）

黄猛（2023.09—）

党组成员、副局长：黄常军　侯浩

党组成员、总工程师：文武

党组成员：王军　侯义祥　胡青华

夏斌

利川市交通运输局

党组书记、局长：李忠坪

党组成员、副局长：

解维国　李凤国　周永红

党组成员、总工程师：罗文锋

党组成员：杨海明　谭　俊　向江权

建始县交通运输局

党组书记、局长：马建宇
党组成员、副局长：吴晓军
党组成员：吕柏林　陈玉华　杨年斌
　　　　　陈继友
总工程师：谢　晖（—2023.07）

巴东县交通运输局

党组书记、局长：张正勇
党组副书记、副局长：
　　　　　向会东（—2023.09）
党组成员：廖才伟
党组成员、副局长：郑开顺　谭林安
　　　　　周　军（2023.09—）
党组成员、总工程师：魏　峰

宣恩县交通运输局

党组书记：黄舜卿（—2023.07）
　　　　　谭家庆（2023.07—）
局　　　长：黄舜卿（—2023.07）
　　　　　谭家庆（2023.09—）
党组成员、副局长：田永成　麻德敏
党组成员：宋隆权　李　伟
总工程师：熊　毅（2023.07—）

咸丰县交通运输局

党组书记、局长：鲁邦国
党组成员、副局长：贺方亮
党组成员：杨世杰　魏永东
总工程师：余美蓉

来凤县交通运输局

党组书记、局长：李凌峰
党组成员、副局长：刘　静
党组成员、总工程师：李万群
党组成员：肖　锋　袁少英
　　　　　林义兵（—2023.06）
　　　　　李　锐

鹤峰县交通运输局

党组书记、局长：肖红胜
党组副书记：明传学
党组成员、副局长：
　　　　　何翠屏（—2023.09）
　　　　　向　华（2023.09—）
　　　　　曾义炼
党组成员、总工程师：闵　斌
党组成员：黄　波
　　　　　李茋松（2023.05—）

仙桃市交通运输局

党组书记、局长：刘　俊（—2023.08）
　　　　　聂　晶（2023.08—）

党组副书记、副局长：邵泽华
党组成员、副局长：肖元海　邹　冲
　　　　　杨　亮（挂职）（2023.04—）
党组成员、总工程师：肖丽君
党组成员、总会计师：潘万军
工会主席：陈红霞

天门市交通运输局

党组书记、局长：刘水平
党组成员、副局长：董卫斌　吴正凯
党组成员、总工程师：万　钟
党组成员、总会计师：罗　敏
党组成员：吴华东　胡勇钢　周柱兵

潜江市交通运输局

党组书记、局长：胡金烈
党组副书记、副局长：从孝君
党组成员、副局长：詹登振　刘美蓉
党组成员：杨　娜
党组成员、工会主任：关业武
党组成员、总会计师：金为标

神农架林区交通运输局

党组书记、局长：宦忠全
党组成员、副局长：王红先
　　　　　文海燕（—2023.03）
党组成员：李　涛　牛德琼

获奖名录

2023 年综合运输春运成绩突出集体和个人

（交通运输部、中华全国总工会、国家铁路局、中国民用航空局、国家邮政局，交运发〔2023〕107 号）

1. 春运成绩突出集体
中国铁路武汉局集团有限公司武汉客运段
武汉地铁运营有限公司轨道交通 2 号线汉口火车站
武汉天河机场运行协调管理委员会
襄阳市交通运输局
湖北省交通运输综合行政执法总队高速公路路政执法八支队

2. 春运成绩突出个人
王延勇　湖北亨运集团客运有限公司总经理
王继友　宜昌市道路交通综合执法支队出租车客运大队副大队长
赵先林　鄂州市公共交通有限公司副总经理
刘　炼　孝感市交通运输综合执法支队 12328 服务中心话务班长
屠　波　湖北捷龙恒通运业有限公司总经理
丁世华　湖北省仙桃市汽车客运总站站长

第十三届全国交通运输行业职业技能大赛优胜单位和个人

（交通运输部办公厅，交办人教函〔2023〕532 号）

1. 公路养护工赛项
职工组优胜选手：
高　霖　潜江市公路管理局公路养护应急中心
王大江　潜江市公路管理局公路养护应急中心

2. 机动车驾驶教练员赛项
职工组优胜选手：
田　兵　宜昌平安机动车驾驶员培训学校
黄　涛　黄冈市润通物流有限公司机动车驾驶员培训中心

3. 城市轨道交通列车司机赛项
学生组优胜选手：
兰胤殿、李浩宇、曾文卓　武汉铁路职业技术学院

4. 授予"全国交通技术能手"称号优胜选手
高　霖　潜江市公路管理局公路养护应急中心
王大江　潜江市公路管理局公路养护应急中心
田　兵　宜昌平安机动车驾驶员培训学校
黄　涛　黄冈市润通物流有限公司机动车驾驶员培训中心

2023 年度全国道路运输安全行车百万公里优秀驾驶员

（中国道路运输协会、中国海员建设工会全国委员会，中道运协发〔2023〕95 号）

1. 优秀驾驶员
刘　军　宜昌交运集团客运有限公司客运二分公司
张　军　宜昌交运集团客运有限公司客运一分公司
徐　晨　宜昌交运集团旅游客运有限公司
向　锋　宜昌交运集团宜都客运有限公司
杨家林　宜昌交运集团有限责任公司三峡分公司
李雨林　宜昌市康龙出租车有限公司
薛　明　十堰市交通经济开发有限公司
高照明　十堰市交通经济开发有限公司
张宗录　十堰市亨运集团万顺达出租车有限公司
周于宏　荆门市公共交通集团有限公司
马全军　襄阳市公共交通集团有限责任公司出租汽车分公司
田圣福　五峰安晟客运有限公司
侯　勇　湖北顺强运业有限公司

2. 优秀组织单位
宜昌交运集团客运有限公司

第四批"四好农村路"全国示范县

（交通运输部、农业农村部、国家邮政局，交公路发〔2024〕23 号）

武汉市江夏区

竹溪县
宜昌市点军区
老河口市
石首市
巴东县

2022—2023 年部分专项活动先进个人和集体授予湖北五一劳动奖章和湖北工人先锋号

（湖北省总工会，鄂工字〔2023〕59 号）

湖北五一劳动奖章
曾华平　远安县公路建设养护中心棚镇公路养护站站长（装载机操作工工种第一名）
曾　鹏　钟祥市航道管理局党支部委员安全生产科科长（航标工工种第一名）
郭　沛（女）武汉地铁运营有限公司值班站长（轨道交通服务员工种第一名）

2023 年湖北省劳动模范和先进工作者

（湖北省委省政府）

1. 劳动模范
王双华（女）十堰市佳裕工贸有限公司出租车驾驶员
王先明　襄阳市公共交通集团有限责任公司二分公司 G02、K12 线路长
邓兰舟　五峰三农客运有限公司驾驶员
刘　勇　武汉市公共交通集团有限责任公司第三营运公司一分公司 24 路驾驶员
沈　亮　宜昌港务集团宜昌上港国际集装箱码头有限公司生产操作部经理
袁　荷　十堰市城市公交集团第一客运分公司线管员
聂池昆　恩施市公共汽车有限责任公司一分公司安全员
徐旺明　武汉地铁运营有限公司信号维修技师
曾庆许　宜昌公交集团有限责任公司点军分公司驾驶员
谭玉玲（女）巴东县公交公司驾驶员

2. 先进工作者
李国良　黄石市公路事业发展中心养护工

徐锦红（女）　武汉市交通运输综合执法支队四大队负责人

2023 年度湖北省"交通工匠"

（湖北省交通运输厅，鄂交发〔2023〕115 号）

1. 全省公路管理行业"装载机操作工技能竞赛"

曾华平、吴承静　宜昌市公路建设养护中心

吴　贝、余　勇　潜江市公路事业发展中心

何　森、金　腾　黄冈市公路事业发展中心

2. 全省道路运输行业"汽车维修工技能竞赛"

汪明洋　湖北天门立天汽车商贸有限公司

石校坤　十堰亨运集团汽车销售服务有限公司

姜　飞　鄂州锦坤汽车销售服务有限公司

3. 全省港航海事行业"航标工技能竞赛"

曾　鹏　钟祥市航道管理局

刘竞泽　钟祥市航道管理局

胡　杰　襄阳市航道管理局

4. 城市轨道交通行业"轨道交通服务员技能竞赛"

郭　沛　武汉市地铁运营有限公司

朱淼淼　武汉市地铁运营有限公司

李　纯　武汉市地铁运营有限公司

2022 年度全省"四好农村路"示范县

（湖北省交通运输厅、财政厅、农业农村厅、乡村振兴局，鄂交发〔2023〕125 号）

十堰市郧阳区

荆州市公安县

宜昌市枝江市

襄阳市谷城县、保康县

黄冈市麻城市

随州市曾都区

恩施州恩施市

天门市

2022 年度全省"四好农村路"示范乡镇

（湖北省交通运输厅，鄂交发〔2023〕127 号）

武汉市：蔡甸区永安街道、新洲区凤凰镇、江夏区五里界街道

黄石市：大冶市还地桥镇

十堰市：茅箭区大川镇、张湾区柏林镇、竹山县深河乡、郧西县土门镇

荆州市：石首市高基庙镇、江陵县沙岗镇、洪湖市戴家场镇、监利市人民大垸管理区

宜昌市：兴山县峡口镇、宜都市姚家店镇、夷陵区小溪塔街道、当阳市玉阳街道、枝江市问安镇

襄阳市：枣阳市鹿头镇、襄城区尹集乡、老河口市孟楼镇、谷城县盛康镇

鄂州市：华容区蒲团乡、梁子湖区梁子镇、鄂城区泽林镇

荆门市：东宝区子陵铺镇、京山市永漋镇、漳河新区漳河镇

孝感市：应城市天鹅镇、孝南区西河镇、大悟县彭店乡、云梦县沙河乡

黄冈市：蕲春县狮子镇、武穴市花桥镇、团风县贾庙乡、英山县金家铺镇、黄州区堵城镇

咸宁市：赤壁市官塘驿镇、通山县燕厦乡、通城县大坪乡

恩施州：来凤县旧司镇、宣恩县万寨乡、恩施市白果乡、鹤峰县走马镇

随州市：广水市关庙镇、随县澴潭镇

天门市：汪场镇

仙桃市：剅河镇

潜江市：熊口镇

神农架林区：阳日镇

2023 年度全省交通运输系统先进集体和先进个人

（湖北省交通运输厅，鄂交发〔2024〕2 号）

1. 先进集体

武汉市交通运输局

襄阳市公路建设养护中心

宜昌市交通运输局

十堰市郧西县交通运输局

荆州市石首市交通运输局

孝感市交通运输局

随州市随县交通运输局

潜江市交通运输局

恩施州恩施市交通运输综合执法大队

湖北省公路事业发展中心

湖北省道路运输事业发展中心客货运管理处

湖北省港航事业发展中心综合计划处

湖北省交通运输综合行政执法总队高速公路路政执法四支队三大队

湖北交通职业技术学院学生工作处（军士管理学院）

湖北省交通运输厅通信信息中心政务服务科

湖北省交通运输厅总值班室（应急值班室）

2. 先进个人

王业祥　武汉市交通运输局港航处副处长

谭永高　宜昌市公路建设养护中心党委委员、总工程师

肖龙泉　黄石市公路事业发展中心河口公路管理站站长

李　林　荆州市水路交通运输综合执法支队工作人员

张　军　荆门市沙洋县交通运输局党组书记、局长

叶建松　鄂州市交通运输综合执法支队副中队长

吴汉红　孝感市大悟县交通运输局财务审计股负责人

王丹宇　黄冈市罗田县交通物流事业发展中心负责人

赵　睦　咸宁市赤壁市交通物流发展局局长

肖红胜　恩施州鹤峰县交通运输局党组书记、局长

肖丽君　仙桃市交通运输局党组成员、总工程师

彭定谦　天门市交通重点工程项目建设管理处副主任

聂莉莉　潜江市农村公路管理局党总支书记、局长

统计资料

赵明锐　神农架林区道路运输管理局木鱼分局局长

刘　颖　湖北省公路事业发展中心高速公路前期工作专班负责人

刘　威　湖北省港航事业发展中心港口管理处副处长

蔡　杰　湖北省交通运输综合行政执法总队高速公路路政执法五支队六大队外业管理员

程　玲　湖北交通职业技术学院马克思主义学院副院长

石　斌　湖北省交通运输厅宣传中心党支部书记、主任

王景涛　湖北省交通运输厅机关后勤服务中心科长

吴忠舫　湖北省交通运输厅机关后勤服务中心科长

李坚炜　武鄂黄黄快速道路系统工作专班

朱俊文　交通物流枢纽专项监督工作专班

黄凤华　汉江兴隆枢纽2000吨级二线船闸工程前期工作专班

冯红武　汉江兴隆至蔡甸段2000吨级航道整治工程筹备组

廖向东　"十四五"规划中期调整工作专班

叶　盼　交通"硬联通"项目工作专班

朱正海　重点工程前期工作专班

刘文博　高速公路路域环境整治工作专班

宋华财　湖北省交通运输厅办公室一级主任科员

谢凯伦　湖北省交通运输厅法规处（审批办）工作人员

许　磊　湖北省交通运输厅客货运输处一级主任科员

黄　河　湖北省交通运输厅普通公路处一级主任科员

张改欣　湖北省交通运输厅高速公路处一级主任科员

闫　兰　湖北省交通运输厅研究室三级主任科员

2023 年主要指标表

指 标 名 称	计算单位	2023 年	2022 年	指 标 名 称	计算单位	2023 年	2022 年
一、全省公路里程	公里	307566	302178	长度	延米	3938054	3579162
1. 按技术等级分				其中：特大桥 数量	座	558	496
（1）等级公路	公里	305336	298942	长度	延米	1114200	991419
高速公路	公里	7849	7598	大桥 数量	座	6309	5679
一级公路	公里	8591	8209	长度	延米	1774381	1588047
二级公路	公里	25053	24977	2. 公路隧道 数量	处	1283	1234
三级公路	公里	9526	9093	长度	米	1324946	1249523
四级公路	公里	254317	249065	3. 公路渡口	处	90	92
（2）等外公路	公里	2231	3236	其中：机动渡口	处	85	87
等级公路占总里程比重	%	99.27	98.93	三、公路密度及通达情况			
其中：二级及以上公路	%	13.49	13.50	公路密度	公里/百平方公里	165.46	162.55
2. 按路面等级分				乡镇通达率	%	100	100
（1）有铺装路面里程	公里	290809	283009	乡镇通沥青（水泥）路率	%	100	100
其中：沥青混凝土路面	公里	50047	45503	行政村通达率	%	100	100
水泥混凝土路面	公里	240762	237506	行政村通沥青（水泥）路率	%	100	100
（2）简易铺装路面里程	公里	5283	6261	四、全省内河航道通航里程	公里	8667	8667
（3）未铺装路面里程	公里	11475	12908	1. 等级航道	公里	6166	6166
铺装路面（含简易）里程占总里程比重	%	96.27	95.73	一级	公里	269	269
3. 按行政等级分				二级	公里	802	802
国道公路	公里	14617	14424	三级	公里	1083	1019
省道公路	公里	20601	20529	四级	公里	259	289
县道公路	公里	28618	28667	五级	公里	811	811
乡道公路	公里	85338	85290	六级	公里	1777	1788
专用公路	公里	393	401	七级	公里	1165	1188
村道公路	公里	157999	152867	2. 等外航道	公里	2501	2501
二、全省公路桥梁、隧道、渡口				等级航道占内河航道通航总里程比重	%	71.15	71.14
1. 公路桥梁 数量	座	48494	46296	其中：三级及以上航道所占比重	%	24.85	24.11

续上表

指 标 名 称	计算单位	2023 年	2022 年	指 标 名 称	计算单位	2023 年	2022 年
五、全省内河港口码头泊位	个	807	777	3. 水路客运量	万人次	718	205
生产用码头泊位个数	个	775	746	水路旅客周转量	亿人公里	3.94	0.80
非生产用码头泊位个数	个	32	31	4. 水路货运量	万吨	69743	58217
六、营运汽车拥有量				水路货物周转量	亿吨公里	4997	4261
载货汽车	辆	330286	334317	九、交通固定资产投资总额	亿元	1838.9	1341.2
	吨位	4679462	4754623	1. 公路建设	亿元	1645.4	1153.0
载客汽车	辆	24647	25468	其中：高速公路	亿元	1009.0	478.4
	客位	657470	665369	2. 港航建设	亿元	74.7	76.6
七、全省水路运输船舶拥有量				3. 站场建设	亿元	106.2	106.5
1. 机动船 艘数	艘	2747	2891	4. 其他投资	亿元	12.6	5.1
净载重量	吨位	7055022	7058290	十、其他			
载客量	客位	39436	37959	1. 地区生产总值（按当年价格计算）	亿元	55803.6	53734.9
集装箱位	标箱	2980	3716	第一产业	亿元	5073.4	4986.7
功率	千瓦	1784024	1860815	第二产业	亿元	20215.5	21240.6
2. 驳船 艘数	艘	64	68	第三产业	亿元	30514.7	27507.6
净载重量	吨位	175749	180545	2. 全社会固定资产投资增速	%	5.0	15.0
八、公路、水路运输量				3. 社会消费品零售总额	亿元	24041.89	22164.8
1. 公路客运量	万人次	18753	17412	4. 货物进出口总额	亿元	6449.7	6170.8
公路旅客周转量	亿人公里	120	96	其中：进口	亿元	2116.4	1961.5
2. 公路货运量	万吨	173045	144979	出口	亿元	4333.3	4209.3
公路货物周转量	亿吨公里	2424	2059				

指 标 名 称	计算单位	2023 年		2022 年	
		通过能力	完成量	通过能力	完成量
十一、全省内河港口码头泊位设计通过能力、吞吐量	万吨	55498	69347	51913	56476
1. 干散货	万吨	45675	55304	42822	43908
2. 件杂货	万吨		666		631
3. 危化品	万吨	3374	2204	2939	1967
4. 集装箱	万吨	4713	3699	4441	2921
	万标箱	589	330	555	313
其中：港口集装箱铁水联运量	万标箱		17.6		8.5
5. 滚装	万吨	1736	1482	1711	1370
	万辆	183	119	170	125
6. 客运	万人次	1690	718	1615	205

注：1. 自 2006 年全国农村公路通达情况专项调查后，公路里程和通达率按专项调查统计标准进行统计。

2. 年度全省经济指标来源于《湖北省国民经济和社会发展统计公报》，因国家固定资产投资统计改革，湖北省统计局自 2018 年起不再公布固定资产投资额。

3. 机动船集装箱位：原统计口径是仅算集装箱船箱位，从 2014 年起统计口径是按 2013 年专项调查船舶口径，将多用途船能装集装箱船舶箱位均计算。

4. "全省内河港口货物吞吐量"从 2019 年起调整统计口径，由行业报送规上企业量改为企业一套表联网直报。

5. "其他投资"包括长江航务局在湖北省内投资。

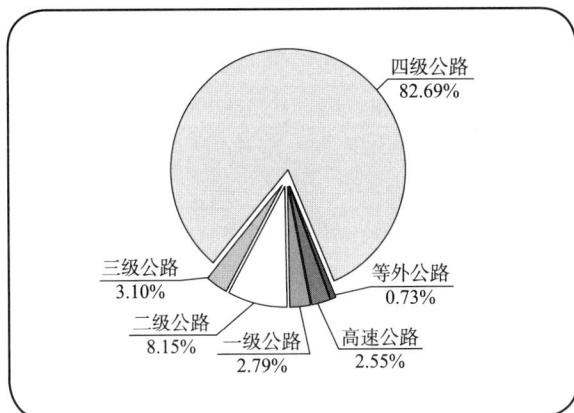

2023 年公路技术等级情况图

里程单位：公里

技术等级	总计	高速	一级	二级	三级	四级	等外公路
里程	307566	7849	8591	25053	9526	254317	2231

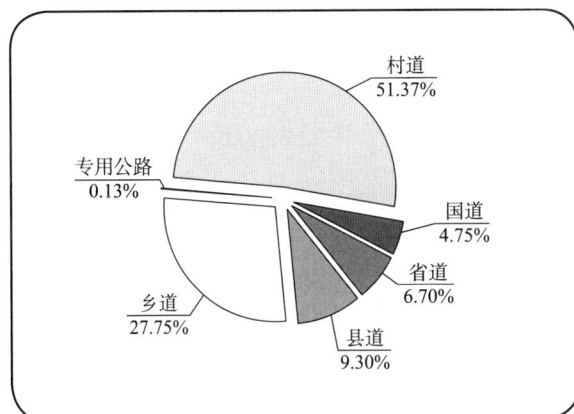

2023 年公路行政等级情况图

里程单位：公里

行政等级	总计	国道	省道	县道	乡道	专用公路	村道
里程	307566	14617	20601	28618	85338	393	157999

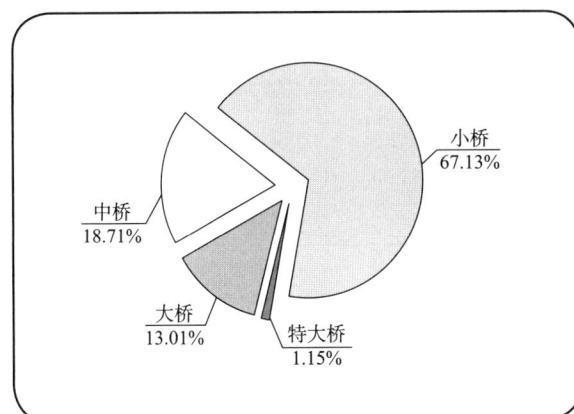

2023 年公路桥梁数量比重图（按跨径分）

公路桥梁	总计	特大桥	大桥	中桥	小桥
座	48494	558	6309	9071	32556

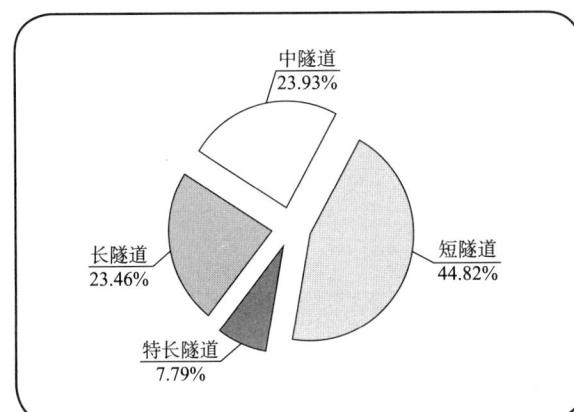

2023 年公路隧道数量情况图

公路隧道	总计	特长隧道	长隧道	中隧道	短隧道
道	1283	100	301	307	575

2023 年中部六省公路基本情况排名（一）

名次	总 里 程		高速公路里程		二级及以上公路里程		二级及以上公路比例	
	省份	公里	省份	公里	省份	公里	省份	%
	总计	1426670	总计	42434	总计	189513	总计	—
1	湖北	307566	河南	8321	河南	45527	山西	17.17
2	河南	281101	湖北	7849	湖北	41493	河南	16.20
3	湖南	242769	湖南	7530	湖南	27760	湖北	13.49
4	安徽	239129	江西	6742	安徽	27055	湖南	11.43
5	江西	209560	山西	6188	山西	25159	安徽	11.31
6	山西	146545	安徽	5804	江西	22519	江西	10.75

2023 年中部六省公路基本情况排名（二）

名次	国省干线中二级及以上公路比例		等级公路里程		等级公路比例		水泥、沥青路面里程	
	省份	%	省份	公里	省份	%	省份	公里
	总计	—	总计	1393287	总计	—	总计	1389295
1	山西	92.09	湖北	305336	安徽	99.99	湖北	296091
2	湖北	92.01	河南	279937	山西	99.71	河南	279801
3	江西	82.17	安徽	239106	河南	99.59	安徽	238750
4	河南	78.46	湖南	232205	湖北	99.27	湖南	228895
5	安徽	73.66	江西	205380	江西	98.01	江西	205202
6	湖南	60.99	山西	146115	湖南	95.65	山西	140556

2023 年中部六省公路基本情况排名（三）

名次	水泥、沥青路面铺装率		国省干线水泥、沥青路面铺装率		国 省 干 线			
					高速公路技术状况（MQI）优良路率		高速公路路面技术状况（PQI）优良路率	
	省份	%	省份	%	省份	%	省份	%
	总计	—	总计	—	总计	—	总计	—
1	安徽	99.84	江西	99.97	江西	97.89	江西	96.10
2	河南	99.54	山西	99.97	安徽	95.97	湖南	94.02
3	江西	97.92	安徽	99.90	山西	95.42	安徽	93.17
4	湖北	96.29	河南	99.56	湖南	95.16	湖北	91.82
5	山西	95.91	湖北	99.36	湖北	94.30	山西	91.26
6	湖南	94.36	湖南	98.96	河南	92.63	河南	85.70

2023 年中部六省公路基本情况排名（四）

名次	农 村 公 路							
	总里程		等级公路里程		等级公路比例		水泥沥青铺装率	
	省份	公路	省份	公里	省份	%	省份	%
	总计	1238366	总计	1220271	总计	—	总计	—
1	湖北	271955	湖北	269745	安徽	100.00	安徽	99.83
2	河南	241746	河南	240698	山西	99.67	河南	99.53
3	安徽	209873	安徽	209873	河南	99.57	江西	97.64
4	湖南	203014	湖南	192689	湖北	99.19	湖北	95.89
5	江西	184108	江西	180023	江西	97.78	山西	95.31
6	山西	127670	山西	127243	湖南	94.91	湖南	93.48

2023 年全国公路基本情况排名（一）

里程单位：公里

名次	总 里 程		高速公路里程				二级及以上公路里程		二级及以上公路比例	
					其中：国家高速公路里程					
	省份	里程	省份	里程	里程	占比（%）	省份	里程	省份	占比（%）
	总计	5436845	总计	183645	123274	67.13	总计	762224	总计	14.02
1	四川	418254	广东	11481	6043	52.63	山东	48455	上海	40.57
2	云南	329344	云南	10466	6140	58.67	江苏	45676	天津	31.42
3	湖北	307566	四川	9806	5713	58.26	河南	45527	北京	29.82
4	山东	293411	广西	9067	4895	53.99	广东	43257	江苏	28.78
5	河南	281101	贵州	8784	3833	43.64	湖北	41493	宁夏	22.01
6	湖南	242769	山东	8433	5191	61.56	内蒙古	39534	浙江	21.43
7	安徽	239129	河北	8408	5719	68.02	河北	38871	辽宁	20.97
8	新疆	227934	河南	8321	4271	51.33	新疆	36009	广东	19.36
9	广东	223391	内蒙古	7863	6755	85.91	四川	33862	河北	18.41
10	贵州	219839	湖北	7849	5235	66.70	广西	28406	内蒙古	18.02
11	内蒙古	219407	新疆	7757	6682	86.14	湖南	27760	山西	17.17
12	河北	211107	湖南	7530	5035	66.87	辽宁	27758	福建	16.95
13	江西	209560	江西	6742	4490	66.60	安徽	27055	山东	16.51
14	陕西	187831	陕西	6735	5716	84.87	浙江	26018	河南	16.20
15	重庆	186598	山西	6188	3836	61.99	云南	25561	青海	15.93
16	广西	183618	甘肃	6181	4778	77.30	山西	25159	新疆	15.80
17	黑龙江	169273	福建	5964	4063	68.13	江西	22519	广西	15.47
18	江苏	158734	安徽	5804	4124	71.05	贵州	21686	吉林	15.38
19	甘肃	158219	浙江	5510	3716	67.44	黑龙江	21270	湖北	13.49
20	山西	146545	江苏	5128	3502	68.29	陕西	19627	黑龙江	12.57
21	辽宁	132371	黑龙江	5037	3601	71.49	福建	19600	甘肃	12.10
22	西藏	122712	吉林	4644	3991	85.94	甘肃	19140	湖南	11.43
23	浙江	121408	辽宁	4409	3614	81.97	吉林	16987	安徽	11.31
24	福建	115645	重庆	4142	3005	72.55	重庆	15129	江西	10.75
25	吉林	110465	青海	4022	3766	93.64	青海	14244	陕西	10.45
26	青海	89416	宁夏	2122	1685	79.41	宁夏	8526	海南	10.17
27	海南	41817	海南	1399	1152	82.34	北京	6689	贵州	9.86
28	宁夏	38739	天津	1358	633	46.61	上海	5270	重庆	8.11
29	北京	22433	北京	1211	683	56.40	天津	4783	四川	8.10
30	天津	15221	上海	881	476	54.03	海南	4252	云南	7.76
31	上海	12989	西藏	407	933	229.24	西藏	2106	西藏	1.72

2023 年全国公路基本情况排名（二）

里程单位：公里

名次	普通国道 省份	里程	省道里程 省份	里程	其中：高速公路里程 里程	占比（%）	国省干线中二级及以上比例 省份	占比（%）	等级公路里程 省份	里程	等级公路比例 省份	占比（%）
	总计	260750	总计	404094	60411	14.95	总计	73.02	总计	5270055	总计	96.93
1	四川	17424	四川	26146	4014	15.35	江苏	99.56	四川	409359	北京	100.00
2	内蒙古	17055	河南	25296	4050	16.01	上海	99.00	云南	315819	天津	100.00
3	新疆	15702	湖南	24848	2494	10.04	山东	97.48	湖北	305336	河北	100.00
4	云南	15197	广东	24582	5413	22.02	天津	96.42	山东	293411	上海	100.00
5	西藏	13515	贵州	22677	4951	21.83	辽宁	96.42	河南	279937	江苏	100.00
6	黑龙江	11300	湖北	20601	2524	12.25	河北	93.75	安徽	239106	浙江	100.00
7	广西	10892	甘肃	17880	1202	6.72	北京	92.49	湖南	232205	山东	100.00
8	河北	10558	安徽	17607	1691	9.60	山西	92.09	广东	223383	宁夏	100.00
9	河南	9789	内蒙古	17423	1107	6.35	湖北	92.01	内蒙古	216120	广东	100.00
10	青海	9733	新疆	17059	1307	7.66	吉林	87.54	河北	211107	安徽	99.99
11	甘肃	9602	云南	16341	4326	26.47	广西	85.84	新疆	206728	海南	99.81
12	湖北	9381	西藏	15278		0.00	福建	85.30	江西	205380	山西	99.71
13	广东	9223	山东	14602	3241	22.20	浙江	83.71	贵州	204918	河南	99.59
14	陕西	8909	黑龙江	13476	1370	10.17	江西	82.17	陕西	180259	湖北	99.27
15	湖南	8870	江西	13225	2236	16.91	宁夏	80.35	广西	179629	内蒙古	98.50
16	山东	8423	广西	12918	4164	32.23	海南	79.92	重庆	177545	甘肃	98.15
17	贵州	8416	河北	12787	2690	21.04	河南	78.46	江苏	158734	辽宁	98.04
18	山西	7880	陕西	12122	1019	8.41	广东	76.81	甘肃	155294	江西	98.01
19	江西	7720	重庆	10808	1136	10.51	内蒙古	76.36	黑龙江	147940	四川	97.87
20	安徽	7509	辽宁	10462	795	7.60	新疆	75.44	山西	146115	广西	97.83
21	吉林	7238	浙江	10353	1793	17.32	安徽	73.66	辽宁	129772	吉林	97.66
22	福建	7174	江苏	9849	1648	16.73	重庆	67.33	浙江	121408	陕西	95.97
23	辽宁	7115	青海	8747	234	2.68	黑龙江	66.67	吉林	107881	云南	95.89
24	江苏	5585	山西	7015	2352	33.53	云南	62.65	西藏	106416	湖南	95.65
25	重庆	5467	福建	5794	1860	32.10	陕西	61.72	福建	105713	重庆	95.15
26	浙江	4749	吉林	4931	653	13.24	青海	61.44	青海	79421	贵州	93.21
27	宁夏	2408	宁夏	3003	438	14.59	湖南	60.99	海南	41737	福建	91.41
28	海南	1492	天津	2522	724	28.71	贵州	59.20	宁夏	38739	新疆	90.70
29	北京	1247	海南	2385	129	5.41	四川	58.45	北京	22433	青海	88.82
30	天津	924	北京	2182	443	20.30	甘肃	53.61	天津	15221	黑龙江	87.40
31	上海	252	上海	1177	405	34.41	西藏	7.05	上海	12989	西藏	86.72

2023 年全国公路基本情况排名（三）

里程单位：公里

名次	水泥、沥青路面		水泥、沥青路面铺装率		桥 梁 数 量		国 省 干 线			
							高速公路技术状况（MQI）优良路率		高速公路路面技术状况（PQI）优良路率	
	省份	里程	省份	占比（%）	省份	座	省份	占比（%）	省份	占比（%）
	总计	5015424	总计	92.70	总计	1079305	总计	92.45	总计	89.15
1	四川	399595	北京	100.00	江苏	80264	江苏	99.49	江苏	98.47
2	湖北	296091	天津	100.00	山东	69905	山东	99.27	山东	97.91
3	山东	291700	上海	100.00	广东	67834	浙江	99.19	浙江	97.72
4	云南	280099	江苏	100.00	浙江	63788	上海	99.18	上海	97.59
5	河南	279801	浙江	100.00	河南	60521	天津	99.17	福建	97.29
6	安徽	238750	广东	99.97	湖南	55279	河北	98.58	江西	96.10
7	湖南	228895	安徽	99.84	安徽	52392	北京	98.00	北京	95.97
8	广东	223316	海南	99.80	辽宁	51464	福建	97.91	天津	95.86
9	贵州	212445	河南	99.54	四川	50743	江西	97.89	宁夏	95.38
10	河北	209668	山东	99.42	湖北	48494	宁夏	96.63	河北	95.37
11	江西	205202	河北	99.32	河北	47824	海南	96.05	湖南	94.02
12	新疆	192635	江西	97.92	云南	40365	安徽	95.97	安徽	93.17
13	内蒙古	183878	贵州	96.64	陕西	36221	广东	95.72	海南	92.63
14	广西	177205	广西	96.51	福建	33880	山西	95.42	广东	91.85
15	陕西	175602	湖北	96.29	江西	33491	湖南	95.16	湖北	91.82
16	重庆	161187	山西	95.91	广西	30554	辽宁	94.56	重庆	91.27
17	江苏	158734	四川	95.54	内蒙古	29502	湖北	94.30	山西	91.26
18	甘肃	145429	湖南	94.36	贵州	29450	新疆	92.86	广西	90.29
19	山西	140556	宁夏	94.33	黑龙江	24005	广西	92.75	贵州	89.33
20	黑龙江	132061	陕西	93.49	山西	22876	河南	92.63	陕西	88.41
21	辽宁	121697	辽宁	91.94	新疆	22135	陕西	91.91	云南	87.60
22	浙江	121398	甘肃	91.92	吉林	21956	重庆	91.10	四川	87.11
23	福建	105159	福建	90.94	甘肃	21442	云南	91.09	辽宁	86.98
24	吉林	99525	吉林	90.86	重庆	17674	贵州	90.15	新疆	86.20
25	青海	53975	重庆	86.38	上海	14706	四川	89.06	河南	85.70
26	西藏	52194	云南	85.05	西藏	14491	甘肃	87.91	甘肃	84.69
27	海南	41734	新疆	84.63	青海	9400	内蒙古	86.41	内蒙古	82.25
28	宁夏	36248	内蒙古	83.90	海南	9166	吉林	85.04	黑龙江	79.35
29	北京	22433	黑龙江	81.72	宁夏	7961	青海	82.31	吉林	77.08
30	天津	15221	青海	60.18	北京	7271	黑龙江	81.68	青海	76.67
31	上海	12989	西藏	47.19	天津	4251	西藏	65.68	西藏	56.85

2023 年全国公路基本情况排名（四）

里程单位：公里

名次	农村公路总里程		农村公路等级公路里程		农村公路等级公路比例		农村公路水泥沥青铺装率	
	省份	公里	省份	公里	省份	占比（%）	省份	占比（%）
	总计	4598585	总计	4451016	总计	96.79	总计	91.84
1	四川	368971	四川	360587	北京	100.00	北京	100.00
2	云南	291632	云南	278181	天津	100.00	天津	100.00
3	湖北	271955	湖北	269745	河北	100.00	上海	100.00
4	山东	264019	山东	264019	上海	100.00	江苏	100.00
5	河南	241746	河南	240698	江苏	100.00	广东	100.00
6	安徽	209873	安徽	209873	浙江	100.00	浙江	100.00
7	湖南	203014	湖南	192689	安徽	100.00	安徽	99.83
8	贵州	184912	广东	183543	山东	100.00	海南	99.78
9	新疆	184476	河北	181837	广东	100.00	河南	99.53
10	江西	184108	江西	180023	宁夏	100.00	山东	99.36
11	广东	183543	内蒙古	173929	海南	99.78	河北	99.21
12	河北	181837	贵州	170344	山西	99.67	江西	97.64
13	内蒙古	177200	新疆	164161	河南	99.57	贵州	96.19
14	重庆	167254	重庆	158205	湖北	99.19	广西	95.89
15	陕西	160916	陕西	153365	内蒙古	98.15	湖北	95.89
16	广西	154901	广西	150936	甘肃	97.90	山西	95.31
17	江苏	139798	江苏	139798	江西	97.78	四川	95.27
18	山西	127670	山西	127243	四川	97.73	湖南	93.48
19	甘肃	125959	甘肃	123317	辽宁	97.66	宁夏	92.99
20	黑龙江	123681	黑龙江	111174	广西	97.44	陕西	92.43
21	辽宁	110954	辽宁	108360	吉林	97.32	甘肃	90.62
22	浙江	102155	浙江	102155	云南	95.39	辽宁	90.42
23	福建	98499	吉林	90683	陕西	95.31	吉林	89.48
24	吉林	93177	福建	88573	湖南	94.91	福建	89.37
25	西藏	74864	西藏	64860	重庆	94.59	重庆	84.81
26	青海	65675	青海	57002	贵州	92.12	云南	83.31
27	海南	36774	海南	36694	福建	89.92	新疆	81.81
28	宁夏	30031	宁夏	30031	黑龙江	89.89	内蒙古	80.82
29	北京	16764	北京	16764	新疆	88.99	黑龙江	78.60
30	天津	11141	天津	11141	青海	86.79	青海	52.20
31	上海	11085	上海	11085	西藏	86.64	西藏	35.12

统计指标解释

国道：指具有全国性政治、经济意义的主要干线公路，包括重要的国际公路，国防公路、连接首都与各省省会、自治区首府和直辖市的公路，连接各大经济中心、港站枢纽、商品生产基地和战略要地的公路。

省道：指具有全省（自治区、直辖市）政治、经济意义，连接各地市和重要地区，以及不属于国道的干线公路。

县道：指具有全县（含其他县级行政区划）政治、经济意义，连接县城和县内乡镇、重要商品生产和集散地的主要公路，以及不属于国道、省道的县际间的主要公路。

乡道：指主要为乡镇内部经济、行政服务的公路，以及不属于县道及以上公路的乡与乡之间和乡与外部联络的公路。

村道：指直接为农村群众生产、生活服务，不属于乡道及以上公路的建制村与建制村之间和建制村与外部联络的主要公路。

桥 涵 分 类

桥 涵 分 类	多孔跨径总长 L（米）	单孔跨径 L_k（米）
特大桥	$L > 1000$	$L_k > 150$
大桥	$100 \leq L \leq 1000$	$40 \leq L_k \leq 150$
中桥	$30 < L < 100$	$20 \leq L_k < 40$
小桥	$8 \leq L \leq 30$	$5 \leq L_k < 20$
涵洞	—	$L_k < 5$

隧 道 分 类

隧道分类	特长隧道	长隧道	中隧道	短隧道
隧道长度 L（米）	$L > 3000$	$1000 < L \leq 3000$	$500 < L \leq 1000$	$L \leq 500$